重庆市出版专项资金资助项目

质性研究手册：

方 法 论 基 础

［美］诺曼 K. 邓津(Norman K. Denzin)
［美］伊冯娜 S. 林肯(Yvonna S. Lincoln)　主编

朱志勇　王 熙　阮琳燕　等译

北京师范大学教育学部

重庆大学出版社

版贸核渝字（2012）第 167 号

图书在版编目（CIP）数据

质性研究手册.方法论基础/（美）诺曼 K. 邓津
（Norman K. Denzin），（美）伊冯娜 S. 林肯
（Yvonna S. Lincoln）主编；朱志勇等译. -- 重庆：重
庆大学出版社，2018.8（2022.1 重印）
（万卷方法）
书名原文：HANDBOOK OF QUALITATIVE RESEARCH
ISBN 978-7-5689-1311-9

Ⅰ.①质…　Ⅱ.①诺…②伊…③朱…　Ⅲ.①社会科
学—研究方法—手册　Ⅳ.①C3-62

中国版本图书馆 CIP 数据核字（2018）第 186332 号

质性研究手册：方法论基础

［美］诺曼 K. 邓津（Norman K. Denzin）
　　　　　　　　　　　　　　　　　　　　　主编
［美］伊冯娜 S. 林肯（Yvonna S. Lincoln）
朱志勇　王　熙　阮琳燕　等译
责任编辑：雷少波　　版式设计：雷少波
责任校对：邬小梅　　责任印制：张　策
*
重庆大学出版社出版发行
出版人：饶帮华
社址：重庆市沙坪坝区大学城西路 21 号
邮编：401331
电话：（023）88617190　88617185（中小学）
传真：（023）88617186　88617166
网址：http://www.cqup.com.cn
邮箱：fxk@ cqup.com.cn（营销中心）
全国新华书店经销
重庆升光电力印务有限公司印刷
*
开本：787mm×1092mm　1/16　印张：24.25　字数：544 千
2018 年 9 月第 1 版　　2022 年 1 月第 2 次印刷
印数：4 001—7 000
ISBN 978-7-5689-1311-9　定价：78.00 元

《质性研究手册》（全四卷）撰稿人

（按写作章节顺序排序）

诺曼 K. 邓津（Norman K. Denzin）

伊冯娜 S. 林肯（Yvonna S. Lincoln）

莫滕·勒温（Morten Levin）

戴维·格林伍德（Davydd Greenwood）

弗里德里克·埃里克森（Frederick Erickson）

克利福德 G. 克利斯蒂安（Clifford G. Christians）

盖里 S. 坎内拉（Gaile S. Cannella）

苏珊 A. 林汉姆（Susan A. Lynham）

埃贡 G. 古巴（Egon G. Guba）

弗吉尼亚·奥勒森（Virginia Olesen）

辛希亚 B. 迪拉德（Cynthia B. Dillard）

泌威·欧卡帕劳卡（Chinwe Okpalaoka）

乔 L. 基切洛依（Joe L. Kincheloe）

彼得·麦克拉伦（Peter McLaren）

沙利 R. 斯坦伯格（Shirley R. Steinberg）

米切尔 D. 加迪纳（Micheal D. Giardina）

乔舒亚 I. 纽曼（Joshua I. Newman）

肯·普卢默（Ken Plummer）

詹姆斯 H. 刘（James H. Liu）

多纳 M. 默滕斯（Donna M. Mertens）

马丁·苏利万（Martin Sullivan）

希拉里·斯泰西（Hilary Stace）

朱莉安娜·奇克（Julianne Cheek）

约翰 W. 克雷斯韦尔（John W. Creswell）

查尔斯·特德列（Charles Teddlie）

阿巴斯·塔沙考里（Abbas Tashakkori）

本特·弗莱杰格（Bent Flyvbjerg）

朱迪思·哈默拉（Judith Hamera）

巴巴拉·泰德洛克（Barbara Tedlock）

詹姆斯 A. 霍尔斯坦（James A. Holstein）

亚伯 F. 古布里厄姆（Jaber F. Gubrium）

凯西·卡麦兹（Kathy Charmaz）

安杰·克劳格（Antjie Krog）

玛丽·布里登-米勒（Mary Brydon-Miller）

迈克尔·克劳尔（Michael Kral）

帕特里夏·麦奎里（Patricia Maguire）

苏珊·诺夫克（Susan Noffke）

阿努·萨波洛克（Anu Sabhlok）

简尼希 M. 莫尔斯（Janice M. Morse）

苏珊 E. 凯希（Susan E. Chase）

苏珊·芬利（Susan Finley）

林达·肖皮斯（Linda Shopes）

米歇尔·安格罗西诺（Michael Angrosino）

朱迪斯·罗森伯格（Judith Rosenberg）

乔·普罗瑟（Jon Prosser）

塔米·斯普里（Tami Spry）

沙拉·加特森（Sarah N. Gatson）

安希·佩拉吉拉（Anssi Peräkylä）

约翰纳·鲁苏乌尔里（Johanna Ruusuvuori）

乔治·凯姆伯里斯（George Kamberelis）

格里·迪米特里亚迪斯（Greg Dimitriadis）

哈里·托兰希（Harry Torrance）

戴维 L. 奥希德（David L. Altheide）

约翰 M. 约翰逊（John M. Johnson）

劳拉 L. 埃林逊（Laura L. Ellingson）

伊丽莎白·亚当斯·圣·皮埃尔（Elizabeth Adams St. Pierre）

朱迪斯·戴维森（Judith Davidson）

希尔瓦纳·迪-格雷乔里奥（Silvana di Gregorio）

罗纳尔德 J. 佩里亚斯（Ronald J. Pelias）

提尼克 A. 亚布麻（Tineke A. Abma）

加伊 A. M. 韦德肖温（Guy A. M. Widdershoven）

朱迪斯·普雷斯勒（Judith Preissle）

玛格丽特·艾森哈特（Margaret Eisenhart）

A. 苏珊·朱罗（A. Susan Jurow）

《质性研究手册》（全四卷）译校者

译者前言

2010年秋季学期北京师范大学教育学部成立质性研究方法教学团队。教育学部教师教育研究所的宋萑博士负责硕士研究生的质性研究方法教学,我负责博士研究生(包括学术型博士研究生[Ph.D.]和教育博士研究生[Ed.D.])的质性研究方法教学。2011年7月,北京师范大学教育学部与重庆大学出版社合作主办了题为"质性研究的教学与实践"的质性研究论坛。2012—2013学年度秋季学期,我发动选修我开设的"质性研究:理论与实践"课程的博士研究生进行出版创新,把课程论文中优秀的和存在诸多问题的作品、学者的点评和作者的回应一起编辑成书,命名为《质性研究:实践与评论》(第一卷,武晓伟等人),于2013年9月由重庆大学出版社出版。2014年春季学期教育学部整合质性研究方法教学团队,由我负责硕士与博士研究生、全英文国际硕士和博士留学生质性研究方法教学团队的构建与发展,该教学团队包括白滨博士、Lorin Yochim博士、卢立涛博士、裴淼博士、宋萑博士、王熙博士、周钧博士、曾国权博士、朱志勇博士。他们都受过质性研究方法的系统训练,并一直用质性研究方法做教育问题的研究。2015年北京师范大学研究生院开设了人文学科、社会科学、自然科学的各种研究方法课程,并组建各种研究方法的教学团队。我应邀组建了北京师范大学学校层面的质性研究方法教学团队,该团队由来自教育学部、社会学院、政府管理学院、新闻传播学院、社会发展与公共政策学院的12位学者组成,每秋季学期为全校的硕博士研究生开设2~3个平行班的质性研究方法课程。

基于前期愉快的合作和彼此建立的信任,再加上北京师范大学及其教育学部对质性研究方法课程教学的高度重视与大力支持,重庆大学出版社"万卷方法"策划人雷少波先生于2013年3月29日邀约我们团队翻译这本大部头的 *Handbook of Qualitative Research*(第4版)。老实说,当时团队成员都是年轻的讲师和副教授,忙于科研工作,对翻译这本大部头的英文著作没有很强的情感能量。时任教育学部部长的石中英教授也参与了讨论会,他认为教育学部质性研究方法教学团队是国内最早、最大的专业性教学团队,这个团队有责任,也有能力为国内学术研究和教学共同体翻译这本巨著。在他的激励和"鼓噪"下,我们也就"欣然"接受了这个任务。本手册正式的翻译工作从2014年开始。

从2014年开始翻译一直延迟到2018年出版,原因如下:一是每位参与翻译和审校的学者都秉持精益求精、慢工出细活的理念,用足够的时间慢慢打磨每段每句的翻译;二是作为主持这项翻译工作的我,在译稿审校期间,由于繁重的教学、科研与社会服务工作,停顿了一年多的时间;三是由于本书的部头巨大,出版社编校工作本身就需要花费大量时间,尤其是要尽力做到近200万字的行文、术语、人名等能够前后照应,更是需要花大量的时间进行反复的检查核对。

　　在翻译的过程中,翻译团队对一些学术概念的翻译也进行了讨论与最后的统一,这里略举几例。1) Qualitative Research 到底翻译成什么? 国内不少人倾向于翻译为"定性研究"(比如,由风笑天教授主持翻译、重庆大学出版社出版的本手册第 2 版的中文版),但我们认为这里的"定性"与日常生活中使用的"定性"概念(例如,"就看这个问题怎么定性了")很容易混淆,所以我们把它翻译成"质性研究",这里的"质性"给我们带来的"想象力"更加符合质性研究的理路。2) Case Study 翻译成"案例研究"还是"个案研究"? 法学、管理学等学科的教学方法中经常使用"案例教学",这里的"案例"就是把某一案件的发展过程写成一个案例用到教学中去,或者把某一组织的管理理念、行动及其形成的管理文化写成一个案例提供给学生进行讨论和分析,那么这里的"案例"相对于使用者或研究者(分析者)——学生——来说,就是现成的。而质性研究的 Case Study 中的 Case 是需要研究者到真实的情境中去体验的,需要使用观察法、访谈法和实物收集法收集一手资料,如对一位教师的教学行为的研究,对一个班级的几位学困生的研究,对一所学校的学校文化的研究等,因此,为了避免"案例教学"中"案例"给我们带来的错觉,原则上我们把 Case Study 翻译成"个案研究"。3) Institutional Review Boards 到底翻译成"伦理审查委员会"还是"制度审查委员会""机构审查委员会"? 这个概念用在质性研究的过程中,肯定是指伦理审查,但是这个概念中又没有 Ethics,而 Institutional 本身是没有"伦理"这层含义的,结合这个概念的历史与使用情境,我们统一翻译成"伦理制度审查委员会",因为我们认为在质性研究中,研究伦理审查已经是一种制度性的要求。4) Autoethnography 翻译成"自我民族志"还是"自传(体/式)民族志"? 我们认为"自传"比较正式和庄严,一般人认为只有名人才会有自传,而普通人没有自传。虽然如此,但在日常生活中普通人都有自我,可以表达自我,且每个自我都是与其所在的情境和文化相符应的,因此,我们统一翻译成"自我民族志"。

　　参与这本手册翻译的人员主要是在北京师范大学不同院系从事相关教学或科研工作的教师,也有部分是曾经或正在攻读硕博士学位的研究生。这本手册的翻译得到了北京师范大学教育学部教学办、北京师范大学研究生院培养处的关注和支持,在此一并感谢。蒋逸民先生对全书繁杂的专有名词进行了把关和统一,重庆大学出版社的雷少波先生及其编校出版团队,为本手册的出版倾注了大量的心血,在此对他们表示敬意。

　　一个人翻译这本大部头的著作会感到很大的压力,但团队的翻译也会有诸多问题,如语言习惯、内涵理解、概念统一等。好在每位读者都是独具慧眼的,你们在阅读中发现的任何翻译问题都将是我们修订再版重要且极有价值的参考。请"高抬贵手",把所有问题发送至我的邮箱 zzy@bnu.edu.cn,以便我们修改完善。

朱志勇

2018 年 9 月,于北师大英东教育楼 543 室

前　言

朱志勇　译校

《质性研究手册》(以下简称"手册")第 4 版共有 43 章,64 位作者或合作作者。如同第 3 版一样,第 4 版是全新的,因为其中有近三分之二的新作者及 18 章全新的主题。

这本手册过去曾拥有社会科学与人文学科中多种类型的读者,现在和将来也将吸引更多对此领域感兴趣的群体,包括想要学习如何做质性研究的研究生、希望更好地了解该领域的一线教师和教育工作者、处于政策情境中的那些已经理解质性研究方法论价值并想进一步了解该领域最近发展动态的人员、擅长于从这本包罗众领域手册中探知某一领域并欲知晓该领域最近动态的专家们。同时,我们也绝对没有预料到这本手册居然能成为本科生与研究生研究方法的教材。2008 年我们为课堂教学编制了 3 卷平装本,即《质性研究的风景》(*The Landscape of Qualitative Research*)、《质性研究的策略》(*Strategies of Qualitative Inquiry*)、《收集与解释质性资料》(*Collecting and Interpreting Qualitative Materials*)。

本手册第 4 版延续了第 3 版的某些话题。过去二十年的某个时间段是批判性质性研究(critical qualitative research inquiry)的时代,或者较准确地说是批判性质性研究进入了另外一个历史阶段[1]。由于 20 世纪 80 年代质性-量化研究范式之争,似乎一夜之间涌现出很多期刊、手册、教材、论文授奖、年度杰出学人讲座,以及学术协会,他们都在关注这一问题。所有这些形式都致力于质性研究内容的更新(参见本手册第 3 章)。学者们都参与到这个新的探究领域的各种类型的社会运动中,但凡一种新的话语,或类似新的话语一旦产生,它就会盛行。

令人自豪的是,质性研究者们获得了应有的地位,学生们为了学习和获得指导纷纷参与研究生项目,质性和混合研究方法模块的教学已经非常普遍,现在已有 QUAN 和 QUAL 课程(参见本手册第 43 章)。范式的激增和扩散势不可当,就似一种种族化和酷儿化的后××主义的彩虹联盟,从女权主义到结构主义、后现代主义、后殖民主义、后结构主义、后实证主义、后科学主义、马克思主义和后建构主义(参见本手册第 3 章)。

所有的这一切发生在一个复杂的历史场域、一场全球反恐战争、另外一种方法论运动(参见本手册第 16 章),以及第八个阶段的开始或结束(Denzin & Lincoln,2005,p.3)[2] 的内部,并以它们为背景。在方法论论争的这个时期(2000—2004),质性研究者们面对并迎接了科学反弹(scientific backlash)的挑战,这种科学反弹与以证据为基础的社会运动(evidence-based social movement)有着密切的联系,后者又和北美教育中的《不让一个孩子掉队法案》(*No One Child Behind Act*)有关(参见 Hatch,2006),同时,他们欣然接受了研究的多重混合的方法路径(参见本手册第 15,16 章)。

由此,21 世纪第二个十年伊始,我们应该前行了。我们应该开辟新的空间,探询新的话语。我们需要发现新的方式来把人们有关社会正义方法论方面的困惑联系起来。我们要把这些干预连接到那些有关的机构网站去,让这些困惑变成公众话题,进而转变为社会政策。

这项工程需要一个重要的框架,这个框架需要特别对待的是实践、政策、行动、结果、表演与呈现、话语、心灵的方法论等部分,以及希望、爱心、关爱、宽恕和康复的教学(参见本手册第 8,40 章)。这个框架是为了边缘群体发声,并和边缘群体共同发声。作为一种解放主义的哲学,这个框架致力于讨论种族主义、贫困和性别歧视主义对互动个体的生活所产生的影响。

展望未来,我们必须不断地面对指向质性研究的各种批评,并通过这些批评来提升我们的工作。每一代人必须为自己设置一定的界限,并且需要对过去必须持有一种立场。每一代人对批判性研究的认识论立场、方法论立场和伦理立场都必须有清晰的表述。每一代人对当下和过去的批评必须更需要进行回应。在包容的精神理念下,我们要倾听对我们的批评。但是,在如此行动时,我们更需继续努力,以便使学院去殖民化,使那些被主流范式压制的声音得到尊重。让我们用合作、写作和相互尊重的精神来指引我们的行动。

现在迫切需要的是展示质性研究的实践过程如何能够以积极的方式帮助改变这个世界。因此,我们必须把质性研究当作一种激进的民主实践形式,来践行它的教学的、理论的和实践的观念和承诺。

我们写给作者和编辑委员会成员的信中,是这样陈述的:

> 《质性研究手册》第 3 版于 2005 年由 Sage 出版社出版,我们认为该手册是质性研究领域未来工作中的一个重要基准。基准工作的一个衡量标准就是它在研究生教育中的地位。我们希望第 4 版能够成为你的研究领域的博士生们在准备考试和博士论文的过程中必须要学习的手册。我们也很高兴地发现很多教师把该手册当作课堂教材来使用,我们希望第 4 版能够满足同样的教学需求。新的版本应该推进它在不确定性的时代中所

致力的社会正义的民主工程。与我们合作的作者们在批评该领域、勾勒出当下涌现出的关键主题、争论和发展的同时,也要针对性地解决实施中的实际和具体问题。

这就是第4版三方面的议程,进而呈现课堂内外质性研究的话语如何能够有助于创造和想象一个自由民主的社会。接下来手册中的每个章节都会用一种或多种方式来阐明这些设想与承诺。

我们要求一本手册应该具有不同的功能。首先,一本手册应该能够代表一个领域知识的精华,它能综合现有文献,帮助界定和勾勒该领域的现在和未来。一本手册可以绘制手头话语的过去、现在和未来,它代表这个世界中最杰出的学者的最优秀的思想,它是反身性的、综合的、对话式的、容易理解的,同时也是权威性的、明确的。它对主题是清晰界定的,它的作者们在一个共享的框架中进行工作,他们和编者们试图对一个领域和一个学科施加一种规则,但是他们彼此互相尊重,并尝试尊重跨学科和跨范式视角的多样性。

一本手册不仅仅是文献综述,它的读者有研究生、知名学者,以及希望了解该领域的学者。它有实际操作方面的信息,指引人们如何从想法到探究,从探究到解释,从解释到实践再到行动。它把这个任务放置在一个更大的学科和历史形成的背景中,它对社会正义问题持有一个立场,这不仅仅是纯粹的学问。它是谦恭的,又是不可或缺的。

基于以上的理解,我们组织了该手册先前的三版。我们可以这样作个比喻,如果你想带一本质性研究方面的书到一个荒岛(或者是为了一个综合的研究生考试),那么这本手册是最好的选择。

批判社会科学不是以科学及其修正的后实证主义的形式来寻求外部基础(external grounding),而是以对批判教育学和社群式女权主义(communitarian feminism)充满希望但又不保证的承诺来进行探询,它寻求理解权力和意识形态如何通过和跨越话语系统、文化商品和文化文本进行运作的路径,它也探究词语和文本以及它们的意义是如何在文化的"种族、阶层与性别的决定性表演与呈现"(Downing,1987,p.80)中起着关键性作用的。

我们不再只是写文化,我们在表演与呈现文化(perform culture)。如今我们有很多不同的质性研究形式,我们也有评估我们工作的多重标准。对我们这一代来说,这是崭新的,我们已经设置了我们的界限,也许我们还需要重新设置它,但是我们却牢牢地坚持这样的信念:受社会学想象力(sociological imagination)鼓舞的批判性质性研究能够使这个世界变得更加美好。

本手册的结构

本手册的结构是从一般话题到具体问题,从过去到现在。第Ⅰ部分首先从学院的应用质性研究传统来定位这个领域,然后提出社会与教育研究中质性研究的历史以及研究伦理、政治、批判社会科学传统等问题。第Ⅱ部分把我们认为的人文学科中质性研究体系化的主要历史和当代范式带来的影响分开讨论。这些章节包括从对抗性的范式(competing paradigms)(实证主义、后实证主义、建构主义、批判理论)的讨论到具体的解释视角(批判民族志、女性主义和蒙蔽的跨国话语、批判种族理论、文化研究、批判人文主义和酷儿理论、亚洲的认识论,以及残疾研究)。

第Ⅲ部分从历史的角度把质性研究的主要研究策略——研究者在具体研究中可以使用的研究方法——分开来进行讨论。这部分的作者们把具体的研究策略(混合方法、个案研究、表演民族志、叙事民族志、诠释实践、扎根理论、证词,尤其是行动研究、临床研究)嵌入社会正义的话题进行讨论。这部分的 11 个章节对这些策略的历史和使用进行了广泛、深入的讨论。

然而,方法的问题起始于质性研究项目的设计。社会情境中的研究者在设计质性研究项目时,经常首先提出研究问题,然后陈述研究范式或视角,再应用到经验世界,研究者接着讨论方法使用的范围。在朱丽安娜·奇克撰写的第 14 章中,她聪明地发现,在任何研究中,围绕质性研究资助的实践和政治问题经常是至关重要的。就全球而言,由于自由主义政治制度中保守主义的方法论势头增强,因此质性研究越来越难获得资助。

第Ⅳ部分探讨了收集与分析经验资料(empirical materials)的方法,如从叙事探究到以艺术为基础的研究,口述史,观察法,视觉方法论,表演性自我民族志(performative autoethnography),在线民族志的表现方法、政治与伦理,以及谈话与文本分析,再到焦点组的教学论与政治。

第Ⅴ部分讨论解释、评估与呈现的艺术和实践,包括在相对主义的时代中判断质性资料足够的标准、解释过程、作为一种探究方法的写作、地方诗学、文化创作、调查研究的诗意与见证行动的政治、质性评估与变化的社会政策。第Ⅵ部分预测了在全球不确定的时代中社会科学和质性研究的未来与希望。

修订版的准备工作

在修订版的准备工作方面,通过长时间的讨论,我们清楚地认识到我们需要注入更多他人的视角。为达此目的,我们组建了一支由国际化的、知名度高、跨学科学者共同组成的编辑委员会,他们帮助我们挑选负有盛名的作者,并准备目录、阅读各个章节(经常会几易其稿)。我们把编辑委员会成员当作展示他们各自学科领域的一扇窗户,搜寻需要触及的关键话题、视角和争论方面的信息。在选择编辑委员会成员和各个章节作者时,我们试图跨越学科、性别、种族、范式和国家的边界。我们希望通过不同作者们的观点来去掉我们自己对学科的有色眼镜(disciplinary blinders)。

我们收到编辑委员会广泛的反馈,包括增添新章节的建议、呈现每一章节不同的观点、不同章节作者挑选的建议,等等。除了考虑社会正义问题之外,我们要求每一位作者——他们在各自的研究领域是被国际公认的——都要讨论有关历史、认识论、本体论、示范文本、关键的争论、对抗性的范式,以及对未来的预测等话题。

对批评的回应

我们对来自该领域极好的反响感到由衷的高兴,尤其是全世界许许多多教授选择这本手册(以一种方式或另外一种方式)作为学生学习质性研究方法的必读资料。我们也很高兴收到了来自各方对我们工作的批评。这本手册已经帮助我们打开了一个对话的空间,这种对话姗姗来迟。很多人发现了这个领域中我们的方法存在的问题,这些问题说明我们在很多地方还需要更多的、更深入的讨论。

针对前三版提出的批评主要有以下几点:我们的框架很难操作(unwieldy);我们没有太关注芝加哥学派;我们太强调后现代时期;我们的历史模型是武断的(Alasuutari,2004;Atkinson,Coffey,& Delamont,2003);我们太折中;我们简化了当代时期和表征危机期;我们太关注政治正确但却没有充分论述其原因;以及在如何做研究方面着墨不多。有人认为革命还没有发生,他们就想知道我们打算如何评估质性研究,而现在叙事转向又发生了。还有人认为我们的框架使社会科学受到不必要的批判,实际上威胁到了社会研究的所有项目。

我们不能代表第1,2,3版的160位作者,每个人对这些问题都有自己的立场。作为编者,我们尝试代表若干对抗性的或至少是争辩的意识形态和观点。这本手册不是,也没有想要是邓津或林肯的观点。我们从来没有说做研究只有一种方式(way),或我们的方式是最好的,或所谓的陈旧的方式是不好的。我们只是说这是一种可以概念化的方式,也是一种我们认为有用的方式。

当然,这本手册不是一个单一的东西,它甚至超越了各部分加起来的总和,各个篇章内在与篇章之间都有很大的多样性,我们希望读者们能够从这些篇章的余地中找到空间,进而引起新的对话,那将是一场温和的、探究式的、友好的、批判性的交流,这种交流将会在不同的解释共同体(interpretive communities)——

也就是当今形成的称为质性研究的领域——之间搭建桥梁。我们珍视激情,我们欢迎批评,我们寻求发起一种抵制的话语(a discourse of resistance)。在国际上,质性研究者们必须与新自由主义政权的真理、科学与正义进行斗争。

界定这个领域

质性研究共同体由全球分散的个人和群体组成,他们正在尝试实践一种批判性解释方法(critical interpretive approach),这种方法将帮助他们(与其他人)理解 21 世纪头十年对日常生活进行限定的所谓糟糕的环境。这些个体们使用建构主义理论、批判理论、女性主义理论、酷儿理论、批判种族理论以及解释学派的文化研究模型。他们把自己定位于后实证主义与后结构主义两者之间,使用本手册第Ⅲ部分讨论的各种或所有的研究策略(个案研究、民族志、现象学、扎根理论,以及传记的、历史的、参与的、临床的方式)。作为阐释的行家(interpretive bricoleurs)(参见 Harper,1987,pp.9,74;Kincheloe,2008),他们熟练地掌握运用本手册第Ⅳ部分各章节所讨论的用以收集和分析经验资料的所有方法。同时,作为写作者和解释者,他们还要全力对付评价他们书面工作[3]的实证主义、后实证主义、后结构主义与后现代主义的标准。

这些学者构成了一个松散界定的国际解释共同体,他们对什么是一个"好的"和"坏的",或乏味的,或解放的、令人不安的分析与解释逐渐达成协议。他们不断地质疑"真实的"与"建构的"之间的区别,他们也不断地认识到通过互动和物质实践,通过话语、交谈、写作、叙述、科学文章、现实主义、后现实主义,以及田野中表演的故事,所有的事件和理解得以促成并成为真实。

这群人工作在那些兴起的跨学科、跨国界的编队的中心和边缘,这些编队在种族、族群、宗教与妇女问题研究,以及社会学、历史学、人类学、文艺评论、政治科学、经济学、社会工作、卫生保健、教育等的边界之间纵横交错。这种工作在观点与跨学科交流方面具有静悄悄变革的特征,在实践、政治与习惯方面具有务实变革的特征。

在这个新自由主义、实用主义与后现代主义之间令人不安的、陷入困境的十字路口,一场悄无声息的革命正在发生。这场革命由表征政治(the politics of representation)界定,旨在探究文本再现什么及其如何被判断。我们已经远离了朴素的现实主义世界,认识到文本不是映现(mirror)世界,而是创造了这个世界。进而言之,那儿不存在一个与被评判的文本相对的外部世界或最后仲裁者,例如,生活体验。

实用主义是这个交流的核心,也是其自身的理论和哲学关注,扎根于后现实主义传统,由此,其理论立场就是强调实践与方法胜于反思与审慎的行动。事实上,后现代主义自身并没有把话语或文本凌驾于观察之上的倾向,相反,它(和后结构主义)的确要我们同样严肃地关注话语、表演以及观察(或者其他任何田野工作方法),它也认识到我们的话语是传播媒介,它们可以用来与那些没有和我们一起进行田野研究的人分享我们的观察。

关注话语隐性权力(the hidden powers of discourses)这一认识所引起的焦虑恰恰是现在后现代主义开始时留给我们的,也标志着将触及我们每个人的问题的到来。当代质性的、解释性的研究存在于对抗性的话语领域,这是事实。我们把质性研究现在的历史划分成七个阶段,再加上第八个未来阶段。这些阶段现在都循环存在、相互竞争,并彼此解释。这种论述同时朝不同的方向发展,结果是在停用其他方法时,同时为质性研究方法创造新的空间、新的可能性与新的构成(formations)。

有些人会把质性研究的后现代、后结构的版本边缘化与政治化,把它们等同于政治正确、激进的相对主义、自我叙事,或者扶手椅上的评论。有些人会责备这本手册没有对田野研究中亲身实践的、具体细节的方法给予足够的关注,没有对那些告知我们如何研究"真实"世界的文本给予适当的敬意。然而,也有一些人想这本手册成为一个优选的、权威的、灵活的版本,回归到芝加哥学派或者最近形式的、分析的、现实主义的版本。有些人从内在批评其构成,他们认为把话语凌驾于观察之上不会产生评价解释性工作的标准,他们也想知道当只剩下声音和解释时还能做什么。很多人要找一个规范的框架来评价他们自己的工作。然而,他们的这些欲望可能没有一个能够很快得到满足。论争、矛盾以及哲学的紧张关系很难使得前述的这些问题在近期取得共识。

尽管每个章节都描述了子领域的历史,但我们不在这里整理历史。所有作者与我们的目的都在指向未来——从现在开始质性研究方法未来的十年。当然,质性研究的很多工作仍然囿于更早历史阶段界定的框架。这就是它应该的样子。做解释性的质性研究不只是一种方式。我们都是解释的行家,专注现在,针对过去,同时进入一个政治色彩很浓、备受挑战的未来。

质性研究方法的界定之争

质性研究项目具有开放的性质,它会对那些企图给所有研究强加单一的、一手遮天的范式的人以永久抵制。解释性项目有很多种,包括土著学者非殖民化方法论项目、批判教育学理论、表演(自我)民族志(performance [auto] ethnography);立场认识论、批判种族理论;批判的、公共的、诗学的、酷儿的、唯物主义的、女性主义的、反身性的民族志;与英国文化研究、法兰克福学派相关的项目;几种不同的扎根理论;常人方法论;非裔美国人的、后现代的,以及新实用主义的马克思主义;以美国为基础的批判文化研究模式;跨国文化研究项目。

质性研究的这些不同版本一般同时聚焦于以下 5 个方向:①解释性理论的迁回与本土的政治;②政治表征的分析以及文学和文化形式的文本分析,包括它们的生产、分配与消费;③民族志的质性研究与日常生活中这些形式的表征;④调查研究课堂和当地共同体中交互式参与批判文化分析的新教学实践和解释性的实践;⑤调整社会不公、想象一个还不存在的激进民主(Weems,2002,p.3)的乌托邦政治的可能性(Madison,1998)。

谁的革命?

总结一下,一篇由几部分组成的论文可以帮助我们了解如今的质性研究方法论身在何处。

第一,这项事业已经发生变化,因为它所面对的世界,无论是学院内部还是外部,都已经发生变化,同时还因为各个地方的阐释主义研究者(interpretivism researchers)在理论和方法论层面更加复杂。全球的政治经济充斥着分裂与差异、暴力与恐怖,这是一个后殖民或新殖民世界。我们必须超越国家或作为研究焦点的当地群体来思考。

第二,在这个电子化的世界经济中,民族志文本就像其他商品一样到处流通。也许,民族志会是这个新现代世界(neomodern world)中的主要话语之一。但是,如果确实如此,那么我们就不再可能把民族志,甚至是传统的、现实主义的质性研究,理所当然地理解成某种意义(参见 Snow,1999,p.97)[4]。全球和当地的法律程序已经消除了民族志学者与其要写到的那些人之间或者其个人与机构之间的距离。我们不会"拥有"我们描述研究对象的田野笔记,我们没有一个毫无异议的理由来研究任何一个人或一件事。研究对象质疑我们是如何写他们的,已经不止一个民族志学者被告到了法庭。

第三,这是一项性别化的事业,女性主义、后殖民与酷儿理论的学者怀疑异性恋的、叙事民族志文本的传统逻辑,这种逻辑反身性地把民族志学者的性别中立的(或男性的)自我放置在一个现实主义的故事里。现如今我们没有一个固化的民族志认同感。民族志学者在一个混合的现实中工作。经验、话语以及自我理解会抵触涉及种族、族群、国家、性别、阶层和年龄的更大的文化假设。一个确定的认同感是永远不可能了,民族志学者必须经常发问的不是"我是谁?",而是"什么时候是我? 我在哪里? 我怎么样?"(Trinh,1992,p.157)。

第四,质性研究是一个探究的事业,但也是一项道德的、讽喻的、治疗的事业。民族志不仅仅是人类经验的记录,民族志学者写下微小的伦理故事,这些故事确实超出庆祝文化差异或者使另外一种文化起死回生所带来的意义。研究者写的故事像一种支持和支柱,按照福克纳(Faulkner,1967,p.724)的理解,它会帮助人们在 21 世纪的头几年里接纳并战胜那些回忆。

第五,由于质性研究领域遭受不断的中断和破裂,这项事业有一个移动的中心,即从互动个体的视角研究社会世界所公开宣称的人文的和社会正义的承诺。从这个原则流变到自由的、激进的行动政治,女性主义、临床的、族群的、批判的、酷儿的、批判种族等理论,文化研究的学者们都持有这样的观点。尽管多种解释在质性研究领域传播,但在这一观点上他们是一致的。

第六,解释性学者在贯彻上述设想时所做的工作将会界定质性研究的第七和第八阶段。这些情形为21世纪质性研究的转型创造了条件。

最后,我们期待质性研究有一个持续的表演与呈现的转变,作者们能够确实为他人而写。

手册的故事

完成如此浩繁的工程所遇到的困难都是一样的,这本手册也不例外。质性研究这一历史时期运转所具有的基本张力和矛盾也为我们设置了其他一些困难。与第1,2,3版一样,"合适的"章节作者找不到,不是太忙就是承诺太多。结果是,我们找到了其他人,他们变成了比我们想象的还要"合适"的人。重叠很少的网络横跨了我们试图想要覆盖的很多学科。我们是幸运的,举其中一例来说,一位编辑委员会成员指出了我们根本没有意识到的一个方向。我们对费恩(Michelle Fine)表示感激,是她使我们与土著学者的国际共同体取得了联系。我们已经尝试去呈现南北美洲、欧洲、亚洲,以及南非、澳大利亚、新西兰等地区质性研究传统中最好的一些作品。

尽管这次我们了解这些领域比之以前要稍微好点,但是仍然有些空间我们在探索,基本不了解请谁来做。我们面临学科和代际的有色眼镜,包括我们自己的,同时还发现在不同的解释共同体内部围绕我们的每个话题都有各自的传统,常常很难在这些差异之间搭建桥梁,而且这些桥梁的搭建经常只是权宜之计。基于学科、认识论、性别、种族、族群、文化,以及国家信念、界限与意识形态等各种各样的话题有着巨大差异的思维风格,我们还得应对这些思维差异。

许多情况下,遇到有关谁来写这一章,或者这一章到底怎么写或如何评价等问题时,我们不经意地就进入了政治性的斗争,这些争论无疑表明这项事业的政治性,同时还表明这样一种事实,即就算每个章节不是多重解释(multiple interpretations)的真正地方,那么它也是一种可能性(potential)。在不止一个场合,我们与作者和编辑委员会成员持不同意见。我们经常发现我们自己要在对抗的编委评论之间进行判断,在意义形成与外交手段之间使用连字符。在有些情况下,很遗憾的是我们会伤害感情,甚至可能破坏了长久的友谊。此时,我们寻求宽恕。带着这些事后诸葛亮的明晰,现今我们有很多事情需要不同地对待,在此我们对过去已经造成的伤害道歉。

我们,和作者以及顾问们一样,对想要呈现的诸如理论、范式、认识论、解释框架、经验材料与数据、研究策略等术语的意义,都感到纠结。我们发现质性研究这个术语对不同的人意味着不同的东西。

我们放弃了把这本手册编辑成为综合的,甚至要有1 500页稿子的目标。我们与过了最后期限、超过规定页数的作者们共同战斗。我们也与作者们就如何界定他们的章节概念而辩论,进而发现我们清楚的问题其他人不一定清楚。我们也为何时完成章节而发生争议,当我们要求作者们再一次修改时,我们又不断地请求他们谅解。

阅读手册

如果要我们自己来评论这本手册,我们还是要指出我们看到的缺点,在很多方面,这些缺点与前几版相似,它们包括:过度信赖我们各自学科(社会学、传播学、教育)的视角,没能邀请到更多来自国际土著共同体的学者参与。我们对批判研究和土著研究交叉层面没有做详尽的处理,也没有综合的一章来论述以人为对象的研究与伦理制度审查委员会(Institutional Review Boards, IRBs)。我们努力工作,以避免出现这些问题。另外一方面,在第3版中我们已经提出了现在存在的一些问题,我们做出了巨大的努力以包含更多领域的应用质性研究,我们发起有助于不同章节作者之间进行对话的讨论,我们为来自不同学科更多的声音,尤其是人类学和传播学创造了空间,但我们还是缺少代表有色人种和第三世界的声音。我们非常愿意更多的来自欧洲和北美洲之外的以非英语为母语的学者参与到这项事业中来。作为读者的你,肯定对这本手册有自己的评论,也许这些评论中就会突显出我们没有发觉的一些问题。

这就是手册本质的所有,也是做质性研究本质的所有。这本手册是一个社会建构物,是一个社会共同创造的实体。尽管它以物质的形式存在,但当一代代学者和研究生使用它、改编它,便由此而发布了额外的方法论范式的、理论的、实践的作品。这不是最后的陈述,而是一个起点,是新思想、新工作的一个跳板,这个新工作是清新而又敏感的,它把我们学科的边界模糊化,但常常可以锐化我们对更大人类事业的理解。

带着所有这些优点和缺点,我们希望这项事业,这本手册的第4版,将有助于质性研究更加成熟,并提升它的全球影响力。同时,带着我们起初的目的,我们希望这项事业能使作为读者的你确信质性研究凭借自身能力现在构成了一个研究领域,允许你把自己的工作更好地定位于质性研究传统与一个激进民主事业的中心位置。如能发生,我们便成功地搭建了一座很好地服务于我们的桥梁。

致　谢

　　没有各位作者和编辑委员会成员的努力，这本手册就不可能呈现在你的眼前。经常是很短的通知，他们就免费贡献出自己的时间、提议以及谦恭的建议。我们全体向所有作者和编辑委员会成员的支持致谢。他们为了这项事业贡献自己长期的、可持续的承诺以及及时的紧急援助。

　　还有其他一些感激，是强烈的带有个人情感的像家人一样的感觉。没有我们 Sage 出版社的编辑和出版人自始至终的帮助、支持、智慧和鼓舞，这本手册永远不可能完成，他们是 Michele Sordi，Vicki Knight，Sean Connelly 和 Lauren Habib。他/她们对质性研究这个领域及其历史和多样性的理解是非常独特的，他/她们对这本手册应该是什么样的设想具有极其重要的价值，他/她们充沛的精力一直鼓舞着我们前进。甚者，无论何时我们遇到问题，Michele，Vicki 和 Lauren 都会帮助我们，并且温和、幽默。

　　我们也要感谢下面一些人与机构提供的帮助、支持、洞见和耐心：我们各自的大学、管理部门以及学系。在厄巴纳（Urbana），James Salvo，Melba Velez，Koeli Goel 和 Katia Curbelo 是必不可少的。他/她们的幽默感和魅力使得我们把日益增多的文档安排得井然有序，使得每个人都有相同的时间表。没有他/她们，这项事业将永远不会完成。

　　Sage 出版社以下同仁促进了这本手册的出版：Astrid Virding，Jackie Tasch，Taryn Bigelow，Robin Gold 和 Teresa Herlinger，我们非常感激他们的帮助，同时，在校对以及出版前编制索引阶段，我们非常感谢 Dennis Webb 和 Kathy Paparchontis 出色的工作。我们两人各自的妻子，Katherine Ryan 和 Egon Guba，帮助我们保持工作正轨，倾听我们的抱怨，一直表现出特别的耐心、包容和支持。

　　最后，还有一群人，当我们需要额外的指导时，他们慷慨地奉献他们的时间和精力，为我们提供专家意见和有思想的评论。没有他们的帮助，我们自己对这一版手册中再现的各种各样的传统、视角与方法就会缺乏完整的理解。我们还要对这本手册特殊的读者们所作出的重要贡献表示感谢，他们是：Bryant Alexander，Susan Chase，Michele Fine，Susan Finley，Andrea Fontana，Jaber Gubrium，James Holstein，Alison Jones，Stacy Holman Jones，Tony Kuzel，Luis Miron，Ron Pelias，John Prosser，Johnny Saldana 和 Harry Torrance。

Norman K. Denzin
University of Illinois at Urbana-Champaign
Yvonna S. Lincoln
Texas A & M University

注 释

1. 质性研究（qualitative inquiry）在北美已经经历了几个历史时期或阶段：传统阶段（1900—1950）、现代主义阶段或黄金时代（1950—1970）、类型模糊阶段（1970—1986）、表征危机阶段（1986—1990）、后现代阶段（1990—1995）、后实验研究阶段（1995—2000）、方法论论争阶段（2000—2004）、断裂的未来阶段（2005—　　）。这些历史阶段相互重叠，并在当下共存（参见 Denzin & Lincoln, 2005, pp. 2-3）。这种分类模型被冠为一种进步的叙事（a progress narrative）（Alasuutari, 2004, pp. 599-600；Seale, Gobo, Gubrium, & Silverman, 2004, p. 2；Atkinson, Coffey, & Delamont, 2003）。批评者认为我们相信最近的阶段是最新的、前卫的和前沿的（Alasuutari, 2004, p. 601）。我们当然对这种解读表示质疑。本手册第16章已经修改了我们对历史阶段的划分，进而切合20世纪出现混合方法时对几个重要阶段进行的历史分析。

2. 特德列和塔沙考里认为混合方法研究是第三场运动或时期。第一个时期是量化研究；第二个时期是质性研究；第三个时期提出了一个中间立场，这个立场调和了量化与质性之间的争论（本手册第16章）。

3. 这些标准包括那些后实证主义者们支持的标准（信度和效度的变化，包括可靠性和可信性），以及后结构女权主义立场所关注的标准，后者强调合作的、能唤起记忆的表演与呈现性文本（performance texts），这些文本能在研究者和研究对象之间创建伦理上负责任的关系。

4. 詹姆逊（Jameson, 1990）争辩到，现实主义的文本建构其对世界的版本（version）是通过"为读者制订计划……；通过在新的习惯和实践中培训他们…… 如此的叙述最终必须生产出恰好是真实（reality）的类别…… 现实的、'客观的'或者'外部的'世界，这种世界，其自身的历史，即使不是在后期的生产模式中，也许会在其他生产模式中经历决定性的改变"（p. 166）。新的民族志文本正在生产其真实的版本，正在教授读者如何参与到这个社会世界观中。

参 考 文 献

Alasuutari, P. (2004). The globalization of qualitative research. In C. Seale, G. Gobo, J. F. Gubrium, & D. Silverman (Eds.), *Qualitative research practice* (pp. 595-608). London: Sage.

Atkinson, P., Coffey, A., & Delamont, S. (2003). *Key themes in qualitative research: Continuities and change*. Walnut Creek, CA: Altamira.

Denzin, N. K., & Lincoln, Y. S. (2005). Introduction: The discipline and practice of qualitative research. In N. K. Denzin, & Y. S. Lincoln (Eds.), *The SAGE handbook of qualitative research* (3rd ed., pp. 1-32). Thousand Oaks, CA: Sage.

Downing, D. B. (1987). Deconstruction's scruples: The politics of enlightened critique. *Diacritics*, *17*, 66-81.

Faulkner, W. (1967). Address upon receiving the Nobel Prize for Literature. In M. Cowley (Ed.), *The portable Faulkner* (Rev. and expanded ed., pp. 723-724). New York: Viking.

Harper, D. (1987). *Working knowledge: Skill and community in a small shop*. Chicago: University of Chicago Press.

Hatch, A. (2006). Qualitative studies in the era of scientifically-based research: Musings of a former QSE editor. *International Journal of Qualitative Studies in Education*, *19* (July-August), 403-409.

Jameson, F. (1990). *Signatures of the visible*. New York: Routledge.

Kincheloe, J. (2008). *Critical pedagogy primer*. New York: Peter Lang.

Madison, D. S. (1998). Performances, personal narratives, and the politics of possibility. In S. J. Dailey (Ed.), *The future of performance studies: Visions and revisions* (pp. 276-286). Washington, DC: National Communication Association.

Seale, C., Gobo, G., Gubrium, J. F., & Silverman, D. (Eds.). (2004). *Qualitative research practice*. London: Sage.

Snow, D. (1999). Assessing the ways in which qualitative/ethnographic research contributes to social psychology: Introduction to special issues. *Social Psychology Quarterly*, *62*, 97-100.

Staller, K. M., Block, E., & Horner, P. S. (2008). History of methods in social science research. In S. N. Hesse-Biber & P. Leavy (Eds.), *Handbook of emergent methods* (pp. 25-54). New York: Guilford Press.

Trinh, T. M. (1992). *Framer framed*. New York: Routledge.

Weems, M. (2002). *I speak from the wound that is my mouth*. New York: Peter Lang.

本卷目录

1 / 1　　导论：质性研究的学科与实践 / 诺曼 K.邓津　伊冯娜 S.林肯

INTRODUCTION: THE DISCIPLINE AND PRACTICE OF QUALITATIVE RESEARCH

第 I 部分　定位领域

2 / 44　　重塑社会科学，振兴大学：修身和行动研究 / 莫滕·勒温　戴维·格林伍德

REVITALIZING UNIVERSITIES BY REINVENTING THE SOCIAL SCIENCES: BILDUNG AND
ACTION RESEARCH

3 / 69　　质性研究在社会与教育研究中的应用史 / 弗里德里克·埃里克森

A HISTORY OF QUALITATIVE INQUIRY IN SOCIAL AND EDUCATIONAL RESEARCH

4 / 97　　质性研究中的伦理与政治 / 克利福德 G.克利斯蒂安

ETHICS AND POLITICS IN QUALITATIVE RESEARCH

5 / 129　　研究伦理、规则与批判社会科学 / 盖里 S.坎内拉　伊冯娜 S.林肯

ETHICS, RESEARCH REGULATIONS, AND CRITICAL SOCIAL SCIENCE

第 II 部分　斗争中的范式与视角

6 / 153　　再论范式的论争、矛盾与新兴的融合 / 伊冯娜 S.林肯　苏珊 A.林汉姆　埃贡 G.古巴

PARADIGMATIC CONTROVERSIES, CONTRADICTIONS, AND EMERGING CONFLUENCES,
REVISITED

7 / 194　新世纪头十年的女性主义质性研究：发展、挑战与展望　／ 弗吉尼亚·奥勒森

FEMINIST QUALITATIVE RESEARCH IN THE MILLENIUM'S FIRST DECADE：

DEVELOPMENTS, CHALLENGES, PROSPECTS

8 / 223　质性研究中反启蒙主义跨国女性主义实践的神圣性和精神性　／ 辛希亚 B. 迪拉德

泌威·欧卡帕劳卡

THE SACRED AND SPIRITUAL NATURE OF ENDARKENED TRANSNATIONAL

FEMINIST PRAXIS IN QUALITATIVE RESEARCH

9 / 248　批判教育学与质性研究：走向"修补术"　／ 乔 L. 基切洛依　彼得·麦克拉伦

沙利 R. 斯坦伯格

CRITICAL PEDAGOGY AND QUALITATIVE RESEARCH：MOVING TO THE BRICOLAGE

10 / 271　文化研究：述行性规则与身体化链接　／ 米切尔 D. 加迪纳　乔舒亚 I. 纽曼

CULTURAL STUDIES：PERFORMATIVE IMPERATIVES AND BODILY ARTICULATIONS

11 / 296　批判人文主义和酷儿理论：与张力共生存　／ 肯·普卢默

CRITICAL HUMANISM AND QUEER THEORY：LIVING WITH THE TENSIONS

12 / 321　亚洲的认识论和当代社会心理学研究　／ 詹姆斯 H. 刘

ASIAN EPISTEMOLOGIES AND CONTEMPORARY SOCIAL PSYCHOLOGICAL RESEARCH

13 / 341　残疾人社区：促进社会公平的变革研究　／ 多纳 M. 默滕斯　马丁·苏利万

希拉里·斯泰西

DISABILITY COMMUNITIES：TRANSFORMATIVE RESEARCH FOR SOCIAL JUSTICE

总目录

1　导论：质性研究的学科与实践

第Ⅰ部分　定位领域

2　重塑社会科学，振兴大学：修身和行动研究

3　质性研究在社会与教育研究中的应用史

4　质性研究中的伦理与政治

5　研究伦理、规则与批判社会科学

第Ⅱ部分　斗争中的范式与视角

6　再论范式的论争、矛盾与新兴的融合

7　新世纪头十年的女性主义质性研究：发展、挑战与展望

8　质性研究中反启蒙主义跨国女性主义实践的神圣性和精神性

9　批判教育学与质性研究：走向"修补术"

10　文化研究：述行性规则与身体化链接

11　批判人文主义和酷儿理论：与张力共生存

12　亚洲的认识论和当代社会心理学研究

13　残疾人社区：促进社会公平的变革研究

第Ⅲ部分　研究的策略

14　资助质性研究的政治与实践

15　混合方法研究的争议

16　混合方法研究：当代研究领域的新议题

17　个案研究

18　表演民族志

19　用回忆录和非虚构文学编织叙事民族志

20　诠释实践之建构主义分析

21　社会正义研究中的扎根理论方法

22 以人权的名义:我听之前你应该怎么说

23 爵士乐和无花果树:参与式行动研究的"根和即兴创作"

24 什么是质性健康研究

第Ⅳ部分 收集与分析经验资料的方法

25 叙事探究:一个仍在发展中的领域

26 基于艺术的批判性研究:激进伦理美学的教学与表演

27 口述史

28 对观察的观察:延续性及其挑战

29 视觉方法论:朝向一种更多"看见"的研究

30 表演性自我民族志:重要表征及可能性

31 在线民族志的表现方法、政治与伦理

32 谈话分析与文本分析

33 焦点组访谈:教学、政治和探究的意外结合

第Ⅴ部分 解释、评估与呈现的艺术和实践

34 质性研究、科学与管理:证据、标准、政策和政治

35 反思质性研究阐释的合理性

36 分析与再现:连续统的两端

37 后质性研究:批判及展望

38 变革中的质性研究与技术

39 证据的政治性

40 写入立场:创作及评价的策略

41 评估作为一种关系性责任实践

第Ⅵ部分 质性研究的未来

42 质性研究的未来:我们应该从我们曾经待过的地方出发

43 质性研究教学

后记 走向一种"重建的民族志"

导论:质性研究的学科与实践

INTRODUCTION: THE DISCIPLINE AND PRACTICE OF QUALITATIVE RESEARCH

◉ 诺曼 K. 邓津(Norman K. Denzin)　　伊冯娜 S. 林肯(Yvonna S. Lincoln)

朱志勇　向辉 译　韩倩 校

　　作为一个全球性的研究共同体,在同时向几种方向发展时,质性研究者们正在探寻一种新的中和(a new middle)[1]。此一中和的动因源于两种极端的学术诉求:一方面,基于方法论的综合考量,要求研究以达致科学性诉求为主;另一方面,基于社会科学的批判性传统,要求研究以达致社会正义诉求为主。故而,在20世纪七八十年代的方法论之争中,质性研究就处于风口浪尖,而在关于新范式的论争之中,"但凡自诩为关注社会正义的研究都因受到一系列挑战而合法性不足,威胁主要来自官方的审查,包括所谓实证主义的排斥……实证主义一度是教育研究的'黄金准则'"(Wright,2006,pp.799-800)。

　　质性研究领域发起的以证据为基础的运动(the evidence-based research movement),要求质性研究的实施和评价均遵从一系列固定的标准和指引。显然,该运动试图全面掌控局势,将自己的准则作为万能法则(参见本手册第5章;Lincoln,2010)。该问题又引发了其他一系列问题,争议聚焦在证据的政治和伦理意涵,以及在处理公平与社会正义等问题时,质性研究能发挥多大作用(参见本手册第34章)。

　　我们在导论一章中首先界定质性研究的领域,并不厌其烦地描述和回顾质性研究在人文学科中的历史。这样做的一个好处是能够在这些学科的历史时期(historical moments)中梳理和编排该手册以及其详尽内容(所谓历史时期并非严格意义上的真实存在,而是一种社会建构的、准历史的,并与惯例相互重叠的历史动态。无论如何,历史时期允许不断发展的思想观点得以"表演和呈现"自身。它们也使我们能够更加敏锐和老练地应对民族志与质性研究的缺陷和愿景)。我们将提供一种概念框架,使质性研究这一实践能被理解为一种具有多元文化和性别色彩的过程。

　　然后,我们将简明扼要地介绍后续各章的主要内容。在对质性研究进行简短的讨论后,我们将得出自己的结论。我们也会讨论方法论保守主义运动为将人类作为主体的质性研究带来的挑战,这一点我们在前言中也提到过。正如前言所指,我们用桥梁来比喻后续各章的书写。本书就是一座知识的桥梁,它将学术共同体中使用阐释方法的学者们与各个历史时刻、各种政治范畴、去殖民化的宏图、各种研究方法以及各种范式用桥连接起来。

历史、政治与范式

为了更好地理解现时的处境，更好地反思面对的批评，我们最好回顾一下 20 世纪 80 年代的范式之争。这场争论使得教育学中的量化研究遭到致命一击。批判教育学、批判理论家以及女性主义分析等发挥了重大作用，促使研究者努力为穷人、非白人、女性以及同性恋者争取权利和文化资本（Gage,1989）。

特德列和塔沙考里的故事有助于阐明我们的观点。这二位学者拓展了 20 世纪 80 年代这场论争的时间框架，使之包括了至少三场范式之争或者说范式冲突：后实证主义——建构主义与实证主义的对抗（1970 至 1990 年）；后实证主义、建构主义以及批判理论等范式之间的竞争与冲突（1990 年至 2005 年）；以及以证据为基础的方法论主义者与其他学派——混合方法学派、阐释学派以及批判理论学派——之间正在进行的冲突（2005 年至今）[2]。

古巴（Guba,1990a）的《范式对话》（*The Paradigm Dialog*）一书的问世，标志着 20 世纪 80 年代论争的结束。后实证主义者、建构主义者以及批判理论者们开始相互对话，共同探讨诸如伦理、田野研究、实践、标准、知识积累、真理、意义、学生训练、价值和政治等一系列事宜。到 20 世纪 90 年代早期，关于质性研究的著作如雨后春笋，蓬勃而出；相关手册和新的刊物也相继呈现。此时，也开始出现了痴迷于某一特定范式的特定兴趣团体，有的团体甚至出版了自己的刊物[3]。

第二场范式冲突发生在混合方法论者内部，以及确信其自身的立场具有"范式的纯粹性"的个体之间（Teddlie & Tashakkori,2003b,p.7）。纯粹主义者们不断补充和重复的一个论点是：量化和质性方法不能相互结合使用，后实证主义和其他"主义"也不能混合使用，因为它们潜在的范式假设截然不同。在方法论面向上，有人用三角验证法（triangulation）挑战了这种不可调和论，因为三角验证法就是将多种方法结合，用以测量同一现象（Teddlie & Tashakkori,2003b,p.7）。当然，这一说法又引起了新一轮关于范式优越性的辩论。

20 世纪 90 年代之后，出现了一种软性的、非政治化的实用主义范式。一夜之间，量化和质性方法可以调和使用了，而学者们在其经验研究中往往对两者兼而用之（Teddlie & Tashakkori,2003b,p.7）。调和论拥护者们信奉"白猫黑猫，抓到老鼠就是好猫"，声称"不管是在实践面向还是在认识论面向，所谓的量化和质性方法不可调和使用的论调纯粹是无稽之谈。……因此，只要'起作用'，教育研究者们大可大胆使用各种方法，不必顾忌该方法究竟是量化的还是质性的"（Howe,1988,p.16）。当然，到底什么方法起作用并不是一个简单的经验问题，其中还涉及证据的政治性。

　　在这种背景下,出现了以证据为基础的研究,也引发了第三次论争,即"当前教育界学术圈中关于研究的'科学性'的争论以及由之产生的巨变"(Clark & Scheurich,2008;Scheurich & Clark,2006,p.41)。在特德列和塔沙考里所提到的第三次方法论运动中,混合方法与以证据为基础的研究在一个"软中心"共存。米尔斯(Mills,1959)可能会认为,这会产生他所说的抽象经验主义,研究与政治割裂开来。自传和历史退隐为背景,而技术理性盛行于世。

对质性研究的抵制

　　学术界以及学科中对质性研究的抵制表明政治深深地植根于话语场域。质性研究受到的挑战极多。要想深入理解这些批评,就必须"在分析意义上区分[质性]方法论的两种角色:一种是政治的(或外在的)角色,另一种是程序上的(或内在的)角色"(Seale,Gobo,Gubrium,& Silverman,2004,p.7)。政治立场界定了方法论的特定情境——是在学术圈内还是学术圈外;而程序立场则界定了研究者如何使用质性方法来生产关于世界的知识(2004,p.7)。

　　毫无疑问,政治立场和程序立场是有交集的。质性研究者被政客和硬学科科学家(hard scientists,指从事量化研究的科学家)称为"新闻记者"或者"软"科学家("soft" scientists)。他们的工作被视为不科学的,仅仅是探索性的或者主观的,因此其工作成果与其说是理论,还不如说是评论和批评;或者从政治角度来理解,那些活儿不过是世俗人文主义的"羊头"而已(参见 Huber,1995;也可参见Denzin,1997,pp.258-261)。

　　这种政治上和程序上的排斥表明,一些人尴尬地意识到质性研究的阐释传统在某种意义上是作为实证主义或者后实证主义的批评者而存在的。然而,实证主义者对质性研究的排斥远远超过"维持硬科学与软学术之间的区分"(Carey,1989,p.99)。经验科学或者说实证科学(如物理学、化学、经济学、心理学等)通常被视为是西方文明的皇冠或者顶峰。在其实践中,存有如下假设:"真理"可以超越意见和个人偏见(Carey,1989,p,99;Schwandt,1997b,p.309)。质性研究被视为对该传统的玷污,因为它认为实证主义者往往缩头缩尾地藏进"不涉价值判断的客观科学"中(Carey,1989,p.104)。而实证主义者自身也很少在此问题上讲清楚,更别说批判性地评价"他们各种视情况而定的工作中所包含的道德和政治承诺"(Carey,1989,p,104;本手册第 6 章)。

　　实证主义者进一步声称,所谓的新试验的质性研究者们写的是小说而非科学,因此后者不能证实他们的言论为"真"。民族志类诗歌和小说预示着经验科学的消亡,而从事道德批判也无法带来什么益处。这些实证主义评论家们预设了一个稳定的、永不改变的实在,这个实在可以被客观社会科学的经验方法所研究证实(参见 Huber,1995)。相对应地,质性研究的领域涉及的是人们鲜活的生活经验。在各种经验中,个体的观念和行动与其所处的文化交互影响。实证主义模型不关心作为物质性阐释实践的话语和方法。但在一些质性研究者看来,话语和方法构成了表征和描述——这种理解就是实证主义者所拒斥的文本转向、叙事转向。

因此,实证主义者认为,后结构主义者对实证科学的反对,就如同对理性和真理的反对。当然,我们也可以说,实证科学对质性研究的攻击不过就是想把一种真理凌驾于另一种真理之上而已。

科学研究的遗产

史密斯(Linda Tuhiwai Smith)在记录其科学研究(包括质性研究)时,优先采用了同情被殖民者的视角。她认为:"'研究'一词总是不可避免地与欧洲帝国主义和殖民主义联系在一起","在本土居民的词汇中,或许'研究'一词本身就是最肮脏的字眼",它"含蓄地表明殖民主义过度糟糕的扩张",并采用一系列方法"对土著人的知识进行收集、分类,然后将之呈现给西方社会"(Smith, 1999,p.1)。这一肮脏字眼挑起人们的愤恨、沉默和不信。"其产生的情感力量如此之强,土著人甚至创作了关于研究的诗歌"(1999, p.1)。史密斯认为,该词是殖民主义最最肮脏的遗产。

埃里克森撰写的本手册第3章将展示这段痛苦历史的一些关键特征。他语带讥讽地指出,社会学和人类学中的质性研究源自西方人对异域的,通常是黑皮肤的"他者"的关注。当然,在人类学家和民族志学者到达当地之前,这些地方就有殖民主义者。然而,如果没有人类学家和民族志学者将黑皮肤的他者带入人们的视野的话,就不会有关于殖民主义或者现在的新殖民主义的历史学。因此,从一开始,质性研究就隐含在种族主义者的研究项目中[4]。

定义问题

质性研究成为特定的研究领域自有其缘由。它横跨诸多学科、领域和主题[5]。"质性研究"这一术语就像一个大家族,包含着一系列复杂的、相互关联的术语、概念和假设。这其中包括基础主义(foundationalism)、实证主义(positivism)、后基础主义(postfoundationalism)、后实证主义(postpositivism)、后结构主义(poststructuralism)、后现代主义(postmodernism)、后人文主义(post-humanism)等理论传统,以及许多与文化研究和诠释性研究相联系的质性研究的视角与方法(参见本手册第Ⅱ部分的各个章节)[6]。关于质性研究范畴下的许多方法和路径,现有文献较为零散,但论述却颇为详细。这些方法和路径主要有:个案研究、政治与伦理、参与性研究、访谈、参与式观察、视觉方法和诠释性分析等。

就北美而言,质性研究所涉及的历史领域更为复杂,至少跨越了八个历史阶段。这八个历史阶段相互重叠,并且目前在同时起作用[7]。我们将它们分别定义为:传统阶段(1900—1950);现代主义阶段或者黄金阶段(1950—1970);类型模糊阶段(1970—1986);表征危机阶段(1986—1990);后现代阶段,即实验的和新民族志的阶段(1990—1995);后实验研究阶段(1995—2000);现阶段的方法论论争阶段(2000—2010);以及未来阶段(2010 年以来)。未来阶段,即第八个时期,将是方法论大碰撞的阶段,这一碰撞主要是由以证据为基础的社会运动引起的。其主要的关注点在于道德话语和宗教文本的演化。第八个历史阶段要求社会科学和人文学科成为批判性对话的重要场域,使人们能够自由讨论民主、种族、性别、阶级、民族—国家、全球化、自由和共同体等主题[8]。

后现代阶段和后实验阶段的界定在一定程度上与对下列事物的关注有关:文学和修辞学比喻以及叙事转向、讲故事、以各种新方式构建民族志等(Ellis,2009;本手册的第 18,19,30,36,37,40 章)。

连续不断的认识论理论化浪潮贯穿着这八个阶段。传统阶段与实证主义和基础主义范式相伴相随。现代主义阶段或黄金阶段以及类型模糊阶段则与后实证主义争论的出现相关。同时,各种各样新的诠释性的、质性的视角不断被接受,包括诠释学、结构主义、符号学、现象学、文化研究以及女性主义[9]。在类型模糊阶段,人文学科成为批判理论、诠释性理论以及广义的质性研究项目的核心资源。研究者成了修补匠(bricoleur,参见下文),学习如何从其他学科中分析借鉴。

类型模糊阶段产生的后果就是带出了下一个阶段——表征危机阶段。在这一时期中,研究者苦恼于如何将自己及其研究对象置于反身性的文本(reflective text)中。一种方法论的双向传播发生了。人文学者不断向社会科学迁移,寻找新的社会理论、新的方式来研究大众文化及当地的民族志背景。社会科学家转向人文学科,希望学到如何对社会文本做复杂的结构分析和后结构分析。从人文学科那里,社会科学家也学到如何生产文本,并避免其被过分简单地、线性地、不容置疑地解读。文本与背景之间的界限变得模糊起来。在后现代实验时期,研究者继续偏离基础主义和准基础主义的标准(见本手册第 35,37 章)。人们寻求其他的评价标准,这种标准既根植于本土的理解,同时又能够唤起人们的情感体验、合乎道德并且具有批判性。

任何关于质性研究的定义都必须在这种复杂的历史场域中进行界定。在这些不同的时期中,质性研究的内涵也不同。但无论如何,我们还是可以提供一个初始的、一般性的定义:质性研究是一种将观察者置于现实世界之中的情境性活动。它由一系列诠释性的、使世界可感知的身体实践活动所构成。正是这些实践活动改造着世界。它们将世界转变成一系列的表征,包括实地笔记、访问、谈话、照片、记录和自我备忘录等。在这个意义上,质性研究包含着一种对世界的诠释性的、自然主义的面向。这意味着质性研究者是在事物的自然背景中来研究它们,并试图根据人们对现象所赋予的意义来理解或解释现象[10]。

质性研究包括使用和收集各种经验材料的研究:个案研究、个人经历、内省、生活史、访谈、实物(artifacts)、文化文本和文化产物,以及可观察的、历史的、互动的以及视觉的文本。这些事物描绘了个人生命历程中的日常生活以及其中的困感与意义。因此,质性研究者使用广泛的、内在相连的解释性实践,总是希望能够更好地理解身边的研究对象的方方面面。然而,不难理解,每一种实践都会以一种不同的方式感知世界。因此,在任何一项研究中都运用了不止一种解释性实践,这几乎是一种约定俗成的惯例。

质性研究者:修补匠与拼凑者*

质性研究者可能具有多种性别化的意象:科学家、自然主义者、田野工作者、新闻记者、社会评论家、艺术家、表演者、爵士音乐人、电影制作者、拼凑者、随笔作家。质性研究的许多方法论实践都可以被看作软科学、新闻报道、民族志、修补术、拼凑,或者蒙太奇。因此,研究者可以被看作就地取材的修补匠,或者是拼凑者,抑或是运用蒙太奇处理各种图像的电影制作者(关于蒙太奇,参见 Cook,1981,pp.171-177;Monaco,1981,pp.323 -328;以及下面的讨论。关于缝制百衲被,参见 hooks,1990,pp. 115-122;Wolcott,1995,pp.31-33)。

哈珀等学者(参见 Harper, 1987, pp. 9, 74-75, 92; de Certeau, 1984, p. xv;Nelson,Treichler,& Grossberg,1992,p.2;Lévi-Strauss,1962/1966,p.17;Weinstein & Weinstein,1991,p.161;以及 Kincheloe,2001)解释了修补术(bricolage)和修补匠(bricoleur)[11]的含义。修补匠"运用世界上已经存在的工具(如投石器),而拼凑则是多少有些'诗情画意地凑合'"(de Certeau,1984,p.xv),"仅取有用的,而舍弃那些杂物零碎"(Harper 1987,p.74)。修补匠"是万事通,凡事爱自己动手"(Lévi-Strauss,1962/1966,p.17)。在哈珀(Harper,1987,p.75)的著作中,修补匠自我塑造,竭尽全力做好事情。确实,哈珀的生活史,即她的自传"可以被视为一种拼凑"(Harper,1987,p.92)。

修补匠也有很多种类型——诠释性的、叙事性的、理论性的、政治性的。诠释性的修补匠往往能利用手头的东西拼凑出作品———一组凑合在一起、能较好地再现复杂情境之细节的表征。"拼凑作为一种解决之道往往自然而然地产生出来,是修补匠所使用的方法带来的一种后果"(Weinstein & Weinstein,1991,p.161)。显然,拼凑改变了原初形态,采取了新的形式,从而成为截然不同的关于表征的工具、方法和技术。当阐释被纳入这个过程时,就更难弄清拼凑是如何

---

* bricoleur 一词为法文,有"利用手头材料加工"之意涵,但翻译为"利用手头工具摆弄修理者"似不妥帖。列维-斯特劳斯在《野性的思维》一书中使用了 bricoleur,中译本将 bricolage 一词译为修补术,将 bricoleur 一词译为修补匠。动词 bricoleur 在旧的词意上指球戏和玩台球、狩猎和骑马。修补匠(bricoleur)指用手干活的人,与掌握专门技艺的人相比,他总运用一些转弯抹角的手段。修补匠善于完成大批的、各种各样的工作,但与工程师不同,他并不使每种工作都依赖于按设计方案去设想和提供的原材料与工具:他的工具是封闭的,他的操作规则总是就手边现有之物来进行的,这就是在每一有限时刻里的一套参差不齐的工具和材料(列维-斯特劳斯.野性的思维[M].李幼蒸,译.北京:商务印书馆,1987:22-24)。故本文亦将 bricoleur 译为修补匠。quilt maker 即为百衲被缝制者,将各种布块拼凑缝合在一起,故译为拼凑者。沃尔科特(Harry Wolcott)的《田野工作的艺术》(沃尔科特.田野工作的艺术[M].马近远,译.重庆大学出版社,2011)一书中译本似将此词译为"整合专家"。——译者注

发生改变的。尼尔森等人将文化研究的方法论描述为"一种拼凑。也就是说,其对实践的选择是实用主义的、策略性的和反身性的"(Nelson,et.al.,1992,p.2)。这种理解亦可以有条件地应用于质性研究。

作为修补匠或者拼凑者的质性研究者,根据其技艺,利用一些审美工具和物质工具,尽可能地调动其近便的策略、方法或经验材料(Becker,1998,p.2)。如果必须发明或者凑集新的工具或技术,那么,研究者将会去做这一切。但事先不必对使用哪种诠释性实践进行选择。"选择何种研究实践取决于所提出的问题,而这些问题又取决于它们的背景"(Nelson et al.,1992,p.2),取决于背景中能够提供什么,以及在那样的背景中研究者能做什么。

这些诠释性实践涉及审美问题,是一种超出了实用主义或实际功用的表征美学。在这里,有必要引入"蒙太奇"这一概念,它有助于我们加深理解(参见 Cook,1981,p.323;Monaco,1981,pp.171-172)。蒙太奇是一种电影画面的剪辑方法。在电影摄影史中,谢尔盖·爱森斯坦(Sergei Eisenstein)的作品,尤其是影片《战舰波将金号》(*The Battleship Potemkin*,1925),是运用蒙太奇手法的典范。在蒙太奇中,几个不同的影像一个接一个地层叠出现,创造出一幅画面。在某种意义上,蒙太奇就像原画再现(pentimento),在这种重现中,某些一直涂在画面下层的图案(一种被画家"因反悔而改掉的"或否定掉的图像)再次显现出来,并创造出某些新的东西。这种新的东西正是被上层的图像弄模糊的东西。

与即兴创作的爵士乐一样,蒙太奇和原画再现创造出某种将图像、声音以及理解混合交织在一起的感觉,形成一种复合的新作品。图像似乎相互塑造、相互定义,产生出一种情感的格式塔效应。通常,这些图像被结合在一种快速运转的电影情节中。几个图像围绕着一个中心或者焦点画面或者情节而旋转,产生出一种令人头昏眼花的效果,从而用来表示时间的流逝。

或许蒙太奇手法最经典的案例是《战舰波将金号》中敖德萨阶梯(Odeasa Steps)的片段。在影片的高潮,敖德萨的平民正被拥护独裁统治者的军队屠杀于通向港口的石阶上。爱森斯坦剪辑了一位年轻母亲的镜头。面对开枪扫射的军队,她急忙将孩子放进婴儿车,穿过码头。慌乱奔跑的平民不断从她身边闪身而过,婴儿车摇晃着,这使她很担心。军队在她上面向平民射击。她被困在军队和阶梯之间,她尖声喊叫。来复枪在硝烟中迸发出的射线直冲天空。这位母亲的头转向后面,婴儿车的轮子在台阶的边缘摇摇欲坠。母亲的手紧紧抓住她腰带上银色的搭扣。在她下面,人们被士兵追打。鲜血滴在母亲雪白的手套上。婴儿的手伸到了车外。母亲来回地转头。最后,军队向前去了。母亲倚靠着婴儿车瘫痪在地。一位妇女惊骇地看着婴儿车的后轮滚出了阶梯平台的边缘。随着速度的加快,婴儿车猛地冲下台阶,碾过死去平民的身体。婴儿在车内来回晃荡。士兵用来复枪向一群受伤的平民开火。当婴儿车跳越过台阶,倾斜,翻倒,一个学生尖叫起来(Cook,1981,p.167)[12]。

蒙太奇运用简洁的图像清晰地创造出紧张、复杂的感觉。随着情节的展开,蒙太奇引导观众以一个个场景为基础去建构他们对此的理解与解释。这些解释建立在联想之上,而这些联想的基础则是对混合在一起的图像进行相互对比。蒙太奇的基本假设是:观众对镜头的理解和感知,"并不是连续不断的,也不是一次理解一个镜头。相反,是通过一种蒙太奇序列,将几个镜头同时理解消化的"(Cook,1981,p.172)。观众将所有的序列有机组合,形成一个有意义的情感总体,这样,只需匆匆一瞥,便能领会其中含意。

运用蒙太奇手法的质性研究者就像是一个缝制工,或者爵士乐即兴表演者。缝制工穿针引线,将现实的碎片缝合、编织在一起。这一过程创造并带来了心理上与情感上的整合,从而成为一种可理解与解释的经验。在当前的质性研究中有许多运用蒙太奇的例子。运用多样的声音,不同的文本形式,以及风格各异的叙事体裁,迪弗西和莫雷拉(Diversi & Moreira,2009)对种族、认同、民族、阶级、性别关系、私密性以及家庭等主题编织出了复杂的文本。如同缝制百衲被或者即兴表演爵士乐一样,在蒙太奇的运用中,许多不同的事情在同一个时刻发生:不同的声音、不同的透镜、不同的观点、不同的视角。自我民族志的作品运用蒙太奇的手法能同时创造并激活道德因素。其场景从微观个体转到宏观政治,从本土生活追溯到过往历史和恢宏的文化传承。这就是一种对话性的文本,假设自己在表演,台下是积极踊跃的观众。这种处理方法创造出读者与作者的互动空间。显然,这类作品的意义远远不局限于将异域他者带入社会科学的研究对象中来(参见本手册第30,40章)。

毋庸置疑,质性研究会涉及多种方法(Flick,1998,p.229)。多种方法的运用,或者我们称为三角验证法的实践,反映出研究者们试图获得对研究现象的一种深度理解。客观实在本身几乎难以捕获,我们只能通过事物的表象去理解它。三角验证本身并不是一种验证工具或策略,却能发挥一种类似验证的作用(Flick,2002,p.227;2007)。因此,在任何一项研究中,结合多种方法论实践、多种经验材料、多种视角,以及邀请多个观察者的做法,已经成为一种策略,能使研究更具有严密性、广泛性、复杂性、丰富性,以及深入性(参见 Flick,2002,p.229;2007,pp.102-104)。

劳拉·艾林逊(本手册第36章;也可以参见 Ellingson,2009,p.190)质疑以前关于三角验证的界定过于狭隘,因而主张一种后现代的界定。这种后现代界定认为质性研究的核心形象就是一个有多面透镜的晶体(the crystal),而非三角形。她认为这种结晶化(crystallization)过程能体现出一种激情四射的、不受束缚的话语,这种话语直接从巧妙的科学和科学的艺术品中吸取未经转化的能量。鉴于此,后实验阶段的混合型文本就不止三个面向。与晶体、爱森斯坦的蒙太奇手法、爵士乐独奏曲,或者缝制百衲被的碎片等事物相似,混合类型的文本"将对称美感和材料与无穷变化的形状、实质以及各种嬗变物结合在一起。……晶体不断生长、变化、更替……晶体的多面透镜不仅折射出外部事物,也折射出其内在景象,产生不同的颜色、形状和光线,向不同的方向释放"(Richardson,2000,p.934)。

　　在这种晶体化过程中，作者从不同的视角讲述了同一个故事。最后的成果便是将不同的类型与不同的写作形式混合在一起，为读者提供一种有可能发生的、情境化的开放结尾。1991 年 8 月 19 日，布鲁克林的皇冠高地（Crown Heights）发生了一场种族冲突。史密斯（Anna Deavere Smith）采访了一些涉事者，并将其中一些片段展现在其戏剧《镜中之火》（*Fires in the Mirror*, 1993）中。该剧有多场谈话场景，包括与帮派成员、警官以及不知名的青年男女的谈话。关于这一事件，不存在所谓"正确的"讲述。每一种讲述，就像一束射向晶体的光线一样，折射出人们对种族冲突的不同观点。

　　三角验证法也可被看作晶体理论的一种形式、一种蒙太奇，或者一种围绕着中心主题的创造性表演，因而可以扩展为效度的一种形式，或者一种替代。三角验证是多样性的展示，能够同时折射出多种现实。每一种隐喻都"发挥作用"，创造出同时性，而不是序列性或者线性。读者和观众因此而被引导，在各种相互竞争的观点中进行探索，沉浸并融入其所理解的新现实中。

　　方法论上的修补匠，擅长于从事大量不同的工作，从访谈到深刻的自我反思和内省，无所不包。理论性的修补匠，阅读广泛，知识渊博，知晓许多诠释性范式（女性主义、马克思主义、文化研究、建构主义、酷儿理论），并将这些范式运用到特定的问题上。然而，他或她可能认为各种范式不能混合或综合使用。如果范式像包罗万象的哲学体系，暗含着特定的本体论、认识论、方法论，那么确实难以贯穿打通。范式代表着将使用者与特定世界观联系在一起的信念体系。而视角则是不那么完善的体系，可以轻易地变换。作为修补匠的理论学者，往往在相互竞争和相互重叠的各种视角与范式之间及之内进行研究。

　　诠释性的修补匠清楚地知道，研究是一种互动的过程。这一过程受到研究者本人及研究对象的个人历史、经历、性别、社会阶级、种族，以及民族的影响。批判性的修补匠强调跨学科研究的辩证性和诠释性，因为传统学科之间的边界早已不复存在（Kincheloe, 2001, p.683）。政治性的修补匠确信，科学就是权力，因为所有的研究发现都具有政治意涵；根本不存在什么价值无涉的科学；要寻求一种建立在愿景政治学上的市民社会科学（Lincoln, 1999）。带有性别色彩的叙事性修补匠也认为，所有的研究者不过是在讲述他们所研究的领域的故事而已。因此，科学家所做的叙述，所讲的故事，都要符合特定传统之措辞和框架，而我们通常把这些传统称为范式（如实证主义、后实证主义、建构主义等）。

　　诠释性修补匠的劳动产品，是一种复杂的、像百衲被一样的拼凑物，一种反思性的拼贴画或蒙太奇，是一组流动的、相互连接的图像和表征。这种诠释性的结构像一床百衲被，一段表演的文本，或者一个将部分连接成整体的表征序列。

质性研究：多种诠释性实践的场所

作为一系列诠释性活动(interpretative activities)，质性研究对所有的方法论实践一视同仁。作为讨论或对话的场所，质性研究很难被清楚明晰地定义。它没有专属于自己的理论或范式。正如本手册第Ⅱ部分内容所揭示的，多种理论范式(建构主义、文化研究、女性主义、马克思主义，以及种族研究模型)都宣称运用了质性研究的方法和策略。正如我们下面将讨论的，质性研究也被运用于许多不同的学科中，它不专属于任何一个单独的学科。

质性研究也没有一组专属于自己的特定方法或实践。质性研究者运用符号学、叙事、目录、内容分析、档案分析与音素分析，甚至还运用统计、表格、图形和数字等。此外，它们也利用和使用民族志、现象学、诠释学、女性主义、扎根理论、解构主义、心理分析、文化研究、调查研究，以及参与观察的方式、方法与技术[13]。所有这些研究实践"都能够提供非常重要的见解与知识"(Nelson et al., 1992, p.2)。所有的方法和实践享有平等的地位，没有任何一种特定的方法或实践能宣称自己具有优先权。

其他人文学科也经常运用这些方法或研究实践。这些方法和实践因此就带有该学科自身的历史印迹。例如，在教育学中，民族志的运用就历史悠久，并且具有特定的意义(本手册第4章)；在人类学(本手册第19章)、社会学(本手册第20章)、传播学(本手册第18,30章)和文化研究(本手册第10章)中，参与式观察与民族志被广泛使用；电影与文学研究则长期运用了文本分析、阐释分析、女性主义分析、心理分析、符号学分析以及叙事分析(本手册第7,25,26章)；在社会学、医学、传播学和教育学中，叙事分析、话语分析与谈话分析等被广为运用(本手册第25,32章)。

仔细考察每一种方法或研究策略的历史，就会发现，它们以多种形式被运用到各项实践中，并有着多重含义。例如，文学研究中的文本分析常常将文本作为自给自足的体系。而在文化研究或女性主义那里，文本的含义则会因不同历史时刻中性别、种族或阶级意识形态的不同而不同。文化研究中的民族志则会试图借鉴女性主义、后现代主义和后结构主义的视角。这种理解方式显然不被主流的后实证主义社会学家接受。与之类似，后实证主义和后结构主义历史学家进行历史研究时，对研究的方法和结果会有不同的理解和运用。这种张力和矛盾明晰地显示在本书的各章中。

由于人们对质性研究的各种方法的使用和理解各行其是，因此很难对质性研究这一领域做出一个公认的基本的界定，每个人都有不同的看法[14]。即便如此，我们仍需定义何谓质性研究。尼尔森等人对文化研究的定义(Nelson et al., 1992, p.4)或许可以作为借鉴，我们将其改编如下：

质性研究,你可以说它是学科间的领域、跨学科的领域,甚至是不希望被学科化(counterdisciplinary)的领域。它横跨人文科学、社会科学以及自然科学。即便在同一时刻,质性研究也意味着不同的事物。其核心要义在于它是多范式的。质性研究的使用者时刻谨记多种方法路径所具有的巨大价值和意义。他们从自然主义视角和阐释学立场对人类经验进行解读。另一方面,质性研究的本质是政治性的,因而受多种伦理和政治立场的影响与塑造。

质性研究同时包含两种张力:一方面,它钟情于广义上的阐释学、后实验主义、后现代主义、女性主义和批判主义,认为它们具有深刻的洞察力与敏感性;另一方面,它又迷恋狭义上的实证主义、后实证主义、人文主义和自然主义,认为它们对人类经验的感知和分析非常到位。即便是在同一研究项目中,这两种张力都有可能同时存在,从而使得研究中后现代主义与自然主义并存,批判主义与人文主义同在。

上述界定尽管不那么简洁流畅,却表明了质性研究是一系列相当复杂的诠释性实践(interpretative practices)。由于其历史形态不断发生转换,因此它一直涵盖多种张力与冲突。例如,人们对具体的质性研究方法、研究结果、与理解过程所采取的形式等问题长期争论不休。质性研究盘旋于人文学科之间,有时候甚至跨越人文学科,延伸到自然科学。质性研究的践行者在现代主义、后现代主义以及后实验主义方面各有所好,因此也会据此选择不同的社会研究的具体路径与方法。

政治与再次兴起的科学至上主义

新世纪的头十年,美国国家研究委员会(National Research Council,NRC)发起了一场以科学为基础进行研究的运动(scientifically based research movement,SBR)。对质性研究而言,这一举动产生了一种新型的敌对的政治氛围(Howe,2009)。2001 年通过的《不让一个孩子掉队法案》(*No Child Left Behind Act*,NCLB)多少与 SBR 有关。后者标志着科学至上主义的再次浮现(Maxwell,2004),在认识论上要求以实证主义证据为基础。它鼓励研究者们采取"严密的、系统的、客观的方法论,以获得可靠有效的知识信息"(Ryan & Hood,2004,p.80)。其最受推崇的方法论是设计清晰的、有着自变量和因变量的因果模型。因果模型要得到验证,就需要实验采用随机抽样,这样所做的一切就可以被复制并被推广(2004,p.81)。

在这种情境下,质性研究遭到质疑。它既没有可以清晰地界定的变量,也没有因果模型,观察和测量也不是随机地分配到各个实验组的。质性研究的各种方法显然不能提供强硬的证据。个案研究、访谈、民族志方法也至多提供一些描述性材料,可以被实验方法验证。更为关键的种族理论、酷儿理论、后殖民主义理论、女性主义、后现代主义理论等所暗含的认识论也只能归入学术探讨,而非属于科学研究(Ryan & Hood,2004,p.81;St.Pierre & Roulston,2006,p.132)。

对 SBR 的批评在如下几点上达成共识。该场运动倡导的是一种狭隘的科学观(Lather,2004;Maxwell,2004),宣扬一种"可以倒退到坎贝尔-斯坦利时代(Campbell-Stanley era)的新古典实验主义,其教条就是要完全依赖量化方法"(Howe,2004,P.42)。这是一种"乡愁,妄想找回一个简单有序的科学世界,但我们知道,事实从来就不是这样的"(Popkewitz,2004,p.62)。国家研究委员会过于强调科学的严谨性,并将其作为唯一标准,而忽视了评价各项研究的标准应该是一个复杂的综合体,其中既有历史因素,也有文本脉络因素,更有政治因素。无论从必要性还是重要性上,这些因素都值得考虑(Bloch,2004)。

新古典实验主义者吹捧以证据为基础的"医学研究,认为它是教育研究的模板,尤其是其中的随机临床实验,更值得借鉴"(Howe,2004,p.48)。然而,临床实验——分发药片——与"配置课程"截然不同(Howe,2004,p.48)。更何况,教育实验的"效果"很难测量,难以用"心脏血压下降了 10 个点"这样的方式来描述(Howe,2004,p.48)。

在批评国家研究委员会及其方法论指引时,质性研究者需要跳出前者设置的框架(Atkinson,2004)。我们必须利用批判性的想象来重新理解随机设计、因果模型、政策研究、公共科学等术语的含义(Cannella & Lincoln,2004;Weinstein,2004)。更进一步而言,我们必须抵制一种保守主义倾向——贬损质性研究,将其重新置于实证主义的框架下。

对混合方法实验主义的反驳

霍伊(Howe,2004)发现,国家研究委员会在混合方法的实验设计中为质性研究找到了一席之地。在这种设计下,质性研究方法可能"单一地使用,也可能与量化方法(如随机实验设计)结合使用"(Howe,2004,p.49;也可参见 Clark & Creswell,2008;Hesse-Biber & Leavy,2008)。克拉克等人(Clark,Creswell,Green,& Shope,2008,p.364)认为采用混合方法的研究"是在研究中将质性和量化数据收集在一起而进行分析的一种设计,其目的是更好地理解所研究的问题"[15]。混合方法直接传承了古典实验主义和 20 世纪 70 年代的三角验证运动(Denzin,1989b)。它们预设了一个方法论等级,量化方法处于金字塔顶端,质性方法则被贬低为"一种辅助性的东西,发挥的不过是一种技术官僚的作用,如积累一些'究竟什么东西在起作用'的知识"(Howe,2004,pp.53-54)。

混合方法论运动的核心主张是,各种方法与视角可以结合使用。而主张各种方法不可兼容的理论对前者的主张进行了驳斥。通过回溯 20 世纪 80 年代的范式之争,不可兼容论认为"由于各种方法背后的范式本身不可通约,因此,质性和量化研究的各种方法也难以在同一项研究中兼而用之"(Teddlie & Tashakkori 2003a,pp.14-15;2003b)。对这一说法不赞同的,也大有人在。有人争论到,不可兼容理论在很大程度上不再具有说服力,因为研究者的实践证明能够成功地使用混合方法。

兼容理论本身有好几个流派,特德列和塔沙考里(Teddlie & Tashakkori,2003a)指出了其中四个。即互补模式、单一范式模式、辩证模式和多重范式模式。当然,在这种流派划分上,也未有任何共识。莫尔斯和聂豪斯(Morse & Niehaus,2009)提出忠告:要警惕一些特定的方法的混合使用可能会严重威胁到研究的效度。实用主义者和那些要改造世界的解放学派研究者(transformative emancipatory action researchers)则倾向于使用辩证模型,在各种张力中游走,如主位与客位、价值中立与价值关联。还有一些人(Guba & Lincoln,2005;Lather,1993)对效度进行解构,使之成为一个可操作的术语。海希-比伯和利威(Hesse-Biber & Leavy,2008)则强调,不断涌现的新方法挤压并模糊着质性研究和量化研究的方法论边界[16]。他们的研究模式试图挖掘出被日常观点所掩盖的知识。

质性研究方法就其本性而言,深植于批判性阐释框架之内,传统的混合方法论运动将质性研究方法从这一天然场所中剥离了出来(Howe,2004,p.54;也可参见 Teddlie & Tashakkori,2003a,p.15;或者本手册的第 16 章)。该运动将研究类型做了二分法处理,即要么是探索性研究(exploration),要么是证实性研究(confirmation)。质性研究被归入前者,而量化研究则被划入后者(Teddlie & Tashakkori,2003a,p.15)。就像古典实验模型一样,这一运动将各利益相关者从研究过程中排斥出去,使之不能参与对话及其他活动。显然,这样做,弱化了研究的民主性和可对话性,并使得先前沉默的声音更不可能被关注(Howe,2004,pp.56-57)。

霍伊(Howe,2004)留意到,这一运动的结果不仅仅是

> "方法论上的基础主义者"也进入这一方法领域,一批为数众多的重量级研究者也加入这项运动。这种情况的发生,可能是对当前政治氛围的妥协,也可能是对先前泛滥的后现代主义的一次激烈反击,还有可能是前两者兼而有之。不管出于什么理由,这都是一种不祥的发展势头。(p.57;也参见 2009,p.438;Lincoln,2010,p.7)

混合对话模型首当其冲地遭遇到上述批判。

实用主义对反基础主义的批判

西尔(Seale et al.,2004)认为我们的研究过分反方法论(antimethodological)、崇尚"怎样都行",是一种浪漫的后现代主义。他们声称,我们所重视的方法经常导致"质量不过关的质性研究,研究结果过于模式化,并且几乎与常识无异"(p.2)。由此他们提出了一种以实践为基础的实用主义研究路径,将研究实践置于核心地位。这些研究要与"不同的事物、不同的人打交道,包括研究材料……社会理论、哲学论争、价值、方法、实验……研究参与者等"(p.2)。事实上,这种研究路径与我们的近似,尤其类似于我们关于修补匠和拼凑者的比喻。

　　他们这种情境化的方法论拒斥反基础主义理论,后者宣称人们只能寻找到部分真理,并且事实与虚构之间的界限也不复存在了(Seale et al.,2004,p.3)。西尔等人坚信,这一界限仍然存在,因此,我们不应该相信那些与可得事实不相符的故事(p.6)。令人惊讶的是,这类实用主义程序性论据却复制了以证据为基础的模型的大部分特征,也复制了遭受它们批判的后结构的表演与呈现的敏感性(poststructural performative sensibilies)。其论点也具有政治上的意涵,用以支持在方法论上将本书所提出的各种立场边缘化。

　　复杂的政治形势划定了质性研究的诸多传统和流派的版图。英国因曾一度是殖民主义帝国,其质性研究方法也残留在其他国家的研究中;而美国的实用主义、自然主义和阐释传统则盛行于社会学、人类学、传播学以及教育学中;德国和法国则盛产现象学、诠释学、符号学、马克思主义、结构主义、后结构主义;此外,还有女性主义、非洲裔美国人的研究、拉丁美洲人的研究、酷儿理论等流派;最后,还有关于本土文化和土著文化的研究。质性研究暗含的政治意涵使得上述各传统中充满着各种张力。一旦质性研究面对的历史领域发生变化、新的理论立场涌现出来,以及其自身建制和学科环境发生改变时,这些张力就需要不断地被再审视与再调查。

　　综上所述,对不同的人而言,质性研究也就意味着不同的事。质性研究具有双重本质:(1)在对研究对象做调查时,会在一定程度上采用自然主义的解释方法;(2)持续地批判后实证主义政治及其方法。下面,我们将简略地介绍质性研究和量化研究的主要差别,然后再讨论质性研究内部的一些差别与张力。

质性研究与量化研究

　　"质性的"一词强调的是实体的性质、过程和意义,这些东西都不能用实验的方法计算或者测量(如果可以测量的话),因为它难以用量、数字、强度或频率来表述。质性研究者强调现实的社会建构性,强调研究者与研究对象之间的密切关系,强调研究探询过程会受到情境的制约。质性研究者强调,研究是价值关联的,而非价值中立的。他们需要解答的是,社会经验是如何被创造并被赋予意义的。与此相反,量化研究则强调变量间因果关系的测量和分析,而不注重过程研究,其拥护者声称,他们的工作是在一种价值无涉的框架内完成的。

研究风格:以不同的方式解决同样的问题?

　　当然,质性研究者与量化研究者都"认为他们对社会的某些了解非常有意义,因而值得告知他人。他们运用各种不同的形式、媒介和方法来交流他们的观点与发现"(Becker,1986,p.122)。质性研究与量化研究在五个方面显著不同(Becker,1996)。这些不同点导致它们以不同的方式处理同一系列问题。而最后,它们总是脱离不了研究的政治属性,总会回到这样的问题上来——谁有权决定什么是正确的答案,并为此提供合法性证明。

在使用实证主义和后实证主义方面的差别。首先,质性和量化研究都受到自然科学和社会科学中实证主义和后实证主义传统的影响(见下面的讨论)。这两种实证主义的科学传统对实体及其感知持有朴素的与批判的实在主义立场。实证主义拥护者声称,客观上存在着一种可以研究、捕获和理解的外在实体。而后实证主义者则认为,实体从来就不可能被完全把握,只可能被无限接近而已(Guba,1990,p.22)。后实证主义依赖多种方法,尽可能多地捕获实体的方方面面。与此同时,他们将重点放在理论的发现和证明上。他们重视诸如内在效度与外在效度等传统评价标准,也重视质性程序的使用,因为这种使用有助于他们做结构分析,有时候甚至是统计分析。他们也可能使用计算机辅助分析方法,进行频数统计、交互统计,以及较初级的统计分析。

实证主义和后实证主义传统就像幽灵一样长期徘徊在质性研究的周围,影响着后者的发展。从历史上看,质性研究是在实证主义范式框架内被界定的;质性研究者试图用不太严格的方法和程序来做研究,尽量使之符合实证主义标准。20世纪中叶的一些质性研究者(例如,Becker,Geer,Hughes,& Strauss,1961)采用准统计的方式来报告其参与式观察的发现。直到最近的1999年,质性研究中扎根理论方法的两位领军者,斯特劳斯和科宾(Strauss & Corbin,1999)还试图将(实证主义)科学的常用标准进行微调,使之适合他们倡导的后实证主义的严谨研究观(参见本手册第19章;也可参见 Glaser,1992)。某些应用研究者声称其工作与理论无关,但最终不由自主地使其研究符合实证主义或后实证主义的框架。

弗里克(Flick,2002,pp.2-3)很好地总结了质性和量化研究这两种途径之间的差别。他发现,量化研究常常被用于如下目的:区分"原因和结果……对理论关系进行操作化……(以及)对现象进行测量和……量化……从而使研究发现的结果能推而广之"(p.3)。然而,如今人们越来越质疑这种看法。

> 急剧的社会变迁及其所导致的生活世界的多样化使社会研究者面对的新的社会背景和观点越来越多……传统的演绎方法论……正在失势……从而迫使研究不断地使用归纳法,而不是从理论出发,再进行验证……知识和实践被作为本土的(而不是普遍的)知识和实践来研究。(Flick,2002,p.2)

G.斯宾德勒和L.斯宾德勒(Spindler & Spindler,1992)总结了他们对量化材料的质性处理方式。

> 质性分析法和量化分析法都是一种简易程序,可以扩展特定类型的资料,增强解释的说服力,并能通过多个样本检验假设。这两种程序需适当对待,不能将之作为万全之策而揠苗助长或者过分推而广之。(p.69)

尽管许多遵从后实证主义传统的质性研究者可能会使用统计测量、方法和文本资料,在一个很大的群体中确定一组研究对象,但他们却极少在研究报告中使用那些使量化研究者痴迷的统计方法(例如,路径分析、回归分析、对数线性分析)来陈述其研究发现。

对后现代主义敏感性(postmodern sensibilities)**的接受程度不同**。新一代质性研究者拒斥量化分析方法、实证主义方法及其假设。他们更着迷于后结构主义或后现代主义的敏锐性。这些研究者认为,实证主义方法只是讲述有关社会或社会世界之故事的一种方式而已。比起其他方法,这种方法谈不上更优或更次,只是从不同的角度讲述故事而已。

这种宽容的观点并没有得到所有人的赞同。在评价他们自己的工作时,批判理论、建构主义、后结构主义以及后现代主义等学派的大部分人都拒绝使用实证主义和后实证主义的标准。他们认为这些标准与他们的工作无关,并且实证主义和后实证主义的研究只是在再生产一种科学类型,这种科学压制了太多声音。这些研究者寻求其他的标准来评价自己的工作,如是否逼真、是否富于感情、个体的反应如何、是否遵从人道关怀等伦理道德、政治惯例扮演什么角色、文本是否呈现多种声音和意见、是否与对象建立对话交流等。作为回应,实证主义者和后实证主义者争辩到,他们所做的排除了个人偏见和主观性,是真正好的科学。如前所述,他们认为后现代主义和后结构主义是对理性和真理的攻击。

捕获个体观点的程度不同。质性研究者和量化研究者都关注个体的观点。然而,质性研究者认为他们通过近距离的深入访谈和细致观察,更加接近行动者的真实观点。他们认为量化研究者几乎难以捕获其研究对象的观点,因为他们依靠的是远距离的、推论性的经验方法和材料。然而,在许多量化研究者看来,由诠释性方法所产生的经验材料在可靠性、独立性和客观性上都没有保障。

在考察日常生活的限制方面不同。质性研究者更有可能面临并反抗日常社会世界的各种限制。他们认为社会世界在不停运转,其研究发现必须嵌入其中,而不能游移在外。然而,量化研究者更倾向于从抽象层次出发,很少直接地对社会世界进行研究。他们通过研究大量随机抽样的个案,得到一定的概率,从而试图据此建立一门客位的(etic)、具有普遍性的科学。这种研究通常不受日常生活的限制。与之相反,质性研究者忠实于一种主位的(emic)、具体的、表意的、基于个案的立场,关注特定个案的特殊性。

在是否获得丰富的描述方面不同。质性研究者坚信对社会世界的丰富描述是有价值的,而量化研究者因注重客位立场和普遍性规律,则很少关注这种细节。量化研究者有意地忽视这种丰富的描述,因为这种细节会扰乱他们归纳概括的过程。

上述五点差异(是否使用实证主义和后实证主义方法、是否接受后现代主义敏感性、是否捕获个体观点、是否考察和审视日常生活的限制、是否采用深描),反映了不同的研究风格、不同的认识论和不同的表述方式。每一种研究传统都受其自身类型的支配;每一种传统都有自己的典范,有自己最推崇的表达方式、解释方式、可被信赖的方式,以及文本评价方式(Becker,1986,pp.134-135)。质性研究者采用民族志散文、历史叙事、第一人称的陈述、静态图片、生活史、虚构的"事实"、传记和自传等多种方式和材料。量化研究者则采用数学模型、统计表格和图表,并且通常采取非人称的或者第三人称的口气来进行他们的研究写作。

质性研究的内部张力

如果认为所有的质性研究者都赞同上述五点差异的话,那就大错特错了。下面我们将指出,实证主义、后实证主义以及后结构主义之间的差异,决定并形塑了质性研究者所使用的话语。身处诠释性质性研究传统之内的实在论者和后实证主义者批评后结构主义者的文本转向和叙事转向。这些批评者认为这类转向是钻牛角尖的空想。这种转向创造的不过是"它和公众之间的一场聋人般的对话"(Silverman,1997,p.240)。那些试图捕获世界中互动主体之观点的研究者,被指责为天真的人文主义和再生产了"一种罗曼蒂克冲动,这种冲动将经验提升到真实的程度"(Silverman,1997,p.248)。

此外,还有一些人认为,那些致力于文本转向和表演与呈现转向(the textual, performance turn)的研究者忽视了生活中鲜活的经验。斯诺和莫里尔(Snow & Morrill,1995)指出,

> 这种表演与呈现转向,就像专注于话语和讲故事那样,将使我们进一步远离社会行动的领域和日常生活的真实场面。因此预示着,民族志作为一项根植于经验的事业行将衰亡。(p.361)

当然,我们并不同意这种看法。

在哈默斯利(Hammersley,2008,p.1)看来,质性研究目前正遭遇危机,其标志就是后现代主义关于质性研究的设想错误百出,这些设想拒绝传统研究的各种形式。他觉得"除非这种机制能被中断,否则质性研究的未来一片黑暗"(p.11)。

阿特金森和德拉蒙特(Atkinson & Delamont,2006)这两位传统的古典芝加哥学派质性研究者,提供了一种校正。他们认为,"只要研究具有严谨性,并能极大地拓展有用知识"(p.749),那么人们就值得致力于质性(和量化)研究。当然,这些学者在某种程度上也会提出社会政策建议。但是,对他们而言,后现代主义关于质性研究的观念威胁并弱化了传统质性研究的价值。阿特金森和德拉蒙特奉劝质性研究者"努力思考他们的探索是否可以称之为他们能达到的最好的社会科学"(p.749)。P.A.阿德勒和 P.阿德勒(Adler & Adler,2008)恳请激进的后现代主义者"为了学科利益和社会福祉,放弃他们的企图"(p.23)。

哈默斯利(Hammersley,2008,pp.134-136,144)扩展了传统批评,认为民族志的后现代主义者和民族志的文学者的工作几乎没有任何价值。在他看来,这两类人开创的新传统只是合法化了猜想之理论化,宣扬模糊性,抛弃研究的主要任务——生产关于世界的可信知识(p.144)。后结构主义研究者继承了所有这些

缺点。埃利斯(Ellis,2009,p.231)发现,这些批评可以分为有所重叠的三类。我们的工作:(1)过于注重审美,因此现实性不足,并且不能提供硬数据;(2)过于现实,因此对后结构主义关于"真实"本身及其在文本中的位置的批评考虑不周;(3)在审美和文学上都不足,即我们是二流作家和诗人。

证据的政治性

批评者的科学模型建基于这样一种信念:尽管经验世界冷酷无情,但能回应研究者的探索。这就是一种建立在证据基础上的经验科学,当然所谓的证据也离不开解释。这种科学源于真实,并最终回归到真实,这种科学远离上述的各种转向(如文本转向、表演与呈现转向等)。这就是芝加哥学派的新后实证主义。

将这种科学与那些关注证据之政治性的学者的立场相对照,莫尔斯(Morse,2006,pp.415-416)指出,"证据并非仅仅是那些客观存在的东西。证据本身也是被生产、建构和呈现出来的。并且,证据的政治性与证据的伦理性不能相互割裂。"依照莫尔斯的模型,对经验事实的表征就存在问题。对经验事实的客观表征几乎是不可能的。每一种表征关于证据的伦理问题都不同,包括这种证据是如何获得的,它有着什么样的含义。当然,人们肯定也能找到一个中间地带。如果说,现在是向20世纪80年代的范式对话之精神的回归的话,那么我们就应该鼓励对同一情境的多重表征,并且相互理解。

确实,就其本质而言,阐释派这一阵营并非反科学。我们只是以不同的方式来做研究而已。我们信奉多种形式的科学:软科学、硬科学、强科学、女性主义、阐释学、批判主义、实在论、后实在论,以及后人文主义。在某种意义上,传统的以及后现代的研究是不可通约的。我们做了许多不同的事:理解解释、表演、打断研究,甚至改变想法,我们确信没有什么东西能永远不变。我们追求一种能引领历史回归自身的表演文本(the performance texts),这种文本重视顿悟,重视传记、历史、文化和政治的交融,重视人们生活的转折点。批评者在这一点上是正确的:我们的政治取向是激进的、民主的,并且是干预主义的。许多后实证主义者都赞同这些政治意涵。

批判主义实在论

在一些人看来,朴素实证主义和后结构主义之间还有另外一个流派。批判主义实在论(critical realism)是社会科学中的一场反实证主义运动,它与罗伊·巴斯卡(Roy Bhaskar)和罗姆·哈里(Rom Harre)的著作密不可分(Danermark,Ekstrom,Jakobsen,& Karlsson,2002)。批判现实主义实在论者以一种特有的方式使用"批判"这个词汇。尽管到处都有社会批判主义(social criticism)的痕迹,但是他们不是法兰克福学派的批判理论(Danermark et al.,2002,p.201)。批判主义实在论批判的是一种先验实在论,它拒斥方法论个人主义和对真理的普遍性宣称。批判主义实在论者反对逻辑实证主义的、相对主义的,以及反基础主义的认识论。批判主义实在论者赞同实证主义的这一观点:客观上存在着一个外在于我们的事实世界,它能够被观察到,并独立于人类意识之外。我们关于这个世界的知识是社会建构的。社会由有感情的、具有思考能力的人类构成,人类对世界的理解与解释正是我们要研究的内容(Danermark et al.,2002,p.200)。批判主义实在论拒斥真理符应论(correspondence theory of truth),认为研究工作必须超越常规,而去分析可被观察到的各种行为模式的机制、过程和结构。

当然,我们作为后经验主义者、反基础主义的批判理论学者,不赞同这一流派的大部分观点。自20世纪以来,社会科学和哲学越来越相互交织在一起。各种"主义"和哲学运动使社会学话语和教育学话语纵横交错。这些"主义"和运动可以概括如下:从实证主义到后实证主义,再到分析哲学和语言哲学,再到诠释学、结构主义以及后结构主义;从实证主义到马克思主义、女性主义,以及当前上述的各种流派的"后-后-××"版本。有人曾声言,逻辑实证主义使社会科学走上了一条枯燥的自我毁灭之路。

我们认为,批判主义实在论也不能拯救社会科学。社会科学是诸多规范性学科的统称,往往深植于价值、意识形态、权力、欲望、性别主义、种族主义、支配、压迫和控制之中。我们希望社会科学能直面社会正义、平等、非暴力、和平以及普遍人权等问题;而不是说一套做一套。于我们而言,根本没有选择余地,社会科学就应该做出这样的承诺。

作为过程的质性研究

质性研究过程由三类交互交织的活动决定。它们都有着不同的标签,可以被称作理论、方法、分析,也可被称为本体论、认识论、方法论。在这些术语背后,还有着研究者个人的经历,研究者从一种特定的阶级、性别、种族、文化以及族群共同体的视角来进行研究。这种受性别和多种文化影响的研究者,在研究之前就有一套既有观念,一种既定框架(理论、本体论);这些观念和框架决定他要处理什么样的问题(认识论);然后再以特定方式(方法论、分析)来探索这些问题。也就是说,研究者收集与问题相关的经验材料,然后分析它们,并撰写相关报告来阐述其研究发现。每个研究者都在特定的解释共同体(interpretive community)里发表其看法,这一解释共同体以特定方式设定了影响其研究行为的各种因素,如多元文化、性别等因素。

在本手册中,我们将这种一般化活动分为五个方面:研究者与作为多元文化主体的研究对象、主要的范式和解释性视角、研究策略、收集与分析经验资料的方法、解释的艺术。在每个阶段,研究者的个体经历都发挥着影响。显然,研究者个体是从解释共同体的内部进入研究过程的。这一解释共同体,有着自己的历史研究传统,从而预设了特定视角。这一视角引导着研究者采用特定的观点来看待他们所研究的"他者"。与此同时,还必须考虑研究的政治与伦理,因为这两者渗透于研究过程的每一个阶段。

作为研究对象的他者

解释性的质性研究自 20 世纪初诞生以来,就受到一个"幽灵"的双重困扰。一方面,质性研究者认为,合格的、有能力的观察者对于社会世界的观察结果(包括与他者互动的经历)应该是客观的、清晰的、精准的。另一方面,研究者又坚信,现实世界中的每一个人是真正的"主体"和"个体",他们在某种程度上能够对自己的经历做出讲述,而无须借助他人。由此,通过访谈,以及生活史、个体经历和个案研究的文件资料得到的研究发现,有可能将研究者的发现与研究对象自己的发现混在一起。

上述两种情况,使质性研究者不得不跨越不同的学科寻找解决方法,一方面能使自己的观察结果得到准确的记录,另一方面也能发现研究对象赋予其生活经历的各种意义。这种方法依赖于研究对象提供的各种口头和书面的对意义的主观表达,这种表达正是研究者进入研究对象之内在生活的"窗口"。从狄尔泰(Dilthey,1900/1976)开始,对这一解决方法的寻求导致了人文学科对质性的、解释性的方法的长期关注。

如上所述,最近这种立场及其信念开始受到攻击。尤其是后结构主义者与后现代主义者认为,根本不存在什么可供我们窥视个体内在生活的"窗口"。任何对研究对象的凝视都受到语言、性别、社会阶级、种族以及族群等"有色眼镜"的影响。根本不存在所谓的客观观察,观察总是社会情境化的,受研究者和观察对象各自生活世界的影响,也受二者之间互动的影响。研究对象,或者说个体,几乎很难对其行动和意图做出充分说明;他们所能提供的无非是他们做了什么、为什么这么做的描述或者故事。即使是人类经历中的任何微妙变化,任何单一的方法也难以有效捕捉。因此,质性研究者运用了一系列广泛的、相互联系的解释性方法,以求找到更好的方法来更好地理解所研究的经验世界。

表 1.1 描述了质性研究过程中五个层面之间的联系。除了一个阶段外,其他阶段都受研究者自身的个人经历的影响。这五个层面的活动或者实践,通过研究者的经历得以实现。我们这里按顺序将它们简要列出,至于对这些阶段的详细讨论则参见本书各个部分的过渡衔接处。

表 1.1　研究过程

层面 1:作为多元文化主体的研究者
历史与研究传统
自我与他者的观念
研究的伦理与政治
层面 2:理论范式与视角
实证主义、后实证主义
解释主义、建构主义、解释学

    女性主义

    种族化话语

    批判理论与马克思主义模型

    文化研究模式

    酷儿理论

    后殖民主义

层面3:研究策略

    研究设计

    个案研究

    民族志、参与式观察、表演民族志

    现象学、常人方法论

    扎根理论

    生活史、证据学

    历史方法

    行动研究与应用研究

    临床研究

层面4:收集与分析资料的方法

    访谈

    观察

    人工产物、文件与记录

    视觉方法

    自我民族志

    数据管理方法

    计算机辅助分析

    文本分析

    焦点组

    应用民族志

层面5:解释与评价的艺术、实践和政治

    判断适当性的标准

    阐释的实践与政治

    作为解释的写作

    政策分析

    评价的各种传统

    应用研究

层面1:研究者

    我们的上述介绍表明了,受社会因素影响的研究者所采用的传统的和应用的质性研究视角是多么的深刻和复杂。这些传统将研究者置于历史中,同时指引并限制着任何一项特定研究所要完成的工作。质性研究这一领域一直是多样性与冲突性并存,这可以被称为其最持久的传统(参见本手册第 2 章)。作为这一复杂的和矛盾的历史的承载者,研究者也必须面对研究的伦理与政治(参见本手册第 4 章)。人文学科中对当地土著居民的研究,很难做到价值无涉。如今,研究者们努力发展出不同语境下的伦理,以及超越具体语境的伦理;后者可以被应用到所有研究行为及人与人之间的关系中。我们没有任何理由推迟去殖民化的研究。

层面 2:解释性范式

在"所有的人类都受高度抽象的原理指导这一普遍意义上"(Bateson,1972,p.320),所有的质性研究者都是哲学家。这些原理将有关本体论(人类是一种什么样的存在物?其实体的本质是什么?)、认识论(探索者与已知事物是什么关系)和方法论(我们如何才能了解世界?或者如何才能获得有关世界的知识?)的信念结合在一起(参见 Guba,1990,p.18;Lincoln & Guba,1985,pp.14-15;本手册第 6 章)。这些信念形塑了质性研究者看待世界的方式,以及他们在这个世界中的行动方式。研究者的活动领域"局限于一个由认识论和本体论前提构成的网络之内。不管最终是真是假,这些前提在某种程度上是自我确证的"(Bateson,1972,p.314)。

由研究者的认识论、本体论和方法论前提构成的网络可以称之为范式(Guba,1990,p.17),或者一种阐释框架(interpretive framework),一组"指导行动的基本信念"(Guba,1990,p.17)。所有的研究都是解释性的:受一系列关于世界及世界应该如何被理解和被研究的信念和感觉的指导。某些信念可能被认为是理所当然的、无形的,或唯一的,而另一些则问题重重、争议多多。每一种解释性范式对研究者都提出了特定的要求,包括应该提什么样的问题,以及采用什么样的解释。

在最为普遍性的意义上,形塑质性研究的有四种主要解释性范式:实证的与后实证的范式、建构主义—解释性的范式、批判的范式(马克思主义、解放范式),以及女性主义—后结构主义的范式。这四种抽象的范式在具体的解释共同体中,显得更为复杂。在这一具体层次上,我们仍可以辨别出建构主义范式、各种版本的女性主义(非洲中心的和后结构主义的)[17],也可以辨别特定的族群、女性主义者、黑皮肤者、社会正义、马克思主义、文化研究、残疾,以及非西方-亚洲的那些范式。本手册第 II 部分将讨论这些视角或者范式。

第 II 部分中所考察的范式,有的与实证主义和后实证主义模式相反,有的相伴随,有的则是在这两种模式之内。在本体论上,它们都是相对主义的(主张现实是多元建构的);认识论上都采用解释模型(认知者与认知对象相互作用,彼此影响);方法论上使用解释性的、自然主义方法。

表 1.2 展示了这些范式以及它们的假定,包括它们评价研究的标准,以及每一种范式的典型解释性或者理论性陈述[18]。

表 1.2　解释性范式

范式/理论	标　　准	理论形式	叙事类型
实证主义/ 后实证主义	内在效度、外在效度	逻辑-演绎、扎根	科学报告
建构主义	确实性、可信度、可转移性、可确认性	实质-形式、立场论	解释性的个案研究、民族志小说
女性主义	以非洲为中心的、活生生的经验、对话、关爱、责任心、种族、阶级、性别、反身性、实践、情感、具体场景、嵌入性	批判的、立场论	散文、故事、实验性写作
族群	以非洲为中心的、活生生的经验、对话、关爱、责任心、种族、阶级、性别	立场论、批判的、历史的	散文、寓言、戏剧
马克思主义	解放理论、可证伪性、对话的、种族、阶级、性别	批判的、历史的、经济学的	历史分析、经济学分析、社会文化分析
文化研究	文化实践、惯例、社会文本、主体性	社会批判主义	作为批判的文化理论
酷儿理论	反身性、解构	社会批判主义、历史分析	作为批判的理论、自传文学

　　本手册第 6~10 章对这些范式进行了相当详细的探讨。实证主义的和后实证主义的范式已经在前面讨论过了。它们在本体论上是实在论或者批判主义实在论,在认识论上认为世界是可以被客观观察的,在方法论层面,它们依赖实验的或准实验的方法、调查,以及各种严格定义的质性方法论。

　　建构主义范式采取的是一种相对主义的本体论(存在着多元现实),主观主义的认识论(认知者与对象共同创造理解),以及(在自然的世界中)一套自然主义的方法论程序。它通常按照扎根理论或模型理论(pattern theories)的标准来描述其研究发现(本手册第 6,15,16,21,24,35,37 章)。诸如可信性(credibility)、可转移性(transferabilily)、可靠性(dependability)和可确定性(confirmability)等术语取代了内在效度、外在效度、信度和客观性等常用的实证主义标准。

　　女性主义、族群模式、马克思主义、文化研究、酷儿理论、亚洲模式、残疾模式常常优先使用唯物主义-实在论的本体论。也就是说,现实世界在种族、阶级和性别方面存在着重要的差异。此外,它们也使用主观主义认识论和自然主义的方法论(如民族志)。它们以“是否有助于解放”为标准来评价经验材料与理论论证。此外,它们也可能使用特定性别群体和种族群体(如非洲裔美国人)的标准(情绪性和感觉、同情心、责任心、对话)。

　　后结构主义的女性主义理论关注社会文本及其逻辑存在的问题,以及社会文本不能充分反映世界之鲜活经验的缺陷。实证主义与后实证主义的评价标准被其他一些术语所取代,这些术语包括嵌入被压迫者之经历的反身性的多声音文本。

文化研究和酷儿理论范式则有多个关注焦点,并从马克思主义、女性主义以及后现代感性主义中吸取不少内容(参见本手册第 10,11,37 章)。人文主义的文化研究与更结构化的文化研究之间存在着一种张力:前者强调鲜活的经验(和意义),后者强调结构和物质(如种族、阶级、性别)对生活经验的决定性及其后果。当然,任何事物都有两面性,这是必要的也是关键的。文化研究和酷儿理论范式策略性地运用各种方法,将其作为一种资源,用以理解当地的支配结构,并对此进行反抗。这类学者可能细致地阅读文本,并对文化文本进行话语分析(参见本手册第 8,25 章),也可能进行各种形式的(如本土的、网络在线的、反身的,以及批判的)民族志,还有可能进行开放式访谈和参与式观察。其研究焦点是关于种族、阶级和性别是如何产生的,以及它们在特定历史情境中如何发挥作用。

研究者利用既有范式和个人经历,将焦点集中于待考察的具体经验问题上,然后就可以转到研究过程的下一个阶段——考虑研究的特定策略。

层面 3:研究策略与解释性范式

表 1.1 展示了研究者可能使用到的某些主要策略。第三层面从研究设计开始。一般而言,研究设计要明确如下事项:研究什么问题、达到什么研究目的,"什么样的资料最能回答特定的研究问题,以及什么样的策略能最有效地获得这些资料"(LeCompte & Preissle,1993,p,30;也可参见本手册第 14 章)。研究设计描述了一组灵活的指导方针,该方针首先将理论范式与研究策略联系起来,然后再与经验材料的收集方法相连。研究设计将研究者置身于经验世界中,同时将他们与特定的场景、个人、群体、机构以及所有相关的解释性材料,包括文件和档案,相连接。研究设计也将详细说明研究者将如何处理表述与合法化这两个关键问题。

研究策略是研究者从理论范式到经验世界的过程中所使用的大量的技巧、假定和实践的统称。研究策略使各种解释范式开始运转。与此同时,研究策略也使研究者与收集和分析经验资料的特定方法连接起来。例如,个案研究依赖于访谈、观察和文件分析。研究策略将范式运用于具体的经验场景中或者具体的方法论实践中,例如,使个案成为研究对象。这些策略包括个案研究、现象学和常人方法论,以及对扎根理论、传记、自我民族志、历史方法、行动方法和临床方法的运用。每一种策略都与复杂的文献相关,每一种策略都有其自身的历史、典范,以及使策略运转的首选方式。

层面 4:收集与分析经验资料的方法

研究者收集经验资料的方法有多种[19],第 IV 部分将对之予以介绍。这些方法范围广泛,从访谈到直接观察,到视觉材料的使用,甚至个人经历(传记)的使用。研究者也可以运用多种不同方法来阅读与分析访谈资料或文化文本,如内容分析、叙事分析以及符号学等分析策略。面对大量的质性资料,研究者需要有效的方法来管理和理解这些文本。此时,数据管理法以及计算机辅助分析模型就显得格外有用。本手册第35,36,38章中使用了这些技术。

层面5:解释与评价的艺术、实践和政治

质性研究不断创新和开发新的解释方式。研究者并非仅仅带着堆积如山的经验资料离开实地,然后就能轻而易举地完成研究发现的写作。质性解释是建构出来的。研究者首先创作出一个由田野笔记和来自田野的其他文本所组成的实地文本,这就是桑耶克(Sanjek,1992,p.386)所说的"索引(indexing)"或者普拉斯(Plath,1990,p.374)所说的"田野工作"。作者,作为解释者,接着从实地文本转入研究文本,后者的注释和解释都是基于前者而形成的。在此过程中,实地文本又再次被创造成为一种初步的解释性文本,其中包含着作者试图从研究对象中获取信息和意义的努力。最后,作者写出了面向读者的公共文本。这一来自田野的最终叙述可以采取多种形式:自白的、现实主义的、印象派的、批判的、常规形式的、文学的、分析的、扎根理论的形式,诸如此类(参见 Van Maanen,1988)。

对研究发现的理解,是一种解释性实践活动,它既是一门艺术,也牵涉到政治。目前存在多种评价质性研究的标准,而我们所看重的标准则强调民族志经验有着情境化的、相互联系的以及文本的结构。不存在单一的解释性真理。正如我们早前指出的,存在着多种解释共同体,每一个共同体都有着自己对解释的评价标准。

质性研究常应用于项目评价,因此,质性研究者能对社会决策发生重要影响。应用型的质性研究在社会科学中有着丰富的历史(参见本手册第2,14,23,24,41章)。应用型的质性研究将理论、方法、实践、行动、政策汇集一堂。质性研究者可以将目标群体分离出来,从而观察特定项目对这一群体的直接影响;同时也能发现那些阻止政策起作用的限制性条件。行动导向的与临床导向的质性研究者也能够为作为研究对象的"他者"提供发声的空间。评价者则成为一种渠道,使"他者"的发声能被听到。

桥接不同历史时期:接下来将是什么?

圣·皮埃尔(St.Pierre,2004)认为我们已经身处后"后"时期,即后-后结构主义、后-后现代主义、后-后实验主义时期。这一时期对于解释性的民族志实践会产生什么影响,目前尚不明确。但可以肯定的是,其面貌将再也不会与以前相同。我们正处在一个新的时代,在这个时代中,凌乱的、不确定的、多声音的文本,文化批判主义,以及新的实验工作将变得更为常见,而田野工作、分析,以及文本之间的表述形式也更为灵活。面对这种复杂情境,教学变得尤为关键——我们如何教和学质性研究方法?本手册第42,43章为我们呈现了未来的愿景。确实,正如某位诗人所言,过去的中心不复存在了。我们需要思考的是,什么会成为下一个中心。

这样,我们兜了一圈又回到原地。回到我们的桥梁比喻上来,后续的章节带着研究者往返于研究行动的每一个阶段。像一座好的桥梁那样,下述章节提供了交通的双行道,为不同的历史时期、不同的形式和不同的解释共同体提供了往返渠道。每一章分别考察了关于某一范式、策略和方法的历史、争议以及当前实践。每一章也对未来进行了预估,即从现在起到未来十年,特定的范式、策略和方法的发展情况,这将对 21 世纪的发展产生至关重要的影响。

阅读本手册时,提请读者注意,质性研究领域充满着一系列的张力、矛盾和犹豫不决。这种张力存在于下述几个要素之间:(1)广泛的、质疑一切的后现代敏感性(postmodern sensibility);(2)更确定和更传统的实证主义的、后实证主义的和自然主义的研究观念;(3)一种更为保守的、新自由主义的全球氛围。下文中的所有章节都存在于这些张力之中并对其进行表达。

注　释

1. 下面各段取自:Denzin,2010,pp. 19-25。

2. 他们认为,我们划分的第二个时期,即黄金时期(1950—1970),有如下几个特征:揭露批判实证主义,后实证主义开始浮现,以及混合使用质性和量化方法的研究设计得到发展。全面的冲突发生于 1970—1990 年,即第一场"范式之争"期间。

3. 冲突爆发于许多不同种类的赋权教育学之间:女性主义、反种族主义、激进主义、解放神学、后现代主义、后结构主义、文化研究等(参见 Guba & Lincoln,2005;也可参见本手册第 3 章)。

4. 此处我们可以回顾胡克斯对《写文化》(Writing Culture,Clifford & Marcus,1986)一书著名的封面照片的阅读阐释。该照片描述了泰勒(Stephen Tyler)在印度做田野工作的情景。泰勒坐在三个深色皮肤的人的不远处。一个孩子从篮筐里伸出头;一个妇女坐在棚屋的阴影处;一个男人,肩上披着黑白相间的格子披肩,肘部支撑在膝盖上,手托面颊,凝视着泰勒。泰勒正在记田野日志。或许是为了遮阳,一块白布搭在他的眼镜上。这块白色的点缀,标示着泰勒作为白皮肤男性作者正在研究这些被动的棕色和黑色皮肤的人们。的确,棕色皮肤男人的凝视意味着某种

期望,或者对泰勒的某种依附。与之对比,妇女的凝视则被完全隐藏在阴影中,被该书的标题所遮盖,因为标题的位置正是她的面部位置(hooks,1990,p.127)。

5. 教育学、社会工作、传播学、心理学、历史学、组织研究、医学、人类学、社会学等学科有着各自独有的质性研究的历史。

6. 定义:实证主义——对现实世界的客观描述是可能的;后实证主义——对世界的描述只可能是部分客观的,因为所有的方法都会有缺陷;基础主义——我们对世界的知识是有着终极根基的,这包括对经验主义认识论和实证主义认识论的使用(Schwandt,1997a,p. 103);非基础主义——即便没有"对终极证据或知识基础的追溯",我们仍可以对世界做出陈述(Schwandt,1997a,p. 102);准基础主义——我们可以在新实在论标准的基础上做出关于世界的特定宣称,包括真理符合论,独立于人类而存在的实体是可以被描述的。

7. 詹姆森(Jameson,1991,pp. 3-4)提醒我们,任何划分历史时期的假设都是存疑的,哪怕这种划分反对线性的阶段论。几乎不能弄清楚到底现实发展到什么样子时,就可以算作一个阶段。将一个阶段与另一个阶段区别开的

标准也通常是有争议的。我们采用七个时期 * 的分类法,是想在风格、类型、认识论、伦理、政治和审美方面标示出可察觉的变化。

8. 对每个阶段更深入的阐述,请参见:Denzin & Lincoln(2005,pp. 13-21);Alasuutari(2004, pp. 599-600);Seale, Gobo, Gubrium, & Silverman(2004, p. 2)等。这些著作将这一模型称为进步叙事。批评者认为,我们会觉得越是最近的历史阶段就越是与时俱进、前卫、尖端(Alasuutari , 2004, p. 601)。显然,我们不赞同此看法。特德列和塔沙考里(Teddlie & Tashakkori, 2003a, pp. 5-8)修改了我们的历史分期,以对 20 世纪出现的混合方法的主要时期进行历史分析。

9. 定义:结构主义——任何系统都是由一系列根植于语言的对抗范畴构成;符号学——关于符号或符号系统的科学,这种定义也是一种结构主义界定;后结构主义——语言并不能作为合格的指示物(referent),因此也不可能完全捕获意义、行动、文本或者意图;后现代主义——一种当代的敏感性,自第二次世界大战后发展起来的,拒斥赋予任何权威、方法或范式以特权;诠释学——进行文本分析的一种方法,它强调先前的理解和偏见是如何形塑阐释过程的;现象学——是一个复杂的思想体系,与胡塞尔(Edmund Husserl)、海德格尔(Martin Heidegger)、萨特(Jean-Paul Sartre)、梅洛-庞蒂(Maurice Mcrlcau-Ponty)、舒茨(Alfred Schutz)的著作有关;文化研究——一种复杂的、跨学科的领域,它融合了批判理论、女性主义以及后结构主义。

10. 当然,所有的背景都是自然的、日常经历所发生的地方。质性研究者在人们行动的场所将人们及其所作所为一起研究(Becker, 1986)。然而,研究工作并不存在什么实地场所或者自然的地方(Gupta & Ferguson, 1997, p. 8)。这种场所由研究者的解释性实践所建构。从历史上看,分析家区分了实验的(实验室)与实地的(自然的)研究背景,因此,得出了质性研究是自然主义的观点。行动理论则抹杀了这种区别(Keller & Keller, 1996, p.201;Vygotsky, 1978)。

11. "在法国大众语言中,*bricoleur* 的意思是'直接用双手从事劳动的人,其技术远比不上真正的手艺者……*bricoleur* 非常务实,满心想着把工作干完了事'"(Weinstein & Weinstein, 1991, p. 161)。这两位作者介绍了该词的历史演变,并将之与德国社会学家和社会理论家齐美尔(Georg Simmel)的著作相关联,当然也与波德莱尔(Charles Baudelaire)的作品有关。哈默斯利(Hammersley,2000)不赞同我们对该词的用法。追随着列维-斯特劳斯,他认为 *bricoleur* 就像一个神话创造者,因此,他建议我们应该使用造船工这一隐喻。哈默斯利也不赞同我们关于质性研究的"历史时期"的模型,认为这一模型在某种程度上暗含着一种进步观。

12. 在港口,战舰波将金号的两门大炮的炮口慢慢地转向镜头。银屏字幕告诉我们:"战舰上的大炮对残忍的军事压迫做出了回应。"影片末尾是著名的三镜头式蒙太奇序列:首先显示出一头沉睡的狮子的雕塑,然后狮子从沉睡中醒来,最后狮子怒吼——象征着俄国人民的愤怒(Cook, 1981, p.167)。在这一序列中,爱森斯坦运用蒙太奇的方式来表示时间的流逝,为这一可怕的事件创造出一种心理上的延续。通过拉长这一序列,镜头展现了婴儿车中的婴儿、向平民开火的士兵、滴在母亲手套上的鲜血、从台阶上下跌的婴儿车,由此,爱森斯坦暗示了这是一场大毁灭。

13. 此处有必要对不同学科中普遍使用的技术与只在某一学科内部使用的方法做出区分。例如,民族志学者把他们的研究方式作为一种方法,而其他的研究者则选择性地借用这种方法,将其作为应用于自己研究中的一种技术。沃尔科特(在与我们的交谈中)提出了这种差别。此外,也需要在主题、方法、资源之间做出区分。方法可以作为研究主题来研究,比如个案研究就是这样一种情况。尽管有些讽刺,但在民族志意义上,方法既是研究的资源,也是研究的主题。

14. 确实,要想给质性研究下一个基本定义,首先就要求对产生定义的各种条件做质性分析。

15. 他们指出了四种主要的混合方法设计:三角验证法、嵌入性设计、解释性设计和探索性设计(Clark et al., 2008, p.371)。

---

　* 按照正文,此处应为八个时期。——译者注

16.他们的浮现式模型(emergent model)强调那些从传统框架中分离出来的方法,并探索新的技术和创新;这是一个运作于政治、认识论、理论和方法论之间的过程模型。

17.奥勒森(本手册第7章)认为有三股女性主义研究:主流的经验性研究、立场研究(又称立场论)和文化研究,以及后结构主义和后现代的研究。而以非洲为中心的模型和以其他肤色为中心的模型都被归入文化研究和后现代的范畴之下。

18.当然,这些只是我们对这些范式和解释性分析的理解。

19.过去称之为"数据",与此相对比,我们更倾向于使用"经验资料"这一术语。

参 考 文 献

Adler, P. A., & Adler, P. (2008). Of rhetoric and representation: The four faces of ethnography. *Sociological Quarterly*, *49*(4), 1-30.

Alasuutari, P. (2004). The globalization of qualitative research. In C. Seale, G. Gobo, J. F. Gubrium, & D. Silverman (Eds.), *Qualitative research practice* (pp. 595-608). London: Sage.

Atkinson, E. (2004). Thinking outside the box: An exercise in heresy. *Qualitative Inquiry*, *10*(1), 111-129.

Atkinson, P., & Delamont, S. (2006). In the roiling smoke: Qualitative inquiry and contested fields. *International Journal of Qualitative Studies in Education*, *19*(6), 747-755.

Bateson, G. (1972). *Steps to an ecology of mind*. New York: Ballantine.

Becker, H. S. (1986). *Doing things together*. Evanston, IL: Northwestern University Press.

Becker, H. S. (1996). The epistemology of qualitative research. In R. Jessor, A. Colby, & R. A. Schweder (Eds.), *Ethnography and human development* (pp. 53-71). Chicago: University of Chicago Press.

Becker, H. S. (1998). *Tricks of the trade*. Chicago: University of Chicago Press.

Becker, H S., Geer, B., Hughes, E. C., & Strauss, A. L. (1961). *Boys in white*. Chicago: University of Chicago Press.

Bloch, M. (2004). A discourse that disciplines, governs, and regulates: On scientific research in education. *Qualitative Inquiry*, *10*(1), 96-110.

Cannella, G. S. (2004). Regulatory power: Can a feminist poststructuralist engage in research oversight? *Qualitative Inquiry*, *10*(2), 235-245.

Cannella, G. S., & Lincoln, Y. S. (2004a). Dangerous discourses II: Comprehending and countering the redeployment of discourses (and resources) in the generation of liberatory inquiry. *Qualitative Inquiry*, *10*(2), 165-174.

Cannella, G. S., & Lincoln, Y. S. (2004b). Epilogue: Claiming a critical public social science—reconceptualizing and redeploying research. *Qualitative Inquiry*, *10*(2), 298-309.

Carey, J. W. (1989). *Culture as communication*. Boston: Unwin Hyman.

Cicourel, A. V. 1964. *Method and measurement in sociology*. New York: Free Press.

Clark, C., & Scheurich, J. (2008). Editorial: The state of qualitative research in the early twenty-first century. *International Journal of Qualitative Research in Education*, *21*(4), 313.

Clark, V. L. P., & Creswell, J. W. (2008). Introduction. In V. L. Plano Clark & J. W. Creswell (Eds.), *The mixed methods reader* (pp. xv-xviii). Thousand Oaks: Sage.

Clark, V. L. P., Creswell, J. W., Green, D. O., & Shope, R. J. (2008). Mixing quantitative and qualitative approaches: An introduction to emergent mixed methods research. In S. N. Hesse-Biber & P. Leavy (Eds.), *Handbook of emergent methods* (pp. 363-388). New York: Guilford.

Clifford, J. (1988). *Predicament of culture*. Cambridge: Harvard University Press.

Clifford, J. (1997). *Routes: Travel and translation in the late twentieth century*. Cambridge:

Harvard University Press.

Clifford, J., & Marcus, G. E. (Eds.). (1986). *Writing culture*. Berkeley: University of California Press.

Clough, P. T. (1992). *The end(s) of ethnography*. Newbury Park, CA: Sage.

Clough, P. T. (1998). *The end(s) of ethnography* (2nd ed.). New York: Peter Lang.

Clough, P. T. (2000). Comments on setting criteria for experimental writing. *Qualitative Inquiry*, *6*, 278-291.

Cook, D. A. (1981). *A history of narrative film*. New York: W. W. Norton.

Creswell, J. W. (1998). *Qualitative inquiry and research design: Choosing among five traditions*. Thousand Oaks, CA: Sage.

Danermark, B., Ekstrom, M., Jakobsen, L., & Karlsson, J. C. (2002). *Explaining society: Critical realism in the social sciences*. London: Routledge.

de Certeau, M. (1984). *The practice of everyday life*. Berkeley: University of California Press.

Denzin, N. K. (1970). *The research act*. Chicago: Aldine.

Denzin, N. K. (1978). *The research act* (2nd ed.). New York: McGraw-Hill.

Denzin, N. K. (1989a). *Interpretive interactionism*. Newbury Park, CA: Sage.

Denzin, N. K. (1989b). *The research act* (3rd ed.). Englewood Cliffs, NJ: Prentice Hall.

Denzin, N. K. (1997). *Interpretive ethnography*. Thousand Oaks, CA: Sage.

Denzin, N. K. (2003). *Performance ethnography: Critical pedagogy and the politics of culture*. Thousand Oaks, CA: Sage.

Denzin, N. K. (2009). *Qualitative inquiry under fire: Toward a new paradigm dialogue*. Walnut Creek, CA: Left Coast Press.

Denzin, N. K. (2010). *The qualitative manifesto: A call to arms*. Walnut Creek, CA: Left Coast Press.

Denzin, N. K., & Lincoln, Y. S. (2005). Introduction: The discipline and practice of qualitative research. In N. K. Denzin & Y. S. Lincoln (Eds.), *The SAGE handbook of qualitative research* (3rd ed., pp. 1-32). Thousand

Oaks, CA: Sage.

Dilthey, W. L. (1976). *Selected writings*. Cambridge, UK: Cambridge University Press. (Original work published 1900)

Diversi, M. (1998). Glimpses of street life: Representing lived experience through short stories. *Qualitative Inquiry*, *4*, 131-137.

Diversi, M., & Moreira, C. (2009). *Betweener talk: Decolonizing knowledge production, pedagogy, and praxis*. Walnut Creek, CA: Left Coast Press.

Ellingson, L. L. (2009). *Engaging crystallization in qualitative research*. Thousand Oaks, CA: Sage.

Ellis, C. (2009). *Revision: Autoethnographic reflections on life and work*. Walnut Creek, CA: Left Coast Press.

Ellis, C., & Bochner, A. P. (Eds.). (2000). *Ethnographically speaking: Autoethnography, literature, and aesthetics*. Walnut Creek, CA: AltaMira Press.

Filstead, W. J. (Ed.). (1970). *Qualitative methodology*. Chicago: Markham.

Flick, U. (1998). *An introduction to qualitative research*. London: Sage.

Flick, U. (2002). *An introduction to qualitative research* (2nd ed.). London: Sage.

Flick, U. (2007). *Designing qualitative research*. London: Sage

Gage, N. L. (1989). The paradigm wars and their aftermath: A "historical" sketch of research and teaching since 1989. *Educational Researcher*, *18* (7), 4-10.

Geertz, C. (1973). *Interpreting cultures*. New York: Basic Books.

Geertz, C. (1983). *Local knowledge*. New York: Basic Books.

Geertz, C. (1988). *Works and lives*. Stanford, CA: Stanford University Press.

Geertz, C. (1995). *After the fact: Two countries, four decades, one anthropologist*. Cambridge: Harvard University Press.

Glaser, B. G. (1992). *Emergence vs. forcing: Basics of grounded theory*. Mill Valley, CA: Sociology Press.

Glaser, B., & Strauss, A. (1967). *The discovery*

of grounded theory. Chicago: Aldine.

Goodall, H. L., Jr. (2000). *Writing the new ethnography.* Walnut Creek, CA: AltaMira.

Gordon, D. A. (1988). Writing culture, writing feminism: The poetics and politics of experimental ethnography. *Inscriptions, 3/4* (8), 21-31.

Gordon, D. A. (1995). Conclusion: Culture writing women: Inscribing feminist anthropology. In R. Behar & D. A. Gordon (Eds.), *Women writing culture* (pp. 429-441). Berkeley: University of California Press.

Greenblatt, S. (1997). The touch of the real. In S. B. Ortner (Ed.), The fate of "culture": Geertz and beyond [Special issue]. *Representations, 59,* 14-29.

Grossberg, L., Nelson, C., & Treichler, P. (Eds.) (1992). *Cultural studies.* New York: Routledge.

Guba, E. G. (1990a). The alternative paradigm dialog. In E. G. Guba (Ed.), *The paradigm dialog* (pp. 17-30). Newbury Park, CA: Sage.

Guba, E. G. (1990b). Carrying on the dialog. In Egon G. Guba (Ed.), *The paradigm dialog* (pp. 368-378). Newbury Park, CA: Sage.

Guba, E., & Lincoln, Y. S. (1989). *Fourth generation evaluation.* Newbury Park, CA: Sage.

Guba, E., & Lincoln, Y. S. (2005). Paradigmatic controversies and emerging confluences. In N. K. Denzin & Y. S. Lincoln (Eds.), *The SAGE handbook of qualitative research* (3rd ed., pp. 191-216). Thousand Oaks, CA: Sage.

Gupta, A., & Ferguson, J. (Eds.). (1997). Discipline and practice: "The field" as site, method, and location in anthropology. In A. Gupta & J. Ferguson (Eds.), *Anthropological locations: Boundaries and grounds of a field science* (pp. 1-46). Berkeley: University of California Press.

Hammersley, M. (1992). *What's wrong with ethnography?* London: Routledge.

Hammersley, M. (2000). Not bricolage but boatbuilding. *Journal of Contemporary Ethnography, 28,* 5.

Hammersley, M. (2008). *Questioning qualitative inquiry: Critical essays.* London: Sage.

Harper, D. (1987). *Working knowledge: Skill and community in a small shop.* Chicago: University of Chicago Press.

Hesse-Biber, S. N., & Leavy, P. (2008). Introduction: Pushing on the methodological boundaries: The growing need for emergent methods within and across the disciplines. In S. N. Hesse-Biber & P. Leavy (Eds.), *Handbook of emergent methods* (pp. 1-15). New York: Guilford Press.

Holman-Jones, S. H. (1999). Torch. *Qualitative Inquiry, 5,* 235-250.

hooks, b. (1990). *Yearning: Race, gender, and cultural politics.* Boston: South End Press.

Howe, K. (1988). Against the quantitative-qualitative incompatibility thesis (Or dogmas die hard). *Educational Researcher, 17* (8), 10-16.

Howe, K. R. (2004). A critique of experimentalism. *Qualitative Inquiry, 10* (1), 42-61.

Howe, K. R. (2009). Positivist dogmas, rhetoric, and the education science question. *Education Researcher, 38* (August/September), 428-440.

Huber, J. (1995). Centennial essay: Institutional perspectives on sociology. *American Journal of Sociology, 101,* 194-216.

Jackson, M. (1998). *Minima ethnographica.* Chicago: University of Chicago Press.

Jameson, F. (1991). *Postmodernism, or the cultural logic of late capitalism.* Durham, NC: Duke University Press.

Keller, C. M., & Keller, J. D. (1996). *Cognition and tool use: The black-smith at work.* New York: Cambridge University Press.

Kincheloe, J. L. (2001). Describing the bricolage: Conceptualizing a new rigor in qualitative research. *Qualitative Inquiry, 7*(6), 679-692.

Lather, P. (1993). Fertile obsession: Validity after poststructuralism. *Sociological Quarterly, 35,* 673-694.

Lather, P. (2004). This *is* your father's paradigm: Government intrusion and the case of qualitative research in education. *Qualitative*

Inquiry, *10*(1), 15-34.

Lather, P., & Smithies, C. (1997). *Troubling the angels: Women living with HIV/AIDS*. Boulder, CO: Westview Press.

LeCompte, M. D., & Preissle, J. with R. Tesch. (1993). *Ethnography and qualitative design in educational research* (2nd ed.). New York: Academic Press.

Lévi-Strauss, C. (1966). *The savage mind.* Chicago: University of Chicago Press. (Original work published 1962)

Lincoln, Y. S. (1997). Self, subject, audience, text: Living at the edge, writing in the margins. In W. G. Tierney & Y. S. Lincoln (Eds.), *Representation and the text: Re-framing the narrative voice* (pp. 37-56). Albany: SUNY Press.

Lincoln, Y. S. (1999, June 3-6). *Courage, vulnerability, and truth.* Paper presented to the Reclaiming Voice II Conference, University of California-Irvine, Irvine, CA.

Lincoln, Y. S. (2010). What a long, strange trip it's been…: Twenty-five years of qualitative and new paradigm research. *Qualitative Inquiry,* *16*(1), 3-9.

Lincoln, Y. S., & Cannella, G. S. (2004a). Dangerous discourses: Methodological conservatism and governmental regimes of truth. *Qualitative Inquiry,* *10*(1), 5-14.

Lincoln, Y. S., & Cannella, G. S. (2004b). Qualitative research, power, and the radical right. *Qualitative Inquiry, 10*(2), 175-201.

Lincoln, Y. S., & Guba, E. G. (1985). *Naturalistic inquiry.* Beverly Hills, CA: Sage.

Lincoln, Y. S., & Tierney, W. G. (2004). Qualitative research and institutional review boards. *Qualitative Inquiry, 10*(2), 219-234.

Lofland, J. (1971). *Analyzing social settings.* Belmont, CA: Wadsworth. Lofland, J. (1995). Analytic ethnography: Features, failings, and futures. *Journal of Contemporary Ethnography, 24,* 30-67.

Lofland, J., & Lofland, L. H. (1984). *Analyzing social settings.* Belmont, CA: Wadsworth.

Lofland, J., & Lofland, L. H. (1995). *Analyzing social settings* (3rd ed.). Belmont, CA: Wadsworth.

Lofland, L. (1980). The 1969 Blumer-Hughes talk. *Urban Life and Culture, 8,* 248-260.

Malinowski, B. (1948). *Magic, science and religion, and other essays.* New York: Natural History Press. (Original work published 1916)

Malinowski, B. (1967). *A diary in the strict sense of the term.* New York: Harcourt.

Marcus, G., & Fischer, M. (1986). *Anthropology as cultural critique.* Chicago: University of Chicago Press.

Maxwell, J. A. (2004). Reemergent scientism, postmodernism, and dialogue across differences. *Qualitative Inquiry, 10*(1), 35-41.

Mills, C. W. (1959). *The sociological imagination.* New York: Oxford University Press.

Monaco, J. (1981). *How to read a film: The art, technology, language, history and theory of film* (Rev. ed.). New York: Oxford University Press.

Morse, J. M. (2006). The politics of evidence. In N. Denzin & M. Giardina (Eds.), *Qualitative inquiry and the conservative challenge* (pp. 79-92). Walnut Creek, CA: Left Coast Press.

Morse, J. M., & Niehaus, L. (2009). *Mixed method design: Principles and procedures.* Walnut Creek, CA: Left Coast Press.

Nelson. C., Treichler, P. A., & Grossberg, L. (1992). Cultural studies. In L. Grossberg, C. Nelson, & P. A. Treichler (Eds.), *Cultural studies* (pp. 1-16). New York: Routledge.

Ortner, S. B. (1997). Introduction. In S. B. Ortner (Ed.), The fate of "culture": Clifford Geertz and beyond [Special issue]. *representations, 59,* 1-13.

Pelias, R. J. (2004). *A methodology of the heart: Evoking academic & daily life.* Walnut Creek, CA: AltaMira.

Plath, D. (1990). Fieldnotes, filed notes, and the conferring of note. In R. Sanjek (Ed.), *Fieldnotes* (pp. 371-384). Albany: SUNY Press.

Popkewitz, T. S. (2004). Is the National Research Council committee's report on scientific research in education scientific? On trusting the manifesto. *Qualitative Inquiry, 10*(1), 62-78.

Richardson, L. (1991). Postmodern social theory. *Sociological Theory, 9,* 173-179.

Richardson, L. (1992). The consequences of poetic representation: Writing the other, rewriting the self. In C. Ellis & M. G. Flaherty (Eds.), *Investigating subjectivity: Research on lived experience*. Newbury Park, CA: Sage.

Richardson, L. (1997). *Fields of play*. New Brunswick, NJ: Rutgers University Press.

Richardson, L. (2000). Writing: A method of inquiry. In N. K. Denzin & Y. S. Lincoln (Eds.), *Handbook of qualitative research* (2nd ed., pp. 923-948). Thousand Oaks, CA: Sage.

Richardson, L., & Lockridge, E. (2004). *Travels with Ernest: Crossing the literary/sociological divide*. Walnut Creek, CA: AltaMira.

Roffman, P., & Purdy, J. (1981). *The Hollywood social problem film*. Bloomington: Indiana University Press.

Ronai, C. R. (1998). Sketching with Derrida: An ethnography of a researcher/erotic dancer. *Qualitative Inquiry*, *4*, 405-420.

Rosaldo, R. (1989). *Culture & truth*. Boston: Beacon.

Ryan, K. E., & Hood, L. K. (2004). Guarding the castle and opening the gates. *Qualitative Inquiry*, *10*(1): 79-95.

Sanjek, R. (1992). *Fieldnotes*. Albany: SUNY Press.

Scheurich, J. & Clark, M. C. (2006). Qualitative studies in education at the beginning of the twenty-first century. *International Journal of Qualitative Studies in Education*, *19*(4), 401.

Schwandt, T. A. (1997a). *Qualitative inquiry*. Thousand Oaks, CA: Sage.

Schwandt, T. A. (1997b). Textual gymnastics, ethics, angst. In W. G. Tierney & Y. S. Lincoln (Eds.), *Representation and the text: Reframing the narrative voice* (pp. 305-313). Albany: SUNY Press.

Seale, C., Gobo, G., Gubrium, J.F., & Silverman, D. (2004). Introduction: Inside qualitative research. In C. Seale, G. Gobo, J. F. Gubrium, & D. Silverman (Eds.), *Qualitative research practice* (pp. 1-11). London: Sage.

Semaili, L. M., & Kincheloe, J. L. (1999). Introduction: What is indigenous knowledge and why should we study it? In L. M. Semaili & J.

L. Kincheloe (Eds.), *What is indigenous knowledge? Voices from the academy* (pp. 3-57). New York: Falmer Press.

Silverman, D. (1997). Towards an aesthetics of research. In D. Silverman (Ed.), *Qualitative research: Theory, method, and practice* (pp.239-253). London: Sage.

Smith, A. D. (1993). *Fires in the mirror*. New York: Anchor Books.

Smith, L. T. (1999). *Decolonizing methodologies: Research and indigenous peoples*. Dunedin, NZ: University of Otago Press.

Snow, D., & Morrill, C. (1995). Ironies, puzzles, and contradictions in Denzin and Lincoln's vision of qualitative research. *Journal of Contemporary Ethnography*, *22*, 358-362.

Spindler, G., & Spindler, L. (1992). Cultural process and ethnography: An anthropological perspective. In M. D. LeCompte, W. L. Millroy, & J. Preissle (Eds.), *The handbook of qualitative research in education* (pp. 53-92). New York: Academic Press.

Stocking, G. W., Jr. (1986). Anthropology and the science of the irrational: Malinowski's encounter with Freudian psychoanalysis. In *History of anthropology: Vol. 4. Malinowski, Rivers, Benedict, and others: Essays on culture and personality* (pp. 13-49). Madison: University of Wisconsin Press.

Stocking, G. W., Jr. (1989). The ethnographic sensibility of the 1920s and the dualism of the anthropological tradition. In *History of anthropology: Vol. 6. Romantic Motives: Essays on anthropological sensibility* (pp. 208-276). Madison: University of Wisconsin Press.

Stoller, P., & Olkes, C. (1987). *In sorcery's shadow*. Chicago: University of Chicago Press.

St.Pierre, E. A. (2004). Refusing alternatives: A science of contestation. *Qualitative Inquiry*, *10*(1), 130-139.

St.Pierre, E. A., & Roulston, K. (2006). The state of qualitative inquiry: A contested science. *International Jouranl of Qualitative Studies in Education*, *19*(6), 673-684.

Strauss, A. (1987). *Qualitative analysis for social scientists*. New York: Cambridge.

Strauss, A., & Corbin, J. (1999). *Basics of qualitative research* (2nd ed.).Thousand Oaks, CA: Sage.

Taylor, S. J., & Bogdan, R. (1998). *Introduction to qualitative research methods: A phenomenological approach to the social sciences* (3rd ed.). New York: Wiley.

Teddlie, C., & Tashakkori, A. (2003a). Major issues and controversies in the use of mixed methods in the social and behavioral sciences. In A. Tashakkori & C. Teddlie (Eds.), *Handbook of mixed-methods in social and behavioral research* (pp. 3-50). Thousand Oaks, CA: Sage.

Teddlie, C., & Tashakkori, A. (2003b). Preface. In A. Tashakkori & C. Teddlie (Eds.), *Handbook of mixed-methods in social and behavioral research* (pp. ix-xv). Thousand Oaks, CA: Sage.

Turner, V., & Bruner, E. (Eds.). (1986). *The anthropology of experience.*Urbana: University of Illinois Press.

Van Maanen, J. (1988). *Tales of the field.* Chicago: University of Chicago Press.

Vygotsky, L. S. (1978). *Mind in society.* Cambridge, MA: Harvard University Press.

Weinstein, D., & Weinstein, M. A. (1991). Georg Simmel: Sociological *flaneur bricoleur. Theory, Culture & Society, 8,* 151-168.

Weinstein, M. (2004). Randomized design and the myth of certain knowledge: Guinea pig narratives and cultural critique. *Qualitative Inquiry, 10*(2), 246-260.

West, C. (1989). *The American evasion of philosophy.* Madison: University of Wisconsin Press.

Wolcott, H. F. (1990). *Writing up qualitative research.* Newbury Park, CA: Sage.

Wolcott, H. F. (1992). Posturing in qualitative research.In M.D.LeCompte, W. L. Millroy, & J. Preissle (Eds.), *The handbook of qualitative research in education* (pp. 3-52). New York: Academic Press, Inc.

Wolcott, H. F. (1995). *The art of fieldwork.* Walnut Creek, CA: AltaMira Press.

Wolfe,M.(1992).*A thrice-told tale.* Stanford,CA: Stanford University Press.

Wright, H. K. (2006). Are we there yet? Qualitative research in education's profuse and contested present. *International Journal of Qualitative Studies in Education, 19*(6), 793-802.

定位领域

PART Ⅰ   LOCATING THE FIELD

朱志勇 译校

本手册的第Ⅰ部分首先在学院派内探寻质性研究的位置,然后转向社会和教育研究中质性研究的历史。最后两章讨论质性研究者的伦理、政治与道德责任。

学院派和参与式行动传统

勒温和格林伍德在本手册的开篇倡议重塑社会科学。本章探讨了传统型和应用型质性研究视角的深度和复杂性,作为修补匠的阐释研究者们有意无意地继承了它们[1]。这些传统把研究者放置在历史(或组织)话语的学术系统中,这个系统指引并限制任何具体研究中的阐释性工作。学院派处于危机状态,基于利益相关者传统的资助联系不再持续。我们需要彻底的改革,行动研究可以帮助引路。

勒温和格林伍德认为行动研究者有责任做具有社会意义、对社会负责的研究工作。研究者、大学以及社会三者之间的关系必须改变。这种关系的转变可以通过具有政治敏感性的行动研究,即致力于实践和社会变革的探究,得以实现。

行动研究者们致力于一套训练有素的、物质的实践,致力于使社会领域发生彻底的、民主化的转变。这些实践关涉合作对话、共享决策、包容性民主审议,以及各相关方最全面的参与和代表(Ryan & Destefano,2000,p.1)。行动研究者能够真正帮助把研究转变成实践或行动。研究对象在研究过程中会成为共同参与者和利益相关者。研究成为实践操作,即实际的、反省的、实用的行动,直接解决现实世界中的问题。

这些问题来自研究共同参与者们的生活,不是来自高高在上的宏大理论。利益相关者和行动研究者共同创造知识,这些知识扎根于本土并且实际有用。在此过程中,他们共同界定研究目标、政治目标,共同建构研究问题,汇集知识,磨炼共享的研究技能,锤炼为社会变迁实施具体策略的解释与呈现文本,以及测量在行动研究结果基础上当地利益相关者行动意愿的可靠性和有效性。

学院科学在历史上并不能一贯实现上述目标。勒温和格林伍德对这个问题给出以下几个解释,包括所谓的实证主义的、价值无涉的社会科学不能生产有用的社会研究,外在组织界定大学需求和价值的强烈趋势,针对企业和私营研究组织的资助的流失,内部管理基础结构的膨胀与无效,等等。

勒温和格林伍德没有放弃实践科学,相反,他们号召对科学与学院所有方面进行重构。他们提出了实用的、扎根的行动研究模式,而不是退出严谨的科学探究[2]。这种形式的研究把科学再概念化为一种视角多元的、方法论多样的、协作的、沟通的、社群的、以情境为中心的、道德的课题。他们二位要把行动研究设置为当代大学的中心。他们倡议一种公民社会科学,一种实用主义科学,这将导致 21 世纪大学与社会、政府、社区关系的彻底重建。

历　史

维迪奇和莱曼(Vidich & Lyman,2000)在他们里程碑式的文献(收入本手册第 2 版的文章)中揭示了民族志传统是如何通过 15 和 16 世纪西方人对原始文化起源的兴趣,从希腊人延伸到与西班牙、英国、法国、荷兰等帝国有关系的殖民行为学,再到美国和欧洲 20 世纪的几次转型。贯穿这段历史,质性研究的使用者们已经展示了他们所坚持的一套信念,包括客观主义、经验情境化的欲望,以及对所有观察到的现象进行理论阐释的意愿。

在本手册第 3 章中,埃里克森呈现了上述信念,并补充了与殖民主义合谋的实证主义传统、碑铭主义(monumentalism)的承诺、不受时间影响的文本的生产。殖民主义模式把质性研究置于种族和性别的话语中,这使得白人父权制处于特权地位。当然,正如我们在“导论”中陈述的,这些信念近些年来备受质疑。

在维迪奇和莱曼的基础上,埃里克森详细描述了早期以及当代的质性研究者们在这些压抑的系统中受牵连的程度。他的历史描述拓展了维迪奇和莱曼的观点,主要聚焦于以下五个基本的立足点:学科视角中的质性研究,尤其是社会学和人类学;作为观察者/作者的参与式观察者;田野研究中的观察对象;质性研究报告中修辞性和实质性的内容;以及这些文本的读者。

他对最近不同学科(体现在美国教育研究协会,American Educational Research Association)努力强加给质性研究某些确定的评价标准进行了尖锐的评论,同时也仔细综述了最近对经典民族志文本的批判。他认为现实主义民族志文本——这种文本有着全知的叙述者——不再是一种负责任的实践报告类型。

研究伦理

　　克里斯蒂安把质性研究的政治和伦理放在一个更为宽广的历史和智识（intellectual）框架中进行讨论。首先，他审查了实证主义的启蒙运动模式（enlightenment model）、价值中立的研究、功利主义及其伦理。在价值中立的社会科学中，专业社团的伦理操守成为道德原则的传统形式。到 20 世纪 80 年代，各个主要的社会科学协会（同时代中通过联邦法律并颁布全国指导方针的协会）都实施了自己的伦理操守，其主要强调以下几个准则：知情同意、不欺骗、不进行身体和心理伤害、隐私和保密、恪守收集和陈述可靠且有效的经验资料的承诺。

　　伦理制度审查委员会（Institutional Review Boards，IRBs）负责执行这些准则，包括确保获得研究对象的知情同意书。然而，克里斯蒂安也注意到现实中伦理制度审查委员会保护的是机构，而不是个人。

　　几个事件挑战了启蒙运动模式，包括纳粹医学实验、塔斯基吉学院梅毒研究、20 世纪 60 年代的卡米洛特项目（Project Camelot）、米尔格伦（Stanley Milgram）在心理学实验中对研究对象的欺骗、汉弗莱斯（Laud Humphreys）欺骗性的同性恋研究、社会科学家们在越南军事动议中的合谋。另外，对欺骗行为、剽窃、篡改数据、陈述不实的指控一直持续到今天。

　　克里斯蒂安详述了启蒙运动模式的贫乏之处，它为欺骗行为、入侵私人空间、愚弄研究对象、挑战研究对象的道德价值和尊严等创造了条件（参见本手册第 28 章；同时参见 Guba & Lincoln，1989，pp.120-141）。由此，克里斯蒂安倡议用基于女权社群主义（feminist communitarianism）价值的伦理来取代这个启蒙运动模式。

　　这是一个新兴的、不断变化的伦理框架，它对于那个以欺骗为基础的、功利的伦理制度审查委员会系统来说是一剂强有力的解药。这个新的框架认为在认识论和价值论层面有一个共同体（community）先于人而存在。这个共同体拥有共同的道德价值，研究深植于关心、共享的治理、友好、爱心、仁慈、德善等观念之中。社会生活的描述应该呈现这些价值，并给予充分的解释。这些描述和解释应该有足够的深度，进而使读者能够对被研究的世界形成批判性的理解。这些文本所呈现的内容应该不存在种族、阶层、性别的歧视。这些文本应该形成社会批判，引导社会世界中的抵制、赋权、社会行动和积极的改革。

　　就像勒温和格林伍德所倡导的参与式行动研究模式（the model of participatory action research），女权社群主义模式有一个"参与者平等说"，即在研究应该如何实施、应该研究什么、应该使用哪些方法、哪些结论有效并能够被接受、如何贯彻执行研究结论、如何评估这些行动的结果等方面，所有参与者都有平等的权利。不同的意见都会得到关注，不同的话语旨在达成相互的理解以及对道德承诺的兑现。

　　神圣的存在主义的认识论认为我们与地球、自然以及更大的世界的关系是非竞争性的、非等级的关系(Bateson,1972,p.335)。这种神圣的认识论强调赋权、共享治理、关心、团结、爱心、共同体、契约、道德涉入的观察、公民转型的价值观。正如克里斯蒂安所观察的,这种道德的认识论恢复了被理性的启蒙运动科学工程所排斥的道德价值观。这种神圣的认识论基于哲学人类学的宣称:"所有阶层或族群的人们,无一例外,都有其尊严和神圣的地位"(Christians,1995,p.129)。一个普遍的人类道德规范正是源于这种立场,它强调生活的神圣性、人类的尊严、讲真话与非暴力(Christians,1997,pp.12-15)。这种道德规范建立在地方经验与文化规定的主要准则的基础之上(Christians,1995,p.129)。这些主要的准则为"植根于全人类团结的善行观念"提供了辩护(Christians,1995,p.129;1997,1998)。这种神圣的认识论认识到,在今天的世界中,种族、阶层、性别成为重要的压制系统,并对此提出质疑。

　　由此,克里斯蒂安为未来描绘了一幅激进的道德路径蓝图,这幅蓝图超越了通常的中间道路的道德模式,主要聚焦于与质性研究中背叛、欺骗行为和伤害相关联的问题。克里斯蒂安所提倡的协作式社会科学研究模式使研究者对其所研究的对象负责,而不是对一个远离的学科或机构负责。这贯彻了批判的、行动的、女权主义的传统。这些传统强有力地把研究的伦理道德与被压迫者的政治结盟在一起。克里斯蒂安的框架重组了现有有关伦理道德与社会科学的话语[3]。

　　如果说现有的"贝尔蒙报告和共同规定(Belmont and Common Rule)"与人权和社会正义的伦理道德规章有关系的话,那也是微乎其微。令人遗憾的是,这些原则也只是以价值无涉的实验方法和功利主义的正义概念等观点来呈现,他们没有用参与的术语来将研究概念化。尽管这些规则起初创设的时候旨在保护那些不道德的生物医学研究中的研究对象,但是在现实中它们只是保护了机构,而不是人。这些规则的实施就是使命蜕变或者伦理道德蠕变(mission or ethics creep)的一个实例,或者是伦理道德审查规则对社会科学研究解释形式过分扩展的一个实例。很多人已经对此提出批判(如:Haggerty,2004;Gunsalus et al.,2007;Dash,2007;AAUP,2001,2002,2006a,2006b)[4]。

　　口述历史学家(参见本手册第27章)对一些报告中有关科学和研究的狭隘观点提出了质疑(American Historical Association,2008;Shopes & Ritchie,2004)。人类学家和考古学家对知情同意书这样的观念提出了挑战,因为它影响了民族志研究(参见Fluehr-Lobban,2003a,2003b;Miller & Bell,2002)。新闻记者争辩说伦理制度审查委员会所坚持的匿名规则会降低新闻报道的可靠性,因为新闻报道需要说明信息来源。达什(Dash,2007,p.871)争论说,伦理制度审查委员会的监督权与第一修正案有关记者权利和公众知情权是相抵触的。土著学者巴蒂斯特(Battiste,2008)和史密斯(Smith,2005)宣称西方伦理研究已经"严重地腐蚀和破坏了本土知识(indigenous knowledge)"以及本土共同体(Battiste,2008,p.497)[5]。

正如目前所实施的,这些实践行动关闭了批判性的伦理对话。他们使人产生这样一种印象:如果遵循了伦理制度审查委员会的程序,那么这个研究的伦理就不存在问题了。其实,这种伦理已经走入了一个死胡同。

规训和规限伦理道德行为

所有这些规限的后果就是对质性研究的规训,这种规训已经从资助机构扩展到质性研究研讨会,甚至到了质性研究学位论文的撰写(Lincoln & Cannella,2004a,2004b)。有时候,由于地方伦理制度审查委员会提出许多批判,很多批判性研究得不到资助,也就不能继续下去。这些压力使批判性的解释性研究受到质疑。从联邦到地方,这种趋势好像越来越明显。很多案例好像使我们与保护人类研究对象的目标渐行渐远,而是进入一种那些对权利和政治不满的研究项目不断被监控、审查和监督的境地。

林肯和蒂尔尼(Lincoln & Tierney,2004)注意到,这些监督活动对于批判性的社会正义研究来说至少有五个方面的意义:第一,对不同研究替代形式的普遍拒绝意味着质性研究将会在联邦和州政府政策论坛中越来越少;第二,质性研究正在被蓄意地从全国性对话中排除;因此,第三,接受批判性传统训练的年轻学者将不能发声;第四,为了适应更新的研究模式,我们还没有对研究的界定进行改革;第五,在拒绝质性研究时,传统的研究者就会支持一种更加疏远的研究方式,这种方式与现存的有色人种的歧视是匹配的。

上述情形会在以下四个方面威胁到学术自由:第一,会导致对人文学科的研究增加更多的审查;第二,对班级研究和涉及人类研究对象的质性研究训练增加新的审查;第三,他们会把质性研究与以证据为基础的研究话语相联系,这些话语权会把质性研究界定为非科学的研究;第四,通过支持认识论的保守主义思想,他们会在大学强化这种现状。这种保守主义思想会对研究生的训练产生新的限制,进而导致对学者的研究进行不恰当的评论,也为伦理制度审查委员会审查程序的政治化创设了条件,这些审查从风险和危害层面来说只是保护了机构,而非个人。

未来之路

自 2004 年以来,许多学术和专业性学会追循口述史和美国历史协会(the Oral History and American Historical Association),对大学伦理制度审查委员会的标准模式的基本假设发起挑战。一种跨学科的、全球的、对抗伦理制度审查委员会的话语方式已经出现了(Battiste,2008;Christians,2007;Ginsberg & Mertens,2009;Lincoln,2009)。

这种话语方式号召对伦理制度审查委员会审查的非联邦政府资助的项目一概排斥。美国大学教授协会(AAUP,2006a,2006b)到目前为止提出了如下建议:

> 在谈及方法论基础上的豁免时,换句话说,对自主的成人的研究,其方法论包括通过问卷调查搜集资料、实施访谈、在公共场所进行行为观察的整个过程,这个研究的豁免意指免除伦理制度审查委员会审查的要求,没有任何附加条件,不需要伦理制度审查委员会提供免除审查的证明。(p.4)

口述史协会的执行委员会在2006年10月的年会上支持美国大学教授协会的建议。他们非常清楚地宣称:"我们坦率地认为伦理制度审查委员会应该豁免'对研究方法论过程的审查,这个研究方法论包括通过问卷调查搜集资料、实施访谈、在公共场所进行行为观察的整个过程'"(Howard,2006,p.9)。这个建议可以进一步延伸为:人力资源保护办公室和大学伦理制度审查委员会都没有权力来界定何谓合法研究,只有联邦法规才有这样的权力。

我们完全同意上述主张。

伦理道德和批判社会科学

坎内拉和林肯撰写了本手册的第5章,他们在福柯(Michel Foucault)研究的基础上认为,一种批判社会科学需要一种激进的伦理道德,这种伦理道德经常/早已关心权力和压制,避免把"权力"建构成为一种新的真理。一种批判性的伦理道德立场从人的核心向外产生作用,这种批判社会科学包括女权主义、后殖民主义,以及对压迫性权力挑战的后现代主义,它与批判教育学以及抵制、希望和自由的政治学结成联盟。

这种批判社会科学聚焦于权力的结构和统治的系统,它为去殖民化工程创造空间,也打开了研究院的大门,进而使得被压迫者的声音能够得到倾听和尊重,使其他人能够向其学习。

结　论

本手册第I部分中的章节主要集中讨论伦理道德、权力、政治、社会正义以及研究院等话题。我们支持一种激进的、参与的伦理道德观,这种伦理道德观是社群主义的、女权主义的,倡导研究者和研究对象之间是互相信任的、相互协作而没有彼此压迫的关系,它会促进世界正义(Collins,1990,p.216)。

注　释

1.对于应用型和非应用型质性研究的任何区别,在某种程度上来说都是主观武断的。这两者的传统都是学术性的;它们都有悠久的历史和传统,对理论和社会变迁都承载着重要的意义。好的理论研究也应该具有应用的价值和意义。有时,有人认为应用型和行动研究是非理论的(nontheoretical),这个观点是值得商榷的。

2.我们将在下文和结论的章节中阐述神圣的科学(sacred science)这一概念。

3.鉴于克里斯蒂安的框架,主要有两种道德模式:功利的与非功利的。然后,在历史上与当下,总共出现了 5 种道德伦理立场,即绝对论者、后果主义者、女权主义者、相对主义者、欺骗行为,这些立场经常会互相合并与融合。绝对论者认为有助于一个社会自我理解的任何方法都是可接受的,但是只有公共领域的行为需要研究。欺骗行为模式认为包括谎言和不实陈述这些方法都需要以真理的名义进行辩护。相对主义者认为研究者对于他们研究什么有绝对的自由,道德伦理标准只是个人良心的事情。克里斯蒂安提出的女权社群主义模式详尽地描述了一种情境—结果的框架(a contextual-consequential framework),这种框架强调相互尊重、互不侵犯、互不操纵、拥护民主价值观(参见 Guba & Lincoln,1989,pp. 120-141;Smith,1990;Collins,1990,p. 216;Mitchell,1993)。

4.使命蜕变(mission creep)包括以下这些问题与威胁:奖励错误的行为、专注程序及并不棘手的伦理问题、强迫实施难以操作的联邦法规、把威胁牵涉到学术自由和第一修正案(Becker,2004;Gunsalus,et al.,2007;Haggerty,2004)。也许关于伦理制度审查委员会使命的最极端形式是 2002 年马里兰州法规的第 13条"其他医疗保健计划"第 20 款"人体医学研究"(13-2001,13-2002)中的规定:遵从联邦法规,即,除非一个人遵从联邦法规中有关保护人体实验的规则,否则这个人不可以做任何有关人体实验的研究(参见 Shamoo & Schwartz,2007)。

5.加拿大现在有一个很大的关于土著知识产权的研究项目,即文化遗产中的知识产权问题(Intellectual Property Issues in Cultural Heritage)。这个项目是一个跨国的、跨学科的合作项目,有 50 多位学者和 25 个组织合作参与,对文化遗产中知识产权问题进行空前的研究,这些问题主要体现在对文化、权利和知识所产生的本土解释与全球解释。他们的目的有:

- 详细记录全世界文化遗产中针对知识产权问题所产生的各种各样的原则、解释与行动;
- 分析这些情势的多种意义;
- 形成更加强有力的理论理解与建立良好实践的模范;
- 使得利益相关者更好地使用这些研究结论,从而发展和凝练他们自身的理论、原则、政策和实践,这些利益相关者包括当地共同体、专业组织、政府机构等。

参 考 文 献

American Association of University Professors. (2001). Protecting human beings: Institutional review boards and social science research. *Academe*, *87*(3), 55-67.

American Association of University Professors. (2002). Should all disciplines be subject to the common rule? Human subjects of social science research. *Academe*, *88*(1), 1-15.

American Association of University Professors, Committee A. (2006a). *Report on human subjects: Academic freedom and the institutional review boards.*

American Association of University Professors (AAUP). (2006b). *Research on human subjects: Academic freedom and the institutional review board.*

American Historical Association. (2008, February). AHA statement on IRBs and oral history research. *Perspectives on History.*

Bateson, G. (1972). *Steps to an ecology of mind.* New York: Ballantine.

Battiste, M. (2008). Research ethics for protecting indigenous knowledge and heritage: Institutional and researcher responsibilities. In N. K. Denzin, Y. S. Lincoln, & L. T. Smith (Eds.), *Handbook of critical and indigenous methodologies* (pp. 497-510). Thousand Oaks, CA: Sage.

Christians, G. C. (1995). The naturalistic fallacy in contemporary interactionist-interpretive research. *Studies in Symbolic Interaction*, *19*, 125-130.

Christians, G. C. (1997). The ethics of being in a communications con-text. In C. Christians & M. Traber (Eds.), *Communication ethics and universal values* (pp. 3-23). Thousand Oaks, CA: Sage.

Christians, G. C. (1998). The sacredness of life. *Media Development*, *2*, 3-7.

Christians, C. G. (2007). Neutral science and the ethics of resistance. In N. K. Denzin & M. D. Giardina (Eds.), *Ethical futures in qualitative research* (pp. 47-66). Walnut Creek, CA: Left

Coast Press.

Collins, P. H. (1990). *Black feminist thought.* New York: Routledge.

Dash, L. (2007). Journalism and institutional review boards. *Qualitative Inquiry*, *13*(6), 871-874.

Fluehr-Lobban, C. (Ed.). (2003a). *Ethics and the profession of anthropology* (2nd ed.). Walnut Creek, CA: AltaMira.

Fluehr-Lobban C. (2003b). Informed consent in anthropological research. In C. Fluehr-Lobban (Ed.), *Ethics and the profession of anthropology* (2nd ed., pp. 159-177). Walnut Creek, CA: AltaMira.

Ginsberg, P. E., & Mertens, D. M. (2009). Frontiers in social research ethics: Fertile ground for evolution. In D. M. Mertens & P. E. Ginsberg (Eds.), *The handbook of social research ethics* (pp. 580-613). Thousand Oaks, CA: Sage.

Guba, E. S., & Lincoln, Y. S. (1989). *Fourth generation evaluation.* New-bury Park, CA: Sage.

Gunsalus, C. K., Bruner, E. M., Burbules, N. C., Dash, L., Finkin, M., Goldberg, J. P., Greenough, W. T., Miller, G. A., Pratt, M. G., Iriye, M., & Aronson, D. (2007). The Illinois white paper: Improving the system for protecting human subjects: Counteracting IRB "mission creep." *Qualitative Inquiry*, *13*(5), 617-649.

Haggerty, K. D. (2004). Ethics creep: Governing social science research in the name of ethics. *Qualitative Sociology*, *27*(4), 391-414.

Howard, J. (2006, November 10). Oral history under review. *Chronicle of Higher Education.*

Lincoln, Y. S. (2009). Ethical practices in qualitative research. In D. M. Mertens & P. E. Ginsberg (Eds.), *The handbook of social research ethics* (pp. 150-170). Thousand Oaks, CA: Sage.

Lincoln, Y. S., & Cannella, G. S. (2004a). Dangerous

discourses: Methodological conservatism and governmental regimes of truth. *Qualitative Inquiry*, *10*(1), 5-14.

Lincoln, Y. S., & Cannella, G. S. (2004b). Qualitative research, power, and the radical right. *Qualitative Inquiry*, *10*(2), 175-201.

Lincoln, Y. S., & Tierney, W. G. (2004). Qualitative research and institutional review boards. *Qualitative Inquiry*, *10*(2), 219-234.

Miller, T., & Bell, L. (2002). Consenting to what? Issues of access, gate-keeping, and " informed consent." In M. Mauthner, M. Birtch, J. Jessop, & T. Miller (Eds.), *Ethics in qualitative research* (pp. 70-89). London: Sage.

Mitchell, Richard J. Jr. (1993). *Secrecy and fieldwork*. Newbury Park: Sage.

Ryan, K., & Destefano, L. (2000). Introduction. In K. Ryan & L. Destefano (Eds.), *Evaluation in a democratic society: Deliberation, dialogue,* *and inclusion* (pp. 1-20). New Directions in Evaluation Series. San Francisco: Jossey-Bass.

Shopes, L., & Ritchie, D. (2004, March). Exclusion of oral history from IRB review: An update. *Perspectives online.*

Smith, L. M. (1990). Ethics, field studies, and the paradigm crisis. In E. G. Guba (Ed.), *The paradigm dialog* (pp. 139-157). Newbury Park, CA: Sage.

Smith, L. T. (2005). On tricky ground: Researching the native in the age of uncertainty. In N. K. Denzin & Y. S. Lincoln (Eds.), *The SAGE handbook of qualitative research* (3rd ed., pp. 85-107). Thousand Oaks, CA: Sage.

Vidich, A., & Lyman, S. (2000). Qualitative methods: Their history in sociology and anthropology. In N. K. Denzin & Y. S. Lincoln (Eds.), *Handbook of qualitative research* (2nd ed., pp. 37-84). Thousand Oaks, CA: Sage.

2 重塑社会科学,振兴大学: 修身和行动研究

REVITALIZING UNIVERSITIES BY REINVENTING THE SOCIAL SCIENCES:
BILDUNG AND ACTION RESEARCH

◉ 莫滕·勒温(Morten Levin)　戴维·格林伍德(Davydd Greenwood)

冯燕玲 朱志勇 译　阮琳燕 校

社会科学研究的实践,是一种情境化的制度性社会实践形式。如果我们据此得出显而易见的结论并把它置于当代学术社会科学的情境中,那么这种陈词滥调产生的许多结果并不会为大多数学术型社会科学家们(academic social scientists)所喜欢。其中一个结果就是我们必须在制度情境和社会实践中解释理论的和方法论的方法,而这些方法本身就被嵌入制度情境和社会实践之中。如果我们诚心渴望发展理论和方法论,却没有形成和提倡一种对大学、研究机构和学科结构如何形塑它们活动情境和实践的理解,社会科学便不能取得进步。学术型社会科学家们自我诗意化的理论和方法论创作完全将他们与社会隔离开来。研究和教学的议题更多是由制度化的社会科学专业领域中的流行性所推动,而不是解决相关社会问题的旨意使然。由于目前更大规模的大学组织结构和程序、大学行政结构、国内和国际的专业团体和排名系统不利于社会科学中具有社会意义的理论或实践的发展,所以我们需要分析和改变这些结构。

我们做了一个情境性的、实用主义的分析,以检视大学的组织结构、权力关系、话语方式以及外部关系,因为它们都会影响社会研究方法论和实践。如此分析,可以形成认识论的、政治的、方法论的、理论的和伦理的必要性和迫切性,进而可以超越学术化的、专业的传统组织分析,并在具体情境中分析实际的社会科学行为。面对大学组织结构和社会科学研究可以发力的、更为广博的大学外部情境,学术型社会科学家们必须做出选择。社会科学家拥有揭示这些问题轮廓的工具,也有义务来使用这些工具对结构中的亲社会改革(the pro-social reform)发挥作用。我们把变革交给专业管理人员、顾问以及外部的政策制定者,这早已严重地妨碍了大学的发展。

我们在这些问题上不能假装中立。我们认为,相比于职业学校和研究机构而言,大学正处于真正的危难之中。目前的方法、专业实践和组织结构使得学术社会科学几乎不能向日益敌对的公众、资助者们和政策制定者们争辩。由于大学组织的泰勒式结构比表面的制度改革危害更大(例如,没有任何意义的组织变革的战略规划),我们直接向泰勒式结构提出挑战。我们坚信大学至关重要,因

此值得改革,我们将大学视作公民认同(the formation of citizens)的场所,分析复杂的技术、社会和道德问题的场所,及对解决社会最紧迫问题提供有意义支持的场所。大学的兴盛只能通过在自身结构内部,以及与拥有合法性和资金来源的非大学领域建立流畅和多维的关系而实现。我们认为社会科学在促进必要变革方面应承担主要职责。

如果社会科学要重新稳固地立足于大学和整个社会,便需要强调实践社会科学的四个基本原则。

多元视角的研究。在重要社会问题的多元视角研究中,大学的社会科学研究必须包括相关的社会科学、人文学科和自然科学的专门知识。这种多元视角的知识共生(multiperspective cogeneration of knowledge)对于调动一系列现有学科内部的知识用以生产有意义和有用的社会知识并进行改革,以及在参与学术相关领域,发展有效的理论和方法方面,都是至关重要的。教学的根本性改革也需要让学生尽早且经常参与到复杂问题的跨学科研究团队中,这就需要对大学运行进行重大的改组,需要对大学内部之间的连接方式进行改进。

方法论的多样性。我们必须支持学科和方法论的多样性。例如,我们认为质性的和量化的方法在研究任何重要的社会问题中是相互需要的(Creswell,2003;Creswell & Clark,2007)。重大的问题不能恰好划分为量的和质的维度。在综合的、具有可行性的框架中,研究者可以在必要的时候将这些维度结合起来。

学术型社会科学家们愿意相信理论和实践能截然分开并且也应该分开(Eikeland,2008)。对此,我们并不赞同,我们主张理论在实践中能最好地生成,也只能在实践中才能得以恰当检验。这就意味着对于社会科学的实践和进一步发展而言,舒适的大学办公室/图书馆/实验室生活不是充足的情境。许多学术型社会科学家们已经成为大学教师,不再与非学术世界直接接触,这是有问题的。

利益相关者的包容性。尽管我们对社会科学增加了理论和方法论的要求,但是社会科学研究还是要把非学术的利益相关者纳入其中。与学术界内部普遍持有的观点相反,大学和非学术的利益相关者之间创造互相学习的机会并不会降低我们对社会科学理论和方法论严谨性的期望。相反,这样反而提高了那些要求,因为研究者被迫去处理更复杂和更多维的问题(并因研究被授予专业性奖励),而且研究者在这样做时必须采用对非学术的利益相关者具有说服力的方式,因为利益相关者的福祉是利害攸关的。

社会科学教学的变革。许多社会科学教学具有反社会性(antisocial),其通常的做法有:给被动的学生讲授普遍理论和方法、在缺乏实践的情况下把社会科学的发展等同于其理论和方法论的阐述、对最新期刊文章的批判给予区别对待而不是评价文章对于理解和管理社会问题的实质性贡献。他们割裂了社会科学和日常社会问题之间的联系。我们自己的经历表明,社会科学理论、方法和有关当地利益相关者的具体社会问题的研究,这三者之间可持续的联系有助于学生和他们的教师成为更有能力的理论家和实践者。

要达到这个目标,教学必须告别抽象理论和方法的课堂陈述。正式的陈述有它的价值,但是这种陈述必须与由大学内外不同利益相关者组成的多学科团队在情境中开展的社会研究实践同时进行。教学必须创造以现实生活问题为基础的学习机会,在现实生活问题中,我们可以挑战和使用理论和方法,进而拓展我们的理解。

这些变革与学术组织结构中支配性的泰勒式逻辑相互对立。为了应对社会研究的复杂性、适用性和可信度的考验,我们需要多学科的研究和教学,这样的研究和教学可以重新定义学系边界和专业认同感,并对大学与大学外部的利益相关者之间的关系再脉络化。这牵涉到大学、社会科学以及它们与整个社会相互作用方式的彻底变革。

行动研究

这里提出的变革构成了我们已经实践了几十年的社会研究的核心内容,即行动研究。我们知道我们推荐的方法是有效的。如果它们合理并有效地发挥作用,那么在系统层面忽视它们是不可接受的,尤其当社会科学处于危机之时(除了内部专业支持者以外)。

这一章是我们对本手册的第三个贡献。之前两个贡献的要旨是证明行动研究是一种可行的研究策略,它使严谨性和相关性之间的平衡成为可能,并且它具有极大的改革潜能。在我们的第一个贡献中,"通过行动研究重建大学和社会之间的关系"(Greenwood & Levin, 2000, pp. 85-106),我们以一个有限的陈述作为起始,呈现了社会科学和社会整体之间的分离导致的问题,主张把行动研究看作大学社会研究的核心方法,并使用它来解决社会科学和社会整体之间的分离所导致的问题。基于此,我们简略地阐述了以实用主义哲学立场为基础的行动研究的基本要素。

在我们的第二个贡献中,"通过行动研究改革社会科学和大学"(Greenwood & Levin, 2005, pp. 43-64),我们聚焦于在大学中什么被视为科学知识,并论证行动研究可以作为一种真正的科学实践。我们主张行动研究可以制度化为大学中研究和教学的主要模式。我们认为,行动研究将为所有参与其中的利益相关者建立学术知识创造和具体问题解决之间更紧密的联系。我们主张行动研究是一种研究和教学的策略,二者都可以革新社会科学知识的生产并在社会研究和社会之间创建一种更紧密的联系。核心观点是创造一种研究和教学实践,这种实践在相同知识获取的过程中整合了研究者(教师)和利益相关者。

始自我们的第一个贡献,特别是 1998 年以来的时间里,当我们发表对行动研究的综合性介绍时(Greenwood & Levin, 1998a, 2007),我们注意到这些关于行动研究的论点对于大学社会科学行为没有明显的作用。狭隘的学术职业化、学科专业内部根据同行评审来分等级、作为专业方法的质性研究和量化研究的分离、理论和实践的割裂,所有这些问题仍然继续存在。我们看不到有人将行动研究理解为社会研究的一种重要替代策略。当前高等教育的财政危机已经导致学科、分支学科和专业之间更多的混乱。解决财政问题的标准行政途径就是根据不同部门的强弱来分配份额,这样造成跨学科合作的减少。因此,在我们能进入关于大学的核心论点之前,我们再次"介绍"行动研究。然而,我们会比之前的文章介绍得更为简略。读者可以查阅之前的那些内容或者我们出版的《行动研究导论》(Introduction to Action Research)获得延伸的内容。

在我们的《行动研究导论》一书中,我们将行动研究定义如下:

> 行动研究是生产知识和设计行动的一套自觉协作和民主的策略,在这个生产知识和设计行动的过程中,在社会研究和其他形式的研究方面训练有素的专家与当地的利益相关者一起工作。研究焦点由当地的利益相关者和行动研究者共同合作进行选择,并且参与者之间的关系在共同学习的过程中得到建构。行动研究集中在"与"利益相关者合作而不是"为了"利益相关者,而且相信当地的利益相关者在长期复杂情境中积累了丰富经验且具有反思的可能性。(Greenwood & Levin, 2007, p.1)

在社会研究中,行动研究者连接了实践和理论。我们认为,没有应用性的社会研究不能被称为真正意义上的研究,因为没有在真实环境中检验的理论仅是推测而已。我们不赞同可能存在与理论和方法没有明确联系的应用研究实践的看法。因此,行动研究反对理论/实践二分法,而大部分传统社会研究则依靠这种二分法(Greenwood & Levin, 1998a, 1998b, 2000, 2001a, 2001b; Levin & Greenwood, 1998)。

对许多社会科学家而言,行动研究是"纯粹的"行动主义,并非严谨的理论和方法。这种立场给出的理由是越大的相关性需要越少的严密性(一种普遍的相反观点在 Argyris & Schön, 1978, 1996 中可以查到)。我们的经验告诉我们这种观点是错误的,尽管它可以方便地允许传统的社会研究者生活在他们的大学中,而他们缺乏与外部世界的社会行动者之间联系的"严密性"。

行动研究的哲学基础来自杜威(John Dewey)、詹姆士(William James)、皮尔士(Charles Sanders Peirce)等人的实用主义(Diggins, 1994)。我们在其他出版物中已经表达了这样的立场,此处不再赘述。实用主义在理论和实践之间建立了直接的联系。反思来自真实情境中的行动,对行动的结果进行反思,然后再行动。这必然是一组过程,涉及多个对研究问题具有不同经历和知识的利益相关者。实用主义的探究带来"有保证的"主张,用于指导行动和理论/方法的发展。

实用主义与民主紧密相关,它是通往民主审议和行动的社会科学方法。我们把民主社会的改善视为"社会"科学的核心使命。我们认为行动研究是"科学的"(Greenwood & Levin, 2007, 第 5 章),因为它把研究结果带到行动中去检验,并由专业的社会研究者和当地的利益相关者来评价。

行动研究的核心是协作关系,我们称之为"共生型探究(cogenerative inquiry)"。为了大家的利益,我们把专业社会研究者的经验和训练与当地利益相关者的经验和承诺汇集到一起。专业的研究者和当地的利益相关者都具备所需的知识,进而为整个协作过程做出贡献。

行动研究生产有意义的归纳,推动方法论的发展,并探寻到实证性的结论,如同学术期刊《行动研究》(Action Research)、《系统性实践和行动研究》(Systemic Practice and Action Research)以及《国际行动研究》(International Journal of Action Research)任何一期上的文章所展示的一样。

对行动研究的批判

在展开这些争论时,我们认识到我们的观点是理想化的。我们对于有潜力的行动研究所进行的定义性争论,没有注意到大学内外困扰行动研究日常实践的问题和隐患。随着行动研究的实际运用,我们已经发表了许多文章和论文,对其进行了批判性的讨论(Greenwood,2002,2004;Levin,2003)。我们的批判集中在行动研究对社会科学理论和方法争鸣的贡献是怎样的微乎其微。许多行动研究的作品包含冗长的个案报告,没有敏锐的知识重点,并且经常与特定的科学话语没有关联。这些作品通常较难与应用社会科学领域的作品相区别。我们相信,像传统的社会科学一样,因为相同的原因,行动研究还没有发挥其潜能,原因在于:相关实践问题的解决与完备的理论和方法论议程之间缺乏整合。

然而,我们有足够优秀的行动研究案例,它们架设了解决实践问题的桥梁,具有构建重大理论和方法论的雄心,可以成为我们的典范(例如,参见 Eikeland,2008;Emery & Thorsrud,1976;Emery & Trist,1973;以及这些堪称典范的博士论文:Aslaksen,1999;Crane,2000;Hittleman,2007;Kassam,2005;Klemsdal,2008;Raymer,2007;Ruiz-Casares,2006;Skule,1994;Vasily,2006)。

行动研究不可简化为"公众学问(public scholarship)"。"公""私"领域学问的看法与我们把社会研究理解为一种过程的观点截然相反,社会研究的过程就是让理解和社会行动同时进行,它也是生产可信理论、方法和知识的一种途径。

教学法

行动研究教学法与被动的"堆砌方法"截然相反(Freire,1970;Giroux & Giroux,2004;McLaren & Farahmandpur,2005;McLaren & Jaramillo,2007)。培养行动研究者不能单靠课堂教学或者大学里的研讨会。学生为了学习,需要针对真实的研究项目与教师和同学们进行协作。他们需要发展理论和方法的能力,但也需要组织、合作、领导力和民族志技巧,这些技巧来自自主学习以及向他人学习和经验共享。

这种教学法是可能的。勒温和格林伍德等人都已经在他们的大学进行了实践(Levin & Martin,2007)。这种教学法不太常见,因为控制高等教育的是等级化的、区隔化的和权威主义的结构。自相矛盾的是,相比社会科学和人文学科的学生,尖端科学、工程学、医学和法学的学生更可能学会这些技能。在后者的领域中,有些教学法包括有组织的团队协作,以及努力将知识应用于具体的情境,而这些教学法在不以实操为导向的人文学科和传统的社会科学中则很少见。

因此,我们主张社会科学,包括行动研究,既要重视社会知识生产所面对的智识和实践挑战,又要强调关键利益相关者的能力发展。

大学改革:平衡行动

之前在这本手册发表的论文中,我们对大学改革明确表达的立场已经发生很大的改变。在首次提及时,我们认为改革的可能性足以保证我们的努力。自那之后,我们看到了新自由主义政策强大的破坏力,高等教育的职业化,博洛尼亚进程(the Bologna Process,欧洲大学的改革),以及大学的价值在于它是社会流动、公民形塑和有意义的社会变革的一种来源,而这种信任危机破坏了世界上的大学体系。在经济恐慌的氛围下,除了削减成本的泰勒式运作,做其他事情的干劲都已经消失殆尽。我们相信,我们知道大学能够发生多么重大的变革,从而能够显著提升其教学、科研水平,并促进社会改革,但我们也明白这种改革并不可能。相反,经济危机强化了大学作为组织的最糟糕的特征。因此,我们从充满希望的改革者的写作口吻转向了"如果"式的讨论式写作风格,这种"如果"其实是"如果社会和学者们真的想再创造一个有意义的大学系统呢?"

在我们对大学的愿景中,核心组织过程是多方面的整合,包括社会研究中研究策略、方法和结论的产生;大学组织结构和过程的改革;参与世界上多维的、紧要的和动态的问题研究。这种学术研究将依靠作为学习者和行动者的学生和教师协作参与这些过程。把这些任务联结起来具有不可预知的挑战性,毕竟传统的社会科学排斥这种联结。对于许多学者而言,研究必须具有严密性或者相关性、理论性或者应用性,等等。但是,没有这些交汇点的研究似乎也是存在的,因此,支持创造一种不同的研究构想是个巨大的挑战。

我们提出的构想就是"平衡行动(balancing act)"。这个概念可能显得没有说服力,因为它提出了一种无趣的妥协。在此妥协中,此前参照框架内每个参与其中的行动者和构想都并置在一起,进而创造出一种折中的立场、一种"共识"的共同基础,从而使问题得以解决,参与者也能获取一些回报。但这也不是我们的全部用意。对我们而言,平衡行动是对未来的社会科学和大学具有根本性和变革性的一种远见,因为它包含创造新的交汇点。当每个参与其中的人离开他们之前的立场和制度碉堡,接纳新的理论、方法和制度立场时,这些交汇点就会出现。

因此,我们的模式以哈贝马斯(Habermas,1984)的话语伦理学(discourse ethics)为基础。平衡行动是一种理性的方式,它使不同的论点和立场面对面,不是一种你输我赢的竞赛方式,而是一种协作的学习过程,在这个过程中好的论点支持所有人进行变革式的学习(参见案例:Freire,1970;Mezirow,1991)。我们也以巴内特(Barnett,2003)的论点为基础,他认为学术生活的本质是需要运用理性来支持或排斥某种立场。我们主张,中间立场(middle ground)不仅是存在的,而且有意义的社会研究一定恰好发生在这种中间立场中。平衡行动促使我们努力参与实际问题的解决,并且充分严谨地对社会研究方法的不断发展做出智识贡献。由此,平衡行动要求我们坚持这种中间立场,并从实践和认识论的角度来论证我们的研究,进而要求我们努力整治研究的环境以及大学外部的联系,从而使这种中间立场成为可能并持续下去。这是平衡行动的第一个维度。

我们赞同多视角的研究,也主张教学是联结知识生产的前提。在研究领域中,不同的学科必须做出贡献,显而易见的是,我们需要塑造一种中间立场,进而推动跨学科的研究和教学(Gibbons et al.,1994;Nowotny,Scott,& Gibbons,2001)。这是平衡行动的第二个维度。

行动研究使这种中间立场具体化,因为它接受挑战去服务两个"主体"——解决问题的实际需要,以及为了智识关注和扩大专业同行的理解而进行出版的科学需要。要做到这些,社会科学家必须正直,因为他们既不能完全按学术交流界的抽象方式来推进,也不能按实际解决社会问题的方式来进行。在这些潜在矛盾的需要之间,行动研究者的正直对其不断前行具有关键意义。在寻找尽可能最好的理论、方法和实践结果的过程中,行动研究者自愿接受的要求——保持正直——是唯一的保证。

通过实践这种正直,行动研究者也为他们的学生树立了科学的和社会的正直典范。大学作为一个机构,其正直性取决于推进这些过程和保护所有参与者免受内外压制,这些压制由关涉多种多样的利益相关者的敏感问题引起。这是平衡行动研究的第三个维度。

因为行动研究建立在承诺民主对话和社会过程的基础之上,行动研究进一步的责任是对其研究和教学过程中的,以及由他们提出的实际解决方案的公正和民主影响进行权衡(Flood & Romm,1996)。利益相关者的权力和利益影响了这些过程,研究者试图通过以自始至终的正直为特征的公开过程去平衡这些利益。

大学内部另一种平衡行动是一种制度性的挑战,以调节许多领域中深厚专业知识和高级技能水平的发展和提升,及大学内外重要跨学科项目中的能力部署。这是平衡行动的第四个维度。学科的储备和自治反对这种变革性项目,但是深奥专业知识的持续发展和教学的减弱,对大学和社会整体的未来而言也是有害的。同等重要的是,我们几乎看不到大学管理机构在实现和保护这种平衡中发挥有意义作用的证据。目前的证据指向相反的方向,即针对有偿服务环境中学术商品生产(academic commodity production)的证据。

行动研究教学是平衡行动中的第五个维度。这种教学既要传递社会科学中的社会理论和方法,又要将这些理论和方法与日常社会生活的实践相联系,并且对这两者还要进行平衡。仅仅告诉学生如何思考和行动,让学生具有评价理论和方法、收集和分析社会研究数据以及与不同行动者们一起工作引起社会变革的能力,并不算成功。只有在课堂中平衡理论和实践,将教授和学生带出课堂,与来自其他领域的同事和大学之外的利益相关者一起讨论,才能构成"社会科学的教学"。如果教学活动不能将理论和实践连接起来,那么学生就不是在学习社会科学。相反,他们为了自身职业的利益将慢慢成为学术商品生产的专家。

尽管高等教育经费危机深重,公众对学术社会科学丧失信心,但是这种参与式的反思性研究(engaged reflective research)在传统的学术社会科学和现存的大学组织结构中仍然是不可能的。为了解释这种情况,我们提供了一种看待大学中的泰勒式组织和管理的视角,组织动力学(organizational dynamics)造成了社会科学之间的断裂,它并不能实现有意义的社会形态(social formation)(修身),并且它已经创造出了一种市场化的教学制度,在这种制度中,"购买"课程代替了能够创造个人形态(personal formation)(修身)的合理的课程计划。

社会科学家反社会的自我理解

在特定话题和方法方面,深厚的专业知识对于研究和理解更宽广的系统关系至关重要。伴随着学科组织隔离的学科专门化无法推动良好的社会研究,这使得重要的社会问题不可能得到理解和解决,并且助长了质量低下的高等教育。学生不得不在学术院系(academic department)之间走动以"获得教育",然而不进行知识交流的教师对他们自己研究之外的领域通常只有陈见。

社会科学家缺乏对自身实践情境的理解,同时缺乏对大学组织动力和他们在社会上不稳定地位的认识。几代人的工作把社会科学生产者所依存的大学与参加问题研究的非学术利益相关者进行了隔离之后,学术型社会科学家已经很难进行有意义的和有效的社会研究,并且经常是专业上的自取灭亡。

大多数的社会科学同行们,擅长于理解人类所生活的制度和文化世界中普遍的、复杂的组织方式,但是他们做人个性化且学究化,好像他们是超社会(suprasocial)和超文化(supracultural)的个体主义者,同时他们的行为并不受制于他们自己的理论和分析方法。这种与当地组织生活和社会的自我疏远(self-estrangement)会导致社会科学家和人文学者缺少个体和集体的自我理解,尽管他们声称比非专业人士能更好地理解社会和文化。

这表明许多学者并不是真的相信,或者还没有反思把他们理论和方法应用到他们自身的方式。他们直觉地把他们自身置于一种超社会的位置,采取一种现代主义的观点,尽管社会理论和哲学的产生已证明采取这种超人类的(superhuman)立场既不可能也不可取。社会科学家把他们自身定位为"旁观者"分析家(Eikeland,2008;Skjervheim,1974),而不是制度和社会的参与者。

许多学术型社会科学家把类似于学术创业者(academic entrepreneurs)的专业性极度个人主义(hyperindividualism)与缺乏对组织情境的理解结合于一身,而学术社会科学知识正是在这种组织情境中得以产生和交流。随着这些情境的迅速变化,即使是最没有自我意识的学者现在也意识到了一些变化。因此,当"市场化"的全球高等教育学术管理制度出现时,他们这种缺乏组织性自我理解和反思的状态,就不能让他们很好地去发展和保卫自己和学生有限的学术利益。

相反,就变革制度和社会环境的影响而言,存在集体的自我否定(self-denial)。外部利益相关者的干扰信号经常由紧缩开支来应对:继续一如既往的教学,为不存在的学术工作招收和培养研究生,研究仅是当前专业同行感兴趣的主题。这是单循环学习和 O-I 模式行为的一个例子(Argyris & Schön, 1978, 1996)。当以这种历史性的天真和抵制去面对他们自身的研究、教学实践、制度性工作情境以及他们在社会中所承担角色被批判性审问的挑战时,意味着他们没有表现出能够引发对社会科学更大兴趣和尊敬的行为。

这些倒退的行为直接落入"市场化"管理思潮的圈套(Slaughter & Leslie, 1997),在学术领域中用专业排名系统来衡量卓越,并试图把高等教育转变为有偿服务的培训单位,而不是把它看成提高民主社会质量而进行的研究与教育工作。相反,大学是根据一种陈旧而功能失调的劳动力等级官僚分工的泰勒主义模式来进行组织,这种模式导致管理主义、权威主义、内部竞争,以及与主要外部支持者的疏离。

多个世代以来,更多质性研究取向、解释主义取向的社会科学家,除了缺乏资金来源,越来越无拘无束。但是,他们在大学生活的政治经济方面不自由,也没有摆脱别人对他们理论的政治性攻击。我们认为他们混淆了边缘化与自由。现在,买单的公众和政策制定者都期望学术研究和教学为了金钱而创造价值。非学术界的人们符合逻辑地想象社会科学的重要性在于阐明社会运作的机制以便改善我们的生活。公众的社会科学观与众多学术型社会科学家的生活世界相距甚远。

泰勒主义的大学管理

泰勒式组织的组织构成以及指挥和控制结构具有封闭性,由于其与外部世界的交流和战略计划都集中在中心的行政管理部门,这使得组织运行更加糟糕。虽然高级行政管理人员知情全部制度的"底线",但是他们通常不会很好地理解哪些真实的活动和过程会引致这个底线,或者随着新事物的发现和新需要的出现等,底线又如何发生改变。许多学院的个体教员都很了解研究、教学和其他工作的细节,但是行政管理人员和会计人员不知道这些细节,他们知道工作的结果但不了解导致这些结果产生积极或消极影响的情境。因此,他们精心制定的政策和计划虽然有利于他们所了解的现有参与者和组织的利益,但是经常会妨碍或破坏他们重要的发展。

这些系统释放动力,由此,高级行政管理人员通过控制某些信息的获得并引起那些向他们汇报的人互相竞争,以维持他们的权力。那些助理人员反过来在往下的管理链上采取相同的做法。这是应对已经显而易见的灾难的秘诀。如同泰勒式工厂的老板们一样,他们远离价值创造的地点并且逐渐地被会计人员、财务经理、人力资源专员、广告和公共关系专家、律师和风险管理经理包围。因此,高级行政管理人员在缺乏相关信息的情况下还是具有权威性。毫不令人意外的是,他们例行公事地做出决定,要么达不到预期目标,要么不可能执行。

当行政管理人员主张当前大学的重要作用在于培养学生为 21 世纪的知识社会做准备时,行政管理人员和教师对他们所谈论的事情都没有明确的概念,因为他们与大学外面的工作的真正世界相隔离。在大多数大学校园中,只有少部分教师具有大学外部世界的相关经验,而这些经验与他们的教学和研究可能是相关联的。缺乏这种经验,他们就不能教授或者提供有价值的研究给那些将主要生活在大学外面的人。

这个问题在科学和工程领域则不那么严重。在这些领域中,私营部门、公共部门和大学之间存在更加持续和流动的联系,并且在基础和应用研究中会有更多的机会达到明智的妥协(sensible compromises),所有这些都由获得外部资金的过程来支持。虽然这个过程并不完美,但也有更多的外部联系存在,而且工作组织(work organization)也顾及他们。

在社会科学领域中,对于学者而言,有大量的机会参与学科辩论并把研究和教学放在优先位置,但是研究和教学与他们的学科结构之外所发展的事物几乎没什么联系。除了一些形式的量化实证研究,保守的资金"解放了"许多学术型社会科学家,让他们可以从事任何感兴趣的或者目前流行的研究主题和方法。由于做了无关紧要的研究,学者们就得不到太多的资金支持,但这也就允许他们继续做一些无关痛痒的研究。

任何人都应该关心吗? 我们认为应该,因为这种情况正如达不到预期目标一样,大学改革目前的方向会导致一个社会中人们的专业更加狭窄,他们既不理解社会也不知道如何在社会中发挥社会团结和自觉的作用。学术的泰勒主义以及与外部世界对立的政治会动摇理论上的雄心、方法上的精巧以及与社会相关的社会科学,这些社会科学会牵扯到学生、政策制定者、科学家、工程师、人文学者和整个社会的利益。

对当前的大学组织系统,我们没有什么可以建议的,这些组织系统存在无效、开销大、与外界隔离的问题,并且受制于新自由主义问责的压力。只有彻底的转变才可以阻止大学继续沿着这条道路走下去,这条道路就是指在外部直接控制下,把大学转变为技术(职业)培训机构和有偿服务的研究机构。

脱节的社会科学

我们经常使用金钱与利己的方式或侵犯与自毁的方式来处理大学与外部关键支持者之间的关系。大学经常声称自己具有服务使命或专门知识生产的使命。然而,大学和纳税人之间缺乏顺畅的沟通,许多大学的社会研究和教学与非大学人士不相关等现象又表明大学宣称的使命不具有真实性。美国政府赠地大学的减少是所有大学将要发生事情的前兆。

我们要关注社会科学及其组织与文化环境与整个社会的脱节问题,这些问题听起来像是有关"象牙塔"令人厌倦的陈词滥调。我们感兴趣的不是社会科学家的隔离,而是社会科学宣称的使命与大多数学术型社会科学家组织行为之间的根本矛盾。

用刻板和说教的方式探讨象牙塔和"真实的世界"之间不相关的这种张力具有吸引力,但这不是我们的目的。学术界已经有连篇累牍的文章这样做了(Giroux & Giroux, 2004; Kirp, 2003; Washburn, 2005)。我们的目的是强调学术型社会科学家的社会科学实践和方法的不可持续性。

新自由主义高等教育改革的作用

我们所描述的问题对大学而言不具有内生性。这些问题表达了新自由主义和全球化影响下政治经济变化的更广泛过程。这些过程对组织生产公共产品而言真实且有威胁,它们不是完全遵循既定的商品生产市场过程的逻辑。格林伍德(Greenwood, 2009)已经发表了关于其他地区高等教育中新自由主义改革的文章,因此我们在这里只做简单介绍。

新自由主义不是保守主义,保守主义认为有些价值不是通过市场可协商的,并且它不是自由主义,自由主义认为人有市场过程分配之外的基本权利。新自由主义建立在乌托邦信念的基础之上,如果任其发挥作用,市场将把所有产品和服务分配给那些应得的人而远离那些不该得到的人。由于还没有让新自由主义任其所为,所以新自由主义者就不断介入,要求通过消灭公共产品、重新把它们(能源生产、环境保护、教育等)分配给私有的行为主体进而开放市场。这些私有的行为主体通常是新自由主义政治家的赞助商,而这种显而易见的伪装导致社会经济不平等的迅速增长并伴随着社团主义政府官僚作风的增加。

高等教育在公共产品之列,是新自由主义政策密切关注的对象。始于英国的撒切尔改革(the Thatcher reforms),随后是博洛尼亚进程,以及美国教育部推动的工作(起始于乔治·布什总统,但一直持续到奥巴马总统),新自由主义改革严重削弱了公共高等教育的独立性和财政。他们应用的度量标准是学生顾客的满意度、透明度和资源消耗的可说明性,以及学术劳动力"弹性化(flexibilization)"。

除了新自由主义经济学和其他形式的量化研究,传统的社会科学和作为组织的大学在这些条件下都进展得不好。对社会科学的支持正在消失,好像对非社会科学家而言没什么重要性。由于对外部支持者直接利益相关的问题不进行研究,也不阐明,社会科学家把他们自己与支持的来源分离开来。由于不在真实的情境中研究社会世界的问题,他们就不会通过复杂问题的方式在理论或方法层面进行自我挑战。他们用复杂的语言和巴洛克式的方法论(baroque methodologies)代替参与真实的社会和文化的复杂性。因为他们也不应用,所以很少了解他们生产出来的理论和方法是否有价值。

对情境中的社会问题进行研究在理论和方法论上比学科性工作(disciplinary work)更具挑战性,因为社会世界的问题是一些多维的、动态的,且令人迷惑的"困境"(Ackoff, 1974)。这些困境是大范围系统的一部分,这个系统包括与所有社会科学和人文学科相关的层面。脱离情境研究并且只研究这些困境的一小部分去迎合学科边界，这样生产出的学术商品几乎没有切实可行的见解。研究困惑中的片段会使社会科学家默默接受大学组织的泰勒式管理，并逃避面对大学重组的紧迫性挑战。

政策制定者和行政管理人员对资源的浪费和突出社会问题关注的缺乏感到挫败，然而他们又使得这些问题更加糟糕。这些人没有要求对大学进行根本性的结构重组，反而被劝说在现存的结构内部进行问责和提高透明度。他们强制实行以学科为基础的问责制和排名方案，这样反而加深了学院组织陈旧的泰勒化，使得组织发生变化的可能性越来越小。学科排名制度和大学选美比赛排名制度保护了现存的结构，因为他们认为大学的学科和组织结构理当如此。

学术的泰勒主义

纵观美国的一些专业协会的使命宣言（mission statements），就可以解释学术型社会科学家自生的专业取向。

他们认为学科边界的存在和合理性是理所当然，然后继续占据和保护那些地盘，尤其是那些具有社会价值的方面。我们对社会价值还是缺乏足够的重视，这不是因为大多数学术型社会科学家认为他们所做的没有价值，而是因为他们认为他们的价值是无可争辩的。迄今为止，他们鲜有被要求去为他们在学科范围之外所做的事情进行辩护。

学术界普遍的泰勒主义导致知识的区隔化（compartmentalization）和单位化的命令-控制结构。在这种结构中，有权的中央行政管理人物在学科部门之间根据机构政治、院系在国内外排名表上的名次以及院系积聚的研究资金来分配资源。没有人过问整个组织的工作是否有意义。一系列的院系是以何种方式合成了一所大学？来到这些院系并穿行于它们之间又是如何达成一种教育的？偶尔，某一场合中校长或教务长笼统地讲述大学整体情况时，他们陈述的空洞性显而易见。

我们正在推进的这类讨论很难找到机会进入公开辩论的舞台。例如，人类学家在他们自己内部的讨论中，照例描述方法论的匮乏以及像经济学和政治科学这些学科的民族中心主义（ethnocentrism），很难得站上大学的论坛并声明政治科学或经济学需要人类学的帮助。泰勒制的规则是互不干扰：即通过招生和专业、办公空间、预算分配以及提升在国内外排名系统中的名次来竞争资源。这些规则清晰易懂，除了几个伟大的实践者（例如，列维-斯特劳斯、格尔茨、哈贝马斯、福柯等）之外，"行业外出彩（coloring outside the lines）"的职业后果是严酷的——晋升失败、低工资、几乎没有学生、孤立以及耻辱。这些生活和思考方式的平淡无奇阻止他们成为谈话和分析的对象。

这种组织动力的另一个维度是学术的教学人员通常是竞争的、个人主义的创业家（参见 Wright，Brenneis，& Shore，2005）。进入大学、毕业、完成研究生学位、得到一份学术工作、获得补助金、出版、有效教学并提供足够制度化服务的过程是一个经过计算的职业过程。个人致力于逐步美化简历,这样会使我们获得终身的聘用、级别的提升、工资的增加、影响力的增长和最终更大的个人自主性。

整个过程都建立在个人主义竞争的基础之上。当与其他学科竞争的时候,学科团结(disciplinary solidarity)可能被维护,但是在学科部门内部,理念却是竞争和个人主义。一个学者只有比同部门其他同事做得更好,他/她才能得到相应的东西。

依据这些规则行事以度过职业生涯的人们,尽管置身其中,却不太会认为自己与这种结构有紧密联系。那些在他们学科内取得国内外成功的人确实有时成了地方的资深政治家,承担起集体性的任务,但是如果早些年他们没有在其部门内赢得与同事的竞争,他们很难成为资深政治家。

这种行为得到了目前学术界知识产权制度的充分支持。思想的所有权以及手稿的署名权被理所当然地当作个人和学科研究团队的财产。思想应该是原创的,而假设是一个学者独特的思想仅属于她/他自己。他/她传播思想并试图让他人使用她/他的一些语言,并且在这个过程中参考她/他的作品。如果这些思想产生了有用的发明,经常紧接着个人和大学之间对于收益的权力分配之后,就会有一场教学人员和大学管理部门之间竭尽全力的斗争(Marginson & Considine,2000;Kirp,2003;Slaughter & Leslie,1997;Washburn,2005)。

我们可以举出成倍的实例和论据,但是我们所说的已经足以表明社会科学的组织环境如何助长了远离社会或至少是非社会的思想和行动。相关的社会生活是在学科和部门内部,而即使在那些地方,也通常是竞争性的。一个学术型社会科学家很少把她/他自己视为大学集体的一部分,这个集体有共享的文化规范、世界观和偏好的方法。这位学术型社会科学家也很少把他/她自己视为这样一个人,即其行为主要通过他/她发挥作用的社会和文化的情境来解释。相反,正是"他人"、信息提供者、社会科学家研究的大学之外的人们,他们这些人有文化、角色、价值观,他们生活在社会文化情境中,这些人中没有社会科学家们。泰勒主义得到了现代主义的坚决支持。

我们提供一个来自人类学的具体案例。数代以来,人类学家去历经和理解别人文化的能力是假设建立在他们无可争议的理性和培训的基础上,如同西方的知识分子一样。这是一个有悖常理的传统。我们声称文化和社会对人类行为具有普遍的因果影响,但是人类学家使这种声称发挥专业的作用,仿佛这种人类的一般情况并不适用于他们似的。在人类学中,这种张力通过放弃北美和欧洲的人类学研究而被长期隐藏。据显示,欧洲人类学协会直到1987年才创立,而北美人类学协会也是几乎同时才创立。由于把这些地方视为不适合人类学研究,人类学家将自己抽离他们自己社会的研究(也减少了与经济学、政治科学和社会学的竞争),更避开了政治压迫,这种政治压迫类似于众议院非美活动调查委员会(the House Un-American Activities Committee)和参议员约瑟夫·麦卡锡(Senator Joseph McCarthy)时代所遭受的那样(Price,2004)。他们可能也参与了西方知识系统无可争议的优越性的现代主义虚构。

当女性主义和文化研究联合起来公开讨论定位(positionality)、中立立场的不可能性、研究的政治性及其他模糊的问题时,这种站不住脚的立场变得更加矛盾。即使从话语层面陈述这些视角,并在手稿的参考书目和课程教学纲要中呈现它们,人类学家和其他的社会科学家仍然普遍抗拒研究他们自己、他们自己的制度和他们自己的实践。谈论定位和反身性(reflexivity)与理解某人的位置和自我反思并不一样。

社会科学教学也具有同样的动态类型。很典型的是,一般的入门课程是以讲授的形式教学,有时有讨论部分,但主要是按照被动的学习方式来教。授课人陈述他们所理解的学科性质是什么、专业人员如何运作,以及从一代又一代的研究中得出的关键教训有哪些。学生不是学习如何做社会科学家、为什么这些社会学科会存在、它们这些学科之间存在哪些相似性和差异性,或者研究是如何做的。这些实践在较高层次的课程中有一些改变,在这些层面招生规模更小,有更多互动的可能性。但是许多社会科学专业的学生,学习三年之后既不能进行研究,也不能解释他们修的这些学科如何或者为什么与其他学科不同。

在研究生层次,这种情况更极端,至少在美国是这样。研究生实行个别指导,他们必须学会教授的"说归说"以及"做归做",这是获得博士学位的一个条件。举一个来自人类学的非常奇特的例子,在美国,只有不到百分之十的人类学研究生院要求研究生选修一门方法论课程。想学习怎样进行人类学田野研究的学生,常常发现他们自己在做博士课题研究时却没有接受怎样进行研究的训练。

其他的学科会提供更多的方法训练。社会学、政治学和经济学的研究生了解与他们的学科有关的主要方法。因此,这些学生被培养成为研究者了吗?他们知道他们的学科"是"什么,为什么存在,以及所学学科与其他学科之间是怎样的关系吗?我们的经验是,他们并不知道。这些学生很多都没有与其他学科的学者进行过合作研究项目的实践,并且/或者也没有作为团队成员在大学外进行研究。一小部分学生有这样的实地经验,像考古学和园林建筑学,但是在社会科学的传统核心课程中,这样的实践非常少。

市场竞争模式使这些教学情况的最糟特征进一步恶化。大学对新生而言成了一个巨大的教育自助食堂。学生们被告知在学校提供的菜肴中沿着一定的路线,在课程要求、行政规章和课程登记人数限制规定的范围内选择。吸引更多学生的系就得到更多的大学资源。有热门专业的系也得到更多的大学资源。有大量学生的系得到研究生助教并因此可以接收更多的研究生。具有大型和高级别研究生项目的系得到更多的大学资源。这种"商业模式"显而易见。

这种系统以学生市场模型(student market model)为基础,尽管市场语言长期保持隐蔽状态。我们期望学生根据他们所认知的课程设置吸引度、讲师的校园声誉,以及他们所认为一门学科相较另一门学科有更大的市场价值来做出选择。像古典文学领域只有很少的入学人数,而应用经济学和管理学有较多的入学人数,这不是偶然。

　　系或学科之间是竞争胜于合作,因为泰勒式的系统需要这样的竞争。在这样的系统中,这些领域如何相互联系是一个无法解决的问题,我们也不可能对组成单位的混合性与相对规模进行任何严肃的分析。招了多少学生要比学生学习什么和为什么学习显得更为重要。无人过问学生作为一个完整的人在受到多领域和各种议程影响之后出现怎样的改变。学生毕业,授予学位,这就是我们所定义的接受了"教育"。

　　研究经历了类似的命运。掌控大多数外部资源的研究话题,大部分在于促进一个单位和一个学院教员的内部威望和权力,以及该大学排名的提升。大学在确定这些资金议程方面发挥很小的作用或者没有发挥作用。国家政府、私人基金会、国家研究委员会以及私人部门出资人有决定权,因此研究市场被有权的非学术力量控制,他们把研究导向他们所在的领域:军事、工业和经济发展。大多数大学没有自己特有的方法与外部世界建立联系,也没有自己特有的方法参与重要的外部团体或者致力于大学活动,所有这些联系与活动既是智力上的挑战也是社交上的需要。大多数这些关系通过个体的教学人员和研究小组以及他们创设的中心传递。

　　一些成功的大学研究者可能在团队中工作,而这些团队由科研补助金驱动。团队领导经常花费她或他的大部分时间写作和管理补助金、申请专利、针对研究项目创造的资源制订出协商办法,而不是待在实验室或者教室。许多资金充裕的大学研究者几乎完全不教书,尽管他们可能有一些学生在他们的实验室工作并通过观察和参与得到了一些有价值的指导。

　　资金不足的大学研究者,要么研究不热门的话题,要么不太擅长获得研究资金。他们一起胡乱拼凑少量的资源,或者仅仅在周末和晚上或暑假期间进行研究。他们不太可能进行团队研究,他们也没有资金,他们几乎没有与作为学徒的学生一起研究。他们也以在大学做大量的教学工作而告终。

　　在特定大学中的研究议程是什么? 每个机构现在都有一个研究计划(research statement)和使命宣言(mission statements),但是大多数的教职员工和学生不知道它们是什么或者它们如何产生影响。机构的"使命"可能是什么? 这是一个问题,我们不要以一种制造组织创新和变革的方式发问。相反,机构使命主要是一种公共关系工具。

　　大多数大学的研究议程,像它们的教学,是一年中发生活动的总和。研究议程是否说明任何问题、整体是否大于各部分之和,这些多半不相干。高级管理人员回答关于它们机构使命的问题时,要么模糊地陈述关于"知识社会""环境危机"等,要么用一张表格展示他们的大学与同等大学相比的研究排名。

在学术教学和研究的"市场化"模式中迷失的修身

　　世界范围内存在大量运用传统商业管理策略指导高等教育机构的尝试,这是不恰当的想象(Barnett,2003;Birnbaum,2000;Kirp,2003;Newfield,2008)。由于这种管理方法在大多数大学得以顺利实施,以致它威胁到全世界公立和私立大学系统。

学术界在意识形态上有反市场的思想家(McLaren & Farahmandpur,2005;McLaren & Jaramillo,2007),但反市场思想没有激发我们的批判。我们注意到伪市场思想和管理实践,它们将需要效率和提高质量的"合理化"运作理由强加给大学。然而,我们的观察和许多分析文献都偏左(Ehrenberg,2006;Kirp,2003;Newfield,2008;Slaughter & Leslie,1997),而且属于保守派(MacMahon,2009),这些都表明:声称是理性的经济管理在经济上并不理性。希拉·斯劳特(Sheila Slaughter)和拉里·莱斯利(Larry L. Leslie)称这种伪经济管理为"市场化"高等教育,尽管他们宣称的是一种经济理性,实际上它就是对教学人员、学生和员工强制实行专制的命令和控制管理制度。资源的合理配置、效率、质量和透明度是假定的动机,但结果就是导致威权主义(authoritarianism)、信息的压制、不适应的行为、质量和透明度的降低、设置大量新的管理职位去运作一个笨重、低效的系统。

麦克马洪,一位众所周知的保守派经济学家,他对这种大学管理的伪经济学进行了强有力的批判。他的著作《高等教育,更大的利益》(Higher Learning,Greater Good,MacMahon,2009)运用社会资本理论去抨击新自由主义高等教育的"新公共管理"理论。麦克马洪认为,高等教育和高等教育政策中的新自由主义管理模式至少低估了高等教育所生产产品一半的价值,因为这些产品中一半是"公共产品(public goods)",长期以来,这些"公共产品"归于个人和社会,它们不是简单的、在特定时刻出售的学术商品(academic commodities)。

这种论点很重要,因为它表明,由于未能计算成公共产品,未能认识到大学能够制造公共产品的巨大存储,目前依据数量的管理模式实际上逐渐破坏了高等教育生产公共产品的能力,并且彻底降低了公共产品的生产力以及对经济和积极社会变革的贡献。事实上,麦克马洪(MacMahon,2009)主张,许多高等教育管理者和政策制定者实际上完全不知道他们的机构生产的产品的广度和复杂性,因此他们做出了经济上不合理的决策,破坏了他们机构高效和有效运作的能力。约翰逊和卡普兰在其著作《相关性的遗失》(Relevance Lost,Johnson & Kaplan,1987)中为传统制造业也作出了相关的结论。

另一种架构这种论点的方法是陈述这些管理者不知道高等教育是什么。在许多管理者的语言中,学生是顾客,教学人员是雇员,学费是有偿服务的付费,而研究是根据成本效益标准分析的一种盈利/亏损的努力。虽然感觉所有这些都是真实的,但是这些观点遗漏了一个重要部分:什么在维系高等教育。这聚焦于职业培训、内容传递活动(content transmission activities)和研究获得的盈利/亏损的比率,但是这些不是通过它们本身来界定大学教学、研究和服务的特点。它们无法建立一个可接受的高等教育的定义。

大学教学和研究的努力,在满足一些"顾客"偏好的同时,把旨在形塑和重塑学生、同事、管理人员和外部支持者的偏好过程也包含在内,即为修身。这就是我们将科学方法与高等教育的社会功能连接起来的方式(Prange,2004)。

不存在对修身的统一认识,但是这个概念被广泛使用。其核心意义集中在一个持续地养成、提高个体的智力和道德力(ethical strengths)的过程,并因此为他们在民主社会扮演有意义的角色做准备(Bruford,1975)。修身创造了批判性的、见多识广的和反思性的知识分子,他们能够正直地解决社会问题。修身的效果恰恰是麦克马洪(MacMahon,2009)对高等教育价值做出解释的充分体现。这些是对价值的合理肯定,也是对可衡量结果的定义过程的合理肯定。

曼哈顿计划和人类登上月球之后的几代人仍然依靠努力创造的公共产品生活,这些努力从根本上改造了(不论好歹)我们的世界(和产业经济)。大学研究和教育也可以做到这个,但是要证明它,正如麦克马洪(MacMahon,2009)指出的,需要更长期的时间视角和更深入的分析,这个过程比起大学管理人员和市场化的政策制定者青睐的某一年资产负债表需要更长的时间。

在大学教学、研究和服务中推进修身是费心费力的。它比让学生阅读大量的经典文本(这种方法在挪威的课程讨论和美国的"名著"文化之战中深受青睐)还困难。它需要愿景(vision),一种采用长期的时间视角去获得更大收益或更大好处的能力。它需要把大学教学、研究和服务概念化,把他们看作既有直接的也有长期结果的知识创造和传播活动,并联系何谓教育和知识的一种理念来概念化它们。强化这些过程需要自主权和支持,从而允许学生和教学人员进行非热门的、引发争议话题的研究,让他们研究复杂的、多元系统的问题。这种修身也需要灵活的、思想开明的管理者,他们可以用实质性的方式明智地分配资源,而不是用数字来描绘。总之,修身需要有创造力的和反思性的领导才能。

这个领导才能对知识创造和传播过程的完整性而言至关重要,但是它被大学教学和研究的市场化所抑制。就社会科学研究而言,抑制(inhibition)意指包含调查复杂范围内有争议问题、与重要局外人合作或者在持续的一段时间内没有直接结果的这些研究不太可能出现。这就导致经典修身的毁灭、教育转变为职业培训、教学人员和来自现实世界情境复杂性的研究者之间的分离,以及大多数大学与民主社会中持续的核心过程相分离。这些发展限制了学生和教学人员选题的学术自由,无论教学和研究过程进展到哪里。更简略地说,缺乏集体的反思性实践去应对这些挑战是学术泰勒主义的一个直接后果。我们主张一种新的修身,它包括个人的养成、集体的努力和共同的责任。

我们不是围绕修身回顾过去的浪漫主义者。修身这种观念被用来创建洪堡大学(Humboldtian University),并用来证明美国研究型大学的创造性。它与我们描绘的当前沉闷的场景有着历史联系。修身的传统理解意指达到哲学、历史和文学的古典美德视角中的个人养成(the formation of the individual)。通过阅读希腊和罗马的哲学文本,学习历史,并在诗歌、散文和戏剧中寻找美,修身将不自觉地出现在学生的思想和身体里。但是如普郎格(Prange,2004)所认为的,"修身的概念是个迟到者,在长期的精神独立对抗物质环境的过程中把我们'拆裂'下来去考虑尘世的幸福。教育是为了现在,修身是永存"(p.506)。这种永恒的观点与早先的论证相匹配,修身将科学理想与高等教育的社会影响联系起来。我们自己对教育社会功能的理解，与受过学术训练的人的角色有关。我们把真正的人文主义视为，对创造我们社会和文化的力量和过程有着更广泛理解的预期结果。

但是我认为，我们作为社会成员的结果是，修身必须关涉正直、平等和民主。这些美德可以被教授，但是从根本上说，它们应该作为参与一个学习共同体的副产品出现，这个共同体即大学。通过积极地参与到学生间、师生间以及与全体公民间的谈话，正直、平等和民主才能被滋养。因此，修身不能仅仅在课堂上教授，它在把大学更大的学习共同体联合起来产生影响时出现，这个共同体向社会本身开放。

行动研究在应对大学改革中的作用

我们主张，现在必须有新修身，重新审视大学教育和知识在 21 世纪的意义，而不是回溯。我们已经指出了修身在全球化、市场化和不平等与日俱增的时代中的意义。那么，大学怎样有助于解决这些问题呢？我们的部分答案是行动研究自身可以是新修身的重要资源。

我们已经强调了大学里社会科学面临的一些重大挑战：学者的反社会行为、泰勒式的领导和组织模式、与整个社会的脱节，以及作为大学唯一使命的修身的消失。为此，把行动研究应用到学术组织和行为中会怎样？怎样才能让行动研究的应用引起积极的变化，进而能为 21 世纪重建朝气蓬勃的大学呢？

几乎所有的大学都遭受了与经济资源有关的压力，不论它们是私立资助或者公立资助。显然，在大西洋的任一边，没有一所大学会在短时间内再现 20 世纪的光辉岁月了。大学教育和研究可以作为经济繁荣和可靠知识生产的重要动力，但是大众对此的信任在慢慢淡化。大学要么进一步调整泰勒式的组织结构，把自己当作知识商品的市场进行精简从而被动地适应，要么它们可以通过集体的、参与式的介入（教授、学生、管理人员和支持人员）从根本上重组。

根本性的重组是这次经济和社会危机唯一可行的出路。它包括自下而上的过程和自上而下的过程，因为我们必须为集体反思营造一个公共空间，在这里，不同的观点以及经验可以进行碰撞，出现的反思可以直接导致变革。何种变革可能，何种力量正在阻碍变革过程，这两者之间牵涉一种平衡。

我们描绘的变革过程对于教学和研究来说都有相关性。事实上，我们可以说同样类型的知识生产过程渗透到了这两个活动领域。反思和实验将形成这种持续的螺旋式学习（learning spiral），它是行动研究的中心（Greenwood & Levin，2007；Heron 1996；Kolb 1984；Reason，1994）。这个改革过程必须是多学科、多视角和跨组织的。显然，单个的社会科学分支没有能力囊括这个改革过程。

我们的倡议具有争议，我们从长期的经验中认识到，在传统的社会科学实践中，这种观点并不受欢迎。即将面临的主要问题恰好是那几个本体论、认识论和方法论的冲突。现代主义、现实主义、实证主义、解释学、结构主义等之间,本体论和认识论的断裂已经把社会科学割裂多年。本体论和认识论的讨论仍在持续,但是它们对社会科学家的日常生活没有什么影响,生活中的方法论取向是辩论和学术商品生产的永恒资源。这种动力已经众所周知,并且在科学文献的理论中被充分地讨论过(Berger & Luckmann,1966;Skjervheim,1974;Toulmin,1990)。

我们更喜欢专注于方法论的冲突,我们可以在联系社会科学的任何过程中处理这些冲突。只有当我们在社会科学中进行实践,不同的观点才会富有成果地互相面对,而我们也知道在大学中的任何变革活动最终都把变革带入工作生活,就好像它是日常生活一样。我们认为有必要参与变革过程,让传统的社会科学面对直接挑战,即创造出一种崭新而不同的社会科学实践。

充分实践的行动研究,提供了完成这个任务的方式,因为行动研究在一个共同生成的社会研究过程中把所有的学科、大学及其外部利益相关者联结起来。这种共同生成的社会研究过程用现实世界情境中解决问题的具体方式来检测理论与方法的效度。行动研究也包括协作的研究团队,欢迎来自大学内外的新学习者,并把他们的精力和经历贡献给这个过程。以这种方式,行动研究必定发展了知识生产、传播和应用的民主进程。

行动研究过程以具体的组织和行为变革为基础,而这些变革过程被用作学习的系统工具。就其本身而论,行动研究形成了实验和反思的螺旋,所有的涉及者都参与到学习活动中。这是一种民主的和忙碌的活动,让每个涉及的人发出声音;它就是我们所称的共同生成学习(cogenerative learning)。

显然,这与对研究和教学的学科的、专利的、商品的观点背道而驰。推荐行动研究,我们始终坚持前进的方法是对大学重新配置,特别是公立大学,把大学看作通过参与的过程进一步发展民主的中心机构。

在大学,这种变革活动会怎样?行动研究活动必须解决我们在之前已经提到的学者的反社会行为、大学泰勒式的组织结构、大学领导体制,以及大学与社会的分离等问题;最后,它将围绕为了所有相关参与者的核心修身过程而确定方向。

为了这个过程的努力和可能性在哪里呢?我们能够明晰的是,有哪些不可能。直接抨击专业化的学科和部门,是失败的方法。向高级管理人员和政策制定者提出放弃他们的泰勒主义、市场化成瘾的要求,会被例行公事地提倡和忽略。坚持认为当大学为强大的经济和政治参与者服务才算大学民主地服务社会时,这种状态没有前途。

在这种挑战性的环境中,我们只剩下把大学重建为修身的中心。我们设想改革可能展开的地方,通过行动研究实现修身,就是教学和研究活动。几个世纪以来,大学教学已经导致学习变成自上而下的、被动的过程,在这个过程中教师知道学生需要学习什么。相比之下,我们与成人教育的漫长历史和杜威提倡的原则相一致,把学习看作一个主动的过程。在这个过程中,我们把问题呈现给学生,学生提出疑问,并在为自己寻找答案的技能获取过程中得到帮助。从这个角度,教师在相同的学习过程中也是个学习者、指导者和参与者。我们把学生和教师之间的关系视为一种真正的共同生成过程,在这个过程中,每个参与者作为合作者,把她的或者他的知识和见解贡献到这个共同学习的活动中。

但是这类学习只有学生和教师把正在处理的问题视为重要时才有效。因此,这类教育可以而且应该使解决实践问题成为它的切入点——例如,通过与内外部利益相关者的多学科团队一起工作来治理当地的供水从而学习什么是"环保的",通过帮助当地团体建立一个志愿的卫生所来学习管理技能,等等。这些项目在大学初始阶段和研究生阶段同样适用。他们将大学和外部社会相联系,让持有局部问题的人聚集在同一个学习活动中。因为学习的焦点是真实的问题,这些问题对于单个的学科分支而言过于复杂,这些项目就必然是多学科和多视角的项目。

我们不是提倡这种不可能的事情。证明某事可能性的最好方式就是展示它在某地已经实现了。我们在这里呈现的是两种适度的努力,去突破可能性的界限,即使是在大学目前的做法之内。

勒温提供了挪威理工大学组织发展课程的一个案例。开始上课时,没有清晰的问题焦点。取而代之的是,学生以参观公司和会见经理、工会代表和工人开始。学生可以选择采访当地人并通过勒温获得对访谈进行录像的许可,这些录像带将在后期展开分析。下一个阶段就是由学生来解释这些情境,聚焦一个有意义的问题并形成视角。在这个阶段,他们第二次与当地公司的人会面。学生们以三到五人为一个小组进行研究。

他们为公司的发展过程制订了一个计划,这个计划以书面的形式提交到课程中,学生们从勒温那里得到反馈。这种反馈形成了一种动力,它有效地模拟了关于组织发展过程的真实动力。最后,公司代表被邀请来参加学生们的研究展示,而且公司的人员也参与到评分过程中。公司发现这个过程在帮助它们彻底全面地考虑组织的困境方面很有用,这使得公司相对容易自愿地加入这个过程。

修身的因素清晰明了。学生对于真实世界的、有真实数据和真实结果的问题,通过相互之间、与教授和外部利益相关者的互动来接受养成(formation)。他们与真实的人一起工作,并且在与他人互动的过程中经历了社会的相关责任。学生在他们活动中所做的事情能够对公司人员产生真正的影响。这样做风险大且问题足够复杂因而需要课程人员之间的合作,获取相关的知识,同时也需要大学其他部门的指导。学生、教学人员和公司合作伙伴都增进了他们的技能、知识和理解,并且学会分享他们在共同生成环境中的想法,在这个环境中他们都是利益相关者。

格林伍德提供了另一个例子,这个例子来自一堂他执教的英文作文课。他教的 14 个学生大约 18 岁,是康奈尔大学的新生。通过小型的、密集的写作研讨班教新生写作是康奈尔制度的一部分,许多学科的教学人员对写作的主题都是感兴趣的。格林伍德的课,集中以大学的人类学研究作为主题,并在上课的过程中向学生介绍行动研究。

这个课程的特别之处是以每个同学按照惯例撰写申请读大学的过程和经历的一篇短文开始。除了写作的更正和修改,课程通过结合学生(一些以团队)民族志的研究和阅读,还发展了学生研究和概念化组织过程的能力,比如申请和录取、住校生活、用餐、实际组织结构、需求结构以及许多其他的主题。

在这个课程的前期,学生(带着广泛多变的知识兴趣、种族背景和社会利益)阅读弗莱雷(Freire,1970)的著作《被压迫者的教育学》(*The Pedagogy of the Oppressed*),之后开始联系他们自己经历的被动的、堆砌的教育模式。一个有创见的学生说,如果他们真的相信弗莱雷所写的,他们应该将研讨班转变成一组项目,把教育掌握在他们自己手中。在简短地协商了过程和要求之后,他们形成了一个项目,旨在减少流经大学校园的水的污染物。

这节课,包括格林伍德在内,制订了一个整体的计划,而且他们按照兴趣和技能分成小组;他们在整个校园展开,在管理中心、自来水厂、城市的水处理系统、有办法通过使用植物来净化水的环境保护生物学家和其他人之间进行互动。他们的动态过程充满热情,并且研究结果提交给了绿色校园项目的国家竞赛活动。有成千上万的电子邮件在交流,而且协作网站增长到数百页。

他们的积极性、工作、团结和教养发展得超越了格林伍德的预期,并且他最后得花时间尝试阻止学生们忽略其他课程,那时他们已经在这个项目上工作了一个月。格林伍德确信,这些学生发展了由修身的理念总结的各种各样的能力,他们做得开心且心甘情愿,并且获得了大学周围人们的支持和认可。

因此,行动研究模式在已有大学中能够展开。我们也从经验中认识到,这种学习场所经常在个体学生的发展中成为关键,他们其后的学术和生活选择受到这些经历的强烈影响。

在之前的《质性研究手册》的版本中,我们已经展示了研究在大学校园如何能被重新组织。我们请您查阅那些章节,而不是在此重述要点(Greenwood & Levin,2000,2005)。从这些案例中得到的启示是,教学和研究都可以建立在行动研究原则的基础上。随着教授们努力投入行动研究,我们可以处于一个非常乐观的状态,因为我们看到了为学生的修身做出微薄贡献的途径。然而,我们也不乐观,因为虽然我们的实验已经显示重构教学和研究的可能性,但是我们基本没有看到或看不见行动研究传播到其他课程或研究领域。商业照旧盛行。

结　论

本章中我们关于教学的讨论,和我们在这本手册更早的版本中关于行动研究认识论和方法论的讨论,显示出这是一个连接教学、研究和真实世界参与的有效途径。如果这是真的,为什么行动研究没有在世界的研究型大学中占主导地位? 大多数的行动研究活动发生在高等教育之外。

我们建议学术型社会科学家彻底地改变他们的行为——远离过度专业化的内部辩论、远离个人主义和创业家精神(entrepreneurialism),走向多学科研究和行动,走出大学。这就要求,大学的这种泰勒式组织,如果不放弃,则转变为允许内部机构跨越边界以及大学和社会跨越边界开展简易的协同工作,不要用商品生产的观点来看待大学与社会的外部联系。而这也需要大学重新提出把修身和民主作为核心价值。所有这些改变似乎都不太可能。

行动研究与大学相脱节,正如一些人主张的,这种状态中断了教育与造就新一代社会科学家之间的联系。这使得大学继续培养并不具备我们所提倡的对民主社会做贡献的知识和技能的人。而且,如果未来的研究者没有在大学接受行动研究的训练,他们在毕业后不太可能去发展这种能力。同等重要的是,行动研究对于社会科学再次发展的潜在贡献将受到巨大阻碍。因此,我们认为,作为修身中心的大学不沿着行动研究的方向重组教学和研究则难以生存;同时,行动研究除非在以修身为导向的高等教育内部获得核心的地位,否则行动研究也将不能存活下去。

行动研究有可能在不久的将来达到这个核心地位吗? 不能。尽管如此,我们知道在我们认定的问题和行动研究之间的切合性是真实的,而且我们知道行动研究是可能的,因为我们已经在公认的有限基础上实践了它。我们已经看到了结果的力量。

可能高等教育当前的危机,将会在有些校园为我们提倡的变革创造一个有利的环境。如果那样的话,我们已经为大学和民主社会通往更好的未来绘制了一幅蓝图。

参 考 文 献

Ackoff, R. L. (1974). *Redesigning the future: A systems approach to societal problems.* New York: John Wiley.

Argyris, C., & Schön, D. A. (1978). *Organizational learning: A theory of action perspective.* New York: Addison-Wesley.

Argyris, C., & Schön, D. A. (1996). *Organizational learning II: Theory, method, and practice.* New York: Addison-Wesley.

Aslaksen, K. (1999). *Strategies for change in corporate settings: A study of diffusion of organizational innovations in a Norwegian*

corporation. Unpublished doctoral dissertation, Norwegian University of Science and Technology, Department of Industrial Economics and Technology Management, Trondheim.

Barnett, R. (2003). *Beyond all reason: Living with ideology in the university.* Buckingham, UK: Society for Research in Higher Education and Open University Press.

Berger, P., & Luckmann, T. (1966). *The social construction of reality.* Garden City, NY: Doubleday.

Birnbaum, R. (2000). *Management fads in higher*

education: Where they come from, what they do, why they fail. San Francisco: Jossey-Bass.

Bruford, W. H. (1975). The German tradition of self-cultivation: Bildung from Humboldt to Thomas Mann. Cambridge, UK: Cambridge University Press.

Crane, B. (2000). Building a theory of change and a logic model for an empowerment-based family support training and credentialing program. Unpublished doctoral dissertation, Cornell University, Ithaca, NY.

Cresswell, J. W. (2003). Research design: Qualitative, quantitative, and mixed methods approaches (2nd ed.). Thousand Oaks, CA: Sage.

Cresswell, J. W., & Clark, V. L. P. (2007). Mixed methods research. Thousand Oaks, CA: Sage.

Diggins, J. (1994). The promise of pragmatism. Chicago: University of Chicago Press.

Ehrenberg, R. G. (Ed.). (2006). What is happening to public higher education? Westport, CT: American Council on Education and Praeger.

Eikeland, O. (2008). The ways of Aristotle: Aristotelian phronesis, Aristotelian philosophy of dialogue, and action research. Bern, Switzerland: Peter Lang.

Emery, F., & Thorsrud, E. (1976). Democracy at work. Leiden, Netherlands: Martinus Nijhoff.

Emery, F., & Trist, E. (1973). Towards a social ecology. London: Plenum Press.

Flood, R., & Romm, N. R. A. (1996). Diversity management: Triple-loop learning. Chichester, UK: Wiley.

Freire, P (1970). The pedagogy of the oppressed. New York: Herder & Herder.

Gibbons, M., Limoges, C., Nowotny, H., Schwartzman, S., Scott, P., & Trow, M. (1994). The new production of knowledge: The dynamics of science and research in contemporary society. London: Sage.

Giroux, H. A., & Giroux, S. S. (2004). Take back higher education. New York: Palgrave.

Greenwood, D. J. (2002). Action research: Unfulfilled promises and unmet challenges.

Concepts and Transformation, 7(2), 117-139.

Greenwood, D. J. (2004). Action research: Collegial responses fulfilled. Concepts and Transformation, 9(1), 80-93.

Greenwood, D. J. (2009). Bologna in America: The Spellings Commission and neoliberal higher education policy. Learning and Teaching, 2(1), 1-38.

Greenwood, D. J., & Levin, M. (1998a). Introduction to action research: Social research for social change. Thousand Oaks, CA: Sage.

Greenwood, D. J., & Levin, M. (1998b). The reconstruction of universities: Seeking a different integration into knowledge development processes. Concepts and Transformation, 21(2), 145-163.

Greenwood, D. J., & Levin, M. (2000). Reconstructing the relationships between universities and society through action research. In N. K. Denzin & Y. S. Lincoln (Eds.), Handbook of qualitative research (2nd ed., pp. 85-106). Thousand Oaks, CA: Sage.

Greenwood, D. J., & Levin, M. (2001a). Pragmatic action research and the struggle to transform universities into learning communities. In P. Reason & H. Bradbury (Eds.), Handbook of action research (pp. 103-114). Thousand Oaks, CA: Sage.

Greenwood, D. J., & Levin, M. (2001b). Reorganizing universities and "knowing how": University restructuring and knowledge creation for the twenty-first century. Organization, 8(2), 433-440.

Greenwood, D. J., & Levin, M. (2005). Reform of the social sciences and of universities through action research. In N. K. Denzin & Y. S. Lincoln (Eds.), The SAGE handbook of qualitative research (3rd ed., pp. 43-64). Thousand Oaks, CA: Sage.

Greenwood, D. J., & Levin, M. (2007). Introduction to action research: Social research for social change (2nd ed.). Thousand Oaks, CA: Sage.

Habermas, J. (1984). The theory of communicative action: Reason and the rationality of society. Boston: Beacon.

Heron, J. (1996). *Co-operative inquiry: Research into the human condition.* London: Sage.

Hittleman, M. (2007). *Counting caring: Accountability, performance, and learning at the Greater Ithaca Activities Center.* Unpublished doctoral dissertation, Cornell University, Ithaca, NY.

Johnson, H. T., & Kaplan, R. (1987). *Relevance lost: The rise and fall of management accounting.* Cambridge, MA: Harvard Business Press.

Kassam, K.-A. (2005). *Diversity, ways of knowing, and validity—a demonstration of relations between the biological and the cultural among indigenous peoples of the circumpolar north.* Unpublished doctoral dissertation, Cornell University, Ithaca, NY.

Kirp, D. L. (2003). *Shakespeare, Einstein, and the bottom line: The marketing of higher education.* Cambridge, MA: Harvard University Press.

Klemsdal, L. (2008). *Making sense of the "new way of organizing": Managing the micro processes of planned change in a municipality.* Unpublished doctoral dissertation, Norwegian University of Science and Technology, Department of Industrial Economics and Technology Management, Trondheim.

Kolb, D. (1984). *Experiential learning.* Englewood Cliffs, NJ: Prentice Hall.

Levin, M. (2003). Action research and the research community. *Concepts and Transformation,* 8(3), 275-280.

Levin, M., & Greenwood, D. J. (1998). Action research, science, and cooptation of social research. *Studies in Cultures, Organizations, and Societies,* 4(2), 237-261.

Levin, M., & Martin, A. W. (Eds.). (2007). The praxis of education action researchers [Special issue]. *Action Research,* 5, 249-264.

MacMahon, W. W. (2009). *Higher learning, greater good: The private and social benefits of higher education.* Baltimore. Johns Hopkins University Press.

Marginson, S., & Considine, M. (2000). *The enterprise university: Power, governance, and reinvention in Australia.* Cambridge, UK: Cambridge University Press.

McLaren, P., & Farahmandpur, R. (2005). *Teaching against global capitalism and the new imperialism.* Lanham, MD: Rowman & Littlefield.

McLaren, P., & Jaramillo, N. (2007). *Pedagogy and praxis.* Boston: Sense Publishers.

Mezirow, J. (1991). *Transformative dimensions of adult learning.* San Francisco: Jossey-Bass.

Newfield, C. (2008). *Unmaking the public university: The forty-year assault on the middle class.* Cambridge, MA: Harvard University Press.

Nowotny, H., Scott, P., & Gibbons, M. (2001). *Re-thinking science: Knowledge and the public in the age of uncertainty.* London: Sage.

Prange, K. (2004, November). Bildung: A paradigm regained? *European Educational Research Journal,* 3, 501-509.

Price, D. (2004). *Threatening anthropology.* Durham, NC: Duke University Press.

Raymer, A. L. (2007). *Democratic places through democratic means with participatory evaluative action research (PEAR), a model of inquiry for habits and habitats where public life matters.* Unpublished doctoral dissertation, Cornell University, Ithaca, NY.

Reason, P. (Ed.). (1994). *Participation in human inquiry.* London: Sage.

Ruiz-Casares, M. (2006). *Strengthening the capacity of child-headed households in Namibia to meet their own needs: A social networks approach.* Unpublished doctoral dissertation, Cornell University, Ithaca, NY.

Skjervheim, H. (1974). *Objektivismen og studiet av mennesket* [Objectivity and the study of man]. Oslo, Norway: Gyldendal.

Skule, S. (1994). *From skills to organizational practice: A study of the relation between vocational education and organizational learning in the food-processing industry.* Unpublished doctoral dissertation, Norwegian University of Science and Technology, Department of Industrial Management and Work Science, Trondheim.

Slaughter, S., & Leslie, L. L. (1997). *Academic capitalism: Politics, policies, and the entrepreneurial university*. Baltimore: Johns Hopkins University Press.

Toulmin, S. (1990). *Cosmopolis: The hidden agenda of modernity*. Chicago: University of Chicago Press.

Vasily, L. (2006). *Reading one's life: A case study of an adult educational participatory action research curriculum development project for Nepali Dalit social justice*. Unpublished doctoral dissertation, Cornell University, Ithaca, NY.

Washburn, J. (2005). *University, Inc.: The corporate corruption of American higher education*. New York: Basic Books.

Wright, S., Brenneis, D., & Shore, C. (Eds.). (2005). Universities and the politics of accountability [Special issue]. *Anthropology in Action*, *12*(1).

质性研究在社会与教育研究中的应用史

A HISTORY OF QUALITATIVE INQUIRY IN SOCIAL AND EDUCATIONAL RESEARCH

◎ 弗里德里克·埃里克森(Frederick Erickson)

姚岩　闫晓庆译　杜亮校

质性研究的目的是发现特定人群日常生活中的行为以及这些行为对他们的意义,并以叙述性报道的形式对行为及其意义进行描述。它通过关注带来意义差异的形式差异探讨世界上各类事物(各类人群、各种行为、各种信念和利益)之间的相关意义(按照拉丁文的理解,qualitas 指的主要是实体的品质、特征上的区别,也就是实物的区别,与之不同,术语 quantitas 关注的则是数量上的差异)。质性研究者首先询问的问题是"日常生活中,某一背景下人们所适应的情形(包括物质性和符号性两种形式)是什么?",而量化研究者首先关注的却是"某一特定情形的例子有多少"。借由这些术语可以看出,质性研究是量化研究的基础,而且在社会研究中,当量化研究忽视或者试图绕开质性研究这一基础时,量化研究的分析便会变得混乱不清。最终,它在试图回答自己提出的问题的过程中,因将情形的种类计算错误,而使得整个研究以失败告终。

这一章节将会呈现质性研究发展过程中的几个主要阶段。考虑到质性研究方法相关出版物的丰富性,本文中的引证文献代表的只是质性研究每一连续发展阶段最具代表性的研究成果,而非特定阶段研究成果的详尽综述。此外,我建议读者对有关质性研究方法发展历史的其他文献进行不同程度的参考。首先,我想对维迪奇和莱曼(Vidich & Lyman,1994,pp. 23-59)两位学者表示感谢,在这本手册的第 1 版,他们用一章的篇幅对质性研究在社会学和人类学中的发展历史进行了详细的梳理,但是鉴于已过去三十年,质性研究的权威在发展过程中不断受到挑战,我们此处采用与过去稍异的观点对其发展历史进行讨论。

本章是按照时间和主题对内容进行组织的,它主要考虑到了质性研究的五个立足点在历史发展中的相关关系:(1)社会科学,尤其是社会学和人类学研究的学科视野;(2)作为观察者/作者的田野观察工作者;(3)田野工作中被观察的人群;(4)质性研究报告文本的修辞性与实质性内容;(5)文本所面向的读者。每一个立足点的特点以及合理性在质性研究发展的每一历史阶段都已经被探讨过了,而且近些年来,争论愈加激烈。

质性研究的起源

在古代便已经出现了使用质性研究方法进行社会研究的先驱。例如公元前5世纪对历史和跨文化领域研究非常感兴趣的希腊学者——希罗多德（Herodotus），还有公元2世纪的希腊怀疑主义哲学家——恩披里克（Sextus Empiricus），后者曾进行了一个有关道德的跨文化研究,结果发现:在某个社会中被认为是正确的行为在另外一个社会中却会被认为是错误的。恩披里克和希罗多德的研究都建立在旅行者描述的基础上,直到19世纪,旅行者的描述依然是对人类生活进行比较研究的重要基础。在亚里士多德的物理学以及伽林（Galen）的医学研究中,自然的知识同样是通过描述的方式进行呈现的。

日常生活实践描述报告在文艺复兴时期和巴洛克艺术领域的（the Renaissance and Baroque eras）一系列"如何做"的出版物中得以再次繁荣,代表性的作品有卡斯蒂利奥内（Baldassar Castiglione）的《廷臣论》（*The Book of the Courtier*）;阿布（Thoinot Arbeau）关于宫廷舞蹈的作品,如《舞蹈图解》（*Orchésographie*）;夸美纽斯（Johann Comenius）的《大教学论》（*Didactica Magna*）;沃尔顿（Isaak Walton）关于钓鱼的作品,如《垂钓大全》（*The Compleat Angler*）;以及普莱福德（John Playford）所发表的如何即兴进行古大琴表演的读物,如《师古提琴》（*The Division Viol*）。舞蹈和音乐方面的专著都是关于特定行为的生动描述,这些描述甚至细化到最小的单位。一些宏观主题的写作也采用叙事性报告的形式,诸如16世纪巴托洛米奥（Bartolomeo de las Casas）对早期西班牙殖民者统治下的拉丁美洲印第安人生活状况的描述,以及17世纪法国传教徒向上级递交的有关他们在北美传教工作的报告。描述的广度和深度之间的张力在当代质性研究和报道中依然存在。

与17世纪日常生活实践研究同时进行的是伽利略和牛顿的量化物理学的建立。在启蒙运动发展过程中,建立在大规模调查研究基础上的量化研究成为物理科学的标准。这种研究是为了获得适用于整个物理世界的普遍性规律及因果关系。社会研究中是否存在与之相似的社会物理学——经由频率表格我们可以对社会过程进行监控,通过对频率数据的分析我们可以对社会过程进行概括与归纳。英国学者佩蒂（William Petty）在1690年出版的《政治数学》（*Political Arithmetic*）是社会物理学的一次尝试。在法国和德国,"统计"这一术语开始被作为国家财政、人口、疾病、道德等相关领域量化信息搜集中的重要参考。18世纪,法国的一些启蒙学者看到社会过程被建构为数学模型,国家和政治经济状况的理论可以用类似物理学、化学和天文学的方式建构并进行实证性修正。

之后,以日常生活实践为主题的叙事性作品开始出现研究焦点的改变。在16和17世纪,有闲阶级的活动被作为主要的描述对象,他们的生活经常被描述为贪婪的、荒淫的、虚伪的、耍小聪明的,而底层人民的生活仅仅作为这些活动的施舍对象而被顺带提及（一个晚期的例子可以参见皮堪德［Picander］剧本中对巴赫［J. S. Bach］的《农民康塔塔》[*Peasant Cantata*]中体格强健、务实的乡村男女的描述，该剧本于1742年写作并上演）。18世纪晚期，研究者以一种更富同情的口吻对仆人和乡下人的日常生活进行描述。博马舍（Pierre Beaumarchais）的戏剧《费加罗的婚礼》(*The Marriage of Figaro*)便是其中一个代表，该戏剧于1778年写作完成，最开始时它在巴黎和维也纳都被禁止演出，理由是这部作品中对仆人的赞美和对奴隶主的讽刺，极有可能煽动起不服从者的情绪从而给当局带来危险。19世纪早期，格林（Grimm）兄弟开始搜集德国农民的传说以及民俗的相关资料，这一时期，关注普通人生活的作品开始成为主流。

19世纪中期，研究者开始对实施系统社会研究的基础进行规定。在这一过程中出现了社会学研究应该成为何种范式科学的基础性争论。社会学研究应该如启蒙主义哲学家所希望的那样模仿物理学研究吗？孔德（Comte，1822/2001）在发展他所称为社会学的过程中肯定了这一观点。同时代的学者，凯特勒（Quetelet，1835/2010）主张使用统计方法建立社会物理学。对社会和文化变革怀有极大兴趣的早期人类学者同样致力于普遍化的调查研究（Morgan，1877；Tylor，1871），他们认为人类学的对比研究是为了获得普遍性的知识，具体到他们的研究中，便是为更好地理解人类物理性与文化性存在随时间的改变，也就是人类从野蛮向当代欧洲文明的发展演变——这种对比研究便被称为民族志。孔德等学者认为社会调查研究的目的是发现能够应用于所有社会的因果关系，这种因果关系与物理学和化学研究中的因果关系类似。

与之相反，德国社会哲学家狄尔泰（Dilthey，1883/1989）提出了一种不同于自然科学（他称之为Naturwissenschaften）的研究方法。他主张按照人文科学（Geisteswissenschaften）的方法进行社会调查研究，人文科学按照字面的理解就是"精神科学（sciences of the spirit）"，较为顺畅的翻译是"人文科学（human sciences）"或者"人学（human studies）"。这种关注个体日常生活中特定行为及其意义的研究方法常见于人文学科（humanities）和我们现今所称的社会科学（social sciences）的研究中，研究的目的在于对行为进行更好的理解（understanding）而非验证或者预测（proof or prediction）。狄尔泰的观点影响了年轻的学者，尤其是社会学家韦伯（Max Weber）和齐美尔（Georg Simmel）及早期哲学现象学家胡塞尔（Edmund Husserl）和海德格尔（Martin Heidegger）等学者。20世纪中期，哲学家伽达默尔（Hans-Georg Gadamer）和哈贝马斯（Jürgen Habermas），人类学家格尔纳（Ernest Gellner）和格尔茨（Clifford Geertz）所带来的"解释学转向（hermeneutical turn）"更深受狄尔泰观点的影响。

民族志的出现。19世纪下半叶，人类学家开始使用民族志的术语对世界各地殖民统治下特定人群的生活状况进行描述。据称，这些描述比旅行者和殖民地官员所提供的报告更加准确和详尽。为了提高旅行者报告的质量和全面性，同时为了支持人类学领域中学者的田野工作，英国科学促进协会（Society for the

Advancement of Science)1874 年出版了名为《未开化土地的旅行者和居民使用的人类学备忘和查询》(*Notes and Queries on Anthropology for the Use of Travelers and Residents in Uncivilized Lands*)的指南,这是一本对田野观察和访谈中的数据搜集提供指导的工具书,该书 1874 年的编委会包括皮特-里弗斯(George Lane-Fox Pitt-Rivers)、泰勒(Edward Tylor)和高尔顿(Francis Galton)。该书后来的几个版本都是由皇家人类学会出版,1951 年出版了第 6 版,也是最后一版。

大小仅有 6.5 英寸×4 英寸见方,这本书可以轻易地放入衬衫式夹克衫或者西装口袋等类似大小的口袋中以方便带入调查田野。以英寸和公分为单位的尺子被贴在封面的边缘,方便读者在田野中随时测量。该书包含一系列问题及观察话题,如解剖学与医药学的观察、服装、航海、饮食、宗教、法律和与"有教养民族的交流(contact with civilized races)"等。后期,这些内容成为体质人类学(physical anthnography)和社会/文化人类学的不同分支,这本书的写作致力于准确了解研究对象的生活事实并对其进行全面的描述。

田野工作和信息收集的百科全书式方法成为 19 世纪后期质性研究的特征,代表性的研究是博厄斯(Franz Boas)在北美西北部进行的田野调查以及海登(Alfred Haddon)两次前往澳洲的托雷斯海峡的调查。参与海登第二次旅行的田野工作者后来曾担任了与拉德克利夫-布朗(Radcliffe-Brown)、马林诺夫斯基(Malinowski)一起进行学习的里弗斯(Rivers)和塞里格曼(Seligman)等英国新一代人类学家的老师(人类学田野调查法早期历史的讨论详细信息可以参见 Urrey,1984,pp. 33-61)。

在海外背景下进行的资料获取与报道被称为民族志,"民族志"这一单词包括两个希腊单词:graphein 和 ethnoi,graphein 是"写"的动词形式,ethnoi 是"民族和他者"的名词复数形式。对于古希腊人来说,ethnoi 是指非希腊人,与希腊人(Ellenoi or Hellenes)相比,就是色雷斯人、波斯人、埃及人等,两群人之间的关系是我们与他们之间的关系。希腊人有较强的仇外情绪,因此 ethnoi 带有一定的轻蔑意味,在希伯来著作的希腊语翻译中,ethnoi 便被翻译为"他们"——不完善的异邦族群。鉴于这个词的词源以及 19 世纪在非西方人群描述中的最先运用,对民族志最好的界定便是"写其他族群人类"。

或许被称为现今现实主义民族志的第一部著作当属杜波依斯(Dubois,1899)的《费城黑人》(*The Philadelphia Negro*)。他对一群非裔美国人调查研究的内容包括人口统计数据、区域地图、近代社区历史、当地机构与社区团体,以及邻近地区的日常生活与实践。在白人中产阶级和学者的话语下,这部分人群长久以来处于被忽视地位,无处发出自己的声音,杜波依斯写作该书的目的恰恰是让那些沉默者的生活和秩序变得清晰可见。布思(Booth,1891)与人合作完成的伦敦东部工人阶级生活的报告也是出于相同的目的,采用将人口、健康统计资料与生动的描述相结合的研究方法。由新闻记者里斯(Riis,1890)所著,照片加以证明,对纽约东部贫困地区移民日常生活进行描述的作品《另一半人如何生活》(*How the Other Half Lives*)体现了更强的叙述性描述倾向。所有的作者,尤其是布思和杜波依斯都关注事实的准确性和描述的全面性,而且这些作者都是社会改革者——布思和韦伯夫妇(Sidney and Beatrice Webb)参与了英国费边社会运动(Fabian Socialist movement),里斯是黑幕揭发运动以及通俗社会学的建立者,杜波依斯逐渐由学院派社会学家转向行动主义者,最终成为 20 世纪非裔美国人权利争取运动的领导者。除了呈现描述这一目的外,这些描述同样是为了宣传和报道社会变革。

这些早期实践者都不曾主张从生活者本身的观点出发对日常生活进行描述,因此对于研究对象而言,他们依然是外在的观察者。杜波依斯虽然是个非裔美国人,但他是在一个新英格兰小镇而非费城长大,而且又是在哈佛大学接受教育;布思、韦伯夫妇以及里斯都属上层阶级,他们虽然试图对与行为有关的事实进行描述,并使描述尽可能准确和客观,但并不关注它们的实际功效或者格尔茨(Geertz,1973,p. 6)所说的"两种眨眼——挤眼(blink)和眨眼(wink)——的区别在哪里"的问题。借用后期语言及应用于民族志的隐喻术语,他们的描述在内容和认识论层面上是客位的而不是主位的。

补充观点。描绘社会行动(social action)(比如挤眼)而不是行为(behavior)(比如眨眼)——也就是通过联系研究对象的主观目的及意义赋予对其日常生活行为进行描述——是民族志中解释论的一个基本转向。到马林诺夫斯基时代,他认为经过一代学者的努力已经成功完成了此种转向。在他(Malinowski,1922)的开创性著作《西太平洋的航海者》(*Argonauts of the Western Pacific*)中,马林诺夫斯基认为民族志的描述不应该只追求描述的全面性以及事实的准确性,同时应该"把握当地人的观点,他与周遭的联系以及他对自身世界的理解"(p.25)。

第一次世界大战期间,英国人类学杰出学者马林诺夫斯基在美拉尼西亚的特罗布里恩群岛进行田野调查时被英国殖民地当局拘禁,因为当局认为,作为奥匈帝国的国民,马林诺夫斯基可能是个间谍。直到"一战"结束,他才被允许回家。马林诺夫斯基把必须做的事装成好心而为,他认为四年深入的田野工作以及对当地语言的掌握使得他能够对日常生活全貌进行系统详尽的报道并准确把握行为的意义。马林诺夫斯基之后,关注研究对象对自身行为的理解成为人类学中民族志研究的显著特征。

现实主义民族志的解释论取向(如诠释学)认为社会生活中的本土性意义是有因果联系的,而且会因本土环境的变化发生根本性的变化(尽管变化有时候是微妙的)。人类学中的文化相对主义(cultural relativism)便证实了此种观点——博厄斯在马林诺夫斯基较早之前就已经主张这一观点。20 世纪 20 年代晚期,人类学家认为由于人类社会在文化上有较大差异性,因此有必要在对民族志个案进行深入细致的资料收集和研究的基础上再展开民族志的对比研究——也因此,泰勒和摩根(Lewis Henry Morgan)等学者早期坐观深思的观点被认为是不成熟的。

社会科学中强调不同背景环境下本土意义差异的预设与自然科学的基础性预设形成鲜明对照。在物理世界中,人们假定自然是一致的:热量、力或者某个化学元素的衡量单位在墨西哥市、东京和伦敦是一样的,无论是在太阳还是更远的宇宙中也是一样的。对自然元素及过程一致性的假定使得在物理学、化学、天文学以及在某种程度上生物学领域中得到普遍性结论成为可能。对比之下,人文科学强调本土意义及其建构的变化性,亦即社会生活的差异性(nonuniformity of nature in social life),这一假定恰恰为社会物理学的学者所反感。质性研究是否致力于建立社会物理学?人类学、社会学及教育学领域的学者并未达成共识,无论他们的民族志个案研究是在传统社会还是在现代社会进行的。

一个基本的、主流的研究方法在质性研究中正在逐渐发展起来,这种方法建基于五个方面的基本认识:社会科学的学科性、社会科学的观察者、被观察对象、作为文本的研究报告,以及报告所面向的读者群。五者中的每一个都被视作本质简单、合法性不证自明的整体。近些年来,每个立足点的本质及合法性都在经受质疑。

首先是**社会科学的学科发展**。19 世纪晚期,作为新兴学科不断发展壮大的社会学和人类学逐步为大学所接受。物理学在 17 世纪以来取得了长足的发展,社会科学家希望取得同样的成功。

其次,作为**观察者的社会科学家**。保证他(早期的社会学者均为男性)对其他人群进行研究的专业基础是他所参与的社会科学事业,这种参与给了他观察及询问他者的权利。原定假设是研究者将会而且也应该具有进行系统研究的能力,而且在这一过程中他们能够保证价值无涉的开放性。人们认为,对一个人的细致观察在伦理及认识论层面上和观察一块石头或一只小鸟没有什么区别,对人类行为样本进行的观察和获取也是合理的,因为它有助于我们获得关于社会生活的新知识(与生物学家不同的是,社会学家不被允许杀害或者捕捉研究对象以便进行后续的观察——虽然也存在一些特例,如一些非西方人群被放置在世界博览会中进行展览,个别人类学者[Alfred Kroeber]甚至将土著美国人安置在加利福尼亚大学伯克利分校的人类学博物馆中,以方便研究者在那里对他进行访谈和观察——但是手工制品的收集和田野调查笔记的写作在功能上等同于生物学和地理学家对标本的采集和分析),另外,社会调查中的研究方向是单向性的——正如田野中是动物学家对动物标本进行解剖而非相反,社会研究中研究者的观察和询问被认为是重要的,研究对象对研究者的关注与询问则不被正视。

研究对象(不是作为主体而是作为客体)在研究过程中被认为是消极被动的参与者——他们是受动者而不是主体——他们根据研究者的观察和提问来行动,但是无权影响研究的方向。因此,在质性研究的劳动分工中,观察者和被观察对象之间存在着明显的差异与不对称,在这一过程中,研究者对研究享有最大的控制权,而研究对象对研究几乎没有影响力。

这种不等关系拓展到了研究报告文本的形成过程中,整个文本都是作为作者的社会学家的责任,而不是社会学家与研究对象合作完成的,也并不存在由研究对象提交的平行报告(正如加拉帕戈斯群岛的雀鸟并没有出版有关达尔文参观它们的报告)。总之,经由第一手参与观察所形成的社会调查报告中,研究者负责对研究对象日常生活的相关方面进行描述。

文本形成中的不对等关系进一步拓展到文本使用中。社会研究报告所面向的观众是研究对象之外的人群——以研究者为代表的社会科学家群体(或者是在研究工作中担任委员的政策制定者)。读者对研究话题的实际重要性及研究实施的技术质量最关注,报告的成功(和作为报告者的作者地位的成功)依赖于学术团体的判断。田野工作中研究成果首先接受研究对象的审查,而后相关内容才有资格被报告,但是这一过程既不是读者关注的焦点,也不是作者关心的问题。事实上,很多研究对象文化水平不高,因此他们阅读研究报告的可能性也不大。

曾几何时,上述每一个立足点在质性研究"规范科学"中都享有稳定的权威性,那段时期可以称为"黄金时期"。但之后由于这些立足点在发展过程中面临的质疑与争论日益增加,曾经的黄金时期开始衰落。

现实主义民族志的"黄金时期"

从20世纪20年代中期到20世纪50年代早期,质性研究的基本方法是现实主义民族志——曾经仅被称为民族志。研究者想对有明确界限的特定背景环境下(如一个村庄、岛屿,或者社区、有正式组织的工厂等)的生活方式的全貌进行描述,他们呈现的描述给人的感觉是"在现场"的忠实记录,因此近些年来这种报道风格被称为现实主义(realism)。通常,叙述者以第三人称进行叙述,在对日常生活进行描述的过程中并不将他/她自身呈现在研究场景中。为了公正起见,这种稍有距离的表达用一种既不过分赞扬也不明确批判的态度来表达本土性的观点(论述时距离的把握,详细内容参见 Vidich & Lyman,1994,p. 23)。而且,这些作品中的作者更多采用功能主义的社会理论视角,关注各种社会机构组织之间的相互配合及其在背景环境下的运作,而较少关注冲突在推动社会发展中的作用。

马林诺夫斯基(Malinowski,1922)在作品《西太平洋的航海者》中提到一个完整的民族志研究应该包括三方面内容,在该书所提出的这一总体思路的基础上,人类学领域的民族志著作开始出版。

　　1.部落的组织以及文化分析必须进行扎实、清晰的记载,具体数理统计资料的分析使用都是部落概况研究的重要途径。

　　2.实际生活中的最小单位、行为类型都应该包含在论述框架中,资料的获取需要通过近距离接触本土人群,对他们进行细致深入的观察,并形成特定种类的民族志日记。

3.收集民间观点、有特色的论述、典型表达、民间文学和神话传说等相关资料,建立一个语料库,充实本土思想相关的文献资料(p.24)。

研究某个少数族群人群居住的特定村庄和地区的作品,初始部分通常是对地区物理环境进行全面描述(也经常涉及一些生计活动),接下来的章节着手日常生活的年度循环,内容既包括特定节日、亲属关系、社会组织的其他方面、儿童养育,也包括对与之不同的背景环境特征的描述(例如,关于牧区人的作品《努尔人》[The Nuer, Evans-Pritchard, 1940] 中便有当地人对牛鞭上颜色样式的美学理解与欣赏的详细描述)。有些书中还会有插图,这些插图能够促进对真实事件背景下特定人群行为的理解,典型行为的描写通常更简略些。插图和被访者的引语在文本中经由叙述评论产生联系,地图、频率表、分析图表(包括亲属关系图)等也都会包含其中。

这个时期英国和美国人类学比较杰出的作品包括博厄斯的学生米德(Margaret Mead)于 1928 年发表的半通俗作品《萨摩亚人的成年》(Coming of Age in Samoa);马林诺夫斯基的学生弗思(Raymond Firth)的作品《我们蒂科皮亚人》(We the Tikopia, 1936/2004);马林诺夫斯基同时代的学者拉德克利夫-布朗(他本人也在马林诺夫斯基出版《西太平洋的航海者》的同一年发表了作品《安达曼岛人》[The Andaman Islanders])的学生伊万斯-普里查德(E. E. Evans-Pritchard)在1940 年出版的《努尔人》;霍姆伯格(David Holmberg)于 1950 年出版了对西里奥人(the Siriono)进行研究的作品(Nomads of the Longbow)。除了美国研究者对西半球土著居民的研究作品外,英属殖民地也出版了类似的一系列作品,如澳大利亚对新几内亚(New Guinea)、密克罗尼西亚(Micronesia)和美拉尼西亚(Melanesia)的研究,英格兰对东非、北非和西非的研究。

美国芝加哥大学社会学系的帕克(Robert Park)和伯吉斯(Ernest Burgess)都鼓励在人类学民族志脉络开展社区研究。基于某种程度上的地区决定论,即认为地理位置决定城市内特定社会区域的形成与维系,这个学派将芝加哥的不少街区都视为封闭的社区,例如,沃思(Louis Wirth)在 1928 年对西部犹太人聚居区的研究,左堡(Harvey Warren Zorbaugh)于 1929 年对临近的北部地区意大利工人阶级和上层白人社区的研究,都是将研究对象视为有界的社区。美国社会学中对社区研究的传统一直保留着,林德夫妇(Lynd & Lynd, 1929, 1937)对中西部印第安州曼西地区的一个小镇进行了两次研究,两位研究者将这个小城称为“中镇(middletown)”,人类学家华纳(W. Lloyd Warner)在 1941 年又研究了马萨诸塞州的纽伯里波特,怀特(Whyte, 1943/1955)对波士顿城北部地区的意大利社区也进行了两次研究,阿伦斯伯格(Conrad Arensberg)和金博尔(Solon Kimball)在1940 年研究了一个以色列农村社区。

对城市社区的研究一直持续到第二次世界大战之后,代表性的研究有德里克(Clair Drake)和凯顿(Horace Cayton)1945 年对芝加哥南部一个非裔美国社区的研究以及甘斯(Herbert J. Gans)1962 年对纽约地区一个意大利人社区的报道等。在对芝加哥西部一个多民族地区民族关系的研究过程中,萨特利斯(Suttles,1968)重新审视了早期芝加哥学派的"社会区域(social areas)"理论取向,安德森(Anderson,1992)用同样的方法对西费城的一个多民族社区进行了研究。一些研究将社区研究的范围从整个社区缩小到社区中的某一背景环境,例如对酒吧中非裔美国人社交网络发展状况的个案研究(Liebow,1967)。20 世纪 30 年代美国农村社会学研究中也出版了相关的民族志作品(关于美国社区研究的研究综述和目录,可以参见 Vidich & Lyman,1994)。

组织和工厂的民族志研究主要始于"二战"之后。研究者通过参与式观察对劳资关系进行研究(Roy,1959)。阿吉里斯发表了银行部门日常工作的研究报告(Argyris,1954a,1954b),在 1953 年又出版了关于商业管理者工作状况的研究。职业社会化的民族志研究也开始出现(例如 Becker & Geer,1961;Glaser & Strauss,1965),和社区研究一样,工厂的民族志研究开始更关注日常社会交往中的即时性场景,现今这一研究趋势依然保持着。

工厂研究(以及应用人类学家进行的海外发展干预研究)的期刊报告出现在交叉学科的《人类组织》(*Human Organization*)杂志中,1948 年在英国人类学委员会的资助下,该杂志出版发行。

20 世纪 50 年代和 20 世纪 60 年代,便携设备——录音机和 16 mm 照相机开始出现,加之田野现场声音的录制变得容易起来,因此民族志纪录片的拍摄逐渐盛行。博厄斯在 20 世纪 20 年代已经开始使用无声电影去记录加拿大西北部海岸跨纽特人(Kwakiutl)的生活,贝特森(Gregory Bateson)和米德 20 世纪 30 年代晚期在他们对巴厘岛的舞蹈研究中也开始使用无声电影。弗拉哈迪(Robert Flaherty)20 世纪 20 年代创作了以加拿大因纽特人(Inuit)为对象的半舞台半虚构电影,其中最为著名的是《北方的纳努克》(*Nanook of the North*)。

手扶式照相机和扩音器便于对行为及时追踪,拍摄设备的使用使得新的民族志纪录片多是在真实自然的田野环境中进行拍摄的。马歇尔(John Marshall)的电影《猎人》(*The Hunters*)展现了非洲南部卡拉哈里沙漠布须曼人的特征,查冈(Napoleon Chagnon)的《斧战》(*The Ax Fight*)和阿希(Tim Asch)的《宴会》(*The Feast*)是在巴西的亚马孙河流域的雅诺马马人(Yanomamo)中拍摄的。为了发现纳瓦霍人(Navaho)和西欧电影摄影师看事物方式上的差异,阿代尔(John Adair)和沃思(Sol Worth)在一个项目中给了作为研究对象的纳瓦霍人一些 16 mm 的手扶式照相机,据此,两人创作了《纳瓦霍人之眼》(*Through Navaho Eyes*,Worth & Adair,1972)这一项目相关的电影脚本和著作。科利尔(John Collier Jr.)拍摄了展示阿拉斯加本土美国学校课堂生活的无声电影,与此同时,他还出版了一部有关静物照在民族志纪录片拍摄中作用的著作(Collier,1967),米德早在一代人之前便已经使用静物照了(参见 Byers,1966,1968)。民族志电影制作者和纪录片学者共同发起组织的影视人类学学会(The Society for Visual Anthropology)在 1984 年成立。

美国社会学家在同一时期也对纪录片给予了非常大的关注,这一时期最为著名的当属韦斯曼(Frederick Wiseman)在 20 世纪 60 年代和 20 世纪 70 年代创作的影片。通过对真实事件镜头进行编辑所形成的解释主义的影视作品将文字性的纪实描述与虚幻的小说联系起来。这些作品包括以精神病院为对象的《提提卡失序记事》(*Titicut Follies*, 1967),《高中》(*High School*, 1968),《医院》(*Hospital*, 1970),以及对修道院内的团体及其冲突进行描绘的作品《艾塞尼教派》(*Essene*, 1972)(详细信息,参见 Barnouw, 1993; Benson & Anderson 2002; deBrigard, 1995; Heider, 1982; Ruby, 2000)。

民族志权威遭遇危机

暴风前夕:即使在"二战"后现实主义民族志的全盛时期,民族志的根基与立足点就已经开始遭受质疑。在美国,对墨西哥市的一个小村庄迪坡斯特兰城(Tepoztlán)进行研究的不同民族志报告引发了关于民族志描写准确性与合法性的激烈讨论。芝加哥大学的雷德菲尔德(Robert Redfield)于 1930 年出版的关于迪坡斯特兰城日常生活的作品中采用的是功能主义的理论视角,在书中,雷德菲尔德将社区描述为一个团结、稳定、人们生活幸福美满的地方。17 年后,路易斯(Oscar Lewis)在同样的村庄进行田野调查,但此次,他使用的是马克思主义冲突论的视角对当地人的生活进行审视,因此认为那里的生活氛围是紧张的,那里的人易怒、嫉妒、焦虑。在著作中,路易斯严厉批评了雷德菲尔德的描写,两个田野工作者去了同样的地方,但是却搜集到了不同的资料,究竟哪个是正确的?

人们也开始逐渐担忧有关全部社区报道的民族志文本的质量——这些报道在文献资料的搜集上大多有所欠缺:描述广而不深。解决这一问题的方法之一便是缩小研究的范围而将研究聚焦于一个大社区或者机构中的特定部分,另一种方法则是小心谨慎地处理相关资料。在美国人类学的发展中,诸如认知人类学、经济人类学、法律人类学、传播民族志以及互动社会语言学等次级交叉学科不断兴起,这些次级学科的研究通常发表在那些强调报告资料合法性的期刊杂志上。仔细诱导技术和影音设备都被用于研究以便搜集到"更好的数据(better data)"。在语言学、人类学、社会学和社会心理学中交叉产生了被称为语言社会学的交叉学科。

参与式观察作为搜集"更好数据"的一种方法在社会研究中的作用日益突出,关于这种研究方法的书籍首见于社会学领域,其后在人类学领域也逐渐常见(比如:McCall & Simmons, 1969; Glaser & Strauss, 1967; Denzin, 1970; Pelto & Pelto, 1970; Hammersley & Atkinson, 1983; Ellen, 1984; Sanjek, 1990; 等等)。

田野调查的自传也开始出版。怀特(Whyte, 1943/1955)的《街角社会》(*Street Corner*)第 2 版以及随后的修订版都包含怀特用第一人称描述的田野经验的详细附录。鲍德梅克(Powdermaker, 1966)也谈到了 20 世纪 30 年代她在美国南部白人和黑人农村社区田野调查的经验。更早之前,博安农(Laura Bohannon)出版了小说形式的田野工作实录,她以笔名 Elenore Smith Bowen(1954)撰写了这本著作,使其乍看起来就像一部小说,因为对研究中所存在的矛盾情绪、道德困境、田野工作中感情偏见与自我欺骗倾向之间关系的坦诚揭露在当时的学术话语中被认为是不合适的。瓦克斯(Wax,1971)坦率地回忆了第二次世界大战期间她在一次田野调查中作为一名白人女性被拘禁于日本营地所遭遇的困难。这些表明,实际的田野调查工作并不像民族志作品所表现的那样一直是被独立的、手段—目的的理性主义等原则支配的。1967 年,马林诺夫斯基在特洛布里恩群岛的田野日记在他死后出版。十五年后,这本日记在外界对现实主义民族志的激烈批判中处在了风口浪尖。

第二次世界大战之后,作为研究对象的当地人的观点开始挑战民族志报道的准确性。在马林诺夫斯基离开特洛布里恩群岛三十年后,罗马天主教传教士鲍德温(Baldwin)继马林诺夫斯基之后,在其硕士论文中描述了岛上当地人对马林诺夫斯基作品《南海舡人》(Argonauts)的态度。鲍德温比马林诺夫斯基在岛上待的时间更长,对当地语言的掌握也更准确。为了验证马林诺夫斯基对当地人报道的合理性,鲍德温翻译了《南海舡人》中的大量内容,并将这些内容阅读给他认识的当地人听,其中一些人还记得马林诺夫斯基在岛上的出现:

> 他似乎解释了所有的事情,而且他的解释即使对那些住在那里的人而言也是有启发性的。奇怪的是这种详尽的研究以及细致、准确和真诚的解释竟然会给人留下残缺之感。事实上也的确如此。我感觉他的材料还没有被准确理解,因此研究对象有可能认为马林诺夫斯基的描述在某些方面显得天真、不成熟。

> 我对帮我验证马林诺夫斯基阐述的本地参与者的认真态度感到惊讶。通常当一篇文章已经检查过不止一次后,那些人会说不对。他们通常不是认为马林诺夫斯基所写的事实或者解释有问题,而是会关注这篇文章所表达的感情与民族色彩,比如文中的理解并不是他们对自己或 Boyowan 部落的理解。(Baldwin, n.d., pp. 17-18, 引自 Young, 1979, pp. 15-16)

印第安人德洛里亚(Vine deLoria)在著作《卡斯特为你的罪而死》(*Custer Died for Your Sins*, 1969)中对美国人类学的批判更为猛烈。他认为美国人类学家对印第安人的研究具有民族中心主义和殖民主义的色彩。社会学的社区研究也受到了当地人的否定。纽约农村社区小镇的居民认为《大众社会中的小镇》(*Small Town in Mass Society*)等题目是对他们的轻蔑和冒犯(Vidich & Bensman, 1958;Vidich & Bensman, 2000;Young, 1996),他们谴责作者描述得不准确、参与了当地争端,并表达了对其中一个阵营的支持、泄露个人秘密等行为(例如,那里只有一个市长,虽然文章中并未直接使用他的名字,但是使用的匿名也使得人们很容易辨识出那人便是他,这一问题后来成为质性研究和报告中伦理困境的一个经典案例)。20 世纪 60 年代,非裔美国人社区黑人种族主义的兴起(以及非裔美国学者对贫困家庭研究,所透露出来的"责备受害者"语调的反馈)进一步促进了只有"当局者(insiders)才能以一种不带偏见、更加准确的方式对同辈群体进行研究"这一论点的发展。

这与传统观点背道而驰,传统观点认为作为一名局外人的研究者,假如有足够的时间与研究对象进行交往,那么他便能够对研究对象习以为常、熟视无睹的现象进行准确的观察和意义阐述。正如人类学家克拉克洪(Kluckhohn,1949)生动的隐喻——"鱼不知水在"(p. 11)。

这不只是结论错误的问题,它同样与"参与式观察(participant observation)"过程中存在的权力关系有关。一批主张对正统的人类学和社会学进行批判的女性主义作者,从不同的理论视角指出田野工作者应该具备一种研究者自觉,反思作为研究主体的自身,在进行关于他人的研究时,自身的思维方式与主体性所带来的影响,尤其是当观察者和被观察者之间的关系并不对等时。此类观点的一个早期实例是1970年布里格斯(Jean Briggs)对她进行田野调查时所居住的一个加拿大爱斯基摩人因纽特核心家庭的冲突关系的研究。书名是《从不生气》(Never in Anger),在书中,作者以第一人称对冲突关系进行讲述,而且将自身以及她对"研究对象(informants)"的反应置于研究的中心。

史密斯(Dorothy Smith)于1974年发表了一篇题为《对社会学女性视角的激进批判》(Women's Perspective as a Radical Critique of Sociology)的文章。在文章中,她有针对性地阐释了布里格斯经常发现的在她自己与研究对象之间的权力关系内蕴含的不对等性(这种不对等性也经常被忽略)。随后一些女性主义批评家(Harding,1991;Lather,1991)发展了这一观点,她们主张要对田野工作者感知周围世界的个人立场和关系结构进行反思——如在观察、感知周围世界时存在的性别、阶级、年龄、种族/族群差异,尤其是当这些因素在观察者与被观察者的互动中部分地相互建构时。

克里福德和马库斯(Clifford & Marcus,1986;Clifford,1988)将此种批判主义观点持续到20世纪80年代中期。此时,马林诺夫斯基成为一些人主要的攻击目标,这些攻击者认为传统的"参与式观察"存在严重的缺陷。日记的出版更使马林诺夫斯基成为众矢之的。在日记中,他揭示了其民族志报告中所掩饰的权力关系。他在《南海舡人》中对"当地人观点"的刻画可能与田野工作中存在的权力关系有关,但在讨论研究方法时,他并未提及这点。相反,他认为自己仅仅是一个"侦探",一个贪婪的想要了解当地人风俗习惯及性格特征的福尔摩斯(Malinowski,1922,p. 51):

> 民族志调查者很难表达首次进入田野调查场所时表现出的强烈兴趣与焦虑。当地一些明显的特征吸引了他的注意力,并使其感到希望与焦虑并存。研究者从当地人的外貌、习惯、行为类型中可以预测自己快速、容易地展开研究的可能性。研究者可能会通过表象发现更深层次的社会学事实,可能会怀疑司空见惯的事情背后隐藏的、神秘的民族志现象。也许那个长

相古怪、聪明的本地人是一位非常有名的巫师。也许当地的两个群体之间存在着一些重要的竞争或仇杀,如果研究者能够成功把握它们的话,而这或许就能解释一些习俗以及人们的性格特征。

然而,马林诺夫斯基的日记(Malinowski,1967)传达的却是另一种声音——无聊、沮丧、敌对情绪和欲望。

> 1917 年 12 月 14 日:"当我见到女人时,我将她们的胸部、身材和 ERM 相比(ERM 是他后来娶的一位澳大利亚女性)。"(pp. 151-152)
>
> 1917 年 12 月 17 日:"我受够了黑奴和我的工作。"(p. 154)
>
> 1917 年 12 月 18 日:"我想现在我对民族志工作以及土著人的看法是,我不喜欢它们,我向往文明。"(p. 154)

马林诺夫斯基没有提及的是他与研究对象之间权力关系的不对等性。在与研究对象互动时,他是行为的主要发起者。许多年之后,鲍德温(未注明出版日期)再次对马林诺夫斯基曾经的研究对象进行调查,他指出:

> 我很惊讶地发现在土著人的印象中,马林诺夫斯基是一个不断询问傻瓜问题的大蠢人,比如他会问"你把种子、块根埋在土里,就能发芽吗?"……他们说他把自己的职业看得那么神圣,你不得不服从,虽然你不明白为什么。(转引自 Young,1979,p. 15)

相反,马林诺夫斯基在其原著中表现出的却是一定程度的沾沾自喜及自我意识的缺乏:"事实上,当他们发现我对所有的事情都感兴趣,甚至连那些有礼貌的土著人做梦都不会侵犯的事情我都去打听的时候,他们只好把我当作其生活的一部分,而我则通过赠送给他们烟草来减少一些不必要的麻烦。"(Malinowski,1922,p. 8)

必须承认的是,马林诺夫斯基在其日记中揭示的异化感并不是他独有的体验,正如扬(Young,1979)指出的:

> 马林诺夫斯基在日记中流露出的长期的异化感是田野中的人类学家共同的心理体验,而且思乡情绪、怀旧体验、孤独以及性压抑都会加剧这种感觉,马林诺夫斯基对所有这些都有深刻的体验。(p. 13)

应该说,这些体验乃人之常情,但它也并不一定与我们普遍认为的科学家的形象相左,这种体验只不过表明专业的社会科学家与普通的社会行动者或者说"路上的行人"没有区别。更重要的是,它使人们不再相信罗萨尔多(Rosaldo,1989,p. 60)声称的民族志研究报告是"旁观的中立描述"。

继马林诺夫斯基之后,米德遭受了同样的批判,这进一步削弱了民族志研究报告的可信度。她的第一部作品——《萨摩亚人的成年》(Mead,1928),运用其导师博厄斯的文化相对主义理论研究了青春期孩子的经历。通过访谈年轻的萨摩亚女孩及妇女,米德指出她们并没有像美国的青少年那样在青春期表现出情绪的起伏,而且她们能够毫不羞愧地拥有性体验。她的作品吸引了广泛的读者,加上后续的著名作品,奠定了她美国公共知识分子的荣誉。弗里曼(Freeman,1983),一位澳大利亚的人类学家,在米德去世后撰文对她在萨摩亚地区的研究进行了严厉的批判。他指出米德天真地相信了被访者告诉她的东西,她已经暗示了她想听什么,而被访者夸大她们的故事以满足她的期望。后续的考察表明米德的解释基本上是正确的(参见如 Shankman,1996),但是她高度权威性的行文风格(同时又没有系统地呈现证据支持她得出的结论)使她很容易受到其研究发现是错误的指控。

难道所有的民族志学者都是自欺欺人吗?或者更糟糕,他们中的大多数仅仅在编造故事?对同一群体进行研究,里德菲尔德与路易斯竟然给出了两种截然不同的描述,他们之间的争论提出了一个更深刻的问题:观察者的视角、政治立场、意识形态会对他们的发现、思考产生如此强大的影响以至于会影响最终的结论?现实主义的概览式民族志的确正在遭遇不利的处境。

对这些质疑的回应,一种策略就是已经讨论过的“寻求更好证据”。还有一种策略是稍早一些形成的参与式行动研究(participatory action research)与合作行动研究(collaborative action research)。这种方法是外界的研究者与研究所在地的一些成员合作,以产生有利于当地的变化——例如,公共医疗的改善、农业生产的提高、市场合作机制的形成、工厂中工作组织形式的完善等。研究成果试图引起变化,正如在一个项目中对地方社区健康行为与观念的研究就是试图通过提供纯净水达到预防霍乱和痢疾等疾病的目的。社会心理学家勒温(Lewin,1946)是进行这些尝试的先驱者之一,他尤其关注英国的劳资关系。在英国的这种尝试通过贸易协会快速扩散至斯堪的纳维亚半岛(参见 Emery & Thorsrud,1969)。另一位先驱人物是怀特,他致力于改善美国的工厂环境(参见 Whyte,Greenwood, & Lazes,1989)。

“二战”之前和之后的一段时期,人类学家开始了以变化为导向的海外研究,而且应用人类学学会也于 1948 年成立。20 世纪六七十年代,应用人类学家和语言学家在美国和英国的种族、少数族裔社区中开展了一些行动项目(如 Gumperz,Roberts, & Jupp,1979;Schensul & Schensul,1992)。

有一点可以证明应用研究的合法性,这需要追溯到“寻求更好证据”运动:通过研究者的“行动参与(involvement in the action)”(Schensul,1974),数据搜集及分析的准确性、有效性就可以在自然条件下得以验证。

行动研究者与他们的社区合作伙伴明确采取的价值立场同样可以证明应用研究的合理性。这有点类似于 20 世纪七八十年代社会研究中普遍盛行的批判立场,而且正如行动研究所推动的,它将前一节讨论过的许多批判方法逐渐结合在一起(Kemmis & McTaggart,2005)。

行动研究偏离了文化相对主义甚至是价值中立的立场,逐渐走向价值肯定。在试图引起社会变化的研究努力中,如果想让工作朝着特定的方向变化,就必须做出明确的价值承诺。这叫作批判民族志(critical ethnography),与法兰克福学派阐释的批判理论视角相关。基于新马克思主义的社会分析理论,阿多诺

（Theodor Adorno）和霍克海默（Max Horkheimer）批判了资本主义以及法西斯主义。这一观点是为了批判下述认识：任何物质或文化的影响可能导致人们采取某些行动或支持某些行动，而这些行动最终却限制了他们的生活机会，例如，美国白人工人支持压迫他们以及黑人工人的寡头政治。也就是说，人们参与着、生产着自身的压迫地位。用马克思主义的话说，批判理论是为了让人们意识到社会进程是反对被统治阶级的利益的。文化相对主义民族志不使用"统治"这一术语，也不将苦难作为关注和描述的对象。批判民族志声称要这样做，并且正在努力。民族志研究者走出了价值中立的保护圈，从与研究对象保持距离转变为相互合作。这就是被称为"令人心酸"的民族志社会研究取向（Behar，1996）。

采取明确的价值立场有助于通过分析判断日常生活实践增加还是减少了人们的生活机会（参见 Bredo & Feinberg，1982）。随着批判民族志运动的发展，关注点由致力于明确阐释用于判断习惯性实践的价值尺度逐渐转变为统治与压迫，仿佛参与的不平等是不言而喻的。在这一过程中，批判民族志受到较早一代学者的质疑，他们指责批判民族志学者在田野工作中受价值观的引导，致使他们仅能看到希望看到的东西，而忽视与预期不一致的证据。

随着批判民族志学者确定了越来越多的不平等关系，社会批判本身的相对性也变得越来越明显，批判的维度越来越取决于对社会压迫分析的维度。如果分析的是经济关系，那么基于阶级的压迫过程似乎是最重要的部分；如果是性别关系，那么父权统治的过程是重要的；如果是后殖民关系，那么最重要的是被殖民关系的存在；如果是性取向，则异性恋占据统治地位；如果种族成为批判性社会分析的主要框架——它与阶级、性别、殖民化、性取向有明显的区别又有紧密的联系——那么种族特权与平权会成为关注的焦点，其他维度的不平等则没那么重要。关于哪种压迫关系程度更深或更根本——"谁是最底层"的问题，人们各执己见。

当考虑到权力本身的位置时，又出现了一种新的相对性，它表现在许多方面、许多领域，甚至现存的生活模式（包括统治模式）在代际内及代际间再生产的方式也能表达这种相对性。马克思主义将社会秩序解释为对抗性力量的竞技场，这种张力是宏观社会经济力量的结果。人类学与社会学中的结构功能主义将社会秩序视为服从文化规则体系的个体社会化的结果。人类学与语言学中的结构主义指出，文化规则体系根据社会科学家能够辨认、区分的一套内在逻辑进行运作。所有这些方法都将宏观社会看作能够限制社会行动者的决定性因素。后结构主义批判这种自上而下的决定论。有批判者强调社会行动者日常实践的机会特征，行为主体能够在宏观社会进程或社会结构的限制下做出选择（例如，布迪厄于 1977 年对列维-施特劳斯的结构主义的批判）。还有一些批判者（Foucault，1977）指出权力可以不借助于身体暴力，而是通过不断维持的知识体系以及世俗的"救助性"的专家的监视作用于社会行动者。这些专家扮演了前现代时期宗教所扮演的角色，其意识形态意义上宣称的目的是通过控制医学、精神病学、教育及现代监狱使他们"服务"的"顾客"受益。福柯使用的蕴含在制度常识中的"话语"概念类似于葛兰西（Gramsci，1988）的"文化霸权（cultural hegemony）"的概念——在意识形态上就意味着常识的合理化证明了权力实施的合法性，由此，控制得以通过非暴力手段实施。权力与社会结构在这里被视为有着巨大影响力的进程，即使这种影响是局部的、间接的、有争议的。行动者被视为能动者，他们不仅仅是消极的规则服从者，而且是必须在各种湍急水流中前行的行动者。

同时，历史学家的目光开始从记录过去的权力拥有者（富人、有文化的人、白人、男性或者集这些特征于一身的人）的事迹，转向关注普通人的日常生活实践，他们那处于从属地位、从未被书写的生活随着时间的消逝而流逝了，被忽略于历史舞台之下（这对于坚持采用传统的方式搜集材料的正统史学家的话语是一种挑战）。后现代的学者（如德里达、利奥塔、德勒兹）也对文本的权威性进行了批判，而此种权威性曾经被视为理所当然。他们质疑关于人类活动的权威性学术话语的整个启蒙计划，无论这些话语是体现在艺术、历史还是社会科学领域。植根于早期现代主义启蒙运动的所有这些话语都在尽力建构"宏大叙事（master narratives）"，其可信度在人们看来是非常高的，因为它们基于理性与证据。对于后现代主义者来说，利用解构式（deconstruction）的文本分析方法可以揭露学者为了使读者相信其文本的准确性以及真实性而使用的修辞策略（rhetorical strategies）。批判民族志挑战了现实主义叙述方式的权威性，此种叙述忽略了冲突及权力斗争的过程；后现代批判主义挑战了文本本身的根本权威。另外，质性社会研究方法与人文研究之间的学科界限正在模糊。不属于主流社会科学的文本批判方法，以其解构方法，既被用于解释取向（诠释）的民族志中，同时又见于学术文本的批判。

有一种方法可以使质性研究报告文本去神秘化，那就是明确作者在田野工作中的立场、观点。作者是故事当中的一个角色，可能是一个主要的角色，而且大部分或所有文本都要以第一人称、过去时写作，而不是像早期民族志那样采用现在时进行描述，现实主义民族志的批判者认为使用现在时暗示研究的超时效性——社会行动似乎发生在历史与斗争之外的真空世界。这种自传体的报告方法叫作自我民族志（autoethnography）。已经被提及的较早采用此种方法的作品有：博安南的小说（Bowen，1954）以及布里格斯（Briggs，1970）的第一本忏悔式的民族志专著。后来又出现了一些自我民族志报告，如拉比诺（Rabinow，1977）和康多（Kondo，1990）的作品以及博克纳和埃利斯（Bochner & Ellis，2002）最近出版的综述性讨论。

报告文本转变的另一种方法是增强文本的吸引力，充分利用修辞产生生动的描述。例如，实现从散文到诗歌的突破，或者采用"街头表演"的方式，通过此种方式，无论是依据脚本还是即兴创作，激动人心的作品都会出现。民族志学者有时候被称为失败的小说家或者诗人，因为他们的作品通常无法引人入胜。通过类比表演艺术，新的表演民族志（performance ethnography）试图采用更吸引观

众 的 表 现 手 法（参 见 Conquergood，1989，2000；Denzin，2003；Madison & Hamera，2006）。理查森近期的作品就是采用此种艺术性呈现方式的例子（Richardson，2004，2007；更多讨论参见 Richardson，1999）。

邓津和林肯（Denzin & Lincoln，1994，2000，2005）连续出版了三本质性研究方法手册，他们全面回顾了质性研究方法的经典著作以及更具创新性的方法。

弗莱杰格（Flyvbjerg，2001）是丹麦奥尔堡大学城市规划系的学者，在一本名为《让社会科学变得重要：社会调查是如何失败的，它怎样才能起死回生》（*Making social science matter：How social inquiry fails and how it can succeed again*）的书中他做了一个重要的评论。这本书论述了运用个案研究解决价值、权力以及地方情况等问题，因为它们对于政策决策很重要。弗莱杰格指出政策制定者在决策过程中需要的不是一般性的知识，而是当地的一些具体情况。他以奥尔堡市设计自动停车场以及规划步行街的例子说明他的观点。为了找到解决奥尔堡交通问题的最佳策略，不能照搬利默里克（爱尔兰西海岸最大城市）、布鲁日（位于比利时西北部）、热那亚（意大利重要工业中心）、东京、明尼阿波里斯（美国一座城市）这些城市的经验，要想了解什么才是适合奥尔堡的，需要详细考察奥尔堡这个城市。这种了解需要运用弗莱杰格指出的关于当地社会系统的实践智慧（phronesis）——以行动为导向的知识。

教育研究中的质性调查 当质性研究方法在一些为人类提供服务的领域，尤其是教育领域中得到运用时，现实主义民族志的权威开始遭遇挑战。至 20 世纪 50 年代中期，教育人类学这一分支学科开始形成（Spindler，1955，1963）。亨里（Henry，1963）用一章的篇幅对小学教育阶段鼓励学生之间相互竞争的班级实践进行了严厉的批判。首次以书籍形式呈现的报告是史密斯和杰弗里（Smith & Geoffrey，1968）的《一个城市班级的复杂境遇》（*The Complexities of an Urban Classroom*）以及杰克逊（Jackson，1968）的《班级生活》（*Life in Classrooms*），这些为之后的民族志学者及人类学专家的写作提供了模板。1968 年，美国人类学会设立了人类学与教育协会。它的新闻通讯于 1973 年发展为正式期刊，即《人类学与教育季刊》（the *Anthropology and Education Quarterly*）。一段时间内，它成为美国教育领域内质性研究的主要发表出口。斯宾德勒（Spindler）编辑了一系列海外教育民族志研究书籍，自 20 世纪 60 年代至 20 世纪 80 年代末期陆续由 Holt，Rinehart 及 Winston 出版社出版。

在英国，具有社会学及行动研究倾向的教育评价研究者首先运用了质性调查法。在 CARE，Laurence Stenhouse 组建了一个评价团队，他们运用参与式观察法研究学校、班级，撰写叙事研究报告（例如，以时间顺序的研究有 Walker & Adelman，1975；Adelman，1981；Kushner，Brisk，& MacDonald，1982；Kushner，1991；Torrance，1995）。许多社会学家也开展质性教育研究。1977 年，威利斯（Willis）出版了《学会劳动》（*Learning to Labour*），德拉蒙特（Delamont，1984，1989，1992）以及沃克丁（Walkerdine，1998）也在教育领域做了一些研究。美国遵从着亨里以及斯宾德勒的传统，英国则出现了"新教育社会学"，在这些趋势的影响下，许多研究关注社会关系中的"隐性课程（hidden curriculum）"及班级中价值规范的社会化。

由于主流教育研究中"客观主义"的后实证主义取向，教育领域的这些早期研究一定程度上在20世纪70年代后期及20世纪80年代早期招致与人类学领域相似的对民族志的权威性的批评。作为回应，教育领域中早期从事质性研究的人煞费苦心地呈现明确的证据；事实上，其中一些做法源自人类学领域的"寻求更好证据"以及"关联分支学科"运动或者是社会学领域对于主流作品的常人方法论的批判。

在美国，质性研究方法开始被用于学科教学研究——首先是在语文（Heath，1983）和社会学科。这项工作开始于20世纪60年代，有一些是源于传播民族志或社会语言学的相关工作。随着便携式视频设备的出现，视听记录推动了班级参与式观察研究的开展（Erickson & Shultz，1977/1997；McDermott，Gospodinoff，& Aron，1978；Mehan，1978）。关于班级话语分析的作品开始出现，包括对于话语记录的转录（参见 Cazden，2001）。这种方法最初集中在识字教学领域，20世纪80年代中期之后，逐渐被用于研究数学、科学教学中的"理解式教学"研究中，并得到了美国国家自然科学基金（NSF）的资助，这一趋势一直持续到现在。

讲述方法的文献开始出现，用于向教育研究中后实证主义的读者解释质性研究的严谨性与系统性，如：Guba，1978；Bogdan & Biklen，1982；Guba & Lincoln，1985；Schensul，LeCompte，& Schensul，1999。埃里克森（Erickson，1986）的一篇关于教学的解释性质性研究的文章刊登在由美国教育研究协会资助发行的手册上，之后他的文章在教育研究中被广泛引用。在此之前，1978年在宾夕法尼亚大学举办的教育会议上（米德在会议上作了主旨发言，不久之后，她就去世了，2年后确定该会议每年举办一次），这一会议很快成为全世界参与人数最多的教育质性研究会议，直到最近其规模才被在伊利诺伊大学厄巴纳-香槟分校举办的质性调查国际会议超过。20世纪80年代，教育实践者研究运动在美国兴起，主要是教师开始对班级活动进行叙事描写（参见 Cochran-Smith & Lytle，1993），这与参与式行动研究有关（相关讨论参见 Erickson，2006）。

到20世纪90年代早期，无论是在人文学科还是自然/数学学科领域，关于学科教学的质性研究都变得非常普遍，而20年之前这还是非常罕见的。视频记录对于研究科学教学中的"动手操作（hands on）"以及数学教学中工具的运用是非常有用的（参见 Goldman，Barron，Pea，& Derry，2007）。慢慢地，学科研究开始一味地关注"显性课程"，尤其是 NSF 资助的那些研究。为抵制这种趋势，一些研究者积极倡导"批判民族志"（如，Fine，1991；Kincheloe，1993；Lather，1991；McLaren，1986）。

在许多方面，教育领域中的质性研究都推动了社会学、人类学领域质性研究的转变，后来也可以说是共同转变。自始至终，教育中质性调查的研究对象——

教师、管理者、家长都是有文化的，他们能读懂描写他们的研究报告而且能够用研究者使用的术语进行反驳。教育研究者的这种"凝视（gaze）"——可能会产生扭曲的认识，也可能是研究者对于被观察者运行权力的方式——在克里夫德和马库斯（Clifford & Marcus，1986）发表关于这些问题的批评之前就被认为是有问题的。在社会科学领域的学者尝试使用之前，教育研究者已经运用了行动研究与实践者研究这些研究方法，包括"局内人"参与研究并对自身习惯性行为进行反思。

现在，质性教育研究中出现了两种取向：一是学科导向的研究；二是批判与后现代研究。结果，这导致了在关注显性课程还是隐性课程的问题上，出现了分歧。具有讽刺意味的是，当现实主义民族志的权威在社会学与人类学领域不断遭遇挑战时，在教育、医学、护理以及商业领域，应用研究中的现实主义作品却是最有价值的。

目前的面貌

截至目前，质性研究方法领域主要表现出 7 种潮流：对现实主义民族志个案研究的延续、对批判民族志的延续、对合作行动研究的发展、由局内人所做的本土性研究（包括教育中的实践者研究）、自我民族志、表演民族志，以及沿着后现代主义线路做的进一步的努力，包括偏向文学及其他艺术手法的取向。

它们之间的差异不仅表现在技术层面，背后的基本假设也有区别。有一个问题出现了：像古巴和林肯（如 Guba，1990）所做的那样，将这些不同的范式看作更有用还是说它们之间的差异只是很平常的现象。正如哈默斯利（Hammersley，2008）指出的，质性研究者之间的差异内在于以不同形式存在的实践中，这些实践包含了关于研究过程的思考与感知方式（p. 167）。不论人们用什么术语定义这些区别，非常明显的一点是他们在目的、价值立场、本体论及认识论假设上存在较大的差异。

在本章的开始，我提出了质性调查的五个基本立足点，每一点都在质性研究的发展历程中遭到质疑：（1）社会科学中的学科视角；（2）作为观察者/作者的参与观察式的田野工作者；（3）田野现场的被观察者；（4）研究报告的形式及实质性内容；（5）这些报告的读者。

随着社会科学开始沿着自然科学的模式发展，其社会理论取向（社会进化、结合了文化相对主义的功能主义）将资料搜集与分析看作是价值中立的。这种立场遭到了冲突取向的社会理论的挑战，研究被重新定义为社会批判。后现代怀疑主义（postmodern skepticism）因质疑一般意义上的学术调查的权威性而怀疑进行有效的社会批判的可能性。来源于艺术和人文学科的核心观念产生了新的质性研究。社会学和人类学不再是社会文化研究的基础性根基。

之前，社会科学家的"专家知识（expert knowledge）"模式将研究者独自开展的长期的、直接的观察和访谈合法化,研究者的此种工作方式非常类似于田野生物学家的工作。目前,许多研究者将自身定位为支持者(合作者/合作作者/编辑)并与被研究对象结成联盟,也有的研究者与来自研究对象群体中的研究者合作研究,这些都使之前研究者的立场的适当性和合法性受到严峻的挑战。因此,研究者与被研究者的角色在近期的作品中出现了混淆。

研究报告以前被认为是准确的、符合现实的,是用一种让人信服的类似于现实主义描述方式的言辞对被研究者的生活方式作全面的刻画。现在,质性研究报告通常被认为是片面的,是研究者基于个人生活经验从自身立场出发得出的结论。这些解释的真实性可以与小说、诗歌相比,指向“真实”又并非严格如此;虚构可以被用作对质性报告中需要解释的点加以阐明的方式。

最初,这些报告的读者是作者的学术同行,作为同行的社会科学家,很少是被研究者。现在,人们期望被研究者能阅读报告,而且他们也可以参与写作。另外,在行动研究以及其他种类的支持研究中,研究可能会面向普通大众。

质性调查过去 120 多年的历史是一个去中心化、不断争夺自身地位的故事。现在,在采用还是拒绝一些较新的质性调查方法这一问题上出现了分歧。在教育、医学以及商业等应用领域内,现实主义民族志已经被广泛接受,有时也会采用一些较近时间内发展起来的方法,但有时这些方法也会受到怀疑或彻底的拒绝。在人类学领域,在马林诺夫斯基的自证价值的模式之后,英雄式的“孤独的人类学家”独自开展田野工作、撰写报告的模式基本上消失了。在社会学领域,专业的、具有超然立场的研究者以及现实主义模式的研究报告也受到严重的怀疑。

但是,这些趋势也遭遇到阻力。例如,在教育领域,由国家研究委员会(NRC)发行的一篇有影响力的报告已经正式承认了现实主义民族志的权威科学性,后现代方法则遭到了严厉批判。该报告还声称科学是一项严格的工作,社会科学调查在根本目标及程序上与自然科学是一脉相承的。美国教育研究协会(AERA)是教育领域研究者的一个最主要的学术组织,该学会发表的声明进一步强化了上述立场。AERA 网站上写道:

> 下述对于科学研究(SBR)的界定是由美国教育研究学会的专家群体规定的……AERA 提供此定义是为了回应议会成员对科学研究定义的要求,科学研究要以科学标准和原则为基础。这种要求是希望改变近几年立法中使用的其他科学研究定义的不一致性与偶尔的狭隘性。
>
> ——AERA 于 2008 年 7 月 11 日支持的科学研究的定义

“科学研究的原则”这一术语意味着要获得具有信度、效度的知识需要运用严格的、系统的、客观的方法。具体而言,这些研究需要形成一个有逻辑的,基于证据的推理链条;要有切合研究问题的方法;有可观测的、实验性的研究计划,以及能够得出可信的、一般化结论的研究工具;能够支持结论的数据及分析;清晰、明确的呈现研究步骤及结果,包括要具体说明研究结果能够推论的人群;符合同行评审的专业标准;结论的推广有利于科学知识的发展;数据可以再分析、复制,重新得出新的发现。

NRC 评议小组和 AERA 发表声明指出要提出一个科学研究的定义,这个定义要比美国国会议员们为了争取联邦经费而坚持的科学研究的标准更加宽泛。一些立法者提议经费应该只提供给研究对象是随机分配到实验组和控制组的那些实验研究。然而,AERA 采用的严格科学标准就意味着许多质性调查方法被排除在了合法研究的界限之外。另外,NRC 和 AERA 的主张忽略了社会与文化研究的发展历史,在其历史进程中,许多学者都深深地质疑人文领域的研究与自然科学领域的研究方式是否应该,乃至是否能够保持一致。

格尔茨对弗莱杰格(Flyvbjerg,2001)出版的《让社会科学变得重要》一书给出了友善的评论,指出要警惕科学这一包罗万象的概念:

> 用"科学"这一术语涵盖包括弦论(理论物理的一个分支学科)、精神分析在内的一切理论是不合适的,因为这样做忽略了一个事实,即我们理解和应对物理世界的方式与理解社会的方式不可能完全一样。研究方法、调查目标、评判标准都有差异,由于看不到这些差异,往往导致混乱、相互鄙视及种种指责——相对主义、柏拉图主义、还原论及文字主义。(Geertz,2001,p.53)

除了一些来自外部的主张社会研究为"硬科学"的呼声之外,质性研究者内部也有一些保守的回应。下面是哈默斯利(Hammersley,2008)在近期的论文集中的观点:

> 我已经指出后现代方法是基于一些错误的假设,它破坏了社会研究的独特特征……后果之一就是推测性的理论合法化;另一个后果则是模糊性的流行以及与之相关的对准确性的忽视……这导致社会研究者放弃责任,不再明确、仔细地探究质性研究到底能够提供什么样的真理。(p. 144)

> 我们必须克服,或者至少减少方法论的多元主义。这不是说所有的研究都应该以相同的、标准化的方式去做。相反,我的观点是任何类似方法论层面的考虑都需要研究相同的一般性的议题。(p. 181)

> 质性调查的后现代主义认识不仅是欠考虑的,而且……它在目前的重要地位——尤其是它对于所谓的方法论保守主义的反对——对质性研究乃至普遍意义上的社会科学都潜藏着巨大的危害。(p. 11)

在 2006 年举办的中西部地区社会学会(Midwest Sociological Society)年会上,P.阿德勒和 P.阿德勒在进行大会主题报告时批判了当今质性研究方法谱系中后现代涵盖的范围(Adler & Adler,2008)。回顾过去和当前的实践,P.阿德勒和 P.阿德勒将主流的、现实主义解释民族志以及它逼真的文学意象和后现代方法作了对比:"随着它对新形式的探索,它(后现代民族志)拥有持续变革的巨大可能性。然而,它超越自身狭隘的框架从而得到合法化也变得越来越不可能。"(p. 29)

为了回应这些以及其他的评论,邓津(Denzin,2009)写了一个虚构的故事,在故事里各种角色都作为其中的一方参与了争论,有活着的或已经逝去的学者,有一些是虚构的人物。许多角色的台词都来源于学者公开发表的作品,而且以表演性文本的形式进行回应——既有学者式的严谨引用,又有新奇的文学化的表达方式,挖苦了那些高度严肃的批评。

据说马克·吐温曾经说过:"历史不能重复自身——有时候最多有些相似。"如果他是正确的,那么后实证主义社会科学的倡导者就陷入了巨大的麻烦中。这种研究,以科学的完整性和严密性为基础,试图发现类似于物理规则的社会进程的一般法则,并用平铺直叙与直达主题的方式表述出来。然而,日常社会生活的诗意般的不确定性却常常无情地背离了这样的研究假设。日常社会生活的变动性、不稳定性以及隐含意义都内在于社会行动中,同时还有意想不到的波折,具有与预测和控制不相符合等特征。很可能,社会科学将会最终放弃它的长期失败的假设,即认为历史是可以重复的因此也是可以研究的。有人可能会认为当今的质性社会研究可以比单调的社会物理学更好地捕捉和解释社会文化过程的不确定性。但是质性社会研究在内部两败俱伤的争论中耗费了巨大的精力,经典的与非经典的方法都试图占据主导地位。现在断言这种状况更多的是机遇而非挑战还为时尚早。

作为总结,我谈谈个人的看法。在我看来,由于对现实主义民族志的持久的、强有力的批判,充分发展的现实主义民族志报告将不再是一个能够负责任实施的叙述方式,即由无所不知的解说员总是带着价值中立的口吻向读者解说,似乎永远不带立场,不偏不倚。对这种传统的报告形式做些调整与疏离似乎是必然的。现在对质性研究存在两种极端的态度,即严厉的批判与自我满足式的怀旧,我认为在这两极之间应有一个现实的空间,而且这不是哈默斯利(Hammersley,2008)提出的克服方法论多元主义,但它确实要求我们在一定程度上更加谦卑——尤其当我们考虑我们的工作能带来什么样的成果时。

自马林诺夫斯基踏足特罗布里恩群岛至今,仅有86年的时间。我想说马林诺夫斯基写民族志的总体目的是崇高的,尤其是下面这段话:"为了了解被研究者以及正在研究的人的观点,他们与生活的关系,他们对世界的认知。"在过去的60年,我们已经认识到即使局部达成这样的目标,甚至仅仅是朝着这个方向努力是多么的不容易。这比马林诺夫斯基和他的同时代人预想的要困难得多,但它依然能引领我们持续前进。

参 考 文 献

Adelman, C. (1981). *Uttering, muttering: Collecting, using, and reporting talk for social and educational research.* London: McIntyre.

Adler, P., & Adler, P. (2008). Of rhetoric and representation: The four faces of ethnography. *Sociological Quarterly*, *49*(1), 1-30.

Anderson, E. (1992). *Streetwise: Race, class, and change in an urban community.* Chicago: University of Chicago Press.

Arensberg, C., & Kimball, S. (1940). *Family and community in Ireland.* Cambridge MA: Harvard University Press.

Argyris, C. (1953). *Executive leadership: An appraisal of a manager in action.* New York: Harper.

Argyris, C. (1954a). Human relations in a bank. *Harvard Business Review*, *32*(5), 63-72.

Argyris, C. (1954b). *Organization of a bank: A study of the nature of organization and the fusion process.* New Haven, CT: Yale University Labor and Management Center.

Baldwin, B. (n. d.). Traditional and cultural aspects of Trobriand Island chiefs. Unpublished MS thesis. Canberra: Australia National University, Anthropology Department, Royal Society of Pacific Studies.

Barnouw, E. (1993). *Documentary: A history of the non-fiction film* (2nd Rev. ed.). New York: Oxford University Press.

Becker, H., & Geer, B. (1961). *Boys in white: Student culture in medical school.* Chicago: University of Chicago Press.

Behar, R. (1996). *The vulnerable observer: Anthropology that breaks your heart.* Boston: Beacon.

Benson, T., & Anderson C. (2002). *Reality fictions: The films of Frederick Wiseman* (2nd ed.). Carbondale: Southern Illinois University Press.

Bochner, A., & Ellis, C. (Eds.). (2002). *Ethnographically speaking: Auto-ethnography, literature, and aesthetics.* Walnut Creek, CA: Alta Mira.

Bogdan, R., & Biklen, S. (1982). *Qualitative research for education: An introduction to theory and methods.* Boston: Allyn & Bacon.

Booth, C. (1891). *Labour and life of the people of London.* London and Edinburgh: Williams and Nargate.

Bourdieu, P. (1977). *Outline of a theory of practice* (R. Nice, Trans.). Cambridge, UK: Cambridge University Press.

Bowen, E. (1954). *Return to laughter.* Garden City, NY: Doubleday.

Bredo, E., & Feinberg, W. (1982). *Knowledge and values in social and educational research.* Philadelphia: Temple University Press.

Briggs, J. L. (1970). *Never in anger: Portrait of an Eskimo family.* Cambridge, MA: Harvard University Press.

Byers, P. (1966). Cameras don't take pictures. *The Columbia University Forum*, *9*(1), Winter. Reprinted in *Afterimage*, Vol. 4, No. 10, April 1977.

Byers, P. (with Mead, M.). (1968). *The small conference: An innovation in communication.* The Hague: Mouton.

Cazden, C. (2001). *Classroom discourse: The language of teaching and learning.* Portsmouth, NH: Heineman.

Clifford, J. (1988). *The predicament of culture: Twentieth century ethnography, literature, and art.* Cambridge, MA: Harvard University Press.

Clifford, J., & Marcus, G. (1986). *Writing culture: The poetics and politics of ethnography.* Berkeley: University of California Press.

Cochran-Smith, M., & Lytle, S. (1993). *Inside/ outside: Teacher research and knowledge.* New York: Teachers College Press.

Collier, J., Jr. (1967). *Visual anthropology:*

Photography as a research method. New York: Holt, Rinehart, & Winston.

Comte, A. (2001). *Plan des travaux scientifiques necessaires pour reorganizer la societe.* Paris: L'Harmattan. (Original work published 1822)

Conquergood, D. (1989). *I am a shaman: A Hmong life story with ethnographic commentary.* Minneapolis: University of Minnesota, Center for Urban and Regional Affairs.

Conquergood, D. (2000). Rethinking elocution: The trope of the talking book and other figures of speech. *Text and Performance Quarterly, 20* (4), 325-341.

deBrigard, E. (1995). The history of ethnographic film. In P. Hockings (Ed.), *Principles of visual anthropology* (2nd ed., pp. 13-44). New York: Mouton de Gruyter.

deLoria, V. (1969). *Custer died for your sins: An Indian manifesto.* New York: Macmillan.

Delamont, S. (1984). The old girl network. In R. Burgess (Ed.), *The research process in educational settings.* London: Falmer.

Delamont, S. (1989). *Knowledgeable women: Structuralism and the reproduction of elites.* London: Routledge.

Delamont, S. (1992). *Fieldwork in educational settings: Methods, pitfalls, and perspectives.* London: Falmer.

Denzin, N. (1970). *The research act in sociology: A theoretical introduction to sociological methods.* London: Butterworths.

Denzin, N. (2003). *Performance ethnography: Critical pedagogy and the politics of culture.* Thousand Oaks, CA: Sage.

Denzin, N. K. (2009). Apocalypse now: Overcoming resistances to qualitative inquiry. *International Review of Qualitative Inquiry, 2* (3), 331-344.

Denzin, N. K., & Lincoln, Y. S. (Eds.). (1994). *The handbook of qualitative research.* Thousand Oaks, CA: Sage.

Denzin, N. K., & Lincoln, Y. S. (Eds.). (2000). *The handbook of qualitative research* (2nd ed.). Thousand Oaks, CA: Sage.

Denzin, N. K., & Lincoln, Y. S. (Eds.). (2005). *The SAGE handbook of qualitative research* (3rd ed.). Thousand Oaks, CA: Sage.

Dilthey, W. (1989). *Einleitung in die Geisteswissenschaften—Introduction to the human sciences* (R. Makkreel & F. Rodi, Ed. & Trans.). Princeton, NJ: Princeton University Press. (Original work published 1883)

Drake, S. C., & Cayton, H. (1945). *Black metropolis: A study of Negro life in a northern city.* Chicago: University of Chicago Press.

DuBois, W. E. B. (1899). *The Philadelphia negro: A social study.* New York: Schocken.

Ellen, R. (1984). *Ethnographic research: A guide to general conduct.* London and San Diego: Academic Press.

Emery, F., & Thorsrud, E. (1969). *Form and content of industrial democracy: Some experiments from Norway and other European countries.* Assen, The Netherlands: Van Gorcum.

Erickson, F. (1986). Qualitative methods in research on teaching. In M. C. Wittrock (Ed.), *Handbook of research on teaching* (3rd ed., pp. 119-161). New York: Macmillan.

Erickson, F. (2006). Studying side by side: Collaborative action ethnography in educational research. In G. Spindler & L. Hammond (Eds.), *New horizons for ethnography in education* (pp. 235-257). Mahwah, NJ: Lawrence Erlbaum.

Erickson, F., & Shultz, J. (1997). When is a context?: Some issues and methods in the analysis of social competence. Reprinted in M. Cole, M. Engeström, & O. Vasquez (Eds.), *Mind, culture, and activity: Seminal papers from the Laboratory of Comparative Human Cognition* (pp. 22-31). Cambridge, UK: Cambridge University Press. (Original work published 1977)

Evans-Pritchard, E. (1940). *The Nuer: A description of the modes of livelihood and political institutions of a Nilotic people.* Oxford, UK: Oxford University Press.

Fine, G. (1990). Organizational time: Temporal demands and the experience of work in restaurant kitchens. *Social Forces, 69* (1), 95-114.

Fine, M. (1991). *Framing dropouts*. Albany: SUNY Press.

Firth, R. (2004). *We the Tikiopia*. New York: Routledge. (Original work published 1936)

Flyvbjerg, B. (2001). *Making social science matter: How social inquiry fails and how it can succeed again*. Cambridge and New York: Cambridge University Press.

Flyvbjerg, B. (2006). Five misunderstandings about case-study research. *Qualitative Inquiry*, *12*(2), 219-245.

Foucault, M. (1977). *Discipline and punish: The birth of the prison*. London: Penguin Books.

Freeman, D. (1983). *Margaret Mead and Samoa*. Cambridge, UK: Harvard University Press.

Gans, H. (1962). *The urban villagers*. New York: The Free Press.

Geertz, C. (1973). *The interpretation of cultures: Selected essays*. New York: Basic Books.

Geertz, C. (2001). Empowering Aristotle. *Science*, *293*, 53.

Glaser, B., & Strauss, A. (1965). *Awareness of dying*. Chicago: Aldine.

Glaser, B., & Strauss, A. (1967). *The discovery of grounded theory: Strategies for qualitative research*. Chicago: Aldine.

Goldman, R., Barron, B., Pea, R., & Derry, S. (Eds.). (2007). *Video research in the learning sciences*. Mahwah, NJ: Lawrence Erlbaum.

Gramsci, A. (1988). *A Gramsci reader*. London: Lawrence & Wishart. Guba, E. (1978). *Toward a methodology of naturalistic inquiry in educational evaluation*. Los Angeles: UCLA, Center for the Study of Evaluation.

Guba, E. (1990). *The paradigm dialogue*. Thousand Oaks, CA: Sage.

Guba, E., & Lincoln, Y. (1985). *Naturalistic inquiry*. Beverly Hills, CA: Sage.

Gumperz, J., Roberts, C., & Jupp, T. (1979). *Culture and communication: Background and notes to accompany the BBC film "Crosstalk."* London: British Broadcasting Company.

Hammersley, M. (2008). *Questioning qualitative inquiry: Critical essays*. London: Sage.

Hammersley, M., & Atkinson, P. (1983). *Ethnography: Principles in practice*. London: Tavistock.

Harding, S. (1991). *Whose science? Whose knowledge? Thinking from women's lives*. Ithaca, NY: Cornell University Press.

Heath, S. (1983). *Ways with words: Language, life, and work in communities and classrooms*. Cambridge: Cambridge University Press.

Heider, K. (1982). *Ethnographic film* (3rd ed.). Austin: University of Texas Press.

Henry, J. (1963). *Culture against man*. New York: Random House.

Hollingshead, A. (1949). *Elmtown's youth: The impact of social classes on adolescents*. New York: John Wiley.

Holmberg, A. (1950). *Nomads of the long bow: The Siriono of Eastern Bolivia*. Garden City, NY: Natural History Press.

Jackson, P. (1968). *Life in classrooms*. New York: Holt, Rinehart, & Winston.

Kemmis, S., & McTaggart, R. (2005). Participatory action research: Communicative action and the public sphere. In N. K. Denzin & Y. S. Lincoln (Eds.), *The SAGE handbook of qualitative research* (3rd ed., pp. 559-603). Thousand Oaks, CA: Sage.

Kincheloe, J. (1993). *Toward a critical politics of teacher thinking*. S. Hadley, MA: Bergin & Garvey.

Kluckhohn, C. (1949). *Mirror for man*. New York: McGraw-Hill.

Kondo, D. (1990). *Crafting selves: Power, gender, and discourses of identity in a Japanese workplace*. Chicago: Chicago University Press.

Kushner, S. (1991). *The children's music book: Performing musicians in schools*. London: Calouste Gulbenkian Foundation.

Kushner, S., Brisk, M., & MacDonald, B. (1982). *Bread and dreams: A case study of bilingual schooling in the U.S.* Norwich, UK: University of East Anglia, Centre for Applied Research in Education.

Lather, P. (1991). *Getting smart: Feminist research and pedagogy with/in the postmodern*. New York: Routledge.

Latour, B., & Woolgar, S. (1979). *Laboratory life: The social construction of scientific facts*.

Beverly Hills: Sage.

Lewin, K. (1946). Action research and minority problems. *Journal of Social Issues*, *24* (1), 34-46.

Lewis, O. (1951). *Life in a Mexican village: Tepoztlán restudied.* Urbana: University of Illinois Press.

Liebow, E. (1967). *Tally's corner: A study of Negro streetcorner men.* Boston: Little, Brown.

Lynch, M. (1993). *Scientific practice and ordinary action: Ethnomethodology and social studies of science.* Cambridge, UK: Cambridge University Press.

Lynd, R., & Lynd, H. (1929). *Middletown: A study in contemporary American culture.* New York: Harcourt, Brace.

Lynd, R., & Lynd, H. (1937). *Middletown in transition: A study in cultural conflicts.* New York: Harcourt, Brace.

Madison, D. S., & Hamera, J. (Eds.). (2006). *The SAGE handbook of performance studies.* Thousand Oaks, CA: Sage.

Malinowski, B. (1922). *Argonauts of the Western Pacific: An account of native enterprise and adventure in the archipelagoes of Melanesian New Guinea.* London and New York: G. Routledge and E. P. Dutton.

Malinowski, B. (1967). *A diary in the strict sense of the term.* New York: Harcourt, Brace.

McCall, G., & Simmons, J. (1969). *Issues in participant observation: A text and reader.* Reading, MA: Addison-Wesley.

McLaren, P. (1986). *Schooling as a ritual performance.* London: Routledge and Kegan Paul.

McDermott, R., Gospodinoff, K., & Aron, J. (1978). Criteria for an ethnographically adequate description of concerted activities and their contexts. *Semiotica*, *24*(3-4), 245-276.

Mead, M. (1928). *Coming of age in Samoa: A psychological study of primitive youth for Western civilization.* New York: William Morrow.

Mehan, H. (1978). *Learning lessons: Social organization in the classroom.* Cambridge, MA: Harvard University Press.

Morgan, L. H. (1877). *Ancient society: Researches in the lines of human progress from savagery through barbarism to civilization.* New York: MacMillan.

Moynihan, D. (1965). *The Negro family: The case for national action.* Washington, DC: U.S. Department of Labor, Office of Policy Planning and Research.

Munhall, P. (Ed.). (2001). *Nursing research: A qualitative perspective.* Sudbury MA: Jones and Bartlett.

Nash, J. (1979). *We eat the mines and the mines eat us.* New York: Columbia University Press National Research Council.

Pelto, P. J., & Pelto, G. H. (1970). *Anthropological research: The structure of inquiry.* New York: Harper & Row.

Powdermaker, H. (1966). *Stranger and friend: The way of an anthropologist.* New York: W. W. Norton.

Quetelet, L. A. (2010). *A treatise on man and the development of his faculties* (T. Smibert, Ed). Charlestown, SC: Nabu Press. (Original work published 1835)

Rabinow, P. (1977). *Reflections on fieldwork in Morocco.* Berkeley: University of California Press.

Radcliffe-Brown, A. (1922). *The Andaman islanders: A study in social anthropology.* Cambridge, UK: Cambridge University Press.

Redfield, R. (1930). *Tepoztlán, a Mexican village: A study in folk life.* Chicago: University of Chicago Press.

Richardson, L. (1999). Feathers in our CAP. *Journal of Contemporary Ethnography*, *28*, 660-668.

Richardson, L. (2004). *Travels with Ernest: Crossing the literary/sociological divide.* Walnut Creek, CA: AltaMira.

Richardson, L. (2007). Last writes: A daybook for a dying friend. Thousand Oaks, CA: Left Coast Press.

Riis, J. (1890). *How the other half lives: Studies among the tenements of New York.* New York: Charles Scribner's Sons.

Rosaldo, R. (1989). *Culture and truth: The remaking of social analysis.* Boston: Beacon.

Roy, D. (1959)."Banana Time": Job satisfaction and informal interaction. *Human Organization*, *18*(04), 158-168.

Ruby, J. (2000). *Picturing culture: Explorations of film and anthropology*. Chicago: University of Chicago Press.

Sanjek, R. (1990). *Fieldnotes: The makings of anthropology*. Ithaca, NY: Cornell University Press.

Schensul, J., LeCompte, M., & Schensul, S. (1999). *The ethnographer's toolkit* (Vols. 1-5). Walnut Creek, CA: AltaMira Press.

Schensul, J., & Schensul, S. (1992). Collaborative research: Methods of inquiry for social change. In M. LeCompte, W. Milroy, & J. Preissle (Eds.), *The handbook of qualitative research in education*. San Diego and New York: Academic Press.

Schensul, S. (1974). Skills needed in action anthropology: Lessons learned from El Centro de la Causa. *Human Organization*, *33*, 203-209.

Shankman, P. (1996). The history of Samoan sexual conduct and the Mead-Freeman controversy. *American Anthropologist*, *98*(3), 555-567.

Smith, D. (1974). Women's perspective as a radical critique of sociology. *Sociological Inquiry*, *44*, 7-13.

Smith, L., & Geoffrey, W. (1968). *The complexities of an urban classroom*. New York: Holt, Rinehart, & Winston.

Spindler, G. (1955). *Education and anthropology*. Stanford, CA: Stanford University Press.

Spindler, G. (1963). *Education and culture: Anthropological approaches*. New York: Holt, Rinehart, & Winston.

Stenhouse, L. (1975). *An introduction to curriculum research and development*. London: Heineman.

Torrance, H. (1995). *Evaluating authentic assessment: Problems and possibilities in new approaches to assessment*. Buckingham, UK: Open University Press.

Tylor, E. B. (1871). *Primitive culture*. London: John Murray.

Urrey, J. (1984). A history of field methods. In R. Ellen (Ed.), *Ethnographic research: A guide to general conduct* (pp. 33-61). London and San Diego: Academic Press.

Van Maanen, J. (1988). *Tales of the field: On writing ethnography*. Chicago: University of Chicago Press.

Van Maanen, J. (2006). Ethnography then and now. *Qualitative Research in Organizations and Management: An International Journal*, *1*(1), 13-21.

Vaught, C., & Smith, D. L. (1980). Incorporation & mechanical solidarity in an underground coal mine. *Sociology of Work and Occupations*, *7*(2), 159-187.

Vidich, A., & Bensman, J. (1958). *Small town in mass society: Class, power, and religion in a rural community*. Garden City, NY: Doubleday.

Vidich, A., & Bensman, J. (2000). *Small town in mass society: Class, power, and religion in a rural community* (Rev. ed.). Urbana: University of Illinois Press.

Vidich, A., & Lyman, S. (1994). Qualitative methods: Their history in sociology and anthropology. In N. K. Denzin & Y. S. Lincoln (Eds.), *Handbook of qualitative research* (pp. 23-59). Thousand Oaks, CA: Sage.

Walker, R., & Adelman, C. (1975). *A guide to classroom observation*. London: Routledge.

Walkerdine, V. (1998). *Counting girls out: Girls and mathematics*. London: Falmer.

Warner, W. L. (1941). *Yankee city*. New Haven, CT: Yale University Press.

Wax, R. (1971). *Doing fieldwork: Warnings and advice*. Chicago: University of Chicago Press.

Whyte, W. F. (1955). *Street corner society: The social structure of an Italian slum*. Chicago: University of Chicago Press. (Original work published 1943)

Whyte, W. F., Greenwood, D. J., & Lazes, P. (1989). Participatory action research: Through practice to science in social research. *American Behavioral Scientist*, *32*(5), 513-551.

Willis, P. (1977). *Learning to labour: How working class kids get working class jobs*. Westemead, UK: Saxon House.

Wirth, L. (1928). *The ghetto*. Chicago: University of Chicago Press.

Worth, S., & Adair, J. (1972). *Through Navaho eyes: An exploration of film communication and anthropology*. Bloomington: Indiana University Press.

Young, F. (1996). Small town in mass society revisited. *Rural Sociology*, *61*(4), 630-648.

Young, M. (1979). *The ethnography of Malinowski: The Trobriand Islands 1915-18*. London: Routledge and K. Paul.

Zorbaugh, H. (1929). *The gold coast and the slum: A sociological study of Chicago's Near North Side*. Chicago: University of Chicago Press.

质性研究中的伦理与政治

ETHICS AND POLITICS IN QUALITATIVE RESEARCH

◎ 克利福德 G. 克利斯蒂安(Clifford G. Christians)

刘 艳 译　杜 亮 校

　　将伦理和政治结合在一起是理智之举,但它关注的主要议题超出了质性理论和方法的调整范围。这个问题从更宽泛的意义上说牵涉启蒙思维方式及其后果的问题。只有当启蒙运动认识论被反驳时,在非传统的质性研究中才会有道德-政治秩序(moral-political order)的概念空间。启蒙运动在自由与道德之间的二分法造就了社会科学中的价值无涉传统以及与之相应的一种区分手段与目的的功利主义。质性研究坚持哲学上的重新开始,不以启蒙运动的二元论为基础。其结果是形成一个新的伦理-政治框架,它是多元文化的、性别包容的、多元论的,并具有国际特征的。

启蒙运动二元论

　　启蒙运动思想围绕着一种极端的二分法而展开。思想史学家通常将这种分化总结为主观与客观、事实与价值或物质与精神的二元论。这三对范畴都是对继承自伽利略、笛卡尔和牛顿的宇宙学的合理解释,然而它们都没有揭示出启蒙思想的焦点本质。启蒙思想的深刻根源在于普适的自主权(pervasive autonomy)。它狂热地推崇人的个性,主张人的特立独行,将人们从各种要求忠诚的信仰中解放出来。在自豪地意识到人的自主权的同时,18 世纪的思想家还将自然界看作拥有无限可能的竞技场,在这里,人类拥有主权,掌握着自然规律。没有了自然界的束缚,产生了大量自主的个体,他们认为自己独立于任何权威。起源于文艺复兴,成熟于启蒙运动的自由思想是其最重要的驱动力。

　　显然,人们可以从主观和客观的二元论来理解自主权。在启蒙思想观的构建过程中,自然科学的威信在促进人的自由解放方面发挥了关键作用。数学、物理和天文学方面的成就使得人类可以支配自然,而此前一直是自然支配着人类。科学准确无误地证明,用一种合适的方式将理性应用于自然界和人类之间,可以使人们逐步过上更加美好的生活。而诸如犯罪和精神错乱等问题,也不再需要压抑的神学解释,而被认为可以通过世俗社会观察到的经验做出解答。

同样,依据客观事实与主观价值相分离的激进观点来提出问题,人们也可以理解自主权。启蒙运动将"是什么"和"应该是什么"的知识相分离,从而将价值问题放在边缘位置。并且,在启蒙运动中所有形式的唯物主义都把理性与信仰、知识与信念分离开来。正如 300 年前胡克(Robert Hooke)帮助建立伦敦皇家学会时所坚持的那样:"该学会将回避任何有关宗教、修辞、道德和政治的讨论。"那些隐含在应该、限制和命令中的人的旨趣部分仅仅是不再显示出来,但事实上仍然对启蒙思想起到束缚作用。

当然,那些认为启蒙思想将事实与价值相分离的人已经认识到了这一重要难题。同样,精神领域会很容易陷入神秘和直觉之中。如果精神世界没有约束力量,它将听命于神学家的投机推断,那么许多已经接受了启蒙思想信念的人,他们追求的东西也会是短暂的。

但是启蒙思想的自主原则(autonomy doctrine)也造成了极大的危害。个人自决(individual self-determination)居于中心地位,这样带给我们一个具有普遍性的问题,即如何把人的自由和道德秩序(freedom and moral order)加以整合。在努力解决这一谜一样的复杂关系的过程中,事实上,启蒙运动是拒绝牺牲个人自由的。即使在 18 世纪,解决这一问题到了刻不容缓的地步,启蒙运动所抱有的态度也不是解决问题,而是对自主权的无条件坚持。鉴于这一时期君主专制的政治体制和压制的基督教体系,启蒙运动在这一问题上对自由的顽固立场是可以理解的。启蒙运动自始至终都坚持这样的假设,即应该把人的自由与道德秩序相分离,二者永远不能有意义地结合在一起(转引自 Taylor,2007,第 10 章)。

卢梭(Jean-Jacques Rousseau)是这种激进自由的最直言不讳的倡导者。他认为理性的实质是人们对自己个性的自由和自决,这是理性最有价值的方面。卢梭是个复杂矛盾的人,他拒绝同时接受笛卡尔的理性主义、牛顿的力学宇宙论及洛克的利己主义,而且还不仅仅满足于把自由分离出来并使之神圣化,至少,在他的《论人类不平等的起源和基础》或《社会契约论》(在该书中他批驳了托马斯·霍布斯[Thomas Hobbes])中是这样。

卢梭代表了启蒙运动中反对理性主义的浪漫主义流派。由于倡导内在的、自发的而不是先验的、假定的价值观,一直到 19 世纪,他都拥有广泛的追随者。虽然承认人类是有局限的,但是他却大大扩展了自由的范畴——自由不仅是指摆脱上帝和教会的束缚,而且是指从任何文化和权威中解放出来。自主权成为人类的核心和宇宙的中心。卢梭对平等、社会系统、价值论和语言的理解都是基于这种观点。比起那些沉溺于贬值的、消极自由的人,他更加敏锐地认识到了这种因果关系。然而他发现的唯一可以接受的解决方法是人的一种高尚品质,即善意地享受自由,并因此设想,在某种模糊的意义上,可以与任何一种道德秩序和谐共存。

价值无涉的实验主义

通常,有关社会科学特征的争论是围绕自然科学的理论和方法论而展开的。然而,我们在这里讨论的不是它们如何模仿自然科学,而是它们如何成为启蒙运动中主流世界观的组成部分。在政治理论里,17 世纪和 18 世纪的欧洲,自由国家随着自身的发展,允许公民自由地引导自己的生活方式,人们不必受制于对教堂和封建秩序的敬畏。心理学、社会学和经济学这些在 18 和 19 世纪为人所知的关于人或道德的科学,被认为是启迪心智和解放想象力的"文科(liberal arts)"。社会科学和自由国家在历史上出现并同时存在的时候,欧洲的启蒙思想家以倡导经验推理的"事实、技巧与技术"来支持国家和公民(Root,1993,pp. 14-15)。

与个人自由高于道德秩序的假设相一致,社会的基本制度被设计为"在不同的思想道德观念之间确保中立"(Root,1993,p. 12)。禁止国家强求或鼓励公民认同某种宗教传统、家庭生活方式、仪表或艺术表现形式而压制另一种。由于在当时的历史环境下,共同的思想道德观没有得到发展延伸和巩固,人们一味地偏重道德问题和坚持社会理想的做法对达成预期目标只会适得其反。"对于一个其成员信奉多种宗教、从事多种不同职业并认同多种不同习俗和传统的社会来说",价值中立是合乎逻辑的选择(Root,1993,p. 11)。主流社会科学的理论和实践反映了自由启蒙哲学的思想,教育、科学和政治领域同样如此。现如今,只有将自主权和道德秩序重新整合才能为社会科学提供一种替代性范式[1]。

密尔的社会科学哲学

对约翰·斯图亚特·密尔(John Stuart Mill)而言:

> 中立对促进自主权是必要的……不能强迫一个人做好人,国家不能干涉公民的生活方式;对于公民而言,自己做的很差的选择也比被国家强迫所做的很好的选择要好。(Root,1993,pp.12-13)

密尔在《论自由》(On Liberty,1859/1978)一书中提到:"个性的自由发展是人的幸福的一个主要组成部分,同样也是个人和社会进步的主要影响因素"(p. 50;也请参考 Copleston,1966,p. 303,第 32 个注释),这种建立在至高无上个人自主权基础上的中立,是密尔的《功利主义》(Utilitarinism,1861/1957)和《逻辑体系》(A System of Logic,1843/1893)的根本原则。密尔认为,"功利原则要求个人应该充分享有自由,除非这种自由会伤害到别人"(Copleston,1966,p. 54)。除了将古典功利主义发展到极致以及同洛克一起建立自由国家理论之外,对于作为社会科学研究方法的归纳式研究的基本原则,密尔还描绘出了其大致框架。按照经验主义的原则,他把培根(Francis Bacon)的归纳方法(inductive techniques)作为一种解决问题的方法论加以完善,用来取代亚里士多德的演绎逻辑。

根据密尔的观点,三段论没有为人类知识贡献新的东西。如果我们推断,"所有人都会死",威灵顿公爵(the Duke of Wellington)属于人类,所以他也会死,那么这一结论对前提没有做任何发展(Mill, 1843/1893, II.3.2, p. 140)。关键的问题不是重新组织概念世界,而是将真实知识和迷信区分开来。在追求真理的过程中,概括和总结对从已知的东西归纳出未知的东西而言是必不可少的。密尔试图建立这种逻辑的函数,把它作为对已知东西的推理,而不是对推理中形式一致性规则的验证(Mill, 1843/1893, III)。当命题是从经验中推导而出,我们所有的知识资料都是由经验提供,并严格遵循归纳的方法时,我们就可以更加接近科学的必然性[2]。在物理科学方面,密尔建立了四种实验探究模式:一致、不一致、残余和伴生变异原则(Mill, 1843/1893, III.8, pp. 278-288)。他认为,只要假定了自然界是由同一性建构起来的唯实论立场,那就只有它们才可能是实验验证的方法[3]。

在《逻辑体系》第六卷"关于道德科学的逻辑"中,密尔(Mill, 1843/1893)将归纳法的经验主义作为研究"构成社会生活的各种现象"的科学方法加以发展(VI.6.1, p. 606)。虽然他认为社会科学是依据因果律来揭示人们行为的科学,但他也警醒人们要反对充满预言的宿命论观点。"社会规律是假设的、建立在统计基础上的概括,它们在本质上承认有例外情况。"(Copleston, 1966, p. 101;也请参见 Mill, 1843/1893, VI.5.1, p. 596)被经验证实的有益于人类行为的知识,对群体比个体有更强的预测能力。

密尔的实证主义在他的整个经验研究过程中都显而易见[4]。基于孔德(Comte, 1830)的《实证哲学教程》(Cours de Philosophie Positive),他将物质定义为"感知的永久可能性"(Mill, 1865b, p. 198),并且他认为这就是形而上学(metaphysical)的全部内涵[5]。社会研究不属于道德范畴,它只是讨论手段问题。目的结果不在它的职权范围之内。随着指示和验证的精确方法的不断发展,密尔建立了一套实证的知识理论。真理本身不是真理,但是"它取决于过去的历史和我们的思维习惯"(Mill, 1843/1893, II, Vol. 6, p. 181)。社会调查方法必须严格限制可能采取的行动中出现的风险和利益。同休谟和孔德一起,密尔认为形而上学的物质实体是不真实的,只有感知现象的事实是真实存在的。在感知的背后没有本质或者终极的现实。因此,密尔(Mill, 1865/1907, 1865a, 1865b)和孔德(Comte, 1848/1910)提出,社会科学家应该把精确的数据作为事实的源泉,从中可以推导出经验上有效的规律。对于他们来说,这是产生实际效益的唯一知识类型。事实上,社会的解救方法就是依据这种科学知识而定的(p. 241)[6]。

跟他的结果主义道德相同,密尔的哲学社会科学同样建立在手段与目的的二元论基础之上。在自由社会里,公民和政治家负责提出目的,而科学负责提供达成目的的手段。科学是超道德的,它讨论的是手段问题,而不用金钱或权威来支配目的。社会科学研究方法必须在有关实质和内容方面都达到公正,跟它们没有利害关系。实践人文科学的原则"应该是规范的,但不是道德或政治上的规范,它应反对伪科学而不是不良行为"(Root,1993,p. 129)。评判研究不应该用对或错,而只用真或伪。"科学只有在应用时才具有政治性"(Root,1993,p. 213)。鉴于密尔的民主自由主义思想观点,他倡导中立(neutrality)是"出于对个人或群体自主权的关心",它是社会科学努力服务的对象。这种中立观点应该"把人们看作有思想、有愿望、积极主动的个体,他们为自己的选择承担责任,并且可以自由选择"自己的道德生活观念,这种选择主要依据多数决定原则(Root,1993,p. 19)。

马克斯·韦伯的价值中立

21世纪的主流社会科学家在声称伦理不是他们的研究范畴时,通常会引用韦伯在1904年到1917年写的文章。鉴于韦伯在社会学和经济学方法论及理论上的显著地位,他关于政治判断和科学中立的区分也被当作权威观点。

韦伯区分了价值无涉(value freedom)和价值相关(value relevance)。他认为,在研究发现阶段,"个人的、文化的、道德的或政治的价值观的影响是不能消除的;……社会科学家基于一定价值观选择他们要研究调查的内容",他们希望研究能促进这些价值观的发展(Root,1993,p. 33)。但是他坚持,在研究呈现阶段,社会科学要价值无涉。研究结果不能表现出任何道德或政治方面的判断。教授们在进入讲演厅的时候,应该将自己的价值观放到一边,不要受到其影响。

"对道德采取漠不关心的态度,"韦伯(Weber,1904/1949b)认为,"与科学客观性没有关系"(p. 60)。我们可以从对价值无涉和价值相关的区分中清楚地明白他的意思。对社会科学而言,要做到目的性和理性,就必须考虑"价值相关"。

> 社会科学中对问题的选择是由所研究现象的价值关联性决定的……"价值相关"一词指的只是对具体科学"兴趣"的哲学解释,这种旨趣决定了对经验分析特定主题和问题的选择。(Weber,1917/1949a,pp. 21-22)

> 在社会科学领域,促进提出科学问题的因素事实上总是来自实践性"问题"。因此,个人对于某一科学问题的认识带有其自身特定取向的动机和价值观……

> 没有研究者的评价思想,就不会有主体的选择原则和有关具体现实的有意义知识。没有研究者对特定文化事实重要意义的确信,任何分析具体现实的尝试都是没有意义的。(Weber,1904/1949b,pp. 61,82)

韦伯(Weber,1904/1949b,p. 72)认为,自然科学寻求的是统治所有经验现象的一般规律,而社会科学则研究我们的价值观认为有意义的那些现实。自然界本身表明了研究什么样的现实,但是由于"接近现实的文化价值观"多种多样,社会世界便拥有了无限的可能[7](Weber,1904/1949b,p.78)。然而,尽管价值相关指导了社会科学和自然科学,韦伯认为还应有前面的价值无涉。自然科学中的主题使得价值判断没有必要,而社会科学家们则通过有意识的决定,从他们的著作和演说中排除"期望或不期望"的判断(Weber，1904/1949b，p. 52)。内在简单的要求是争论的真正焦点，要求研究者和教师无条件地分离经验事实与自己的政治评价(Weber，1917/1949a，p. 11)。

韦伯对社会科学领域价值判断的反对是由其所处的实践环境而引发的。如果教授们把自己的专业工作局限于科学知识，普鲁士大学就更有可能实现学术自由。由于大学人员的聘用受政府官员控制，教授们只有压抑住自己对政策的承诺和批评，官员们才会放松对他们的控制。

> 德国的政府和工厂中，受过良好训练、善于解决问题的人所占的职位很少。韦伯认为，达到德国经济繁荣和国力昌盛的最好方法是训练一个新的管理阶层，这个阶层的人精通手段方法而对目的默而不语。在韦伯看来，大学的使命应该是提供这种训练。[8](Root，1993，p. 41；也请参见 Weber，1973，pp. 4-8)

韦伯对价值无涉的实用性讨论以及把它明确局限于研究报告阶段的观点，使得它的价值中立思想对 21 世纪的社会科学产生了极大的吸引力。他不是孔德一样的实证主义者，也不是传统意义上信奉密尔的彻底经验主义者。他反对实证主义者对发现和验证两环节的过度割裂，而与密尔相比，他没有建立系统的认识论。比起密尔的自由政治哲学，他的国家主义是偏向性的。但是，韦伯的价值中立以基本相似的方式反映了启蒙运动的自主性。在区分价值相关和价值无涉的过程中，他将事实与价值、手段与目的分离开来。他呼吁经验验证和逻辑推理要植根于人类理性。"作为一种规范的实践规则的有效性，与一个经验命题的真理价值在特征上是绝对不同的。"(Weber，1904/1949b，p. 52)在科学社会中，"人们可能不会圆满地得到一个完全正确的科学证据"，但那很可能是"由于错误的数据资料"造成的，而不是因为它在概念上的不可能(Weber，1904/1949b，p. 58)[9]。韦伯同密尔一样，认为经验科学处理的是手段问题，他对灌输政治和道德价值观的做法的告诫，预设了"手段—目的"的二元对立(Weber，1917/1949a，pp. 18-19；1904/1949b，p. 52)。

就像鲁特(Root，1993)总结的那样，"密尔倡导社会科学的中立是基于他自己的信念"，即科学语言是"用来认识现象并努力发现其规律的"。韦伯同样认为"理所当然地存在一种科学语言———一种真理的集合———排除了所有价值判断、规则或行为指导"(p. 205)。在这两种情况下，道德中立的科学知识是独立存在的。对二人来说，"因为价值问题不能得到理性解决"，所以中立是可取的，并且社会科学中的中立被假定为有益于"政治的和个人的自主自治"(p. 229)。韦伯所主张的社会科学中的价值相关，与在不同的道德观念间保持科学中立这一更大的启蒙思想并不矛盾。

功利主义伦理观

除了其世俗人文主义，功利主义的吸引力还在于它与科学思想的兼容性。

受到启蒙思想文化的滋养,功利主义符合理性计算原则。

> 按照功利主义的观点,人们用强有力的证据使某种伦理观点合法化,他们计算某一或另一行为给人类带来多少幸福,并选择在整体上具有最大利益的那一种。什么是人类幸福这一问题被认为在概念上不成其为问题,是一个在科学上可以建立的事实领域。人们可以抛开所有的形而上学或神学的影响因素,这些因素使伦理问题成为科学上无法确定的问题。(Taylor, 1982, p. 129)

功利主义伦理观以经验数量的计算取代了形而上学的卓越地位,反思了密尔在《逻辑系统》中描绘的归纳过程。它遵循的程序要求是如果"每个人的幸福算作 1 的话……那么正确的行动方针应是满足所有人或大多数人的愿望"(Taylor, 1982, p. 131)。自主理性(autonomous reason)是道德争议的仲裁者。

把道德推理等同于人类幸福的计算结果,功利主义假设有"一个单一的、一致的道德领域,即存在一组决定我们在道德上应做什么的因素"(Taylor, 1982, p. 132)。这种"对道德的认识论上的减法与同质化"把钦佩与鄙视的质性语言边缘化了,这些语言例如正直、健康、自由、犯罪、不诚实和放纵(Taylor, 1982, p. 133)。功利主义者认为,这些语言所指的主观因素"在现实中回应不了什么……它们表现的是我们的感觉方式而不是事物的存在方式"(Taylor, 1982, p. 141)[10]。这种单一思考理论不仅要求我们把总体的幸福最大化,还要考虑与它相冲突的其他不相关的道德命令,如平等分配。这种"不喜欢对比性语言""在认识论上过于追求细节"的价值中立的社会科学属于一种单因素的模型。然而,功利主义"通过理性选择的理论,为政策的精确计算提供了前景"(Taylor, 1982, p. 143)。"它将大量道德问题描述为需要大量技术方法解决的离散的问题"(Euben, 1981, p. 117)。然而,批评者说,这种精确代表的是"表面效度",因为无法计算不能计算的因素(Taylor, 1982, p. 143)[11]。

早期另一种对功利主义有影响力的批判来自大卫·罗斯(W. David Ross)[12]。罗斯(Ross, 1930)反对功利主义的观点,即只有当我们的行动影响到他人的利益时,别人才对我们有重要的道德意义(pp. 17-21)。我们通常会发现自己在同一时间面临的不止一个道德问题,这些道德问题涉及不同的伦理原则。仅仅询问什么产生最好的结果的做法太局限了。它不能全部覆盖人类行为与环境的一般范围。人们将遵守承诺、公平分配、非暴力和预防伤害作为道德原则。在不同的情境下,他们中的任何一条都有可能是最相关和紧要的。

> 正常的道德敏感性表明,当一个人兑现了承诺,只是因为他认为自己应该这样做,而没有考虑总的后果……事实上让他承诺这样做的,通常没有别的理由,只是在某种程度上他认为这样做是对的。(Ross, 1930, p. 17)

在泰勒和罗斯看来,功利主义中的道德领域是外在的。鉴于手段和目的的二元论,所有值得评价的东西都依据结果而定。对功利主义来说,出于第一印象的责任是不可想象的。"我的行动和语言在多大程度上"真正对别人有多重要意义不大。效果论者的伦理和政治观从存在的角度来规定事物的内在价值（Taylor，1982，p.144）。伦理的外化被看作对实验程序的价值中立的保证[13]。

伦理准则

在价值无涉的社会科学中,专业和学术协会的伦理准则是道德原则的常规形式。到了20世纪80年代,每个大型学术协会都有自己的准则,其中有四大准则是大家共同强调的,它们对归纳法科学的研究手段起着指导作用,这些科学方法指向社会主流认同的研究目的。

1.知情同意。与其对个人自治的信奉相一致,遵循密尔和韦伯传统的社会科学坚持认为,研究主体有权知晓他们所参与的实验的性质和后果。对人的自由的尊重包括两个方面。首先,主体必须是自愿同意参与实验的,也就是说,没有身体或者心灵上的强制。其次,他们的同意必须建立在全面、公开的信息基础之上。"纽伦堡法庭条款声明:必须告知受试者实验的持续时间、方法、可能带来的风险以及目的或目标。"（Soble，1978，p.40）

理性主义伦理观对该原则自我显露的特征并未提出质疑,然而,在应用方面,却不断有人提出质疑。就像庞奇（Punch，1998）所说的,"在很多调查的实施中,知情同意——完全暴露研究者的身份和研究目的——将会断送很多研究项目,这一两难问题是无法解决的"（p.171）。与"手段—目的"模型中手段的优先性相符合,庞奇对伦理准则应作为实地调查前的一种指导方针,但不影响充分的参与这一总的结论做了反省,"对准则的严格应用"可能会"限制和束缚"大量"无害的"和"无问题的"研究（p.171）。

2.欺骗。在强调知情同意的同时,社会科学的伦理准则还一直反对欺骗。甚至对那些罪犯、小学生、精神病人的合理欺骗的家长式作风的论证也不再是可信的了。对米尔格伦（Stanley Milgram）电击实验中的欺骗事件持续不断地曝光给予了这一伦理准则特殊的位置,故意歪曲在伦理上是不正当的。根据埃里克森（Erikson，1967）的经典构想:

> 社会研究中的欺骗,危害了欺骗者和被欺骗者,这样的做法违背了社会科学家应该诚实地面对他的研究对象的条约。（pp.367-368）

这一原则的直接应用就是要求研究者在设计各种实验时要避免故意的欺骗。但是对于在科学之外建构伦理学,该原则是不可能得到切实应用的。在心理学和医学上,如果连忽略式隐瞒都不能做的话,有些信息是根本无法获取的。鉴于对知识的探究是必须的,而在道德上欺骗又是不能被接受的,那么在某些情况下这两条标准就无法同时被满足。对这一问题最好的解决办法就是在具有明确的实用原因时,允许存在少量的欺骗行为。反对欺骗的行为准则事实上要这样重新定义:"事情的关键在于,某些欺骗,不论是消极的还是积极的,能让你获得通过其他途径得不到的数据。"（Punch，1998，p.172）就像巴尔默（Bulmer，2008）争辩的:

　　作为一般准则,在研究中使用欺骗是要被责难的。但是存在很多情境,在这些情境下研究不能完全对参与者开放,这时将研究目的完全解说给听众,可能会深深打击到他们。(p.154)

　　伦理准则的训诫被批评不能应对社会研究领域中人们活动的复杂性。

　　3.隐私与隐秘性。伦理准则坚持要求对人们的身份和研究的地点提供安全保证。为了防止不必要的暴露,作为基本保护措施的隐秘性必须得到保证。所有的个人数据必须是安全的、隐秘的,并且只采用匿名的形式进行公开。行业规范一致认为,没有人应承担由不适当的研究实践而导致的伤害和尴尬后果。"社会科学研究中最有可能的伤害来源"是个人信息的泄露,研究对象认为这是对自己的伤害(Reiss,1979,p.73)。

　　由于启蒙运动的自主思想在哲学人类学中的发展,神圣的、内在的自我成为建构独一无二的人格的基本要素。在洛克这里,这一私人领域已经获得了无可争议的地位。民主生活就是在这些独立的个体之外组织起来的,是一个由有谈判的契约和有疑问的交流构成的次级领域。在社会科学研究调查领域,围绕着自主权,侵犯人们脆弱而又特殊的个人隐私的行为是不能容忍的。

　　尽管签名是对隐私的保护,但做到无懈可击的隐秘性已被证明是不可能的。假名和假地址经常会被内部人识破。有的在研究者看来是无危险的事情却被参与者看成是对他们的误导和背叛。书本上描述的中立在实践中却冲突重重。在对政府部门、教育机构或卫生组织进行研究时,什么样的隐私内容不应该被泄露? 如果有爱挑衅的媒体对研究报道得有些过火,那么谁应该受到谴责? 在对什么是公开的、什么是隐私的没有达成共识的时候,把保护隐私写入准则是没有意义的(Punch,1998,p.175)。

　　4.精确性。确保数据的精确性也是社会科学准则中的一条主要原则。伪造和骗取、省略和杜撰既是不科学的也是不道德的。在该领域,在实验和道德方面最有价值的东西是具有内在和外在效度的数据。工具主义者认为,价值中立的社会科学、用测量工具所下的定义本身就确立了用来对其进行道德评价的目的。

　　社会科学主题和伦理准则中的精确性,表达了怀特海(Alfred North Whitehead)的误置具体性谬误(fallacy of misplaced concreteness)的一个版本。道德领域变得同认识论同等重要。在严格实体中存在不明抽象。一系列方法论操作变得规范标准,混乱的分类既不合逻辑又陈腐。

伦理制度审查委员会

　　作为资助的条件,各个国家的政府机构都要求凡从事的研究涉及人类受试者的协会都必须建立审查与监督机构。伦理制度审查委员会(Institutional Review Boards,IRBs)体现了功利主义对研究范围、假设、研究程序方面的要求。

　　1978年,美国成立了保护生物医学和行为研究中的人类受试者的全国委员会。此后，发表在著名的《贝尔蒙报告》（*Belmont Report*）中的三条标准被发展成为研究涉及人类受试者的道德标准，三条标准是尊重个人、仁爱和公正。

1.尊重个人这一准则反复强调受试者自愿参与研究并对实验的程序和可能出现的后果有充分的了解。在深层次上，尊重个人合并了两条基本的伦理原则："第一，个人应该被看作独立的个体；第二，不具备完全独立能力的人（未成年人和残疾人）有受到保护的权利。"（University of Illinois，*Investigator Handbook*，2009）

2.仁爱原则要求研究者要保护受试者的健康。仁爱行动有双重含义，即完全避免伤害和在为获得有重大意义的利益而要冒一定风险时，应尽可能地减少伤害：

> 在特定的研究项目中，调查者和委员会成员必须预先考虑到利益的最大化和降低调查中可能发生的风险。一般而言在科学研究中大型协会的成员应该认识到知识的进步和医学、心理治疗及社会方面的发展进程中可能带来的长期利益和风险。（University of Illinois，*Investigator Handbook*，2009）

3.公正原则坚持对研究的利益和责任都应做到公平分配。某些群体（如受益者、被收容者或与众不同的少数族群）由于容易支配或其可利用性而被滥用为研究者的受试者，这就是一种不公平现象。在受公共基金赞助研究"治疗设备和方法时，公正原则要求不能把好处仅仅提供给那些能支付得起的人"（University of Illinois，*Investigator Handbook*，2009）。

这些原则反复强调了价值中立经验主义的基本主题——个人自主、利益最大化和风险最小化，以及外在于科学手段的伦理目的。建立于这些主题基础之上的策略性方法反映了与伦理准则相同的指导方针：知情同意、保护隐私和不欺骗。1989年，议会通过了美国国立卫生研究院新法案并成立了研究监察委员会，使伦理制度审查委员会的权威性得到提高。此时的重点是放在对资料的杜撰、伪造和歪曲行为的监管上。篡改、捏造和剽窃仍属于美国政府规定的不良行为类型，并又在1996年的新报告中增加了反对未获准许使用机密情报、省略重要资料和蓄意妨碍（即对别人资料的物质性损坏）的内容。

借助伦理制度审查委员会，密尔、孔德和韦伯的思想开始盛行。通过推理的方法（这些方法由服务于一个公正政府的价值中立的学术协会所控制），价值中立的科学可以用伦理标准加以说明。匿名官僚制度变得简化和完善并更加有办事效率，与其相一致，植根于科学和医学实验的规则现在扩展到了人文研究领域。保护的主题从实验室中的受试者免受物理伤害扩展到自然状态下的人类行为、历史和民族志。切奇（Church，2002）曾做过这样的比喻："生物医学范式就好比有些打谷机，而民族志研究就是机器筛下的糠。"（p. 2）然而美国联邦法规的第45条第46款（45 CFR 46）规定了所有由17个联邦机构资助的研究均需要遵守的程序，目前，大部分大学都有多重项目协议，要求所有研究项目都需按照第45条第46款经过伦理制度审查委员会审批（转引自 Shopes & Ritchie，2004）。

虽然官僚体系一直在膨胀,大多数伦理制度审查委员会却并没有改变他们的成员组成。在价值无涉庇护下的医学和行为科学家继续占据主导。程序的变化一般停留在生物医学模型上。针对没有身体或心灵上的伤害风险的社会研究,能否在共同规则下加快审查,取决于伦理制度审查委员会主席是否开明和组织是否足够灵活。医学实验前的强制知情同意,与解释性研究简直就格格不入,在这样的研究中人类没有被简化为受试者,而是将研究看成人们之间的合作(Denzin & Giardina,2007,pp. 20-28)[14]。尽管技术不断进步,

> 好奇心仍然是伦理制度审查委员会积极劝阻的。研究项目必须只问表面问题,不能偏离被身处研究之外的一群人批准的路径。通常审查过程就像玩游戏一般。再没有比这更能让社会研究索然乏味的了。(Blanchard,2002,p. 11)

在概念结构方面,伦理制度审查委员会功利主义政策试图获得收益与成本的最佳比率(McIntosh & Morse,2009,pp. 99-100)。伦理制度审查委员会表面上是保护符合其程序要求的研究中的受试者,然而,倘若社会科学、学术团体和国家的功利性职责是相互联系的(密尔认识到了这种联系并促进了它的发展),那么,伦理制度审查委员会实际上保护的是自己,而不是社会中广大的受试者群体(参见 Vanderpool,1996,第2-6章)。只有像专业协会那样创造自己的最佳实践方式,伦理制度审查委员会的工作才能被推到正确的发展方向上,比如美国人类学协会创造了自己的最佳民族志研究实践。然而这样的整修,与伦理制度审查委员会的封闭式集中决策机制恰好相反。

目前的危机

密尔和孔德都以自己的方式假设,通过发现有关人类活动状况的事实,经验性社会科学可以造福社会。涂尔干和韦伯都相信,对社会的科学研究可以帮助人们去全力应付大企业垄断和工业革命的发展。1865 年,美国社会科学学会成立,其宗旨在于把"真理的现实要素"与"时代的重大问题"联系起来(Lazarsfeld & Reitz,1975,p. 1)。由于"纽伦堡审判所揭露的事实(它讲述了纳粹分子对集中营犯人所做的'医学实验')和曼哈顿计划中一些杰出科学家所扮演的角色",这种研究造福社会的神话被打破了(Punch,1998,pp. 166-167)。

随着对塔斯基吉(Tuskegee)梅毒研究和柳溪(Willowbrook)肝炎实验所导致的身体损伤事实的揭露,信任危机进一步加重。20 世纪 60 年代,美国军队的卡米洛特项目(Project Camelot)企图用社会科学来测量和预测革命与造反行为,遭到了全世界的强烈反对并被迫取消。米尔格伦(Milgram,1974)对不知情的受试者的欺骗,还有汉弗莱斯(Humphreys,1970,1972)先在一个公共厕所,后在同性恋者家中对同性恋者的欺骗性研究,被认为是心理学界滥用研究对象的丑闻。乔姆斯基(Chomsky,1969/2002)还揭露了社会科学家与越南军事行动的串通行为。

20 世纪 80 年代以来对研究伦理的热情关注、来自基层的支持以及伦理准则和伦理制度审查委员会机构的发展,被其拥护者认为具有控制不道德地滥用受试者的作用。然而,在有关伦理准则的意义和应用方面,困境、难题和争论并没有减少的同时,对欺诈、剽窃和歪曲行为的指控仍时有发生。倡导者对稀缺的研究经费的争取一般要服从协会的控制,但要充分监督大学和研究机构中大量的社会科学活动是不可能的[15]。

在对一种负责任的社会科学进行管理的赞成与反对的理由背后,认识论上的结构性缺陷已经变得非常明显(Mantzavinos,2009)。社会研究的实证主义哲学对道德的定义坚持中立的观点,但这种世界观已遭到人们的怀疑。它主张和推动的关于社会的理解是不足的(Winch,2007)。把人的自由与道德秩序相对立的启蒙思想模式也已破产。即使是韦伯的运用对比性语言(而非对立统一体)的较为温和的观点,也不能胜任这项任务。修改这些伦理准则使其明确性增强而忠告性降低,并不会产生根本性的作用。为大学毕业生开办必修伦理学讲习班以及强化政府的政策是必要的,但其作用是微不足道的。修订伦理制度审查委员会的审查流程或者敦促伦理制度审查委员会在审查中更多地考虑学术研究性质的多元性也是不够的。

在功利主义中,道德思考与经验程序被混同到一个推理证明的单向度模型中。假定自主的个体把理解自身以及其周围社会世界的机制客观化,他们就会很深刻地认识到手段与目的的密切配合(参见 Winch,2007,第 3,4 章)[16]。伦理学的这种限制性定义能够说明某些我们所寻求的研究受益,例如最小伤害,但那些不能进行实用性计算的研究收益则被排除在外。如在决策中,"情感与直觉"被降到了"次要地位",对建立在"具体特性"基础上的"关怀伦理"不予关注(Denzin,1997,p. 273;也请参见 Ryan,1995,p. 147)。权力和意识形态对社会和政治制度的影响在很大程度上被忽略了。在精心选择的修辞学氛围和独立创造性的幻觉中,"手段—目的"系统基本上是在独自运行。

这种狭隘的环境已经不能很好地处理我们在研究社会世界时所面临的复杂问题了。但是,反贫困运动的失败、福利方面的矛盾、城市住房研究的曲折、薄弱的医疗健康改革使人们对统治着整个道德领域的实用性计算方法的局限性格外关注。当然,即使在社会科学学科内部,成功与失败的程度还都是有待商榷的。对经验主义主流来说,比令人失望的业绩更让人感到不安和威胁的是人们认识到中立性不是多元主义的而是帝国主义的,反思过去的经验,人们越来越认为在假定的价值无涉条件下的无偏见研究实际上需要重新考虑。经验主义在方法上要保证相同的测量,而不考虑研究对象会如何建构真实的人生目的。但经验主义并不是一个各种思想汇集的中立场所,而是一种不加批判地假设"自身的优越性,并以这种优越性"把自己的思想强加给别人的"奋斗信条"(Taylor et al.,1994,pp. 62-63)[17]。福柯(Foucault,1979,pp. 170-195)更明确地提出:社会科学是一个权力领域,它通过把研究对象标准化为由政治权威设计出来的各种类型来帮助维持社会秩序。平等的自由主义不是中立的,而是代表了诸多理想中的一种,而且它本身和其他道德是不相容的。

这种假定"道德中立、客观观察可以正确地获知事实"的非情境化的模型,忽略了"与性别、性取向、阶层、种族、民族及国籍有关的权力关系的作用"(Denzin,1997,p. 272)。它是有等级的(科学家—研究对象)和偏向于父权制的。"它掩盖了观察者—民族志学者与社会和文化的'统治机构'相牵连、相包容的方面。"(p. 272)科学家"披着"大学学术权威的"外衣"进入"地方社区从事研究"(Denzin,1997,p. 272;也请参见 Ryan,1995,pp. 144-145)[18]。民主社会对专家意见的质疑得不到支持,虽然这一民主社会原则上属于公民的,但他们并不享有这种专业知识(Pacey,1996,第3章)。

女性社群主义

社会伦理

在过去的十年中,社会和女性主义伦理观与规范伦理学的个人自主及理性主义假设发生了彻底的决裂(参见 Koehn,1998)。海勒(Heller,1988,1990,1996,1999,2009)、泰勒等(Taylor,1989,1991,1995,2007;Taylor et al.,1994)、佩特曼(Pateman,1985,1988,1989;Pateman & Mills,2007)、维索格罗德(Wyschogrod,1985,1990,1998,2002)、维列多(Wiredu,1996)、韦斯特(West,1989,1991,1993/2001)的伦理观,与吉利根等(Gilligan,1982,1983;Gilligan,Ward,& Taylor,1988)、诺丁斯(Noddings,1984,1989,1990,2002)、赫德(Held,1993),以及本哈比博(Benhabib,1992,1994,2002,2008)的女性主义伦理观是在根本上重新建构的伦理学理论(参见 Code,1991;Steiner,2009)。社会伦理观没有寻求所有流派都会求助的中立原则,而是依赖一种复杂的道德评判观点,它在人的关系和社会结构方面吸纳了有机整体、日常经验、道德信念和荣辱感的内容。这是一种哲学方法,它把道德置于人类生活的总目的中,而这一总目的是人们在相同背景下和跨越文化、种族与历史的界限而共同拥有的(Christians,Glasser,McQuail,Nordenstreng,& White,2009,第2和3章)。理想上,它将为社会科学研究带来一种新的职业角色和规范中心(Gunzenhauser,2006;White,1995)。

吉利根等(Gilligan,1982,1983;Gilligan et al.,1988)将女性道德声音描绘成一种关怀伦理观。这种道德发展的根本在于把人们的关系放在首要位置。用同情和关怀解析人们之间相互矛盾的责任,并彻底反对仅仅避免伤害的标准。在《关怀》(Caring)一书中,诺丁斯(Noddings,1984)彻底抛弃了"其原则模棱两可和多变的伦理学"(p. 5),并坚持人性关怀应该在道德决定中起主导作用。斯泰纳的女性主义在给情感、亲密关系、养育、平等与协作的过程以及移情作用赋予精确性的同时,批判了伦理学中的公平和拘泥于形式的公约。女性主义伦理观的自我意识还鉴别了压迫与失调的微妙形式,并教会我们"质疑谁的利益被认为是值得考虑的"(Steiner,1989,p.158;也请参见 Steiner,1997)。

> 女性主义者的伦理挑战了女性的从属地位,它为女性反抗现实中的压迫指定了道德上的正义方式,并预见了促进解放的道德理想替代品……女性主义伦理的全部内容,远远超过了女性和母亲伦理,而具有特殊的政治性……女性主义的伦理更关注权力问题,此外再关注善与恶,关怀与正义或母亲与父亲的思考问题。随着女性主义对无形的道德主题的有说服力的批判,引起了对多元文化的尊重,一种多元主义的女性主义可能会建立一种非性别歧视的理论,该理论可以尊重各种差异。(Steiner,2009,p.377)

虽然都拒绝抽象计算伦理观,西格弗里德(Seigfried,1996)却并不赞同吉利根-诺丁斯(Gilligan-Noddings)的传统(转引自 Held,2006)。通过把女性主义和实用主义联系在一起,认为性别是由社会建构的,她批驳了"把女性和照顾、养育,男性和公平、独立简单划等号的做法"(Seigfried,1996,p.206)。以性别为基础的道德事实上使一种性别附属于另一性别。在她的社会伦理观中,性别由生产所代替:"成为女性或男性不是用具体例证说明一种不可改变的特征,而是参与一种持续不断的对女性与男性的文化的期望的商讨过程。"(p.206)西格弗里德激励我们去关注社会道德,在这种道德中关怀价值观居于中心地位,但又被置于关系网络的背景中,并以"女性拥有更多的自主权,男性拥有更多的社交"的社会为目标加以建构(p.219)。海勒和维索格罗德响应西格弗里德的倡导,面对当今社会的不确定性、大规模谋杀、伦理观念混乱和超现实情况(转引自 Noddings,2002),她们俩是力主社会伦理观的两个影响较大的人物。

海勒是卢卡奇(Georg Lukács)从前的一个学生,与汉格里(Hungary)持不同见解,她是社会研究新学派中阿伦特(Hannah Arendt)派的哲学教授。她的三部曲围绕着一个她称之为决定性的问题:"好人如何成为可能?"(Heller,1988,p.7)她发展了社会伦理观的当代理论(Heller,1988,1990,1996)。她不承认由外在于个体的规范、规则和理想构成的伦理学;认为只有在强制和困境条件下的异常职责行为(它们各有自己的方式)才"具有理论上的意义"(Heller,1996,p.3)。唯有不断增长的认识、我们自己对行为准则选择的道德意识和"他者"的不断号召,才能共同把爱、幸福、同情和美重新引入一种现代的、非专制主义的但有原则性的道德理论中。

在《圣徒与后现代主义》(Saints and Postmodernism)中,维索格罗德(Wyschogrod,1990)声称反权威的斗争是合理可行的,但没有假定我们的选择是自愿的。她阐明一种遵循列维纳斯(Emmanuel Levinas)传统的关于自我与他者的社会伦理观(参见 Wyschogrod,1974)[20]。"伦理只存在于他人对自己伦理立场的公开。"他者"作为道德存在的试金石,不是一个概念的依托物,而是一种活生生的力量"。他人具有"一种批判融合"功能;他们的存在起着"引人注目的道德作用"(p.xxi)。作为莱斯大学哲学与宗教思想教授的维索格罗德致力于对道德的论述,她认为为他人而活就是神圣生活,其"主要特点是同情他者而不考虑圣徒自身需付出的代价"。圣徒们把自己的"身体和物质利益交予他者处置。……圣徒们不仅对机构的实践和信念提出质疑,而且以更微妙的方式对叙事本身的法则提出质疑"(1990, pp. xxii-xxiii)。

除了信仰系统广泛、"在现实中生活、受苦和工作"的他者,维索格罗德(Wyschogrod,1990, p. 7)还审视了历史叙事以阐明人们是如何对他人的自我表现进行描述的。她主要关注社会在剧烈的变迁和灾难中表现共同体验的方式,并认为历史学家应把自己置身于"与这些事件动态的关系之中"(1998, p. 218)。按照维索格罗德的观点,对伦理学最大的挑战是研究者是如何进入研究社区从而创造和维持希望——"此时此地的存在"而不是"将来的存在"(1998, p. 248)。除非这种希望是可触摸到的、可行的,否则它就是用来服务于那些当权者的。仅仅指向未来救赎的希望掩盖了权力的滥用和人类现在的需要。

布伯(Buber, 1958)在其著名的诗句中把人们的关系看作最重要的概念,"起点即关系"和"关系是生活的摇篮"(pp. 69, 60)。社会关系高于一切。"最基本的词汇就是你—我关系。"(p. 3)关系性现实、中介、相互关系、人际关系都是不能化约的现象,如果把它们分解为更简单的要素就会破坏它们原来的含义[21]。鉴于关系的重要性,这就要求我们自愿帮助别人成功,否则我们就是否定自己的福利(转引自 Verlinden, 2008, pp. 201-210)。

这些学者不是去推行一种抽象的理性主义,而是把道德秩序放在极为重要的地位,这种重要性表现在生物和肉体上而不是精神上,"在这方面,伦理……就像天地万物一样古老。做有道德的人是在生命本身的召唤之下的一种原始运动"(Olthuis, 1997, p. 141)。列维纳斯的伦理观就是一个例子:

> 人的表情是对他人、一次访问、一次聚会、一句话等事物意义的被动的反应,这不是被胁迫的,而是道义上的责任。我的世界如果和他人断绝了联系,我的满足感就会被打破。我早已是负有道义上的责任的人,这是一种无法逃避的要求,是一种责任,一种作为人质的状态。在我做出任何打算、决定或行动之前,正是通过观察他人的表情来获悉自己的责任的。(Olthuis, 1997, p. 139)

人是生活在日常生活结构中的社会性的存在物。通过相互交流,多个个体一起创造生活,并培养起彼此间对生活的道德义务。列维纳斯的伦理关系中的假设说明了一种激进的关于关系中社会存在物的本体论观点(参见 Levinas, 1985, 1991)。

此外,用列维纳斯的话说,当我面对他人时,我不仅看到了血和肉,还看到了第三种东西——人的整体。在对他人需要的反应中,通过人的表情建立起一个基线。在本哈比博(Benhabib, 1992, 转引自 1994)看来,这是互动的普遍性[22]。我们的普遍团结植根于这一原则,即"我们相互之间有无法逃避的要求,我们不能抛弃它,除非以我们的人性为代价"(Peukert, 1981, p. 11)。

女性社群主义模型

女性社群主义是邓津(Denzin,1997,pp. 274-287;2003,pp. 242-258;2009, pp. 155-162)为这一重要转折期起领导作用的伦理理论所贴的标签(Christian, 2002b)[23]。这是一种矫正个人主义者的功利主义的规范模型。它假设在本体论和价值论上社会优先于个人。人的身份是通过社会而形成的,人类的联系是社会结构的中心。我们生活在一个社会文化世界,在这个世界里,人们通过对话来商讨价值、道德义务和存在意义。女性社群主义"体现了一种神圣的、存在主义的认识论,在更高的道德范畴上使人们处于一个非竞争性的、公平的关系中"(Denzin,2009,p. 158)。道德推理不依赖于正式的共识,前进是因为相互关心和理解,这使道德对话存在可能。每一个公共行为都衡量着对人的尊严的普遍尊重,不论性别、年龄、种族和宗教(参见 Benhabib,1992,第 1 章)。

在社群主义者看来,洛克和密尔的自由主义把个人追求与公共利益混为一谈。道德主体在对事物的价值进行评价时需要以社会义务与社会关系为背景。对于什么东西是好的、值得保留的这一问题,人们无法在与世隔绝的情况下自己作出决定;只有在形成人的身份的特定的社会环境中才能确定。公共领域被看作由特定的社会团体组成的,多种种族身份与世界观相互贯穿构成一个社会结合体,而且每一种都被真诚地容纳,其地位不分上下。社群主义并不是口头上谈论自我的社会性质并假设两个层次的二元论,而是把个人自治与社会福利联系起来。道德上的适当行动指向社区。共同的道德价值观是一个社会持续存在与保持同一性的内在要求。

因此,社会科学研究的任务就是使社会生活能够成功——使人们相互间能够达成共识。其目标不是令人厌烦的数据本身,而是社会改革。一个得到大家共识的观点是,通过培养我们个人的推理和恰当的决策能力,科学研究可以增进社会的利益。需要做的不是推进伦理制度审查委员会对人类受试者的批准,而是应当理解研究在设计阶段应是合作性的,在实施阶段是参与性的。伦理准则不是在学者办公室的文件中,研究报告也不是为委托人准备的,参与者本人应有发表意见的机会。与功利主义者的经验主义相比较,针对这些问题的真正的道德观反映的是社会的看法,而不是研究者或赞助机构的专家意见。

在女性社群主义模型中,参与者对研究应如何实施有发言权,并可以在实际中指导研究实施。参与者可以"在决定研究什么样的问题,采用什么样的研究方法,研究结果是否有效或可接受,以及如何应用或贯彻研究结果方面均有发言权或参与权"(Root,1993,p. 245)。这种研究植根于"参与、共同支配……以及友好关系"。鉴于它相互合作的特点,它服务的对象是"它的研究对象群体,而不只是生产者和政策制定者群体"(Lincoln,1995,pp. 280,287)。它的天才格言就是:"在这个世界上人们主宰自身的存在。"(Denzin,1989,p. 81)

对于女性社群主义者来说,研究变成了"一个公民的参与、合作项目。它采用民主方式实现,并用参与者为导向的评价标准"(Denzin,2009,p. 158)。研究人员和研究主题变成了"一个共同道德项目的合作参与者"。民族志调查是一种以"共享研究项目的所有权,基于社区的分析,包含一种解放的、辩证的、变革的承诺"为特征的社会行动(Denzin,2009,p. 158;也请参见 Denzin,1984,p. 145;Reinharz,1993)。这种合作研究模式"使调查者不是对某种情境外的规则(或机构)负责,而是对他或她的研究对象负责"。它将研究的伦理"与政治抵抗、希望和自由"结合到一起(Denzin,2003,p. 258)。

在女性社群主义的模型中,社会科学研究的任务就是提供充足的解释。与实验主义的工具性效率不同,这一范式旨在开拓社会世界的所有动态方面。这种强调解释力的鲜明观点取代了公认的强调技术、外在和统计精确性的观点。社会科学研究不是为了政治家的需要把社会问题简化为金融和管理问题,而是使人们自己能够与其日常经验达到一致。

解释力意味着要重视建立在文化复杂性基础上并具有多重解释的生活。民族志的记述"应包括深度、细节、情绪性、细微差别和一致性方面的内容,以便读者形成一种批判意识。这样的文本在描写上还应适当避免种族、阶层和性别方面俗套的东西"(Denzin,1997,p. 283;see 1989,pp. 77-81)。

从女性社群主义伦理观的视角来看,当论述具备以下三个条件时就可以说它具有真正的解释力,这三个条件是:体现多种声音、增强道德洞察力和推动社会改革。与这里所倡导的以社会为基础的规范相一致,这里的关注中心不是职业伦理观本身,而是普遍的道德观。当女性社群主义与非启蒙传统的社区概念相整合,例如 ubuntu(来自祖鲁族格言:*umuntu ngumuntu ngabantu*,"一个人通过他人而成其为人"或者"我因他人而形成"),一个伦理对话被建立,将一般道德扩展到整个人类种族(Christians,2004)。

多语义和跨文化的表达

社会和政治团体是建构日常生活的多重空间。自我就置身于这些具有决定意义的性别、种族、阶层和宗教背景中与他人进行对话交流。与契约主义的观点不同,人们不是给予国家默许或义务,而是人与人相互间承诺和守诺。研究叙事反映了守诺行为借以发生的多种声音。

在佩特曼的社群主义哲学中,对社会政治团体并不是首先从契约方面来理解的。承诺是同意个体"自由建立自己的社会关系"的基本方式之一(Pateman,1989,p. 61;也请参见 Pateman,1985,pp. 26-29)。通过承诺我们承担一种义务。当人们承诺时,他们就有义务采取相应的行动。但是承诺并不是主要通过政治契约面向权力机关的,而是公民之间的行为。如果义务来源于承诺,那么人们对单位中的其他同事,对社会实践中的参与者就负有义务。因此,只有在参与性民主的条件下才会有自我承担的道德义务。

佩特曼理解道德的本质。我们首先是在社会关系中了解自己,然后才与行动分离成为思想者。只有克服传统的思想者与行动者、心灵与肉体、理智与情感的二元论,我们才能把存在视为"个人间的相互关系"(MacMurray,1961a,

p. 38)。道德承诺产生于行动,并且还要在行动中得到具体化与检验。从对话的角度看,利用行动与日常语言遵守诺言并不是过高的追求,因为我们的存在方式不是内源性的而是来自社会。

> 通过……我们在与别人的交往中学到丰富的表达方式,我们成为完全的行动者,能够理解自己,并因此确定自己的身份……

> 我对自己身份的发现并不是在与人隔绝的状态下想出来的,而是通过与别人的对话——部分是外在的,部分是内在的——得来的。我自己的身份主要依赖于我与别人的对话关系……

> 在现实文化中,关系被看作自我发现与自我肯定的关键点。(Taylor et al., 1994, pp. 32, 34, 36)

如果道德关系是水平方向的并且义务是相互的,就会发生跨文化的肯定和遵守承诺的行为。然而当代多元文化的对抗增加了风险性,使问题不再那么容易解决。当前民主议程上最迫切和最折磨人的一个问题不是如何满足道德义务来公正对待伦理差异,而是如何在政治上承认明显的文化群体(Benhabib, 2002, 2008)。

社群主义作为伦理多元化的基础,反对文化熔炉的均质性,并主张用政治承认取代它。基本问题是,当各大机构没有考虑到其成员身份时,民主精神是不是用一种不道德的方式歧视了他们的公民(Taylor et al., 1994, p. 3)。在何种意义上非裔美国人、亚裔美国人、原住民美国人、佛教徒、犹太教徒、肢体残疾的人或者儿童的特定文化和社会功能应当在公开场合受到重视? 公共机构应该只是确保民主的公民享有同等权利的政治自由和正当程序,而不考虑种族、性别或宗教吗? 在修辞上这是一个基本的哲学争论,泰勒呼吁"政治承认"。就像他说的:"不承认或错误承认都可能导致伤害,可能成为一种压迫的形式,即把某人拘禁于一种错误的、扭曲的和艰难的存在模式中。应有的承认不仅是一种我们对人的应有礼貌,它更是人类的重要需要。"(Taylor et al., 1994, p. 26)这个有关文化识别特征的基本问题需要文化多元主义自己来解决。女性社群主义是一个非同化主义框架,在这个框架中这些解决方式能够实现。

然而,自由程序主义不能满足人的这一重要需求。因其强调平等权利而没有对道德生活的详细的实质性观点,"仅仅是对明显的文化身份的一种非常有限的承认罢了"(Taylor et al., 1994, p. 52)。这种坚持中立而没有集体目标的做法,最多带来同质的个人自由、安全和经济保障。就像邦吉(Bunge, 1996)说的:"契约主义是那些有权有势者,即那些起草契约而不是在契约上签字的人的行为准则。"(p. 230)然而在以诺言为基础的社会结构中,特殊文化、宗教和公民群体的繁荣才是我们真正的目标,作为人类的我们对此负有道德上的义务。

邓津(Denzin, 2002)解释了多元表达应该在美国种族秩序的媒体构建中如何操作。一个尊重种族差异的族群电影院,不会是种族同化主义的,也不会支持符合白人价值观的"特殊的黑皮肤人";它拒绝将"少数族群与主流美国白人"或者"有色人群与有色人群"对立起来(p. 6)。邓津延续弗斯特(Hal Foster)和胡克斯(bell hooks)的主张,认为我们需要的不是一个"包裹在现代主义议程之中"的"基于社会问题的说教式电影美学",而是一种反美学或者跨学科的后现代美学,它面向白话文,并且拒绝"一个特权的审美境界的想法"(pp. 11, 180)。"女性主义、墨裔美国人和黑人的基于表演的审美观"创造了"一种反霸权的批判种族意识",贯彻了批判种族理论(p. 180)。

在女性社群主义的观点里,这种审美是与政治、伦理同时存在的。种族差异与社会理论和人类观念以及正义、共同利益叠加在一起。它要求一种能够"产生社会批评……产生社会抵抗"的美学(p. 181)。它不是一个"抗议或联合倡议",旨在"告知白人听众种族不平等",而是"提供了新的表现形式,为新形势的种族批判意识创造空间"(p. 182)。这种审美的总体标准就是提高道德机构水平,进而作为道德鉴别的催化剂(Christians, 2002a, p. 409)。

在开头我们假设所有的人类文化都有一些重要的东西要表达,带着这一假设,社会科学研究承认与一般的人类尊严相一致的特殊文化价值观(Christians, 1997, pp. 11-14;2008, pp. 16-17)。用多元文化的维度充分解释有助于身处乡土的人们了解生活如何不同。这个框架"想象新形式的人类变革和解放"(Denzin, 2009, p. 158)。这种变革"通过对话"来实现,"如果有必要,这一理论支持非暴力形式的社会不合作主义"。在"呼吁解释性工作为社会批判和社会行动提供基础"之时,这种伦理代表了一种对行动的呼唤(Denzin, 2009, p. 158)。

道德洞察力

社会是制度、实践和结构的体现,被人们在内心看作是合法的。没有对有秩序的关系网络的忠诚,社会将变得不可想象。社会不仅是语言的共同体,而且要求对共同利益起码有一种最低限度的道德义务。由于社会共同体是道德的要求而不仅仅是功能性的安排,道德义务建构了关系中的自我。我们的身份由我们所赞同或反对的东西来确定。我们只有通过道德的维度才能理解人的活动。正如马尔霍尔和斯威夫特(Mulhall & Swift, 1996)所写的:

> 发展、维持与表达(我们的道德直觉与反应)并不是人类可以轻松地或令人信服地做到的事情……就像我们无法想象上下左右的方位感可以被随意更改的人类生活一样,我们同样无法想象不能在道德领域给人指引方向的人类生活……道德倾向是无法避免的,因为要用参考标准解决的问题本身是无法避免的。(pp. 106-108;也请参见 Taylor, 1989, pp. 27-29)

自我仅仅在"对话网络"中存在,而所有的自我解释都或隐或现地"承认它们所有的关于道德及自身的观点都必然来自社会"(Mulhall & Swift, 1996)。道德框架是为我们指明社会空间方位的基础,也是建立我们的物理方位的需要。因此,道德维度必须被认为是人类固有的,而不是一个系统的规则、规范和外部的社会理想。道德责任是从社会关系的要求中产生出来的,并不是抽象理论的产物。

一个社会共同道德观的核心是预先假设的一致性。然而,"被看作共同道德观的东西不仅是不精确的,而且是可变的……是实践中的一个难题"(Bok,1995,p. 99)。道德义务必须用日常生活中易犯错误的、不确定的话语表达。在不一致和不确定中,我们找到解决争议和澄清疑惑的标准和知识;而互动性的规范理论可以增进我们共同的道德谈话。但普遍公认的理论对于公共道德的发展并不是必不可少的。公共道德不是"囊括每个参与者的总体道德观……而是持有范围较小的道德信仰的不同人之间的一套协议"(Bok,1995,p. 99)。尼布尔(Reinhold Niebuhr)认为我们不需要追求超越历史阶段的理论一致性,而是启发我们在坚持"一堆杂乱的非理论的协议"(即这里所说的公共道德)的同时解决不可避免的社会冲突(Barry,1967,pp.190-191)。通过共同的道德观,我们可以对问题逐步达成共识,并在互动中解决争议。用哈贝马斯(Habermas,1993)的话说就是,公共领域的讨论必须指向"相互理解",但允许参与者对最终有效性的宣言有"表态的言论自由"(p. 66;也请参见 Habermas,1990)。

社群主义者激发研究者参与到社会的持续不断的道德表达过程中去。研究者和研究对象共同享有道德准则,他们的自我反省和合作使道德问题逐渐清晰。事实上,文化的持续存在依赖于对其规范基础的确认和保护(Fackler,2009,pp. 312-315)。因此,民族志文本必须使我们能够"发现关于我们自身的道德真理";研究叙事应该通过说明那些对读者很重要的事物"对读者的生活给予道德上的指导"(Denzin,1997,p. 284)。女性社群主义追求的是形成内在的道德思维。社会由叙事编织在一起,这些叙事促进了社会对善与恶、幸福与惩罚、生与死意义的共同理解。恢复并改变道德词汇有助于增益我们的人性。研究者并不是研究之前就已被预设为道德自我,而是在研究中通过与被研究者之间的合作辩证地发展了其道德洞察力。

我们广泛共享的道德信念是通过社区内的话语发展完善的。在这些社区里,道德话语得到培育和共享,它是现代功利型个人主义的激进代替。与道德的个体自主性完全相反的是普遍的人类团结。我们对于维持他人的义务定义了我们的存在。"整体"的神圣性毫无例外地都是道德秩序的中心和我们推理的新起点(Christians,1998,2008)。

人类行为基本原理是对世界上生命的敬畏。生活自然的特征是不断地再现本身。嵌入生命世界中的是孕育生命的目的性。因此,在自然秩序之内即有对我们的道德要求,这种要求是自为和自在的。培育生命被认为是主观偏好之外的理所当然的特质。敬畏地球上的生命是一个前理论的假设,它使道德秩序成为可能。神圣的生活不是抽象的势在必行,而是人类的行动范围[24]。它是一种原初通用性,具体化为道德的基本原则,是一种人人都不可避免共同关联的有机纽带。在我们对这种原初规范(protonorm)的系统反思中,我们认识到一些基本伦理原则是它的必然要求,比如人的尊严和非暴力(Christians,Rao,Ward,& Wasserman,2009,pp. 143-145)。

对世界上的生命的敬畏为伦理的跨文化合作建立了一个平台。它表达了一种普遍主义。不同的社会用不同的术语解释原初规范,并带有地方性,但是每种文化的政治关系和社会制度中都能找到这种伦理的基本形式。我们在一个充满生活经验和道德词汇的社区环境中活出我们的价值观。这种原初规范对生命的敬畏只能在本地恢复。语言将它们设定在具体历史环境中。生命的神圣性反映了我们作为一个物种的共通情况,但是我们对它的行动回应却受到地理、种族、意识形态的影响(Fackler,2003)。根据女性社群主义的观点,如果我们不是从个体决策而是从普遍的共性进入社会生活领域,我们就有基础相信研究者和研究对象能够在道德领域携手合作。研究者不会带很多处方,并教导被研究者按方行事。相反,他们发现交互式的方法将生命的神圣带入其中——每种文化和不同环境都提供了丰富的意义和应用。

首要的问题是道德秩序在社会形成过程中是如何建立的,而不是实践者认为什么是有道德的。对那些记述文化的人提出的挑战是:不要把道德视角局限在他们自己的通用和中立准则中,而是为他们研究的人提供相同的道德空间。从这种角度看,研究策略不是首先依据其统计分析的复杂性来评估的,而是依据它们在多大程度上说明了社区是如何蓬勃发展的。

抵抗政治

女性社群主义模式的伦理观将产生社会批评与社会抵抗,并赋予互动人们行动的权力(参见 Habermas,1971,pp. 301-317)。因此,解释性研究的一个基本规范是使得社会生活多个领域(宗教、政治、种族、性别等)中的人文主义改革能够进行。

弗莱雷(Paulo Freire)从对话的视角谈到了重新建构权力意义的必要性:

> 我认为最重要的、真正的改革,现阶段彻底的社会改革,要求的不是从那些现在拥有权力的人手中夺走权力,或仅仅对社会进行某些改造,或使其发生某些变化……从我自己的观点看来,问题不在于夺权而在于重新构建权力。也就是去创造一种不同类型的权力,拒绝权力的这种需求:将自身看作形而上学的、科层制的、反民主的。(引自 Evans,Evans,& Kennedy,1987,p. 229)

当然,研究者需要用审视的眼光来看待压迫性权力集团与(经济的、技术的和政治的)垄断。由于弗莱雷的政治制度倾向,权力是他社会分析中的一个核心观点。然而与他相呼应的女性社群主义者的研究拒绝把权力仅仅当作一个认知术语来对待,而把重点放在人们如何给自己赋权。

关于权力的主流观点是建立在对相互性的忽视基础之上的;它是干涉者的权力,在对抗中实施,追求的目标是控制。与之不同,社群主义者认为,权力是关系性的,其特点是相互性而不是统治性。从这种角度看,权力是两个主体间的相互作用,是一种关系而不是一种统治,一种亲密与脆弱的关系——权力近似于嗜酒者互诚协会中的关系,在协会中对社团的服从使得个人能够获得控制权。在这些观点上,坎内拉和林肯(Cannella & Lincoln,2009)激励研究者进行"不同时为其本身或者实践者创造新的压迫形式的批判研究"(p. 54)。原住民 Kaupapa Maori 方法的研究达到这一标准:"研究者由社区中的成员所领导,而不会是假定成为领导者,或者拥有任何他或她可以放弃的权力。"(Denzin,2003,p. 243)

在把我们从统治或敌对关系中解脱出来而不是囚禁于其中的解放策略中,对话是关键要素。虽然权力的控制观不重视相互关系,但赋权模式对我们的人性极为重视并彻底拒绝社会人群的无权状态。在研究过程中,通过研究者与被研究者的团结,权力得以被揭示与应对。这里当然不存在"研究者赋予这个群体以力量"这样的单向度逻辑(Denzin,2003,p. 243)。研究者实实在在地向权力的堡垒发起冲击,而不是玩玩有关权力的语言游戏。就像弗莱雷强调的,只有在每个人都充分行使他或她自己的政治权利,并把公民的独立看作必然的情况下,赋权才会意味着某种变革(引自 McLaren & Leonard,1993,第 8,10 章)。

在弗莱雷的权力理论中,非常重要的是被压迫者对文化的形成也起着一定的指导作用(Stefanos,1997)。如果需要解决某个重大的社会问题,最易受到伤害的人将必须起领导作用:"革命实践不能忍受愚蠢的二分法,在这种二分法中,人民群众的实践仅仅是服从(统治精英)的决定。"(Freire,1970a,p.120;也请参见 Freire,1978,pp. 17ff.)[25]得到一帮会计师、律师、经济学家和社会科学研究人员支持的傲慢的政治家往往轻视非专家的意见,认为这种意见是与问题及其解决方法不相关的。正相反,除非被压迫者是积极的参与者而不是被领导的对象,否则是不可能出现自内向外的改革行动的。"只有从弱小的被压迫者中产生的权力,才会强大到足以把二者都解放出来。"(Freire,1970b,p. 28)[26]

用弗莱雷的话来说,目标就是觉悟,即一种指导日常生活中的实践与反省的批判性意识。在压制言论的文化中,人们不加反驳地、听天由命地接受了压迫者的语言和存在方式。但批判意识可以训练我们人类所特有的"说真话"的能力(Freire,1970b,p. 75)。在社会政治控制的条件下,"被征服者的词汇、表达和文化被剥夺了"(1970b,p. 134)。通过觉悟,被压迫者获得自己的话语并相互合作地改造自己的文化(1970a,pp. 212-213)。因此,研究不是传达专业数据,而是在形式和内容上作为批判意识的催化剂。没有弗莱雷(Freire,1970b,p. 47)所称的"对现实的批判性理解"(即被压迫者"用自己的头脑来掌握有关自身现实的真理"),就只有默认现状。

赋权的人们的反抗在社会间隙中将更富有成效——社会制度的间隙中更有可能存在真实行动。有效的抵抗在后院、开放空间和志愿团体中滋长,在邻居、学校和其他没有精英的共同斗争的互动环境中生长。由于只有非暴力是道德上可以接受的社会政治变革方式,因此除了教育外没有别的变革社会的方式选择——使人民运动获得自己的声音并通过对话方式培养批判意识。以人民为基础的自下而上的发展不仅仅是目的本身,而且是社会转型的一个基本条件。"我们不再呼吁只是解释世界"——局限于这一传统的民族志的任务,"我们要改变世界,用抵制不公平的方式来改变"(Denzin & Giardina,2009,p. 23)。在寻求这种研究策略的过程中,我们赞同古巴(Guba,1990)所主张的一种对话框架,即一种和平和希望的对话"能够给我们带来新的、更明智、更复杂的赋权模式"(p. 27)。

结　论

就像古巴和林肯(Guba & Lincoln,1994)所说的,社会科学中的问题最终必须在世界观的水平上来加以解决。"方法问题从属于范式问题,我们把它定义为基本信仰系统或世界观,它不仅在方法的选择方面,而且在本体论和认识论的基本方面为研究者提供指导。"(p. 105)具有外在性特点的传统伦理观提供给我们的是一个不完全的、不成熟的范式,需要在本体论上加以改造。这种关于理论与实践的历史观指出了对一种全新的研究伦理模型的需要,在这一模型中,人的道德行动与道德观是相互作用的。

"由于人们之间的关系构成了他们作为人的存在……合乎道德的行动就是具有社会性的行动。"(MacMurray,1961b,p. 119)在女性社群主义者看来,个人的存在是社会世界的核心。我们只有以个人的形式才能对公共道德加以理解;它的基础和动力存在于人的社会本体论中[27]。"必须完全用个人与存在的视角来思考本体论,把本体论从湮没于物的境地中挽救过来。"(Lotz,1963,p. 294)"只有个体论才是真正的本体论,而个人只有在作为本体的时候才真正是他们自己。"(Lotz,1963,p. 297)

当对社会生活的解释以实证主义世界观为基础时,这种解释被认为是与参与者本人的描述不一致的。在问题分析中,研究者认为自身在语言形式、内容、研究成果方面比那些不是专家的目标受益人能够更好地把握和更清楚地解释。自价值中立从密尔时算起,保护和提高个人自治一直被看作它的哲学依据。但这种社会科学观点的不一致性现在已经一目了然:由于限制理性个体的积极参与,或把他们的自我理解判断为错误的,经验主义模型与理性个体的假设——他们在不同的道德观念间做出"值得尊重"的选择——就会发生矛盾(Root,1993,p. 198)。工具主义体系的检验标准抹杀了价值中立保护的目标:一个由自己制定行为原则的、自由平等的理性个体组成的社会(Root,1993,p. 198)。通过把人类生活与道德秩序重新结合起来,女性社群主义者的社会本体论摆脱了这一矛盾。

从中立和肤浅的工具主义中解脱出来,女性社群主义伦理因而参与到了由坎内拉和林肯(Cannella & Lincoln,2009)所倡导的革命的社会科学之中:

研究的概念、目的和实践应该是基于对社会(科学)系统的批判性伦理挑战、对平等斗争的支持,以及社群背景下的革命伦理意识和行动主义。研究应该是关联的(往往与社区相关),并且基于对系统的批判、为平等而进行的斗争和革命性伦理观(p. 68)。

在这种形式下,实证主义范式在智力上被颠覆了,质性研究也因之促进了社会公正和带来了希望(Denzin & Giardina, 2009, pp. 41-42)。邓津、林肯和史密斯(Denzin, Lincoln, & Smith, 2008)正确地从全球范围上定位了本章中提出的政治和伦理。在他们看来,提倡替代性解释研究的西方社会科学家"和原住民社区一样都朝着同样的目标奋斗"。二者都在"寻求一套女性的、关怀的、社群主义的、整体的、尊重的、相互的(而不是权力失衡的)、神圣的和生态的"伦理原则(p. 569)。

注 释

1. 鲁特(Root, 1993)在社会科学哲学家中是独一无二的,他将社会科学与自由国家的理论和实践联系起来,理由是这两种制度"试图在道德观念竞争中保持中立"(p. xv)。正如他所阐述的:"虽然自由主义主要是国家的一种理论,但是其原理可以应用到任何一个社会的基本制度上;因为人们可以理解为,诊所、公司、学术团体或专业人士的角色不是支配甚至推荐人们应该过什么样的生活。中立可以作为这些制度运作的理念,当然对国家而言也可以。它们的作用,人们可以理解为,是促进任何一种学生、病人、客户、顾客或成员所追求的生活,而不是凌驾于其他生活之上的一种生活。"(p. 13)鲁特对密尔和韦伯的解释对形成我自己的理解是至关重要的。

2. 虽然密尔在描述归纳法的标准和方法时遵循他所谓的"道德科学逻辑",但是他依然与自然科学持有相同的信条,即认同自然同一性和所有现象都服从因果关系规律。他的归纳法五原则反映了牛顿宇宙论。

3. 密尔的功利主义本质上是多种理论的融合,其中包括边沁(Jeremy Bentham)的最大幸福原则、休谟的经验哲学和作为一种道德的功利概念,孔德的实证主义则认为内在事物本身(things-in-themselves)不能被认知以及知识受到感官的限制。在他颇具影响力的《逻辑

系统》一书中,密尔(Mill, 1843/1893)的典型特征是将法国实证主义(由孔德发展)和英国的经验主义结合成一个单一系统。

4. 实证主义中对这复杂性的阐释,包括其与密尔等的联系,参见:Lincoln & Guba(1985, pp. 19-28)。

5. 密尔的现实主义在其《对威廉姆·汉弥尔顿爵士哲学的分析》(*Examination of Sir William Hamilton's Philosophy*, 1865b)中得到最显著的发展。他认为,我们处在共同外部世界的信念植根于这样一个事实,即我们对于物质实在的感知中"关于其他人或众生的与关于我们自己的一样多"(p. 196;也请参见Copleston, 1966, p. 306, note 97)。

6. 密尔将他对反向演绎和历史方法的应用专门归功于孔德:"当我从孔德那里发现它的时候,它对我而言是全新的;如果没有孔德,我可能不会快速理解它。"(p. 126)密尔明显沿袭了孔德对社会静力学和社会动力学的区分。他在期刊 the *Westminster Review* 发表了两篇文章讨论孔德的影响,这些文章在《孔德和实证主义》(*Auguste Comte and Positivism*)中得以再版(Mill, 1865a;也请参见 Mill, 1873/1969, p. 165)。

7. 涂尔干在自然与社会因果关系问题上态度更加明确和直接。在主张行为的社会学原因高

于心理学原因并且不相信动机可以产生行动的同时，他毫不含糊地认为，社会科学的任务就是发现社会事实和人们行为之间的因果联系（参见例如，Durkheim，1966，pp. 44，297-306）。

8. 作为韦伯抵制滥用的一个例子，鲁特（Root，1993，pp. 41-42）提到了柏林大学任命伯纳德（Ludwig Bernhard）经济学教授一事。尽管他没有学历，教育部依然在没有经过教职工表决的情况下给了他这个职位（参见 Weber，1973，pp. 4-30）。希尔斯（Shils，1949）认为，"他所关注的大量特殊、具体事件成为韦伯（Weber，1917）文章的基础——他深入经济学理论假设的持续不懈努力，他对学术自由的道德热情，他狂热的民族主义政治信仰，以及他对知识分子诚实正直的永恒要求"（p. v）。

9. 1923 年成立社会科学研究委员会（Social Science Research Council，SSRC）的原因是多方面的，但它在尝试将学术经验与政治研究相联系以及偏爱严谨的社会科学方法论上反映并补充完善了韦伯的思想。

10. 在《功利主义》的第 4 章，密尔（Mill，1861/1957）用知名度与美誉度之间的类比来证明功利主义的道德标准。他认为，证明对象是可见的事实是，人们在现实生活中真正看到它。如此类推，证明某事是可取的事实是，人们实际上渴望它。因此，由于做的人其实渴望幸福，那么幸福一定是可取的或是不错的。哈里斯（Harris，2006，p. 142）等人认为，尽管可见性/可取性代表了密尔的经验主义，但是提出的证明是没有说服力的。某些人们执着渴望的东西并不意味着它们应该被渴望。人们总是渴望那些不应该的东西。我渴望幸福本身并不会使得追求幸福于我或于人类成为一种道德责任。

11. 在目前的职业伦理中，我们将后果主义从彻底功利主义中隔离出来。我们摒弃了幸福最大化的想法，但是"依然尝试纯粹根据它们的后果评估不同的行动方案，希望在我们的后果描述中说明每一件值得的事情"（Taylor，1982，p. 144）。然而，即使是这种宽泛的功利主义观点，在泰勒看来"依然是从存在中限制了某些物质"（p. 144）。同样，对于道德的定义也是限制性的，它偏向于推理计算模式而阻止我们认真考虑道德的所

有方面以及对政治思想进行的规范性思考（p. 144）。就像林肯所说的，功利主义无法逃避的问题是"倡导最大群体的最高利益，小群体（例如少数民族群体）经历着'多数人的暴政'的政治制度"。她正确地提出"自由主义的趋势是凭借功利主义原则再思考压迫"（Lincoln，个人交流，1999 年 2 月 16 日）。

12. 罗尔斯（John B. Rawls）以正义为基础的道德理论也是功利主义的一个引人注目的批判。功利主义是一个目的论理论，罗尔斯的正义作为公平（justice-as-fairness）是一种义务论。罗尔斯的理论需要在道德理论本身上进行阐述辩论。这里我们有必要提到泰勒和罗斯，因为他们在认识论上更加明晰，交织着密尔的经验主义和功利主义。

13. 鉴于实证主义研究的性质，詹宁斯和卡拉汉（Jennings & Callahan，1983）总结到仅仅一小部分伦理问题会被考虑到，它们"倾向于融入专业科学方法论的原则中去……知识分子的诚实、个人偏见的抑制、细心的资料收集和精确的数据报告，以及坦率承认经验研究中科学可靠性的局限——这些基本上是可能出现的唯一问题。而且，因为这些伦理责任不存在特别的争议，所以毫不奇怪在这一时期（20 世纪 60 年代）那些关注伦理学的人以及社会科学家们都没有投入太多时间来分析或讨论它们"（p. 6）。

14. 大多数生物医学研究发生在实验室中。研究者有义务在开展实验前告知参与者潜在的风险并获得他们的同意。民族志的研究在对象生活的环境中，知情同意是个过程，"研究者与被研究的社会成员之间持续不断的互动……我们必须建立信任的纽带和洽谈同意……发生在数周或数月之前——而不是仅仅在结构化访谈之前"（Church，2002，p. 3）。

15. 就像泰勒（Taylor，1982）提到的，"有关功利主义的现代争议不是关于它是否占用了某些道德理性的空间，而是它是否填满了整个空间"。"临终关怀"是当代社会中的一种道义责任，即使"即将死亡者所在的极端情形已经使得（功利主义的）计算毫无意义"（p. 134）。

16. 在否认手段到目的的功利主义链接的同时，一种对"手段—目的"轨迹的哲学批判对于这种否认具有长期信誉是必要的。德莱斯

切（Drescher，2006，pp. 183-188）的著作代表了最近的关于手段与目的之间关系的讨论，并为其确立理性标杆。

17. 这重申了著名的对个人权利的民主自由主义的反对："自由主义不是所有文化都可能遇到的，它是某种文化领域的政治表达，并与其他领域格格不入。自由主义不能也不应该宣称完全的文化中立。自由主义也是一种战斗信条。就像现在争议的那样，多元文化与某些文化强加于其他文化之上，以及施加这种强加力的假定的优越性有很大关系。西方自由社会被认为对此负有极大责任，部分原因是他们过去的殖民，部分原因是他们将来自其他文化的人们边缘化了。"（Taylor et al.，1994，pp. 62-63）

18. 在这段中，邓津称赞史密斯（Smith，1987，p. 107）提出了"统治机构"的概念。

19. 吉利根的研究方法和结论已经引起众多不同领域学者的争议。对于这个的争议和相关观点，参见：Brabeck（1990），Card（1991），Tong（1989，pp. 161-168；1993，pp. 80-157），Seigfried（1996），and Wood（1994）。

20. 列维纳斯是巴黎大学（Nanterre）的哲学教授和以色列师范学校在巴黎的负责人。在维索格罗德（Wyschogrod，1974）看来，"他延续了马丁·布伯（Martin Buber）和弗朗兹·罗森茨威格（Franz Rosenweig）的传统"，而且是"第一个将胡塞尔的著作引进法国现象学的人"（pp. vii-viii）。虽然维索格罗德是海德格尔、黑格尔和胡塞尔（参见例如 Wyschogrod，1985）的学生——并与德里达、利奥塔、福柯、德勒兹交战——她的伦理著作并不是呼吁传统的哲学话语，而是关注自我与他人的互动表达。

21. 列维纳斯看到的"我-你"关系的不可约分性，是思想史上的重大贡献："该对话关系及其现象的不可还原性……仍将是马丁·布伯哲学的不可遗忘的贡献……在客观事物与存在物的客观性上，有关他或她的不可约分性的其他异性的任何反映都应该认识到马丁·布伯打开的新视野。"（Levinas，转引自 Friedman，2002，p. 338）

22. 玛莎·娜斯鲍姆（Martha Nussbaum）在这些方面讨论了一种美学伦理观，认同植根于亚里士多德的模型，即认同不用从社会生活特定形式中分离出来的跨文化应用。在她的

模型中，从所有文化中发现的人类经验的不同领域代表了要回答的问题和要做的选择决定——对于别人厄运或好运的态度、如何对待陌生人、财富管理、控制身体欲望等。我们在这些领域的经验"修订着未来调查研究的主题"（Nussbaum，1999，p. 247），并且我们对每一领域的反应将带给我们有关这一领域美德的"肤浅或名义上的定义"。在此基础上，我们可以在不同文化间谈论每一领域的适当行为（参见 Nussbaum，1999）。

23. 鲁特（Root，1993，第 10 章）也选择用社群主义取代主导范式。在他的观点里，批判理论、参与式调查研究和女性主义社会科学是社群主义方法的三个例子。这章提供了一个在政治哲学和思想上发展的更为复杂的社群主义观点，而不是局限于社会理论和实践政治。在哲学社群主义者中（Sandel，1982/1998；Taylor，1989；Walzer，1983，1987），佩特曼（Pateman，1985，1989）是明显的女性主义者，她的诺言图景形成了后面多种声音表达的原则的中心。这章中的女性社群主义模型、批判理论被整合成第三伦理要求——赋权与抵制。尽管强调的不同，我同意鲁特的结论："批判理论总是对特定社区的批判，他们寻求推进的价值观就是这个社区的价值观。在这个方面，批判理论是社群主义的……对于批判理论家而言，选择或接受一个社会理论的标准是该理论所批判的社区成员们对理论的反映接受性。"（pp. 233-234）对社群主义主题的综述请依据福柯的论述，参见：Olssen，2002。

24. 作为原准则的生命神圣性从启蒙运动单一文化伦理理性主义起有了根本不同，在这里，普适的规则被认为对所有国家和时代都是强制性的。笛卡尔的基础主义和康德的形式主义推定非一致性的出发点。普遍人性团结则不是。不是来自柏拉图，即无限中的优先参与和从中吸收它的本质（参见 Christians，2008，pp. 10-12）。此外除了作为原准则的生命神圣性，还有其他方面适用于普适性，它不属于西方或并不相信牛顿宇宙学；总结，参见 Cooper & Christians（2008，pp. 296-300）。

25. 相互关系是女性社群主义模型总体上的一个重要特征，因此对于赋权原则至关重要。因为这个原因，在这里批判理论被列为第三个原则，而不是遵循鲁特，把它放到社群主

义的一种解释的位置。鲁特（Root，1993，p. 238）本人认为批判理论家常常不能把"专家的理想"转换成他们的研究主题，或者在研究设计和解释说明上给予他们较少的发言权。没有向社群主义互动性的根本转换，所有模型的研究都倾向于分配性谬误。

26. 因为基本的对话承诺，对弗莱雷的赋权避免了赋权独白概念的弱点，在这种赋权中研究者看到了缺点和不幸（这方面的概述参见 Denzin，2003，pp. 242-245，引自 Bishop，1998）。尽管弗莱雷代表了理性主义的观

点，但是他并没有声明，"像更激进的理论家"那样，认为"只有他们和他们的理论能够引领"研究者走向自由。

27. 特尼森（Theunissen，1984）认为布伯的关系自我（以及列维纳斯、弗莱雷、海勒、维索格罗德、泰勒对其的继承）与大陆存在主义主体性截然不同。例如，胡塞尔和萨特的主体性领域"与'你'无关，也不是'我们'的成员"（p. 20）。"按照海德格尔的观点，自我只能从自愿从其他自我分离中产生；按照布伯的观点，它纯粹存在于关系中。"（p. 284）

参 考 文 献

Barry, B. (1967). Justice and the common good. In A. Quinton (Ed.), *Political philosophy* (pp. 190-191). Oxford, UK: Oxford University Press.

Benhabib, S. (1992). *Situating the self: Gender, community, and post-modernism in contemporary ethics.* Cambridge, UK: Polity.

Benhabib, S. (1994). *Feminist contentions: A philosophical exchange.* New York: Routledge.

Benhabib, S. (2002). *The claims of culture: Equality and diversity in the global era.* Princeton, NJ: Princeton University Press.

Benhabib, S. (2008). *Democracy and difference.* New York: Oxford University Press.

Bishop, R. (1998). Freeing ourselves from neo-colonial domination in research: A Maori approach to creating knowledge. *International Journal of Qualitative Studies in Education, 11,* 199-219.

Blanchard, M. A. (2002, January). *Should all disciplines be subject to the common rule?* Washington, DC: U. S. Department of Health and Human Services.

Bok, S. (1995). *Common values.* Columbia: University of Missouri Press.

Brabeck, M. M. (Ed.). (1990). *Who cares? Theory, research, and educational implications of the ethic of care.* New York: Praeger.

Brunn, H. H. (2007). *Science, values, and politics in Max Weber's methodology.* Surrey,

UK: Ashgate.

Buber, M. (1958). *I and thou* (2nd ed.; R. G. Smith, Trans.). New York: Scribner's.

Bulmer, M. (2008). The ethics of social research. In N. Gilbert (Ed.), *Researching social life* (3rd ed., pp. 145-161). London: Sage.

Bunge, M. (1996). *Finding philosophy in social science.* New Haven, CT: Yale University Press.

Cannella, G. S., & Lincoln, Y. S. (2009). Deploying qualitative methods for critical social purposes. In N. K. Denzin & M. D. Giardina (Eds.), *Qualitative inquiry and social justice* (pp. 53-72). Walnut Creek, CA: Left Coast Press.

Card, C. (Ed.). (1991). *Feminist ethics.* Lawrence: University of Kansas Press.

Chomsky, N. (2002). *American power and the new mandarins.* New York: The Free Press. (Original work published 1969)

Christians, C. G. (1997). The ethics of being. In C. G. Christians & M. Traber (Eds.), *Communication ethics and universal values* (pp. 3-23). Thousand Oaks, CA: Sage.

Christians, C. G. (1998). The sacredness of life. *Media Development, 45*(2), 3-7.

Christians, C. G. (2002a). Introduction. In C. G. Christians (Ed.), Ethical theorists and qualitative research [Special issue]. *Qualitative Inquiry, 8*(1), 407-410.

Christians, C. G. (2002b). Norman Denzin's

feminist communitarianism. *Studies in Symbolic Interactionism*, 25, 167-177.

Christians, C. G. (2004). *Ubuntu* and communitarianism in media ethics. *Ecquid Novi*, 25(2), 235-256.

Christians, C. G. (2008). The ethics of universal being. In S. J. A. Ward & H. Wasserman (Eds.), *Media ethics beyond borders: A global perspective* (pp. 6-23). Johannesburg, South Africa: Heinemann.

Christians, C., Ferre, J., & Fackler, M. (1993). *Good news: Social ethics and the press.* New York: Oxford University Press.

Christians, C. G., Glasser, T. L., McQuail, D., Nordenstreng, K., & White, R. (2009). *Normative theories of the media: Journalism in democratic societies.* Urbana: University of Illinois Press.

Christians, C., Rao, S., Ward, S. J. A., & Wasserman, H. (2009). Toward a global media ethics: Theoretical perspectives. *Ecquid Novi: African Journalism Studies*, 29(2), 135-172.

Church, J. T. (2002, January). *Should all disciplines be subject to the common rule?* Washington, DC: U. S. Department of Health and Human Services.

Code, L. (1991). *What can she know? Feminist theory and the construction of knowledge.* Ithaca, NY: Cornell University Press.

Comte, A. (1830). *Cours de Philosophie Positive.* Paris: Bachelier Librarie pour les Mathematiques.

Comte, A. (1910). *A general view of positivism* (J. H. Bridges, Trans.). London: Routledge. (Original work published 1848)

Cooper, T. W., & Christians, C. G. (2008). On the need and requirements for a global ethic of communication. In J. V. Ciprut (Ed.), *Ethics, politics, and democracy: From primordial principles to prospective practices* (pp. 293-318). Cambridge, MA: MIT Press.

Copleston, F. (1966). *A history of philosophy: Vol. 8. Modern philosophy: Bentham to Russell.* Garden City, NY: Doubleday.

Denzin, N. K. (1984). *On understanding emotion.* San Francisco: Jossey-Bass.

Denzin, N. K. (1989). *Interpretive biography.* Newbury Park, CA: Sage.

Denzin, N. K. (1997). *Interpretive ethnography: Ethnographic practices for the 21st century.* Thousand Oaks, CA: Sage.

Denzin, N. K. (2002). *Reading race: Hollywood and the cinema of racial violence.* Thousand Oaks, CA: Sage.

Denzin, N. K. (2003). *Performance ethnography: Critical pedagogy and the politics of culture.* Thousand, Oaks, CA: Sage.

Denzin, N. K. (2009). *Qualitative inquiry under fire: Toward a new paradigm dialogue.* Walnut Creek, CA: Left Coast Press.

Denzin, N. K., & Giardina, M. D. (Eds.). (2007). *Ethical futures in qualitative research*, Walnut Creek, CA: Left Coast Press.

Denzin, N. K., & Giardina, M. D. (Eds.). (2009). *Qualitative inquiry and social justice.* Walnut Creek, CA: Left Coast Press.

Denzin, N. K., Lincoln, Y. S., & Smith, L. T. (Eds.). (2008). *Handbook of critical and indigenous methodologies.* Thousand Oaks, CA: Sage.

Drescher, G. L. (2006). *Good and real: Demystifying paradoxes from physics to ethics.* Cambridge, MA: MIT Press.

Durkheim, E. (1966). *Suicide: A study of sociology.* New York: Free Press.

Erikson, K. (1967). Disguised observation in sociology. *Social Problems*, 14, 366-373.

Euben, J. P. (1981). Philosophy and the professions. *Democracy*, 1(2), 112-127.

Evans, A. F., Evans, R. A., & Kennedy, W. B. (1987). *Pedagogies for the non-poor.* Maryknoll, NY: Orbis.

Fackler, M. (2003). Communitarian theory with an African flexion. In J. Mitchell & S. Marriage (Eds.), *Mediating religion: Conversations in media, religion, and culture* (pp. 317-327). London: T & T Clark.

Fackler, M. (2009). Communitarianism. In L. Wilkins & C. Christians (Eds.), *The handbook of mass media ethics* (pp. 305-316). New York: Routledge.

Foucault, M. (1979). *Discipline and punish: The*

birth of the prison (A. Sheridan, Trans.). New York: Random House.

Freire, P. (1970a). *Education as the practice of freedom: Cultural action for freedom.* Cambridge, MA: Harvard Educational Review/Center for the Study of Development.

Freire, P. (1970b). *Pedagogy of the oppressed.* New York: Seabury. Freire, P. (1973). *Education for critical consciousness.* New York: Seabury.

Freire, P. (1978). *Pedagogy in process: The letters of Guinea-Bissau.* New York: Seabury.

Friedman, M. S. (2002). *Martin Buber: The life of dialogue.* New York: Routledge.

Gilligan, C. (1982). *In a different voice: Psychological theory and women's development.* Cambridge, MA: Harvard University Press.

Gilligan, C. (1983). Do the social sciences have an adequate theory of moral development? In N. Haan, R. N. Bellah, P. Rabinow, & W. N. M. Sullivan (Eds.), *Social science as moral inquiry* (pp. 33-51). New York: Columbia University Press.

Gilligan, C., Ward, J. V., & Taylor, J. M. (1988). *Mapping the moral domain.* Cambridge, MA: Harvard University, Graduate School of Education.

Guba, E. G. (1990). The alternative paradigm dialog. In E. Guba (Ed.), *The paradigm dialog* (pp. 17-30). Thousand Oaks, CA: Sage.

Guba, E. G., & Lincoln, Y. S. (1994). Competing paradigms in qualitative research. In N. K. Denzin & Y. S. Lincoln (Eds.), *Handbook of qualitative research* (pp. 105-117). Thousand Oaks, CA: Sage.

Gunzenhauser, M. G. (2006). A moral epistemology of knowing subjects: Theorizing a relational turn for qualitative research. *Qualitative Inquiry*, 12(3), 621-647.

Habermas, J. (1971). *Knowledge and human interests* (J. J. Shapiro, Trans.). Boston: Beacon.

Habermas, J. (1990). *Moral consciousness and communicative action* (C. Lenhardt & S. W. Nicholson, Trans.). Cambridge, MA: MIT Press.

Habermas, J. (1993). *Justification and application: Remarks on discourse ethics* (C. Cronin, Trans.). Cambridge, MA: MIT Press.

Harris, C. E. (2006). *Applying moral theories* (5th ed.). Stamford, CT: Wadsworth.

Held, V. (1993). *Feminist morality: Transforming culture, society, and politics.* Chicago: University of Chicago Press.

Held, V. (2006). *The ethics of care: Personal, political, and global.* New York: Oxford University Press.

Heller, A. (1988). *General ethics.* Oxford, UK: Blackwell.

Heller, A. (1990). *A philosophy of morals.* Oxford, UK: Blackwell.

Heller, A. (1996). *An ethics of personality.* Oxford, UK: Blackwell.

Heller, A. (1999). *A theory of modernity.* Oxford, UK: Blackwell.

Heller, A. (2009). *A theory of feelings* (2nd ed.). Lanham, MD: Lexington Books.

Humphreys, L. (1970). *Tearoom trade: Impersonal sex in public places.* Chicago: Aldine.

Humphreys, L. (1972). *Out of the closet.* Englewood Cliffs, NJ: Prentice Hall.

Jennings, B., & Callahan, D. (1983, February). Social science and the policy-making process. *Hastings Center Report*, pp. 3-8.

Koehn, D. (1998). *Rethinking feminist ethics: Care, trust, and empathy.* New York: Routledge.

Lassman, P. (2004). Political theory in an age of disenchantment: The problem of value pluralism—Weber, Berlin, Rawls. *Max Weber Studies*, 4(2), pp. 251-269.

Lazarsfeld, P., & Reitz, J. G. (1975). *An introduction to applied sociology.* New York: Elsevier.

Levinas, E. (1985). *Ethics and infinity* (R. A. Cohen, Trans.). Pittsburgh, PA: Duquesne University Press.

Levinas, E. (1991). *Otherwise than being or beyond essence* (A. Lingis, Trans.). Dordrecht, Netherlands: Kluwer Academe.

Lincoln, Y. S. (1995). Emerging criteria for quality in qualitative and interpretive inquiry.

Qualitative Inquiry, *1*, 275-289.

Lincoln, Y. S., & Guba, E. G. (1985). *Naturalistic inquiry*. Beverly Hills, CA: Sage.

Lotz, J. B. (1963). Person and ontology. *Philosophy Today*, *7*, 294-297.

MacMurray, J. (1961a). *The form of the personal: Vol. 1. The self as agent*. London: Faber & Faber.

MacMurray, J. (1961b). *The form of the personal: Vol. 2. Persons in relation*. London: Faber & Faber.

Mantzavinos, C. (Ed.). (2009). *Philosophy of the social sciences: Philosophical theory and scientific practice*. Cambridge, UK: Cambridge University Press.

McIntosh, M. J., & Morse, J. M. (2009). Institutional review boards and the ethics of emotion. In N. K. Denzin & M. D. Giardina (Eds.), *Qualitative inquiry and social justice* (pp. 81-107). Walnut Creek, CA: Left Coast Press.

McLaren, P., & Leonard, P. (Eds.). (1993). *Paulo Freire: A critical encounter*. London: Routledge.

Milgram, S. (1974). *Obedience to authority*. New York: Harper & Row.

Mill, J. S. (1865a). *Auguste Comte and positivism*. London.

Mill, J. S. (1865b). *Examination of Sir William Hamilton's philosophy and of the principal philosophical questions discussed in his writings*. London: Longman, Green, Roberts & Green.

Mill, J. S. (1893). *A system of logic, ratiocinative and inductive: Being a connected view of the principles of evidence and the methods of scientific investigation* (8th ed.). New York: Harper & Brothers. (Original work published 1843)

Mill, J. S. (1957). *Utilitarianism*. Indianapolis, IN: Bobbs-Merrill. (Original work published 1861)

Mill, J. S. (1969). *Autobiography*. Boston: Houghton Mifflin. (Original work published posthumously 1873)

Mill, J. S. (1978). *On liberty*. Indianapolis: Hackett. (Original work published 1859)

Mulhall, S., & Swift, A. (1996). *Liberals and communitarians* (2nd ed.). Oxford, UK: Blackwell.

Noddings, N. (1984). *Caring: A feminine approach to ethics and moral education*. Berkeley: University of California Press.

Noddings, N. (1989). *Women and evil*. Berkeley: University of California Press.

Noddings, N. (1990). Ethics from the standpoint of women. In D. L. Rhode (Ed.), *Theoretical perspectives on sexual difference* (pp. 160-173). New Haven, CT: Yale University Press.

Noddings, N. (2002). *Starting at home: Caring and social policy*. Berkeley: University of California Press.

Nussbaum, M. (1993). Non-relative virtues: An Aristotelian approach. In M. Nussbaum & A. Sen (Eds.), *The quality of life* (pp. 242-269). Oxford, UK: Clarendon.

Nussbaum, M. (1999). *Sex and social justice*. New York: Oxford University Press.

Olssen, M. (2002). Michel Foucault as "thin" communitarian: Difference, community, democracy." *Cultural Studies < = > Critical Methodologies*, *2*(4), 483-513.

Olthuis, J. (1997). Face-to-face: Ethical asymmetry or the symmetry of mutuality? In J. Olthuis (Ed.), *Knowing other-wise* (pp. 134-164). New York: Fordham University Press.

Pacey, A. (1996). *The culture of technology*. Cambridge, MA: MIT Press.

Pateman, C. (1985). *The problem of political obligation: A critique of liberal theory*. Cambridge, UK: Polity.

Pateman, C. (1988). *The sexual contract*. Stanford, CA: Stanford University Press.

Pateman, C. (1989). *The disorder of women: Democracy, feminism and political theory*. Stanford, CA: Stanford University Press.

Pateman, C., & Mills, C. W. (2007). *Contract and domination*. Cambridge, UK: Polity Press.

Peukert, H. (1981). Universal solidarity as the goal of ethics. *Media Development*, *28*(4), 10-12.

Punch, M. (1998). Politics and ethics in qualitative research. In N. K. Denzin & Y. S. Lincoln (Eds.), *The landscape of qualitative* research （pp. 156-184）. Thousand Oaks, CA： Sage.

Rawls, J. （1971）. *A theory of justice.* Cambridge, MA： Harvard University Press.

Reinharz, S. （1993）. *Social research methods： Feminist perspectives.* New York： Elsevier.

Reiss, A. J., Jr. （1979）. Governmental regulation of scientific inquiry： Some paradoxical consequences. In C. B. Klockars & F. W. O ' Connor （Eds.）, *Deviance and decency： The ethics of research with human subjects* （pp. 61-95）. Beverly Hills, CA： Sage.

Root, M. （1993）. *Philosophy of social science： The methods, ideals, and politics of social inquiry.* Oxford, UK： Blackwell.

Ross, W. D. （1930）. *The right and the good.* Oxford, UK： Clarendon.

Ryan, K. E. （1995）. Evaluation ethics and issues of social justice： Contributions from female moral thinking. In N. K. Denzin （Ed.）, *Studies in symbolic interaction： A research annual* （Vol. 19, pp. 143-151）. Greenwich, CT： JAI.

Sandel, M. J. （1998）. *Liberalism and the limits of justice* （2nd ed.）. Cambridge, UK： Cambridge University Press. （Original work published 1982）

Seigfried, C. H. （1996）. *Pragmatism and feminism： Reweaving the social fabric.* Chicago： University of Chicago Press.

Shils, E. A. （1949）. Foreword. In M. Weber, *The methodology of the social sciences* （pp. iii-x）. New York： Free Press.

Shopes, L., & Ritchie, D. （2004）. Exclusion of oral history from IRB review： An update. *Perspectives on History.*

Smith, D. E. （1987）. *The everyday world as problematic： A feminist sociology.* Boston： Northeastern University Press.

Soble, A. （1978, October）. Deception in social science research： Is informed consent possible? *Hastings Center Report*, pp. 40-46.

Stefanos, A. （1997）. African women and revolutionary change： A Freirian and feminist perspective. In P. Freire （Ed.）, *Mentoring the mentor： A critical dialogue with Paulo Freire* （pp. 243-271）. New York： Peter Lang.

Steiner, L. （1989）. Feminist theorizing and communication ethics. *Communication*, *12*（3）, 157-174.

Steiner, L. （1997）. A feminist schema for analysis of ethical dilemmas. In F. L. Casmir （Ed.）, *Ethics in intercultural and international communication* （pp. 59-88）. Mahwah, NJ： Lawrence Erlbaum.

Steiner, L. （2009）. Feminist media ethics. In L. Wilkins & C. Christians （Eds.）, *The handbook of mass media ethics* （pp. 366-381）. New York： Routledge.

Taylor, C. （1982）. The diversity of goods. In A. Sen & B. Williams （Eds.）, *Utilitarianism and beyond* （pp. 129-144）. Cambridge, UK： Cambridge University Press.

Taylor, C. （1989）. *Sources of the self： The making of the modern identity.* Cambridge, MA： Harvard University Press.

Taylor, C. （1991）. *The ethics of authenticity.* Cambridge, MA： Harvard University Press.

Taylor, C. （1995）. *Philosophical arguments.* Cambridge, MA： Harvard University Press.

Taylor, C. （2007）. *A secular age.* Cambridge, MA： Harvard University Press.

Taylor, C., Appiah, K. A., Habermas, J., Rockefeller, S. C., Walzer, M., & Wolf, S. （1994）. *Multiculturalism： Examining the politics of recognition* （A. Gutmann, Ed.）. Princeton, NJ： Princeton University Press.

Theunissen, M. （1984）. *The other： Studies in the social ontology of Husserl, Heidegger, Sartre, and Buber* （C. Macann, Trans.）. Cambridge： MIT Press.

Tong, R. （1989）. *Feminist thought.* Boulder, CO： Westview.

Tong, R. （1993）. *Feminine and feminist ethics.* Belmont, CA： Wadsworth. University of Illinois at Urbana-Champaign, Institutional Review Board. （2009）. Part I： Fundamental principles for the use of human subjects in research. In *Investigator handbook.*

Vanderpool, H. Y. （Ed.）. （1996）. *The ethics of research involving human subjects： Facing the 21st century.* Frederick, MD： University Publishing Group.

Verlinden, A. (2008). Global ethics as dialogism. In M. S. Comers, W. Vanderkerchove, & A. Verlinden (Eds.), *Ethics in an era of globalization* (pp. 187-215). Aldershot, UK: Ashgate.

Walzer, M. (1983). *Spheres of justice: A defense of pluralism and equality*. New York: Basic Books.

Walzer, M. (1987). *Interpretation and social criticism*. Cambridge, MA: Harvard University Press.

Weber, M. (1949a). The meaning of ethical neutrality in sociology and economics. In M. Weber, *The methodology of the social sciences* (E. A. Shils & H. A. Finch, Eds. & Trans.). New York: Free Press. (Original work published 1917)

Weber, M. (1949b). Objectivity in social science and social policy. In M. Weber, *The methodology of the social sciences* (E. A. Shils & H. A. Finch, Eds. & Trans.). New York: Free Press. (Original work published 1904)

Weber, M. (1973). *Max Weber on universities* (E. A. Shils, Ed. & Trans.). Chicago: University of Chicago Press.

West, C. (1989). *The American evasion of philosophy: A genealogy of pragmatism*. Madison: University of Wisconsin Press.

West, C. (1991). *The ethical dimensions of Marxist thought*. New York: Monthly Review Books.

West, C. (2001). *Race matters*. Boston: Beacon. (Original work published 1993)

White, R. (1995). From codes of ethics to public cultural truth. *European Journal of Communication, 10*, 441-460.

Winch, P. (2007). *The idea of a social science and its relation to philosophy* (2nd ed.). New York: Routledge. (Original work published 1958)

Wiredu, K. (1996). *Cultural universals: An African perspective*. Bloomington: Indiana University Press.

Wood, J. T. (1994). *Who cares? Women, care, and culture*. Carbondale: Southern Illinois University Press.

Wyschogrod, E. (1974). *Emmanuel Levinas: The problem of ethical metaphysics*. The Hague: Martinus Nijhoff.

Wyschogrod, E. (1985). *Spirit in ashes: Hegel, Heidegger, and manmade death*. Chicago: University of Chicago Press.

Wyschogrod, E. (1990). *Saints and postmodernism: Revisioning moral philosophy*. Chicago: University of Chicago Press.

Wyschogrod, E. (1998). *An ethics of remembering: History, heterology, and the nameless others*. Chicago: University of Chicago Press.

Wyschogrod, E. (2002). *Emmanuel Levinas: The problem of ethical metaphysics* (2nd ed.). New York: Fordham University Press.

研究伦理、规则与批判社会科学

ETHICS, RESEARCH REGULATIONS, AND CRITICAL SOCIAL SCIENCE

◉ 盖里 S. 坎内拉(Gaile S. Cannella)　伊冯娜 S. 林肯(Yvonna S. Lincoln)

杜 亮 译　朱志勇 校

　　处于不同社会、学术乃至政治地位的人,关于研究伦理可能会有不同的定义,而这样的差异缘于这些人所具备的不同的知识体系、生活经验以及历史位置。然而,目前的研究伦理规范(尤其是官方的规范)主要体现了传统的后实证主义思想的影响。克里斯蒂安(Christians,2007)回顾了研究伦理的变迁历史,他认为社会科学研究伦理逐步从强调学术研究的价值无涉的中立性——"唯应用时方表现出政治性"(Mill,1859/1978;Root,1993,p.129;Weber,1904/1949),转向关注社区视角,敦促研究者与不同社群共同联手推动新形式的道德目标的实现(Benhabib,1992;Denzin,1997,2003)。

　　在《质性研究》(Qualitative Inquiry)杂志 2007 年的特刊中,我们探讨了上述种种关于社会科学研究伦理的不同立场,以及其背后不同的时代和权力背景。讨论集中于四个方面:研究者必须遵从的正式伦理规范;社会科学研究者在实践、教学中所实际遵循或拒绝的研究伦理取向;关于目前社会科学研究伦理规范过分受到市场法则控制的担忧;以及因种种社会研究而"他者化"的边缘群体发出的声音。在讨论中,我们始终秉持这样的观点:以不同形式表现出来的正式研究伦理规范造成"合乎道德的研究实践"的错觉,而实际上任何一种声称为普适的研究伦理都可能带来"灾难性的"后果(Foucault,1985,p.12)。进一步地,质性研究领域中多样化的理论立场和取向也为反思性伦理的发展提供了丰富且复杂的可能空间。基于多元化的理论立场,我们在特刊中对社会研究伦理重新定义,提出研究伦理应当是具体化的、贯穿于整个研究过程并且需要持续的伦理对话,同时呼吁研究者具备针对新自由主义的批判意识,以挑战带有强制性的研究伦理政策。

　　作为带有某种形式的"批判"取向的学者(包括混合、他者、主体、女性主义学者),我们都在尝试如何在学术研究中把握研究伦理的多重性。"批判"取向必然伴随激进的伦理,**一种始终(历来)关注权力与压迫的伦理,同时它避免将"权力"建构为一种新的真知。**因而,权力、压迫、特权与苦难、平等、社会正义、激进民主之间的相互交叉共同构成批判伦理的基础。而且,研究者在设计研究概念和行动时做出的思考和判断将决定这是一项压迫性的还是解放性的研究,因此,研究中的伦理取向反映了研究者内心最深处的选择。

被一些研究者称为**批判社会科学**(critical social science)的理念取向综合了一系列基于女性主义、后殖民主义乃至后现代主义立场上的对压迫权力的挑战,以及不同的批判理论与批判教育学,这些流派的共同特征是它们的激进民主和多元逻辑主张,以及对于人类苦难与压迫的公开与集中的关注。在传统的社会科学中,研究伦理就是在研究实践中遵守既定的方法规范,同时研究发现也因其普适性使得社会研究具有"拯救人类"的责任担当并进而具备道德性。在批判学者看来,这样的"拯救人类的意志"不过代表了帝国主义的威权意识。与之不同,激进批判伦理注重关系与合作;它是行动抵抗者与边缘群体的盟友。在《质性研究的伦理未来》(*Ethical Futures in Qualitative Research*)一书中,邓津和加迪纳(Denzin & Giardina, 2007, p.35)即向我们描述了这样一群学者,他们呼吁发展一种合作的批判社会科学模式,在这种模式下"研究伦理将与受压迫者结盟,与追求反抗、希望和自由的政治斗争结盟"。

批判社会科学要求研究者重构研究目标,使得自身的研究能够促进争取社会平等与正义的斗争,同时必须检视(并抵制)在研究过程中形成的研究者个人权力。批判社会科学的伦理要求社会学者"开展肩负道德责任的研究项目,以肯定、恢复及去殖民化本土文化实践"(Denzin & Giardina, 2007, p.35),社会研究应当有助于激发集体的社会行动以推进"与全人类的潜力、希望、爱、关怀与平等相关联的激进的政治日程"(p.35)[1]。同时研究者的行动必须避免固化或者维持研究者本身的权力强势(比如研究者以救世主、反殖民英雄或者赋权者的面目出现)。

批判社会科学具有观念上的颠覆性,将对从研究伦理的嵌入性(以及随之而来的含义)到研究伦理在问题提出、方法及变革的可能性等过程中的角色等一系列观念形成挑战。本章的主要关注点是如何在当前的不利社会政治背景下创建一门合乎伦理的批判社会科学。当今一个突出的时代特征就是帝国的复兴——通过西方的新自由主义话语以及各种规训技术来干预人们的生命经验,并切实制造"他者",同时依据新自由主义的目的重新配置资源(即使我们认为当前的美国政府是倾向于社会公平、反压迫与社会正义的)。前文我们讨论了站在不同的立场可能会提出不同的研究伦理,例如政府立场和在社会研究中没有受益甚至受到损害的人群的立场可能就会大相径庭(Cannella & Lincoln, 2007;Cannella & Manuelito, 2008;Viruru & Cannella, 2006)。在本章中,我们试图站在这些不同的立场来探讨批判社会科学所必需的一种激进的研究伦理。我们的关注焦点在于建构批判性的对话基础(这种基础应当是非殖民主义抑或是反殖民主义的),进而提出有关社会讨论以及社会研究(和研究者)的新理解与构想。我们的批判立场将始终联合(进而团结)站在反殖民前沿的人们,并始终(至今)秉持这样的历史认知:当今世界依然存在各种犬齿交错、形形色色的特权与压迫。

此外,我们还将运用一种不断完善的批判教育学(critical pedagogy)

（Kincheloe，2007，2008）视角来生成不同形式的批判伦理，从而达到彻底改变学术空间的目的。这种不断演进的批判性重塑了学术追问的目的，使之指向不同利益力量之间不断斗争形成的权力关系，以及这些关系的变化与交叉。这样社会研究就成为揭示当前种种社会统治形式，并探索更为平等和符合社会正义的"可能的"未来活动。同时，我们认为治理形式（governmentality）与种种形式的社会规制——以及与之交叉的个体欲望技术和内化的机构实践——之间互为因果。最后，我们将研究规则理解为一种伦理建构。通过传统上的边缘群体的发声，以及一种以"联合"而非"拯救"为研究目的的批判社会科学的引入，这种建构也是一个重塑过程。

建构生存的批判方式

尽管相互之间也存在观点冲突，但不同批判流派（无论女性主义、后结构主义、酷儿理论、后殖民主义，抑或其他形式的批判理论）都认为特定社会人群从过去到现在始终处于无权地位，而且被体系化地剥夺了权利。这些批判流派越来越倾向于与被边缘化的人群取得共同的认同，并避免采取有可能维系传统的权力关系的表现形式。更重要的是，不同批判流派还呼吁形成联盟，并力图加入遭受压迫与不公待遇的人群为团结而进行的斗争。我们认为男权、种族以及殖民等不同形式的权力是历史形成的，并且不能脱离具体的文化、政治和社会环境。因此，我们关于批判伦理联盟的讨论将始终建立于对历史根基与现存权力结构的认识基础之上。

伦理与反殖民主义联盟 这是一种始终关注人类苦难与生存状态的伦理取向，它联合受压迫的人们，争取多元化的知识与生存样态，这样一种伦理必然是复杂的、向不确定性开放的、流动的，并始终保持深刻的反思性。批判社会科学的多维理解方式引入了多元化知识、逻辑、生存样态以及价值取向，这些都曾经在历史上被边缘化，遭到粗暴的抹黑，甚至面临被彻底抹杀的可能。史密斯（Smith，1999）所提倡的代表毛里集体伦理（Maori collective ethics）的四步研究法就是这种批判伦理取向的例子，即去殖民化、愈合、变革与动员四步法。类似地，里格尼（Rigney，1999）主张社会研究方法应当优先关注原住民声音、抵抗行动以及政治诚信。格兰迪（Grande，2007）提出红色教育学（Red Pedagogy）的概念，这是一个原住民的方法论，主张对现有民主政体和原住民政府进行批判，它是一种有关希望的教育学，因历史条件而定，注重挖掘集体的能动性，关注殖民经历对被殖民者和殖民者双重的扭曲人性的影响，从不避讳其公开的政治性。列维纳斯（Levinas，1988）认为，"他者"的福祉应当作为研究者的首要关注点，里奇和劳（Ritchie & Rau，2010）借用这一观点构建了名为"他者伦理（ethics of alterirty）"的反殖民主义伦理体系，她们主张这种伦理将把人们的注意力从"我们"或"他们"的问题转向"关于'我们'是谁的集体操作"(p.364)。格列斯内(Glesne,2007)甚至主张社会研究的目的就在于斗争中的团结:"如果你是来研究我们的,那请回去! 如果你是来与我们并肩战斗,如果你认为我们的斗争就是你的斗争,那我们可以谈的就很多。"(p.171)不论身处何种环境,批判教育学都致力于揭示权力背后的支撑因素,以及权力创造社会不公的运行机制。

以上是如何从不同的伦理立场来提出批判社会科学的部分例子,这些理论为社会研究实践与理论的伦理增添了多元化、复杂性和模糊性等维度,任何旨在减少人类苦难与压迫、倡导激进民主,抑或追求社会公平与正义的社会研究,都不应该忽视这样的研究伦理。而且,我们当中那些与统治阶层关联的既得利益者(例如在教育、经济、种族、性别方面),或者至少看起来像压迫者的研究者需要始终警惕这样的身份对他们的行为和学说可能带来的影响。研究中我们必须保持"融入"与"学习"的态度,而非"代言"与"干预"的态度。边缘群体的声音之中所包含的知识、视角、语言以及生存方式应当成为我们行动的基础,成为新的中心。

在不同场合,我们都力争倡导一种批判的、变革性的社会科学研究,例如,同弗鲁鲁(参见 Viruru & Cannella, 2006)一起,我们批判社会研究中对田野对象的建构行为以及通过语言使用而生成的特权;与曼纽利托(参见 Cannella & Manuelito, 2008)一道倡导建构平等、反殖民;以及基于胡克斯(hooks, 1990)所说的非暴力革命自觉性的研究伦理的社会研究。我们认为作为社会建构的研究伦理始终处于不断本质化过程之中,因此我们主张革命的伦理意识应当是反殖民的并应当提出这样的问题:不同社会人群如何被利用来固化体系中的权力关系? 如何才能拓展我们的研究想象力(例如在性别、种族和儿童期方面),以揭示那被我们的成见所遮蔽的社会行动的可能性? 我们能否发掘内心以便在研究中能够期望和栖居那未曾思量过的空间(关于儿童期,以及关于多元的世界观)?(Lincoln & Cannella, 2007)我们能否批判自身的特权? 我们能否支持多元的知识和逻辑方式,从而加入争取社会正义的斗争? 这些多元的视角及其建基的道德基础是建构一种道德的、批判的直至反殖民的社会科学的基本要素。这样的社会科学和研究伦理必然是复杂的、流变的,并始终不断地进行自我反思。

不仅如此,有学者(Alessandrini, 2009)在福柯、法农(Frantz Fanon)、巴特勒(Judith Butler)等人理论的基础上,更提出一种新的伦理关系概念,在这种伦理关系下,将不再有"主体"。这种负责任的研究伦理可被视作一种"后"人文主义的伦理(p.78)。这种伦理是不关涉人与人之间关系的后殖民伦理;相反,在这种未来导向的伦理建构下,需要关注的是"那些尚未形成的主体"之间的伦理关系(p.78)。在这样的伦理关系下,研究者在探讨当前的政治与权力关系时不能忘记一点:所有社会研究中的研究者与研究对象(不论是人、制度还是体系)都是当前或者此前殖民主义条件下形成的主体。研究者需要抛弃那种企图以科学、宗教或者政治活动"拯救"他人的人文主义式的救世情怀(Fanon, 1967;Foucault, 1984b)。研究伦理应当同时包括两个方面:一方面对他人的要求做出反应并负起责任,一方面又必须建立信任并避免建构"他者"。研究伦理的责任应当指向未来,指向未知的世界(Attridge,1994)。

依据里奇和劳(Ritchie & Rau,2010)的观点,我们还提倡一种反殖民主义的批判研究伦理。这样的研究伦理承认与关注下列需求:

- 揭示现实的复杂性
- 研究支撑特定人群的强势/特权的社会网络
- 重新将社会问题和决策拨向社会正义方向
- 团结历来受压迫的社会群体进而创造新的社会运行方式

现行权力关系的程度与历史   批判社会科学将不可避免地面对当下的日常生活,以及影响此日常生活的主导社会话语。因此旨在挑战社会压迫、促进社会正义的社会研究必须认识到社会背景的重要性以及在此社会背景下的权力的历史。

在21世纪,社会日常生活被"帝国主义公司的贪婪及知识控制"所建构(Kincheloe,2008,p.15)。那些符合创业精神,有助于促进私有化、市场竞争、公司化以及利润增长的知识——实际上所有这一类的人类活动——都被认为是有效和可靠的。近年来,我们中的许多人都对这种过度资本化(hypercapitalism)的倾向提出了激烈的批评,这种关于自由市场的幻觉几乎包囊一切,从凭据公共服务的私有化程度对公共教育和高等教育进行定义,到服务于资本主义公司化的战争狂热,直到旨在激发人类欲望的种种技术,在这样的欲望包裹中,个体和他人都成为纯粹经济的、可衡量的富于资本主义精神的演员(Canella & Miller,2008;Cannella & Viruru,2004;Chomsky,1999;Horwitz,1992)。

我们很多人都期望随着华盛顿政府的换届,以及波及全世界的金融危机的冲击,资本帝国主义会受到冲击和发生变革。然而,当代的公司原教旨主义可以说是主导话语的基石,对失败公司的质疑完全不等同于挑战公司形式对于知识领域的控制。这样的例证自21世纪初期以来不胜枚举,比如宣称AIG"太大"而不能倒的舆论话语,比如劝说欧洲各国政府出台经济刺激计划的各种企图,又比如美国总统关于公立学校需要"提高标准"的警告(而不是承认教育系统中存在的结构性不公,并采取行动朝着批判性民主和社会正义方向拓展教育的含义)。

事实上,当前的经济危机可能反倒制造了一种紧迫性,要求批判学者和持相似观点的人们立即行动起来。当前环境下,"公司生产的形象"(Kincheloe,2007,p. 30)已经成为许多日常生活和知识界的意识形态模板,因而接受公司观点和商界利益也已逐步被认为理所当然。公司话语如此深深地渗透到日常生活的方方面面,以至于其中的绝大部分已不为人们所觉察(例如,在卡特琳娜龙卷风灾后的新奥尔良,多所精英型公立学校得以新建,而在此前这样的学校被指为缺乏公正且无助于公共利益而遭到否决)。这就是克雷恩(Klein,2007)所说的"灾难资本主义(disaster capitalism)"。在当前的经济危机中,即使商界巨头遭受责难,但过度资本主义的话语体系却未受挑战(诸如竞争、自由市场、选择等),大公司对思想领域(包括个人思想和社会思想)以及社会制度的宗主控制(例如接受公共服务、教育乃至武装力量的私有化)也因而很少遭到质疑,恰恰相反,情况反而得以进一步去政治化。在这一点上,奥巴马政府对于布什政府的公立特许学校(charter school)改革政策的全盘接收是一个很好的例子。特许学校的概念实际上是早期在公立教育中引入"自由选择权"思想的翻版(早前这一思想以"教育券"的倡议出现,但没能通过),并为"商业圆桌(business roundtable)"、公司扭亏管理(corporate turnround model)以及盈利经营等组织和思想在公共教育中的影响重新注入了活力。

"西方知识生产者"(Kincheloe,2008,p.10)认为他们所持有的信息形式是普遍和先进的知识(因而是所有人都应当接纳的进步信息,不论此知识的根源是基督教还是笛卡尔主义的科学),不论怎样,对于不属于这样的"知识生产者"的人们来说,这样的知识环境都是很有风险的。然而,当这样的知识政治环境与过度资本主义化的大环境结合,与那些由资本与资源控制者生产的权力结合在一起时,就更加危险。对这类与大公司和资本相结合的知识观的接受,就意味着接受诸如"基于证据的研究"或者特定类型的"成就测试"(由跨国巨头公司设计实施)之类的强调可评测性的资本主义化构想,从而将学生、儿童、教师以及家庭去情境化并进一步属体化(subjectify)与客体化(objectify)。在这样的语境下,人的身体(受特定的测试分数定义)被当作衡量"有效性"的工具,就如同财务指标被用作衡量在所谓的自由市场中竞争的企业的成功程度一样。这样的定义方式很少受到质疑,因为新自由主义关于测量的话语被许多人认为是正确、有效、无争议、普遍乃至正义的。这样的当代情境构建了特定的道德观和公平观,以及什么样的研究被认为是符合伦理的。正因为如此,在当下的环境中将伦理观念与研究实践及过度资本主义化脱钩(从而对其形成挑战)是非常困难但又绝对必要的。

批判社会科学伦理要求研究者培养两种自觉意识:一是关于当代社会政治情境的自觉意识;二是关于自身对占主导地位的规训与管束技术产生自我建构反应的自觉意识。这样的自觉意识要求研究者认识到权力的复杂性及其如何在当前的社会秩序下运行。同时,批判伦理(critical ethics)虽然承认统治群体和意识的存在(在当前的经济条件下),但不认为某一种基础因素(比如经济因素)始终决定人们的社会存在形态。最后,批判伦理的使命要求它超越各种形式的种族中心或者群体中心论,并指向新生的、超越现有形态的社会关系与可能性(Kincheloe,2007)。

伦理、批判社会科学与制度化的治理形式

近年来,研究伦理在大多数时候与下列问题紧密相关:

- 赋权(entitlement)的伦理(Glesne,2007),即赋予研究者从事研究并"了

解"他人的权利。

- 质性研究方法,要求研究者在研究中引入伦理思考,比如反身性伦理 (reflexive ethics)(Guilleman & Gillam,2004)。
- 社群伦理(communitarian ethics),即道德价值观与行为通过社会协商确定 (Christians,2007;Denzin,1997,2003)。
- 各种形式的法定研究伦理规则(例如研究项目的研究伦理评审机制),从而制造出一种伦理关注的假象(Lincoln & Tierney,2004)。

以上几种伦理观都无一例外植根于一种"治理形式(governmentality)"观:不是建构旨在治理不同人群的统治技术(规制权力)(regulatory power),就是个体(研究者)基于(不同价值取向的)欲望对自己身体规训的内化,从而完成特定情境下的自我建构(Foucault,1978)。这里读者可以将"治理(govern)"理解为行为,而将"思维状态(mentality)"理解为人们接受控制的思维方式,即如何内化特定的信念进而使得规制成为可能(Dean,1999)。

现行的官方研究规则通常被认为(或者被指责为)一种制度化的治理形式,一种权力的技术,旨在通过建构、生产与限制等作用产生各种交叉形式的社会压迫。然而,福柯(Foucault,1986)向我们指出自我治理(self-governance)的建构——完全内化的"个体的政治技术"(p. 97)。这种个体治理形式十分多样,从"自由公民"(Rose,1999),到"有教养的人",到"好教师",乃至"变革型活动家"或者"致力于对话的研究者",都是个体治理形式的例子。即使是我们关于批判社会科学研究伦理的讨论,也可被认为是一种治理形式;而且,可能所有关于伦理的建构(不论这种建构是多么灵活)都代表某种治理形式。因为构建有关研究的批判伦理必然触及人们的思维方式,而任何信念体系,不论是多么初始与灵活,也必定服务于对"自身(self)"的规训与管制。

由于传统上研究主要是个体行为,而研究规则是通过立法确认的行为,因此在建构合乎伦理的批判社会科学时,需要将这两种形式的"治理形式"(自身与研究者群体)都纳入考虑范围。尽管批判社会科学始终审视并挑战那种将治理形式视作"正确结构"的观念,但不可否认,致力于建构反殖民主义团结力量的批判愿望,嵌置于制度期望中的有关研究的理解,以及当前存在于社会科学研究领域的规制氛围等本身都是不同的"治理形式"。

个体欲望与治理形式 批判与质性研究者们对研究方法的权力属性的批判已经有一段时间了,这些研究者主张在整个研究过程中采取一种反思性的伦理取向,同时指出研究目的的社会建构性。例如,沃克丁(Walkerdine,1997)曾警告社会研究者可能存在的"窥视刺激(voyeuristic thrill)"心态,即将自身理解为能够知晓他人"究竟是什么人"的专家(p. 67)。因此,女性主义、后结构主义、建构主义及其他关注社会压迫与权力的后现代学者,都纷纷开展有关研究本身的概念建构的原则性斗争,包括从研究的目的、社会呈现形式(Fine,Weis,Weseen,& Wong,2000;Tedlock,2005),到研究者的角色等一系列问题。这些学者提出如下一类问题:"不同形式的社会排斥如何得以产生?具有变革性与自由性同时又能够不断审视自身的解放意志的研究是否可能?……研究实践如何增强我们自身的社会特权?"(Cannella & Lincoln,2007,p.321)。诸如此类的伦理立场与道德关切融入批判社会研究者的研究项目与成果之中,同时通过新形式的教育与课程对研究生产生影响。这样的立场就是批判社会科学的治理形式。

然而,当前存在于主导(非批判)的研究人群与研究机构之中的相互关联的结构是非批判性的,并倾向于现代主义的治理形式。研究伦理的建构与规则制订往往由带有两种价值观的研究者主导:一种人认为科学可以解决一切问题,因此同意以科学的名义介入和干预他人的生活;另一种人相信自由市场资本主义能够提高所有人的生活条件,这也是他们赞同在社会科学研究中引入自由选择与行动的道德基础。这种关于(个体和机构的)研究伦理的概念架构带有明显的现代主义、男性主导与帝国主义的特征(尤其是考虑到这样的研究可能带来的个体标签化、知识形式固定化的结果,以及在广泛意义上对新自由主义经济学的支持)。这一有关研究伦理的架构是相互关联(Collins,2000)且极具侵略性的,并已成型相当长一段时间,因此在可预见的未来或许仍将占据主导地位。

尽管我们支持关联的、合作的、非个体导向的批判社会科学研究,目前的研究环境仍然是一种有利于增强个体研究者权力的环境。因此,一方面我们仍旧批判作为社会建构的个体特权;另一方面我们认为一种避免普遍主义但又能应对个体面临问题的伦理架构也是有必要的。我们希望从批判社会科学的角度,能不断挑战作为一种社会建构的个体治理形式。然而,我们也需要注意避免启蒙主义的"敲诈"(Butler,2002;Foucault,1984b),即必须从接受或拒绝个人主义两种态度中二选其一。相反,我们认为,从概念上而言,个体可以既是一个主人有用的"工具"(master's "tool")(Lorde,1984),又是一个批判的能动者。因此,我们愿倡议研究者培养一种批判的欲望(the desire to be critical),一种双重的个体治理形式(doubled individual governmentality),在这种形式中,研究者既是批判权力的工具,又是能够联合历来受压迫的社会人群的合作能动者。

福柯(Foucault,1985)的著作通过引导个体挑战存在于自身的迷恋权力和压迫的法西斯倾向,向我们很好地展示了这样一种双重概念架构,甚至可以说是双重身份认同。在这里,我们看见一种新的伦理框架,即避免提出普遍主义的道德规范,而是强调建构"与自身强化的关系,在这种关系下个体使得自身成为自身行为的属体(subject)"(Foucault,1986,p.14)。这种对个体化倾向的主人工具的运用的目的是形成一种新的伦理框架,在这样的框架下,研究者通过从事实、权力与道德三个轴线上持续地开展关于自身的谱系追踪,从而避免自我迷失(Foucault,1985;Rabinow,1994)。在这里,我们将把讨论的焦点放在自我作用于自身的道德之轴上,当然自我在事实与道德两个轴上的建构肯定也是密切相关的。在自我的道德之轴上,有四个组成部分:(1)伦理实质(ethic substence);(2)属体化模式(mode of subjectification);(3)伦理工作(ethic work);(4)终极目的(telos)或者说自我的解构。这些组成部分可以从个体理性主义同时结合批判教育学和后殖民主义理论的角度来探讨。

伦理实质是研究者在道德上规制自身的方式。这种实质并非外界给定,而是个体作为创造的能动者在与自身的关系中构建的。某种程度上,我们可以将伦理实质描述为对研究者非常重要的东西,是促使或者阻止研究者进行自我欺骗的东西,是研究伦理的基石。伦理实质能够"让一个人从自身获得自由"(Foucault,1985,p. 9),并因人而异。例如在古希腊,对许多人来说伦理实质就是愉悦与欲望的统一;对一些人来说,集体存在与共同决策成为伦理实质(Ritchie & Rau,2010);而对另一些人,团结那些受压迫的人们争取社会公平与正义才是伦理实质。福柯(Foucault,1985)建议通过对谱系学问题(genealogical questions)的回答来决定个体的实质,我们认为这种方法也可以应用于社会研究者,即重点关注研究在怎样的环境下被界定为道德的活动——或者是社会建构中与研究相关的环境,或者是关于研究意义的诠释,抑或研究者在什么样的环境下将自身的研究定义为符合道德或者伦理的行为。

我们主张研究伦理实质应当是相信批判社会科学可以联合与团结历来受到社会排斥的人们,并对社会压迫构成挑战(我们并不是第一个这样呼吁的人)。由于认识到自身的治理形式与技术常常是潜意识的(当然也存在自觉意识的可能),我们呼吁所有支持批判意识的人们都加入广泛的概念重构的行列,从而为社会研究创造新的伦理实质。当前很好的例子就是批判教育学。通过探讨批判性的"持续不断演进的概念体系",辛切洛依(Kincheloe,2007,p.21)向我们展示了研究伦理实质的可能内容,以及如何拓展批判社会科学的领域进而不断为伦理实质充实新的内容。他所提出的这些批判性领域甚至可以作为构建社会研究的基础。这些领域包括:

1.分析相互竞争中的权力与利益的动态机制。

2.揭示吓阻个人和群体自主决定自身人生方向的势力。

3.研究社会中的多重压迫现象。

4.分析当代多种形式的技术理性及其对各种类型的知识与生活形态的影响。

5.审视不同类型的自我治理形式,并始终关注其社会政治与文化背景。

6.探讨建构批判内在的"可能性",从而导向崭新的、更加公平的人群间关系(但须避免乌托邦式的、人文主义的思路)。

7.探讨不断出现的、复杂的权力运行方式,包括霸权的、意识形态的和话语的权力。

8.审视文化在不同知识生产和传播中的角色。

9.研究关于现实的不同解释、理解以及建构意义的不同立场。

10.分析文化教育学在生产关于现实的不同形式的霸权阐释中的角色。

作为伦理实质,这些批判内容可以指向特定类型的询问方式,比如(关于现状的)历史主义质疑,而不是简单指责或赞成;关于政策话语、网络和资源的检视;揭示权力的研究,但同时又拒绝利用"他者"的知识、技能与资源。

属体化(subjectification)模式可能是最能够说明治理形式的伦理构件。这个概念包含了个体将自身委置于特定规则与义务的意义;而这样的规则在多大程度上被个体所建构和接受又取决于伦理实质。比如,康德(他的伦理实质的焦点在于认为人的意愿建立在理性之上)就强调将求知的义务及理性的使用作为自我治理的方法(Foucault,1985)。因此批判社会科学家可以建构一种禀赋批判与历史属性的伦理义务(以及相关的伦理规则),这样的伦理义务既灵活又直指社会压迫。正如格列斯纳(Glesne,2007)所指出的,这种批判的属体化模式将拒绝社会研究者认为自己有权"研究"他人的自以为是的感觉,并进一步反思当人们处于社会研究者的观察之下时,研究过程中可能产生的异化和陌生的感受。同样地,与理性协商方式相比,批判的伦理规则可能更倾向于社区集体决策方式。

在伦理维度之中,研究者能够依据在特定伦理实质基础上建构的伦理规则判断自身行为是否符合道德。"这些伦理规则在研究活动中是如何得到执行,从而使得道德义务概念化、合法化并得以遵循?"(例如,研究者如何选择研究题目,如何选择研究人群,如何与他人合作,如何教育其他研究者)(Cannella & Lincoln,2007,p. 325)

伦理工作是个体用以将自身转化为符合道德定义形态的方法。福柯(Foucault,1994)认为伦理工作要求个体开展关于自身的历史构成的自我批判。这样的工作要求揭示个体进行自我质问的情境,创造新型的建立联系的方式,以及建构新的生存方式。这样的自我治理形式包含对如何改造自身(作为个人和/或者研究者)的方式的检视。这里我们借用一种还在完善中的批判教育学,来说明如何通过本体论上的变革突破西方关于自我的建构这一伦理工作过程。辛切洛依(Kincheloe,2007)在他的著作中向我们展示了在伦理身份认同的发展过程中如何关联一些重要的批判要素。这些要素包括社会个体的想象、对抽象个体主义边界的挑战、关于权力的社会个体分析、个体异化的替代路径、欲望的动员,以及认识到自我生产的批判意识。比如在这里,社会个体的想象是指设想新的合作方式的能力,反思个体的属体性并认识到职业与私人生活两方面都应当成为批判项目,类似教育等社会机制应当朝着社会正义的方向建构,而社区应当成为有助于人类发展的民主社区。又比如,欲望的动员,应当被理解为一种激进的民主过程,即团结遭到排斥的社会人群,以坚持不懈地争取参与公民生活的机会与能力。

最后,终极目的(telos)是指愿意做自我剖析,解构自我世界(以及对研究者而言,自身的研究实践),从而使得自身实践符合伦理,以防止产生凌驾于任何个体或者群体之上的权力(即使该群体可能存在于不可预期的待定的未来)。终极目的可看成某种形式的自我拼装,在该过程中缓慢地阐明并确立一个致力于不同思考、欢迎未知事物并且灵活有效的自我(Foucault,1994)。再一次,正如批判教育学所说的,终极目的意味着:创造不同于个体异化的替代模式,拒绝导致隔阂的统治形式,建构联合他人、利益他人的新式方法(Kincheloe,2007)。此外,终极目的将使我们得以建构全新的路径,使得个体研究者和学者群体能够思考新的伦理概念——比如没有属体的伦理体系,这样的伦理综合了批判与后殖民主义视角,面向未来,并避免了对"他者"持续的殖民主义建构(Alessandrini,2009)。

另外,虽然肯定与现代主义的个体理性一致,对个体意义上的伦理轴线的检视说明,即使是"主人的工具"也可以有办法用来实现批判与变革。

同时,研究者不但需要在自身的研究中尝试做出伦理的决断,还面临研究机构和制度中的各种形式的规制。处于不同立场的批判学者都反复提醒我们,社会机构与制度在不同历史与社会背景下会实施不同的规训策略(Foucault,1977)。因此,批判的伦理个体"自我"(在我们现代主义的学术社区中,科学化研究个体更享特权)必然要随时准备面对机构制度中各种伦理信息的冲突,不管是学术要求还是立法规定,我们需要坚定自身作为研究者的立场,改造学术空间,重新进行话语定义(Denzin & Giardina,2007)。

改造规范:重新定义治理我们的技术

在与法定的研究规则(特别是一些美国研究机构中的伦理制度审查委员会)的冲突中,质性和批判质性研究者不断地巩固自身的学术空间。关于这类冲突的讨论已然不少,而且相当长一段时期内冲突还将继续下去。在本文中,我们论证了这种法定的规范研究伦理的企图不但是虚幻的,而且这种规范本身嵌置于特定文化之中,因而有时甚至可能给研究参与者和合作者带来伤害。例如马扎诺(Marzano,2007)在其著作中就展示了这种情况,当按照基于盎格鲁-撒克逊文化的研究伦理规范在意大利社区中开展质性医学研究时,就可能对参与研究的病人造成损害。蒂利等(Tilley & Gormley,2007)也向我们展示在墨西哥文化背景中,保证研究匿名性的现行做法也可能与参与者关于个人诚实的理解发生冲突。此外,许多研究还表明研究伦理是具体化的且贯穿整个研究过程,因而要求研究者不断与自身进行对话(Christians,2007;Clark & Sharf,2007)。法定的研究伦理治理形式肯定无法容纳这样的特殊性。

在研究中,如果研究者与参与社区建立一种伴随关系,而不是去"测试/认知/判断"后者,也许参与社区成员会愿意就这样的合作研究与伦理制度审查委员会及研究监管者进行沟通。在关于"米克摩伦理守护(*Mi'kmaw Ethics Watch*)"的报告中,巴蒂斯特和安德森(Battiste & Henderson,2000;Battiste,2008)向我们展示了这种可能性,研究双方在研究中形成平等的合作关系,米克摩部落制订了研究规则,他们始终是米克摩知识与文化的守护者与解释者,并审查研究结果的准确性与敏感性。

始终与历来被边缘化的社会群体站在一起——这一立场可能最终会彻底改变社会研究中的问题与实践,批判社会科学拒绝继续接受这样的观念:即一群人可以

"认知"或者定义(甚至代表)"他人"。这样的认识角度定将改变那些需要经过机构审批的研究的目的与设计,在很多情况下甚至会使得"人类被试"这个概念不再存在。这种变化很可能带来研究问题和数据收集方式的变革,研究者不再负责解释研究参与者的意义创造与建构。相反,研究者可能需要回答的问题是存在于社会体系、制度机构和行为实践中的权力如何交叉运行? 例如,研究目的可能变成这样的问题:(在特定领域的)公共政策、主导知识或者意识形态背后存在怎样的理念和假定? 怎样的行动能够保护与彰显多元化的知识? 如何分析那些受到强权支撑的社会表现形式? 在这样的问题中,人类成员将不再是数据收集的对象。这样,如果我们的研究对象是社会结构、制度机构和社会压迫形式(而不是人类本身),也许我们就可以避免进一步制造和属体化某一个或特定的"他者"。邓津(Denzin,2009)甚至建议我们"抛掉这个名为'研究'的肮脏词汇",然后转向一种"面对世界的批判的和解释的立场"(p. 298),这样的实践将使我们所有人受益,并要求在我们的学术环境中开展各种重要形式的社会行动和实践。

很明显,本节关于法定研究规范的论述相对简短,这其实是我们的有意安排。我们愿首先建议批判质性研究者应当尽力进入批判社会科学的核心,这种在理论上得以重构的、具有广泛基础的社会科学将致力于关注各种制度化的、基于社会政策的交叉强权。这种批判社会科学还将从"没有被试的研究伦理"的角度来探讨研究规范。无疑,它还将携手反殖民主义立场、关于社会环境的批判和历史主义认知以及关于研究者自身的伦理审视。直到这样的批判社会科学成为一种重要的研究实践形式(可能直到重要到足以威胁主流的研究形式),当前的现代主义研究规范才有可能产生某些变化。我们将简单地(虽然这并不简单,也很重要)继续试图教育那些尚未了解质性研究领域及其相关方法的人们。然而,如果批判社会科学联合被压迫人群,团结边缘人群,设计挑战强权的研究,那么我们对官方研究规范的建构和关注就具有了不同的性质。但愿我们的批判研究伦理能够引导和推动这一变化。

注 释

1.我们意识到有人可能会指责我们认为后实证主义科学没有伦理基础,我们绝对承认,许多具有广泛不同哲学背景的研究者认为他们的研究遵循启蒙和理性的科学路线,他们的研究问题和实践旨在提高每一个人的生活水平,这就是他们的研究的伦理基础,这一点我们并不否认。但是,这些后实证主义形式的理由和科学路线常常对于嵌置于自身的欧美式"错误"缺乏认识(Jaimes,1992)。这一错误在于对现代主义和进步主义世界观的无原

则的信念,即这种世界观能够"揭示"关于一切人类经验的普适性理论;它假定一种无所不能的"认知"和解释"他人"的能力(和权利)的存在。不幸的是,这些道德上的良好意愿通常忽视了世界上多样化的知识、逻辑与生活方式以及与其息息相关的庞大人群的存在。进而,这种对个体的关注以及对理论和普适解释的追寻掩盖了各种维系社会不公的社会的、制度的和结构的社会实践。最后,意在帮助他人"更像我们自己"的研究伦理恰恰

为"我们自身"带来强权。因此,这种出于良
好愿望的研究伦理更有可能为设计研究的人

们带来权力,并给研究对象带来更加不利的
受压迫境遇。

参 考 文 献

Alessandrini, A. C. (2009). The humanism
effect: Fanon, Foucault, and ethics without
subjects. *Foucault Studies*, *7*, 64-80.

Attridge, D. (1994). Trusting the other: Ethics
and politics in J. M. Coetzee's Age of Iron.
South Atlantic Quarterly, *93*, 70-71.

Battiste, M. (2008). Research ethics for
protecting indigenous knowledge and heritage:
Institutional and researcher responsibilities. In
N. K. Denzin, Y. S. Lincoln, & L. T. Smith
(Eds.), *Handbook of critical indigenous
methodologies* (pp. 600-625). Thousand Oaks,
CA: Sage.

Battiste, M., & Henderson, J. (Sa'ke'j).
(2000). *Protecting indigenous knowledge and
heritage.* Saskatoon, Saskatchewan, Canada:
Purich.

Benhabib, S. (1992). *Situating the self: Gender,
community, and post-modernism in contemporary
ethics.* Cambridge, UK: Polity.

Butler, J. (2002). What is critique? An essay on
Foucault's virtue. In D. Ingram (Ed.), *The
political* (pp. 212-227). Cambridge, MA:
Blackwell.

Cannella, G. S., & Lincoln, Y. S. (2007).
Predatory vs. dialogic ethics: Constructing an
illusion or ethical practice as the core of research
methods. *Qualitative Inquiry*, *13*(3), 315-335.

Cannella, G. S., & Manuelito, K. (2008).
Feminisms from unthought locations: Indigenous
worldviews, marginalized feminisms, and
revisioning an anticolonial social science. In N.
K. Denzin, Y. S. Lincoln, & L. T. Smith
(Eds.), *Handbook of critical and indigenous
methodologies* (pp. 45-59). Thousand Oaks,
CA: Sage.

Cannella, G. S., & Miller, L. L. (2008).
Constructing corporatist science: Reconstituting
the soul of American higher education. *Cultural

Studies <=> Critical Methodologies*, *8*(1),
24-38.

Cannella, G. S., & Viruru, R. (2004). *Childhood
and postcolonization: Power, education, and
contemporary practice.* New York: Routledge
Falmer.

Chomsky, N. (1999). *Profit over people:
Neoliberalism and global order.* New York:
Seven Stories Press.

Christians, C. G. (2007). Cultural continuity as
an ethical imperative. *Qualitative Inquiry*, *13*
(3), 437-444.

Clark, M. C., & Sharf, B. F. (2007). The dark
side of truth(s): Ethical dilemmas in
researching the personal. *Qualitative Inquiry*, *13*
(3), 399-416.

Collins, P. H. (2000). *Black feminist thought:
Knowledge, consciousness, and the politics of
empowerment.* New York: Routledge.

Dean, M. (1999). *Governmentality: Power and
rule in modern society.* London: Sage.

Denzin, N. K. (1997). *Interpretive ethnography:
Ethnographic practices for the 21st century.*
Thousand Oaks, CA: Sage.

Denzin, N. K. (2003). *Performance ethnography:
Critical pedagogy and the politics of culture.*
Thousand Oaks, CA: Sage.

Denzin, N. K. (2009). *Qualitative inquiry under
fire: Toward a new paradigm dialogue.* Walnut
Creek, CA: Left Coast Press.

Denzin, N. K., & Giardina, M. D. (2007).
Introduction: Ethical futures in qualitative
research. In N. K. Denzin & M. D. Giardina
(Eds.), *Ethical futures in qualitative research:
Decolonizing the politics of knowledge* (pp. 9-
44). Walnut Creek, CA: Left Coast Press.

Fanon, F. (1967). *Black skin, white masks* (C. L
Markmann, Trans.). New York: Grove.

Fine, M., Weis, L., Weseen, S., & Wong, L

（2000）. For whom? Qualitative research, representation, and social responsibilities. In N. K. Denzin & Y. S. Lincoln（Eds.）, *Handbook of qualitative research*（2nd ed., pp. 107-131）. Thousand Oaks, CA: Sage.

Foucault, M.（1977）. *Discipline and punish: The birth of the prison*. London: Allen Lane.

Foucault, M.（1978）. Governmentality. In B. Burchell, C. Gordon, & P. Miller（Eds.）, *The Foucault effect: Studies in governmentality*（pp. 87-104）. Chicago: University of Chicago Press.

Foucault, M.（1984a）. Nietzsche, genealogy, history（D. F. Bouchard & S. Simon, Trans.）. In P. Rabinow（Ed.）, *The Foucault reader*（pp. 76-100）. New York: Vintage.

Foucault, M.（1984b）. What is enlightenment?（C. Porter, Trans.）. In P. Rabinow（Ed.）, *The Foucault reader*（pp 32-50）. New York: Vintage.

Foucault, M.（1985）. *History of sexuality: Vol. 2. The use of pleasure*（R. Hurley, Trans.）. New York: Pantheon.

Foucault, M.（1986）. *History of sexuality: Vol. 3. The care of the self*（R. Hurley, Trans.）. New York: Pantheon.

Foucault, M.（1994）. On the genealogy of ethics: An overview of work in progress. In P. Rabinow（Ed.）. *Michel Foucault: Ethics, subjectivity, and truth, 1954-1984*（Vol. 1, pp. 253-280）. New York: The New York Press.

Glesne, C.（2007）. Research as solidarity. In N. K. Denzin & M.D.Giardina（Eds.）, *Ethical futures in qualitative research: Decolonizing the politics of knowledge*（pp. 169-178）. Walnut Creek, CA: Left Coast Press.

Grande, S.（2007）. Red pedagogy: Indigenizing inquiry or the un-methodology. In N. K. Denzin & M. D. Giardina（Eds.）, *Ethical futures in qualitative research: Decolonizing the politics of knowledge*（pp. 133-144）. Walnut Creek, CA: Left Coast Press.

Guilleman, M., & Gillam, L.（2004）. Ethics, reflexivity, and "ethically important moments" in research. *Qualitative Inquiry, 10*（2）, 261-280.

hooks, b.（1990）. *Yearning: Race, gender, and cultural politics*. Boston: South End Press.

Horwitz, M.（1992）. *The transformation of American law, 1870-1960*. Cambridge, MA: Harvard University Press.

Jaimes, M. A.（1992）. La raza and indigenism: Alternatives to autogenocide in North America. *Global Justice, 3*（2-3）, 4-19.

Kincheloe, J. L（2007）. Critical pedagogy in the twenty-first century. In P. McLaren & J. L. Kincheloe（Eds.）, *Critical pedagogy: Where are we now?*（pp. 9-42）. New York: Peter Lang.

Kincheloe, J. L.（2008）. Critical pedagogy and the knowledge wars of the twenty-first century. *International Journal of Critical Pedagogy, 1*（1）, 1-22.

Klein, N.（2007）. *The shock doctrine: The rise of disaster capitalism*. New York: Metropolitan Books.

Levinas, E.（1988）. Useless suffering. In R. Bernasconi & D. Wood（Eds.）, *The provocation of Levinas: Rethinking the Other*（pp. 156-167）. London & New York: Routledge.

Lincoln, Y. S., & Cannella, G. S.（2007）. Ethics and the broader rethinking/ reconceptualization of research as construct. In N. K. Denzin & M. D. Giardina（Eds.）, *Ethical futures in qualitative research: Decolonizing the politics of knowledge*（pp. 67-84）. Walnut Creek, CA: Left Coast Press.

Lincoln, Y. S., & Tierney, W. G.（2004）. Qualitative research and institutional review boards. *Qualitative Inquiry, 10*, 219-234.

Lorde, A.（1984）. *Sister outsider*. Langhorne, PA: Crossing Press.

Marzano, M.（2007）. Informed consent, deception, and research freedom in qualitative research: A cross-cultural comparison. *Qualitative Inquiry, 12*（3）, 417-436.

Mill, J. S.（1978）. *On liberty*. Indianapolis, IN: Hackett.（Original work published 1859）

Rabinow, P.（1994）. *Michel Foucault: Ethics, subjectivity, and truth, 1954-1984*（Vol. 1）. New York: The New York Press.

Rigney, L.-I.（1999）. Internationalization of an indigenous anticolonial cultural critique of research methodologies. *Wicazo Sa Review*, *14* (2), 109-121.

Ritchie, J., & Rau, C. (2010). Kia mau ki te wairuatanga: Counter narratives of early childhood education in Aotearoa. In G. S. Cannella & L. D. Soto (Eds.), *Childhoods: A handbook* (pp. 355-373). New York: Peter Lang.

Root, M. (1993). *Philosophy of social science: The methods, ideals, and politics of social inquiry*. Oxford, UK: Blackwell.

Rose, N. (1999). *Powers of freedom: Reframing political thought*. Cambridge, UK: Cambridge University Press.

Smith, L. T. (1999). *Decolonizing methodologies: Research and indigenous peoples*. London: Zed Books.

Spivak, G. C. (1987). *In other worlds: Essays in cultural politics*. New York: Routledge.

Tedlock, B. (2005). The observation of participation and the emergence of public ethnography. In N. K. Denzin & Y. S. Lincoln (Eds.), *The SAGE handbook of qualitative research* (3rd ed., pp. 467- 482), Thousand Oaks, CA: Sage.

Tilley, S., & Gormley, L. (2007). Canadian university ethics review: Cultural complications translating principles into practice. *Qualitative Inquiry*, *13*(3), 368-387.

Viruru, R., & Cannella, G. S. (2006). A postcolonial critique of the ethnographic interview: Research analyzes research. In N. K. Denzin & M. D. Giardina (Eds.), *Qualitative inquiry and the conservative challenge* (pp. 175-192). Walnut Creek, CA: Left Coast Press.

Walkdine, V. (1997). *Daddy's girl: Young girls and popular culture*. Cambridge, MA: Harvard University Press.

Weber, M. (1949). Objectivity in social science and social policy. In E. A. Shils & H. A. Finch (Eds. & Trans.), *The methodology of the social sciences* (pp. 50-112). New York: Free Press. (Original work published 1904)

斗争中的范式与视角

PART II PARADIGMS AND PERSPECTIVES IN CONTENTION

王 熙 译校

遵照古巴(Guba,1990,p. 17)的讨论,我们将范式定义为一套指导行为的基本信仰,是针对首要原则或基本规则的人类建构物。它们定义了作为诠释-修补匠的研究者的世界观。这些信仰之确立永远不能依据其真实性。相反,视角既不像范式那样固化,也不像范式那样统一,尽管一种视角可能与一种范式分享很多要素,如一系列常见的方法论假设或一种特定的认识论。

范式包含四个方面:伦理(价值论)、认识论、本体论和方法论。伦理关注:"我在世界中如何成为一个有道德的人?"认识论在询问:"我如何获知世界?""探究者与被了解的一方处于什么样的关系?"正如克里斯蒂安(本手册第4章)所指出的,每一种认识论指向一种有关世界和作为研究者的自身的伦理-道德立场。本体论提出有关现实之属性与人类之属性的根本性问题。方法论聚焦于获得有关世界的知识的最佳方法。

本手册的第 II 部分探究现在支撑并组织质性研究的主要范式和视角。这些范式与视角包括实证主义、后实证主义、批判理论、建构主义和参与行动框架。与这些范式并肩的是女性主义视角、文化研究、酷儿理论、亚洲认识论和残疾理论,外加转化的、社会公平范式。上述视角中的任何一种都发展出了自己的标准、假设与方法论实践。这些实践被应用于处于其框架下的学科探究。由古巴等所著的第6章中的表格,勾画了实证主义者、后实证主义者、批判理论者(女性主义+种族)、建构主义和参与性(+后现代)范式之间的主要差别。

在本手册第1章中,我们对每种范式和视角提供了简要的表述。在这里,我们将对它们进行更详细的阐释。但在进入这方面的讨论之前,很重要的是去关注三个相互关联的事件。在最近十年,这些范式和视角的边缘与界限开始模糊。正如林肯和古巴所观察的,各种范式的血统自己开始杂交。然而,尽管边界变得模糊,有关视角之差异的认识却增强了。即使发生了这种情况,在前言和第1章中所谈论的方法论保守主义话语却带来了威胁,窄化了质性研究实践的范围与效能。所以,本部分的题目是斗争中的范式与视角。

所有范式所面临的主要问题

在本手册第 6 章中,古巴等人提出,在当下,所有范式都必须面对七项基础的、批判的问题。这些问题包括:(1)价值论(伦理与价值),(2)适合性与可通约性(一种范式是否适合于其他),(3)行动(研究者在世界中做了什么),(4)控制(谁提起探究,谁提出问题),(5)真理之基础(基础主义相对于反基础主义),(6)效度(传统的实证主义模式相对于后结构主义-建构主义准则),(7)声音、反身性和后现代呈现方式(单一声音相对于多重声音)。

每种范式在这些主题上各据立场。当然,实证主义与后实证主义范式提供了其他范式反对之背景。林肯和古巴非常详细地分析了这两个范式,包括它们对天真的现实主义的倚赖,它们的二元认识论,它们在探究中所采用的核查方式,以及它们对可信度、效度、预设、控制和对获取知识的结构单元路径的强调。林肯和古巴也讨论了它们在充分处理围绕声音、赋权与实践的问题时的无能为力。他们同时还提到,这两个范式未能成功地处理好具有理论负载与价值负载之特性的事实、具有诠释特性的事实,以及同组事实可支持多种理论的问题。

建构主义、诠释主义和阐释学

根据林肯和古巴的观点,建构主义采用了一种相对的本体论(相对主义),经交互的认识论和一种阐释学的、辩证的方法论。这种范式的使用者以生产有关社会世界的重构性理解为方向。传统实证主义的内在与外在效度标准被可信度和真实度的概念所代替。建构主义者强调交互的知识。他们的作品与第 2 章、第 23 章所探讨的几种不同的参与行动方式(participatory action approaches)重合。建构主义将行动与实践连接在一起,同时建立反基础主义的论点,鼓励试验性的、多重声音的文本。

本手册第 3 版中,弗雷和瓦伦左拉(Foley & Valenzuela, 2005)提供了一项有关批判民族志的历史分析,特别关注到那些在研究应用政策的同时将自己卷入政治运动中的批判民族志研究者。弗雷和瓦伦左拉观察到,20 世纪 60 年代之后的批判民族志研究开始提倡对现代社会的文化批判。这些学者对实证主义进行反抗,试图以多立场之认识论寻求一种政治激进的纲领。这一时期出现了各种方法,包括行动人类学的、全球的、新马克思主义的、马克思主义之女性主义的和批判的民族志,以及参与行动研究。

女性主义

在本手册第 7 章中,奥勒森观察到,在新世纪的第二个十年的开端,女性主义质性研究是一个高度多样化并充满争议的领域。在"9·11"事件之后,我们已经看到社会性别的多种表达及其实施。相互竞争的模型在全球范围内共同模糊。但是在争吵与辩论之下存在着一种共识,即女性主义研究在新千年中应致力于行动。女性主义者坚持,社会正义纲领强调有色男人及女人的需求,因为性别、阶级和种族是最终联系在一起的。奥勒森的研究是充满激情的女性主义。她大声疾呼:"愤怒是不够的!",我们需要敏锐的学识,为救济女性健康诸多领域的痛苦问题,而去架构、指引和驾驭情感。

在 1994 年,奥勒森识别了女性主义研究的三股潮流(立场认识论、经验主义、后现代主义文化研究)。十年之后,这些潮流持续繁殖,不同的女性主义分别与特定的学科相连,并分别联系到关于有色妇女的描述、对白人女性身份的质疑、后殖民主义的交互性话语、使原住民女性非殖民化的研究、女同性恋研究及酷儿理论、残疾女性研究、立场理论和后现代结构理论。两种批判思潮从这些发展中浮现出来:(1)在黑暗中进行的、去殖民化的、本土化研究,和(2)作为一种批判方法的、拓展的、成熟的交织性。这种复杂性已使研究者-参与者的关系变得更加复杂,它动摇了局内人-局外人的研究模型。在本土性研究中,它提倡学术的非殖民化。这与对有关经验、差别和社会性别的传统词汇的解构联系在一起。

一种性别化的去殖民话语聚焦于以下概念:经验、差别、偏见与客观性、效度与可信度、声音、表演和女性伦理。在最后一点上,奥勒森精湛地详细解释了由坎内拉和林肯(本手册第 5 章)及克里斯蒂安(本手册第 4 章)提出的框架。

反启蒙主义的女性主义实践

莱德森-比林斯(Gloria Ladson-Billings)和唐诺(Jamel Donnor)在本手册第 3 版所写章节中提出了旨在社会正义和革命惯习(revolutionary habits)的行动主义"批判种族理论(critical race theory,CRT)"。他们的分析关注"召唤"的意义,在这种顿悟的时刻,有色民众被提醒,他们被锁在等级性的种族结构中。批判种族理论者尝试运用了多种诠释策略,涉及故事讲述、自我民族志、个案研究、文本和叙事分析、传统田野调查,以及最重要的,以合作与行动为基础的,有关种族、社会性别、法律、教育和日常生活中的种族压迫的探索与研究。对社会正义的探究是其目的。为实现公正,学术界必须发生改变;它必须支持去殖民化原则。一所经重建的大学将成为种族化他者的家园,在其中,本土的、解放的、赋权的教育学变得司空见惯。

在本手册第 8 章中,迪拉德和欧卡帕劳卡通过开放一种包含文化与精神理解的范式,激进地拓展了 CRT 的范围。他们的框架突出了与非洲及非洲散居地人民联系在一起的精神性。反启蒙女性主义认识论交织于非洲优势女性所受压迫的历史及当代情境之中。在这个模型中,研究是一种道德责任。它尊重跨国黑人女性的智慧、精神性和批判的介入。这些是行动的有力处方。

批判教育学与批判理论

当今,多种批判理论及马克思主义或新马克思主义模型传播于质性研究的话语之中。在林肯和古巴(Lincoln & Guba,2000)所提出的框架中,这一范式,以其多种形式,将一种历史现实主义本体论,一种经交互的认识论和一种对话的、辩证的方法论连接在一起。本手册第 9 章的作者们追溯了批判研究(马克思主义理论)的历史,从法兰克福学派到新近的,发生于后结构主义、后现代主义、女性主义、批判教育学和文化研究理论中的转化。

他们勾画了一种批判理论,一种被其称为批判性谦恭的杂烩,一种对新千年的演进的批判性,这始于一种假设,即西方社会并不是毫无疑问的民主与自由的。他们的批判理论否定经济决定论,而关注媒体、文化、语言、权力、预防、批判性启蒙与批判性解放。他们的框架包含一种批判阐释学,把工具理性理解为现代社会的最大压迫特性。基于弗莱雷(Paulo Freire)、马克思(Karl Marx)、韦伯(Max Weber)、巴赫金(Mikhail Bakhtin)、哈贝马斯(Jurgen Harbermas)等人的研究,他们提出一种针对文本及其与生活经验之间关系的批判的、实用的方法。这指向了一种“反抗”版本的批判理论,这种版本与致力于社会批判和个体解放的批判民族志与党派的、批判性研究结合在一起。作为烩杂者,批判理论者寻求生产一种实践性的、实用的知识———一种杂烩,它是文化与结构性的,以其历史情境性的程度及产生实践与行动的能力作为判断标准。

正如奥勒森的第 7 章,这一章是对武装的呼吁。愤怒是不够的,我们必须学会如何在世界中行动,以揭露对一个隐形帝国的建造,这个隐形帝国甚至将更多的儿童抛在后面。

文化研究

文化研究不能被局限在单一的框架中。这个领域存在多种研究项目,包括与伯明翰学派联系在一起的研究——霍尔及其同事的研究(参见 Hall,1996)。文化研究在历史意义上是具有反身性的,它是批判的,跨学科的,精通于高深理论,且关注全球性与地方性;它考虑到历史、政治、经济、文化和日常话语。它关注"有关共同体、身份、能动性与变革的问题"(Grossberg & Pollock,1998)。

在其一般的形式中,文化研究涉及如下研究:人们生活的历史是如何由传续而来的结构所生产的。每种形式的文化研究都与三重考量相结合,它们是文化文本、生活经验,以及文本与日常生活之间的连接。在文化文本传统中,一些学者考察大众传媒和流行文化,将其视作历史、意识形态和主体经验相聚之所。这些学者生产了有关特定历史时刻之观众的批判民族志。另外一些学者将文化文本理解为霸权意义生产、分配与消费之所。在民族志传统中存在一种对社会文本及其生产的后现代考量。

用以界定文化研究的学科界限持续变动,而且并没有一种被普遍认同的、将文化研究作为正式学科的标准谱系。然而,这里存在一定的盛行趋势,包括对日常生活与个人生活政治性的女性主义理解;文本主义者、民族志者和自我民族志者之间的争论;围绕现代公民梦想的讨论。

文化研究的开放特质永久地抵制将单一界定强加给整个研究的企图。这里有批判马克思主义、建构主义和后实证主义立场,以及出现的女性主义和伦理模型。文化研究领域的学者借鉴历史现实主义与相对主义的本体论,交互性的认识论和对话性方法论,而同时又保持对以行动为导向的历史和结构框架的忠诚。

在第 10 章中,加迪纳和纽曼概述了述行的、身体化的、后结构主义的、情境主义和全球化的文化研究项目。他们将文化研究的主体定位于"9·11"事件之后的军事化文化、动荡的中东,以及伊拉克与阿富汗的无休止的战争背景中。文化研究正在遭受消费、种族和性别压迫中的他律逻辑的监禁与攻击。参考他们自己的研究,加迪纳和纽曼为激进的具体化文化研究勾画了一种方法论,这种方法论立足于对现实的生活、话语和情境维度的兴趣,在文化主义者和现实主义者纲领之间徘徊。

他们的研究是一种历史具象化的和身体化的文化研究。它由政治定位的身体向外,将身体置于决定意义、身份与机会的历史结构中。他们追求一种表演的文化研究,能够以一种实现社会公平与激进的、进步之民主的方式将世界变得可视化。由此,他们徘徊于地方性与全球性、文化与现实、个人性与政治性以及具体化和表演之间。

批判人文主义与酷儿理论

批判种族理论断然将种族与复杂的种族主体性概念一同带入质性研究。它们保持这一特点,直至酷儿理论(queer theory)也在从事相同的研究;也就是说,去质疑和结构有关的统一性别化(即种族化)主体的概念。在本手册第 11 章中,普卢默将酷儿理论指向新的方向。他从自己的传记开始,描述了一个渴求进步的后同性恋人文主义者、女性主义者、酷儿和批判人文主义者。他认为,在后现代时期,一些词汇(如家庭)

以及我们的很多研究语言都是过时的。它们已不再被需要。它们已经死亡。

伴随酷儿理论的到来,社会科学来到新的空间。这是一个后现代碎片化、全球化与后-人文主义的时代。这个时代也需要新的研究风格,进行反身性酷儿的、多音的、叙事的、伦理的转向。普卢默的批判人文主义,以其对符号互动论、实用主义、民主思想、故事相熟、道德进步和社会公正的强调,驶入这一领域。它致力于减轻人类的苦难,致力于一种关心与同情之伦理,致力于尊重之政治,以及信任的重要性。

他的酷儿理论是激进的。它鼓励性研究与社会性别研究的后现代化。它解构了有关性与社会性别的传统分类。它挑战了异性与同性的二元对立;越轨范式被放弃。他的酷儿理论认真地践行文本转向,支持颠覆性民族志、清理性方法论、民族志行为表述和酷儿个案分析。

通过质疑日常生活中的同-异性二元论,酷儿理论为男同性恋、双性恋、变性及女同性恋话语开创了空间。这意味着研究者必须考察社会场所是如何部分地被同-异性二分法结构化的。酷儿理论挑战这种认识论,因其解构了统一主体性的观点。在调查群体之界限是如何被创造、被协商和变化的过程中,酷儿理论成为一个主题,也成为一种素材。制度化及历史化分析是这种研究的核心,因为它们阐明了自己及其身份认同是如何镶嵌在制度与文化实践中的。

普卢默曾经问到,在现今时代,"全球批判人文主义是可能的吗——生成一种跨国酷儿理论是可能的吗?"如果是,这会是什么样子的呢?他呼唤一种世界性方法论,一种具有开放情怀的方法论,一种尊重,以及一种跨越亲密生活之公民身份的对倾听、学习和对话的意愿。

亚洲认识论

在本手册第 12 章中,刘分析了亚洲认识论以及它们对在亚洲及其他地方的当代社会心理学研究所产生的影响。他继而将质性研究拓展至非西方文化,指出亚洲的社会科学仍然被引进的西方逻辑实证主义所影响。

近年来,兴起一种本土的亚洲认识论和本土心理学——从日本到中国、印度尼西亚、菲律宾、韩国。例如,中国的本土心理学拥有自己的发展历程、常规会议和优先的研究方法。根植于研究实践而非认识论,一项高度实用的方法描绘了典型的亚洲本土心理学的特点。阐释主义与经验主义思想流派在竞争。

大多亚洲本体论是整体性的,文化镶嵌于研究的过程与目标中。文化被理解为由历史建构而成。人们发展了一种关于心灵的理论,并通过语言分析他们自身。

残疾共同体：旨在社会公平的变革研究

　　本手册第 13 章勾勒了社会残疾范式（a social disability paradigm）的主要诠释轮廓。紧跟反种族主义者、女权主义者和同性恋者在 20 世纪 60 年代的维权运动，整个西方世界的残疾人开始组织起来去挑战残疾人的压迫性刻板形象，并倡议施行非压迫性的、赋权性的残疾人研究。实证主义的、解放的和具有变革性的研究范式被放在一起比较与竞争。变革性模式（the transformative model）关注的不是残疾本身（如解放模式），而是包括残疾、社会性别、种族、性取向和社会阶层的历史与文化情境。诠释与混合的研究方法被用在这两种范式下。变革性范式是行动主义的、批判的和建构性的，镶嵌于社会正义与人类权利的议程中。它将变革性视角与残疾权利理论者的论据合并在一起。从本章提供的与本地人一起研究的例子看，并不存在单一的、同质的、本土的或残疾的共同体。默滕斯等人在结束语中谈到一个有力的观点：通向全面理解残疾人的人权与社会正义的道路并不平坦，而变革性范式提供了更进一步的道路。

结　语

　　作为诠释-修补匠的研究者对本手册第 II 部分所讨论的任何一个范式和视角来说都不能是门外汉。研究者必须理解每一种范式和视角所持的基本伦理假设，以及本体论、认识论和方法论假设，并能和它们进行对话。范式与视角之间的区别在实践层面、物质层面和日常生活层面都具有显著和重要的意义。只要各种范式与视角的支持者继续坐在一起讨论他们之间的分歧，并寻求其相同之处，那么范式之间的差别就可能会不断模糊。

　　同样很清楚的是，并不存在单一的"真理"。真理都是片面与不完整的。正如林肯和古巴所述，没有一种范式传统将所有的社会科学研究者归拢其中。我们所处的历史时期以多重之声音、辩论之意义、竞争之范式及新的文本形式而著称。这是一个解放的时代，从单一真理王国中得以解放，从以单一色彩观察世界的过程中解放出来。

参 考 文 献

Foley, D., & Valenzuela, A. (2005). Critical ethnography: The politics of collaboration. In N. K. Denzin & Y. S. Lincoln (Eds.), *The SAGE handbook of qualitative research* (3rd ed., pp. 217-234). Thousand Oaks, CA: Sage.

Grossberg, L., & Pollock, D. (1998). Editorial

statement. *Cultural Studies*, *12*(2), 114.

Guba, E. (1990). The alternative paradigm dialog. In E. Guba (Ed.), *The paradigm dialog* (pp. 17-30). Newbury Park, CA: Sage.

Hall, S. (1996). Gramsci's relevance for the study of race and ethnicity. In D. Morley & K.-H. Chen (Eds.), *Stuart Hall: Critical dialogues in cultural studies* (pp. 411-444). London: Routledge.

Ladson-Bilings, G., & Donner, J. (2005). The moral activist role of critical race theory scholarship. In N. K. Denzin & Y. S. Lincoln (Eds.), *The SAGE handbook of qualitative research* (3rd ed., pp. 279-302). Thousand Oaks, CA: Sage.

Lincoln, Y. S., & Guba, E. (2000). Paradigmatic controversies, contradictions, and emerging confluences. In N. K. Denzin & Y. S. Lincoln (Eds.), *Handbook of qualitative research* (2nd ed., pp. 163-188). Thousand Oaks, CA: Sage.

再论范式的论争、矛盾与新兴的融合

PARADIGMATIC CONTROVERSIES, CONTRADICTIONS, AND EMERGING CONFLUENCES, REVISITED

◉ 伊冯娜 S. 林肯(Yvonna S. Lincoln)　　苏珊 A. 林汉姆(Susan A. Lynham)

埃贡 G. 古巴(Egon G. Guba)

朱志勇 译　　范晓慧 校

在本手册第 1 版我们撰写的那章(Guba & Lincoln，1994)中，我们侧重讨论各种研究范式的合法性问题以及知识和范式的霸权现象。我们讨论的后现代范式(后现代主义、批判理论、建构主义)[1]与标准的实证主义、后实证主义范式争夺合法性。此后的 15 年间，社会科学研究领域发生了翻天覆地的变化。在合法性问题上，我们发现，熟悉研究方法和研究范式的读者们，对本体论与认识论有着很强的兴趣，如女性主义理论、批判种族和族群研究、酷儿理论、后殖民主义本体论和认识论、后建构主义和后现代理论等，这些与传统的基础社会科学有着天壤之别。其次，即便是接受过量化社会科学训练的专家们(包括我们自己)，也想习得更多的质性研究方法，这是因为，在研究生院研读的新专业人士在其质性研究和论文撰写过程中会向我们提出各种问题并寻求相关的指导。再者，质性文本、研究论文、研讨会和培训资料数量空前。事实上，社会科学的理论与实践逐渐更具阐释性、后现代性和批判性，我们要想错过这一明显的转变都很难(Bloland，1989,1995)。在这种非实证主义倾向的情境(环境)中，几乎所有研究都要遭到相反范式倡导者的质疑。此外，采用新范式研究的人数明显日益增多。后实证主义和后现代范式的合法性得到了人们的公认，或至少也与标准的传统范式旗鼓相当(Denzin & Lincoln，1994)。

在后现代范式中的霸权问题上，很明显，格尔茨(Geertz，1988，1993)预言的"各种类型将会模糊化"很快成了现实。研究方法论不再被视为一组普遍适用的规则或抽象的概念。

方法论不可避免地与具体学科(如社会学和心理学)、具体理论视角(如马克思主义、女性主义、酷儿理论)的本质交织在一起，并从中应运而生。所以，我们可以阅读女性主义批判理论家奥勒森(本手册第 7 章)和拉瑟(Lather，2007)，或酷儿理论家加姆森(Gamson，2000)的著作，我们在理解教师赋权和学校教育民主化的次生文本时，也能读懂教师亦是研究者的说法(Kincheloe，1991)。事实上，各种范式开始"杂交"，以至于先前被认为存在不可调和的冲突的两位理论家，如今在不同的理论类目下，鼓吹着彼此的论点。一个切身例子就是我们自己。我们的研究深受行动研究者、后现代和后建构主义批判理论家的影响。所以，与其争论范式的优劣，不如研究这些范式的哪些方面如何体现着一致性，哪些方面如何体现了差异性、争议性和矛盾之处。我们相信，随着质性研究或诸多质性研究领域的不断成熟，其相应的政治、方法论和认识论的成熟度也会逐渐提高，新的联系将会出现，在如何阐释以及阐释的重点中也将会出现新的相似点。

所有研究范式面临的主要议题

在本手册第 1 版中，我们用两张表格分别总结了我们对各个范式不言自明的本质的看法（当时我们考虑的是实证主义、后实证主义、批判理论和建构主义范式；Guba & Lincoln，1994，p. 109），以及我们对区分四种范式最基本的议题的看法（p. 112，Table 6.2）。下面的表格与它们略有差异，旨在帮助大家熟悉一下我们在第 1 版中所做的陈述（表 6.1），对已有的和新近的研究范式都从本体论、认识论和方法论角度加以总结。人们通常讨论最激烈的议题有：研究目的、知识的本质、知识累积的方式、好坏（指严谨性和效度）或曰质量标准、价值观、伦理观、声音、培训（着手让研究者参与重要的反思性田野作业准备工作的本质）、适应性和霸权等（表 6.2）。通过这两张表格，读者可以熟悉我们在本手册第 1 版中的写作构思，当然，更为详细的信息也在那一版中。细心的读者会发现，从第 1 版面世到本版的撰写，林汉姆加入了我们的行列，创建了一个全新的、内容更为丰富的表格，它不仅融入了我们逐渐深入的理解，还纳入了她与我们、与学生之间合作的成果，扩大了新的研究范式的参考框架。

表 6.1　各种研究范式的基本观点（形而上学）

类别	实证主义	后实证主义	批判理论等	建构主义
本体论	朴素现实主义："真实的"且可以被理解的现实	批判现实主义："真实的"但不能被完美地而仅是概率性地理解的现实	历史现实主义：虚拟现实，由社会、政治、经济、文化、族群和性别价值观塑造；随着时间的推移而成形	相对主义：当地具体建构、合作建构的现实
认识论	二元论/客观主义；结果是真实的	修正的二元论/客观主义；批判传统/社会；结果很可能是真实的	交互性/主观主义；结果是价值观介导的（value-mediated）	交互性/主观主义；结果是创造的
方法论	实验的/操控的；验证假设；主要为量化研究方法	改良的实验的/操控的；批判多元论；证明假设是错的；可能包括质性研究方法	对话的/辩证论的	阐释学的/辩证论的

表 6.2　部分实践议题的研究范式立场

类目	实证主义	后实证主义	批判理论等	建构主义
研究目的	说明:预测与控制		批判与改革;恢复与解放	理解;再建构
知识的本质	已被验证的假说,被确定为事实或规律	未被证明为错误的假设,很有可能是事实或规律	结构的/历史的洞见	以人们的共识为基础的个人和集体的再建构
知识累积	增加:向"知识大厦"进行"添砖加瓦";归纳与因果联系		历史修正主义;因相似性而加以归纳	更为明达、复杂的再建构;替代的体验
好坏或者质量标准	传统的"严谨性"标准:内在和外在的效度、信度和客观性		历史境遇;无知和误解的消失;行动激励	可信性和真实性,包括行动的催化剂
价值观	排斥的:否认影响		包含的:*形成性的*	包含的:*形成性的*
伦理观	外在的:偏向于欺骗		内在的:道德偏向于启发	内在的:过程偏向于启发;特殊的问题
声音	"公正的科学家"作为决策者、政策制定者和变革推动者的信息通报者		"变革型知识分子"成为倡导者和实践主义者	"有激情的参与者"成为多重声音再建构的促进者
培训	技术的;量化的;实质性理论	技术的;量化和质性的;实质性理论	再社会化;量化和质性的;历史;利他主义、赋权和解放的价值观	
适应性	可通约的		与前两个不可通约的	
霸权	控制出版、资金、推广和占有		寻求认可与输入;质疑原先的范式;与后殖民主义理想一致	

　　自本手册第 1 版那章出版以来,至少有一组作者——赫伦和里森(Heron,1996;Heron & Reason,1997,pp. 289-290)——详细说明了我们的表格需要添加参与性/合作性范式(participatory/cooperative paradigm)。因此,本文中,我们在原有的实证主义、后实证主义、批判理论和建构主义范式基础上增添了参与性范式(这很好地说明了我们自身观点中的阐释性描述,我们可以增添建构主义;参见 Guba,1990,1996)。在此,我们在赫伦和里森的基础上做了改进,重新安排议题以反映出当代思想,便于开展深入的分析。我们选择的议题既包括我们最初在第 1 版中提出的议题,也有赫伦和里森(Heron & Reason,1997)和林汉姆补充、修改和扩增的内容,此外,还包括了我们认为当今最为重要的议题。这里,"重要(important)"有几层含义。重要的议题可能指代人们广泛讨论(甚至激烈争论)的话题,比如效度;它可能指预示新意识的议题(如对价值观作用的认识议题);也可能指一种研究范式影响另一种研究范式的议题(比如女性主义、行动研究、批判理论和参与性模式对研究者在实施研究的环境中所持有的行动观念的

影响和对此环境的影响问题)。议题之所以重要,或是因为解决这些议题的新的或扩展的理论、田野实践是最近才出现的,如声音、反思性议题。此外,"重要"也可能表明,新兴的、新的方法与早期的相抵触,这样,关于方法、范式或伦理观的争论再次成为焦点,关于什么是质性研究的问题就有了丰富而有成效的对话。有时候,"重要"也意味着更大的社会运动,抑或以科学为名破坏质性研究,抑或宣称只有一种形式的科学配得上这一称呼(National Research Council,2002)。

　　表 6.3 是本手册第 1 版中表 8.3 的重复,只是增加了赫伦和里森(Heron & Reason,1997)提出的参与性范式。表 6.4 是本手册第 1 版中表 8.4 的更新版,"声音(voice)"在 1994 年版中的表 6.2 被重新更名为"研究者态度(inquirer posture)",现在我们再次更改为"声音"。

表 6.3　各种研究范式的基本观点(最新版)

类别	实证主义	后实证主义	批判理论等	建构主义	参与性[a]
本体论	朴素现实主义:**"真实的"且可以被理解的现实**	批判现实主义:**"真实的"但不能被完美地,而仅是概率性地理解的现实**	历史现实主义:虚拟现实,由社会、政治、经济、文化、族群和性别价值观塑造;随着时间的推移而成形	相对主义:**当地具体建构、合作建构的现实**	参与性现实:主客观的现实,由人与既定世界共同创造
认识论	二元论/客观主义;结果是真实的	修正的二元论/客观主义;批判传统/社会;结果很可能是真实的	交互性/主观主义;结果是价值观介导的	交互性/主观主义;结果是创造的	在与世界进行参与性交互作用中的批判主体性;扩展的经验、命题和实践知识的认识论;结果是合作创造的
方法论	实验的/操控的;验证假设;主要为量化研究方法	改良的实验的/操控的;批判多元论;证明假设是错的;可能有质性研究方法	对话的/辩证论的	阐释学的/辩证论的	合作行动研究中的政治参与;实践的至上原则;在共享的经验情境中使用语言

a.该栏中的类目来自 Heron & Reason (1997)。

表 6.4 部分议题的研究范式立场（最新版）

类目	实证主义	后实证主义	批判理论等	建构主义	参与性[a]
知识的本质	已被验证的假设，被确定为事实或规律	未被证明为错误的假设，很有可能是事实或规律	结构的/历史的洞见	偶尔以人们的共识为基础的个人和集体的再建构	扩展的认识论：实用认知的首要性、批判主体性、鲜活的知识
知识累积	增加：向"知识大厦"进行"添砖加瓦"；归纳与因果联系	历史修正主义；因相似性而加以归纳	更为明达、复杂的再建构；替代性经验	扎根于社区实践的社区研究
好坏或者质量标准	传统的"严谨性"标准：内在和外在的效度、信度和客观性	历史境遇；无知和误解的消失；行动激励	可信性和真实性，包括行动的催化剂	经验的、表述的、命题的和实践的认知；引发行动为实现人类繁荣而变革世界
价值观	排斥的：否认影响	包 含 的： 形 成 性 的			
伦理观	外在的：偏向于欺骗	内在的：道德偏向于启发	内在的：过程偏向于启发		
研究者态度	"公正的科学家"作为决策者、政策制定者和变革推动者的信息通报者	"变革型知识分子"成为倡导者和实践主义者	"有激情的参与者"成为多重声音再建构的促进者	主要的声音体现在有意识的自我反思行为上；次要的声音体现在理论、叙事、运动、唱歌、跳舞和其他表述形式的阐释上
培训	技术的；量化的；实质性理论	技术的；量化和质性的；实质性理论	再社会化；量化和质性的；历史；利他主义、赋权和解放的价值观		促进者/研究者动员合作研究者参与到研究中，使其在积极参与的过程中习得经验；促进者/研究者需要情绪能力、民主的个性以及技能

a.该栏中的条目除了"伦理"和"价值观"，其余来自 Heron & Reason（1997）。

表 6.5a　知识主题:研究目的、思想、设计、程序与方法(各种研究范式的基本观点[形而上学])

	实证主义 (实证主义者,"硬科学"研究者)	后实证主义 (实证主义的改良形式)	批判理论 (+女性主义+种族理论)	建构主义 (或阐释主义者)	参与性[a] (+后现代主义)
	实证主义者,"硬科学"研究者	实证主义的改良形式	为受权力压迫的人制造变革	通过阐释主体观念来获取理解	根据研究者和研究对象的民主参与进行变革
本体论 研究者在其追求新知识过程中所运用的世界观和假设(Schwandt, 2007, p. 190)。对存在的事物的研究,以及研究什么是存在的(Latsis, Lawson, & Martins, 2007)。现实的本质是什么?(Creswell, 2007)	认为现实是单一的、可识别的。真理是单一的,可以测量学习的。研究的目的是预测和控制大自然(Guba & Lincoln, 2005; Merriam, 1991; Merriam, Caffarella, & Baumgartner, 2007)。	认识到我们无法全然地知晓大自然。现实是单一的,但我们可能不能完全地知道它是什么以及如何去理解它,因为大自然存在着各种隐性因素并缺乏绝对的事物(Guba & Lincoln, 2005; Merriam, 1991; Merriam et al., 2007)。	人性存在于一个以获取权力为目标的世界。这导致权力以种族/族群,社会经济阶层,性别,智力/体力,性取向为基础的特权和压迫相互影响(Bernal, 2002; Giroux, 1982; Kilgore, 2001)。	相对者:现实的形式构建为基础,具有当地性和具体性其形式和内容取决于拥有它们的人(Guba, 1990, p. 27)。相对论:当地具体建构和合作建构的现实(Guba & Lincoln, 2005, p. 193)。我们独特的个人现实——我们在其认识生活的方式以及我们在其中扮演的角色——是自我创造的。我们创造了我们自己的个人现实(Guba & Lincoln, 1985, p. 73)。存在着多元现实,是由个人决定的(Guba, 1996)。	参与性现实:主客观的现实,由人与人周围的世界共同创造(Guba & Lincoln, 2005, p. 195)。从客观性解脱出来,对自我和他者的关系有新的理解(Heshusius, 1994, p. 15)。社会建构:与建构主义相似,但它不认为是理性实践是深入理解的途径(Kilgore, 2001, p. 54)。主客观现实:知者在认识时只能是知者。世界观是建构在参与与性现实实基础上的形而上学(Joselson, 1995, p. 29)。包含相对性的形而上学(Heron & Reason, 1997)。

| 认识论

思维的过程。是我们所知所看与我们身为研究者寻求和相信的真理（Bernal, 2002; Guba & Lincoln, 2005; Lynham & Webb-Johnson, 2008; Pallas, 2001）。

研究者和研究对象之间是什么关系？(Creswell, 2007) | 相信绝对的客观性。没有必要去和研究者所看的人和物进行互动。研究者应该只重视科学严谨性，而不是研究对象的社会或对象的影响（Guba & Lincoln, 2005; Merriam, 1991; Merriam et al., 2007）。 | 设想我们只能接近本质。研究只是让我们根据作出决策。与研究对象的互动应该最少化。研究的效度不取决于研究对象，而是同辈群体，即研究共同体（Guba & Lincoln, 2005; Merriam, 1991; Merriam et al., 2007）。 | 开展研究的驱动力是要研究社会结构，自由与压迫，权力与控制。研究者相信，生产的知识能够改变现存的压迫结构，并能通过赋权消灭压迫（Merriam, 1991）。 | 我们开展的是公众和我们的研究对象能够理解的研究（Preissle, 2006, p. 636）。

设想现实如我们所知晓的那样，是借助社会和经验形成的那意义和理解通过主体间性建构的（Guba & Lincoln, 1994）。

对我而言，这意味着我们是通过已有的经验和与社会成员之间的互动来建构意义的。作为研究者，我们就必须参与到研究对象中去，以确保我们生产的只是参与与研究对象的现实。

主观主义者：研究者和研究对象合并为一个单一实体，结果完全是在这两者的互动过程中创造出来的（Guba, 1990, p. 27）。

交互性主观主义：结果是共同创造的（Guba & Lincoln, 2005, p. 195）。

哲学观是人们建构了自己对现实的理解；我们根据与周围环境的互动而创造意义（Guba & Lincoln, 1985）。

社会观实是根据行动者在环境中的参考框架而建构的（Guba & Lincoln, 1985, p. 80）。 | 整体论：取代了真理先于"阐释"这个真理和"阐释"之间的传统关系（Heshusius, 1994, p. 15）。

在与世界进行参与性交互作用中的批判主体性；扩展的经验、命题和实践知识合作创造的结论；结果是合作创造的（Guba & Lincoln, 2005, p. 195）。

批判主体性：理解我们认知的方式以及知识完善的关系。认知的四种方式：经验、表述、命题和实践方式（Herron & Reason, 1997）。 |

| 方法论
是我们如何寻求新知识的过程以及研究该怎么进行的规则(Schwandt, 2007, p. 190)。
研究的过程是什么(Creswell, 2007)。 | 相信科学研究方法。重视决策的"优质标准"。扎根于传统的自然科学学科中。相信证伪原则(即研究结果和发现在被证明有误之前是正确的)。有价值的数据应该能够被复制的研究(Merriam, 1991)。 | 研究者应该努力接近现实。要直观地阐释研究结果就必须使用统计资料。相信科学研究方法。研究就是努力创造新知识,寻求科学发现。要尽量比实证主义提出更多的问题。 | 对话的、辩证论的(Guba & Lincoln, 2005)。寻求参与性研究,赋权那些被压迫或支持社会变革发生的人(Merriam, 1991, p. 56)。 | 阐释的、辩证的。阐释性地引出、提炼、辩证地比较异同,目的是得出一个或几个多数人认可的建构(Guba, 1990, p. 27)。
阐释学的;辩证法的(Guba & Lincoln, 1985, p. 195)。
阐释学的讨论(Geertz, 1973)。 | 合作行动研究中的政治参与;实践的至上原则;在共享经验情境中使用语言(Guba & Lincoln, 2005, p. 195)。
使用解释学主义来质疑成人教育研究文献中流行的学习者和学习的各种表述;质疑二元现象构成交流的虚假二元现象,并质疑那些关于什么该 |
| | | | 研究结果是由研究者和被研究对象互动所产生的(Guba, 1996)。
不认可自己是知者,我们的就不能认知现实(Flax, 1990)。
同时是经验的、主体间性的,以过程为导向的(Flax, 1990)。
我们研究在研究自己和他者的我们自己(Preissle, 2006, p. 691)。
设想我们不能将自己脱离于我们认知的东西。研究者和研究对象是密切关联的,这样,我们如何理解这个世界?我们如何理解他者是谁?这成了我们如何理解自己、他者和世界的核心(Guba & Lincoln, 1994)。
这意味着我们受已有经验的影响,经验往往自作为研究者的我们所产生的知识中,出自我们的研究对象所形成的数据中。 | | |

是不是常规的，正确的或更好的断言（Kilgore, 2001, p. 56）。

经验认知是经由面对面的学习得的，新知识的学习是经过运用知识获取的。

民主化和共同创造是研究内容也是研究方法。

作为合作研究者和合作研究对象一起参与到民主的对话中（Herron & Reason, 1997）。

阐释学（诠释学，即对隐喻的认知与解释），比较异同的辩证法（通过理性讨论解决分歧）（Guba, 1996）。

对现实的日常意识以及现实的多变性弥漫在政治、媒体和文献之中（Guba & Lincoln, 1985, p. 70）。

现实必须以大家一致同意的语言来建构（Guba & Lincoln, 1985, p. 71）。

关于未来的观察和思索有助于我们理解过去和现在，对现有自己理想的未来（Preissle, 2006, p. 686）。

诠释性手段主要是自然主义方法（访谈、观察，对现有文本加以分析）（Angen, 2000）。

这些方法确保研究者和它们互动以期共同建构一个有意义的现实的人与人的充分的对话（Angen, 2000）。

总体而言，意义形成于研究的过程中（Angen, 2000）。

典型的是使用质性研究方法（Angen, 2000）。

阐释循环：行动导致收集资料，接着是诠释资料，之后就促成了基于资料基础上的行动（class notes, 2008）。

因为研究中存在未知因素。

存在一种统一的方式。

与研究者保持距离以实现客观性：使用假设，假设与演绎法：假设，演绎和概括（Guba & Lincoln, 2005; Merriam, 1991; Merriam et al., 2007）。

表 6.5b　知识主题:研究目的、思想、设计、程序与方法(部分实践议题的研究范式立场)

	实证主义	后实证主义	批判理论(+女性主义+种族理论)	建构主义(或阐释主义者)	参与性(+后现代主义)
研究目的 指研究的目标以及为什么开展研究。我们追求的目标和知识是什么?(Guba & Lincoln, 2005)	研究应该以预测与控制大自然现象为目的。论证能够适用于自然秩序的法则。	研究者尽可能地贴近答案。研究者不能全然自然地获取现实但可以接近现实。	研究是为了任探寻社会权力斗争的真理过程中发现社会权力结构(Giroux, 1982; Merriam, 1991)。	通过现象的意义来理解和阐释(这种意义来自已有的体验)意义的联合建构或再建构这种理解的目的是指导实践(改善实践)。	现实的形式和本质是什么?哪些是我们可以知晓的?知者或被知者与可认对象之间是什么关系?研究者是如何可以……着手发现自己相信可以被认知的任何对象?人生中具有内在价值的是什么?尤其是其价值的知识——如果知识确实存在价值的话,是具有内在价值的(Heron & Reason, 1997)。
			激励受压迫者理性地存细检查自己生活的各个方面,在此理解基础上重新调整他们的集体存在的秩序,这最终将使社会政策和实践发生变化(Fay, 1987)。	理解/再建构(Guba & Lincoln, 2005, p. 194)。文化理解上有一致(Geertz, 1973)。科学概括也许不能解决所有问题(Guba, 1996)。理论与实践之间的悬殊需要理论来弥补(Guba, 1996)。阐释学的基本要旨是,有人的存在就有阐释,只有研究人类意义方面的本质,我们才能理解人人(Josselson, 1995)。	
知识的本质 研究者如何看待研究中产生的知识?(Guba & Lincoln, 2005)	假设被验证为事实。	存在一个正确的唯一的真理,它可能有多重隐藏价值阻素因阻碍人们完整地得出答案。	知识是"主观性的,解放性的,能导致基本的社会变革"(Merriam, 1991, p. 53)。理性实践是深入理解的途径。知识是深入理解人类兴趣的逻辑产物(Kilgore, 2001)。	行动者所建构的意义是知识的基础。个体和集体的再建构有时是以人们的共识为基础(Guba & Lincoln, 2005, p. 196)。集体再建构的基础是人们对文化意义的共识(Geertz, 1973)。	认为知识的形式是社会建构的,是知者眼里的知识形式,而不是知者成于现存的现实(Kilgore, 2001, p. 51)。扩展的认识论:实用知识的首要性。批判主义知者的知识是人们对文化性、鲜活的知识(Guba & Lincoln, 2005, p. 196)。

经验参与。

命题认知。

主客观现实。

实际认知是认知如何去做事，体现在技能或能力上（Heron & Reason, 1997）。

行动者建构的意义是知识的基础。

个体和集体的再建构有时是以人们的共识为基础的（Guba & Lincoln, 2005, p. 196）。

集体再建构的基础是人们对文化意义有共识（Geertz, 1973）。

人们建构自己对现实的理解（Guba, 1990）。

现实以多元智力建构的形式为基础的理解（Guba, 1990）。

现实以多元智力建构的形式存在，以社会和经验为基础，具有当地性和具体性，其形式和内容取决于拥有它们的人（Guba, 1990, p. 27）。

知识是从经验和个体与他者、环境互动中认知和建构的（class notes, 2008）；是研究者和被研究对象之间互动过程中主观、共同创造的（class notes, 2008）。

知识是社会建构的，不是被发现的（class notes, 2008）。

观察对话可以使我们建构一个完整的人的元叙事，这不是将人分割成局部，而是任何整体的本质。只有这样，我们才能开始想象现实是什么（Josselson, 1995, p. 42）。

现实以多元智力建构的形式为基础，以社会和经验为基础，具有当地性和具体性，其形式式和内容取决于拥有它们的人（Guba, 1990, p. 27）。

知识是从经验和个体与他者与环境的互动中认知和建构的（epistemology class notes）；是研究者和研究对象之间在互动和研究过程中共同创造的（epistemology class notes）；知识是社会建构的（epistemology class notes）。

结构的/历史的洞见（Guba & Lincoln, 2005）。

知识是社会建构的，是知者眼里的知识，是知者眼里的知识形式，而不是形成于现存的现实（Kilgore, 2001, p. 51）。

续表

知识累积 知识是如何在已有知识基础上加深对研究对象领域或对象领域的理解的? (Guba & Lincoln, 2005)	努力找寻能更好阐释研究领域的因果联系。通过长时间科学方法的使用,它能成为法则(Merriam, 1991)。	知识累积是以看历史的视角为基础的,这样知识就不再是获取组织人的工具(Guba & Lincoln, 2005)。	使用统计和其他方式尽可能地接近现实。尽管现实可能完全根本不可能的接近过程却可以推进我们对深人的理解。	更为明达、复杂的再建构;替代的经验(Guba & Lincoln, 2005, p. 196)。例如,自20世纪80年代以来,质性研究受深受后现代主义和后现代人文学科发展的影响。这使得人们对语言,尤其是根植在学术语中的语言假设非常的敏感(如Scheurich, 1996),这对后实证主义,诠释学和批判理论的学者是种挑战(Preissle, 2006, p. 688)。	扎根于社区实践的社区研究中(Guba & Lincoln, 2005, p. 196)。人对世界的概念性表述来自于经验性地参与到现有的……经验认知包括象征性的、概念的、命题的认知框架(Heron & Reason, 1997, pp. 277-278)。
好坏或质量标准 研究者如何判断研究的质量? (Guba & Lincoln, 2005)	来自科学研究的严谨的资料。	研究者得出的数据的统计置信水平和客观性。	价值在于不应得的特权的消失以及以创造一个更公平的社会行传授权的能力(Giroux, 1982; Guba & Lincoln, 2005)。	行动者主体间的协定与推理通过对话,共同的谈论和建构实现。可信性和真实性,包括行动的催化剂(Guba & Lincoln, 2005, p. 196)。可信性,可转移性,可确证性(Guba & Lincoln, 2005)。质疑客观性,主观性和它们之间的关系(Preissle, 2006, p. 691)。	经验的,表述的,命题的认知和实践的认知人类繁荣而变革世界(Guba & Lincoln, 2005, p. 196)。行动者主体间的协定与推理通过对话,共同的谈论和建构实现。可信性和真实性,包括行动的催化剂(Guba & Lincoln, 2005, p. 196)。可信性,可转移性,可靠性,可确证性(Guba & Lincoln, 2005)。质疑客观性,主观性,主观性和它们之间的彼此的关系(Preissle, 2006, p. 691)。

	价值观					
价值观 研究者将什么视作研究中的重要产物?(Guba & Lincoln, 2005)	基于标准的研究。价值体现在科学研究方法中。黄金标准是科学的严谨性。	即便资料不完整并含有隐藏价值,还是可以找到有价值的信息。	是包含的,形成性的(Guba & Lincoln, 2005)。	价值是与个体相关的,需要被理解;是与研究和研究结果密不可分的(class notes, 2008);是包含的,形成性的(Guba & Lincoln, 2005)。	研究者寻找有变革能力的、有用的资料以传递社会公平(Giroux, 1982)。 价值体现在理由充分的反省和实践的变革中(Creswell, 2007)。 研究价值应该包括:理性的自我清晰度,集体的自我情绪感,公正、身体快乐、娱乐、爱、美的自我表达和包含在这些基本价值中的其他价值(Fay, 1987)。	包含的,形成性的(Guba & Lincoln, 2005)。价值是与个体相关的,需要被理解(Epistemology Class Notes)。
伦理观 指研究者和研究对象之间的互动与关系,以及研究对人的影响(Schwandt, 2007)。	认为数据推动研究具有副作用。目的是研究大自然,而不是改变大自然对人产生的影响(Guba & Lincoln, 2005)。	试图尽可能在诠释现实时统计精确。不考虑对其他的影响,因为研究是为了确保准确无误而不是去影响人。		法兰克福思想学派:研究是一个缺乏公正的社会发展中的具体利益相关的(Giroux, 1982)。	内在的:过程偏向于启发;特殊的问题(Guba & Lincoln, 2005, p. 196)。	内在的:过程偏向于启发(Guba & Lincoln, 2005, p. 196)。包括对文化进行研究和观察的各个方面(Geertz, 1973)。

续表

声音 谁叙述已形成的研究?质性研究方法:呈现研究者的素材以及研究者对象的故事的能力(Guba & Lincoln, 2005)。 研究采用什么语言?(Creswell, 2007)	资料自己会说明一切。研究者是要通过研究得出的数据去告知人们(Guba & Lincoln, 2005)。	制造数据是为了促使社会变革,传播社会公正,为所有人争取平等的权利(Giroux, 1982)。 (倡导者/实践主义者)	"有激情的参与者"成为多重声音再建构的促进者(Guba & Lincoln, 2005)。 文化多重声音再建构(Geertz,1973)。 这意味着,当批判理论试图参与建构去改变权力结构时,本范式的研究者却企图通过社会积累下来获取社会对象如何在社会背景下感知和互动来获取背景下自己关于自己和研究对象的知识。	"有激情的参与者"成为多重声音再建构的促进者(Guba & Lincoln, 2005)。 文化多重声音再建构的促进者(Geertz, 1973)。
培训 研究者如何为实施研究做好准备?	研究者接受专门化的非常量化方法的培训(Guba & Lincoln, 2005)。	研究者接受专门化的非常量化方法的培训,但是又能将多种方法混合使用于研究中(Guba & Lincoln, 2005)。	研究者接受质性和量化研究方法的训练;他们学习历史和社会科学来理解赋权和解放问题(Guba & Lincoln, 2005)。	再社会化;量化和质性,历史和质性,利他主义,赋权和解放的价值观(Guba & Lincoln, 2005, p. 196)。
研究者态度 研究者所持有的观点。研究者是如何开展研究的?(Guba & Lincoln, 2005)	无利益关系的科学家。研究者必须一直远离研究过程,不可以试图去影响政策(Guba & Lincoln, 2005)。	研究者远离了研究的过程,但关注它的结果(Guba & Lincoln, 2005)。	研究者是实践主义者,是有变革能力的知识分子。研究者知道如何通过社会公正来创建一个公平的社会(Bernal, 2002; Giroux, 1982; Guba & Lincoln, 2005; Merriam, 1991)。	研究者是知识的共同建构者,是对已有经验意义的理解和诠释的共同建构者(Guba & Lincoln, 2005, p. 196)。 促进者/研究者动员合作研究者参与到研究中,使其在积极参与的过程中习得经验;促进者/研究者需要情绪理解,民主的个人性以及技能(Guba & Lincoln, 2005, p. 196)。 主要的声音体现在有意识的自我反思行为上;次要的声音体现在理论、叙事、运动、唱歌、跳舞和其他表述形式的阐释上(Guba & Lincoln, 2005, p. 196)。 可以包括电影和民族志等其他资料表述形式(Eisner, 1997)。

	可通约的	不可通约的	可通约的／不可通约的	不可通约的
适应性 研究提供了什么需求？（Guba & Lincoln, 2005）。	可通约的：研究有共同的研究与分析部分（Guba & Lincoln, 2005, p. 194）。	不可通约的：得到的资料不一定非得来自测量部分。使用能得出多种风格和形式资料的不同研究（Guba & Lincoln, 2005）。	可通约的：研究与实证主义和后实证主义不可通约；与批判参与研究可通约（Guba & Lincoln, 2005, p. 194）。一些适应研究文化的批判主义的，参与性方法（Geertz, 1973）。 不可通约的：得到的资料不一定非得来自测量得出多种风格和方法的研究（Guba & Lincoln, 2005）。	不可通约的：得到的资料不一定非得来自测量部分。使用能得出多种风格和形式资料的不同研究（Guba & Lincoln, 2005）。一些适应研究文化的批判主义的方法（Geertz, 1973）。
霸权 研究者对他者的影响。在研究中谁是权力者？体现对现实要求的界定（Kilgore, 2001）。	现实的统计分析生成数据，这样人们就能做出决策。最终，研究者掌控着研究的整个过程（Guba & Lincoln, 2005, p.194）。	研究论证的是与种族族群、性别、阶层、性取向，智力/体力和年龄相关的特权和压迫之间的相互影响（Kilgore, 2001）。	寻求认可与输入；质疑原先的范式，与后殖民主义理想一致（Guba & Lincoln, 2005, p.196）。后殖民主义是指那些指导殖民统治下文化遗产之间的相处的理论（Gandhi, 1998）。	权力是影响我们知道什么和如何知道的因素（Kilgore, 2001, p. 51）。

表 6.5c 知识主题:研究目的、思想、设计、程序与方法(当代的关键性问题)

	实证主义	后实证主义	批判理论(+女性主义+种族理论)	建构主义(或阐释主义者)	参与性(+后现代主义)
价值论 研究者如何根据自己的价值标准采取行动? 价值采取行动? 研究者采取人,尤其是伦理中的价值判断是什么? 价值有什么作用? (Creswell, 2007)	研究者必须一直远离研究对象,这样他们的行动才不会影响研究所得出的影响着人们(Guba & Lincoln, 2005)。	研究者必须努力深入理解现实,尽可能接近现实,其途径是使用解释和描绘人们认为的现实的统计(Guba & Lincoln, 2005)	研究者努力改革现存教育以及其他社会机构的政策和实践(Bernal, 2002)。努力开展研究以促进社会公正,消除社会压迫带来的阻力和其他负面影响(Giroux, 1982)。	命题的、交互性的认知是具有解放社会的实用价值的,这是其自身的目的,具有内在价值(Guba & Lincoln, 2005, p. 198)。从更长远看,社会解放更具反思性,而批判理论则更倾向直接结果。知识的领会。	实际认识到一个文化如何通过均衡自主,合作和等级划分来繁荣,这是其自身的目的,具有内在价值(Heron & Reason, 1997)。我们为什么创造社会?改变世界或参与意味着参与投入,是一种责任。 为了人类繁荣,社会实践和社会机构要整合三个原则来加强人与人之间的联系。这三个原则就是,为他人,和他人一起,为自己做出决策(Heron & Reason, 1997)。

适应性和可通约性 这个范式可以适应其他类型的研究吗?(Guba & Lincoln, 2005) 研究结果彼此可通约吗?(Guba & Lincoln, 1989) 范式能整合在一起成为一个包罗万象的范式吗?(Guba & Lincoln, 1989)	根据古巴和林肯的研究,所有实证主义形式都是可通约的。所得出的资料与所建立的其他资料效果等同(Guba & Lincoln, 2005)。	不同的研究形式所产生的资料是有先后或等级差异的,因为批判主义研究者想以研究与建立的其他资料效果同(Guba & Lincoln, 2005)。	与实证主义的范式不可通约,与建构主义,批判主义,尤其是当它们融入东方的解放论式是可通约的(Guba & Lincoln, 2005, p. 198)。 与其他现代范式可通约,除了那种以理解问题而不是改革(即产生变革)为目的的范式。 与文化理解的批判主义和参与性范式相适应(Geertz, 1973)。质性研究由多个交叠的实践社会构成。许多质性研究者都同时属于几个这样的共同体(Preissle, 2006, p. 692)。	与实证主义范式不可通约,与建构主义,批判主义,批判主义性范式,尤其是当它们融入东方的解放论式时是可通约的(Guba & Lincoln, 2005, p. 198)。
行动 除了资料外,研究过程产生了什么结果?社会是如何使用研究得出的知识的?(Guba & Lincoln, 2005)	研究者要保持严格的客观性,因而不关心研究所引起的活动(Guba & Lincoln, 2005, p. 198)。	实施研究的目的是促进社会变革,改变人们思维的方式,或分析人类存在(Creswell, 2007)。	与效度联系在一起;没有研究的行动研究通常是不完整的;建构主义范式的研究参与者进行政治行动的培训(Guba & Lincoln, 2005, p. 198)。 必须引导研究参与者采取恰当的政治行动,那么会伤害这些参与者(研究的问责)。 鼓励读者对研究所得出的结果和对文化的解读进行思考(Geertz, 1973)。 根据我对文献的理解,研究者必须理解社会背景和文化,这样得出的资料才可能准确地反映出资料本研究中的实际意义。	与效度联系在一起;没有研究的行动研究通常是不完整的;建构主义范式要求对不理解政治体系的研究参与者进行政治行动的培训(Guba & Lincoln, 2005, p. 198)。

续表

	后实证主义	批判理论	建构主义	参与性
控制 谁决定研究如何实施与应用？(Guba & Lincoln, 2005)	根据古巴和林肯的研究，由研究者控制的研究，缺乏对整个社会的投入和/或关注（Guba & Lincoln, 2005）。	批判种族理论和批判种族性别认识论都表明，在批判主义范式中，研究者和研究对象共同控制研究，最终，被研究者能在研究如何开展方面提出自己的观点(Bernal, 2002)。	研究者和研究参与者共同控制（Guba & Lincoln, 2005, p. 198）。缺乏平等或平等合作控制，研究就无法进行。	研究者和研究参与者和经验共同控制（Guba & Lincoln, 2005, p. 198）。缺乏平等或平等合作控制，研究就是力量(Kilgore, 2001, p. 59)。
与真理和知识的基础的关系 有助于使各个要素的含义与重要性明朗化	后实证主义认为只存在唯一的真理或现实。不过，这个现实人们无法完整地解读。知识就是努力地接近现实，尽可能地接近真理。	批判主义范式的基础是争取实现公平和社会正义，社会科学突显的是人们的受压迫现象。知识就是努力解放受压迫者，改善人类环境(Fay, 1987)。	反基础主义的（Guba & Lincoln, 2005, p. 198）文献显示，从建构主义视角开展的研究会导致出现同一资料的多层阐释。	知识扎根于变革和经验研究中，体现在研究者和研究对象之间共享的研究中（Epistemology Class Notes）。知识是不确定的、多层面的，可以是不理性的（Kilgore, 2001, p. 59）。
效度的扩展认识（好坏的标准） 将伦理和认识论结合起来(道德轨迹)(Guba & Lincoln, 2005)	效度体现在数据的优质标准中，数据能够被证实和复制。	当研究产生了行动（或参与性行动研究）或使人们有能力积极地从事社会变革和开展解放社会的行动时，体现了效度（Guba, & Lincoln, 2005; Merriam, 1991）。	效度的扩展建构（Guba & Lincoln, 2005, p. 198）。效度是形成一致意见的建构，取决于参与者和研究者。"对任何具体的研究进行评价可能需要看总的期望，为子研究量身定做的标准以及随着领域出现的新的期待"(Preissle, 2006, p. 691)。根据此效度评估，数据即便对一个人而言是没有意义的，但对另一个人而言，却可能是一切真理的基础，所以，所有数据都是有效的，此话成立吗？	效度的扩展建构（Guba & Lincoln, 2005, p. 198）。知识能根据研究对象经验的结果而具有变革的能力，这体现着效度（认识论课堂笔记）。

声音、反思性和后现代文本表述					
声音：可以包括作者、研究对象（主体）的声音，研究中研究者的声音（Guba & Lincoln, 2005）。 反思性：对身为研究者，即"工具人"的自我批判性反思的过程（Guba & Lincoln, 2005）。 后现代文本表述：研究者用于了解社会科学如何写作和呈现以避免文本可能会出现的"危险错觉"（Guba & Lincoln, 2005）。 研究的实施过程体现的是谁的声音？谁的观点被体现和/或制造了资料？（Guba & Lincoln, 2005）	只有研究者的声音；如果纳入研究参与者的声音，将会影响研究的客观性（Guba & Lincoln, 2005）。	只有研究者的声音；如果出现研究对象的声音，将会影响研究的客观性（Guba & Lincoln, 2005）。	既有研究者的声音，也同时出现研究对象的声音。研究者谨慎地通过自己的知识，同时范式呈现知识，容易受到其他人的观点的影响（Bernal, 2002; Guba & Lincoln, 2005）。	混杂着研究参与者声音的声音有时占主导地位；反思性是严肃的，存在很多问题的（Guba & Lincoln, 2005, p. 198）。 研究者不希望给研究者任何指向。 研究者必须要反思：一些议题似乎是永久的，比如，如何将多种研究方法结合起来？如何评价研究质量？研究者与研究哲学的关系如何？研究者和公众的关系又如何？（Preissle, 2006, p. 689）	多种声音；文本表述很少得到讨论，存在很多批判主体性和自我意识问题；反思性取决于批判主体性和自我意识（Guba & Lincoln, 2005, p. 199）。 文本性：必须存在于（机构或组织中）被研究的谁或什么的情境中。研究对象的声音必须在研究中得以体现（认识论课堂的笔记）。

根据此范式，如果人们发现数据反映的正是他们所阐述的现实，那么我们可以说数据根本就是有效的吗？

* 表 6.5 最初由古巴和林肯制作，Susan A. Lynham 加以扩展，使之成了教学手段。表格由 David Byrd 填写，但是 Lynham 博士 2008 年在 Texas A & M University 开设的认识论课上的博士生。

除了"研究者的态度",参与性范式的其他类目都来自赫伦和里森,其中只有一个类目他们没有包括,我们就在此添加了一个能体现他们意图的注解。我们不想重复先前版本中的讨论,相反,这里,我们集中讨论表 6.4 中涉及的议题:价值论(axiology)、适应性和可通约性(commensurability)、行动、控制、真理与知识的基础、效度、声音、反身性和后现代文本表述(textual representation)。此外,我们讨论累积的问题、混合方法的问题,因为人们关于这两者在质性研究中存在着一些争议,进行过友好的辩论。我们认为这些是当代最为重要的议题。除了最有争议,这些议题也能为人们创造知识、理论和实践空间来进行对话、达成共识、找到汇合点。这非常有助于杂合各种观点、合并多种视角、对理论进行借用或修补理论,只要这种借用看似有用,能使内容更丰富或在理论上更具启发性。例如,尽管我们自己是社会建构主义者或诠释者,在《第四代评估》(*Fourth Generation Evaluation*,Guba & Lincoln,1989)中,我们呼吁大家根据我们详细阐述的真实性标准采取行动,这种呼吁强烈地体现了本手册早期版本(Kemmis & McTaggart,2000;Kincheloe & McLaren,2000)中明确勾勒出的批判理论者和参与行动研究者的行动倾向。虽然赫伦和里森已经制定了一个模式,称之为合作范式(cooperative paradigm),但是仔细阅读他们的方案,我们就能发现这是后实证主义、后现代和批判主义取向的研究。

熟悉几种研究理论和范式的读者会发现,在扩展版的表格中,许多思想交织在一起。这意味着,正如理查德森所指出的,各个类目"是流动的,事实上,类目本身是在不断变化和扩大的"(Richardson,私人通信,1998 年 9 月 12 日),她说,"即便在(我们)写作时,范式的界限也是变换的"。这就是前面所提到的格尔茨预言"各种类型将会模糊化"的范式对等(paradigmatic equivalent),我们将这种模糊化和变换看作动力的象征,要想确保质性研究对政策制定、对纠正社会弊病产生影响,这种动力是至关重要的。

总体而言,我们自己属于诠释者。我们不认为,"现实"或效度的判断标准是绝对的(Bradley & Schaefer,1998),相反,它取决于共同体对关于什么是"真实的"这一议题的共识。这个议题具体包括:对具体的研究有什么作用和意义?什么在共同体中是有用的?什么是有意义的(尤其对采取行动和进一步措施的意义)?(Lather,2007;Lather & Smithies,1997)我们认为,大多数社会现象是由个人和团体围绕这些现象所开展的意义创造的活动。社会诠释者和社会建构主义者对这些活动非常感兴趣,其原因很简单,就是因为行动(或不作为)就是这些创造意义(meaning-making)、创造感知(sense-making)和归因(attributional)活动形成的。创造意义的活动一旦不完整、有缺陷(如歧视性的、压迫性的、不能摆脱社会偏见和限制的)或畸形(创建于错误的数据基础上的),它们自身就能被改变。然而,我们试图将其他主流的非实证主义范式也纳入其中,但还是不够全面,空间限制就是一大问题。我们希望本章能够让读者熟悉更大的发展趋势、更广泛的论点和对话、更多发人深省的文章和理论,并能更好地领略我们自己目前甚至还不曾看到的——何时何地可以融合各种范式?在什么情况下可以协商获取建构性的友好关系?在什么情况下各种声音开始出现和谐之象?

价值论

此前,我们在表格中添加了价值观这一"议题"类目,因为实证主义或现象学家(phenomenologist)可能有自己的"态度(posture)"(Guba & Lincoln,1989,1994;Lincoln & Guba,1985)。幸运的是,我们保留了自己的观点,这样,我们既可以扩展它,也可以彻底改变它,事实上,我们两者都做到了。现在,我们认为,价值论应该归类于基本的信仰。在《自然主义研究》(*Naturalistic Inquiry*,Lincoln & Guba,1985)中,我们介绍了研究过程中涉及价值观的一些方面:选择议题、选择范式来解决议题、选择理论框架、选择主要的资料收集和分析方式、选择价值观处理议题早已存在的情境、选择呈现研究结果的格式。我们原以为,这些足以证明,价值观是实证主义传统研究模式有别于阐释的研究模式(interpretative form)的一个主要特征。经过再次阅读新的文献资料和反思之后,我们发现,议题其实远非先前设想的那么狭小。如果可以从头开始,我们会将价值观或者,更确切地讲,价值论(涉及伦理、美学和宗教的哲学分支)当作范式设计中基础哲学层面的基础部分。这样做有助于我们考虑和探讨人类研究的精神性(spirituality)作用。有待商榷的是,价值论没有被界定在科学研究之中,只是因为它涉及宗教因素。然而,要将精神性纳入宗教的定义中,会使建构主义者向参与性范式研究者靠拢,而批判理论家则向他们两者靠拢(因为他们两者都关注如何从压迫中获得解放、如何释放人类精神,这些都是深邃的精神问题)。这样,将价值论纳入基本议题之中,是使各种阐释模式实现更多融合的一种方法。例如,在这一议题上,里森(Reason,1993)对"神圣的科学(sacred science)"和人体机能的深刻关注获得了合法地位,理查德森(Richardson,1994)提出的"神圣的空间(sacred spaces)"成为人类探究的权威性场所,也是或正是如早些年里森(Reason,1993)和后来林肯和邓津(Lincoln & Denzin,1994)提出的精神与社会研究交汇的地方。

适合性、可通约性和累积

实证主义和后实证主义偶然还会提出,范式在某些方面是可通约的。换言之,范式可以加以改进来实现彼此同步实施。我们认为,在范式或哲学层面上,实证主义和建构主义理论之间是不可能通约的,不过,在每个范式内,方法论(策略)混合是完全可行的(Guba & Lincoln,1981,1982,1989,1994;Lincoln &

Guba，1985）。因此，在《有效评估》(*Effective Evaluation*)中，我们指出，

> 最适合回应性评估(responsive evaluation)的指导性研究范式是……自然主义、现象学或民族志研究范式。它通常最合适选用质性的方法，然而，有时候大家所关心的议题和关注点所需的信息最好是由最传统的方法，尤其是量化的方法来提供……在这种情况下，传统回应性评估者就会积极地进行恰当地应用。(p. 36)

我们试图阐释清楚那种来自社会科学的"论点(argument)"不是方法，不过，许多新自然主义、民族志、现象学或个案研究方法的评论者却认为它是方法[2]。直到 1998 年，韦斯才能够指出，"一些评估理论家，特别是古巴和林肯(Guba & Lincoln，1989)认为，在一个评估中负责任地将量化和质性研究方法结合起来是不可能的。"(Weiss，p. 268)尽管我们早在《第四代评估》(Guba & Lincoln，1989)中就指出，那些没有得到解决的说法、关切和议题成为先行组织体(advanced organizers)，为评估者提供信息："这种信息抑或是量化的，抑或是质性的。回应性评估不像多数人误以为的那样，它不排斥量化研究模式，不过，它处理的是对未解决的说法、关切或议题的任何回应信息。"(p. 43)

早在《自然主义研究》(Lincoln & Guba，1985)中，我们就强烈地主张：

> 在自然主义范式中强调质性研究方法，不是因为该范式是反量化的(antiquantitative)，而是因为人们更容易使用质性研究方法。读者应该尤其要注意到反量化立场的缺失，这完全是因为，自然主义范式和传统范式通常分别被错误地等同于质性和量化范式。事实上，自然主义研究者有许多机会使用量化的数据，也许比想象的要多得多。(pp. 198-199)

上述表明，我们当时没有(现在也没有)讨论反量化的观点或者两种方法的排他性问题，相反，我们探讨了建构各种范式的哲学基础，因而，我们可以再次提出可通约性问题：各种范式是可通约的吗？能够将一种范式的要素融入另一范式以形成兼具两种范式最佳特征的范式用于研究中吗？我们认为，答案是肯定的，但须谨慎回答：当研究模式(范式、整合的哲学体系)都有着不言自明的要素，且这些要素抑或相似，抑或影响极其一致，此时答案是肯定的。因此，实证主义和后实证主义(如 Phillips，2006 提出)是可通约的。同样，阐释性/后现代、批判理论、建构主义和参与性研究的要素也可以和谐地组合在一起。鉴于实证主义范式和阐释范式原则是矛盾的、彼此排斥的，只有研究者想在这两种范式中进行挑选时，可通约性才成为议题。具有讽刺意味的是，美国国家研究委员会在其2002 年的报告中界定科学立场时，明确而强有力地指出，实证主义(他们的学科立场)与阐释主义(我们的立场)是不可通约的。

　　累积　人们经常争论，质性研究存在的一个问题就是它是不可累积的，换言之，我们不能将之合计起来以拓展我们的理解并将政策制定出来。对此，我们持反对意见。自 20 世纪 70 年代卢卡斯(Lucas，1974，1976)在兰德公司开始累积

个案研究加以分析以来,研究者们已经着手研究如何将对相似人群或在相似情境中采取质性研究法进行的相似研究加以累积,进行元分析(meta-analyses),尤其是如何为政策服务。随着计算机管理大型数据库的出现,这种元分析显得更为容易。虽然技术还没有得以大量的检验,但是我们认为,累积逐渐增多的质性研究如今似乎已是我们力所能及的事。那些认为质性研究缺乏累积性的批评如今更不太可行,甚至是没有意义的。

行动呼吁

要能体现范式争议,最明显的方式就是对比实证主义、后实证主义的拥护者和阐释主义的拥护者,前者将行动看作研究结果和研究过程的感染(contamination)形式,而后者则认为,研究结果所引发的行动是研究过程中的有意义的重大成果。实证主义拥护者认为,行动不是为了辩护就是为了体现主体性,任何一种形式都破坏了客观性的目的。而批判理论家总是提倡采取不同程度的社会行动,从消除具体的不公平现象到彻底地变革整个社会(Giroux,1982)。行动呼吁,无论是诸如消除自身错误意识的内在改变,还是诸如扩大社会公正范围的外在社会变革,都使得实证主义理论家有别于后现代批判主义理论家(包括女性主义和酷儿理论家)。然而,最为明显的转变出现在建构主义和参与性现象学模式(participatory phenomenological model)中,超越对社会行动的阐释、领会或理解,就很可能是概念上最为有趣的转变(Lincoln,1997,1998a,1998b)。

对一些理论家而言,中心转向行动是因为评估结果普遍没有得到利用,我们需要设计评估形式来吸引支持者根据建议实施有意义的行动计划(Guba & Lincoln,1981,1989)。另一些理论家则认为,重视行动不仅是政治追求也是伦理追求(参见,Carr & Kemmis,1986;Christians,2000;Greenwood & Levin,2000;Schratz & Walker,1995;Tierney,2000)。无论研究者所回应的问题的根源是什么,无论在理论还是实践导向(praxis-oriented)层面上,新的研究范式的特征是将行动与研究、政策分析、评估、社会解构(social destruction)(例如,解构社会结构中的男权压迫形式,从而建立女性主义理论,或解构公共政策中的同性恋恐惧症)结合起来。行动成为一个主要的议题,勾勒出了各种范式实施者之间持久的争论。社会行动,尤其是研究参与者在研究者帮助和合作之下设计和创造的行动任务,实证主义/后实证主义者和新范式研究者最能鲜明地描绘出来。许多实证主义和后实证主义研究者仍然将行动看作共同体的领域(the domain of communities),而不是政策人员、立法者、公务员和政治官员等研究者和研究参与者关注的范畴。态度强硬的基础主义者(foundationalist)则认为,行动的缺点会干扰甚至否定客观性,而客观性是严谨的科学研究方法的基本特征。

控　制

　　另一个常存在争议的议题是对研究的控制问题:谁发起研究? 谁设计问题? 谁决定结果的构成? 谁决定如何收集资料? 如果需要的话,谁决定如何将研究结果公布于众? 谁决定研究中参与者的构成? 我们必须明白:控制议题深深地根植于声音、反思性和后现代文本表述的问题之中,我们会在下文讨论到这些,但此讨论只面向新范式研究者。对多数的传统研究者,控制议题被有效地隔离在声音、反思性和后现代文本表述的问题之外,因为这些议题在某种程度上都要求严谨性(尤其是客观性和效度)。新范式研究者将突显的本体论和认识论范式议题,以及方法论和价值论议题合乎逻辑地交织在一起(Lincoln, 1995, 1997)。对他们而言,对研究的控制似乎不成问题,除非研究者想寻求参与者真诚地参与研究(参见 Guba & Lincoln, 1981,在评估过程中为了让一些利益群体积极参与而不是采取旁观者的态度,他们采取了签订合同的方式)。批判理论者,尤其是那些参加社会组织活动的人痛苦地认识到,非常有必要让社会成员或者研究参与者掌控自己的未来(参见 Lather, 2007)。建构主义者希望研究参与者日益积极地为任何研究提出感兴趣的问题,积极地设计如何将研究结果在社会进行更广泛地推广。这些范式拥护者没有"控制提倡问题(control an issue of advocacy)",这是一个有点欺骗性的术语,通常在更大的元叙事(metanarrative)中被用作攻击研究的严谨性、客观性或公正性的一个原则。

　　相反,对新范式的研究者而言,控制是一种促进解放、民主和社会赋权的手段,是一种纠正权力不均衡的手段,这样,先前那些被边缘化的人因此获得了发声(Mertens, 1998)或取得了"人类的繁荣(human flourishing)"(Heron & Reason, 1997)。控制,作为议题,是人们观察我们常称之为"向卫理公会派教徒提出天主教问题"这一现象的最佳场所。这种论述来自 20 世纪 80 年代初的一个研讨会参与者,用于描述提出不合理问题的这一长久性现象:所提出的问题没有意义,因为它们的参照系根本不在计划之内(我们也可称之为"向穆斯林人提出印度教问题",用于阐释各种范式或者包罗万象的哲学或神学是如何不可通约的,以及如果我们的理论框架中的问题在另一理论框架下有一丝意义的话,是如何产生此意义的?)。范式的表述互为影响,以至于控制密不可分地交织于客观性的要求之中。客观性源自启蒙运动对物质世界知识的规定,知识被假设为独立于知者之外并截然不同于知者(Polkinghorne, 1989)。但是,如果相对于物质世界的社会知识处于人类社会、精神和语言世界的意义制造机制之中,那么,知识就不会独立于知者之外,相反,知识深深地根植于他或她对这个世界的心理和语言的命名中(Polkinghorne, 1989; Salner, 1989)。

范式中真理与知识的基础

除了人类经验世界外，宇宙中是否有"真实的"存在？目前这个问题还没有结论。对于现代主义（如启蒙运动、科学方法、传统和实证主义）研究者而言，最为自信的是"在外部"确实有个"真实的"现实，尽管我们没有全然地理解它。要接近（靠近）这个现实，只有阻止人类将自己的理解或领会传递给他人。对于经验主义传统（empiricist tradition）下的基础主义者而言，现实的科学真理和科学知识的基础是以可操作地排除各种人类偏见、误解和其他"谬见（idol）"的模板来严格地检测各种现象（培根，转引自 Polkinghorne，1989）。波尔金霍恩（Polkinghorne，1989）曾明确地指出：

> 客观世界独立于知者对它的主观经验之外，这是笛卡尔二元物质理论的观点，它将客观世界和主观世界区分开……在将现实分为主体和客体世界时，人们能"客观地"感知的就只是客观世界。真正的知识局限于客体以及时空中的客体关系之中。人的意识是主观的，科学无法触及，因此，不是真正可为人所认识的。（p. 23）

现在，界定真理和知识的模板的方式有多种，比如，理性过程的最终产物、经验感知的结果、经验性观察（empirical observation）的结果，等等。然而，在任何情况下，它们所指的都是物质或者经验世界：理性地参与、体验和经验性地观察这个世界。持有"在外部"确实有个"真实的"现实假设的现实主义者，在个体案例中也可能会是基础主义者，他们会认为，所有的这些界定方法都根植于人类大脑之外的现象中。

尽管我们可以想到、体验或观察它们，物质世界的各个要素却是先验的（transcendent），我们可以提及，却不能直接理解它们。现实主义是一个本体论问题，基础主义则是一个批判性问题。一些基础主义者提出，真实现象的存在就意味着，肯定有检测这些现象是否真实的最终的基本标准（尽管我们可能难以确定这些标准是什么）；非基础主义者则往往认为，根本不存在这样的基本标准，有的只是特定时间、特定社会（Kuhn，1967）和特定条件下大家公认的标准。基础主义的标准是通过观察得到的，非基础主义的标准则是通过协商形成的。不过，多数现实主义者也是基础主义者，许多非基础主义者（nonfoundationalist）或反基础主义者（antifoundationalist）都是相对主义者。

在彰显本体论和认识论失稳特征的同一个"失稳（collapse）"类目，本体论陈述（formulation）将现实主义和基础主义连接起来，很好地体现了建构主义其他的假设。这种状况非常适合新范式研究者们。批判理论家、建构主义者和参与/合作研究者的主要兴趣点恰好就是那种主体性（subjective）和主体间性的（intersubjective）关键性社会知识，以及人们如何积极建构和一起创造这样的由

人类意识所产生的知识。此外,新范式研究热情地投身于社会知识领域,开展了各种对社会、知识和理论的探索。这些理论具体包括:

- 索绪尔的语言学理论,它将语言所指代的事物之间的一切关系看作同一语言体系中一种内在关系的功能。
- 文学理论的解构作用,努力将文本脱离任何实在论的(essentialist)或先验的意义,重置于作者和读者所处的历史、社会情境之中(Hutcheon,1989;Leitch,1996)。
- 女性主义(Addelson,1993;Alpern,Antler,Perry,& Scobie,1992;Babbitt,1993;Harding,1993)、种族与族群理论(Kondo,1990,1997;Trinh,1991)、酷儿理论(Gamson,2000),旨在发掘和探索:上层与下层之间在性别、身份、种族和社交方面各种类型的压迫,以及历时的殖民现象。
- 后现代历史时刻观(postmodern historical moment)(Michael,1996),认为真理是不完整的、身份是不固定的、语言是不明确的指涉系统(referent system)、方法和标准具有潜在的强制性,这种观点将一切都问题化(Ellis & Bochner,1996)。
- 社会变革的批判理论(Carspecken,1996;Schratz & Walker,1995)。

对于新范式的后现代、后建构主义研究者而言,如果要丰富个体和社会群体创造、不断再创造以及共同创造的精神、社会、心理和语言世界,就需要永不停息地对传统研究者无法涉入的研究领域施加养料。研究者不需要追求先验的科学真理,如今可自由地将自己置身于文本之中,不受什么限制,再建构自己与研究参与者之间的关系,并加以表述(Tierney & Lincoln,1997),公开地解决书写(inscription)、再书写(reinscription)、元叙事和其他修辞手法问题,这些问题使得人类行动受到时间和地方限制的程度不明朗化。发掘书写形式和元叙事的修辞法的过程是发生学的(genealogical),"将一个观点的已沉淀并被人们接受为真理的各种起源揭示出来"(Polkinghorne,1989,p. 42),或是考古学的(archaeological)(Foucault,1971;Scheurich,1997)。

新范式研究者用截然不同的方式处理各种基础议题。批判理论家,尤其是那些更偏向实证主义的批判理论家,趋向采用基础主义视角,但视角也不尽相同。他们没有将基本的真理和知识置于"外部"的某个外在现实中,相反,往往认为真理的基础源自导致压迫、不公正和边缘化的具体的历史、经济、种族、性别和社会基础结构。在他们眼里,知者不脱离客观现实,但可能是在这样的历史现实(historical reality)中无意识地行动(即"虚假的意识[false consciousness]"),或者知者意识到各种形式的压迫,却因为冲突而没有能力或不愿意在这个历史时刻利用这些历史形式去改变具体的环境(即"分裂的意识[divided consciousness]")。因此,批判理论家的基础具有双重性:社会批判能相应地促进人们意识到积极的社会变革与实施社会变革是可能存在的,社会批判也可能与社会变革毫不相关,但这两者是多数的批判理论不可或缺的要素。

另一方面，建构主义者则倾向反基础主义视角（Lincoln，1995，1998b；Schwandt，1996）。术语"反基础主义"指拒绝采用任何永久的、永恒的（或"基础的"）标准，即真理广为人知的方式。我们中曾有人指出，真理和任何关于什么是有效知识的一致意见来自利益相关社会中成员之间的关系（Lincoln，1995）。对真理达成一致意见可能是社会围绕什么为真理而展开的**协商**的主题（尽管要陈述什么是真理也是极其困难的；Guba & Lincoln，1989）。人们最终达成一致意见，可能是**对话**的结果：从开始对真理说法或效度的争论，到客观性和相对性的探讨，再到"通过话语中参与者的论证进行效度的公开测试"（Bernstein，1983；Polkinghorne，1989；Schwandt，1996）。效度，这种"交际性、务实性的概念"（Rorty，1979）绝对不是固定的、一成不变的。相反，它是社会叙事的产物，本身受到该社会产生的时间和历史环境的制约。施瓦特（Schwandt，1989）也认为，这些话语或者社会叙事能够也应该受到道德的约束，这一理论扎根于批判理论者的解放叙事、理查德·罗蒂（Richard Rorty）的哲学实用主义（philosophical pragmatism）、建构主义研究的民主视角、参与和合作研究的"人类繁荣"的目标。

关于基础主义（和范围较窄的实在论）的议题，各种范式支持者之间的对话不太可能解决这些问题。相对而言，更可能的倒是"后现代转向"（Best & Kellner，1997），关注社会现实的社会建构、自我身份的不固定性和一切真理的不完整性问题，它可能超越现代主义对于客观现实的种种假设。事实上，在物理科学中，从某种程度上讲，这已经成了不争的事实。我们可以预测，将来，即便我们在有生之年无法亲身见证，人们也会质疑受人类有限的主观现实所限制的客观现实的二元论思想，正如当今我们看待地球是平的这一说法一样，会认为这是离奇古怪的想法。

效度：一个扩展的议题

关于范式差异的讨论在效度方面成果最为丰硕（Howe & Eisenhart，1990；Kvale，1989，1994；Ryan，Greene，Lincoln，Mathison，& Mertens，1998；Scheurich，1994，1996）。效度不同于客观性。研究客观性概念及其缺陷的理论、哲学和实用基础非常的雄厚，即便在实证主义理论框架下，它的概念也被认定是有缺陷的。不过，效度则是更令人感到烦恼的构念，新范式实践者既不能轻易地忽视它，又不能很容易地形塑它（Angen，2000；Enerstvedt，1989；Tschudi，1989）。之所以不能轻易地忽视效度，是因为效度提出了人们必须以某种方式回答的一个问题：这些研究结果足够真实（与现实同构、值得信赖、与他人建构自己的社会的方式相关联），这样我能自信地根据这些结果采取相应的行动吗？更为重要的是，我能确信我们能够基于这些结果制定出社会政策或法令吗？同时，效度彻底的再表述（reconfiguration）留给研究者关于什么是严谨研究的多重或冲突的指令。围绕效度的一个议题是方法和阐释的融合问题。后现代转向表明，没有方法可以传递终极真理(ultimate truth),事实上,后现代转向"质疑一切的方法",越是如此,人们就越说这些方法传递的是真理(Richardson,1994)。因此,尽管有人或许会说,一些方法更适合用来研究人类如何建构社会现实(Lincoln & Guba,1985),却没有人会说,单一的方法或者许多方法是通向最终知识的必经之路。不过,在新范式研究中,不只是方法可以传递扎根于地方或情境中的真理,阐释的过程也是如此。

因此,同时存在两种观点。一种观点来自实证主义,主张方法运用的严谨性,另一种观点则主张共同体要意见一致、推理形式要能体现严谨性,在其他现实中要具有可行性,这种现实为作者和读者在突显其中一种阐释的重要性、在设计和限定阐释研究本身时所洞悉。在我们知道确实存在两种形式的严谨性之前,我们主要从上一代颇有创建的人类学和社会学方法论专家那里收集了一套方法论标准。这些标准因各种原因至今依然很有价值,比如,它们能确保人们严肃地对待诸如参与时间超长和持续观察等议题。

但是,近来人们在文章中最关注的是第二类严谨性:阐释严谨吗?我们共同创造的诠释能够全然描述重要的人类现象吗?研究结果能为研究参与者提供可采取的行动,从而使参与者自身或他们所处的社会环境受益吗?

人类现象本身就是有争议的话题。古典社会科学家希望将人类现象局限于指那些可进行(科学)概括的社会经验。然而,新范式研究者则日趋关注单一的经验、个体危机、发现的顿悟或瞬间,他们关注传统客观性、感觉和情感、行动面临的最大威胁。社会科学家关注所谓的数据扩展问题,就越来越依赖于人类经验中体验的、具体化的情感本质,这就给生活增添了叙述质量(narrative quality)。社会学家(Ellis & Bochner,2000;Richardson,2000)、质性研究者(Pelias,1999,2004)、心理学家(Fine,Weis,Weseen,& Wong,2000;Ellis,2009),都关注各种形式的自我民族志(autoethnography)、个人经验和表现方法,这样既克服了社会科学的各种观念不能量化描述人类生活的问题,又能捕捉到使生活充满冲突、动态和问题重重的各种要素。为了进一步讨论,我们认为,采用社会科学最激进的界定是合适的,因为范式的争议通常就发生在这些定义的边界上,这些边界就是研究发生的地方,因而,也就是说,这里的质性研究方法在不久和遥远的未来最具有广阔的前景。

何种情况,何种标准

在这些边界上,有几个关于效度的话题。引出第一个也是最激进的话题的是施瓦特(Schwandt,1996),他提议,我们"要告别标准学(criteriology)"或"用于消除和解决有关正误和真假的疑虑、纷争的规范性准则"(p. 59)。这就给标准制造了虚拟崇拜(virtual cult),施瓦特自己并没有永远告别标准,相反,他与其他当代哲学实用主义者一起,重建社会研究,使社会研究得以复兴,他们所采用的理论框架将专业社会研究转变成一种实践哲学(practical philosophy)形式,不仅"更具传统的科学性,并兼顾美学、审慎态度和道德因素"(p. 68)。当社会研究变成一种实践哲学形式的实践,深层次地研究我们如何生存在这个世界以及我们认为什么是人类知识和机能的潜能和局限性,此时,我们对用于评判社会研究的迥异的标准就有了些初步的认识。

施瓦特(Schwandt,1996)提出了三个这样的标准。第一,他指出,我们应该寻找一种社会研究,它能"对生产知识起到补充或补足的作用,而不是来取代非专业化地探究社会问题",对于这种知识我们目前还没有目录(content),但可以从多种视角或不同镜头来努力理解实践的目的。第二,他提出"作为实践哲学的社会研究",其目的是"提高或培养研究中参与者的批判力(critical intelligence)",批判力指"参与道德批判的能力"。第三,他指出我们可以这样看待作为实践哲学的社会研究:可以对作为实践哲学家的社会研究者做出评价。"评估他们是否成功,要看他们的研究报告是否训练或标准化了人类的评价"(p.69)或者"提高了实践智慧(practical wisdom)的能力"(p.70)。施瓦特在说希望"告别标准学"时,不是孤军奋战,至少先前有人也这样想过。比如,谢里奇(Scheurich,1997)曾表达了类似的请求,同样,史密斯(Smith,1993)也指出,效度要想存在下去,要想很好地为现象学研究服务,就必须进行彻底的再设制(参见 Smith & Deemer,2000)。

现在的问题不是我们是否应该有标准,或科学界可以采用谁的标准,相反,是社会研究的本质应该是什么?是否应该经历一场变革?在计划的变革中,标准的基础会是什么?施瓦特很清楚,变革与标准都扎根于对话之中。这些对话很显然自身就是"道德对话":通过对话、实践智慧观和道德对话的特定联系,我们可以看出,尽管他明确地否认真理的相对性,施瓦特大量的工作是与建构主义、批判理论家和参与性范式相关联,并彰显着它们(对建构主义、阐释学、诠释学更为复杂详细的解析和批判,请参见 Schwandt,2000。在那里,他详细地列出了现实主义者和非现实主义者之间、基础主义者和非基础主义者之间的区别,其细致程度非本章作者所能及)。现在回到效度的核心问题上:我们怎么知道什么时候我们具体的社会研究忠实于人类建构以至于我们放心地借此采取行动?或更为重要的是,在开展研究所依赖的社会中,其成员可以借此采取行动吗?目前,我们还没有明确的答案。不过,也有几位谈论了我们使用什么来对任何研究进行专业和非专业的评论。下面将作详细讨论。

效度作为真实性

或许第一个非基础主义标准就是我们当初在回应史密斯(John K. Smith)(参见 Smith & Deemer,2000)时设制的。在这些标准中,我们试图为评价自然主义或建构主义的研究过程和结果(而不是研究方法的运用)确立标准(参见 Guba & Lincoln,1989)。当时总结了社会建构主义研究可能出现的 5 种结果(评价是规范研究的一种形式,与研究和政策分析一样;参见 Guba & Lincoln,1981),这些结果都扎根于对我们已经尝试去描绘和建构的范式的关切之中,而不是从实证主义视角产生的关切之中。而标准扎根于建构主义范式的原则和假设中,这样,我们就能推断并做出结论。这些真实性标准(如此说法是因为我们认为这些标准是真实的、可信的、严谨的或"有效的"建构主义或现象学研究的特征)具体为:公平性、本体真实性(ontological authenticity)、教育真实性(educative authenticity)、催化真实性(catalytic authenticity)以及策略真实性(tactical authenticity)(Guba & Lincoln, 1989, pp. 245-251)。公平性原指一种均衡性,换言之,所有利益群体的观点、视角、价值观、话语、关切和声音都要显性地出现在文本中,我们认为,利益群体或参与者声音的遗漏反映出一种偏见。

不过,这种偏见与来自实证主义研究、体现研究者的盲目或主观性的客观性关切过去乃至现在都没有直接的联系。相反,公正性原旨在有意地努力去防止边缘化,坚定地行动以实现全纳,并全力地行动以保证研究中所有的声音都有机会在任何文本中得以表现,其故事都得以公正地对待、得以权衡。本体和教育的真实性被指定为标准,用以判断个体研究参与者、这些参与者周围的人,或他们为了社会或组织目的而接触的人的意识水平的提高程度。尽管在特定历史时刻我们无法看到,但没有理由说这些标准不能在此刻离我们理论与实践较远的地方反映出施瓦特(Schwandt, 1996)提出的"批判力"或参与道德批判的能力。事实上,我们最初的真实性标准具有很强的伦理色彩,这一点下文再作进一步的讨论(参见,如 Lincoln, 1995, 1998a, 1998b)。在我们充分意识到之前所提倡的标准有着怎样的意义之前,批判家们是强烈反对这一点的(Sechrest, 1993)。

催化与策略真实性指研究能鼓动参与者采取行动的能力,以及在参与者需要具体形式的社会政治行动培训时,促使研究者/教育者参与其中的能力。正是在这里,建构主义研究开始具有批判理论家行动、行动研究、参与或合作研究的相似形式,任何形式都体现在研究参与者进行积极社会变革、采取各种解放社会行动的能力构建上。也正是在此刻,实证主义和后实证主义社会研究者们是最为关键的,因为人们认为研究者的任何行动都是在动摇客观性,引入主观性,从而造成偏见。主观性和偏见问题人们探讨已久,本章因篇幅原因不深入探讨各种相关论述:抑或将之考虑在内;抑或将其当作一种积极的学习经验,具有实践性、具体化、性别化和情感本质。上述讨论已经足以说明,我们承认客观性是一种幻想:一个根本不存在的神话般的物体,存在于那些相信知识脱离于知者的人的想象之中。

作为抵制和后结构主义侵越的效度

理查德森(Richardson, 1994, 1997)提出了另一种形式的效度,这是一种故意"侵越的"形式(transgressive form),是结晶体(crystalline)。她(Richardson, 1997)在撰写经验(如非权威主义、非实证主义)文本,尤其是诗歌和戏剧时,努力"将可靠性、效度和真理问题化"(p. 165)以创造新的关系:她的研究参与者、她的工作、其他女性和她自己的关系(也参见拥有相同目标的 Lather, 2007)。她指出,侵越形式使社会科学家能够"想象一种截然不同的社会科学……[这]意味着改变人与自己工作的关系、改变自己理解和讲述社会学问题的方式"(p. 166)。

要了解"侵越形式以及它的蕴意",就有必要"寻找和使用我们可以用来发现社会学隐性假设和否定生命的压制现象的方法;重新审视/重新感触社会学。重新审视和重述是密不可分的"(p. 167)。要保证这样的效度,就需要从隐喻意义上检查结晶体的特性。这里我们引用较长的一段话来阐释可以怎样来描述和利用这样的效度:

> 我建议,后现代主义文本效度的核心形象(central imaginary)不是三角形—— 一种固定的、坚硬的两维物体。更确切地讲,此核心形象是结晶体,将对称、本体和无限多样的形状、物质、变形、多维性和研究的角度结合起来。结晶体逐渐生长、细微地变化,乃至蜕变,但还是有形的。结晶体是棱镜,反射其外在性并在内部折射,产生不同的颜色、图案和阵列,消失于各个方向。我们的视野取决于我们放置它的角度,而不是三角测量,也不是结晶过程。在后现代主义体裁混杂的文本中,我们已经从平面几何理论转向光学原理,这里,光不仅是光波也是粒子。结晶过程中结构没有损失,这一过程解构了传统的效度观念(我们感知到如何没有单一的真理,也看到文本如何使自身有效度);结晶过程让我们更深入地、复杂地、彻底地理解这个话题的某些部分。自相矛盾的是,我们的知识越多,就越对知识持怀疑态度。(Richardson,1997,p. 92)

隐喻的"固体物质"(指结晶体,即文本)可以转变成许多形式,反射并折射光(光比喻多层面的意义),从中我们可以看到"光波"(光波比喻人类趋势)和"粒子"(光是数量众多的能量,这里指代真理、感觉、关系、研究的整个"流程"的要素),这是一个关于效度的生动隐喻。隐喻结晶体的特性有助于作者和读者在研究中看到"发现、观看、讲述、编故事和呈现"等各个过程交织在一起。

其他"侵越性"效度

声称效度形式具有侵越性并会破坏现状的不止理查德森一人。拉瑟(Lather,1993)探寻"促进对话的方法",目的是"使效度不再统管着真理,取代效度的历史作用……方法是分散、传播和激增反权威行为,将表述危机(crisis of representation)纳入考虑范围"(p. 674)。除了催化效度(catalytic validity)(Lather,1986),拉瑟(Lather,1993)提出了幻影/反讽(simulacra/ironic)效度;利奥塔提出了悖谬逻辑/新实用主义效度(Lyotardian paralogy/neopragmatic),这种效度"鼓励异质性,拒绝公开"(p. 679);德里达提出了严谨/根茎状(Derridean rigor/rhizomatic)效度,这种效度实现的渠道是"续电器、电路和复式出口"(p. 680);还有逸乐/情境(voluptuous/situated)效度,"体现一种情境的局部的尝试","将伦理和认识论结合起来……途径是参与和自我反思性"(p. 686)。这些效度干扰、中断和改变了"纯粹"的存在,形成了局部的、扰人的、不固定的、存在很多问题的存在,这是后建构主义、鲜明的后现代话语理论形式,因而是文本启示(textual revelation)(关于效度更多的研究与反思参见 Lather,2007)。

效度作为伦理关系

　　拉瑟(Lather,1993)曾指出,后建构主义的效度形式"将伦理和认识论结合起来"(p. 686),事实上,帕尔默(Palmer,1987)也说过,"每种认识都有自身的道德轨迹"(p. 24)。佩什金(Alan Peshkin)对诺丁斯(Noddings,1984)的观察评论道,"对正当理由的寻求往往使我们越来越远离道德的核心"(p. 105,引自Peshkin,1993,p. 24)。我们的认知方式绝对是与认知的**内容**和我们与研究参与者的**关系**密不可分的。因而,我们有人曾努力去解读伦理是怎样横贯人际之间和认识论的认识的(前提是,这是一种真实的或有效的认知形式;Lincoln,1995)。研究结果发现了第一组关于新质量标准的理解,这种标准也扎根于认识论/伦理的关系之中。这项研究提出了7个新的标准:(1)定位或立场、判断;(2)决定质量的具体话语共同体以及研究场所;(3)声音或文本多音性(polyvocality)的质量程度;(4)批判主体性(或可称之为强烈的自我反思性;参见,如 Heron & Reason,1997);(5)互惠性,即研究在何种程度上是互惠性关系而不是社会等级关系;(6)神圣性,即深刻关注科学如何(并确实)能促进人类的繁荣;(7)共享我们作为学术界兼具大学职位所产生的特殊待遇的特权。每个标准都来自大量的研究,通常来自诸如管理学、哲学、妇女研究等截然不同的学科(Lincoln,1995)。

声音、反身性和后现代文本表述

　　如今的文本需要做的事情远甚过去。即便后建构主义者和后现代主义者呼吁文本要反思表述行为,这些表述也更成问题。三个最吸引人却也最折磨人的议题是声音、反身性状态以及后现代/后建构主义文本表述,在直接公开处理人类情感问题的叙事和文学形式中,这些议题尤为凸显。

声　音

　　声音是个多层面的问题,原因很简单,就是因为不同研究者的理解是不一样的。在早些时代,唯一恰当的声音是"来自乌有之乡的声音(voice from nowhere)",即拉瑟(Lather,2007)所界定的表述"纯粹的存在(pure presence)"。随着研究者逐渐意识到文本创造的是抽象现实(abstracted realities)(Lather 2007),他们同时也逐渐意识到要让读者去"听到"研究对象的话语,允许读者听到研究对象确切的话语(有时还有副语言信号,比如失误、停顿、停止、开始和回改等信号)。如今,尤其在参与性更强的研究中,声音不仅指文本要有真实研究者及其声音,还要让研究参与者自己说话,或以文本形式,或借助戏剧、论坛、"市政会议",或通过研究参与者自己设计的、以其他口语和表演为导向的媒体或交流形式(Bernal,1998,2002)。尤其是表演文本(performance text)使研究者和研究参与者的声音超越了研究现场和研究场所,具有了情感的直观性(参见 McCall,2000)。赫茨(Hertz,1997)是这样描述声音的:

> 在写研究对象的叙述并体现他们自我的同时,得努力找出如何体现作者的自我的方式。声音是多层面的:(1)作者的声音;(2)文本中研究对象的声音;(3)自我是研究主体的声音……声音就是作者在民族志中如何表达自己。(pp. XI-XII)

但是,知道如何表达自己超出了我们常人理解的"自我表达"。受到"措辞冷静、不花哨"的实证主义研究训练的一代代的民族志学者(Firestone,1987)发现,要想有意地在文本中定位自己,即便并非不可能,也是很困难的(尽管,如格尔茨[Geertz,1988]最终明确地表明,作者的声音真正缺失甚至隐藏是很罕见的)。

具体的文本体验是有作用的,这就是说,民族志研究可采取各种文学形式,比如理查德森的诗歌和戏剧,或拉瑟和史密西斯(Lather & Smithies,1997)的《困扰天使》(*Troubling the Angels*),能帮助研究者避免用无实体的"我"的疏远、抽象的声音来写作。不过,这样的写作练习是艰苦的,而且也根植在反身性和叙事活动之中,没有了反身性和叙事,要获得(部分)真理的声音都是天方夜谭。

反身性

反身性是对身为研究者,即"工具人"的自我批判性反省的过程(Guba & Lincoln,1981)。我们认为,这是早在里森和罗万(Reason & Rowan,1981)选编的《人类研究》(*Human Inquiry*)中就讨论过的批判主体性。这是一种自我的有意识体验,这种自我包括研究者和参与者,包括教师和学生,也包括在研究过程中开始了解自我的人。反身性迫使我们不仅要对研究问题的选择进行协商,要与研究过程中的参与者进行协商,还要与我们自己、与研究情境中体现不固定的自我的多重身份进行协商(Alcoff & Potter,1993)。雷恩哈兹(Reinharz,1997)曾提出,我们不仅"将自我**带入**场域(field)……还在场域内创造了自我"(p. 3)。她建议,尽管我们自身都携带多种自我,这些自我可以分成三类:研究性自我(research-based self)、外引性自我(brought self,指那种从历史、社会和个人角度创建观点的自我)以及情境创造的自我(situationally created self)(p. 5)。每一种自我都在研究情境中起作用,都有一个鲜明的声音。

反身性和质性研究中的后建构主义、后现代的质量敏感性要求我们与每一个自我进行协商,就我们自己生活中的二元现象、矛盾和悖论方面考虑如何设计和开展研究。我们必须问自己,这些二元现象和悖论是如何决定场域,如何决定随后在研究发现的写作过程中出现的各种身份的? 此外,它们又是如何决定我们与研究参与者之间的互动的? 在我们成为自我的过程中,我们是谁? (Mayan,2009)有人曾将质性研究描述成双重过程:"写日志"(田野记录)和"写报告"(叙事)。克兰迪宁和康纳利(Clandinin & Connelly,1994)明确地指出,质性研究过程的这种双重文本阅读的说法过于简单化。事实上,许多文本都是在现场参与研究过程中创造出来的。

理查德森(Richardson,1994,1997,2000)明确表明,写作不是简单地对某一现实的转录。相反,所有文本、笔记、表述和可能性的写作都是发现的过程:主体(有时还包括问题本身)的发现和自我的发现[3]。

最近的陈述是褒贬都有。好的方面是,包括我们自己和研究参与者在内的后现代研究的多重自我可能会使写作和表述形式更加的动态化、问题化、开放化和复杂化。坏的方面是,我们创造和遭遇的多重自我已经让写作和表述形式更加动态化、问题化、开放化和复杂化。在各种文本表述的提议中,有时很难决定应该注意哪些提议,这常常是因为具体模式的缘故(比如,批判女性主义理论、酷儿理论、杂合理论[hybrid theory]、后殖民主义理论等),我们从理论、哲学、道德角度都比较偏爱这些模式,不过,这只是一个丰盛的自助餐,我们必须做出抉择。通常,我们不仅要根据研究参与者、研究合作者的需求,还要根据预期的读者的需求来做出抉择。

后现代文本表述

科学方法的传统文本存在两个内在的问题:它们可能会令我们相信世界远比它看上去的简单,它们可能会再次刻写下各种永久的历史压迫。换言之,我们面临着权威危机以及表述危机,前者是指,权威告诉我们世界该是"这样",而事实可能却是那样或多样的;后者是指,让那些其生活被我们挪用到社会科学的人保持沉默,也可能同时巧妙地再创造了**这个**世界,而不是其他的、或许更为复杂的唯一世界(Eisner,1997)。斯蒂普森(Stimpson,1988)观察到:

> 像每个大词那样,"表述"也是一个混杂物。一个拼凑的选单同时具备几种意义。因为表述可以是视觉、口头或听觉上的一个形象……表述也可以是一个叙事、一系列形象和观念……也可能是意识形态的产物,是展现世界证明其运作合理性的一个庞大计划。(p. 223)

解决文本可能产生问题的错误观点(以及相应的基本意识形态)的办法就是去创造新的文本来打破界限;将视角从中心转移到边缘、去中心化;放弃封闭的、有限的世界,转向接受更为开放的、不太容易盖全的世界;超越传统社会科学的界限;努力创建一个关于**人生**而非**讨论**主题的社会科学。

人们已经就此开展了实验,结果是出现了"杂乱的文本(messy text)"(Marcus & Fischer,1986)。杂乱的文本不是指排版糟糕(虽然可能会有印刷错位的问题),而是指文本旨在打破科学与文学的二元现象、描绘人类经验的矛盾与真理、在展现中打破规则甚至部分地打破规则(Flax,1990),以展示真实的人类是如何处理人类存在的永恒真理和日常生存中遇到的烦忧和悲剧。后现代表述寻找到叙事,并进行了尝试。叙事拓展了人类经验中的理解、声音和传奇的变化的范畴。研究者不仅是社会科学家,而且变成了讲故事者、诗人、戏剧家,尝试着使用个人叙事、第一人称叙述和反思性问题,试图解构实际表述中各种专制主义形式(参见 Richardson，2000；Tierney & Lincoln，1997)。

　　可以说，表述是当今现象学研究争议中最无定论的议题，因为人们对什么是恰当的研究的观念在逐渐拓展，与此同时，叙事、戏剧和修辞结构形式远没有被人们穷尽或全部利用，此外，还因为我们知道，我们还不能够将目前拥有的和体验的生活用完全一一对应的语言描述出来。语言，以及任何乃至所有的表述都无法做到完全地表达体验。每个研究者都带着自身独特的视角来理解，所以，变化和探索是否可能出现，这只受限于参与研究者的数量以及研究者感兴趣的社会和个人生活领域。对于后现代表述，我们唯一肯定的是，它们的形式会激增，它们也将需要和寻求更多的读者，其中许多读者可能不是学者和学术界人士。事实上，一些研究形式可能是学术界前所未有的，因为它们是为当前情境而设的，是让当地或本土观众消化、反思和使用的。不过，那些为学术观众而作的研究将继续是凌乱的、实验性的，受到要揭露目前依旧隐蔽的"非科学的"社会需求的驱使。

未来展望

　　不久或遥远的未来的话题绝不限于本章所讨论的议题。不过，本章的议题是比较关键的，当各种新的、新兴的范式研究者要寻求共同点，或寻找区别彼此研究的方法时，必定还要对这些议题进行讨论、对话，甚至发生争议。

　　前不久，我们表示希望实证主义和新范式研究的研究者们能找到解决他们差异的办法，这样所有的社会科学家就能够再一次在共同的话语下，甚至可能是几种传统下开展工作。现在回想起来，这样的想法不太可能实现，甚至很可能是不实用的。不过，这不是因为实证主义者或现象学家们寸步不让(尽管这也不太可能)，也不是因为严肃的实证主义的"科学"再陈述(reinscription)比比皆是，关于质性研究的针锋相对的言论甚至比我们前几十年听到的还多。相反，是因为在后现代(和后后现代)时期、在后建构主义的余波中，我们假设，"真理"不是单一的，所有的真理都是不全面的；我们假设，语言学和文本角度上所指和能指之间程度的下降产生了唯一而且往往是真实的人、事件和地点的影像的表述；我们假设，身份不是固定的，是可改变的。这些假设引导我们不可避免地领悟到，社会科学家可能将一些共同的术语以及彼此的理解归因于单一的"传统"范式，这种范式是根本不存在的。相反，我们所处的历史时代是多音性的、意义遭质疑、范式有争议并存在新的文本形式。沿着这条推测的路径，随着历史的书写，我们就会发现这其实是一个解放的时代：从阿伦特(Hannah Arendt)所谓的"真理强制性(the coerciveness of truth)"中解放出来，从西欧声音中解放出来，从沉默的几代人中解放出来，从看世界的单一视角中解放出来。

　　我们也可能通过研究进入一个更伟大的精神时代。重视体现生态价值的研究，重视尊重非西方社会生活形式的研究，重视涉及深切反思研究如何受到我们自身历史和性别影响的研究,重视如何实现赫伦和里森所谓的"人类繁荣"的研究(Heron & Reason,1997),这一切也许能再次将神圣与世俗融合在一起,推进自由和自主进程。组织理论家埃贡·布伦斯威克(Egon Brunswik)在研究人类组织形式时,提到"绑定"和"非绑定"变量,即关联的变量和显然与其他变量没有关联的变量。也许目前我们正在探索研究的是绑定和非绑定的方式,以找出研究兴趣点重合的地方,这样,作为一个整体,我们就能既可成为他者而存在,也可推进他者的存在。

注　释

1.就像后现代主义有几种类别,批判理论也有好几种,具体包括:与新马克思主义理论最为密切的古典批判理论、后实证主义的批判理论,他们从马克思主义理论中脱离出来,却因坚持传统的严谨标准而依然属于实证主义;后现代主义、后建构主义或建构主义倾向的各种类型。参见:Fay(1987);Carr & Kemmis(1986);Lather(1991);Kemmis & McTaggart(2000);Kincheloe & McLaren(2000)。

2.为了更清楚地了解方法如何取代了范式,或者我们最初观点是如何被误解的,参见:Lancy(1993);Weiss(1998, esp.p. 268)。

3.例如,比较本章和另外两个作品:Richardson(2000);Ellis & Bochner(2000)。在他们的研究中,作者的声音是清晰的、个人的、语音的、内在的、互动的主体性。尽管一些同行出乎我们意料,能准确地指出哪本书中的哪个章节是我们中的谁写的,本章的风格更接近那种较疏远的"现实主义"写作形式,而不是其他章节具有的个人的、亲密的"情调(feeling tone)"。声音也是所使用到的材料的功能的彰显。我们为本章所选择的最为重要的材料似乎要求我们不要太个人化,这可能是因为关于这些议题有着太多的争议,而相对平和的对话却很少。这种"冷静的"强调很可能源自我们内心,因为我们想努力创造一个更安静的环境来讨论这些有争议的议题。我们能说什么呢?

参 考 文 献

Addelson, K. P. (1993). Knowers/doers and their moral problems. In L. Alcoff & E. Potter (Eds.), *Feminist epistemologies* (pp. 265-294). NewYork：Routledge.

Alcoff, L., & Potter, E. (Eds.). (1993). *Feminist epistemologies.* New York：Routledge.

Alpern, S., Antler, J., Perry, E. I., & Scobie, I. W. (Eds.). (1992). *The challenge of feminist biography：Writing the lives of modern American women.* Urbana：University of Illinois Press.

Angen, M. J. (2000). Evaluating interpretive inquiry：Reviewing the validity debate and opening the dialogue. *Qualitative Health Research, 10*(3), 378-395.

Babbitt, S. (1993). Feminism and objective interests：The role of transformation experiences in rational deliberation. In L. Alcoff & E. Potter (Eds.), *Feminist epistemologies* (pp. 245-264). New York：Routledge.

Bernal, D. D. (1998). Using a Chicana feminist epistemology in educational research. *Harvard Educational Review, 68*(4), 1-19.

Bernal, D. D. (2002). Critical race theory, Latino critical theory, and critical race-gendered epistemologies; Recognizing students of color as holders and creators of knowledge. *Qualitative Inquiry*, 9(1), 105-126.

Bernstein, R. J. (1983). *Beyond objectivism and relativism: Science, hermeneutics, and praxis.* Oxford, UK: Blackwell.

Best, S., & Kellner, D. (1997). *The postmodern turn.* New York: Guilford.

Bloland, H. (1989). Higher education and high anxiety: Objectivism, relativism, and irony. *Journal of Higher Education*, 60, 519-543.

Bloland, H. (1995). Postmodernism and higher education. *Journal of Higher Education*, 66, 521-559.

Bradley, J., & Schaefer, K. (1998). *The uses and misuses of data and models.* Thousand Oaks, CA: Sage.

Carr, W. L., & Kemmis, S. (1986). *Becoming critical: Education, knowledge, and action research.* London: Falmer.

Carspecken, P. F. (1996). *Critical ethnography in educational research: A theoretical and practical guide.* New York: Routledge.

Christians, C. G. (2000). Ethics and politics in qualitative research. In N. K. Denzin & Y. S. Lincoln (Eds.), *Handbook of qualitative research* (2nd ed., pp. 133-155). Thousand Oaks, CA: Sage.

Clandinin, D. J., & Connelly, F. M. (1994). Personal experience methods. In N. K. Denzin & Y. S. Lincoln (Eds.), *Handbook of qualitative research* (pp. 413-427). Thousand Oaks, CA: Sage.

Creswell, J. W. (2007). *Qualitative inquiry and research design: Choosing among five approaches.* Thousand Oaks, CA: Sage.

Denzin, N. K., & Lincoln, Y. S. (Eds.). (1994). *Handbook of qualitative research.* Thousand Oaks, CA: Sage.

Eisner, E. W. (1997). The promise and perils of alternative forms of data representation. *Educational Researcher*, 26(6), 4-10.

Ellis, C. (2009). *Autoethnographic reflections on life and work.* Walnut Creek, CA: Left Coast Press.

Ellis, C., & Bochner, A. P. (Eds.). (1996).

Composing ethnography: Alternative forms of qualitative writing. Walnut Creek, CA: AltaMira.

Ellis, C., & Bochner, A. P. (2000). Autoethnography, personal narrative, reflexivity: Researcher as subject. In N. K. Denzin & Y. S. Lincoln (Eds.), *Handbook of qualitative research* (2nd ed., pp. 733-768). Thousand Oaks, CA: Sage.

Enerstvedt, R. (1989). The problem of validity in social science. In S. Kvale (Ed.), *Issues of validity in qualitative research* (pp. 135-173). Lund, Sweden: Studentlitteratur.

Fay, B. (1987). *Critical social science.* Ithaca, NY: Cornell University Press.

Fine, M., Weis, 1., Weseen, S., & Wong, 1. (2000). For whom? Qualitative research, representations, and social responsibilities. In N. K. Denzin & Y. S. Lincoln (Eds.), *Handbook of qualitative research* (2nd ed., pp. 107-131). Thousand Oaks, CA: Sage.

Firestone, W. (1987). Meaning in method: The rhetoric of quantitative and qualitative research. *Educational Researcher*, 16(7), 16-21.

Flax, J. (1990). *Thinking fragments.* Berkeley: University of California Press.

Foucault, M. (1971). *The order of things: An archaeology of the human sciences.* New York: Pantheon.

Gamson, J. (2000). Sexualities, queer theory, and qualitative research. In N. K. Denzin & Y. S. Lincoln (Eds.), *Handbook of qualitative research* (2nd ed., pp. 347-365). Thousand Oaks, CA: Sage.

Gandhi, L. (1998). *Postcolonial theory: A critical introduction.* St. Leonards, N.S.W.: Allen & Unwin.

Geertz, C. (1973). Thick description: Toward an interpretive theory of culture. In C. Geertz, *The interpretation of cultures* (pp. 2-30). New York: Basic Books.

Geertz, C. (1988). *Works and lives: The anthropologist as author.* Cambridge, UK: Polity.

Geertz, C. (1993). *Local knowledge: Further essays in interpretive anthropology.* London: Fontana.

Giroux, H. A. (1982). *Theory and resistance in*

education: A pedagogy for the opposition. Boston: Bergin & Garvey.

Greenwood, D. J., & Levin, M. (2000). Reconstructing the relationships between universities and society through action research. In N. K. Denzin & Y. S. Lincoln (Eds.), Handbook of qualitative research (2nd ed., pp. 85-106). Thousand Oaks, CA: Sage.

Guba, E. G., (1990). The paradigm dialog. Newbury Park, CA: Sage.

Guba, E. G., (1996). What happened to me on the road to Damascus. In L. Heshusius & K. Ballard (Eds.), From positivism to interpretivism and beyond: Tales of transformation in educational and social research (pp. 43-49). New York: Teachers College Press.

Guba, E. G., & Lincoln, Y. S. (1981). Effective evaluation: Improving the usefulness of evaluation results through responsive and naturalistic approaches. San Francisco: Jossey-Bass.

Guba, E. G., & Lincoln, Y. S. (1982). Epistemological and methodological bases for naturalistic inquiry. Educational Communications and Technology Journal, 31, 233-252.

Guba, E. G., & Lincoln, Y. S. (1985). Naturalistic inquiry. Newbury Park, CA: Sage.

Guba, E. G., & Lincoln, Y. S. (1989). Fourth generation evaluation. Newbury Park, CA: Sage.

Guba, E. G., & Lincoln, Y. S. (1994). Competing paradigms in qualitative research. In N. K. Denzin & Y. S. Lincoln (Eds.), Handbook of qualitative research (pp. 105-117). Thousand Oaks, CA: Sage.

Guba, E. G., & Lincoln, Y. S. (2005). Paradigmatic controversies, contradictions, and emerging confluences. In N. K. Denzin & Y. S. Lincoln (Eds.), The SAGE handbook of qualitative research (3rd ed., pp. 191-215). Thousand Oaks, CA: Sage.

Harding, S. (1993). Rethinking standpoint epistemology: What is "strong objectivity"? In L. Alcoff & E. Potter (Eds.), Feminist epistemologies (pp. 49-82). New York: Routledge.

Heron, J. (1996). Cooperative inquiry: Research into the human condition. London: Sage.

Heron, J., & Reason, P. (1997). A participatory inquiry paradigm. Qualitative Inquiry, 3, 274-294.

Hertz, R. (1997). Introduction: Reflexivity and voice. In R. Hertz (Ed.), Reflexivity and voice. Thousand Oaks, CA: Sage.

Heshusius, L. (1994). Freeing ourselves from objectivity: Managing subjectivity or turning toward a participatory mode of consciousness? Educational Researcher, 23(3), 15-22.

Howe, K., & Eisenhart, M. (1990). Standards for qualitative (and quantitative) research: A prolegomenon. Educational Researcher, 19(4), 2-9.

Hutcheon, L. (1989). The politics of postmodernism. New York: Routledge.

Josselson, R. (1995). Imagining the real. Interpreting experience. The narrative study of lives (Vol. 3.). Thousand Oaks, CA: Sage.

Kemmis, S., & McTaggart, R. (2000). Participatory action research. In N. K. Denzin & Y. S. Lincoln (Eds.), Handbook of qualitative research (2nd ed., pp. 567-605). Thousand Oaks, CA: Sage.

Kilgore, D. W. (2001). Critical and postmodern perspectives in learning. In S. Merriam (Ed.), The new update of education theory: New directions in adult and continuing education. San Francisco: Jossey-Bass.

Kincheloe, J. L. (1991). Teachers as researchers: Qualitative inquiry as a path to empowerment. London: Falmer.

Kincheloe, J. L., & McLaren, P. (2000). Rethinking critical theory and qualitative research. In N. K. Denzin & Y. S. Lincoln (Eds.), Handbook of qualitative research (2nd ed., pp. 279-313). Thousand Oaks, CA: Sage.

Kondo, D. K. (1990). Crafting selves: Power, gender, and discourses of identity in a Japanese workplace. Chicago: University of Chicago Press.

Kondo, D. K. (1997). About face: Performing race in fashion and theater. New York: Routledge.

Kuhn, T. (1967). The structure of scientific revolutions (2nd ed.). Chicago: University of Chicago Press.

Kvale, S. (Ed.). (1989). Issues of validity in

qualitative research. Lund, Sweden: Student-litteratur.

Kvale, S. (1994, April). *Validation as communication and action.* Paper presented at the annual meeting of the American Educational Research Association, New Orleans.

Lancy, D. F. (1993). *Qualitative research in education: An introduction to the major traditions.* New York: Longman.

Lather, P. (1986). Issues of validity in openly ideological research: Between a rock and a soft place. *Interchange, 17*(4), 63-84.

Lather, P. (1991). *Getting smart: Feminist research and pedagogy within the postmodern.* New York: Routledge.

Lather, P. (1993). Fertile obsession: Validity after poststructuralism. *Sociological Quarterly, 34,* 673-693.

Lather, P. (2007). *Getting lost: Feminist efforts toward a double (d) science.* Albany: State University of New York Press.

Lather, P., & Smithies, C. (1997). *Troubling the angels: Women living with HIV/AIDS.* Boulder, CO: Westview/HarperCollins.

Latsis, J., Lawson, C., & Martins, N. (2007). Introduction: Ontology, philosophy, and the social sciences. In C. Lawson, J. Latsis, & N. Martins (Eds.), *Contributions to social ontology.* New York: Routledge.

Leitch, Y. B. (1996). *Postmodern: Local effects, global flows.* Albany: State University of New York Press.

Lincoln, Y. S. (1995). Emerging criteria for quality in qualitative and interpretive research. *Qualitative Inquiry, 1,* 275-289.

Lincoln, Y. S. (1997). What constitutes quality in interpretive research? In C. K. Kinzer, K. A. Hinchman, & D. J. Leu (Eds.), *Inquiries in literacy: Theory and practice* (pp. 54-68). Chicago: National Reading Conference.

Lincoln, Y. S. (1998a). The ethics of teaching qualitative research. *Qualitative Inquiry, 4,* 305-317.

Lincoln, Y. S. (1998b). From understanding to action: New imperatives, new criteria, new methods for interpretive researchers. *Theory and Research in Social Education, 26*(1), 12-29.

Lincoln, Y. S., & Denzin, N. K. (1994). The fifth moment. In N. K. Denzin & Y. S. Lincoln (Eds.), *Handbook of qualitative research* (pp. 575-586). Thousand Oaks, CA: Sage.

Lincoln, Y. S., & Guba, E. G. (1985). *Naturalistic inquiry.* Beverly Hills, CA: Sage.

Lucas, J. (1974, May). *The case survey and alternative methods for research aggregation.* Paper presented at the Conference on Design and Measurement Standards in Political Science, Delavan, WI.

Lucas, J. (1976). *The case survey method: Aggregating case experience* (R-1515-RC). Santa Monica, CA: The Rand Corporation.

Lynham, S. A., & Webb-Johnson, G. W. (2008). Models of Epistemology and Inquiry Class Notes. Texas A & M University.

Marcus, G. E., & Fischer, M. M. J. (1986). *Anthropology as cultural critique: An experimental moment in the human sciences.* Chicago: University of Chicago Press.

Mayan, M. J. (2009). *Essentials of qualitative inquiry.* Walnut Creek, CA: Left Coast Press.

McCall, M. M. (2000). Performance ethnography: A brief history and some advice. In N. K. Denzin & Y. S. Lincoln (Eds.), *Handbook of qualitative research* (2nd ed., pp. 421-433). Thousand Oaks, CA: Sage.

Merriam, S. B. (1991). How research produces knowledge. In J. M. Peters & P. Jarvis (Eds.), *Adult education.* San Francisco: Jossey-Bass.

Merriam, S. B., Caffarella, R. S., & Baumgartner, L. M. (2007). *Learning in adulthood: A comprehensive guide.* San Francisco: Jossey-Bass.

Mertens, D. (1998). *Research methods in education and psychology: Integrating diversity with quantitative and qualitative methods.* Thousand Oaks, CA: Sage.

Michael, M. C. (1996). *Feminism and the postmodern impulse: Post-World War II fiction.* Albany: State University of New York Press.

Noddings, N. (1984). *Caring: A feminine approach to ethics and moral education.* Berkeley: University of California Press.

Olesen, Y. L. (2000). Feminisms and qualitative

research at and into the millennium. In N. K. Denzin & Y. S. Lincoln (Eds.), *Handbook of qualitative research* (2nd ed., pp. 215-255). Thousand Oaks, CA: Sage.

Pallas, A. M. (2001). Preparing education doctoral students for epistemological diversity. *Educational Researcher*, *30*(5), 6-11.

Palmer, P. J. (1987, September-October). Community, conflict, and ways of knowing. *Change*, *19*, 20-25.

Pelias, R. J. (1999). *Writing performance: Poeticizing the researcher's body*. Carbondale: Southern Illinois University Press.

Pelias, R. J. (2004). *A methodology of the heart*. Walnut Creek, CA: AltaMira Press.

Peshkin, A. (1993). The goodness of qualitative research. *Educational Researcher*, *22* (2), 24-30.

Phillips, D. C. (2006). A guide for the perplexed: Scientific educational research, methodolatry, and the gold versus the platinum standards. *Educational Research Review*, *1*(1), 15-26.

Polkinghorne, D. E. (1989). Changing conversations about human science. In S. Kvale (Ed.), *Issues of validity in qualitative research* (pp. 13-46). Lund, Sweden: Studentlitteratur.

Preissle, J. (2006). Envisioning qualitative inquiry: A view across four decades. *International Journal of Qualitative Studies in Education* *19*(6), 685-695.

Reason, P. (1993). Sacred experience and sacred science. *Journal of Management Inquiry*, *2*, 10-27.

Reason, P., & Rowan, J. (Eds.). (1981). *Human inquiry*. London: John Wiley.

Reinharz, S. (1997). Who am I? The need for a variety of selves in the field. In R. Hertz (Ed.), *Reflexivity and voice* (pp. 3-20). Thousand Oaks, CA: Sage.

Richardson, L. (1994). Writing: A method of inquiry. In N. K. Denzin & Y. S. Lincoln (Eds.), *Handbook of qualitative research* (pp. 516-529). Thousand Oaks, CA: Sage.

Richardson, L. (1997). *Fields of play: Constructing an academic life*. New Brunswick, NJ: Rutgers University Press.

Richardson, L. (2000). Writing: A method of inquiry. In N. K. Denzin & Y. S. Lincoln (Eds.), *Handbook of qualitative research* (2nd ed., pp. 923-948). Thousand Oaks, CA: Sage.

Rorty, R. (1979). *Philosophy and the mirror of nature*. Princeton, NJ: Princeton University Press.

Ryan, K. E., Greene, J. C., Lincoln, Y. S., Mathison, S., & Mertens, D. (1998). Advantages and challenges of using inclusive evaluation approaches in evaluation practice. *American Journal of Evaluation*, *19*, 101-122.

Salner, M. (1989). Validity in human science research. In S. Kvale (Ed.), *Issues of validity in qualitative research* (pp. 47-72). Lund, Sweden: Studentlitteratur.

Scheurich, J. J. (1994). Policy archaeology. *Journal of Educational Policy*, *9*, 297-316.

Scheurich, J. J. (1996). Validity. *International Journal of Qualitative Studies in Education*, *9*, 49-60.

Scheurich, J. J. (1997). *Research method in the postmodern*. London: Falmer.

Schratz, M., & Walker, R. (1995). *Research as social change: New opportunities for qualitative research*. New York: Routledge.

Schwandt, T. A. (1989). Recapturing moral discourse in evaluation. *Educational Researcher*, *18*(8), 11-16, 34.

Schwandt, T. A. (1996). Farewell to criteriology. *Qualitative Inquiry*, *2*, 58-72.

Schwandt, T. A. (2000). Three epistemological stances for qualitative inquiry: Interpretivism, hermeneutics, and social constructionism. In N. K. Denzin & Y. S. Lincoln (Eds.), *Handbook of qualitative research* (2nd ed., pp. 189-213). Thousand Oaks, CA: Sage.

Schwandt, T. A. (2007). *The SAGE dictionary of qualitative inquiry* (3rd ed.). Thousand Oaks, CA: Sage.

Sechrest, 1. (1993). *Program evaluation: A pluralistic enterprise*. San Francisco: Jossey-Bass.

Skrtic, T. M. (1990). Social accommodation: Toward a dialogical discourse in educational inquiry. In E. Guba (Ed.), *The paradigm dialog. Newbury Park* , *CA* : *Sage.*

Smith, J. K. (1993). *After the demise of empiricism* : *The problem of judging social and educational inquiry.* Norwood, NJ : Ablex.

Smith, J. K., & Deemer, D. K. (2000). The problem of criteria in the age of relativism. In N. K. Denzin & Y. S. Lincoln (Eds.), *Handbook of qualitative research* (2nd ed. , pp. 877-896). Thousand Oaks, CA : Sage.

Stimpson, C. R. (1988). Nancy Reagan wears a hat : Feminism and its cultural consensus. *Critical Inquiry* , *14* , 223-243.

Tierney, W. G. (2000). Undaunted courage : Life history and the postmodern challenge. In N. K. Denzin & Y. S. Lincoln (Eds.), *Handbook of qualitative research* (2nd ed., pp. 537-553). Thousand Oaks, CA : Sage.

Tierney, W. G., & Lincoln, Y. S. (Eds.). (1997). *Representation and the text* : *Reframing the narrative voice.* Albany : State University of New York Press.

Trinh, T. M. (1991). *When the moon waxes red* : *Representation* , *gender* , *and cultural politics.* New York : Routledge.

Tschudi, F. (1989). Do qualitative and quantitative methods require different approaches to validity? In S. Kvale (Ed.), *Issues of validity in qualitative research* (pp. 109-134). Lund, Sweden : Studentlitteratur.

Weiss, C. H. (1998). *Evaluation* (2nd ed.). Upper Saddle River, NJ : Prentice Hall.

7 新世纪头十年的女性主义质性研究：发展、挑战与展望

FEMINIST QUALITATIVE RESEARCH IN THE MILLENIUM'S FIRST DECADE:
DEVELOPMENTS, CHALLENGES, PROSPECTS

◎ 弗吉尼亚·奥勒森（Virginia Olesen）

朱志勇 译 范晓慧 校

有许多关于女性主义的话语，我们需要不时地全部采纳。
——Gannon & Davies（2007，p. 100）

女性主义和质性研究实践依旧是高度多元化的、动态的、有争议的并颇具挑战性的。在这两类理论中，新观念和实践都不断涌现，而旧的则变得僵化并逐渐淡出，不过，这两类理论的议题和研究方法的方向完全不同（Fonow & Cook，2005）。在众多复杂事情中，交织（intersectionality）理论和研究发展在走向成熟与深化，参与性行动研究和跨国女性主义研究、洞见和实践即便动摇了一些理论基础，也还在不断扩大。激励这些发展在"反启蒙主义的"/非殖民化的女性主义研究中日显重要的地位。这促使女性主义质性研究者研究持久的、紧急的社会性别公正问题。不过，这不是说女性主义是全球同质的。每个国家女性主义的议事日程各不相同，女性主义者正是从体现着这种国家环境的不同理论和实践倾向中汲取精华的（Evans，2002；Franks，2002；Howard & Allen，2000）。北半球主流群体曾经风靡一时的各种观念如今不再为人们所遵循（Alexander，2005；Arat-Koc，2007；Harding & Norberg，2005；Mohanty，2003），复制白人特征成了人们的关注点（Evans，Hole，Berg，Hutchinson，& Sookraj，2009）。

本章是我 1975 年的文章《愤怒是不够的》（Rage Is Not Enough）完稿之后自身研究敏感性的深化与聚焦。《愤怒是不够的》呼吁学者对政策进行尖锐的女性主义研究，要求通过框架的设制和激情的投入来挑战妇女健康方面的不公平性，这也是我长期关注的一个问题。后来，女性主义的后殖民主义和解构主义思想极大地拓展了我建构符号互动（symbolic interaction）的基础。此外，致力于解决社会公正问题的后现代主义研究也影响着我，因为我也关注不同肤色和同性恋妇女的问题。

下面我将简单地回顾一下多元化的女性主义质性研究。我将介绍有关改革性议题和发展的研究，扼要地探讨一些长期遗留下来的问题，并通过回顾尚未解决却亟待解决的议题，来探讨社会艰难时期实现社会公正的新的机遇与研究。

研究范畴

女性主义质性研究者继续探讨的主题来自人际关系问题,具体包括家庭暴力(Jiwani,2005;Renzetti,2005)、人体和健康(Dworkin & Wachs,2009)、健康和疾病(Schulz & Mullings,2006)、医学知识(Shim,2000)和社会运动(Bell,2009;Klawiter,2008;Kuumba,2002)。

人们曾经误以为政策研究是不可以使用质性研究的,如今,尽管该领域极具挑战性(Campbell,2000;Harding & Norberg,2005;Mazur,2002;Priyadharshini,2003),女性主义者却还是越来越关注政策研究(Fonow & Cook,2005)。

如果女性主义质性研究中有一个议题占主导地位,那么它就是知识的问题。谁的知识?怎么获得知识?谁从谁处获取知识?目的是什么?这促使女性主义研究不再忽略或片面地关注被边缘化的女性,她们通常是有色人种、同性恋或残疾人,相反,这些研究认识到女性之间、同一女性群体内部存在着差异性,认识到人们在特定历史和社会情境中建构着多元的身份和主体性。这使得我们可以研究批判性认识论问题、研究者的特征以及与研究参与者之间的关系。

变革性发展

变革性发展继续体现在研究方法(后殖民主义、全球化、跨国女性主义)、理论与概念的转变(立场论[standpoint theory]、后建构主义思想)、特定妇女群体所开展的研究以及对这些特定妇女群体(同性恋、残疾人、有色人种妇女)所做的研究上。

后殖民女性主义(postcolonial feminism)思想

如果在西方工业化社会中,人们批判女性主义研究不懈地探究白人特征却还未能解决女性主义研究的框架问题,那么,来自后殖民主义理论家的复杂而有力的研究以及女性主义思想将继续推动关于"妇女(woman)"和"女性(women)"的女性主义研究的基础。妇女和女性是女性主义本身的精确定义和有色的建构,女性主义在当代的民族主义背景下形式多样。关注"他者化(othering)"(这是对被研究对象令人难以接受的歧视性定义)的歧视性影响,后殖民女性主义者声称,西方女性主义模式不适合用来研究后殖民地的女性。

后殖民女性主义者尖锐地提出,在精英思想所体现的道德下,下属是有权说话,还是永远地被压制(Mohanty,1988,2003;Spivak,1988)?所有的妇女是否都被看作妇女类目下的统一的主体?她们指出,主体性和身份是在任何历史时期以多种方式建构而成的(Kim,2007),削弱了妇女这个概念、削弱了人们对主观性和客观性的设想以及访谈的实用性(Trinh,1989,1992)。后殖民女性主义思想需要去殖民化自身以及他者(Kim,2007)。

全球化和跨国女性主义

全球化是指资本不断地流向国外,刺激了劳动力市场,市场不再稳定,工人运动爆发(Kim-Puri, 2005, pp. 139-142),研究超出了民族国家的界限,对多元场所的、变化中的权力出现了全新的阐释(Mendez & Wolf, 2007, p. 652)。女性主义者使得全球化的本质和特征更为复杂(Desai, 2007)。全球化使得各种矛盾重重,又有可能产生多重主体性(Kim-Puri, 2005;Naples, 2002a, 2002b)。一些学者研究分析国家和经济力量的主导地位和妇女潜在的抵制行为之间的紧张关系(Thayer, 2001),研究"新"的机遇和压迫之间的辩证关系(Chang, 2001;Lan, 2006)。

其他学者研究不同国际背景下妇女的生活和工作条件:性工作者(Gulcur & Ilkkaracan, 2002;Katsulis, 2009)、国际性交易(Dewey, 2008;Hanochi, 2001)、护理工作(Zimmerman, Litt, & Bose, 2006)、佣人(Parrenas, 2008)、劳工(Keough, 2009)以及政府如何制造出"英雄式的"农民工(Guevarra, 2009)。

这些研究再现了后现代思想的效力(Lacsamana, 1999),创造了复制欧洲女性主义概念的风险(Grewal & Caplan, 1994;Kempadoo, 2001),提出了妇女机构的问题(Doezema, 2000),让我们认识到缺乏足够的文化研究来理解全球化背景下物质环境中的压迫现象(Fraser, 2005;Kim-Puri, 2005;Mendoza, 2002)。

与此密切相关的是,跨国女性主义分析国家和跨国的女性主义组织和行动(Davis, 2007;Mendez & Wolf, 2007;Mendoza, 2002)。跨国女性主义探讨女性主义的运动基础,比如,阶层、种族、族群、宗教、地区斗争等,同时,它规避了西方女性主义观,提出了大量的批判性问题(Mendez & Wolf, 2007)。

跨国女性主义也研究性贩卖(DeRiviere, 2006;Firdous, 2005;Stout, 2008)、对妇女的暴力行为(Jiwani, 2005)以及生殖技术(Gupta, 2006)。

立场研究

立场研究在 21 世纪早期蓬勃发展起来(Harding, 2008)。社会学家史密斯(Dorothy Smith)[1]、柯林斯(Patricia Hill Collins)[2],哲学家哈丁(Sandra Harding)[3]和政治学家哈特索克(Nancy Hartsock)[4]用情境化妇女(situated woman)替代了精练的一般化的妇女(essentialized, universalized woman)概念。情境化妇女所具有的知识和体验是与她在种族分层体制和物质劳动分工中的具体地位相关的。立场论者不尽相同,他们为质性研究者提供了不同的研究方法。此外,女性主义质性研究者必须阅读这些立场论者的最新观点,比如,哈丁指出,要想避免误解,就要着手研究妇女的家庭生活(Harding, 2008)。立场论招致广泛的批判,相应也引发了人们有力的回应(Collins, 1997;Harding, 1997;Hartsock, 1997;D. E. Smith, 1997)。

在立场论与后现代、后建构主义思想的关系问题上,"后建构主义研究方法尤其有助于立场论系统地对多重权力关系进行批判性研究"(Harding, 1996, p.451）。柯林斯（Collins，1998b）提醒我们注意后现代和解构主义思想对黑人妇女的群体权威和社会行动所带来的破坏性影响，不过，她也认为，后现代主义强大的分析工具可以挑战主流话语和那些游戏规则。纳普勒斯（Naples，2007）提出多维度的观点论研究法，既认识到研究者和参与者具体的观点，也认识到他们观点的多样性。

表 7.1

1. 变革性发展

研究方法	后殖民女性主义思想	Kim，2007；Mohanty，1988，2003；Spivak，1988；Trinh，1989，1992
	全球化	Chang，2001；Dewey，2008；Fraser，2005；Guevarra，2009；Kim-Puri，2005；Lan，2006；Naples，2002a，b；Parrenas，2008；Zimmerman，Litt，& Bose，2006
	跨国女性主义	Davis，2007；DeRiviere，2006；Firdous，2005；Mendez & Wolf，2007；Stout，2008
	立场论	Collins，1992，1998a，b；Haraway，1991；Harding，1987，1993，2008；Hartsock，1983，1997；Naples，2007；Smith，1987，1997；Weeks，2004
	后现代和后结构的解构主义理论	Clough，2000；Collins，1998b；Flax，1987，1990；Gannon & Davies，2007；Haraway，1991；Hekman，1990；Lacsamana，1999；Lather，2007；Mazzei，2003，2004；Pillow，2003；St. Pierre，1997b，2009
特定妇女群体所开展的研究以及对这些特定妇女群体所做的研究	女同性恋研究	Anzaldúa，1987，1990；Connolly，2006；Kennedy & Davis，1993；Lewin，1993，2009；Mamo，2007；Merlis & Linville，2006；Mezey，2008；Weston，1991
	酷儿理论	Butler，1990，1993，2004；Rupp & Taylor，2003
	残疾妇女	Fine，1992；Garland-Thompson，2005；Lubelska & Mathews，1997；Meekosha，2005；Mertens，2009；Petersen，2006；Tregaskis & Goodley，2005
	有色人种妇女	Acosta，2008；Anzaldúa，1990；Chow，1987；Collins，1986；Cummins & Lehman，2007；Davis，1981；Dill，1979；Espiritu，2007；Few，2007；Glenn，2002；Green，1990；hooks，1990；Majumdar，2007；Mihesuah，2003；Moore，2008；Tellez，2008

续表

	使不减退的白人特征问题化	Frankenberg, 1994；Hurtado & Stewart, 1997

2.批判倾向

反启蒙主义的、去殖民主义的、本土化的女性主义研究	Anzaldúa, 1987；Battiste, 2008；Collins, 2000；Dillard, 2008；Gardiner & Meyer, 2008a；Saavedra & Nymark, 2008；Segura & Zavella, 2008；Smith, 1999, 2005
交织性 (intersectionality)	Andersen 2005, 2008；Bhavnani, 2007；Bowleg, 2008；Brah & Phoenix, 2004；Collins, 2000, 2008, 2009；Crenshaw, 1989, 1991；Davis, 2008；Denis, 2008；Dill, McLaughlin, & Nieves, 2007；Dill & Zambrana, 2009；Glenn, 2002；Hancock, 2007a, b；McCall, 2005；Risman, 2004；Shields, 2008；Stewart & McDermott, 2004；Warner, 2008；Yuval-Davis, 2006

3.持续的议题

使研究者和参与者问题化		Kahn, 2005；Lather & Smithies, 1997；Lather, 2007；Lincoln, 1993, 1997
使局内人和局外人不稳定		Kondo, 1990；Lewin, 1993；Naples, 1996；Narayan, 1997；Ong, 1995；Weston, 1991；Zavella, 1996
挑战传统概念	经验	Scott, 1991
	差异	Felski, 1997；hooks, 1990
	性别	Barvosa-Carter, 2001；Butler, 1990, 1993, 2004；Jurik & Siemsen, 2009；Lorber, 1994；West & Zimmerman, 1987

4.持久的关注

偏见与客观性	Diaz, 2002；Fine, 1992；Harding, 1993, 1996, 1998；Phoenix, 1994；Scheper-Hughes, 1983
反思性	Few, 2007；Guilleman & Gillam, 2004；Hesse-Biber & Piatelli, 2007；Pillow, 2003
效度和可信性	Lather, 1993, 2007；Manning, 1997；Richardson, 1993；St. Pierre (Ch. 37, this handbook)
参与者的声音	Behar, 1993；Ellis & Bochner, 1996, 2000；Fine, 1992；Gray & Sinding, 2002；Kincheloe, 1997；Kondo, 1995；Lather & Smithies, 1997；Lincoln, 1993, 1997；Phoenix, 1994；Richardson, 1997；Stacey, 1998

续表

解构声音	Jackson, 2003；MacLure, 2009；Mazzei, 2009；Mazzei & Jackson, 2009；Lather & Smithies, 1997
表演民族志	Alexander, 2005；Battacharya, 2009；Case & Abbitt, 2004；Cho & Trent, 2009；Denzin, 2005；Gray & Sinding, 2002；Kondo, 1995；Madison, 2005, 2006；Valentine, 2006
女性主义伦理研究	Battacharya, 2007；Battiste, 2008；Corrigan, 2003；Edwards & Mauthner, 2002；Ellis, 2009a；Fine, Weis, Weseem, & Wong, 2000；Guilleman & Gillam, 2004；Halsey & Honey, 2005；Lincoln, 2005；Llewelyn, 2007；Mauthner, Birch, Jessop, & Miller, 2002；Miller & Bell, 2002；Morse, 2005, 2007；L. T. Smith, 1999, 2005；Stacey, 1988；Thapar-Bjorkert & Henry, 2004；Wolf, 1996
参与性行动研究	Cancian, 1996；Etowa, Bernard, Oyinsan, & Clow, 2007；Evans, Hole, Berg, Hutchinson, & Sookraj, 2009；Fine & Torre, 2006；Reid, Tom, & Frisby, 2008

5.对女性主义研究的影响

情境	学术界	Dever, 2004；Laslett & Brenner, 2001；Messer-Davidow, 2002；Shields, 2008
	出版界和以欧洲为中心的狭隘主义	Messer-Davidow, 2002

6.未来展望

挑战：突显女性主义研究的重要意义	Cook & Fonow, 2007；Davis & Craven, 2011；Hesse-Biber, 2007；Laslett & Brenner, 2001；Stacey, 2003

后结构性后现代主义思想

　　后现代和后结构/解构主义思想依然是争议不断，不过这也激励了其他女性主义的研究者（Gannon & Davies, 2007；Lather, 2007）。

　　鉴于妇女在压迫情境下的生活根本无法全然地展现出来，后现代女性主义将"真理"看作一个破坏性的错觉。世界是一系列的故事或文本，维系着权力和压迫的一体化，事实上，"使我们成为明确的秩序中的主体"（Hawkesworth, 1989, p. 549）。受到法国理论家福柯、德勒兹、利奥塔、德里达、鲍德里亚及美国理论家巴特勒的影响，后现代/解构性女性主义研究的对象是表述和文本。一些学者也使用阿尔都塞的马克思主义理论和各种心理分析理论（Flax, 1987, 1990；Gannon & Davies, 2007）。

这些研究认为,文本是社会批判的基本模式,是深刻分析的核心要素,因而,研究的主要对象是文化实物(如电影等)以及相关的意义(Balsamo,1993;Clough,2000;DeLauretis,1987;Denzin,1992;Morris,1998)。要对这些实物以及围绕实物展开的话语进行文本分析(Denzin,1992)并"研究日常生活中的文化意义所形塑的鲜活的文化和体验"(Denzin,1992,p. 81)。

此外,还有针对性别科学的复杂的女性主义研究,这里,科学被解构来揭示其针对控制妇女生活(Haraway,1991;Martin,1999)以及妇女健康(Clarke & Olesen,1999)的实践、对话以及影响,并提出抵制或干预的途径。妇女生育问题也得到了研究(Clarke,1998;Mamo,2007;Rapp,1999)。这些研究将妇女在何处、如何被控制,她们多元变化的身份和自我是如何产生的等问题复杂化,这不仅扰乱了诸如自然科学等男性占主导的机构的平静,也令女性主义本身感到不安。

尤其是持后结构性解构主义视角的女性主义者质疑质性研究的本质和局限性(Lather,1991,2007;St.Pierre,2009)。他们认为,传统的实证研究(empirical research)扎根于权力制度中,仅仅复制了压迫的结构,试图对不完善的策略下所做的研究进行全面完整的描述,这种对不可能性的寻求是徒劳的。这种研究不是寻找方法,相反,却试图发现缺陷,使用的不是离心(centrifugal)策略(即,倾向内部的一个稳定的阐释),而是向外拓展的向心(centripetal)策略,"无视定义或结论的策略、方法和战术"(Gannon & Davies,2007,p. 81)。

持后结构性解构主义视角的女性主义者质疑人们习以为常的术语,如资料等,他们提出"侵越性资料(transgressive data)"(即,情感的、梦想的、感性的反应)(St.Pierre,1997b)和对沉默(silences)的分析(Mazzei,2003,2004)。他们解构效度(Lather,1993)、反身性(reflexivity)(Pillow,2003)、声音,这些下文将做进一步讨论。他们也指出这是"令人不太舒服的科学"(Lather,2007,p. 4),这里研究者问责自身的类目,认可不确定性,并承认不存在绝对的指涉框架(Lather,2007)。

对后现代/后结构主义的批判包括:它不支持开展改革导向的研究;强化了现状;消除了结构性权力;不能解决问题或体现一个文化制度。然而,正如先前指出的,立场论者柯林斯和哈丁认为解构权力和为社会行动开辟新天地是可能的。

后结构性女性主义研究为我们多样地思考一些持久性问题提供了可能性(Gannon & Davies,2007),这非常有助于开展女性主义政策的研究。这些女性主义者所开展的研究指向社会公正问题(Lather & Smithies,1997;Mazzei,2004;Scheurich & Foley,1997;St.Pierre,1997a)。变革性发展的议题依旧出现在妇女群体所开展的研究以及对这些妇女群体所做的研究之中。

女同性恋的研究

研究打破了女同性恋相似的观点(Lewin,1993;Weston,1991)[5]。其他的研究则揭露同性恋身份的多元基础，以进一步分化这些观点，并动摇了异性恋常规性（heteronormativity）的概念（Anzaldúa，1987，1990；Kennedy & Davis，1993）。21世纪早期的女同性恋研究延续着这个研究趋势（Connolly，2006；Lewin，2009；Mamo，2007；Merlis & Linville，2006；Mezey，2008）。酷儿理论是对男女同性恋研究的宽泛统称，也指更为精确的政治立场和对"学科合法化和严格分类"的推进（Adams & Jones，2008，p. 381）。酷儿理论的核心是破坏意识形态的常规化，其目的是使政治发生变化（Alexander，2008）。

研究显示了男女同性恋婚姻仪式如何同时反映出适应性和颠覆性（Lewin，1998），并质疑了男性和女性的稳定性（Rupp & Taylor，2003）。

残疾妇女

残疾妇女在过去是被去人性化和去性别化的，这种现象甚至很遗憾地出现在女性主义研究中（Lubelska & Mathews，1997），研究者忽略了残疾妇女的多元地位，将她们只看作是残疾人（Asch & Fine，1992）。后来，女性主义者，无论自身残疾与否，开始将残疾现象问题化（Garland-Thompson，2005）。在21世纪，他们的研究范畴广泛（Meekosha，2005；Mertens，2009；Mertens，Sullivan，& Stace，本手册第13章；Petersen，2006；Tregaskis & Goodley，2005）。

有色人种妇女

是否存在多元知识？人们是否往往忽略或从白色人种妇女角度来阐释有色人种妇女？对于这些问题人们一直争执得很激烈（Anzaldúa，1987，1990；Chow，1987；Collins，2000；Davis，1981；Dill，1979；Green，1990；hooks，1990）。这种争执继续存在于黑人家庭（Few，2007；Moore，2008）、艾滋病和黑人妇女（Foster，2007）、拉丁美洲的批判理论（Delgado Bernal，2002）、美国印第安妇女的多样性（Mihesuah，2003）、美籍亚裔男性和女性（Espiritu，2007）、亚洲妇女饮食失调（Cummins & Lehman，2007）、东南亚妇女婚姻状况（Majumdar，2007）、美籍墨西哥裔妇女在美国和墨西哥边界的经验（Acosta，2008；Tellez，2008）等问题上。重要的理论研究分析了性别和种族对公民身份的连锁影响（Glenn，2002）以及所谓黑人是大一统的（monolithic）群体的论点（Collins，2008）。

其他研究的重点是有色人种妇女如何建构与白人特征的关系（Puar，1996）和白人特征本身（Frankenberg，1994；Hurtado & Stewart，1997）。正如埃斯皮里图（Yen Le Espiritu）所指出的，"种族主义不仅影响有色人种，而且组织和形塑了所有妇女的经验"（私人谈话，2003年9月15日）。为了理清白人特征和全球所存在的种族分界线，莫汉蒂（Mohanty，2003）指出，我们需要对权力、平等和公正做相关的思考，将思想和组织过程情境化，并探讨作为根源的历史和经验问题。

批判倾向

在发展过程中出现了两种批判倾向：（1）反启蒙主义的、去殖民主义的、本土化的女性主义研究;(2)扩展和趋于成熟化的交织性批判方法。

反启蒙主义的、去殖民主义的、本土化的女性主义研究

有色人种女性主义研究者深化了思想和研究,从各种殖民主义理论视角中解脱出来,强调处于从属地位的妇女(和男性)知识是试图实现社会公正的合法基础的批判本质。对去殖民主义方法论(L. T. Smith,1999,2005)和保护本土知识(Battiste,2008)的重要研究,以及关于美籍非洲女性主义、美籍墨西哥女性主义的文章(Cannella & Manuelito,2008)都促进了这些发展。

安扎尔都(Anzaldúa,1987)的实验性写作和研究将西方的思想和理论去中心化,强调去殖民主义研究(Saavedra & Nymark,2008)。更具体而言,她对界限的理解形成了"动态过程,有着特殊的目的,具有波动性、渗透性,并充斥着各种可能性和结果"(Gardiner & Meyer,2008b, p. 10)(参见 Gardiner & Meyer,2008a;Segura & Zavella,2008)。

安扎尔都创新性的思想也强调精神性(spirituality)是政治的必要条件(Gardiner & Meyer,2008a)。迪拉德(Dillard,2008)提出相似的建议,但更明确地指向女性主义研究和行动,并呼吁将精神性和质性研究植入黑人女性主义研究(参见本手册第 8 章)中。

交织性

交织性(Crenshaw,1989,1991)表明社会分工在特定的历史条件下如何建构并彼此交织,以加深对占主导地位的健全的中等阶层白色人种同性恋妇女进行压迫。到 21 世纪早期,无数的学科和专业已经开始了交叉研究(Brah & Phoenix,2004;Davis,2008;Denis,2008;Yuval-Davis,2006),这种交叉研究引发了特殊的期刊议题(Phoenix & Pettynama,2006)。

于是,可以想象,出现了各种不同的观点。一些人偏向互联性(interconnections),使彼此定形为交织性,其他人则认为这种观点太过于静态,会忽视能动性(agency)的作用(Bhavnani,2007)。还有些人则担心交织性适用于除了被边缘化的人之外的所有群体(Warner,2008)、担心交织性在实证方面较为薄弱(Nash,2008),并担心它会忽视叙述(Prins,2006)。仅从交织理论视角来研究是不能识别出结构机制是如何产生不同的不公平现象的(Risman,2004)。女性主义者不应该忽视"构成和支撑不平等现象的更广泛的政治、经济和社会进程"(Acker,2006;Andersen,2008, p. 121)。不过,另一些人声称,交织性解决了权力意义的问题(Collins,2009;Dill & Zambrana,2009;Hancock,2007a),有助于开展政治斗争(Davis,2008)。

尽管人们一致认为类目不是附加的,而是互动的、彼此建构的(Acker,2008;Andersen,2005;Collins,2009;Hancock,2007b;Shields,2008;Yuval-Davis,

2006），对于我们该使用怎样的组合问题，人们还是一直争论不休。此外，人们批评交织性产生了类目的"无穷逆行（infinite regress）"的问题（Hancock，2007b）。有以下三种结论：（1）可以对使用什么类目做出判断（Stewart & McDermott，2004）；（2）研究者必须确定选择的对象（Warner，2008）；（3）在特定情境，及为了特定的人群，一些社会部门比其他的更为重要（Dill & Zambrana，2009）。

贯穿这些争论的核心是，个体身份和在社会分层系统中确认任何群体位置的机构因素之间动态互动的问题（Hancock，2007a，2007b）。这促使女性主义研究者阐明要同时分析结构和政治身份的方法（Dill，McLaughlin，& Nieves，2007），并要求"在彼此对话过程中利用社会建构和叙事/阐释方法来研究社会现实"（Collins，2009，p. xi）。这项艰巨的挑战牵涉到研究设计、研究方法（Hancock，2007b）和阐释（Bowleg，2008）。

同时，也涉及人们是如何看待类目的复杂性的：那些坚持反类目复杂性（anticategorial complexity）的人认为，任何类目的完整性都是可以被质疑的，例如，性不再仅指同性恋或异性恋，如今它变得更加复杂化（McCall，2005）。类目内的复杂性（intracategorical complexity）则建议在同一社会类目下研究多样性和经验，比如，男性工人阶层、女性工人阶层（McCall，2005）。

类目间的复杂性（intercategorical complexity）则从各种分析类目的视角来比较各个群体（McCall，2005）。交织性分析是"一块认知地雷战场"（Collins，2008，p. 73），"典型的局部性特征"（即我们不能同时解决种族、阶层、性别、性、健康和年龄问题），且天生具有比较性（Collins，2008）。

那么，该如何开展可以管理的交织性分析呢？柯林斯（Collins，2008）发现动态性中心（dynamic centering）和关系性思维（relational thinking）非常有用。动态性中心将两个或以上的实体作为分析的中心，以便进一步研究它们彼此的建构情况（Collins，2008）。关系性思维则研究各个类目之间是如何彼此建构成为权力系统的。

交织性研究有望解决复杂的女性主义问题（Bredstrom，2006；Dworkin，2005；Morgen，2006），为其提供新的见解，但是，要想解决早期的批评问题还有很长的路要走（Luft & Ward，2009）。借助质性研究中新的发展（Clarke，2004）和趋向成熟的制度民族志（institutional ethnography）（Smith，2006），女性主义质性研究凭借本身的头衔是能够很好地迎接这些挑战的。它结合量化研究方法，对运作中的交织性机制有着强大的分析功能（Weber，2007）。

持续的议题

将研究者和参与者问题化　人们越来越意识到，研究者的特质也进入了研究互动之中。研究者和参与者都处于历史和情境之中（Andrews，2002）。研究者和被研究者的主体性都成了人们关注的中心，模糊了现象学和认识论关于研究者和被研究者之间的界限。这就促使人们对"局内人（insider）"身份能否让女性主义研究者获取内部知识提出了质疑（Collins，1986；Kondo，1990；Lewin，1993；Naples，1996；Narayan，1997；Ong，1995；Williams，1996；Zavella，1996）。此外，人们还质疑那种认为局内人知识和局内人/局外人位置是固定不变的观点（Kahn，2005）。

挑战传统概念　受到人们严格批判的是女性主义思想和研究中的核心概念：经验、差异和性别。

经验　人们越来越认识到，只关注经验不能阐释该经验出现的原因（Scott，1991）以及物质、历史和社会环境的特征（21世纪早期研究这些情境的女性主义研究，参见：Garcia-Lopez，2008；Higginbotham，2009）。不将经验当作问题来研究，就是复制压迫体制，而不是批判它，具有实在论（essentialism）特征。此外，个人经验不是对知识所有权的自我验证（O'Leary，1997）。

差异　对差异的认识使得女性主义思想家和研究者不再认为存在一个共享的女性中心主义的（gynocentric）身份，相反，开始关注该身份概念的本质，思考它是否导致了男性中心主义的（androcentric）或帝国主义的"他者化"（Felski，1997；hooks，1990）。一些人曾希望用杂合（hybridity）、混杂（creolization）和混合（metissage）等概念来取代它，因为它们"不仅识别出主体的差异，还能解决不同主体之间的关系问题"（Felski，1997，p. 12）。其他人则认为，身份不能完全被丢弃（Hooks，1990）。在他们看来，差异不是零散的，相反，是自发的，生产的知识认可"其他立场的知识的存在以及与自身休戚相关的可能性"（O'Leary，1997，p. 63）。

性别　认为性别是表述行为性的（performative）而不是静态的（Butler，1990，1993；West & Zimmerman，1987），也不是完整建构的（Lorber，1994），这种颇具影响力的性别重新表述促使人们不再将性别视作个体属性或生物特征。性别被概念化为日常社会互动中的"完成"与"未完成"（Butler，2004）[6]。

人们激烈的批评凸显了该概念所存在的种种问题。一些人认为，巴特勒提出的表述行为性概念将人们的注意力从实际干预上转移开（Barvosa-Carter，2001，p. 129），这一论点也出现在韦斯特（Candace West）和齐默尔曼（Don Zimmerman）的一些评论中（Jurik & Siemsen，2009）。另一些人则质疑"做性别（doing gender）"的概念是否会将社会关系中的不平等模糊化（Smith，2009）。

持久的关注

对于偏见、效度、声音、文本和伦理操守等问题，人们在20世纪就已经取得了丰硕的研究成果，但这些问题依旧让我们深思并感到不安。女性主义的经验主义者和立场论研究者对这些问题都很关注，而解构主义者则侧重声音和文本问题。所有的女性主义研究者都担心压迫和特权的复制问题。

偏见 早在人们对客观性提出严格的定义之前，女性主义理论家和研究者就为一直未得以解决的偏见问题开辟了新的空间。哈丁提出了"强客观性（strong objectivity）"，即关键的科学因果阐释是以研究者和被研究对象为核心的（Harding，1993，1996，1998）。哈拉韦（Haraway，1997）则呼吁我们超越强客观性，关注衍射性（diffracting），它促使研究者的视角能反映出各种现象的鲜活的组合和种种可能性。

反身性 反身性就是认为研究者和参与者给予的阐释都是"原始资料"（Diaz，2002），不再只局限于对研究的行为本身进行反思。反身性要求我们持续尖锐地评估质性研究中人际间知识生产的动力，尤其要敏锐地意识到研究者的背景构成了哪些未知的因素（Gorelick，1991；Scheper-Hughes，1983）。

一些人持保留态度，例如，他们认为反身性可能只会导致一个熟悉事物的复现，从而再制了霸权结构（Pillow，2003）。而另一些人则认为，反身性有助于防止种族和族群偏见永久化（Few，2007）。不过，至于反身性可能的程度、类别以及它们如何实现，人们依旧难以阐释清楚（Hesse-Biber & Piatelli，2007）。

效度 效度又称为"可信任度（trustworthiness）"，女性主义质性研究者根据自身建构研究方法的方式使用不同的方法解决效度问题。那些采用反映社会科学的实证主义起源的传统理论视角（即，只有一个现实等待人们去发现）的研究者，使用的是既定的研究方法。其他人则不屑于实证主义的起源，使用的是体现自身后实证主义视角的方法，不提供严格的标准来适合"真实性"（Lincoln & Guba，1985；Manning，1997）。其他女性主义质性研究者则"质疑不同类型的效度，呼吁开展不同类型的科学实践"（Richardson，1993，p. 65）。

拉瑟（Lather，1993）提出的侵越性效度（transgressive validity）依旧是设计最为完整的女性主义模式，它要求采取颠覆性的行动，在女性主义的解构主义模式下"保证效度得以运行并打破编码它的那些符号"（p.674）。对侵越性效度一览表的设计与陈述（Lather，2007，pp. 128-129）使得研究者解决效度问题的同时能坚定地保持女性主义的解放立场。

声音与文本 如何避免利用或扭曲妇女的声音一直困扰着女性主义者（Hertz，1997）。在21世纪，后结构性女性主义者提出了关于声音本质的严峻问题。

早期的研究者研究意识形态、霸权压力或阐释（即慎密的私人交流）问题。最终，谁写报告谁就要负责阐释文本、确定影响声音的读者群（Kincheloe，1997；Lincoln，1993），谁也就拥有强大的权力（Lincoln，1997；Phoenix，1994；Stacey，1998）。

为了解决这个问题，研究者已经概述了各种策略：使用以声音为核心的关系法（Mauthner & Doucet，1998）或建构的研究叙事（Birch，1998），表达低弱的声音（Standing，1998）并呈现不同版本的声音（Wolf，1992）。女性主义研究者应该明确阐明声音是如何被（不被）建构与使用的，以及有哪些限制因素（Fine，1992）。

其他女性主义研究者将研究对象的声音与自己的声音相混合，形成各种格式:一个双重声音的民族志文本(Behar,1993)、多页面的文本格式(Lather & Smithies,1997)或社会学诗歌与小说(Richardson,1997)。自我民族志(autoethnography)将与政治和社会问题相交织的研究者个人经验以及参与者的各种声音置于最为显著的位置(Ellingson,1998;Ellis,1995,2009a,2009b;Ellis & Bochner,1996,2000;Gatson,Chapter 31,this volume;Holman Jones,2005)。自我民族志研究将个人经验与政治问题联系起来,以此反驳人们认为这样的个人反思只是唯我论的观点。

自我民族志是理解和改变世界的一种方式(Ellis,2009a)。鉴于它不能解决各种研究观念问题,社会科学家、后结构性女性主义者(poststructural feminists)和带有文学视角的学者都提出了批评(Ellis,2009a)。评价自我民族志的方法有多种(Richardson,2000)。

解构声音 后结构性女性主义者研究声音的构成(Jackson,2003,2009;Mazzei & Jackson,2009)。他们将声音问题化,为其他研究提供事例:笑、沉默、讽刺(MacLure,2009);无声的叙事(Mazzei,2009)和艾滋病妇女(Lather & Smithies,1997)。

表演民族志 表演民族志从传统的散文和报告研究结果转向戏剧性的表述(Kondo,1995)。这些戏剧性的表述表现出女性主义的颠覆行为(Case & Abbitt,2004):转移性乳腺癌的经验(Gray & Sinding,2002)、被囚禁妇女的生活(Valentine,2006)和人权问题(Madison,2006)(可参见 Alexander,2005;Denzin,2005;Madison,2005)。表演民族志可能有助于使女性主义研究公众化(Stacey,2003)。至于如何评价这些研究,人们仍在探索之中(Alexander,2005,pp. 428-430;Battacharya,2009;Cho & Trent,2009;Madison,2005,2006)。

伦理 女性主义研究伦理超越了普遍主义的道德哲学观(责任伦理[duty ethics]的原则观、功利主义伦理[utilitarian ethics]的结果观),将研究参与者之间的关系看作伦理问题,并称之为关系伦理(relational ethics)(Edwards & Mauther,2002;Ellis,2009a;Mauthner,Birch,Jessop,& Miller,2002;Preissle,2007)。这就需要批判性反思,对伦理上重要的研究瞬间加以识别、分析并采取相应的行动(Guilleman & Gillam,2004;Halsey & Honey,2005;Llewelyn,2007)。

本土学者继续探寻女性主义伦理中的批判性元素。他们将沉闷的研究历史看作"一体化的高度殖民化的机构"(L. T. Smith,2005,p. 101),研究本土居民并商品化本土知识(Battiste,2008;Smith,1999)。他们将本土研究概念化为伦理标准的温床,牵涉的不仅是个体,而且还有集体(Battiste,2008;L. T. Smith,2005),最为重要的是,强调礼貌的人际关系,并体现相互理解性(L. T. Smith,2005)。

知情同意(informed consent)曾被认为是没有问题的,但这一看法被打破,人们继续对它加以研究(Battacharya,2007;Corrigan,2003;Fine,Weis,Weseem,& Wong,2000;Miller & Bell,2002)。埃利斯提出过程同意(process consent),即不断地检查参与者以便适应变化着的研究关系,并检查受访者(respondents)继续参与的自愿程度，因为伦理制度审查委员会（Institutional Review Boards，IRBs）协议书中的提纲不一定会反映出将来发生的事件（Ellis，2009a）。

此外，还存在大量的其他伦理问题（Bell & Nutt 2002；Kirsch，2005；Morse，2005，2007；Stacey，1988）。那种认为研究者权力更大的观点被折中化，人们意识到研究者的权力常常是局部的（Ong，1995）、脆弱的（Stacey，1998；Wolf，1996），与研究者的责任相混淆（Bloom，1998）；受访者则操控或利用权力的转移（Thapar-Bjorkert & Henry，2004）。

女性主义的质性研究者和所有质性研究者一样，处在一个困难的保守时代，许多伦理制度审查委员会所开展的审查工作甚至对最传统的质性研究都不赞成，更别提本章所讨论的复杂的方法（Lincoln，2005）。"这些政治迹象"的限制性影响（Morse，2005，2006）将另一层次的斗争加入女性主义对社会公正的质性探索中（Lincoln，2005），反映的是实证主义持久的氛围。目前存在的问题是如何影响伦理制度审查委员会，并探寻立法和政治中的变革（Lincoln，2005）。

女性主义同时也研究作为研究议题的伦理问题。伦理或道德行为原来被看作是性别固有的属性，后来，关怀伦理从个体和环境的相互作用中出现（Seigfried，1996）。这些观点导致人们关注公正社会（Seigfried，1996）以及改革社会的公共领域的可能性问题（DesAutels & Wright，2001；Fiore & Nelson，2003）。人们长期关注医疗制度中妇女的伦理（或非伦理）待遇，这促使人们探究新的技术，如辅助生殖技术、遗传筛查等，并研究如何解决公平地照顾各族群中贫困的、被剥夺基本社会权利的老年妇女这一令人遗憾而又持久的问题。

参与性行动研究　在参与性行动研究中，研究者和参与者充分地共享研究过程的各个方面，实施解放性项目。早期的参与性行动研究探索与研究相关的议题：权力（Cancian，1996；Lykes，1989）、资料（Acker，Barry，& Esseveld，1991）、对研究者和参与者的曲解加以更正的行为（Skeggs，1994）。此外，人们开始研究参与者的弱点（Fine & Torre，2006）、被边缘化的个体存在的风险问题（Reid，Tom，& Frisby，2008）、伦理问题（Rice，2009）。在 21 世纪，研究的核心是健康问题（Etowa，Bernard，Oyinsan，& Clow，2007；Evans，Hole，Berg，Hutchinson，& Sookraj，2009）和被囚禁的妇女（Fine & Torre，2006）。

情境对女性主义质性研究的影响与议事日程

学术界

传统的学术生活结构，至少在美国是影响了女性主义的质性研究，但不总是改变了大学或使变革更为普遍（Dever，2004；Messer-Davidow，2002）。继续强调在社会和行为科学中的实证主义也削弱了改革的力量，但是女性主义的学者们继续主张变革性学术(Shields,2008)。

为了实现变革性学术(transformative scholarship),女性主义研究者需要识别高等教育机构的运作方式,并制订出"应对时代的困难和新机遇的新的策略"(Laslett & Brenner 2001,pp. 1233-1234)(关于实现黑人妇女学术以及变革学术界所存在的种种困难的分析,参见 *Black Women's Studies*,2010)。

出版界和以欧洲为中心的狭隘主义

出版商给我们读者带来了越来越多的女性主义作品,有理论的、经验的、实验的,也有方法论的(Messer-Davidow,2002)。更多的国际学者的著作也在陆续问世,不过,因为翻译的困难和市场营销的压力,它们都是英文版。幸运的是,这些出版物强调不同的视角以及后殖民的、黑人的女性主义研究,以削弱关于任何地方和所有地方的妇女被西方化的均质假设。女性主义话语列表以及网站,如在女性社会学学者协会和女性人类学协会名下的网站,提供关于国际女性主义研究、会议和出版物等信息。

女性主义研究还有待广泛地研究互联网通讯资料,如 Twitter 和 Facebook,这些资料的日益普及对以传播改革为导向的研究有一定的意义。

未来展望

挑　战

女性主义质性研究在其复杂性、多样性和争议性方面仍面临许多的挑战。其中,值得注意的是,如何运用成熟的方法论取向,对交织性进行深入的探索与扩展(Choo & Ferree,2010)。这些探索促使女性主义者更敏锐地研究所有妇女生活的方方面面中多重因素之间的相互作用,这加深了人们对追求社会公正中的行动和政策的理解,并使得这样的行动实施和政策制定成为可能。此外,还将源自对"含糊情况"的批判研究和黑人女性主义研究中的新兴的方法和新知识联系起来。

此外,还需要继续密切关注表述、声音和文本问题,以避免复制研究者、隐性或隐性程度较弱的压迫,相反,要展示参与者的表述。

女性主义的质性研究逐渐壮大起来,因为无论理论者还是研究者都批判性地研究其基础,尝试新的实验和传统研究方法,研究之前未曾研究的公平性问题。他们的自我意识更强,对阐释和实施研究过程中的问题以及女性主义科学的本质的意识性更强、敏锐性更高。更为复杂的方法使女性主义者能研究物质社会和文化的动力,如全球化和新自由主义,因为这些形塑着女性的生活和她们所处的情境(参见 Davis & Craven,2011)。我们希望即便不能解放,至少也能适度地干预和变革而不是复制压迫。

凸显女性主义研究的重要意义

女性主义研究者已经为改变或变革详细地阐明了缜密而实用的建议。"我们必须让我们的研究公开化,要达到极高程度的反身性、谨慎性以及符号和修辞上的复杂性"(Stacey,2003,p. 28)。女性社会学学者协会的网站上公布了有关紧迫话题的主流批判性女性主义的研究结果。不过,女性主义者还需要研究网络空间干预社会公正或传播研究结果的潜在能力。我相信,"认识到知识生产是持续动态的过程:新的知识框架出现后让位于其他框架,其他框架又依次退出。此外,知识是不全面的"(Olesen & Clarke,1999,p. 356)(参见 Cook & Fonow,2007;Hesse-Biber,2007)。本章只是粗略地概括了 21 世纪早期的女性主义质性研究,却为在各种女性主义版本中实现社会公正奠定了基础,"我们的宗旨是……必须再思考、再研究我们的未来"(Randall,2004,p. 23)。

回想我发表的文章《愤怒是不够的》(1975),我认为愤怒依然是不够的,不过,女性主义的质性化学术(qualitative scholarship)的发展,无论在风格还是框架上,都激起了人们采用更尖锐的方式来实现社会正义的激情。不过,我们仍然有许多工作要做,以期解决长久以来的和新出现的公平和社会正义问题。

注 释

1. 史密斯认为日常世界是存在问题的,它不断地被创建、形塑并被生活在其中的妇女所熟知,它的组织受到外在物质因素或文本中介的关系的影响(Smith,1987)。她充分地阐释了制度民族志(institutional ethnography)(Smith,2005,2006),这种方法是她和其他人共同设制的(Campbell,2002;Campbell & Gregor,2002)。

2. 柯林斯(Collins,2000)对于黑人妇女的观点源自黑人妇女的物质环境和政治情境。她拒绝放弃情境化立场,将黑人妇女的立场与交织性联系起来,在详述立场论(1998a)的同时,总是敏锐地关注权力和结构性关系(1998a)。

3. 哈丁是位哲学家,很早就识别出三类女性主义研究(Harding,1987):(1)女性主义经验论,具体包括两种形式:(a)"自发性女性主义经验论"(严格地遵守现有的研究规范和标准)和(b)"情境性经验论"(认识到科学的社会价值和利益的影响)(1993);(2)立场论,认识到所有的知识尝试都是社会情境化的,它

们客观社会地位中的一些更适合知识型工程(knowledge project)(1993,1998);(3)后现代主义理论,认为赞成妇女讲述她们拥有知识的许多和多重的故事的女性主义科学不可能存在(1987)。

4. 哈特索克(Hartsock,1983)的马克思主义立场论的关键是,她认为,妇女在物质秩序中的境况让她们有了能生产出具体的专用知识的经验,反映的不仅是压迫,还有妇女的抵抗。这样的知识既不是生来就是本质的,所有的妇女也不具有相同的经验或相同的知识。相反,有可能存在一种"具体的多重性"视角(1990)。"那些重要的主体不是个体的而是集体的主体或群体"(Hartsock,1997,p. 371)。

5. 将把性作为研究对象的研究从那些将性当作核心概念的研究中区别出来,这非常的有意义(Yen Le Espiritu,2003 年 9 月 15 日,私人交谈)。前者包括了打破本文中所提到的女同性恋均质化观点的研究。亚历山大在第二类目的研究将性概念化为性别不平等的基础,以及处于种族主义和殖民主义意识形态的核

心的他者的显性标志(Alexander & Mohanty, 1997)。

6.承认妇女之间的差异以及男女之间的相似性(Brabeck, 1996;Lykes, 1994)。性别被当作

因果关系的阐释因素、分析类目以及研究所具有的对进一步研究的启示,请参见:Connell, 1997;Hawkesworth, 1997a, 1997b;McKenna & Kessler, 1997;S. G. Smith, 1997。

参 考 文 献

Acker, J. (2006). Inequality regimes: Gender, class and race in organiza-tions. *Gender & Society*, *4*, 441-464.

Acker, J. (2008). Feminist theory's unfinished business. *Gender & Society*, *22*, 104-108.

Acker, J., Barry, K., & Esseveld, J. (1991). Objectivity and truth: Problems in doing feminist research. In M. M. Fonow & J. A. Cook (Eds.), *Beyond methodology: Feminist scholarship as lived research* (pp. 133-153). Bloomington: University of Indiana Press.

Acosta, K. L. (2008). Lesbians in the borderlands: Shifting identities and imagined communities. *Gender & Society*, *22*, 639-659.

Adams, T. E., & Jones, S. H. (2008). Autoethnography is queer. In N. K. Denzin, Y. S. Lincoln, & L. T. Smith (Eds.), *Handbook of critical and indigenous methodologies* (pp. 373-390). Thousand Oaks, CA: Sage.

Alexander, B. K. (2005). Performance ethnography: The reenacting and citing of culture. In N. K. Denzin & Y. S. Lincoln (Eds.), *The SAGE handbook of qualitative research* (3rd ed., pp. 411-442). Thousand Oaks, CA: Sage.

Alexander, B. K. (2008). Queer(y)ing the post-colonial through the West (ern). In N. K. Denzin, Y. L. Lincoln, & L. T. Smith (Eds.), *Handbook of critical and indigenous methodologies* (pp. 101-134). Thousand Oaks, CA: Sage.

Alexander, M. J., & Mohanty, C. T. (1997). *Feminist geneaologies, colonial legacies, democratic futures*. New York: Routledge.

Andersen, M. L. (2005). Thinking about women: A quarter century's view. *Gender & Society*, *19*, 437-455.

Andersen, M. L. (2008). Thinking about women some more: A new century's view. *Gender & Society*, *22*, 120-125.

Andrews, M. (2002). Feminist research with non-feminist and antifeminist women: Meeting the challenge. *Feminism and Psychology*, *12*, 55-77.

Anzaldúa, G. (1987). *Borderlands/La frontera*. San Francisco: Auntie Lute.

Anzaldúa, G. (1990). *Making soul, Haciendo caras*. San Francisco: Auntie Lute.

Arat-Koc, S. (2007). (Some) Turkish transnationalisms in an age of capitalist globalization and empire: "White Turk" discourse, the new geopolitics and implications for feminist transnationalism. *Journal of Middle East Women's Studies*, *3*, 35-57.

Asch, A., & Fine, M. (1992). Beyond the pedestals: Revisiting the lives of women with disabilities. In M. Fine (Ed.), *Disruptive voices: The possibilities of feminist research* (pp. 139-174). Ann Arbor: University of Michigan Press.

Balsamo A. (1993). On the cutting edge: Cosmetic surgery and the technological production of the gendered body. *Camera Obscura*, *28*, 207-237.

Barvosa-Carter, E. (2001). Strange tempest: Agency, structuralism and the shape of feminist politics to come. *International Journal of Sexuality and Gender Studies*, *6*, 123-137.

Battacharya, K. (2007). Consenting to the consent form: What are the fixed and fluid understandings between the researcher and the researched. *Qualitative Inquiry*, *13*, 1095-1115.

Battacharya, K. (2009). Negotiating shuttling between transnational experiences: A de/colonizing approach to performance ethnography. *Qualitative Inquiry*, *15*, 1061-1083.

Battiste, M. (2008). Research ethics for protecting indigenous knowledge and heritage, In N. K. Denzin, Y. S. Lincoln, & L. T. Smith (Eds.), *Handbook of critical and indigenous methodologies* (pp. 497-510). Thousand Oaks, CA：Sage.

Behar, R. (1993). *Translated woman：Crossing the border with Esparanza's story*. Boston：Beacon.

Bell, L., & Nutt, L. (2002). Divided loyalties, divided expectations：Research ethics, professional and occupational responsibilities. In M. Mauthner, M. Birch, J. Jessop, & T. Miller (Eds.), *Ethics in qualitative research* (pp. 70-90). Thousand Oaks, CA：Sage.

Bell, S. E. (2009). *DES daughters, embodied knowledge, and the transformation of women's health politics*. Philadelphia：Temple University Press.

Benhabib, S. (1995). Feminism and postmodernism：An uneasy alliance. In S. Benhabib, J. Butler, D. Cornell, & N. Fraser (Eds.), *Feminist contentions：A philosophical exchange* (pp. 17-34). New York：Routledge.

Bhavnani, K.-K. (2007). Interconnections and configurations：Toward a global feminist ethnography, In S. N. Hesse-Biber (Ed.), *Handbook of feminist research：Theory and praxis* (pp. 639-650). Thousand Oaks, CA：Sage.

Birch, M. (1998). Reconstructing research narratives：Self and sociological identity in alternative settings. In J. Ribbens & R. Edwards (Eds.), *Feminist dilemmas in qualitative research：Public knowledge and private lives* (pp. 171-185). Thousand Oaks, CA：Sage.

Black women's studies and the transformation of the academy [Symposium]. (2010). *Signs, 35*(4).

Bloom, L. R. (1998). *Under the sign of hope：Feminist methodology and narrative interpretation*. Albany：State University of New York Press.

Bowleg, L. (2008). When Black lesbian woman Black lesbian woman：The methodological challenges of qualitative and quantitative intersectionality research, *Sex Roles, 59*, 312-325.

Brabeck, M. M. (1996). The moral self, values, and circles of belonging. In K. F. Wyche & F. J. Crosby (Eds.), *Women's ethnicities：Journeys through psychology* (pp. 145-165). Boulder, CO：Westview Press.

Brah, A., & Phoenix, A. (2004). Ain't I a woman? Revisiting intersectionality. *International Journal of Women's Studies, 5*, 75-86.

Bredstrom, A. (2006). Intersectionality：A challenge for feministHIV/AIDS Research? *European Journal of Women's Studies, 13*, 229-243.

Butler, J. (1990). *Gender trouble：Feminism and the subversion of identity*. London：Routledge.

Butler, J. (1993). *Bodies that matter：On the discursive limits of "sex."* London：Routledge.

Butler, J. (2004). *Undoing gender*. New York：Routledge.

Campbell, N. D. (2000). *Using women：Gender, policy, and social justice*. New York：Routledge.

Campbell, N. D. (2002). Textual accounts, ruling action：The intersection of knowledge and power in the routine conduct of nursing work. *Studies in Cultures, Organizations and Societies, 7*, 231-250.

Campbell, N. D., & Gregor, F. (2002). *Mapping social relations：A primer in doing institutional ethnography*. Toronto：Garamond.

Cancian, F. M. (1996). Participatory research and alternative strategies for activist sociology. In H. Gottfried (Ed.), *Feminism and social change* (pp. 187-205). Urbana：University of Illinois Press.

Cannella, G. S., & Manuelito, K. D. (2008). Indigenous world views, marginalized feminisms and revisioning an anticolonial social science. In N. K. Denzin, Y. S. Lincoln, & L. T. Smith (Eds.), *Handbook of critical and indigenous methodologies* (pp. 45-59). Thousand Oaks, CA：Sage.

Case, S-E., & Abbitt, E. S. (2004). Disidentifications, diaspora, and desire：Questions on the future of the feminist critique of performance. *Signs, 29*, 925-938.

Casper, M. J., & Talley, H. L. (2007). Feminist disability studies. In G. Ritzer (Ed.), *Blackwell encyclopedia of sociology* (pp. 15-30). London：

Blackwell.

Chang, G. (2001). *Disposable domestics: Immigrant women workers in the global economy.* Cambridge, MA: South End Press.

Cho, J., & Trent, A. (2009). Validity criteria for performance-related qualitative work: Toward a reflexive, evaluative, and co-constructive framework for performance in/as. *Qualitative Inquiry, 15,* 1013-1041.

Choo, H. Y., & Ferree, M. M. (2010). Practicing intersectionality in sociological research: A critical analysis of inclusions, interactions and institutions in the study of inequalities. *Sociological Theory, 28,* 129-149.

Chow, E. N. (1987). The development of feminist consciousness among Asian American women. *Gender & Society, 1,* 284-299.

Clarke, A. (1998). *Disciplining reproduction: Modernity, American life sciences, and the problems of "sex."* Berkeley: University of California Press.

Clarke, A. (2004). *Grounded theory after the postmodern turn: Situational maps and analyses.* Thousand Oaks, CA: Sage.

Clarke, A., & Olesen, V. L. (Eds.). (1999). *Revisioning women, health, and healing. Feminist, cultural, and technoscience perspectives.* New York: Routledge.

Clough, P. T. (1993a). On the brink of deconstructing sociology: Critical reading of Dorothy Smith's standpoint epistemology. *The Sociological Quarterly, 34,* 169-182.

Clough, P. T. (1993b). Response to Smith's response. *The Sociological Quarterly, 34,* 193-194.

Clough, P. T. (1994). *Feminist thought: Desire, power, and academic discourse.* London: Basil Blackwell.

Clough, P. T. (2000). *Autoaffection: The unconscious in the age of teletechnology.* Minneapolis: University of Minnesota Press.

Collins, P. H. (1986). Learning from the outsider within: The sociological significance of Black feminist thought. *Social Problems, 33,* 14-32.

Collins, P. H. (1992). Transforming the inner circle: Dorothy Smith's challenge to sociological theory. *Sociological Theory, 10,* 73-80.

Collins, P. H. (1997). Comment on Hekman's "Truth and method: Feminist standpoint theory revisited." *Signs, 22,* 375-381.

Collins, P. H. (1998a). *Fighting words: Black women and the search for justice.* Minneapolis: University of Minnesota Press.

Collins, P. H. (1998b). What's going on? Black feminist thought and the politics of postmodernism. In P. H. Collins, *Fighting words, Black women and the search for justice* (Ch. 4, pp. 124-154). Minneapolis: University of Minnesota Press.

Collins, P. H. (2000). *Black feminist thought. Knowledge, consciousness and the politics of empowerment* (2nd ed.). Boston: Unwin Hyman.

Collins, P. H. (2008). Reply to commentaries: *Black sexual politics* revisited. *Studies in Gender and Sexuality, 9,* 68-85.

Collins, P. H. (2009). Foreword: Emerging intersections—Building knowledge and transforming institutions. In B. T. Dill & R. E. Zambrana (Eds.), *Emerging intersections. Race, class, and gender in theory, policy, and practice,* (pp. vii-xiii). New Brunswick, NJ: Rutgers University Press.

Connell, R. W. (1997). Comment on Hawkesworth's "Confounding Gender." *Signs, 22,* 702-706.

Connolly, C. M. (2006). A feminist perspective of resilience in Lesbian couples, *Journal of Family Therapy, 18,* 137-162.

Cook, J. A., & Fonow, M. M. (2007). A passion for knowledge: The teaching of feminist methodology. In S. N. Hesse-Biber (Ed.), *Handbook of feminist research, theory, and praxis* (pp. 705-712). Thousand Oaks, CA: Sage.

Corrigan, O. (2003). Empty ethics: The problem with informed consent. *Sociology of Health and Illness, 25,* 768-792.

Crenshaw, K. (1989). Demarginalizing the intersection of race and sex: A Black feminist critique of antidiscrimination doctrine, feminist theory, and antiracist politics. *University of Chicago Legal Forum,* pp. 139-167.

Crenshaw, K. (1991). Mapping the margins: Intersectionality, identity politics, and violence against women of color. *Stanford Law Review, 43,* 1241-1299.

Cummins, L. H., & Lehman, J. (2007). Eating disorders and body image concerns in Asian American women: Assessment and treatment from a multi-cultural and feminist perspective. *Eating Disorders: The Journal of Treatment And Prevention*, *15*, 217-230.

Davis, A.Y. (1981). *Women, race and class*. London: The Women's Press.

Davis, D.-A., & Craven, C. (2011). Revisiting feminist ethnography: Methods and activism at the intersection of neoliberal policy in the U. S. *Feminist Formations*, 23.

Davis, K. (2007). *The making of Our Bodies, Ourselves: How feminism travels across borders*. Durham, NC: Duke University Press.

Davis, K. (2008). Intersectionality as buzzword: A sociology of science perspective on what makes a feminist theory successful. *Feminist Theory*, *9*, 67-85.

DeLauretis, T. (1987). *Technologies of gender: Essays on theory, film, and fiction*. Bloomington: Indiana University Press.

Delgado Bernal, D. (2002). Critical race theory, Latino critical theory, and critical raced-gendered epistemologies: Recognizing students as creators and holders of knowledge. *Qualitative Inquiry*, *8*, 105-126.

Denis, A. (2008). Intersectional analysis: A contribution of feminism to sociology, *International Sociology*, *23*, 677-694.

Denzin, N. K. (1992). *Symbolic interaction and cultural studies*. Oxford, UK: Basil Blackwell.

Denzin, N. K. (2005). *Performance ethnography: Critical pedagogy and the politics of culture*. Thousand Oaks, CA: Sage.

DeRiviere, L. (2006). A human capital methodology for estimating the lifelong personal costs of young women leaving the sex trade. *Feminist Economics*, *12*, 367-402.

Desai, M. (2007). The messy relationship between feminisms and globalization. *Gender & Society*, *21*, 797-803.

DesAutels, P., & Wright, J. (2001). *Feminists doing ethics*. Boulder, CO: Rowan & Littlefield.

Dever, C. (2004). *Skeptical feminism, activist theory, activist practice*. Minneapolis: University of Minnesota Press.

Dewey, S. (2008). *Hollow bodies: Institutional responses to the traffic in women in Armenia, Bosnia, and India*. Sterling, VA: Kumarian Press.

Diaz, C. (2002). Conversational heuristic as a reflexive method for feminist research. *International Review of Sociology*, *2*, 249-255.

Dill, B. T. (1979). The dialectics of Black womanhood. *Signs*, *4*, 543-555.

Dill, B. T., McLaughlin, A. E., & Nieves, A. D. (2007). Future directions of feminist research: Intersectionality. In S. N. Hesse-Biber (Ed.), *Handbook of feminist research, theory and praxis* (pp. 629-638). Thousand Oaks, CA: Sage.

Dill, B. T., & Zambrana, R. E. (2009). Critical thinking about inequality: An emerging lens. In B. T. Dill & R. E. Zambrana (Eds.), *Emerging intersections: Race, class, and gender in theory, policy, and practice* (pp. 1-22). New Brunswick, NJ: Rutgers University Press.

Dillard, C. B. (2008). When the ground is black, the ground is fertile. In N. K. Denzin, Y. S. Lincoln, & L. T. Smith (Eds.), *Handbook of critical and indigenous methodologies* (pp. 277-292). Thousand Oaks, CA: Sage.

Doezema, J. (2000). Loose women or lost women? The re-emergence of the myth of white slavery in contemporary discourses in trafficking in women. *Gender Issues*, *18*, 23-50.

Dworkin, S. L. (2005). Who is epidemiologically fathomable in the HIV-AIDS epidemic? Gender, sexuality, and intersectionality in public health. *Culture, Health, & Sexuality*, 7, 615-623.

Dworkin, S. L., & Wachs, F. L. (2009). *Body panic: Gender, health and the selling of fitness*. New York: New York University Press.

Ebert, T. (1996). *Ludic feminism and after: Postmodernism, desire and labor in late capitalism*. Ann Arbor: University of Michigan Press.

Edwards, R., & Mauthner, M. (2002). Ethics and feminist research: Theory and practice. In M. Mauthner, M. Birch, J. Jessop, & T. Miller (Eds.), *Ethics in qualitative research* (pp. 14-31). Thousand Oaks, CA: Sage.

Ellingson, L. L. (1998). Then you know how I

feel: Empathy, identity, and reflexivity in fieldwork. *Qualitative Inquiry*, *4*, 492-514.

Ellis, C. (1995). *Final negotiations: A story of love, loss and chronic illness*. Philadelphia: Temple University Press.

Ellis, C. (2009a). Fighting back or moving on: An autoethnographic response to critics. *International Review of Qualitative Research*, *3*(2).

Ellis, C. (2009b).*Revision: Autoethnographic reflections on life and work*. Walnut Creek, CA: Left Coast Press.

Ellis, C., & Bochner, A. P. (1996). *Composing ethnography, Alternative forms of qualitative writing*. Walnut Creek, CA: AltaMira Press.

Ellis, C., & Bochner, A. P. (2000). Autoethnography, personal narrative, reflexivity: Researcher as subject. In N. K. Denzin & Y. S. Lincoln (Eds.), *Handbook of qualitative research* (2nd ed., pp. 733-768). Thousand Oaks, CA: Sage.

Espiritu, Y. L. (2007). *Asian American women and men: Labor, laws, and love*. Thousand Oaks, CA: Sage.

Etowa, J. B., Bernard,W. T., Oyinsan, B.,& Clow, B. (2007). Participatory action research (PAR): An approach for improving Black women's health in rural and remote communities. *Journal of Transcultural Nursing*, *18*, 349-357.

Evans, M., Hole, R., Berg, L. C., Hutchinson, P., & Sookraj, D. (2009). Common insights, differing methodologies: Toward a fusion of indigenous methodologies, participatory action research, and white studies in an urban aboriginal research agenda. *Qualitative Inquiry*, *15*, 893-910.

Evans, S. M. (2002). Re-viewing the second wave. *Feminist Studies*, *28*,259-267.

Felski, R. (1997). The doxa of difference.*Signs*, *23*, 1-22.

Few, A. L. (2007). Integrating Black consciousness and critical race feminism into family studies research. *Journal of Family Issues*, *28*, 452-473.

Fine, M. (1992). Passions, politics, and power: Feminist research possibilities. In M. Fine (Ed.), *Disruptive voices* (pp. 205-232). Ann Arbor: University of Michigan Press.

Fine, M., Weis, L., Weseem, S., & Wong, L. (2000). For whom? Qualitative research, representations and social responsibilities. In N. K. Denzin & Yvonna S. Lincoln (Eds.), *Handbook of qualitative research* (2nd ed., pp. 107-132). Thousand Oaks, CA: Sage.

Fine, M., & Torre, M. E. (2006). Intimate details. Participatory research in prison. *Action Research*, *4*, 253-269.

Fiore, R. N., & Nelson, H. L. (2003). *Recognition, responsibility, and rights: Feminist ethics and social theory*. Boulder, CO: Rowan & Littlefield.

Firdous, A. (2005). Feminist struggles in Bangladesh. *Feminist Review*,*80*,194-197.

Flax, J. (1987). Postmodernism and gender relations in feminist theory. *Signs*, *14*, 621-643.

Flax, J. (1990). *Thinking fragments: Psychoanalysis, feminism, and postmodernism in the contemporary West*. Berkeley: University of California Press.

Fonow, M. M., & Cook, J. A. (2005). Feminist methodology: New applications in the academy and public policy. *Signs*, *30*, 2211-2236.

Foster, N. (2007). Reinscribing Black women's position within HIV and AIDS discourses. *Feminism and Psychology*, *17*, 323-329.

Frankenberg, R. (1994). *White women, race matters: The social construction of whiteness*. Minneapolis: University of Minnesota Press.

Franks, M. (2002). Feminisms and cross ideological feminist social research: Standpoint, situatedness, and positionality: Developing cross-ideological feminist research. *Journal of International Women's Studies*, *3*. Available at http://www.bridgew.edu/SoAS/ jiws/

Fraser, N. (2005). Mapping the feminist imagination: From redistribution to recognition to representation. *Constellations*, *12*, 295-307.

Gannon, S., & Davies, B. (2007). Postmodern, poststructural, and critical theories. In S. N. Hesse-Biber (Ed.), *Handbook of feminist research: Theory and praxis* (pp. 71-106). Thousand Oaks, CA: Sage.

Garcia-Lopez, G. (2008). "*Nunca te toman en*

cuenta［They never take you into account］"：The challenges of inclusion and strategies for success of Chicana attorneys. In B. T. Dill & R. E. Zambrana（Eds.）, *Emerging intersections： Race, class, and gender in theory, policy, and practice*（pp. 22-49）. New Brunswick, NJ： Rutgers University Press.

Gardiner, J. K., & Meyer, L. D.（Eds.）.（2008a）. *Chicana studies*［Special issue］ *34*（1）.

Gardiner, J. K., & Meyer, L. D., for the editorial collective.（2008b）. Preface, Chicana Studies. *Feminist Studies*, *34*, 10-22.

Garland-Thompson, R.（2005）. Feminist disability studies. *Signs*, *30*, 1557-1587.

Glenn, E. N.（2002）. *Unequal freedom. How race and gender shaped American citizenship and labor*. Cambridge, MA： Harvard University Press.

Gorelick, S.（1991）. Contradictions of feminist methodology. *Gender & Society*, *5*, 459-477.

Gray, R., & Sinding, C.（2002）. *Standing ovation, Performing social science research about cancer*. Boulder, CO: Rowan & Littlefield.

Green, R.（1990）. The Pocahontas perplex：The image of Indian women in American culture. In E. C. DuBois & V. L. Ruiz（Eds.）, *Unequal sisters：A multi-cultural reader in U.S. women's history*（pp. 15-21）. London：Routledge.

Grewal, I., & Caplan, K.（1994）. *Scattered hegemonies：Postmodernity and trans-national practices*. Minneapolis：University of Minnesota Press.

Guevarra, A.（2009）. *Marketing dreams, manufacturing heroes：The transnational labor brokering of Filipino workers*. New Brunswick, NJ： Rutgers University Press.

Guilleman, M., & Gillam, L.（2004）. Ethics, reflexivity, and "ethically important" moments in research. *Qualitative Inquiry*, *10*, 261-280.

Gulcur, L., & Ilkkaracan, P.（2002）. The 'Natasha' experience：Migrant sex workers from the former Soviet Union and Eastern Europe in Turkey. *Women's Studies International Forum*, *25*, 411-421.

Gupta, J. S.（2006）. Toward transnational feminisms：Some reflections and concerns in relation to the globalization of reproductive technologies. *European Journal of Women's Studies*, *13*, 23-38.

Halsey, C., & Honey, A.（2005）. Unravelling ethics：Illuminating the moral dilemmas of research. *Signs*, *30*, 2141-2162.

Hancock, A-M.（2007a）. Intersectionality as a normative and empirical paradigm. *Politics and Gender*, *3*, 248-254.

Hancock, A-M.（2007b）. When multiplication doesn't equal quick addition：Examining intersectionality as a research paradigm. *Perspectives on Politics*, *5*, 63-78.

Hanochi, S.（2001）. Japan and the global sex industry. In R. M. Kelly, J. H. Hayes, M. H. Hawkesworth, & B. Young（Eds.）, *Gender, globalization, and democratization*. Lanham, MD：Rowan & Littlefield.

Haraway, D. J.（1991）. *Simians, cyborgs, and women. The reinvention of nature*. London： Routledge.

Haraway, D. J.（1997）. Modest＿witness @ second millenium.Female-Man© ＿ Meets＿On coMouse™. New York：Routledge.

Harding, S.（1987）. Conclusion：Epistemological questions. In S. Harding（Ed.）, *Feminism and methodology*（pp. 181-90）. Bloomington： University of Indiana Press.

Harding, S.（1993）. Rethinking standpoint epistemology：What is "strong objectivity?" In L. Alcoff & E. Potter（Eds.）, *Feminist epistemologies*（pp. 49-82）. New York：Routledge.

Harding, S.（1996）. Gendered ways of knowing and the "epistemological crisis" of the West. In N. R. Goldberger, J. M. Tarule, B. M. Clinchy, & M. F. Belenky（Eds.）, *Knowledge, difference, and power：Essays inspired by women's ways of knowing*（pp. 431-454）. New York：Basic Books.

Harding, S.（1997）. Comment on Hekman's "Truth and method：Feminist standpoint theory revisited." *Signs*, *22*, 382-391.

Harding, S.（1998）. *Is science multicultural? Postcolonialisms, feminisms, and epistemologies*. Bloomington：Indiana University Press.

Harding, S. (2008). *Sciences from below: Feminisms, postcolonialities, and modernities*. Durham, NC: Duke University Press.

Harding, S., & Norberg, K. (2005). New feminist approaches to social science methodologies: An introduction. *Signs*, *30*, 2009-2019.

Hartsock, N. (1983). The feminist standpoint: Developing the ground for a specifically feminist historical materialism. In S. Harding & M. B. Hintikka (Eds.), *Discovering reality* (pp. 283-310). Amsterdam: D. Reidel.

Hartsock, N. (1997). Comment on Hekman's "Truth and method: Feminist standpoint theory revisited": Truth or justice? *Signs*, *22*, 367-374.

Hawkesworth, M. E. (1987). Feminist epistemology: A survey of the field. *Women and Politics*, *7*, 115-127.

Hawkesworth, M. E. (1989). Knowing, knowers, known: Feminist theory and claims of Truth. *Signs*, *14*, 553-557.

Hawkesworth, M. E. (1997a). Confounding gender. *Signs*, 22, 649-686.

Hawkesworth, M. E. (1997b). Reply to McKenna and Kessler, Smith, Scott and Connell: Interrogating gender. *Signs*, *22*, 707-713.

Hekman, S. (1990). *Gender and knowledge: Elements of a post-modern feminism*. Boston: Northeastern University Press.

Hekman, S. (1997a). Truth and method: Feminist standpoint theory revisited. *Signs*, *22*, 341-365.

Hekman, S. (1997b). Reply to Hartsock, Collins, Harding and Smith. *Signs*, *22*, 399-402.

Hertz, R. (Ed.). (1997). *Reflexivity and voice*. Thousand Oaks, CA: Sage.

Hesse-Biber, S. N. (2007). Dialoguing about future directions in feminist theory, research, and pedagogy. In S. N. Hesse-Biber (Ed.), *Handbook of feminist research: Theory and praxis* (pp. 535-545). Thousand Oaks, CA: Sage.

Hesse-Biber, S. N., & Piatelli, D. (2007). Holistic reflexivity: The feminist practice of reflexivity. In S. N. Hesse-Biber (Ed.), *Handbook of feminist research: Theory and praxis* (pp. 493-544). Thousand Oaks, CA:

Sage.

Higginbotham, E. (2009). Entering a profession: Race, gender, and class in the lives of black women attorneys. In B. T. Dill & R. E. Zambrana (Eds.), *Emerging intersections: Race, class, and gender in theory, policy, and practice* (pp. 22-49). New Brunswick, NJ: Rutgers University Press.

Holman Jones, S. (2005). Autoethnography: Making the personal political. In N. K. Denzin & Y. S. Lincoln (Eds.), *The SAGE handbook of qualitative research* (3rd ed., pp. 763-791). Thousand Oaks, CA: Sage.

Hooks, b. (1990). Culture to culture: Ethnography and cultural studies as critical intervention. In b. hooks (Ed.), *Yearning: Race, gender, and cultural politics* (pp. 123-133). Boston: South End Press.

Howard, J. A., & Allen, C. (Eds.). (2000). *Women at a millennium* [Special issue]. *Signs*, *25*(4).

Hurtado, A., & Stewart, A. J. (1997). Through the looking glass: Implications of studying whiteness for feminist methods. In M. Fine, L. Weis, L. C. Powell, & L. M. Wong (Eds.), *Off white: Readings on race, power, and society* (pp. 297-311). New York: Routledge.

Jackson, A. Y. (2003). Rhizovocality. *Qualitative Studies in Education*, 16, 693-710.

Jackson, A. Y. (2009). "What am I doing when I speak of this present?" Voice, power, and desire in truthtelling. In A. Y. Jackson & L. A. Mazzei (Eds.), *Voice in qualitative inquiry: Challenging conventional, interpretive, and critical consequences in qualitative research* (pp. 165-174). New York: Routledge.

Jiwani, Y. (2005). Walking a tightrope: The many faces of violence in the lives of immigrant girls and young women. *Violence Against Women*, 11, 846-875.

Jurik, N. C., & Siemsen, C. (2009). "Doing gender" as canon or agenda: A symposium on West and Zimmerman. *Gender & Society*, *23*, 72-75.

Kahn, S, (2005). Reconfiguring the native informant: Positionality in the golden age. *Signs*, *30*, 2017-2055.

Katsulis, Y. (2009). *Sex work and the city: The*

social geography of health and safety in Tijuana, *Mexico*. Austin：University of Texas.

Kempadoo,K. (2001). Women of color and the global sex trade： Transnational feminist perspectives. *Meridians：Feminism*, *Race*, *Transnationalism*, *1*, 28-51.

Kennedy, E. L., & Davis, M. (1993). *Boots of leather*, *slippers of gold：The history of a lesbian community*. New York：Routledge.

Keough, L. J. (2009). "Driven women"： Gendered moral economies of women's migrant labor in postsocialist Europe's peripheries. *Dissertation Abstracts International*, *Section A：Humanities and Social Sciences*, *69*(9-A), p. 3602.

Kim, H. S. (2007). The politics of border crossings：Black, postcolonial, and transnational feminist perspectives. In S. N. Hesse-Biber (Ed.), *Handbook of feminist research：Theory and praxis* (pp. 107-122). Thousand Oaks, CA：Sage.

Kim-Puri, H. J. (2005). Conceptualizing gender-sexuality-state-nation, An introduction. *Gender & Society*, *19*, 137-159.

Kincheloe, J. (1997). Fiction formulas：Critical constructivism and the representation of reality. In W. G. Tierney & Y. S. Lincoln (Eds.), *Representation and the text：Reframng the narrative voice* (pp. 57-80). Albany：State University of New York Press.

Kirsch, G. E. (2005). Friendship, friendliness, and feminist fieldwork. *Signs*, *30*,2162-2172.

Klawiter, M. (2008). *The biopolitics of breast cancer：Changing cultures of disease and activism*. Minneapolis：University of Minnesota Press.

Kondo, D. K. (1990). *Crafting selves*, *power*, *gender*, *and discourses of identity in a Japanese workplace*. Chicago：University of Chicago Press.

Kondo, D. K. (1995). Bad girls：Theater, women of color, and the politics of representation. In R. Behar & D. Gordon (Eds.), *Women writing culture* (pp. 49-64). Berkeley：University of California Press.

Kuumba, M. B. (2002). "You've struck a rock"： Comparing gender, social movements, and transformation in the United States and South Africa. *Gender & Society*, *4*, 504-523.

Lacsamana, A. E. (1999). Colonizing the South：Postmodernism, desire, and agency, *Socialist Review*, *27*, 95-106.

Lan, P-C. (2006). *Global Cinderellas：Migrant domestics and newly rich employers in Taiwan*. Durham, NC：Duke University Press.

Laslett, B., & Brenner, B. (2001). Twenty-first academic feminism in the United States：Utopian visions and practical actions. *Signs*, *25*, 1231-1236.

Lather, P. (1991). *Getting smart：Feminist research and pedagogy within the postmodern*. New York：Routledge.

Lather, P. (1993). Fertile obsession：Validity after post-structuralism. *The Sociological Quarterly*, *34*,673-694.

Lather, P. (2007). *Getting lost：Feminist efforts toward a double (d) science*. Albany：State University of New York Press.

Lather, P., & Smithies, C. (1997). *Troubling the angels：Women living with AIDS*. Boulder, CO：Westview.

Lewin, L. (1993). *Lesbian mothers*. Ithaca, NY：Cornell University Press.

Lewin, L. (1998). *Recognizing ourselves：Ceremonies of lesbian and gay committment*. New York：Columbia University Press.

Lewin, L. (2009). *Gay fathers：Narratives of family and citizenship*. Chicago：University of Chicago Press.

Lincoln, Y. S. (1993). I and thou：Method, voice, and roles in research with the silenced. In D. McLaughlin & W. G. Tierney (Eds.), *Naming silenced lives：Personal narratives and processes of educational change* (pp. 20-27). New York：Routledge.

Lincoln, Y. S. (1997). Self, subject, audience, text：Living at the edge, writing at the margins. In W. G. Tierney & Y. S. Lincoln (Eds.), *Representation and the text* (pp. 37-55). Albany：State University of New York Press.

Lincoln, Y. S. (2005). Institutional review boards and methodological conservatism：The challenge to and from phenomenological paradigms. In N. K. Denzin & Y. S. Lincoln (Eds.), *The SAGE* handbook of qualitative research (3rd ed., pp. 165-182). Thousand Oaks, CA: Sage.

Lincoln, Y. S., & Guba, E G. (1985). *Naturalistic inquiry*. Beverly Hills, CA: Sage.

Llewelyn, S. (2007). A neutral feminist observer? Observation-based research and the politics of feminist knowledge making. *Gender and Development*, *15*, 299-310.

Lorber, J. (1994). *Paradoxes of gender*. New Haven, CT: Yale University Press.

Lubelska, C., & Mathews, J. (1997). Disability issues in the politics and processes of feminist studies. In M. Ang-Lygate, C. Corrin, & M. S. Henry (Eds.), *Desperately seeking sisterhood: Still challenging and building* (pp. 117-137). London: Taylor & Francis.

Luft, R. E., & Ward, J. (2009). Toward an intersectionality just out of reach: Confronting challenges to intersectional practice. *Advances in Gender Research. Special Volume: Intersectionality*, *13*, 9-37.

Lykes, M. B. (1989). Dialogue with Guatemalan Indian women: Critical perspectives on constructing collaborative research. In R. Unger (Ed.), *Representations: Social constructions of gender* (pp.167-184). Amityville, NY: Baywood.

Lykes, M. B. (1994). Whose meeting at which crossroads? A response to Brown and Gilligan. *Feminism and Psychology*, *4*, 345-349.

MacLure, M. (2009). Broken voices, dirty words: On the productive insufficiency of voice. In A. Y. Jackson & L. A. Mazzie(Eds.), *Voice in qualitative inquiry: Challenging conventional, interpretive, and critical conceptions in qualitative research* (pp. 98-113). New York: Routledge.

Madison, D. S. (2005). *Critical ethnography: Methods and performance*. Thousand Oaks, CA: Sage.

Madison, D. S. (2006). Staging fieldwork/performing human rights. In D. S. Madison & J. Hameva (Eds.), *The SAGE handbook of performance studies* (pp. 397-418). Thousand Oaks, CA: Sage.

Majumdar, A. (2007). Researching South Asian women's experiences of marriage: Resisting stereotypes through an exploration of "space" and "embodiment." *Feminism and Psychology*, *17*, 316-322.

Mamo, L. (2007). *Queering reproduction: Achieving pregnancy in the age of technoscience*. Durham, NC: Duke University Press.

Manning, K. (1997). Authenticity in constructivist inquiry: Methodological considerations without prescription. *Qualitative Inquiry*, *3*, 93-116.

Martin, E. (1999). The woman in the flexible body. In A. E. Clarke & V.L. Olesen (Eds.), *Revisioning women, health, and healing: Feminist, cultural, and technoscience perspectives* (pp. 97-118). New York: Routledge.

Mauthner, M., Birch, M., Jessop, J., & Miller, T. (2002). *Ethics in qualitative research*. Thousand Oaks, CA: Sage.

Mauthner, N., & Doucet, A. (1998). Reflections on a voice-centered relational method: Analyzing maternal and domestic voices. In J. Ribbens & R. Edwards (Eds.), *Feminist dilemmas in qualitative research: Public knowledge and private lives* (pp. 119-146). Thousand Oaks, CA: Sage.

Maynard, M. (1994). Race, gender, and the concept of "difference" in feminist thought. In H. Afshar & M. Maynard (Eds.), *The dynamics of "race" and gender: Some feminist interventions* (pp. 9-25). London: Taylor & Francis.

Mazur, A. G. (2002). *Theorizing feminist policy*. Oxford, UK: Oxford University Press.

Mazzei, L. A. (2003). Inhibited silences: In pursuit of a muffled subtext. *Qualitative Inquiry*, *9*, 355-366.

Mazzei, L. A. (2004). Silent listenings: Deconstructive practices in discourse-based research. *Educational Researcher*, *33*, 26-34.

Mazzei, L. A. (2009). An impossibly full voice. In A. Y. Jackson & L. A. Mazzei (Eds.), *Voice in qualitative inquiry: Challenging conventional, interpretive, and critical concepts in qualitative research* (pp. 45-62). New York: Routledge.

Mazzei, L. A., & Jackson, A. Y. (2009). Introduction: The limit of voice. In A. Y. Jackson & L. A. Mazzei (Eds.), *Voice in* qualitative inquiry： *Challenging conventional, interpretive, and critical concepts in qualitative research* (pp. 1-13). New York： Routledge.

McCall, L. (2005). The complexity of intersectionality.*Signs*, *30*,1771-1800.

McKenna, W., & Kessler, S. (1997). Comment on Hawkesworth's "Confounding gender"： Who needs gender theory? *Signs*, *22*, 687-691.

Meekosha, H. (2005). *Body battles： Disability, representation, and participation.*Thousand Oaks, CA： Sage.

Mendez,J. B., & Wolf, C. L. (2007). Feminizing global research/ globalizing feminist research. In S. N. Hesse-Biber (Ed.), *Handbook of feminist research： Theory and practice* (pp. 651-662). Thousand Oaks, CA： Sage.

Mendoza,B. (2002). Transnational feminisms in question. *Feminist Theory*, *3*, 295-314.

Merlis, S. R., & Linville, D. (2006). Exploring a community's response to Lesbian domestic violence through the voices of providers： A qualitative study. *Journal of Feminist Family Therapy*, *18*, 97-136.

Mertens, D. B. (2009). *Transforming research and evaluation.* New York： Guilford.

Messer-Davidow, E. (2002). *Disciplining feminism： From social activism to academic discourse.* Durham, NC： Duke University Press.

Mezey, N. J. (2008). *New choices, new families： How lesbians decide about motherhood.* Baltimore, MD： Johns Hopkins University Press.

Mihesuah, D. A. (2003). *American indigenous women： Decolonization, empowerment, activism.* Lincoln： University of Nebraska Press.

Miller, T., & Bell, L. (2002). Consenting to what? Issues of access, gatekeeping and ' informed ' consent."In M.Mauthner, M.Birch, J.Jessop, & T. Miller (Eds.), *Ethics in qualitative research* (pp. 37-54). New York： Routledge.

Mohanty, C. (1988). Under Western eyes： Feminist scholarship and colonial discourses, *Feminist Review*, *30*, 60-88.

Mohanty, C. (2003). *Feminism without borders： Decolonizing theory, practicing solidarity.* Durham, NC： Duke University Press.

Moore, M. R. (2008). Gendered power relations among women： A study of household decision making in Black, lesbian stepfamilies. *American Sociological Review*, *73*, 335-336.

Morgen, S. (2006). Movement-grounded theory： Intersectional analysis of health inequities in the United States. In A. Schulz & L. Mullings (Eds.), *Race, class, gender, and health* (pp. 394-423). San Francisco： Jossey-Bass.

Morris, M.(1998). *Too soon, too late： History in popular culture.* Bloomington： University of Indiana Press.

Morse, J. (2005). Ethical issues in institutional research, *Qualitative Health Research*, *15*, 435-437.

Morse, J. (2006). The politics of evidence, *Qualitative Health Research*, *16*, 395-404.

Morse, J. (2007). Ethics in action： Ethical principles for doing qualitative health research, *Qualitative Health Research*, *17*, 1003-1005.

Naples, N. A. (1996). A feminist revisiting of the insider/outsider debate： The ' outsider phenomenon ' in rural Iowa. *Qualitative Sociology*, *19*, 83-106.

Naples, N. A. (2002a). The challenges and possibilities of transnational feminist praxis. In N. A. Naples & M. Desai, M. (Eds.), *Women's activism and globalization： Linking local struggles and transnational politics* (pp. 267-282). New York： Routledge.

Naples, N. A. (2002b). Changing the terms： Community activism, globalization, and the dilemmas of traditional feminist praxis. In N. A. Naples & M. Desai (Eds.), *Women's activism and globalization： Linking local struggles and transnational politics* (pp. 3-14). New York： Routledge.

Naples, N. A. (2007). Standpoint epistemology and beyond. In S. N. Hesse-Biber (Ed.), *Handbook of feminist research： Theory and praxis* (pp. 579-589). Thousand Oaks, CA： Sage.

Narayan, U. (1997).*Dislocating cultures： Identities and third world feminism.* New York： Routledge.

Nash, J. C. (2008). Re-thinking intersectionality. *Feminist Review*, *89*,1-15.

O'Leary, C. M. (1997). Counteridentification or counterhegemony? Transforming feminist theory. In S. J. Kenney & H. Kinsella (Eds.), *Politics and standpoint theories* (pp. 45-72). New York: Haworth Press.

Olesen, V. L. (1975). Rage is not enough: Scholarly feminism and research in women's health. In V. L. Olesen (Ed.), *Women and their health: Research implications for a new era* (DHEW Publication No. HRA-3138, pp. 1-2). Washington, DC: U. S. Department of Health, Education and Welfare, Public Health Service.

Olesen, V. L. (2005). Early millennial feminist qualitative research: Challenges and contours. In N. K. Denzin & Y. S. Lincoln (Eds.), *The SAGE handbook of qualitative Research* (3rd ed., pp. 235-278). Thousand Oaks, CA: Sage.

Olesen, V. L., & Clarke, A. E. (1999). Resisting closure, embracing uncertainties, creating agendas. In A. E. Clarke and V. L. Olesen (Eds.), *Revisioning women, health and healing: Feminist, cultural studies and technoscience perspectives* (355-357). New York: Routledge.

Ong, A. (1995). Women out of China: Traveling tales and traveling theories in postcolonial feminism. In R. Behar & D. Gordon (Eds.), *Women writing culture* (pp. 350-372). Berkeley: University of California Press.

Parrenas, R. S. (2008). *The force of domesticity: Filipina migrants and globalization.* New York: New York University Press.

Petersen, A. (2006). An African-American woman with disabilities: The intersection of gender, race and disability. *Disability and Society, 21*, 721-734.

Phoenix, A. (1994). Practicing feminist research: The intersection of gender and "race" in the research process. In M. Maynard & J. Purvis (Eds.), *Researching women's lives from a feminist perspective* (pp. 35-45). London: Taylor & Francis.

Phoenix, A., & Pettynama, P. (2006). Intersectionality [Special issue]. *European Journal of Women's Studies, 13*(3).

Pillow, W. S. (2003). Confession, catharsis, or cure. The use of reflexivity as methodological power in qualitative research. *International Journal of Qualitative Studies in Education, 16*, 175-196.

Preissle, J. (2007). Feminist research ethics. In S. N. Hesse-Biber (Ed.), *Handbook of feminist research: Theory and praxis* (pp. 515-534). Thousand Oaks, CA: Sage.

Priyadharshini, E. (2003). Coming unstuck: Thinking otherwiseabout "studying up." *Anthropology and Education Quarterly, 34*, 420-437.

Prins, B. (2006). Narrative accounts of origins: A blind spot in the intersectional approach? *European Journal of Women's Studies, 13*, 277-290.

Puar, J. K. (1996). Resituating discourses of "Whiteness" and "Asianness" in northern England: Second-generation Sikh women and constructions of identity. In M. Maynard & J. Purvis (Eds.), *New frontiers in women's studies* (pp. 125-150). London: Taylor & Francis.

Randall, M. (2004). Know your place: The activist scholar in today's political culture. *SWS Network News, 21*, 20-23.

Rapp, R. (1999). *Testing women, testing the foetus: The social impact of amnio-centesis in America.* New York: Routledge.

Reid, C., Tom, A., & Frisby, W. (2008). Finding the "action" in feminist participatory research. *Action Research, 4*, 315-322.

Renzetti, C (2005). Editor's introduction. *Violence Against Women, 11*, 839-841.

Rice, C. (2009). Imagining the other? Ethical challenges of researching and writing women's embodied lives. *Feminism & Psychology, 19* (2), 245-266.

Richardson, L. (1993). Poetics, dramatics, and transgressive validity: The case of the skipped line. *The Sociological Quarterly, 34*, 695-710.

Richardson, L. (1997).*Fields of play: Constructing an academic life.* New Brunswick, NJ: Rutgers University Press.

Richardson, L. (2000). Introduction: Assessing alternative modes of qualitative and ethnographic research: How do we judge? Who judges? *Qualitative Inquiry, 6*, 251-252.

Risman, B. (2004). Gender as a social structure: Theory wrestling with activism, *Gender & Society, 18*, 429-450.

Rohrer, J. (2005). Toward a full-inclusion

feminism: A feminist deployment of disability analysis. *Feminist Studies*, *31*, 34-63.

Rupp, L. J., & Taylor, V. (2003). *Drag queens at the* 801 *cabaret*. Chicago: University of Chicago Press.

Saavedra, C. M., & Nymark, E. D. (2008). Borderland-Mestija feminism, The new tribalism. In N. K. Denzin, Y. S. Lincoln, & L. T. Smith (Eds.), *Handbook of critical and indigenous methodologies* (pp. 255-276). Thousand Oaks, CA: Sage.

Scheper-Hughes, N. (1983). Introduction: The problem of bias in androcentric and feminist anthropology. *Women's Studies*, *19*, 109-116.

Scheurich, J. J., & Foley, D. (Eds.). (1997). Feminist poststructuralism [Special issue]. *International Journal of Qualitative Studies in Education*, *10*(3).

Scott, J. (1991). The evidence of experience. *Critical Inquiry*, *17*, 773-779.

Scott, J. (1997). Comment on Hawkesworth's "Confounding Gender." *Signs*, *22*, 697-702.

Schulz, A., & Mullings, L. (Eds.). (2006). *Race*, *class*, *gender*, *and health*. San Francisco: Jossey-Bass.

Segura, D. A., & Zavella, P. (2008). Introduction: Gendered borderlands. *Gender & Society*, *22*, 537-544.

Seigfried, C. H. (1996). *Pragmatism and feminism: Reweaving the social fabric*. Chicago: University of Chicago Press.

Shields, S. A. (2008). Gender: An intersectionality perspective. *Sex Roles*, *59*, 301-311.

Shim, J. K. (2000). Bio-power and racial, class, and gender formation in biomedical Knowledge production. In J. J. Kronenefield (Ed.), *Research in the sociology of health care* (pp. 173-95). Stamford, CT: JAI Press.

Skeggs, B. (1994). Situating the production of feminist ethnography. In M. Maynard & J. Purvis (Eds.), *Researching women's lives from a feminist perspective* (pp. 72-92). London: Taylor & Francis.

Smith, D. E. (1987). *The everyday world as problematic*. Boston: Northeastern University Press.

Smith, D. E. (1992). Sociology from women's

experience: A reaffirmation. *Sociological Theory*, *10*, 88-98.

Smith, D. E. (1993). High noon in textland: A critique of Clough. *The Sociological Quarterly*, *34*, 183-192.

Smith, D. E. (1997). Telling the truth after postmodernism. *Symbolic Interaction*, *19*, 171-202.

Smith, D. E. (2005). *Institutional ethnography: A sociology for people*. Walnut Creek, CA: AltaMira Press.

Smith, D. E. (2006). *Institutional ethnography as practice*. Lanham, MD: Rowan & Littlefield.

Smith, D. E. (2009). Categories are not enough. *Gender & Society*, *23*, 76-80.

Smith, L. T. (1999). *Decolonizing methodologies: Research and indigenous peoples*. London: Zed Books.

Smith L. T. (2005). On tricky ground: Researching the native in an age of uncertainty. In N. K. Denzin & Y. S. Lincoln (Eds.), *The SAGE handbook of qualitative research* (3rd ed., pp. 85-107). Thousand Oaks, CA: Sage.

Smith, S. G. (1997). Comment on Hawkesworth's "Confounding Gender." *Signs*, *22*, 691-697.

Spivak, G. C. (1988). Subaltern studies: Deconstructing historiography. In G. C. Spivak, *In other worlds: Essays in cultural politics* (pp. 197-221). London: Routledge.

Stacey, J. (1988). Can there be a feminist ethnography? *Women's Studies International Forum*, *11*, 21-27.

Stacey, J. (1998). *Brave new families: Stories of domestic upheaval in late twentieth century America*. Berkeley: University of California Press.

Stacey, J. (2003). Taking feminist sociology public can prove less progressive than you wish. *SWS Network News*, *20*, 27-28.

Standing, K. (1998). Writing the voices of the less powerful. In J. Ribbens & R. Edwards (Eds.), *Feminist dilemmas in qualitative research: Public knowledge and private lives* (pp. 186-202). Thousand Oaks, CA: Sage.

Stewart, A. J., & McDermott, C. (2004). Gender in psychology. *Annual Review of Psychology*, *55*, 519-544.

Stout, N. M. (2008). Feminists, queers, and

critics: Debating the Cuban sex trade. *Journal of Latin American Studies*, *40*, 721-742.

St. Pierre, E. A. (1997a). Guest editorial: An introduction to figurations—a post-structural practice of inquiry. *International Journal of Qualitative Studies in Education*, *19*, 279-284.

St. Pierre, E. A. (1997b). Methodology in the fold and the irruption of transgressive data. *International Journal of Qualitative Studies in Education*, *19*, 175-179.

St. Pierre, E. A. (2009). Afterword: Decentering voice in qualitative inquiry. In Y. Jackson & L. A. Mazzei (Eds.), *Voice in qualitative inquiry: Challenging conventional, interpretive, and critical conceptions in qualitative research* (pp. 221-236). New York: Routledge.

Tellez, M. (2008). Community of struggle: Gender, violence, and resistance on the U.S./Mexican border. *Gender & Society*, *22*, 545-567.

Thapar-Bjorkert, S., & Henry, M. (2004). Reassessing the research relationship: Location, position, and power in fieldwork accounts. *International Journal of Research Methodology*, *7*, 363-381.

Thayer, M. (2001). Transnational feminism: Reading Joan Scott in the Brazilian Sertao. *Ethnography*, *2*, 243-271.

Tregaskis, C., & Goodley, D. (2005). Disability research by disabled and non-disabled people: Towards a relational methdology of research production. *International Journal of Social Research Methodology*, *8*, 363-374.

Trinh, T. M-ha. (1989). *Woman, native, other: Writing post-coloniality and feminism*. Bloomington: University of Indiana Press.

Trinh, T. M-ha. (1992). *Framer framed*. New York: Routledge.

Valentine, K. B. (2006). Unlocking the doors for incarcerated women through performance and creating writing. In D. S. Madison & J. Hameva (Eds.), *The SAGE handbook of performance studies* (pp. 309-324). Thousand Oaks, CA: Sage.

Warner, L. R. (2008). A bestpractices guide to intersectional approaches in psychological research. *Sex Roles*, *59*, 454-463.

Weber, L. (2007). Future directions of feminist research: New directions in social policy—the case of women's health. In S. N. Hesse-Biber (Ed.), *Handbook of feminist research: Theory and praxis* (pp. 669-679). Thousand Oaks, CA: Sage.

Weeks, K. (2004). Labor, standpoints, and feministsubjects. In S. G. Harding (Ed.), *The feminist standpoint theory reader* (pp. 181-195). New York: Routledge.

Welton, K. (1997). Nancy Hartsock's standpoint theory: From content to "concrete multiplicity." In S. J. Kenney & H. Kinsella (Eds.), *Politics and feminist standpoint theories* (pp. 7-24). New York: Haworth Press.

West, C., & Zimmerman, D. (1987). Doing gender. *Gender & Society*, *1*, 125-151.

Weston, K. (1991). *Families we chose: Lesbians, gays, kinship*. New York: Columbia.

Williams, B. (1996). Skinfolk, not kinfolk: Comparative reflections on identity and participant observation in two field situations. In D. Wolf (Ed.), *Feminist dilemmas in field work* (pp. 72-95). Boulder, CO: Westview Press.

Wolf, D. (1996). *Feminist dilemmas in fieldwork*. Boulder, CO: Westview Press.

Wolf, M. (1992). *A thrice-told tale. Feminism, postmodernism, and ethnographic responsibility*. Stanford, CA: Stanford University Press.

Yuval-Davis, N. (2006). Intersectionality and feminist politics. *European Journal of Women's Studies*, *13*, 193-209.

Zavella, P. (1996). Feminist insider dilemmas: Constructing ethnic identity with Chicana informants. In D. Wolf (Ed.), *Feminist dilem-mas in field work* (pp. 138-159). Boulder, CO: Westview Press.

Zimmerman, M. K., Litt, J. S., & Bose, C. E. (2006). *Global dimensions of gender and carework*. Stanford, CA: Stanford University Press.

质性研究中反启蒙主义跨国女性主义实践的神圣性和精神性

8

THE SACRED AND SPIRITUAL NATURE OF ENDARKENED TRANSNATIONAL FEMINIST PRAXIS IN QUALITATIVE RESEARCH

◎ 辛希亚 B. 迪拉德(Cynthia B. Dillard)　泌威·欧卡帕劳卡(Chinwe Okpalaoka)

范晓慧 译　朱志勇 校

Sankofa(回溯)[1]

历史是神圣的,因为这是跳出不利环境对你大肆地侵犯而去了解自我的唯一机会,当你进入文化中所创建的文件记录时,你会有另一种故事,另一个历史。历史是神圣的,至高无上的最神圣的歌曲都在向你传递着那个故事(Latta,1992)。

重温"范式"

几年前,针对《教育研究者》(*Educational Researcher*)发表的题为"有色的认识论:我们的研究认识论存在种族偏见吗?(Coloring Epistemologies:Are Our Research Epistemologies Racially Biased?)"的这篇文章(Scheurich & Young,1997),许多研究者在全国会议上进行了热烈的讨论,并撰写论文回应这篇极具挑衅性的文章所提出的问题[2]。其他人如迪拉德(Dillard,2006a),在她的专著中专辟一章作讨论,题为"精神奋斗史:一位非裔美国妇女学术人生的转变(On Spiritual Strivings:Transforming an African American Woman's Academic Life)",在该章节中,如前面讨论的,她探索关于范式的全部话语的文化、政治和精神本质,研究范式拓展的各种纷乱的假设和结论大多数是如何在抽象(消遣)层面上完成的,却完全忽视了种族主义、权力和政治如何深刻地形塑着我们的研究和表述,尤其是作为有色人种的学者根本没有这么做。她提到这种排斥为有色人种的学者带来了特定的悖论,我们努力设想、创造和接纳我们开展教育研究时所使用的新的有用的范式……在选择接纳与我们精神、智力共鸣的范式而不考虑"拓展"的问题,这对我们有着深刻而重要的启示(Dillard,2006a,pp. 29-30)。

她提出,在讨论认识论"上色"问题的意义和结论中黑人声音、有色人种的学者的声音普遍缺失,在这种讨论中,仿佛我们自己不是对话中的主体,而仅是对话的客体,是无形的、沉默的。无论这个讨论的用心是如何的良苦,黑人和我们对于范式的想法曾经是白人研究者经常扭曲的目光和描述的焦点。

在她的讨论中,如今仍最贴近迪拉德和许多质性研究的学生的观点的是,她呼吁有色人种学者不要再关注和探寻如何"从属于"某个范式(甚至讨论一直经常环绕在我们身边却不包括我们的范式的拓展问题),相反,建构和培育范式,让它包含并体现着我们的文化、精神认识和历史,并决定了我们的认识论和存在的方式。

这样的呼吁一直存在于质性研究的历史长河之中。莱德森-比林斯(Ladson-Billings,2000)在本手册 2000 年版中的一个章节题为"种族化的话语与族群认识论(Racialized Discourses and Ethnic Epistemologies)",对比了西方思想中盛行的个人主义和个人思想(individualism and individual mind)提高的概念与非洲 Ubuntu(即,我然因我们皆然)这个概念。后者基于社会整体性所预测的个体福祉,其涉及的也是与反启蒙主义的女性主义认识论相同的精神和认识论立场。莱德森-比林斯提出需要使用不同的话语和认识论,这些话语和认识论能瓦解西方认识论话语以及占主导地位的世界观,能够被阐释为反启蒙主义的跨国女性主义的一种回声,其研究中神圣的和精神的概念(notions of the sacred and the spiritual)会扰乱西方将思想和精神分开的倾向。此外,她提议我们要研究并更深入地理解"发展良好的知识体系……与主流的欧美认识论有着鲜明的对比"(p. 258),以此来解决当今世界的关键性问题,莱德森-比林斯和唐纳(Ladson-Billings & Donner,2005)将种族批判理论作为理论框架,如本章节中提出的反启蒙主义的跨国认识论那样,这是有色人种学者、有良知的学者解决种族主义和其他歧视问题,为全人类创建一个自由空间的一种努力。同样重要的是,在本手册第 7 章,奥勒森(Virginia Olesen)探讨了女性主义,其中有一个重大修订,就是对反启蒙主义的、去殖民主义的、本土化的女性主义质性研究做了完整的最新的回顾,并严肃地认识到当今必须策略性地使用女性主义话语的广度问题。因此,我们需要探索反启蒙主义的跨国女性主义,这种需要也促使邓津、林肯和史密斯编选了现存的《本土化的批判性方法论手册》(Handbook of Critical and Indigenous Methodologies,Denzin, LinColn, & Smith,2008),该手册的核心是接受本土化的批判性研究认识论,将精神性置于最显著的位置,具体包括:女性主义、本土的、本地化的、反启蒙主义的黑人女性主义、精神的、混血的、墨西哥裔的美国妇女、边界/异族通婚等(Cannella & Manuelito, 2008;Dillard, 2008;Meyer, 2008;Saavedra & Nymark, 2008)。

这些作品都呈现了科学的神圣本质倾向(the sacred nature of science),里森(Reason,1993)呼吁研究者考虑精神性和神圣性是如何对人类和环境问题施加压力的。本章是对其呼吁的一种回应。我们这里正是试图研究黑人、反启蒙主义的女性主义和认识论的复杂性,这就将非洲大陆和非洲散居侨民连接起来,用基本的方式将精神性和神圣性的话语纳入本章讨论。我们也认识到,在我们研究多种认识论和研究理论的过程中还缺少一种讨论。

　　因此,这个章节从一种范式和世界观的角度论述,这种范式和世界观充满了精神、反启蒙主义,并以黑人种族性(blackness)和国际妇女气质(womanhood)为中心。不过,随着《精神奋斗史》(*On Spiritual Strivings*,Dillard,2006a)一书的出版,全球引起了轰动,迪拉德在她自己学生的大力支持下,更深入地思索知识在世界中传播和移动的方式,引发、深化讨论和建构成为一名黑人女性的意义(即,这对**我们**黑人女性学者而言意味着什么)。随着这项研究的继续进行,新的对话和合作机会也出现了,比如我和本章节的合作者的对话与合作,她的祖辈来自尼日利亚。作为女性学者,我们开始意识到,非洲裔妇女所做的研究往往不仅是精神性的、神圣的,而且她们继续在全球开展着这样的研究。我们相信正是这种神圣的力量促使我们合作撰写了当前这篇文章。

　　下面介绍一些关键性术语。**反启蒙主义的女性主义认识论(endarkened feminist epistemology)**(Dillard,2000,2006a,2006b)阐述的是根植于全球黑人女性主义思想的历史中如何认识现实的问题。具体而言,这样的认识论体现的是主流(白人)女性主义文化立场中一种可辨识的差异,因为这存在于种族、性别、阶层、民族和其他身份等文化建构的概念的交叉或重叠之中。或许最为重要的是,它来自非洲裔妇女受压迫和抵制的历史和当代情境中,并告知我们这一切。从反启蒙主义的女性主义认识论视角来讲,我们要摆脱传统的隐喻,不要将研究看作解决"问题"的方案,相反,将研究比喻成是研究者和被研究对象之间、认知和知识生产之间的一种互惠关系。迪拉德(Dillard,2000,2006b)提出,反启蒙主义的女性主义认识论中更为有用的比喻是将研究看作一种责任,是对研究中的特定的人和社会的一种责任和义务。

　　术语"**跨国的(transnational)**"是使用的字面意义。这里我们只是用它表达一种超越或跨越国家界限的反启蒙主义的女性主义研究方式。我们相信,这样的研究会使我们的世界观发生变化。

　　反启蒙主义的女性主义认识论也是一种研究方式,它推崇跨国黑人妇女在研究中认知和存在方式的智慧、精神性和批判性干预,神圣性成了描述此研究方式实施的方法,成了我们开展此项工作的方法。我们必须注意到精神性和神圣性之间的差异。**精神性(spirituality)**是指对人工作精神境界的一种意识,认识到意识是研究和教学中的一种变革力量(Alexander,2005;Dillard,2006a;Dillard,Tyson,& Abdur-Rashid,2000;Fernandes,2003;hooks,1994;Hull,2001;Moraga & Anzaldúa,1981;Ryan,2005;Wade-Gayles,1995)。不过,当我们谈论反启蒙主义的女性主义研究中的**神圣性(sacred)**时,我们指在实施研究过程中研究被尊敬和接纳的方式。换言之,神圣的工作是值得虔诚地去做的。这就是说,我们在考虑反启蒙主义的或黑人女性主义的范式和认识论时,研究就体现和运用了精神性,并以神圣的方式加以实施。因此,我们使用了精神性和神圣性两个概念,用反启蒙主义的女性主义认识论和研究作为神圣的、精神的相关实践来研究非洲大陆及其侨民散居地上的黑人女性的这种更为全球化的意义、阐释和可能性。多数情况下,我们认为,精神性和神圣性从根本上讲是根植于黑人妇女生活和体验的研究、知识和文化产物之中,这样理解有助于我们阐释跨国黑人女性主义的激进行动主义(radical activism)。然而,我们回顾早期有色人种学者对文化和精神本质以及范式研究的表达,就会发现他们明显没有关注黑人或反启蒙主义的女性主义的认识论,没有以相互关联的、主体间性的和跨国的方式使研究成为显性的神圣性工作,没有以非洲及散居地的黑人妇女所建构的精神性概念为核心。

无论是美国、非洲还是非洲侨民散居地,非洲妇女作为普通女性都遭遇某种形式的压迫,这种压迫以阶层、种族或性别为特征并与此相关联。而且,往往是某种精神或者对精神的信念使得我们勇敢地面对无论多么严重的敌视和丢脸(Akyeampong & Obeng, 2005;Alexander, 2005;Dillard, 2006a, 2006b;hooks, 1994;Hull, 2001;Keating, 2008;Moraga & Anzaldúa, 1981;Walker, 2006)。人们讨论了跨国黑人女性遭遇相关联的压迫的相似性和差异性,其中多数讨论非洲大陆的妇女和在非洲侨民散居地的妇女之间是否存在一种等级制压迫(a hierarchy of oppressions),讨论如何合理地命名这种斗争(Hudson-Weems, 1998b;Nnaemeka, 1998;Steady, 1981;Walker, 1983)。这一问题本章后面将作进一步讨论。

上述观点给我们提出了几个问题值得在此思考。从跨国性的非洲女性的声音和精神中出现了什么样的黑人或反启蒙主义的女性主义认识论和范式?包括或排斥黑人女性主义、非洲妇女主义(Africana womanism)和其他既彼此联系又彼此排斥的黑人妇女思想的理论框架中的黑人女性思想、理论和实践,导致它们的各种愿景和版本的张力、文化和历史体验、多样性、细微差异性之间关系是怎样的?这些全球讨论中的精神性到底在何处?这对研究工作起到什么影响?方法、方法论和表述是怎样的?最为重要的是,我们努力进一步研究下面这个深奥的问题,也是意义同样重大的一种回应,这就是亚历山大(Alexander, 2005)在其开创性著作《交叉教育学:关于女性主义、性别政治、记忆和神圣性的思考》(*Pedagogies of Crossings:Meditations on Feminism, Sexual Politics, Memory, and the Sacred*)中提出的问题:

> 除了提出边缘化现象的理论被制度化了的使用价值外,认真对待神圣性对跨国女性主义和相关的激进研究有什么意义?这意味着挣扎在神圣的实践中。(p. 326)

认真对待神圣性意味着研究和产生各种神圣的版本、研究的方式以及批判性地再回顾黑人女性主义研究和范式的意义。这意味着从黑人女性视角将精神性和神圣性看作"对现状开展的一种批判"(Wright, 2003, p. 209)。

Nyame Nti（因为上帝的存在）

要探讨反启蒙主义的或黑人女性主义对非洲大陆和非洲侨民散居地研究中的文化和历史景观，精神性是不可或缺的。

> 我们生活中的一切本质上就是精神指导的实践，或精神授权后经由认识到[自己]不能实现而需要实现的人执行着。（Some，1994）

交叉的压迫和统治尽管在实践中是普遍的概念，但其表述的方式却在每个社会各不相同（Collins，2000）。柯林斯（Patricia Hill Collins）进一步指出，统治的形式因时空、历史和地理情境等特定的形式而发生变化，其关键的差异在于具体压迫的组织上。换言之，尽管统治的情境可能全球相似（相互联系的压迫体系存在着某种联系），这些具体的压迫所体现的方式以及这些压迫的历史根源却不尽相同。压迫所呈现的方式（即种族隔离、殖民主义、帝国主义和奴役）可能是不同的。不过，它们就是压迫的各种体系，在各种联合和情境中相互结合。最后，柯林斯（Collins，2000）指出，根本的问题是谁的知识和议事日程处于最突出的地位、是权威性的。不过，要思考和研究非洲大陆和非洲侨民散居地的差异，我们就必须找出我们"共同的议事日程"，即跨国黑人女性主义。

柯林斯（Collins，2000）大声呼吁跨国黑人女性主义来应对全球相互交叉的种族、阶层、性别和性压迫问题，她得到了许多人的支持，其中包括纳米卡（Nnaemeka，1998），她来自尼日利亚，是位具有开创性的黑人女性主义学者。不过，仔细审视在非洲侨民散居地反启蒙主义的或黑人女性主义思想中关于压迫和统治的历史与社会表征，我们不难发现，在国家内部和国家之间，非裔妇女所面临的压迫具有一种动态性、一种不断变化的本质。例如，尽管种族、阶层、性别和性压迫相互关联，这是散居地上黑人妇女的体验特征，主流的压迫则可能因地域和国家情境而各不相同。纳米卡（Nnaemeka，1998）提到，在非洲各个国家甚至在非洲和其他大陆之间的多种女性主义表明了视角的多元化。她进一步阐释道，这种视角的多元化必须包括促使非洲女性运动的文化和历史因素。她将非洲女性主义精神表述为"复杂而分散的"（p. 5）：

> 西方女性主义话语对于阶层、种族、性倾向等过分宣扬的相互关联并不是多数非洲妇女面临的紧迫问题，对她们而言，日常生活中其他基本问题的交叉现象是最具压迫性的。这不是说，种族和阶层的问题对非洲大陆的妇女而言不重要……非洲妇女首先将这些问题与其自身生活和周围的环境相联系并具体化，借此审视并解决这些问题。（p. 7）

柯林斯（Collins，2000）敦促我们要放眼全球来考虑斗争与压迫这一共同的遗产，我们要记住，非洲女性的体验已经由奴隶和殖民主义等各种统治形式所形塑。换言之,正如纳米卡(Nnaemeka,1998)所说的,"要有意义地阐释……非洲女性主义,……我们必须参考其非洲环境"(p. 9)。同样地,散居地上非裔女性所面临的压迫也不能忽略几百年奴役所产生的持久的影响。值得注意的是,20世纪60年代是非洲大陆上非洲后裔动荡的时代,他们为独立而斗争,为那些在散居地上参与各种民权运动而斗争。当前者为摆脱殖民地统治而获取独立时,后者则为非裔美国人、妇女、残疾人和其他边缘化群体的权利而努力着。

　　我们相信,简短地对美国和非洲的黑人女性主义根源作历史回顾可能有助于将黑人妇女受压迫的体验全球化,正是从这里我们必须开展干预和变革性研究。在讨论之前,需要指出的是,我们不认为美国黑人女性主义标志着全球有色妇女的女性主义的开始。事实上,人们,尤其是来自非洲大陆的女性主义学者一直在批判美国(和欧洲)黑人女性主义和全球文化霸权(cultural hegemony)的危险。我们作此回顾是因为,美国黑人女性主义依旧在全球范围内讨论黑人妇女受压迫的体验中扮演着重要的角色。尽管相互关联的压迫体系整体本质并不是美国黑人女性主义者所独有,在此,我们可以再次概念化散居地和非洲地区非洲妇女精神和体验的内部的和之间的新关系,我们也可以形成研究的范式和方法论。在美国的黑人女性主义可能对美国的非裔妇女的体验和奋斗有着较深的理解,我们却往往缺乏对散居地和非洲大陆上非裔妇女的体验和奋斗的深入理解。

　　鉴于我们的立场,我们试图将自身的体验知识纳入这一历史回顾之中,直接讨论这些历史在我们生活中体验和实施的物质方式:迪拉德主要探讨美国黑人女性主义的体验,欧卡帕劳卡主要探讨尼日利亚黑人女性主义的体验。我们试图将自身的女性经历全球化,使得我们能超越差异性而建构范式,"与我们的智力和精神共鸣,而无视拓展的问题"(Dillard,2006a,pp. 29-30),凸显了赞美黑人妇女无处不在的诗歌的神圣性和精神表征。

简论美国黑人女性主义

由迪拉德撰写

　　我印象非常深刻的是20世纪70年代Angela Davis的形象。这不仅仅是她完美的非洲人发型使她看似带着皇冠而感染了我,相反,是她谈论自由、真相、美国和其他地方的黑人女性斗争时的强大的声音感染了我。我记得我迫切地想加入黑豹党(Black Panther Party),但当时年纪太小。不过,当我看到那些黑豹党兄弟(偶尔有个姐妹)来我当时就读的小学为那些贫困生供应午餐时,那种行为改变了我。我那一刻认识到,无论"黑人权力(Black power)"意味着什么,它至少要包括致力于理解我们的历史、用精神来实施我们的文化,并代表黑人尤其是年轻人和那些最有需要的人来参与社会的神圣行动。

　　我父母参与的是 the Links and Omega Psi Phi 兄弟会,而我则更感兴趣于他们当时认为是更为"激进"的黑人组织。当时,我尤其对黑人妇女组织、游行、表达声音的地方感兴趣。全国黑人女性主义组织(NBFO)是第一批黑人女性主义组织中的一个,其宗旨明确,就是要挑战美国黑人妇女普遍备受困扰的种族主义、性别歧视和异性恋的相关关联的体系。该组织成立于 1973 年,其成立也是因为人们没有关注和重视女性运动和上文提到的黑人权力运动中的黑人女性的体验(Hull,Bell-Scott,& Smith,1982;Wallace,1982)。到 1974 年,美国黑人女性主义的一个分组织成立了克姆河小组(Combahee River Collective),关注如何对美国黑人妇女依然面临的压迫采取更为激进的方法。该妇女组织的宗旨,有别于全国黑人女性主义组织的宗旨,它想通过黑人女性主义**政治运动**来对抗这些复杂的压迫体系(Combahee River Collective,1982)。该组织成员没有将自己作为黑人女性主义的"第一人"或者"先驱",相反,从历史角度认可自己的工作只是早期黑人女权运动者的一种后续,这些早期的女性运动者在反奴隶制时代积极地投身于知识的传播和激进主义行动之中(Combahee River Collective,1982)。该组织也非常关注从精神角度采用神圣性方式审视和认可上文提到的黑人女性前辈,并制定目标和愿景努力改变社会和政治环境使之远离压迫,争取平等和正义,尤其为美国黑人妇女争取平等和正义。

　　到 20 世纪 70 年代早期,我们激进地干预了理论的制定和知识的生产过程。黑人女性主义文学(包括诗集和小说)开始陆续出版,出现在美国国内外的书店和书架上。这不是简单地作为对黑人妇女生活和知识的经济干预,相反,这是一种激进的繁育(radical intervention),这些文学作品从根本上转变和形塑了黑人女性主义思想和行动的基础。《黑人妇女选集》(*The Black Woman*:*An Anthology*,Bambara,1970),《最蓝的眼睛》(*The Bluest Eye*,Morrison,1970),《电缆肆虐》(*Cables to Rage*,Lorde,1970),《寻找我们母亲的花园:妇女主义散文集》(*In Search of Our Mothers' Gardens*:*Womanist Prose*,Walker,1983),以及《他们眼望上苍》(*Their Eyes Were Watching God*,Hurston,1978),等等,这些都是文学文本中里程碑式的作品,界定和理论化了美国早期的黑人女性主义运动。作为一个年轻的非裔美国女孩,在我极力界定我年轻时在以白人为主的学校教育中作为黑人和女性这双重身份的意义时,我能深刻地体会这些早期的作品。奥尔科特(Louisa May Alcott)的《小妇人》(*Little Women*)曾是我们被要求追求的标准,白天空闲时间就观看电视剧《布雷迪家庭》(*The Brady Bunch*)。但是我母亲的黑人女性观(尽管与布雷迪夫人一样束缚在照料家庭和孩子的事务上)却关联着一个简单而显性的真理,这就是,接受教育和学会认字、阅读是世界为黑人女性生活创造选择机会的唯一方法,这一点体现在她严格地关注我们的学校生活、家庭作业并坚持不断地去公立图书馆的行为上。在她极其有限的空闲时间里,和我一起阅读这些文本,打开了我的视野,一些文本凸显了她作为黑人女性在美国亲身经受贫穷和种族隔离之苦的残酷的现实生活。另一些文本的话语所表达的只能存在于我们俩的想象之中,却也往往作为可能性而存在着。这些文本促使黑人社会,尤其在男性黑人社会中展开了意义深远的讨论和争议。这些男性常常持憎恨的态度,将之看作对他们的直接指控,指控他们是性别和性压迫的作恶者。无论什么结果,我母亲和我继续阅读我们可触及的任何黑人女性的故事。我懂得了文字的强大力量:黑人女性文学有助于界定我们自己,作为一种口头传统,可追溯到几代人。如今,通过沃克尔(Walker)、赫斯顿(Hurston)等人的声音以及文本中的文字,我们可以看到我们的界定并且不断地加以回顾。

20 世纪 80 年代出现了更为激进的公开的政治文本,部分原因是当时出现了妇女研究(woman's studies),尤其是出现了"公开的"黑人妇女思想和知识的生产。通过这些著作,我们认识到,像一些重要的黑人女性主义学者和行动主义者合编了《所有的女性是白人,所有的黑人是男性,我们中不乏勇敢之人》(*All the Women Are White, All the Blacks Are Men, But Some of Us Are Brave*, Hull, Bell-Scott, & Smith, 1982),为全美国黑人女性主义研究开创了先河。20 世纪 80 年代黑人女性主义作品还有如,《宅女:一个黑人女性主义者文集》(*Home Girls: A Black Feminist Anthology*, Smith, 1983),《难道我不是女人:黑人妇女和女性主义》(*Ain't I a Woman: Black Women and Feminism*, hooks, 1981),她们关注性别歧视对黑人妇女的影响。但是这些女性也开始将黑人女性主义中的性身份(sexual identities)和精神性问题和关注作为重点。《大姐局外人》(*Sister Outsider*, Lorde, 1984)直接谈到黑人妇女包括性在内的多重身份中的整合和整体性需求。《献给寡妇的赞歌》(*Praise Song for the Widow*, Marshall, 1984)提出将文化和历史当作黑人妇女来记忆的方式,这是真正的变革性行为,因为这是从精神性角度提出来的,尤其具有变革性。

《有色人种妇女的激进文选》(*This Bridge Called My Back: Radical Writings by Women of Color*, Moraga & Anzaldúa, 1981)是最早将女性相关的压迫通过种族、阶层、性和文化等差异性角度联系起来的一种尝试。同样重要的是,她将有色人种女性的学识和声音选编成册,开始明确地谈论精神性、治疗和自我恢复的重要性,认为它们是有色人种女性跨越族群和身份的必需品。

20 世纪 90 年代及以后,人们的研究力度加大,开始对安扎尔都曾呼吁要识别黑人和反启蒙主义的女性主义的神圣性和精神性展开了研究。从《扬家的妹妹:黑人妇女和自我恢复》(*Sisters of the Yam: Black Women and Self-Recovery*, hooks, 1993)和《食盐者》(*The Salt Eaters*, Bambara, 1992)到柯林斯(Collins, 1990)的里程碑著作《黑人女性主义思想:知识、意识和赋权的政治学》(*Black Feminist Thought: Knowledge, Consciousness, and the Politics of Empowerment*),完全地改变了我们对性别、种族、阶层的理解,将之牢牢地锁定为黑人妇女的认识论和理论的核心。有趣的是,柯林斯的《黑人女性主义思想》(Collins, 2000)第 2 版中所做的最激进的改动是她对受限于国家的黑人女性主义局限性的探索,这些修改对我们如何将美国黑人女性主义思想与全球非裔妇女的声音和努力相结合提供了指导。无论是在非洲、美国还是它们两者之间、周围以及各自内部,我看到,美国的黑人女性主义创作只是鲜活的逼真的遗产中的一部分。正如克里格(Cleage,

2005)所建议的那样,黑人/反启蒙主义的女性主义思想本身是一首赞美的诗歌:

> 我们集体梦想的血与肉,
>
> [借此]我们认识到有一种认知,
>
> 远比人体动脉中流淌着的血液还要深邃,
>
> 这就是:我们是更好的、更真实的、更深邃的东西的一部分。(p. 15)

至少"更好的、更真实的、更深邃的"东西部分出现在美国黑人女性主义与下文即将讨论的非洲大陆女性主义者所作出的努力之间的联系中。

非洲黑人女性主义简介

当 20 世纪 60 年代美国女性主义者还在为妇女和有色人种的权力积极斗争的时候,非洲大陆许多国家的殖民统治正在瓦解。殖民者退出了,新成立的非洲国家开始走上了艰辛而复杂的独立之路,这种状态还将持续下去。欧耶乌米(Oyewumi,1997)指出,我们不能简单地将殖民理解为实际的殖民化过程。她说,对许多国家而言,大西洋奴隶贸易和殖民化的阶段"从逻辑上讲是要波及许多世纪的**一个过程**"(p. xi,笔者强调)。这对我们理解非洲大陆以及非洲侨民散居地的、我们知识生产和实践中的非洲妇女的精神联系至关重要。正如迪拉德(Dillard,2006a)所讲,不管我们意识到与否,这些联系**总是**存在的。正是对这个联系的理解和接纳,我与迪拉德第一次见面后就被她吸引。不久我开始了博士学习,学习了非裔美国人的历史以及他们生活经验的理论。正如上述欧耶乌米(Oyewumi,1997)的论点,我也很快发现了我(作为从未离开非洲大陆的姐妹的代表)和非裔美国姐妹(那些曾被当作奴隶从非洲大陆带走的代表)之间存在这一种联系。我的困惑是,如何才能合法地代表大西洋两岸的姐妹们说话? 我现在因为当初没有与她同行而与她疏远了吗? 会因为如今不同的历史、距离和体验,我不再是她故事中的一部分了吗? 尽管我以不同的形式和强度理解到受压迫的痛苦,她能明白吗? 在她为在美国的人权斗争的同时,我在为结束起始于奴隶制而延续了几个世纪的、如今以新殖民主义继续存在的压迫而奋斗着。下面我们讨论的正是这种奋斗和精神的结合。

马马(Mama,2007)将非洲独立运动的出现与非洲,尤其是尼日利亚和埃及的激进女性主义的出现联系起来。不过,许多人认为,性别如同政治范畴,不一定是许多非洲国家中妇女的一个显著的范畴,在与非裔美国女性主义者相比时尤是如此(Aina,1998;Oyewumi,1997;Taiwo,2003)。尽管非洲国家开始从摆脱殖民统治,缓慢地取得了独立,妇女问题在其独立斗争中并不显眼。非洲大陆的妇女们很快知道,独立之战并不一定会将妇女议题放置于独立之战的前沿和核心。在具体谈论尼日利亚妇女时,奥甘迪皮-勒斯烈(Ogundipe-Leslie,1994)说,看似不关注独立后的妇女问题,这可能是因为尼日利亚前殖民期间妇女之前存在着并能获取到一定的经济机会。亚马丢莫(Amadiume,1987)对此深有同感,她分析了前殖民化、殖民和独立后西方能享受相对的权力和影响的方式,这在尼日利亚东部却没有,这是英国殖民者的到来以及其自身对性别角色的看法所导致的。该研究反对西方女性主义者的宏大叙事,将非洲妇女描绘成只具有相对于男性而言的有限的政治和经济权利。亚马丢莫指出殖民化确实通过限制妇女在殖民前时代能享受的经济自由而剥夺了她们的权力。这种说法得到主流的非洲女性主义文学的支持,这些文学将妇女的生活理论化,比如《河流和源头》(*The River and the Source*,Ogala,1994),《埃弗如》(*Efuru*,Nwapa,1966),以及加纳作家的短篇小说集《这里没有甜蜜》(*No Sweetness Here*,Aidoo,1970)。我在尼日利亚东部度过了我人生中的头 25 年,取得了第一手资料,亲眼目睹了妇女努力经营家庭时所体现的进取心和经济独立的精神。传统上,男性是一家之主,但很明显是妇女将后方粘连在了一起。在孩提时代,我就知道为什么许多妇女自己创业,即便这只不过是在自家门前摆上一张小桌子,放上基本的家用物品和食物来兜售,她既不用离开家,又能兼顾对孩子的照顾。尽管我对她们卖这些小物件能获得多少利润表示怀疑,我明白这是她们想经济独立获得权力的一种举措。一个完全依赖丈夫获取经济来源的妇女往往被看作懒惰的,因此,非洲妇女独立斗争不必是其经济独立之战,相反,是为她所在的当地乃至国家的独立而斗争。有几位学者说,在散居地和其他地方妇女斗争主要是为了获取经济机会和工作的权力,这不能简单地套用到非洲大陆的所有妇女身上(Bray,2008;Mohanty,Russo,& Torres,1991;Nnaemeka,1998;Ogundipe-Leslie,1994)。相反,我们需要从过去延续至今的新殖民主义、压迫人民的政权、婚姻和文化规范的角度去解读非洲妇女在非洲遭受压迫的经历以及其女性主义行为。艾都(Aidoo,1998)和索弗拉(Sofola,1998)同时表明,非洲妇女受压迫可以追溯到社会文化和父权结构的内在影响和来自殖民主义和后殖民主义的领导危机的外在影响。艾都(Aidoo,1998)表达了这些情感:

> 三大历史因素已经影响了当今非洲妇女的地位:非洲本土的社会结构、欧洲对非洲大陆的征服、后殖民化时代的领导明显缺乏愿景或勇气。(p. 42)

正如在散居地的非裔姐妹们,在非洲大陆的非洲妇女为推翻造成她们无发言权的奴隶制、殖民主义和帝国主义几百年的统治而奋斗着。同时,她还得面对种族歧视、性别歧视和阶层歧视交叉的压迫。不过,妇女,无论是否在非洲大陆,所面临的主要压迫模式的多种表现形式促使非洲女性主义者艾都、索弗拉等人提出我们要将文化看作压迫非洲妇女的一种形式。奥甘迪皮-勒斯烈(Ogundipe-Leslie,1994)指出,文化比种族更易于决定非洲妇女的身份。我们知道,三大主要压迫(种族、阶层和性别)困扰着散居地的黑人妇女(我们因此理论化了我们女性主义的观点以对此加以反抗),这三大压迫必须拓展,要包括压迫性的文化规范。我们避免用一般的术语来思考非洲妇女,这是许多跨国黑人女性主义讨论中存在的明显的问题(Collins,2000;Guy-Sheftall,1995;Ogundipe-Leslie,1994;Omolade,

1994；Oyewumi，1997；Steady，1981）。这种问题在纳米卡（Nnaemeka，1998）对全球"女性主义精神（feminist spirit）"加以命名上最为彰显。

用我的真名来称呼我：为美国、散居地和非洲大陆的黑人女性主义命名

在非洲文化中，命名是神圣的，不仅对于群体的遗产和工作的延续起着重要作用，而且对被命名的个体的目的和未来工作至关重要。通过命名这个问题，我们可以开始看到美国黑人女性主义的努力以及散居地和非洲大陆上的黑人女性主义的斗争之间有着内在关联的本质。

鉴于在女性主义更为宽泛的话题中，美国黑人女性主义者往往遭排斥，美国早期的黑人女性主义者开始创建名字来更为仔细地尊重和描述这样一个集体的黑人女性主义。沃克尔（Walker，1983）首次提出了**妇女主义（womanism）**，这在白人女性主义者中激起了持续的争执，白人女性主义者似乎很快就忘记了黑人妇女在其近十年前的公民权斗争中曾是她们的盟友。沃克尔认为，妇女主义者（womanist）是

> 黑人女性主义者或有色人种女性主义者……是爱其他妇女的女性，性和/或无性……立志于为男性和女性，整个人类的生存和整体性而奋斗……妇女主义者对于女性主义者的意义，犹如紫色对于薰衣草那样。（pp. xi-xii）

不过，休德森-韦姆斯（Hudson-Weems，1998a，1998b）直接批评了沃克尔的定义。她说，不管非裔妇女身处何处，我们不能采用女性主义这个标签，因为与我们西方的妇女相比，性别不是争取公平和认可的基本要素。休德森-韦姆斯（Hudson-Weems，1995）喜欢非洲妇女主义（Africana womanism），而不是妇女主义（womanism）、黑人女性主义（Black feminism），以及非洲女性主义（African feminism）。她认为，这个术语更简洁地反映了非洲家庭中心观念，而不是西方女性主义的女性中心论。该观点得到了许多非洲女性主义者的支持，这表明非洲男性和女性迫切需要一起面对所有的压迫，因为男性和女性要相互依存，在非洲宇宙观和世界观中平等承担重要的却又各异的角色（Nzegwu，2006；Oyewumi，1997；Richards，1980）。换言之，非裔人必须为了非洲人的集体公正而管理我们自己的斗争（Hudson-Weems，1998b）。当休德森-韦姆斯表明，她的关于非洲妇女主义的观念与沃克尔的界定存在很大的根本差异，我们可以说，她的命名至少部分是与沃克尔最初的妇女主义界定相吻合的，因为都包括了努力"为男性和女性，为所有人的生存和整体性而奋斗。不是一个分离主义者［的运动］"（Walker，1983，pp. xi-xii）。休德森-韦姆斯（Hudson-Weems，1998a）主要关注的是自我命名的问题，或她所谓的"'非洲妇女'通过正确地认识自己集体的斗争并正确地采取行动而获得再生"（p. 160）。她相信，"非洲妇女"的议事日程应该"受到她们过去和现在的文化现实支配的影响，不考虑一个人的历史和文化情境是不可能精确地对他/她加以界定的"（Hudson-Weems，1998b，p. 450）。她接着说，非洲

学者有时被迫承认自己是女性主义者,抑或想获取学术中的合法性,抑或因为缺乏更为合适的框架来阐释她们独特的体验。不过,布西亚(Busia,1993)在提到我们需要协调多重跨国身份时,呼吁我们进行一个更为流动的、多层次的独特的命名,更易于描述在命名自我和他者的过程中对国家内部和国家之间的边界跨越行为。她将非洲和散居地黑人妇女斗争的复杂性和动态性典型化,这体现在她的自我鉴定中:

> 在加纳出生的诗人,在英国接受的教育,在美国的大学内教学(p. 204)……[或]作为学者、诗人、黑人、女性、非洲人、流亡者、生活在非洲-美洲大陆的非洲-撒克逊人。(p. 209)

针对如何命名黑人女性主义的争议其实不仅仅是关于命名的问题,事实上,是关于如何界定和建构各种黑人女性主义之间、跨越种族、部落、族群和国家差异的各种关系的界限和可能性,是提倡基本的人权问题。在她著名的文章《跨越文化的黑人妇女》(The Black Woman Cross-Culturally)中,斯蒂迪(Steady,1981)呼吁重新界定各种概念、观点和方法论,将跨国的黑人女性主义研究者看作全球基本人权的倡导者,而不只是妇女权利或当地社区的权利的倡导者。读者在本章随处可以发现其支持的声音,非裔女性主义者认可男性和女性在抵制压迫的斗争中是统一体(Wekker,1997)。这些观点在本质上是精神性的,从"一个完整而不是二分的排他性的视角"将非洲女性主义看作人类生活的立场(Steady,1981,p. 7)。她接着支持非洲思想中的一个普遍的宇宙学观点,"对非洲妇女而言,男性不是'他者',而是人类的一部分。每种性别都是促成人类完整的必不可少的一部分。任何性别本身都不是绝对地完整,都不能靠自身以建构一个整体"(p. 7)。

胡克斯(hooks,1994)赞成人们对命名、视角、立场和语言进行争论,她认为这些不是关于命名的争论,相反,更是关于这些"差异"如何"[意味着]我们必须改变我们学习的方式"(p. 113)。她提出,"与其害怕[命名中出现的]冲突,我们不如去探寻方法利用命名来催化新的思想,促进发展"(p. 113)。沃克尔(Walker,2006)也警告我们提防那些表明缺乏统一目的的论点,并提供了另一种"联合力量"作为替换,通过它我们可以"仔细审查迎面而来的敌人"(p. 4)。沃克尔(Walker,2006)认为,这种联合可能会"重新调整世界"(p. 4),这些不同主张有助于我们再次锁定摆在我们面前的任务。这个任务,无论是历史的还是当代的,都需要我们记住:正义之战,无论在何处,都必须要意识到压迫发生的特殊的历史和文化情境,以便识别有效的框架结构来开展必需的工作消除这些压迫。

如今,对于命名、对于创建一个有组织的集体的跨国黑人女性主义以应对压迫,人们仍然不满意。在激进主义的学者和作者斯蒂迪等(Steady,Collins,Beverly Guy Sheftall)的带领下,全球的黑人女性主义者正质疑那种描述非裔妇女遭遇种族、性、阶层和文化压迫的体验的女性主义界定的范畴。这就是斯蒂迪(Steady,1996)所说的:

更具全纳性的女性主义,这里,妇女本质上是人,而不只是女人……[这]凸显了人类体验的完整性,对人类的整体解放是乐观的……非洲女性主义是**人文主义的女性主义**。(p.4)

这种对非洲妇女的整体观,与她的社会相关联,反映了前殖民时期非洲对于社会中物质和精神健康的实践和价值观。因此,西方倾向于物质与精神、男人和女人、情感和逻辑的二分法,而跨国的非洲女性主义只是反映了一个古老的人类一体性(oneness)或整体性(wholeness)的概念,在此,男性不是女性的敌人,而是人类生存斗争中的合作参与者。这里有必要指出的是,这种一体性概念的出现先于欧洲侵略非洲大陆,界定了历史和当代的关系和生活的本质。结果是,非洲社会福祉的精神概念比起西方女性主义思想中典型的个体主义要更为人所推崇。这至少是非洲后裔美国女性主义学者和白人美国女性主义学者之间张力的一部分。在此,我们提出,是否意识到这种非洲道德价值观来自大西洋奴隶贸易之前的文化生存方式以及思维方式,是否追求非洲大陆和非洲散居地的整体的幸福成为满足个体和社会需求的一种手段,这是一个精神概念的问题。尽管在非洲女性主义中流行的社会整体性和健康的精神概念与学术界中所流行的精神和物质之间的历史性划分截然不同,它已经成为历史上非洲和黑人女性主义思想的关键要素,并不断地被亚历山大等(Alexander, 2005; Dillard, 2006a, 2006b; Guy-Sheftall, 1995; hooks, 2000; Hull, 2001; Oyewumi, 1997)学者推到研究的核心。

这样,像散居地的姐妹们那样,非洲大陆的女性学者也没能避开在界定大陆和散居地上黑人女性主义各种版本和各种愿景之间的关系过程中非洲女性主义学者内部或之间存在的张力问题,无论这种张力人们存在多大的争议。加纳著名的作家和激进主义者艾都(Aidoo, 1998)曾遭到主要来自非洲大陆的女性学者在鉴定女性主义者方面的批判。正如美国黑人女性的斗争,人们既要受到命名问题的指责,还要遭到认识论层面的批判,**女性主义**这个术语被批判是西方构念的,非洲妇女必须通过自己对自身的命名来获得赋权。该论点的前提是,西方女性主义的历史现实不能反映非洲大陆妇女的历史斗争现实,尤其是涉及殖民地期间和之后所面对的种种苦难以及目前的现实。这个论点体现了韦姆斯(Hudson-Weems, 1995)的观点:我们需要编组更为恰当的术语来描述散居地黑人妇女的体验。艾都的论点类似于斯蒂迪的观点,那就是,所有的男人和女人都是女性主义者,前提是只要他们相信,为所有非洲人的解放斗争是与为非洲妇女的幸福斗争密不可分的。这里,我们再次发现,社会对个体、集体对个人的这些一致的观点是以非洲为中心的宇宙观的基础。

虽然这个讨论还不全面,但是跨国黑人女性主义思想的精华和精神确实显而易见,这就是:对于女性主义研究将黑人妇女的体验排除在外,黑人女性主义学者通常会进行反驳,这给黑人妇女的更为全球化和拓展性的讨论铺平了道路,同时也为我们讨论知识、知识生产和研究实践问题的专门化视角铺平了道路。人们呼吁无论从认识论、精神性还是范式上为黑人女性主义命名和编组,他们不仅认可而且解决文化、种族、阶层、性、国家和性别在黑人妇女体验中的复杂的交叉问题,而且历史性地充分地扎根于非裔认知和存在的方式之中。这种呼吁使人想起一个世纪前的库珀(Anna Julia Cooper)。她是 1919 年在法国巴黎由杜博依斯(W. E. B. DuBois)组织召开的泛非大会上仅有的两名黑人女性发言者中的一位,作为美国国内外著名的黑人女性主义先驱者,库珀(Cooper,1892)告诫我们提防在一般的黑人社区和白人女性主义团体内存在的一种期待,即,期待黑人妇女要通过种族或阶层来提高自己性别身份以此来打破自己身份。相反,研究过去和现在都是在与全球非裔妇女建立联系,努力消除一切压迫,不管身处何处。这就是去寻找我们之间的神圣地带。

Nkyimkyim(努力提供服务,愿意忍受苦难):反启蒙主义的跨国的女性主义精华

　　牢记有助于自己说话的内在的黑暗、古老而神圣的东西。作为局外人,我们需要彼此支持、联系、提供一切生活在边界中的必需品……对妇女的压迫是没有族群、种族界限的,真的,但是这并不意味着它在这些界限中就是完全相同的。(Lorde,1984,pp. 69-71)

　　我们的政治最初源自共享的信念,认为黑人妇女在本质上是有价值的,我们的解放是必须的,但不是去作为他人的附属品,而是因为作为人类,我们需要自治……我们意识到,对自己足够关心,并坚持不懈地为我们的解放而奋斗的只有我们自己……我们有一个明确的革命任务要完成,我们准备将毕生精力投入到我们所面临的研究和斗争之中。(Combahee River Collective,1982)

上述两段引文很有意义,谈论了本文所概括的黑人或反启蒙主义的女性主义观点中出现的各种认识论和方法论的生存空间以及如何为它们创造空间的可能性。这些观点多种多样,波及全球各地,既包括那些已经转向精神世界的,也包括那些即将出现的观点。在这里,我们认为,更为全球化地关注黑人或反启蒙主义的女性主义及其方法论,与其说涉及的是传统学术研究观念,不如说涉及的是一种彻底的精神上的激进主义,将黑人妇女的认知和行为的集体多样性包括在内,界定和描述了我们集体的精华,尤其是当黑人女性主义、妇女主义、非洲妇女主义或第三世界女性主义等先前的定义无法弥合(如果它们曾经试图去弥合)我们在范式、实践和目标等方面的差异时。我们认识到,跨国或全球黑人女性主义的任何描述和界定**都是**它们必须"同时在历史上是具体而动态的,而不是冻结

在固定的时间内固定的景色"(Mohanty，1991，p. 6)。本质上被界定和形塑为全球黑人妇女在文化、族群、民族归属(national affiliation)、性倾向(sexual affinity)、经济条件和等级以及其他身份形式的"共同的"精华和体验，体现在全球任何地方的非裔妇女的两个基本体验。在黑人/非洲女性主义的文学中，这些似乎是显现的，是种常识。不过，我们试图阐明所有黑人妇女生活中经历的两个显性的认知。

1.黑人妇女工作和生活在一个反抗压迫和剥削体制的环境中，这既是小环境，也是大环境。

2.黑人妇女工作和生活在一个精神性和神圣性的环境中，坚信存在着高于自我的东西。

这种精神意识激励着我们黑人妇女反抗压迫，并努力在此过程中寻求力量，有时甚至是快乐。

这就是我们非裔妇女的集体精华或精神。我们需要的是调查和研究方法，尊重黑人妇女的认知和存在方式的智慧、精神性和批判性干预，将精神性和神圣性作为其核心。不过，进入这些斗争内部并抵制这些斗争、能够逾越我们目前的差异、将研究的精神性和神圣性包括在内的这种反启蒙主义的女性主义方法的本质或特征是什么呢？在我们思考(感觉)建构可能在全球任何地方都有意义的认识论和方法论时，我们需要考虑和质疑什么呢？下文将作进一步讨论。

我们有着共同的命运，
我们有着多样化的统一体

神圣的活动，神圣的对话：对反启蒙主义的跨国女性主义方法论的一些思考。

非洲本土教育中一个重要因素是教师[和研究者]的愿景，他是无私的治疗师，目的在于鼓舞、改变和推进学生进入更高层次的精神境界。(Hilliard，1995，pp. 69-70)

神圣性和精神性是反启蒙主义的女性主义的核心。从库珀(Cooper，1892)提倡为非裔美国人幸福奋斗，到斯蒂迪(Steady，1996)呼吁女性主义为整个人类的解放而奋斗。从沃克尔(Walker，1983)对妇女主义的界定中包括了为全人类(无论男性还是女性)的生存和整体性奋斗的追求，到胡克斯(hooks，1994)对生活的基本相互依存性的定义，这些观点鲜明地呈现了一种期待，一种相关的需求，这就是，反启蒙主义的女性主义学者要将精神性愿景和神圣的实践(a spiritual vision and sacred practice)融入任何一种我们认为的黑人女性主义版本。

与胡克斯(hooks,1994)和沃克尔(Walker,1983)相似,迪拉德(Dillard,2006a)指出,"精神生活是至上原则,是追求一种尊重彼此存在、彼此联系的原则的思维和行为方式"(p. 77)。这表明,将神圣性和精神性带入对反启蒙主义的跨国女性主义方法论的研究中不是轻率的,这是对需要一种研究方法来尊重研究中跨国黑人妇女认知和生存的方式中的智慧、精神性和批判性干预的一种激进的回应。这里,精神性和神圣性的区别是很重要的,在其与研究相关联时尤其重要。精神性是指人对工作中的精神方面的意识,认识到意识可以改变研究和教学的各种方法。而反启蒙主义的女性主义研究中的神圣性则指工作在实施过程中被尊重和被接纳的方式。换言之,神圣的工作在其进行过程中是被人敬重的。

最近,我们学院举办了黑人女性主义思想教育的首次博士研讨班,其中一个目标就是将该课程设计为一个可以创建、参与和体验的反启蒙主义的跨国女性主义认识论和教学法的平台(Dillard,2006a,2006b)。目的在于实施激进的人文主义来干预高等教育,使所有的非裔妇女发展成为更加完整的人。不过,我们是黑人妇女中非常多元化的一个群体,体现的是各种身份、历史和文化背景,这促使我们不仅能利用我们的智慧参与讨论黑人女性主义和反启蒙主义的认识论,也能将其体现在我们的方法论之中。国家层面上,学生来自美国、日本、加纳、尼日利亚和肯尼亚。经济层面上,学生来自下层的、中等的和中上等阶层。至于迁徙和移民体验,班上三分之一的人出生在美国之外,并在青少年期"变成了"美国公民,另三分之二的人则在美国长大(来自太平洋西北部、南部、北部的城市和农村)。学生的性特征和伴侣也形式多样。最为重要的是,我们作为学院里的黑人妇女,我们坚定地对自己负责,致力于开展我们自己的研究工作。

我们班级的第一批任务之一就是创立一个富具创造性的自传,分享自己是谁以及为什么是谁的故事。该课程的阅读书目表体现的是黑人和反启蒙主义的女性主义,跨国的、历史性的,而且体裁多样,有电影、诗歌、视觉艺术、信件、叙事、研究和其他课程大纲。贝尔-斯科特(Bell-Scott,1994)将这个语料库称为生活笔记(life notes)。这些阅读材料中许多出现在本章节的参考文献中,其他是课程进展过程中学生和教师建议添加的。我们每周的课堂活动主要是对话,谈论阅读文献,并就相关内容作简短的陈述。在我们准备此章节(这是我们上课时设想的,但是文献却没有找到),课堂就成了胡克斯和韦斯特(hooks & West,1991)所谓的批判性肯定的场所,一种人文主义批判过程,"通过伤害来治疗使之不再流血"。更甚者,我们提出的问题和批判明确地显示出,要谈论不同的黑人妇女气质是非常困难的,甚至即便我们的"文本"相同,并致力于将对话看作神圣的实践,也是非常困难的。虽然我们出自良好的初衷,也致力于开展对话,我们还是体验到了我们之间仍然存在的张力和可理解性。我们也曾与参加同时开设的女性主义研究方法论的质性课程的博士生进行班级之间的对话。这些互动进一步彰显了这种对话的张力和挑战,尤其是女性主义激进化的方面,这往往将有色人种的女性主义(当然包括非洲后裔的女性主义)排斥在白人研究者的意识之外。

如何才能有效地深入理解这些张力和差异呢?(尤其在我们理解了非洲后裔的女性主义内部和之间的历史、文化和观点之后)清晰地阐明这种对话的特征能够促使我们说出反启蒙主义的跨国女性主义研究方法论会是什么? 存在一种"同时在历史上是具体而动态的"方法论吗?(Mohanty,1991)是否存在亚历山大(Alexander,2005)所呼吁的神圣的实践这样的一种有用的方法?

表8.1 是我们作为作者、课程的成员、研究者和扬(the yam)家的姐妹试图和大家分享自己所掌握的知识**和**一些问题。我们希望,大家不要将之看作一个清单来合法化自己的身份或研究立场("我做了这些事情,现在我就是反启蒙主义的跨国女性主义研究者啦!")。相反,我们希望它给研究者提供方法指导,告诉研究者反启蒙主义的跨国女性主义方法论也有可能塑造一个更加虔诚和神圣的方法来研究,超越了我们之间的差异、女性主义和我们的生活。

表 8.1　跨国反启蒙主义的女性主义研究:一些问题和思考

对反启蒙主义的跨国女性主义研究的思考	研究者需要思考的相关问题
非洲妇女气质的意义问题	
努力从关联性和历史性角度研究黑人妇女遭遇的多重交叉压迫	这里/那里曾经或现在正发生着什么? 这里/那里我/我们与黑人妇女生活曾经或现在是什么关系?
研究时间形塑黑人妇女气质、个性(personhood)各种版本之间相对关系的方式	我将讲述谁的故事? 什么时期的非洲妇女气质? 我如何处理非洲大陆和散居地之间的张力以及与它们相关的多重意义问题? 移民行为的计时(和方式)、真实性的关系、将自我命名为非洲等问题我解决了吗?
努力了解黑人妇女各种形态/版本的体验、贡献、文化和女性主义	我对非裔妇女了解多少? 我是如何得来这种知识的? 如何才能提高我对黑人妇女气质或者反启蒙主义的女性主义各种具体版本的理解呢? 这种知识如何阻碍了我观察和理解当前研究中的非洲后裔女性主义的愿景和版本呢?
象征着责任和尊敬,不同于妇女气质的崇拜	我该如何准备好采用不同的方式研究黑人妇女的生活? 什么能反映出我尊重妇女对文化规范、地域和传统的理解和具体化的尊重?

续表

对反启蒙主义的跨国女性主义研究的思考	研究者需要思考的相关问题
神圣的体验本质	
努力识别个人体验之外的多重体验	我在倾听的故事(或在阅读的文本)在哪些方面映射到我的体验和认知上? 有什么差异? 我如何(虔诚地)将这些差异看作是神圣的,不带有任何判断,或不否认他们的差异?
认识到自己可能永远都不可能对他人的体验了如指掌,这样,就必须主动退出给他人以解放的空间	她们的体验对她们意味着什么? 我能听懂、想象她们体验中的深层意义吗? 我能产生共情却不试图"拯救"她们? 她们的故事对我意味着什么? 它激起了哪些情感/记忆? 我的情感如何调解(或扭曲)她们的原有意义?
认识非洲社会和景观	
分享联合和依赖的需求:我是因为我们是	在国家、文化、性、经济阶层、语言等因素之间甚至超越了这些因素之外的反启蒙主义的妇女气质(Endarkened womenhood)的研究中,有哪些认识和参与?
认识到身份、群体社会定位动态、不断变化的景观和轮廓	我原以为我对这个个体/群体的了解和我通过与他/她/他们(她们)接触而获得的了解相一致? 什么地方什么人可以提供相反的数据资料? 我努力去获取了吗?
是否致力于通过持久稳定的关系来了解彼此的故事,以便改善环境,这种环境可能不是我们自己的	在那些不全是(总是)属于我的地方,我可以待在那里吗? 我迫切想"知道"的核心是谦卑、牺牲和无私吗?
身体、思想和精神参与	
创造空间让思想、身体和精神成为研究的一部分	我是如何在(超越了思想的)亲密性和整体性层面,在感官、感觉和精神层面上寻求知识的? 我在向精神结合的过程中向自己和他人提出了什么问题? 如果我"实现了与精神的结合",那么会发生什么?
正如每个人既是学习者也是老师,这种互惠关系会因为我们彼此的深刻了解而发生变化	作为研究的结果, 我的研究视角发生了什么变化? 在此研究中,我从他人处获取了什么经验? 他人从我处又获取了什么经验? 如果有人阅读此研究,他们如何知道我是虔诚地开展这项研究的?

对反启蒙主义的跨国女性主义研究的思考	研究者需要思考的相关问题
需要激进的开放性和脆弱性	为了这项研究,我是如何表现的? 我是如何隐藏对于"我是谁","我不知道或误解了什么",以及"他者是谁","他们知道什么"等问题的恐惧的?

这些思考和问题表明,我们通过反启蒙主义的跨国认识论来建立理论、指导生活,但同时,我们必须转移我们的关注和参与点,要对我们与妇女气质和女性主义反启蒙主义的部分(endarkened spaces of womanhood and feminisms)的关系有一个更为神圣(虔诚的)理解。我们必须跳出对方法论的运用或研究,要有所不同,就我们的实践和我们自己提出相关的(虔诚的)问题。下面简单地讨论一下表 8.1 中的一些思考。

非洲妇女气质的意义

反启蒙主义的跨国研究承认,非裔妇女的生活是相互交织、相互关联的,因为非洲大陆和其他散居地上妇女受压迫的历史是一致的。这种认识并没有漠视时间形塑黑人妇女体验的方式(Okpalaoka,2009),它也认识到,女性主义形式各异,反映着妇女特殊的历史、文化和地域上的压迫的细微差异。非洲后裔的生活被奴役、殖民化和种族隔离等穿越了时空和地域界限而中断,这只会让我们穿越这些界限而联合起来。在调查和研究工作中必须体现对黑人妇女理解和具体化文化规范、地域和传统的特殊性的尊重。

体验的神圣本质

黑人女性主义(Collins,2000;Steady,1996)和反启蒙主义的女性主义(Dillard,2006a)的核心是认识到黑人妇女在生活体验和具体的生活环境中获取的专业知识。反启蒙主义的跨国女性主义研究方法是研究者和被研究对象彼此相互**贬抑**,彼此都理解我们在**代表**对方说话时的局限性。反启蒙主义的跨国女性主义认识论和方法论承认,个人体验之外存在着多重体验。因此,研究者的专家角色只能阻碍那些与我们一起参与研究的人的解放,阻碍了文化和精神知识的获取,这种知识本质上对我们作为人类实体和精神存在是意义重大的。

认识到非洲共同体和景观

南非的 Ubuntu 概念("我然因我们皆然"),以及加纳(阿寒)的概念 Funtummireku-denkyemmireku("我们有着共同的命运")体现的是我们需要认识到,从反启蒙主义的跨国视角来看,共同体是强大的,无处不在的。西方思想是努力将个体置于共同体之上,而致力于反启蒙主义的跨国女性主义实践的研究者也努力去了解他人的故事,途径是讲述故事,并保持这样的对话所需要的稳定的关系。从这个观点上看,我们作为研究者工作的目的之一就是改善环境,这些环境可能不反映我们自己的环境。换言之,当我们认识到非裔妇女内部和之间具体的压迫,只要某种形式的压迫现在出现在我们集体的现实之中,我们都必须参与到消除压迫的斗争之中,为了人类的自由而斗争。不管自己具体的环境如何,我们投身的是一个集体的解放之战。反启蒙主义的跨国女性主义实践超越了自身,认识到身份和群体社会定位动态、不断变化的景观和轮廓。

身体、思想和精神参与

反启蒙主义的跨国女性主义研究就是创造空间让思想、身体和精神成为研究的一部分。它让研究者个人、被研究者个人投入研究之中,知道思想、身体和精神是相互交织在维系个体和集体福祉的功能中的。反启蒙主义的跨国女性主义中的神圣性要求激进的开放性,尤其是研究者要如此,研究者要深刻地理解自己的人性是与自己研究的人的人性密切相连的。与那些被压制的边缘化的人分享的行为是一种精神性任务,体现的是一种谦卑和亲密。而且,根据此认识论,其基础是一种互惠感,研究者和被研究者在相互教与学的过程中发生了变化。

最终,两点是很明确的。第一,反启蒙主义的跨国女性主义研究肯定了非洲大陆和散居地上黑人妇女神圣的实践。本章是我们对集体斗争和精神的研究,"写下的都是我应该能够阅读的东西"(Walker, 1983, p. 13)。不过,这个研究也指出了方式,质性研究中被编组的范式和认识论仍然没能回答那些更深层次的精神层面的问题,这些问题是许多文化现象的根基,此外,也没能解决社会公平和公正的持久问题、社会和团结的问题、身份和人格(personhood)的复杂的本质问题。

鉴于非洲宇宙论和认识论,本作者强烈反对预测黑人/反启蒙主义的女性主义思想领域的未来,无论过去、现在还是未来都是复杂的,存在于我们当前的存在之中,不是独立的,而是相同的一部分。我们从正反两方面回顾了黑人女性主义的历史,我们相信一个跨国范围更广的反启蒙主义的女性主义是必要的,而且,未来的研究肯定要侧重那些以质性研究中精神性和神圣性为核心的认识论和实践。

注 释

1. 为了纪念在非洲和非洲散居地的人们中长期流传下来的谚语,我们在本章的每个小节都引用了加纳的 adinkra 符号以及其相应的谚语,用以表达该小节讨论的重点。阅读更多的 adinkra 符号,请参考 Willis(1998)。

2. "上色的认识论"是谢里奇和扬(Scheurich & Young,1997)采用的一个术语,用以描述传统研究的认识论被创建的方式,以种族、文化、阶层、国籍、宗教等身份标志为中心,在研究项目内被编组,主要由有色人种的人来实施。蒂森(Tyson,1998)在回应人们对《教育研究者》中文章提出的批评时指出,这个观点所引用的假设是没有检验的,具有隐性的种族歧视意义。"范式拓展"的观点也是这个论点的一种延伸,其含义就是,范式体现的是已知的,被看作研究中合法化的知识。这样,范式拓展的讨论(尤其是由有色人种的人们提出的)继续会推进相同的种族主义假设。对于范式扩散的研究和评判请参见 Dillard(2006b)。

3. 胡克斯将此作为她 1993 年出版的专著的书名,她在命名她的黑人妇女支持团的时候说道,"我感觉 yam 是黑人亲情和社会的一种维系生命的象征。黑人妇女无论居住何处,都要吃 yam。这是散居地有联系的象征。yam 像食物那样为我们身体提供养料,它们也具有药物疗效,能够治愈身体"(hooks,1993,p.13)。参加黑人女性主义思想课程的姐妹们也用此名来称呼自己,以显示非洲大陆和我们曾经有千丝万缕的联系。

4. 体验必须也继续成为争论的空间,尤其是那些后结构主义的学者们的讨论空间。例如,杰克逊和麦兹认为,我们需要自我民族志中的体验,"其认可'一人'讲述的局限性,将这种讲述的道德理论化,并导致'我'的叙事局限性"(Jackson & Mazzei,2008,p. 299),因而寻求一种解构性的自我民族志,将体验加以解构,将体验看作有问题的、不完整的、难以解决的,"而不是真理的基础"(p. 304)。他们进一步谈及在解构主义的自我民族志中,我们需要"对体验产生意义的过程中权力的关系加以批判"(p. 304)。至于要批判权力关系,杰克逊和麦兹提出我们采用另一种自我民族志(或可称为总的质性研究)是非常有用、非常重要的。不过,即便他们提出的这种对权力的批判声中,体验如何加以表达出来还是极度独特的,并且有些私人化(即便在他们对于"我"的述行性与叙事性观点上也是如此)。这就与以非洲为中心的将体验看作集体性的观点相矛盾,后者神圣地渗透着相关联的精神性,与过去、现在和将来密切相关联。迪拉德(Dillard,2006b)指出,我们仍然赞成鲁比亚诺(Lubiano,1991)的观点,那就是,非洲女性主义的"职位"立场必须"以激进的方式在政治上有细微差别,侧重这些差异以及意义,在他人反对的时候尤其要如此"(p. 160)。迪拉德接着建议,存在于后现代主义的非裔美国人可以批判的一种方式就是参与到另一种文化对话中,保持非洲精神的精华。因此,在这里,我们的体验概念主要集中在非洲的集体的、精神和神圣的概念上。

参 考 文 献

AdAidoo, A. A. (1970). *No sweetness here and other stories*. Harlow, UK: Longman.

Aidoo, A.A. (1998). The African woman today. In O. Nnaemeka (Ed.). *Sisterhood: Feminisms and power from Africa to the diaspora*. Trenton, NJ: Africa World Press.

Aina, O. (1998). African women at the grassroots. In O. Nnaemeka (Ed.), *Sisterhood: Feminisms and power from Africa to the diaspora*. Trenton, NJ: Africa World Press.

Akyeampong, E., & Obeng, P. (2005). Spirituality, gender, and power in Asante history. In O. Oyewumi (Ed.), *African gender studies: A reader*. New York: Palgrave.

Alexander, M. J. (2005). *Pedagogies of crossing: Meditations on feminism, sexual politics, memory, and the sacred*. Durham, NC: Duke University Press.

Amadiume, I. (1987). *Male daughters, female husbands: Gender and sex in an African society*. London: Zed Books.

Bambara, T. C. (1970). *The Black woman: An anthology*. New York: New American Library.

Bambara, T. C. (1992). *The salt eaters*. New York: Random House. (Original work published 1980)

Bell-Scott, P. (1994). *Life notes: Personal writings by contemporary Black women*. New York: W. W. Norton.

Bray, Y. A. (2008). All the "Africans" are male, all the "sistas" are "American," but some of us resist: Realizing African feminism(s) as an Afrological research methodology. *The Journal of Pan African Studies*, 2(2), 58-73.

Busia, A. P. A. (1993). Languages of the self. In S. M. James & A. P. A. Busia (Eds.), *Theorizing Black feminisms: The visionary pragmatism of Black women* (pp. 204-209). London: Routledge.

Cannella, G. S., & Manuelito, K. D. (2008). Feminisms from unthought locations: Indigenous worldviews, marginalized feminisms, and revisioning an anticolonial social science. In N. K Denzin, Y. S. Lincoln, & L. T. Smith (Eds), *Handbook of critical and indigenous methodologies* (pp. 45-59). Thousand Oaks, CA: Sage.

Cleage, P. (2005). *We speak your names: A celebration*. New York: One World Books.

Collins, P. H. (1990). *Black feminist thought: Knowledge, consciousness, and the politics of empowerment*. New York: Routledge.

Collins, P. H. (2000). *Black feminist thought: Knowledge, consciousness, and the politics of empowerment* (2nd ed.). New York: Routledge.

Combahee River Collective. (1982). A black feminist statement. In G. T. Hull, P. B. Scott, & B. Smith (Eds.). *All the women are white, all the blacks are men, but some of us are brave: Black women's studies*. New York: The Feminist Press.

Cooper, A. J. (1892). *A voice from the South: By a woman from the South*. Xenia, OH: Aldine.

Denzin, N. K., Lincoln, Y. S., & Smith, L. T. (Eds.). (2008). *Handbook of critical and indigenous methodologies*. Thousand Oaks, CA: Sage. Dillard, C. B. (1994). Beyond supply and demand: Critical pedagogy, ethnicity, and empowerment in recruiting teachers of color. *Journal of Teacher Education*, 45, 1-9.

Dillard, C. B. (1996). From lessons of self to lessons of others: Exploring creative autobiography in multicultural learning and teaching. *Multicultural Education*, 4(2), 33-37.

Dillard, C. B. (2000). The substance of things hoped for, the evidence of things not seen: Examining an endarkened feminist epistemology in educational research and leadership. *The International Journal of Qualitative Studies in Education*, 13, 661-681.

Dillard, C. B. (2003). Cut to heal, not to bleed: A response to Handel Wright's "An endarkened feminist epistemology? Identity, difference, and the politics of representation in educational research". *International Journal of Qualitative Studies in Education*, 16(2), 227-232.

Dillard, C. B. (2006a). *On spiritual strivings: Transforming an African American woman's academic life*. New York: SUNY.

Dillard, C. B. (2006b). When the music changes, so should the dance: Cultural and spiritual considerations in paradigm "proliferation." *International Journal of Qualitative Studies in Education*, 19(1), 59-76.

Dillard, C. B. (2008). When the ground is black, the ground is fertile: Exploring endarkened feminist epistemology and healing methodologies in the spirit. In N. K. Denzin, Y. S. Lincoln, & L. T. Smith (Eds.). *Handbook of critical and indigenous methodologies* (pp. 277-292). Thousand Oaks, CA: Sage.

Dillard, C. B., Tyson, C. A., & Abdur-Rashid, D. (2000). My soul is a witness: Affirming pedagogies of the spirit. *International Journal of Qualitative Studies in Education*, *13*, 447-462.

Fernandes, L. (2003). *Transforming feminist practice: Non-violence, social justice, and the possibilities of a spiritualized feminism*. San Francisco: Aunt Lute Books.

Guy-Sheftall, B. (1995). *Words of fire: An anthology of African-American feminist thought*. New York: The New Press.

Hanh, T. N. (1999). *Call me by my true names: The collected poems of Thich Nhat Hanh*. Berkeley, CA: Parallax Press.

Hilliard, A. G. (1995). *The maroon within us: Selected essays on African American community socialization*. Baltimore: Black Classic Press.

hooks, b. (1981). *Ain't I a woman? Black women and feminism*. Cambridge, MA: South End Press.

hooks, b. (1993). *Sisters of the yam: Black women and self-recovery*. Cambridge, MA: South End Press.

hooks, b. (1994). *Teaching to transgress*. New York: Routledge.

hooks, b. (2000). *All about love: New visions*. New York: William Morrow.

hook, b. (2008). *Belonging: A culture of place*. New York: Routledge.

hooks, b., & West, C. (1991). *Breaking bread: Insurgent Black intellectual life*. Cambridge, MA: South End Press.

Hudson-Weems, C. (1995). *Africana womanism: Reclaiming ourselves* (3rd ed.). Troy: MI: Bedford.

Hudson-Weems, C. (1998a). Africana womanism. In O. Nnaemeka (Ed.), *Sisterhood: Feminisms and power from Africa to the diaspora* (pp. 149-162). Trenton, NJ: Africa World Press.

Hudson-Weems, C. (1998b). Self naming and self definition: An agenda for survival (pp. 450-452). In O. Nnaemeka (Ed.), *Sisterhood: Feminisms and power from Africa to the diaspora* (pp. 149-162). Trenton, NJ: Africa World Press.

Hull, A. G. (2001). *Soul talk: The new spirituality of African American women*. Rochester, VT: Inner Traditions.

Hull, G., Bell-Scott, P., & Smith, B. (1982). *All the women are white, all the blacks are men, but some of us are brave: Black women's studies*. New York: The Feminist Press.

Hurston, Z. N. (1978). *Their eyes were watching God*. Urbana: University of Illinois Press.

Jackson, A. Y., & Mazzei, L. A. (2008). Experience and "I" in autoethnography: A deconstruction. *International Review of Qualitative Research*, *1*(3), 299-318.

Keating, A. (2008). "I'm a citizen of the universe": Gloria Anzaldúa's spiritual activism as catalyst for social change. *Feminist Studies*, *34*(1/2), 53-69.

Ladson-Billings, G. (2000). Racialized discourses and ethnic epistemologies. In N. K. Denzin & Y. S. Lincoln (Eds.), *Handbook of qualitative research* (2nd ed., pp. 257-277). Thousand Oaks, CA: Sage.

Ladson-Billings, G., & Donner, J. (2005). The moral activist role of critical race theory. In N. K. Denzin & Y. S. Lincoln (Eds.), *The SAGE handbook of qualitative research* (pp. 279-302). Thousand Oaks, CA: Sage.

Latta, J. M. (1992). *Sacred songs as history* (Interview with Bernice Johnson Reagon). Recorded August 4, 1992. Washington, DC: National Public Radio Archives, Wade in the Water Program.

Lorde, A. (1970). *Cables to rage*. London: Paul Breman Limited.

Lorde, A. (1984). *Sister outsider*. Freedom, CA: The Crossing Press.

Lubiano, W. (1991). Shuckin' off the African-American native other: What's "po-mo" got to do with it? *Cultural Critique*, *18*, 149-186.

Mama, A. (2007). Critical connections: Feminist studies in African contexts. In A. Cornwall, E. Harrison, & A. Whitehead (Eds.), *Feminisms in development: Contradictions, contestations and challenge* (p. 152). London: Zeal Books.

Marshall, P. (1984). *Praisesong for the widow*. New York: E. P. Dutton.

Meyer, M.A. (2008). Indigenous and authentic: Hawaiian epistemology and the triangulation of meaning. In N. K. Denzin, Y. S. Lincoln, & L. T. Smith (Eds.). *Handbook of critical and indigenous methodologies* (pp. 217-232). Thousand Oaks, CA: Sage.

Mohanty, C. T. (1991). Cartographies of struggle: Third world women and the politics of feminism. In C. T. Mohanty, A Russo, & L. Torres (Eds.), *Third world women and the politics of feminism* (pp. 1-50). Bloomington: Indiana University Press.

Mohanty, C. T., Russo, A., & Torres, L. (Eds.). (1991). *Third world women and the politics of feminism.* Bloomington: Indiana University Press.

Moraga, C., & Anzaldúa, G. (1981). *This bridge called my back: Writings by radical women of color.* Watertown, MA: Persephone Press.

Morrison, T. (1970). *The bluest eye.* New York: Vintage Books.

Nnaemeka, O. (1998). *Sisterhood: Feminisms and power—from Africa to the diaspora.* Trenton, NJ: Africa World Press.

Nwapa, F. (1966).*Efuru.* London: Cox & Wyman.

Nzegwu, N. (2006). *Family matters: Feminist concepts in African philosophy of culture.* Albany: SUNY Press.

Ogala, M. (1994).*The river and the source.* Nairobi, Kenya: Focus Publications.

Ogundipe-Leslie, O. (1994). *Re-creating ourselves: African women & critical transformations.* Trenton: NJ: Africa World Press.

Okpalaoka, C. L. (2009). *Endarkened feminism and qualitative research: Colonization and connectedness in Black women's experiences.* Unpublished manuscript.

Omolade, B. (1994). *The rising song of African American women.* New York: Routledge.

Oyewumi, O. (1997). *The invention of women: Making an African sense of Western gender discourses.* Minneapolis: University of Minnesota Press.

Oyewumi, O. (2004). Conceptualizing gender: Eurocentric foundations of feminist concepts and the challenge of African epistemologies. In *CODESRIA,* *African gender scholarship: Concept, methodologies, and paradigms.* Dakar, Senegal: CODESRIA.

Reason, P. (1993). Reflections on sacred experience and sacred sciences. *Journal of Management Inquiry, 2,* 10-27.

Richards, D. (1980). *Let the circle be unbroken: The implications of African spirituality in the diaspora.* Lawrenceville, NJ: The Red Sea Press.

Ryan, J. S. (2005). *Spirituality as ideology in Black women's film and literature.* Charlottesville: University of Virginia Press.

Saavedra, C. M., & Nymark, E. D. (2008). Borderland-Mestizaje feminism: The new tradition. In N. K. Denzin, Y. S. Lincoln, & L. T. Smith (Eds.), *Handbook of critical and indigenous methodologies* (pp. 255-276). Thousand Oaks, CA: Sage.

Scheurich, J., & Young, M. (1997). Coloring epistemologies: Are our research epistemologies racially biased? *Educational Researcher, 26* (4), 4-16.

Smith, B. (1983). *Home girls: A Black feminist anthology.* New York: Kitchen Table: Women of Color Press.

Sofola, Z. (1998). Feminism and African womanhood. In O. Nnaemeka (Ed.), *Sisterhood: Feminisms and power—from Africa to the diaspora.* Trenton, NJ: Africa World Press.

Some, M. P. (1994). *Of water and the spirit: Ritual, magic, and initiation in the life of an African shaman.* New York: G. P. Putnam.

Steady, F. C. (1981). The Black woman cross-culturally: An overview. In F.C. Steady (Ed.), *The Black woman cross-culturally.* Cambridge, MA: Schenkman.

Steady, F. C. (1996). African feminism: A worldwide perspective. In R. Terbog-Penn & R. Benton (Eds.), *Women in Africa: A reader* (2nd ed.). Washington, DC: Howard University Press.

Steady, F. C. (2004). An investigative framework for gender research in Africa in the new millennium. In *CODESRIA, African gender scholarship: Concepts, methodologies, and paradigms* (pp. 42-60). Dakar, Senegal: CODESRIA.

Taiwo, O. (2003). Reflections on the poverty of

theory. In O. Oyewumi (Ed.), *African women and feminism: Reflecting on the politics of sisterhood* (pp. 45-66). Trenton, NJ: Africa World Press.

Tyson, C. A. (1998). A response to "Coloring epistemologies: Are our qualitative research epistemologies racially biased?" *Educational Researcher*, *27*, 21-22.

Wade-Gayles, G. (Ed.). (1995). *My soul is a witness: African-American women's spirituality.* Boston: Beacon.

Walker, A. (1983). *In search of our mother's gardens: Womanist prose.* San Diego: Harvest Books.

Walker, A. (2006). *We are the ones we have been waiting for: Inner light in a time of darkness.* New York: The New Press.

Wallace, M. (1982). A black feminist's search for sisterhood. In G. T. Hull, P. B. Scott, & B. Smith (Eds.). *All the women are white, all the blacks are men, but some of us are brave: Black women's studies.* New York: The Feminist Press.

Wekker, G. (1997). One finger does not drink okra soup: Afro-Surinamese women and critical agency. In M. J. Alexander & C. T. Mohanty (Eds.), *Feminist geneologies, colonial legacies, democratic futures* (pp. 330-352). New York: Routledge.

Willis, B. (1998). *The Adinkra dictionary: A visual primer on the language of Adinkra.* Washington, DC: The Pyramid Complex.

Wright, H. K. (2003). An endarkened feminist epistemology? Identity, difference, and the politics of respresentation in educational research. *International Journal of Qualitative Research*, *16* (2), 197-214.

9 批判教育学与质性研究：走向"修补术"

CRITICAL PEDAGOGY AND QUALITATIVE RESEARCH: MOVING TO THE BRICOLAGE

◉ 乔 L. 基切洛依(Joe L. Kincheloe)　彼得·麦克拉伦(Peter McLaren)
沙利 R. 斯坦伯格(Shirley R. Steinberg)

王熙 译　朱志勇 校

批判性与研究

在接触批判理论、批判教育学和批判研究的 35 年中，我们一直被追问批判理论与教育学之间的关系。这个问题很难回答，因为：(1)批判理论十分庞杂；(2)批判传统始终处于发展变化的过程中；(3)鉴于批判学者之间存在分歧，所以批判理论试图避开过细的专业研究。这些批判学者并不愿为"批判"这一社会政治信仰与认识论设定统一蓝图，任何试图拟定批判理论的固定特点的做法都违背了他们的主张。由此，现在我们尝试对 21 世纪第二个十年中的批判理论与批判研究的性质做特性"肖像(take)"。请注意，这只是我们的主观分析，有许多杰出的批判理论学者并不同意我们的分析。我们倾向于对持续发展的批判属性与不断演进的批判性理论进行描述，这些理论在 20 世纪后 25 年中不断接受"后话语(post-discourse)"的批评与修缮，又在 21 世纪中急需拓展（Collins，1995；Giroux，1997；Kellner，1995；Kincheloe，2008b；McLaren & Kincheloe，2007；Roman & Eyre，1997；Ryoo & McLaren，2010；Steinberg & Kincheloe，1998；Tobin，2009；Weil & Kincheloe，2004）。

被重新定义的批判理论质疑诸如澳大利亚、加拿大、英国、新西兰、美国以及其他一些欧洲及亚洲国家的社会是否拥有毋庸置疑的民主与自由（Steinberg，2010）。在整个 20 世纪中，特别是在 60 年代早期之后，这些社会中的个体习惯了安于从属与受控的状态，而不是独立与平等。20 世纪后半期的社会变革及技术革新指向了全新的信息生产与信息享有方式。这促使批判学者提出，有关"自我定向"与"民主平等主义"等问题需要得到重新阐释。受各种后主义（如后现代主义、批判女性主义和后结构主义等）的启发，相对于从前，研究者们越发认为社会及历史对个体有关自我与社会的理解影响巨大。20 世纪晚期的社会与信息条件持续变化，西方文化已浸透于各种媒体（Steinberg，2004a，2004b）。鉴于此种变化,批判理论需要采用新的方式来研究个体的建构过程(Agger,1992;Flossner & Otto,1998;Giroux,2010;Hammer & Kellner,2009;Hinchey,2009;Kincheloe,2007;Leistyna,Woodrum,& Sherblom,1996;Quail,Razzano,& Skalli,2004;Skalli,2004;Steinberg,2007,2009;Wesson & Weaver,2001)。

"中立"学术文化中的立场性研究

在有限篇幅中,我们无法对所有批判传统进行评判,这些传统包括马克思(Karl Marx)、康德(Immanuel Kant)、黑格尔(Georg Wilhelm Friedrich Hegel)、韦伯(Max Weber),以及法兰克福学派、大陆社会理论派(如鲍德里亚[Jean Baudrillard]、福柯[Michel Foucault]、哈贝马斯[Jürgen Habermas]、德里达[Jacques Derrida]等)、拉美学者(如 Paulo Freire)、法国女性主义者(如伊利格瑞[Luce Irigaray]、克里斯蒂娃[Julia Kristeva]、西苏[Hélène Cixous])和俄国社会语言学家(如巴赫金[Mikhail Bakhtin]和维果茨基[Lev Vygotsky])等,这些学者的著作通常出现在当代批判研究的参考文献中。当今,各个领域已发展出众多批判学派,即使是粗浅地探讨其中最杰出的流派也会大大超出现有篇幅(Chapman,2010;Flecha,Gomez,& Puigvert,2003)。

许多著作谈及法兰克福学派之中的巨大分歧,这加剧了我们对给各批判流派"分类打包"的担忧。批判理论不应被视作革命思潮的统一表达,它不能被客体化及简略化为具体的、公式般的声明与流程。很明显,在阐明对创新的批判理论及批判属性的过程中,我们因追求理解而宽泛地定义了批判的学术传统。正如前文所述,这种做法会引发不少批判学者的疑义。在这一步,我们要牺牲对批判学派多样性的探究,以聚焦它们之间的基础性的共同点。这样做可能冒险地假设了一个虚假的整体或本不存在的共识,但在研究综述性的章节中,这步险棋无法避免。

我们将批判者定义为研究者、教师或理论者。他们试图将自己的工作作为一种社会与文化批判,而且他们具有以下共识:

所有思想都在本质上受到权力关系的调解,这些权力关系是由社会和历史构建的。

事实永远不可能独立于价值领域,也无法脱离意识形态的痕迹。

概念与物体,能指与所指之间的关系不可能是稳定或固定的,这种关系必然受到资本生产与消费所产生的社会关系的调节。

语言是主体性(有意识的或无意识的觉悟)生成的核心。

任何社会中的特定群体或某些独特的社会享有优于他者的地位,尽管造成特权的原因有所不同。当代社会中的压迫关系有力地复制自身,受压迫者将接受此种社会地位视作天然的、必然的和无法规避的行为。

压迫具有很多面孔,如果仅关注其中的一个面孔而忽略其他(如仅关注阶级压迫而忽视种族问题)很可能遮蔽它们之间的内在联系。

主流的批判研究一般涉及阶级、种族和性别压迫,尽管他们大多是无意为之。

在当今这种模糊学科体裁的大气候中,文学理论学者研究人类学,人类学家搞文学理论研究,政治学者尝试民族志分析,或哲学家从事拉康电影评论的现象并不稀奇。所有这些跨学科或超学科的尝试都可以被视为我们所说的"修补术",在我们看来,这是发展的批判属性所具有的关键性创新。我们将在本章后面深入探讨批判理论的这一动态性。我们之所以提出关于模糊体裁的观点,并不是想为无节制地弹性对待批判传统的行为做开脱,而是要明确一点:任何试图将批判传统勾画成某一具体分析流派的做法都无法抓住当代批判研究的发展性和杂糅性(Denzin, 1994; Denzin & Lincoln, 2000; Kincheloe, 2001a, 2008b; Kincheloe & Berry, 2004; Steinberg, 2008, 2010, 2011)。

批判研究最适于在为个体赋权的情景中去理解。任何想以"批判"冠名的研究必须要尝试去直面特定社会或特定公共氛围中的不公平。这类研究是一种革新的努力,它不在乎被扣上"政治性"的帽子,也不畏惧追求一种具有解放意识的关系。尽管传统的批判研究者固守中立,他们的研究也总是宣称一种追求更好世界的立场性(Chapman, 2010; Grinberg, 2003; Horn, 2004; Kincheloe, 2001b, 2008b)。

批判教育学对社会研究的启示

巴西教育家保罗·弗莱雷(Paulo Freire)的著作对致力于通过斗争追求更完美世界的研究颇具启发性。本章作者就深受其作品的影响(Freire, 1970, 1972, 1978, 1985)。围绕着人类的苦难及有助于破解这些苦难的教育和知识,弗莱雷将建构批判理论的研究贯穿于其职业生涯。在他有关研究的著作中,弗莱雷坚持认为他的研究没有传统定义的客体,他将参与研究的人们视作研究过程中的"同伴"。他使自己沉浸在这些同伴的想法与观念中,并鼓励他们开始思考自己的想法。任何参与弗莱雷研究的人,而不仅仅是研究者,都加入调查、考查、批判与再调查的过程中 —— 所有研究参与者与研究者都学习更加批判地观察,更加批判地思考,他们也尝试认清在微妙中塑造自己生活的力量。基于对在学校中使用的传统研究方法的批判,弗莱雷采用批判教育学的方法,这种方法有助于凸现此种研究与传统研究的区别(Kirylo, 2011; Mayo, 2009; Tobin & Llena, 2010)。

在探究学校周围社区并与社区成员进行沟通后,弗莱雷构建出具有生成性的分析主题,以此探寻班级中的各类学生眼中的重要议题。当弗莱雷将相关研究数据带进课堂时,他成了问题抛出者。他用自己和学生们所具有的与这些议题相关的知识去建构问题。这些问题旨在为学生带来课程与应试知识之外的教育。弗莱雷指出,我们需要对所有知识提出问题,因为全部研究数据都受到其创造者与创造环境的影响。与许多教育领导者的主张相反,弗莱雷认为知识不能超越文化与历史。

在阅读文字与世界兼而质疑已有知识的情景中,批判教育者重新定义文学的概念。霍顿谈到,他与学生一起读书是为了"让学生见证阅读文本到底意味着什么"(Horton & Freire,1990)。霍顿认为阅读不是一项轻松的工作,对于一个好的读者来讲,阅读就是一种研究。阅读是一种发现问题的方式,这种方式为人们带来了一种与创新和再创新直接关联的乐趣。人们在这样的阅读中发现,文字与世界的意义生成过程通常超越了给定的范围,也就是有关日常生活的常识。批判教育学研究必须把推崇此种阅读作为己任,即不但对文字的表面意义进行解读,还要深入理解隐藏于词句背后的意识形态。

超越是弗莱雷式问题抛出法的中心。这一立场要求学校课程应部分地体现教师与学生的问题,这些问题是他们在追求公正的与道德的生活中所需面对的(Kincheloe,2004)。这样的课程鼓励学生成为研究者,对塑造世界的权力进行批判分析;这促使他们提出问题,并对教科书所宣称的中立性产生怀疑;这引导他们质疑媒体,例如石油公司在电视广告中宣传自己是环境友善组织。作为问题抛出者的学生与教师拒绝传统的师生关系,即学生需要教师"你只需告诉我们事实、真相,我们再把它们交还给你"。与之相反,批判型教师与学生在弗莱雷和霍顿的精神指引下提出这样的需求:"请在我们探索世界的过程中给予我们辅助与支持。"

在提倡提问与学生研究的同时,教师并不能放弃他们在课堂中的权威。在过去的几十年中,很多教师和学生都错误地理解了批判教育学中教师权威的属性。弗莱雷在他生命的最后几年中非常关注教师权威的问题以及那些"打着他的名义"所作出的误解。他告诫我们,不能否认教师在课堂中的权威地位。正是教师,而不是学生,去评价学生的课业,去对学生的健康、安全与学习负责。否认教师权威的做法,往好里说是言不由衷,往坏里发展就是不诚实。所以,批判型教师必须承认他们的权威地位并以扶助学生的行动来证明这种权威。这种行动包含使学生获得开展研究与创造知识的能力。批判型教师的权威是辩证的;当教师放弃他们作为知识提供者的权威时,他们承担了辅助者所具有的成熟的权威,帮助学生探究和提问。基于这样的教师权威,学生获得了他们的自由,也就是作为自我导向的人类,有能力创造属于自己的知识(Kirylo,2011;Siry & Lang,2010)。

弗莱雷的著作植根于解放神学与辩证的唯物主义认识论(Au,2007),而这两方面又都受惠于马克思本人的著作及各类马克思主义者的观点。将马克思主义视作经济主义的、生产主义的和宿命论的普遍观点流露出一种过分的、草率的理解,误读了对马克思主义认识论、马克思关于政治经济学的批判,以及马克思对资本主义与资本主义社会发展的辩证分析方法。我们认为马克思的观点以及在广义马克思传统中的诸多著作都是批判研究的根基(Lund & Carr,2008);马克思主义为解释诸如种族主义的根源及存活原因等问题提供有力的理论路径(McLaren,2002)。如今,许多左翼谈及阶级时认为它是众多压迫关系中的一种,经常将其形容为"阶级主义"。但是阶级不是一种"主义",阶级与种族、性别和其他对立关系交叉在一起。尽管这些压迫关系会彼此混合与强化,它们都根植于被资本主义和经济方面的剥削所塑造的物质关系。这种物质关系是资本主义社会的发展动力(Dale & Hyslop-Margison,2010;Macrine,McLaren,& Hill,2009)。

要彻底结束种族主义,并打碎种族霸权、种族组织与种族国家等,我们需要将阶级理解为一种客观过程,这一过程与众多群体和部门以各种具体的历史传统相互作用在一起。当我们采纳这种很有洞见的阶级分析方法时,就会对种族的概念及有关种族的著作进行更深刻的解读,就会对种族主义进行更有效的抵抗,并由此推进更有效的变革实践。在这里,阶级和种族被制作为一组互构的概念,处于辩证的相互作用中(McLaren & Jarramillo,2010)。

教师作为研究者

在主流学校的保守教育秩序中,知识是由远离学校、高高在上的专家生产的。如果学校教育要经历批判性变革,这一点必须发生改变。在教育文化中,教师应获得更多的话语权与更多的尊重。要提升教育的严谨性与质量,教师必须融入研究者的文化中。在这种更民主的文化中,批判的教师成为能够理解各种教育变革的权力含义的学者。他们能领略到研究的妙处,特别是研究使他们能够理解那些影响教育的社会力量,这种理解超越了他们的直接经验与观点。当教师们对社会力量的洞察得以建构时,他们就会从这个角度去领会自己的经验,也会更加明确自己该如何参与教育研究。的确,他们认识到自己能获得的理解远远超过了作为专家的研究者所生产的知识。在批判的学校文化中,教师被视为学习者,而不是作为毫无质疑地服从上级命令的职员。教师应被视为研究者与知识制造者,反思自身的专业需要与现有知识。他们意识到教育过程的复杂性,有关学校教育的理解不能脱离社会、历史、哲学、文化、经济、政治和心理情境。作为学者的教师明白,如果课程发展没能充分反映这些情境,学生的需求将难以得到满足。

批判的教师/研究者探究发生在他们教室中的学习过程,并试图对其进行诠释。他们提问:"学习的心理学、社会学和意识形态效果是什么?"由此,批判的学者型教师研究自身的专业实践。当学者型教师获得赋权时,学校教育开始发生变化。比如,由自上而下制订的内容标准造就的压迫性文化就要面临挑战。在职员工不再沿着"这是专家研究人员的成果,现在去执行它"的套路发展。传统发展路径在批判的学校教育文化中让位于教师们彼此分析和思考各自观点的力量。所以,学校的新型批判文化成为一个"教育学生的智库",一个学习共同体。当学校管理者同时支持学生与教师的学习活动时,他们会为学校的变化感到惊喜。校长与课程开展者看着教师们创设项目用于鼓励合作与共同研究。批判教育学的拥护者认为,笼罩于自上而下的标准之下的去技能化的教师与智力障碍者的学生应该有改变的机会(Jardine,1998;Kincheloe,2003a,2003b,2003c;Macedo,2006)。

鼓励教师成为研究者是清除去技能化教育模式的根本路径,此种教育模式通过给教师脚本并读给学生,使教师陷入幼儿化。当教师被视为知识的接受者而非创造者时,教师的低技能化与课程的低智化就会发生(Macedo,2006)。更加充满生气的专业文化依赖于一群在研究与知识创造中拥有自由,可以持续改造自我的实践者。从事批判实践的教师不允许自上而下的标准以及其毒害作用不受质疑地被接受。这些教师不能忍受在自上而下的改革所带来的专业地位的弱化与被去技能化。批判教育学的支持者明白,教师赋权并不因我们希望就会发生,而只有当教师发展出适于教师职业的知识-工作技能、能力素养和教学能力时才发生。教师研究是批判教育学的中心纬度(Porfilio & Carr,2010)。

教师是自己学生的研究者

具有批判性的教师的中心是研究学生,为了让学生能更好地被理解和教育。弗莱雷指出,所有教师都需要与学生持续对话,这种对话质疑将特定群体与个人推向边缘的固有知识与传统权力关系。在与学生的研究性对话中,批判的教师认真听取学生诉说他们的社区以及他们遇到的问题。教师帮助学生在一个更大的社会、文化和政治情境中去表达这些问题,以求解决问题。

在这种情境中,弗莱雷指出教师基于对学生的即时了解与自身的社会文化背景去揭示素材与普遍性的主题(Mayo,2009;Souto-Manning,2009),以此去理解学生看待自身,与他人的相互关系和他们的社会现实的路径。这一认识对于批判教育学的行动至关重要,因为它帮助教师理解学生如何解读学校教育与他们的生活世界。基于这些理解,批判的教师能够了解学生如何生成意义以及生成何种意义。通过调动学生去了解他们未知的东西与认清他们想要知道的东西,教师能够建构起使学生热情高涨的教学方法(Freire,2000;Freire & Faundez,1989;Janesick,2010;Kincheloe,2008b;Steinberg & Kincheloe,1998;Tobin,在出版中)。

毫不夸张地说,批判教育学发挥作用的前提是教师必须理解学生的精神世界中发生了什么。不同的批判教学法的拥护者认定,理解学生意识的社会建构过程是十分重要的,他们聚焦于学生的动机、价值和情绪的社会建构。在批判的情境中,教师-研究者对学生的研究就像破解活生生的文本。教师-研究者抱着积极的想象与意愿将学生视作社会建构的人。当批判的教师从这个视角研究学生时,他们就会发现很多有趣的信息。例如,在英国的一项行动研究中,教师利用学生的日记、访谈、对话和影子研究(shadowing,跟踪学生在学校的日常生活)去发现学生的成见及所谓的第二课程。第二课程涉及学生的着装、对校规的顺从、克服厌烦与失败的技巧,以及他们在学校规矩中承担各自角色的方式。教师研究者发现,大部分第二课程发挥了与学校阐明的目标相反的作用,如尊重学生个性、鼓励精细思考和造就积极的自我意识。学生通常认为,教师的日常教学(计划课程)建立在一系列假设的基础上,这些假设与教师和学生在课外互动的指导思想是迥然不同的。学生对此种不一致的表现而产生的气愤与敌意经常被教师误读。只有在珍视学生视角的行动研究中,这种学生情绪才会得到充分理解与重视(Hooley,2009;Kincheloe,2001a;Sikes,2008;Steinberg,2000,2009;Vicars,2008)。

通过根植于统治文化背景的智商测试与成长理论,学校不但反映社会分层,而且将其扩展。这个例子反映出被设计为追寻社会福祉的学校却在事实上产生有害的社会影响。被卷入这种危害性过程的教师大多并不是有意伤害学生,他们只是在服从上级指令和系统规则。不计其数的教师每日工作去消除这种系统的负面效应,但需要得到志同道合的同事与组织的帮助。批判教育学研究为那些力求降低权力对学生的影响的教师提供帮助。在这里,作为政治机构的学校与批判教育学的志趣相结合,后者关注如何创造一个能够帮助教师引导其自身专业实践的社会与教育愿景。教师在任何时间发展一种教育法的同时,他们都在建构一种政治愿景。这两方面是不可分的(Kincheloe,2008b;Wright & Lather,2006)。

不幸的是,那些进行非批判的教育学研究的学者没能意识到嵌入自身的政治烙印。例如,一位学区督导在编写社会科学的教材时仅寻求简单的知识转移,这种知识指向美国历史中的伟大人物及重要事件的确定事实,他同时也在进行一种维护社会现状的政治教育(Keesing-Styles,2003;McLaren & Farahmandpur,2003,2006)。这样的课程没有为教师-研究者提供空间,以致其无法探索另类的教学素材,无法比较不同的历史解读,或者无法研究自身并生产能挑战主流观点的知识。在这位督导及学区教育机构眼中,上述民主的民权行动是反动的,带有反美色彩。当然,这些工作人员可能受到国家教育管理部门的压力,才执行这种僵化的、基于社会现状的、对教学方法缺乏反思的、以事实为依据的、教师中心主义的历史课程。支配性权力在很多方面非常隐蔽地发挥作用(Nocella,Best,& McLaren,2010;Watts,2006,2009a,2009b)。

传统的研究者将他们的任务视为对一部分现实世界的描述、阐释或复原,而批判教育学研究者通常将自己的工作作为推动特定政治行动的第一步,这种行动能够重新审视在研究现场中发现的或在研究本身中建构的不公正现象。霍克海默(Horkheimer,1972)简洁地指出,批判理论及研究从不满足于单纯地增加知识(同样见 Agger,1998;Britzman,1991;Giroux,1983,1988,1997;Kincheloe,2003c,2008a,2008b;Kincheloe & Steinberg,1993;Quantz,1992;Shor,1996;

Villaverde & Kincheloe,1998；Wexler，2008）。批判传统中的研究通常采取自觉的批判主义——自觉是指研究者试图意识到渗透于研究中的,及影响其主观、互为主观及参考观点的意识形态规则与认识论假定。批判教育学的研究者带着自己的假设进入调查,因此,不会有人对他们带入研究现场的认识论与政治立场产生疑惑。

在具体的研究中,批判的研究者可能会改变这些假设。改变的刺激来源于研究者认识到这样的假设不能引向解放的行动。解放行动的根源涉及研究者的揭示能力,即揭示世界那些被统治文化接纳的,且看似自然与不可回避的世界样貌（Giroux，1983，1988，1997；Kincheloe，2008b；McLaren，1992，1997；San Juan，1992；Zizek，1990）。批判研究者认为,这种社会相貌遮蔽了不平等、不公正和压迫的社会关系。如果我们不是将课堂中的暴力视作由反常之人以某种社会病态心理故意越轨而制造的偶然或孤立事件,而是将其视作可能的叛逆与反抗的叙事,那么这就说明,隐藏在日常课堂生活表面下的"政治无意识"并不能脱离种族、阶级和性别压迫,而是与它们紧密联系在一起。通过在研究中应用批判教育学视角,我们创造了一种赋权的质性研究,它在所考查的理论与实践中不断拓宽、对比、发展与质疑自身。

修补术

基于对批判理论的理解与对批判社会研究及批判教育学的承诺,我们认为,"修补术"是赋权研究的一项建构。从思想认识上看,"修补术"反映出研究中不断演化的批判性。本着列维-斯特劳斯（Claude Lévi-Strauss）的精神（1968,及其在《野性的思维》[*The Savage Mind*]中的长篇论述）,邓津和林肯（Denzin & Lincoln,2000）使用了"修补术"这个概念。法语词汇"修补匠（bricoleur）"被用来描述利用手头工具完成任务的手工者（Harper，1987；Steinberg，2011）。"修补术"意味着所有正式研究所展现出的虚构与想象元素,它可以被理解为深入跨学科研究的具体细节。民族志、文本分析、符号学、诠释学、心理分析、现象学、历史学、话语分析等各种研究知识与哲学分析、文学分析、美学批评、戏剧化观察及意义生成相结合,构成了方法论上的"修补术"。沿着这条路径,研究者超越了某一学科的"眼罩",并透过概念的窗户,将目光投向一个研究与知识生产的新世界（Denzin，2003；Kincheloe & Berry，2004；Steinberg，2011）。

在现代意义中,修补术被理解为在不断展开的研究中按需要采用各类研究方法。这种跨学科的特征是修补术的关键,批判的质性研究者必须超越这一动力。将研究推向新的概念领域,修补术的选择过程带来了很多问题,需要研究者处理,以保证理论的融贯和认识论的创新。这种多学科的综合研究指向了对于众多情境的更高水平的研究自觉与自省。修补术是一种将遮蔽在我们与其他学者的研究叙事之上的结构曝光的努力,它强调了研究者看问题的视角与其个人历史所处的社会位置之间的关系。将研究视作一项由权力驱动的行动,批判研究者,也就是修补匠,摒弃了对一些关于现实的天真的概念诉求,而是将自己在现实生活网络中的位置以及自己与其他学者的位置关系界定出来,并阐明这些位置关系对知识生产与诠释过程的影响。

在这个意义上,修补匠驶入复杂之域。修补术的存在是基于对生活世界与权力的复杂性的尊重。的确,这根植于复杂论的认识论基础。复杂论的维度之一反映在研究与社会理论之间的关系上。所有对事物的观察都在有意或无意中受到社会理论的影响——这些理论为我们提供了观察框架,引导我们突出什么或淡去什么。现代实证主义模式的理论是一种不考虑具体情境中的变数的理解路径。但由于理论是一种文化和语言制品,它对所见之物的诠释是与形塑其自身的历史脉络分不开的(Austin & Hickey,2008)。修补匠的任务就是要对这种复杂性发起进攻,发现隐形的权力与文化制品,同时在自己的研究和整个学术界记载这些影响的本质。在这个过程中,修补匠在尝试用理论解释我们与自然的关系,而不是去解释自然本身。

在解决复杂性的繁重工作中,修补匠将研究方法视作积极作为,这就是说,我们用手头的各类工具去积极建构自己的研究方法,而不是被动地去接受一种"正确"的、放之四海皆准的方法。此外,为避免按逻辑分析中的验证过程那样推理,修补匠会绕开那些源于所研究的具体领域之外的现成方法指导原则及方案。基于对复杂性的信奉,作为修补术的研究为人类建构出一种更为积极的角色,既包括对现实的影响,也包括对研究方法以及对其的叙述方式的创新。这种积极作为摒弃了对社会现实的绝对论解释,也就是对特定的社会、政治、经济和教育过程的影响给予假设。同时,也是基于这样的理解,这种对人类积极作为的笃信也否定了标准化的知识生产(Bresler & Ardichvili,2002;Kincheloe & Berry,2004;McLeod,2000;Selfe & Selfe,1994;Steinberg,2010,2011;Wright,2003a)。

在社会复杂论中的一些优秀研究正发生于质性研究的各个领域,包括社会学、文化研究、人类学、文学、市场学、地理学、媒体学、护理学、信息学、图书馆学、女性研究、各类伦理研究、教育学和护理学,邓津和林肯(Denzin & Lincoln,2000)敏锐地意识到这一动态,并在对修补术的描述中对其进行阐释。针对辛切洛依(Kincheloe)有关修补术概念的阐释,林肯(Lincoln,2001)强调,最重要的跨越学科边界的研究正发生于女性主义和种族-民族研究中。

在许多方面,我们出于一种工具性的理由去使用被动的、外部的、垄断的研究方法,带有理性化的非理性。在主动的修补术中,我们将自己对研究情境的理解与我们先前的研究经验结合在一起。应用这样的知识,用列维-斯特劳斯的话讲,在以田野为基础的、诠释性的情境中,我们在对自己的研究方法进行"修补"。这种修补过程是高水平的认知过程,包括建构与重构,情境诊断,协商和再整理。修补匠认为,研究者与研究对象的互动总是复杂的、善变的、不可预测的。这些条件否认事先计划研究策略。代替理性化的研究过程,修补匠以一种方法论的协商者的身份进入研究。根据我们的概念界定,修补术总是基于对手头研究任务的尊重,抵制具体而主张弹性。相对林肯(Lincoln,2001)有关两类修补匠的讨论,即(1)那些致力于研究折中主义,以研究情境来塑造所用研究方法的研究者,(2)那些以更宏大的志向去研究学科谱系学/考古学的研究者,批判研究者更宜被告知修补术的力量(Steinberg & Kincheloe,2011)。

　　研究方法在修补术中比在更理性化意义上的研究中获得更多的尊重。理性化的方法破坏了对隐含于被动方法中的未经分析的假设的解构。基于对研究过程复杂性的尊重,修补匠认为研究方法远远不只是研究程序。在这种分析模式中,修补匠将研究方法理解为正当化的手段,也就是为我们声称知道什么以及我们获取知识的路径进行辩护。所以,针对批判型研究者的教育需要从学习研究方法的过程中后撤一步。撤回的这一步为我们提供了一个概念上的距离,以产生一种批判的觉悟。这种觉悟拒绝被动地接受外部强加的研究方法,也就是那种默认地验证一些去情境化的、演绎的、镌刻着统治权力的知识(Denzin & Lincoln,2000;Foster,1997;Kincheloe & Berry,2004;McLeod,2000)。

　　基于有关社会变革的批判性关注,修补术从西方社会的边缘和非西方的知识与求知路径中寻求启示。此种启示帮助修补匠在发现新的研究领域的基础上,重塑及深化社会理论、研究方法与诠释策略。直面不同是修补术这个概念的基础,促使研究者制造新的知识,以为政策咨询和指引政治行动。在获取非主流的观点的过程中,修补匠再一次展现出对理解的阐释学探究与针对关乎公平之社会变革的批判旨趣之间的模糊界限(Jardine,2006a)。辛切洛依认真考虑了麦克拉伦(Peter McLaren)的重要关切——在麦克拉伦针对辛切洛依(Kincheloe,2001a)首次描述修补术这一概念的反馈中出现——仅仅关注意义的制造也许并不引向"反抗及改变剥削的存在条件"(McLaren,2001,p.702)。辛切洛依在回应中强调,在修补术的批判性阐释维度中,有关权力的理解行动及其效果只是反对霸权的一个方面,尽管是无法缺少的一部分。这两部分不但不是相互冲突的,而且是相互协调的(DeVault,1996;Lutz,Jones,& Kendall,1997;Soto,2000;Steinberg,2001,2007;Tobin,2010)。

　　为贡献于社会变革,修补匠寻求两方面的理解:一是在主流文化之外的,影响具有不同种族、阶级、社会性别、生理性别、民族和宗教背景的个体的压迫性力量;二是这些群体的视角。在这种情境中,修补匠意图将知识的生产及其所具有的利益移出精英群体的控制。这种对知识生产的控制持续强化精英阶层的特权,而不断将被边缘化的群体推向离统治权力更远的地方。拒绝这种被正常化的状态,修补匠在研究中致力于强调被边缘化的群体及个体的意识形态与信息需求。在体察被压迫者的观点时,修补匠热切地向以下几方面学习,包括劳工斗争、女性边缘化问题、集上述"双重觉悟"的种族压迫,以及对殖民主义的反抗(Kincheloe & Steinberg,1993;Kincheloe,Steinberg,& Hinchey,1999;Kincheloe & Berry,2004)。这样,修补术希望对这种演变的批判(an involving criticality)做出贡献。

修补术所致力的严谨谙熟很多意义制造和知识生产的模式,这些模式源自各种社会位置。这些不同寻常的推理与研究模式往往会考虑关系、共鸣,以及与正式的、理性化的西方模式的认识论与方法论和不同文化的、哲学的、范式的和被压迫的表达的区别。在后者的表述中,修补匠通常会在不借助被习俗验证的制订程序的情况下去揭示通向概念的路径,这些程序提供了客观性的距离(Thayer-Bacon, 2003)。这种距离未能考虑阐释学对前在于世界、研究过程和研究世界中的意义理解的严谨性。阐释学意识的缺失致使研究者不去进行深描,而投身于生产复杂社会生活的简化版知识(Jardine, 2006b; Selfe & Selfe, 1994)。

由差别这一概念传递的多重视角为修补匠带来诸多益处。直面差别有助于我们重新去观察,获得洞察力。发展的批判性的一个基本维度涉及对不同的分析与生产知识的路径的包容。这就是为什么发展现象学及阐释学理解对历史学者来说非常重要。这也是为什么对于来自大都市中心的社会学者来讲,理解本土知识、城市知识和青年知识的生产形式是那么地重要(Darder, 2010; Dei, 2011; Grande, 2004; Hooley, 2009; Porfilio & Carr, 2010)。这些探索的文化模式之间的不协调是非常珍贵的,因为差别间的张力孕育着对研究行动之诸多维度的启示。这些启示使我们对研究主体、目标与本质的理解上升到新的层次(Gadamer, 1989; Kincheloe & Berry, 2004; Kincheloe & Steinberg, 2008; Semali & Kincheloe, 1999; Watts, 2009a, 2009b; Willinsky, 2001)。

修补术中的差别将我们推向阐释循环中,因为我们被引导去处理多样化中的部分与整体的关系。差别可能涉及文化、阶级、语言、学科、认识论、宇宙哲学,等等。修补术利用上述多样性的一个维度去探索其他维度,提出前人从未谈及的问题。在我们探究多重视角的过程中,我们会去关注哪些被验证,哪些被消除。借助研究这些差别,我们开始理解统治权力如何运作去排斥或证实特定类型的知识以及这样做的原因。在修补术的批判性中,对权力与差别的关注将我们引向对社会诸多维度的觉察。弗莱雷(Freire, 1970)认为这一点是一种对社会结构与社会系统进行观察的需要,这种社会结构与系统动摇了享有资源和权力的平等机会。当修补匠回答这些问题时,我们进一步认识到权力如何默默地塑造我们知道什么,以及我们如何获得知识。

本体论

修补术对于批判性研究具有深刻影响的中心维度是批判本体论(Kincheloe, 2003a)。当修补匠着手探索民族志研究者眼中的非理所当然之举时,对复杂本体论的澄清就是必需的。知识生产过程中的复杂之域要求开启有关质性研究者在观察和诠释什么的对话。这种对话尤为重要,因为它尚未广泛展开。修补匠认为,研究客体在本体论层面上是复杂的,因为它不能被表述为一个压缩的实体。在这种更开放的视野中,研究客体通常是多种情境与过程中的一部分;它镌刻着文化的印记与历史的遗迹。针对研究客体的复杂视角说明了历史上为诠释其意义而做出的努力,以及这种努力如何继续界定其产生的社会、文化、政治、心理和教育影响。

例如,在质性研究领域,这种本体论的复杂性动摇了传统意义上的三角验证。由于研究的过程性,很难获得跨研究者的可靠性。对过程敏感的学者观察世界的流动,就像在河流中,水的精确成分永远不会相同。由于所有观察者都会从自己在现实网络中的特定视角去看待研究的客体,没有任何一幅社会现象肖像会与另一幅相同。由于所有物质的、社会的、文化的、心理的和教育的动力都彼此交织于一张大网内,研究者会对研究客体产生不同的描述,这取决于他们聚焦于这张大网的哪一部分——他们在看河流的哪一段。观察者越是意识不到这种复杂性,他们制造的知识就越简化。修补匠试图尽可能丰富地呈现这张大网以及影响它的社会过程(Kincheloe & Berry,2004)。

用来分析这张社会大网的研究设计与方法不能脱离现实得以建构的路径。所以,本体论与认识论影响研究者的任务是不可避免地连在一起的。修补匠必须在追求严谨时充分理解这些特性。深度跨学科研究的正当性是基于对研究客体之复杂性的理解,以及对该复杂性对研究方案的要求的理解。作为复杂系统与错综过程的一部分,研究客体远比单一的观察路径或在特定时间对特定现象所拍的快像要丰富得多。

深度的跨学科性寻求去调整被修补术带上谈判桌的学科与研究视野(Jardine,1992)。每个离开谈判桌的个体都会深受对话的启发,并在某种程度上以独特的方式影响其后续使用的研究方法。互动的关键不在于获得一种关于简化意义上"适合的跨学科研究方法"的标准化协议,而在于对研究者工具箱中的不同工具的知晓。这种深度跨学科研究的形式受到作为问题的研究客体的影响。所以,在修补术中,研究所发生的情境总会作用于深度跨学科研究的性质。基于学科之辩证性的精神,这些在情境作用下的跨学科性的建构必须从前文提到的权力文化素养的角度来研究(Friedman,1998;Kincheloe & Berry,2004;Lemke,1998;Pryse,1998;Quintero & Rummel,2003)。

在社会研究中,个体与情境之间的关系是探究的中心动力。这个关系是修补术的关键性本体论与方法论问题;这是影响人类身份认同与复杂社会织物之性质的关联。修补匠采用多种方法来分析这种关联的多重维度。修补匠介入这一关系拼合之过程的方式可能会提供一种不同的对其意义及效果的诠释。认识到关系的复杂本体论之重要性,会改变研究行动和知识生产过程的基石。在批判研究中,对事物自身的简化性表述已不够充分(Foster,1997;Wright,2003b)。

修补术要在两个方面应对本体论意义上的复杂性:(1)研究客体与其存在的复杂性;(2)人类主体性之社会建构过程和人之生产的属性。这些理解打开了社会研究的新时代,在这里,成为能动之人的过程得到更老练的领会。在不稳定之社会结构与个体之间的复杂反馈循环可以被这样理解,即它给我们带来一种洞察力,看到权力如何运行,以及民主如何被压制。在这种复杂的本体论视角中,修补匠领悟到,社会结构并不决定个体的主体性,但会以一种惊人的复杂方式限制它。修补术热衷于发展并使用各种策略去帮助说明主体性得以建构的过程。

从这种多视角过程生成的理解使研究者超越了宏观社会结构之简化意义的决定论。在这种简化情境中,有用的社会或教育研究遭受颠覆,人类的能动性也被社会之"法"擦掉。社会结构并不单纯地作为客观实体而"存在",其影响可以被预测,或是因没有对人类秩序造成影响而不存在。在这里,碎形以其不规则形状的松散结构特点——碎形结构——登上舞台。比如,尽管没有决定人的行为,但碎形结构拥有足够的能力去影响其所在环境中的其他系统与实体。这种结构从不稳定,也不能以统一的表现方式被普遍化地表达(Slee,2011;Varenne,1996)。我们越多地了解这种动力,就会有越多样的表达。考虑到这种本体论与认识论上的复杂性,修补匠的修补存在多重维度(Denzin & Lincoln,2000)。就修补术的所有方面来说,没有固定的、终极的描述,修补术的所有特点都是弹性条款。

在修补术中使用"方法":以民族志为例

因批判研究者尝试走进幕后,超越被同化的经验,揭示意识形态对自我定向的制约方式,并直面权力在人的意识建构过程中的再制路径,他们采用了带有余量的研究方法论(Hyslop-Margison,2009)。我们关注某项研究在何种程度上鼓励其研究对象去理解世界及其被塑造的过程,以便其能够转化世界。实证框架下的非批判研究者可能会惊异于这种催化性的研究效度。具有催化性效度的研究展示出改变现实的冲击力,并指引这种冲击力,以使被研究者获得自我理解与自我定向。

位于后殖民主义标题下的理论(McLaren,1999;Semali & Kincheloe,1999;Wright 2003a,2003b)涉及重要的有关分析的认知主体和客体的讨论。这些著作已开启重要的、崭新的分析模型,特别是有关帝国主义、殖民主义和新殖民主义。批判研究者新近的尝试,即超越伴随西方人类学传统的客体化的、帝国主义凝视(这种凝视基于认知主体的殖民视角,将所谓的被调查者的形象固定化),尽管是褒扬的、善意的,但也并非无懈可击(Bourdieu & Wacquant,1992)。福克斯(Fuchs,1993)颇具先见之明地观察到,严重的缺陷折磨着发展一种更具反身性的民族志研究方法的新近尝试。这些挑战可以被归纳为以下问题:认知主体如何去了解他者? 研究者如何去尊重他者的视角并邀请其诉说(Ashcroft,Griffiths,& Tiffin,1995;Brock-Utne,1996;Goldie,1995;Gresson,2006;Macedo,2006;Myrsiades & Myrsiades,1998;Pieterse & Parekh,1995;Prakash & Esteva,2008;Scheurich & Young,1997;Semali & Kincheloe,1999;Steinberg,2009;Viergever,1999)?

　　尽管最近这种告白式的民族志写作,比如将被调查者视为"参与者"以避免将他者客体化(通常用来描述西方人类学家和非西方文化的关系),但存在着一种风险,即揭示殖民地与后殖民地的控制结构可能在实际上会非故意地确认并巩固这种结构,并通过一种隐秘的种族中心主义来重审自由主义之价值。福克斯(Fuchs,1993)警告说,如果试图使研究者屈服于其他社会所屈服的方法,就可能会导致"自我世界的他者化(othering of one's own word)"(p.108)。这种尝试未能质疑现有的民族志方法论,进而不经意地拓展了它们的效度与适用性,而这又进一步物化了研究者的世界。针对这一难题,福柯的方法是通过批判反映的传统哲学,使社会理论脱离其自身文化之认识论。然而,福柯坠入一个将自身方法论论据本体化,并祛除与局内视野相连的现在理解的陷阱中(Fuchs,1993)。杜蒙(Louis Dumont)更好地处理了这个问题,认为应同时从局内和局外的视角去解读文化文本。

　　然而,在通过辨识跨个体意识结构与跨主体性社会结构去宣称"不同社会间的相互诠释"(Fuchs,1993,p.113)的过程中,杜蒙期望用一种普适的框架去做社会之间的比较分析。鉴于福柯和杜蒙试图通过拒绝将自己纳入客体化的过程去"超越他们自身世界的分类基础"(Fuchs,1993,p.118),布迪厄将自己作为社会行动者纳入被研究的社会场域。布迪厄是通过"将其自身视角的民俗性内容认识论化(epistemologizing)"来获得这种介入的(Fuchs,1993,p.121)。但是,观察者(人类学家)的自我客体化也并非没有问题。福克斯(Fuchs,1993)指出,在布迪厄之后,最重要的难题是:"忘记理论与实践之于世界的不同……并将其所持理论关系强加在客体之上。"(p.120)在一定程度上,布迪厄的研究方法也没有逃脱对客体化的确认,但至少还存在一种研究者去反思自我理解之前提条件的热切尝试——一种"有关民族志者的民族志"的尝试(p.122)。例如,在修补术的情境中,批判民族志的关注点通常在不同程度上与后殖民主义研究者相交,但前者在充分探讨剥削议题和资本剥削之社会关系的程度上存在问题。批判民族志认同由曼戈纳罗(Manganaro,1990)所表达的信念:

　　　　没有人类学是非政治的、被祛除意识形态的,进而没有资格受社会构造的影响,或者更残酷地,没有资格去影响世界结构。这个问题不该是人类学文本是否具有政治性,而应该是什么样的社会正式联盟被捆绑在特定的人类学文本上。(p.35)

　　这种批判民族志写作面临着超越简单复活地方经验的挑战,这种对地方经验的简单复活是一种对文化差异的非批判性庆贺(包括民族志研究者自身文化中的人物形象的差异化),它使用的是一种支持诠释人类学的普世价值和全球角色的框架(Silverman,1990)。批判主义帮助质性研究者去挑战主导的西方研究实践,这些实践是基于一种基础性认识论和一种普遍效度知识的宣称,以祛除地方性的和被压制的知识为代价(Peters,1993)。关键的问题是去质疑研究者之所以立身的规范性判断所基于的假设。

尽管批判民族志(Hickey & Austin,2009)考虑到自由与历史的关系(这是传统民族志没做到的),而且尽管其诠释学的任务是去质疑在社会及文化条件下的人类行动和流行的社会政治结构,我们不认为这足以重塑社会结构。但在我们的视野中,这无疑是一个必要的开端(Trueba & McLaren,2000)。克劳(Clough,1998)认为"现实主义叙事性让实证社会科学成为社会批判主义的平台与视野"(p.135)。民族志需要被批判地分析,不仅在其田野研究方法上,而且也包括阅读与写作实践。资料收集必须让位于"以各种形式重读对田野的展示"(p.137)。在作为实证科学的权威的叙事建构中,民族志需要面对其权威形式被合法化的过程,这个过程通常包括去否认俄狄浦斯的或权威性的渴望,以及缩减二元对立之中的差别。在减弱二元对立的过程中,男性民族志研究者通常被特权化为"实证肯定的事实性呈现"的捍卫者(Clough,1998)。

批判研究传统已发展到一个阶段,即它们认识到对真理的追求通常是受制于话语情境的,并受权力的钳制。我们并不是在讲,因为我们不能绝对地了解真理,所以真理就可能简单地等同于权力的效果。这样说是因为真理涉及必须达到的规范性规则,使一些陈述比其他更有意义。否则,真理就会变得没有意义,而如果是这样,解放的实践就会只为输赢而去进行。正如卡斯佩肯(Carspecken,1993,1999)所评论的,每当我们行动时,在我们行动的每时每刻,我们都会预先设定一些有关真理的规则性或普适性关系。经由规范参考之主张,主体间性参考之主张,主体性参考之主张,以及我们在日常生活中直接安置与固定意义的方式,真理内在地以一种实用的方式与意义相关联。卡斯佩肯解释了对他者的规范性评价主张产生于无层次的文化结构关系中,当研究者通过生活在这些结构关系之中,并像其研究参与者那样看待他者,他们就能够表达出对他者的规范性评价了。

一个研究者能够将批判民族志(Willis,1977,2000)用作其研究中心,但正如在这些例子中,他/她,作为修补匠(Steinberg,2011),附加地使用了叙事研究(Janesick,2010;Park,2005)、诠释学阐释(Jardine,2006a)、现象学阅读(Kincheloe,2008b)、内容分析(Steinberg,2008)、历史编撰学(Kincheloe,2008b)、自我民族志(Kress,2010)、社会媒体分析(Cucinelli,2010;Kress,2010;Kress & Silva,2009)、定量分析(Slop-Margison & Naseem,2007),等等;修补匠创造出一种多义阅读,以及多重方法去进行与利用研究。具有多重视角的修补术允许必要的易变性,而且超越了传统的通过三角验证而达到的效度。这些视角拓展了研究,同时使规范化方法论避开了为研究创造科学方法的思路。修补术成为了一种故障自动保险的方式,确保多重解读能够创造新的对话与话语,并为可能性开辟道路。同时,它阻止了将研究作为权威的想法。

很显然,没有方法论或传统能够在孤立状态下使用;对修补术的使用超越了对单一型研究的单方许诺。面对广泛的知识与视角之差,人类对其认为其知道的自信发生了坍塌。在反殖民行动中,修补匠质疑任何宣称普世状态的知识与认识路径。在这种情况下,修补匠利用这种对普遍性的怀疑并结合全球知识,去理解他们在世界中是如何被定位的。几乎所有具有西方背景或殖民地背景的学者都被牵扯进普世性的大网中。生成于这种纠结中的不可避免的冲突不可能通过修补匠而马上得以解决。在这些冲突的根本中孕育着未来的全球文化与未来的多元文化研究和教育学。认识到这些是在分析自身的生产性过程中遇到的一般性问题,这本身就是有力的。这种认识的价值,以及解决这一复杂的概念性问题之过程的价值,受到修补匠的珍视。的确,修补匠在解决这类难题时总是回避完成式的观点。出于一种对模糊性的安逸,作为批判研究者的修补匠努力去减轻人类遭受的痛苦和不公,尽管他们并不拥有一幅有关压迫如何发生的终极蓝图。

走向批判研究

面对多种批判理论与批判教育学,批判研究修补术旨在开辟一块公平的研究场域,不承认对正确、有效和真理的宣称,亦反对缄默地贯穿于传统研究之上的西方权力轴线。批判教育学专心于一种严肃而又带有尝试性的情境,同时结合那些由马克思主义者的权力研究而提出的观点,以及批判理论有别于传统非批判理论对权力集团的定位与控诉,其关于解放研究的主张可以被置于一项修补术研究的中心(Fiske,1993;Roth & Tobin,2010)。批判性修补术不带有对权威及单一方法的宣称,而允许研究者成为参与者,也允许参与者成为研究者。通过避开量化研究与质性研究的实证主义取径(Cannella & Steinberg,2011;Kincheloe & Tobin,2009),并拒绝将研究包裹进统一方法论的蚕茧中,我们相信批判理论与批判教育学会持续地挑战被常规使用的、带有成见性的研究方法。

参 考 文 献

Agger, B.(1992). *The discourse of domination: From the Frankfurt School to postmodernism.* Evanston, IL: Northwestern University Press.

Agger, B. (1998). *Critical social theories: An introduction.* Boulder, CO: Westview.

Ashcroft, B., Griffiths, G., & Tiffin, H. (Eds.). (1995). *The post-colonial studies reader.* New York: Routledge.

Au, W. (2007). Epistemology of the oppressed: The dialectics of Paulo Freire's theory of knowledge. *Journal for Critical Education Policy Studies, 5* (2).

Austin, J., & Hickey, A. (2008). Critical pedagogical practice through cultural studies. *International Journal of the Humanities, 6*(1), 133-140.

Bourdieu, P., & Wacquant, L.(1992). *An invitation to reflexive sociology.* Chicago: University of Chicago Press.

Bresler, L., & Ardichvili, A. (Eds.). (2002). *Research in international education: Experience, theory, and practice.* New York: Peter Lang.

Britzman, D. (1991). *Practice makes practice: A critical study of learning to teach.* Albany: SUNY

Press.

Brock-Utne, B. (1996). Reliability and validity in qualitative research within Africa. *International Review of Education*, *42*, 605-621.

Cannella, G., & Steinberg, S. (2011). *Critical qualitative research: A reader.* New York: Peter Lang.

Carspecken, P. F. (1993). *Power, truth, and method: Outline for a critical methodology.* Unpublished manuscript, Indiana University.

Carspecken, P. F. (1999). *Four scenes for posing the question of meaning and other essays in critical philosophy and critical methodology.* New York: Peter Lang.

Chapman, D. E. (Ed.). (2010). *Examining social theory: Crossing borders/ reflecting back.* New York: Peter Lang.

Clough, P. T. (1998). *The end(s) of ethnography: From realism to social criticism* (2nd ed.). New York: Peter Lang.

Collins, J. (1995). *Architectures of excess: Cultural life in the information age.* New York: Routledge.

Cucinelli, G. (2010). *Digital youth praxis and social justice.* Unpublished doctoral dissertation, McGill University, Montréal, Québec, Canada.

Dale, J., & Hyslop-Margison, E. J. (2010). *Paulo Freire: Teaching for freedom and transformation.* Dordrecht, the Netherlands: Springer.

Darder, A. (2010). Schooling bodies: Critical pedagogy and urban youth [Foreword]. In Steinberg, S. R. (Ed.), 19 *urban questions: Teaching in the city* (pp. xiii-xxiii). New York: Peter Lang.

Dei, G. (Ed.). (2011). *Indigenous philosophies and critical education.* New York: Peter Lang.

De Lissovoy, N., & McLaren, P. (2003). Educational "accountability" and the violence of capital: A Marxian reading. *Journal of Education Policy*, *18*, 131-143.

Denzin, N. K. (1994). The art and politics of interpretation. In N. K. Denzin & Y. S. Lincoln (Eds.), *Handbook of qualitative research.* Thousand Oaks, CA: Sage.

Denzin, N. K. (2003). *Performative ethnography: Critical pedagogy and the politics of culture.* Thousand Oaks, CA: Sage.

Denzin, N. K., & Lincoln, Y. S. (2000). Introduction: The discipline and practice of qualitative research. In N. K. Denzin & Y. S. Lincoln (Eds.), *Handbook of qualitative research* (2nd ed.). Thousand Oaks, CA: Sage.

DeVault, M. (1996). Talking back to sociology: Distinctive contributions of feminist methodology. *Annual Review of Sociology*, *22*, 29-50.

Fiske, J. (1993). *Power works, power plays.* New York: Verso.

Flecha, R., Gomez, J., & Puigvert, L. (Eds.). (2003). *Contemporary sociological theory.* New York: Peter Lang.

Flossner, G., & Otto, H. (Eds.). (1998). *Towards more democracy in social services: Models of culture and welfare.* New York: Aldine.

Foster, R. (1997). Addressing epistemologic and practical issues in multimethod research: A procedure for conceptual triangulation. *Advances in Nursing Education*, *20*(2), 1-12.

Freire, A. M. A. (2000). Foreword. In P. McLaren, *Che Guevara, Paulo Freire, and the pedagogy of revolution.* Boulder, CO: Rowman & Littlefield.

Freire, P. (1970). *Pedagogy of the oppressed.* New York: Herder and Herder.

Freire, P. (1972). *Research methods.* Paper presented at a seminar on Studies in Adult Education, Dar es Salaam, Tanzania.

Freire, P. (1978). *Education for critical consciousness.* New York: Seabury.

Freire, P. (1985). *The politics of education: Culture, power, and liberation.* South Hadley, MA: Bergin & Garvey.

Freire, P., & Faundez, A. (1989). *Learning to question: A pedagogy of liberation.* London: Continuum.

Friedman, S. (1998). (Inter) disciplinarity and the question of the women's studies Ph. D. *Feminist Studies*, *24*(2), 301-326.

Fuchs, M. (1993). The reversal of the ethnological perspective: Attempts at objectifying one's own cultural horizon: Dumont, Foucault, Bourdieu? *Thesis Eleven*, *34*(1), 104-125.

Gadamer, H.-G. (1989). *Truth and method* (2nd rev. ed., J. Weinsheimer & D. G. Marshall, Eds. & Trans.). New York: Crossroad.

Giroux, H. (1983). *Theory and resistance in education: A pedagogy for the opposition.* South Hadley, MA: Bergin & Garvey.

Giroux, H. (1988). Critical theory and the politics of culture and voice: Rethinking the discourse of educational research. In R. Sherman & R. Webb (Eds.), *Qualitative research in education: Focus and methods.* New York: Falmer.

Giroux, H. (1997). *Pedagogy and the politics of hope: Theory, culture, and schooling.* Boulder, CO: Westview.

Giroux, H. (2010). *Zombie politics and the age of casino capitalism.* New York: Peter Lang.

Goldie, T. (1995). The representation of the indigenous. In B. Ashcroft, G. Griffiths, & H. Tiffin (Eds.), *The post-colonial studies reader.* New York: Routledge.

Grande, S. (2004). *Red pedagogy: Native American social and political thought.* Lanham, MD: Rowman & Littlefield.

Gresson, A. D., III. (2006). Doing critical research in mainstream disciplines: Reflections on a study of Black female individuation. In K. Tobin & J. Kincheloe (Eds.), *Doing educational research.* Rotterdam, the Netherlands: Sense Publishers.

Grinberg, J. (2003). "Only the facts?" In D. Weil & J. L. Kincheloe (Eds.), *Critical thinking: An encyclopedia.* New York: Greenwood.

Hammer, R., & Kellner, D. (2009). *Media/cultural studies: Critical approaches.* New York: Peter Lang.

Harper, D. (1987). *Working knowledge: Skill and community in a small shop.* Chicago: University of Chicago Press.

Hickey, A., & Austin, J. (2009). Working visually in community identity ethnography. *International Journal of the Humanities, 7*(4), 1-14.

Hinchey, P. (2009). *Finding freedom in the classroom: A practical introduction to critical theory.* New York: Peter Lang.

Hooley, N. (2009). *Narrative life: Democratic curriculum and indigenous learning.* Dordrecht, the Netherlands: Springer.

Horkheimer, M. (1972). *Critical theory.* New York: Seabury.

Horn, R. (2004). *Standards.* New York: Peter Lang.

Horton, M., & Freire, P. (1990). *We make the road by walking: Conversations on education and social change.* Philadelphia: Temple University Press.

Hyslop-Margison, E. J. (2009). Scientific paradigms and falsification: Kuhn, Popper and problems in education research. *Educational Policy, 20*(10), 1-17.

Hyslop-Margison, E. J., & Naseem, A. (2007). *Scientism and education: Empirical research as neo-liberal ideology.* Dordrecht, the Netherlands: Springer.

Janesick, V. (2010). *Oral history for the qualitative researcher: Choreographing the story.* New York: Guilford.

Jardine, D. (1992). The fecundity of the individual case: Considerations of the pedagogic heart of interpretive work. *British Journal of Philosophy of Education. 26*(1), 51-61.

Jardine, D. (1998). *To dwell with a boundless heart: Essays in curriculum theory, hermeneutics, and the ecological imagination.* New York: Peter Lang.

Jardine, D. (2006a). On hermeneutics: "What happens to us over and above our wanting and doing." In K. Tobin & J. L. Kincheloe (Eds.), *Doing educational research* (pp. 269-288). Rotterdam, the Netherlands: Sense Publishers.

Jardine, D. (2006b). *Piaget and education.* New York: Peter Lang.

Keesing-Styles, L. (2003). The relationship between critical pedagogy and assessment in teacher education. *Radical Pedagogy, 5*(1).

Kellner, D. (1995). *Media culture: Cultural studies, identity, and politics between the modern and the postmodern.* New York: Routledge.

Kincheloe, J. L. (1998). Critical research in science education. In B. Fraser & K. Tobin (Eds.), International handbook of science education (Pt. 2). Boston: Kluwer.

Kincheloe, J. L. (2001a). Describing the bricolage: Conceptualizing a new rigour in qualitative research. *Qualitative Inquiry, 7*(6), 679-692.

Kincheloe, J. L. (2001b). *Getting beyond the facts: Teaching social studies/ social sciences in the twenty-first century* (2nd ed.). New York: Peter Lang.

Kincheloe, J. L. (2003a). Critical ontology: Visions of selfhood and curriculum. *JCT: Journal of Curriculum Theorizing*, 19(1), 47-64.

Kincheloe, J. L. (2003b). Into the great wide open: Introducing critical thinking. In D. Weil & J. Kincheloe (Eds.), *Critical thinking: An encyclopedia*. Santa Barbara, CA: ABC-CLIO.

Kincheloe, J. L. (2003c). *Teachers as researchers: Qualitative paths to empowerment* (2nd ed.). London: Falmer.

Kincheloe, J. L. (2004). Iran and American miseducation: Coverups, distortions, and omissions. In J. Kincheloe & S. Steinberg (Eds.), *The miseducation of the West: Constructing Islam*. New York: Greenwood.

Kincheloe, J. L. (2007). *Teachers as researchers: Qualitative paths to empowerment*. London: Falmer.

Kincheloe, J. L. (2008a). *Critical pedagogy primer* (2nd ed.). New York: Peter Lang.

Kincheloe, J. L. (2008b). *Knowledge and critical pedagogy*. Dordrecht, the Netherlands: Springer.

Kincheloe, J. L., & Berry, K. (2004). *Rigour and complexity in educational research: Conceptualizing the bricolage*. London: Open University Press.

Kincheloe, J. L., & Steinberg, S. R. (1993). A tentative description of postformal thinking: The critical confrontation with cognitive theory. *Harvard Educational Review*, 63, 296-320.

Kincheloe, J. L., & Steinberg, S. R. (1997). *Changing multiculturalism: New times, new curriculum*. London: Open University Press.

Kincheloe, J. L., & Steinberg, S. R. (2008). Indigenous knowledges in education: Complexities, dangers, and profound benefits. In N. K. Denzin, Y. S. Lincoln, & L. T. Smith, (Eds.), *Handbook of critical and indigenous methodologies*. Thousand Oaks, CA: Sage Publishing.

Kincheloe, J. L., Steinberg, S. R., & Hinchey, P. (Eds.). (1999). *The postformal reader: Cognition and education*. New York: Falmer.

Kincheloe, J. L., & Tobin, K. (2009). The much exaggerated death of positivism. *Cultural Studies of Science Education*, 4, 513-528.

Kirylo, J. (2011). Paulo Freire: *The man from Recife*. New York: Peter Lang.

Kress, T. (2010). Tilting the machine: A critique of one teacher's attempts at using art forms to create postformal, democratic learning environments. *The Journal of Educational Controversy*, 5(1).

Kress, T., & Silva, K. (2009). Using digital video for professional development and leadership: Understanding and initiating teacher learning communities. In I. Gibson et al. (Eds.), *Proceedings of Society for Information Technology & Teacher Education International Conference 2009* (pp. 2841-2847). Chesapeake, VA: Association for the Advancement of Computing in Education (AACE).

Leistyna, P., Woodrum, A., & Sherblom, S. (1996). *Breaking free: The transformative power of critical pedagogy*. Cambridge, MA: Harvard Educational Review.

Lemke, J. L. (1998). Analyzing verbal data: Principles, methods, and problems. In B. Fraser & K. Tobin (Eds.), *International handbook of science education* (Pt. 2). Boston: Kluwer.

Lévi-Strauss, C. (1968). *The savage mind*. Chicago: University of Chicago Press.

Lincoln, Y. (2001). An emerging new bricoleur: Promises and possibilities—a reaction to Joe Kincheloe's "Describing the bricoleur." *Qualitative Inquiry*, 7(6), 693-696.

Lund, D., & Carr, P. (Eds.). (2008). *Doing democracy: Striving for political literacy and social justice*. New York: Peter Lang.

Lutz, K., Jones, K. D., & Kendall, J. (1997). Expanding the praxis debate: Contributions to clinical inquiry. *Advances in Nursing Science*, 20(2), 23-31.

Macedo, D. (2006). *Literacies of power: What Americans are not allowed to know* (2nd ed.). Boulder, CO: Westview.

Macrine, S., Hill, D., & McLaren, P. (Eds.). (2009). *Critical pedagogy: Theory and praxis*.

London: Routledge.

Macrine, S., McLaren, P., & Hill, D. (Eds.). (2009). *Revolutionizing pedagogy: Educating for social justice within and beyond global neoliberalism.* London: Palgrave Macmillan.

Manganaro, M. (1990). Textual play, power, and cultural critique: An orientation to modernist anthropology. In M. Manganaro (Ed.), *Modernist anthropology: From fieldwork to text.* Princeton, NJ: Princeton University Press.

Marcus, G. E., & Fischer, M. M. J. (1986). *Anthropology as cultural critique: An experimental moment in the human sciences.* Chicago: University of Chicago Press.

Mayo, P. (2009). *Liberating praxis: Paulo Freire's legacy for radical education and politics.* Rotterdam, the Netherlands: Sense Publishing.

McLaren, P. (1992). Collisions with otherness: "Traveling" theory, postcolonial criticism, and the politics of ethnographic practice—the mission of the wounded ethnographer. *International Journal of Qualitative Studies in Education, 5,* 77-92.

McLaren, P. (1997). *Revolutionary multiculturalism: Pedagogies of dissent for the new millennium.* New York: Routledge.

McLaren, P. (1999). *Schooling as a ritual performance: Toward a political economy of educational symbols and gestures* (3rd ed.). Boulder, CO: Rowman & Littlefield.

McLaren, P. (2001). Bricklayers and bricoleurs: A Marxist addendum. *Qualitative Inquiry, 7*(6), 700-705.

McLaren, P. (2002). Marxist revolutionary praxis: A curriculum of transgression. *Journal of Curriculum Inquiry Into Curriculum and Instruction, 3*(3), 36-41.

McLaren, P. (2003a). Critical pedagogy in the age of neoliberal globalization: Notes from history's underside. *Democracy and Nature, 9* (1), 65-90.

McLaren, P. (2003b). The dialectics of terrorism: A Marxist response to September 11: Part Two. Unveiling the past, evading the present. *Cultural Studies <=> Critical Methodologies, 3* (1), 103-132.

McLaren, P. (2009). E. San Juan, Jr.: The return of the transformative intellectual. *Left Curve, 33,* 118-121.

McLaren, P., & Farahmandpur, R. (2003). Critical pedagogy at ground zero: Renewing the educational left after 9-11. In D. Gabbard & K. Saltman (Eds.), *Education as enforcement: The militarization and corporatization of schools.* New York: Routledge.

McLaren, P., & Farahmandpur, R. (2006). Who will educate the educators? Critical pedagogy in the age of globalization. In A. Dirlik (Ed.), *Pedagogies of the global: Knowledge in the human interest* (pp. 19-58). Boulder, CO: Paradigm.

McLaren, P., & Jarramillo, N. (2010). Not neo-Marxist, not post-Marxist, not Marxian, not autonomist Marxism: Reflections on a revolutionary (Marxist) critical pedagogy. *Cultural Studies <=> Critical Methodologies, 10*(3), 251-262.

McLaren, P., & Kincheloe, J. L. (2007). *Critical pedagogy: Where are we now?* New York: Peter Lang.

McLeod, J. (2000, June). *Qualitative research as bricolage.* Paper presented at the annual conference of the Society for Psychotherapy Research, Chicago.

Myrsiades, K., & Myrsiades, L. (Eds.). (1998). *Race-ing representation: Voice, history, and sexuality.* Lanham, MD: Rowman & Littlefield.

Nocella, A. J., II, Best, S., & McLaren, P. (2010). *Academic repression: Reflections from the academic industrial complex.* Oakland, CA: AK Press.

Park, J. (2005). *Writing at the edge: Narrative and writing process theory.* New York: Peter Lang.

Peters, M. (1993). *Against Finkielkraut's la défaite de la pensés culture, pos-tmodernism and education.* Unpublished manuscript, University of Glasgow, Scotland.

Pieterse, J., & Parekh, B. (1995). Shifting imaginaries: Decolonization, internal decolonization, postcoloniality. In J. Pieterse & B. Parekh (Eds.), *The decolonization of imaginat-*

ion: Culture, knowledge, and power. Atlantic Highlands, NJ: Zed.

Porfilio, B., & Carr, P. (Eds.). (2010). Youth culture, education, and resistance: Subverting the commercial ordering of life. Rotterdam, the Netherlands: Sense Publishing.

Prakash, M., & Esteva, G. (2008). Escaping education: Living as learning within grassroots cultures. New York: Peter Lang.

Pryse, M. (1998). Critical interdisciplinarity, women's studies, and crosscultural insight. National Women's Studies Association Journal, 10(1), 1-11.

Quail, C. B., Razzano, K. A., & Skalli, L. H. (2004). Tell me more: Rethinking daytime talk shows. New York: Peter Lang.

Quantz, R. A. (1992). On critical ethnography (with some postmodern considerations). In M. D. LeCompte, W. L. Millroy, & J. Preissle (Eds.), The handbook of qualitative research in education. New York: Academic Press.

Quintero, E., & Rummel, M. K. (2003). Becoming a teacher in the new society: Bringing communities and classrooms together. New York: Peter Lang.

Rodriguez, N. M., & Villaverde, L. (2000). Dismantling White privilege. New York: Peter Lang.

Roman, L., & Eyre, L. (Eds.). (1997). Dangerous territories: Struggles for difference and equality in education. New York: Routledge.

Roth, W.-M., & Tobin, K. (2010). Solidarity and conflict: Prosody as a transactional resource in intra and intercultural communication involving power differences. Cultural Studies of Science Education, 5(4), 807-847.

Ryoo, J. J., & McLaren, P. (2010). Aloha for sale: A class analysis of Hawaii. In D. E. Chapman (Ed.), Examining social theory: Crossing borders/reflecting back (pp. 3-18). New York: Peter Lang.

San Juan, E., Jr. (1992). Articulations of power in ethnic and racial studies in the United States. Atlantic Highlands, NJ: Humanities Press.

Scatamburlo-D'Annibale, V., & McLaren, P. (2009). The reign of capital: A pedagogy and praxis of class struggle. In M. Apple, W. Au, & L. Armando Gandin (Eds.), The Routledge international handbook of critical education (pp. 96-109).New York and London: Routledge.

Scheurich, J. J., & Young, M. (1997). Coloring epistemologies: Are our research epistemologies racially biased? Educational Researcher, 26(4), 4-16.

Selfe, C. L., & Selfe, R. J., Jr. (1994). The politics of the interface: Power and its exercise in electronic contact zones. College Composition and Communication, 45(4), 480-504.

Semali, L., & Kincheloe, J. L. (1999). What is indigenous knowledge? Voices from the academy. New York: Falmer.

Shor, I. (1996). When students have power: Negotiating authority in a critical pedagogy. Chicago: University of Chicago Press.

Sikes, P. (2008). Researching research cultures: The case of new universities. In P. Sikes & A. Potts (Eds.), Researching education from the inside: Investigations from within. Abingdon, UK: Routledge.

Silverman, E. K. (1990). Clifford Geertz: Towards a more "thick" understanding? In C. Tilley (Ed.), Reading material culture. Cambridge, MA: Blackwell.

Siry, C. A., & Lang, D. E. (2010). Creating participatory discourse for teaching and research in early childhood science. Journal of Science Teacher Education, 21, 149-160.

Skalli, L. (2004). Loving Muslim women with a vengeance: The West, women, and fundamentalism. In J. L. Kincheloe & S. R. Steinberg (Eds.), The miseducation of the West: Constructing Islam. New York: Greenwood.

Slee, R. (2011). The irregular school: Schooling and inclusive education. London: Routledge.

Soto, L. (Ed.). (2000). The politics of early childhood education. New York: Peter Lang.

Souto-Manning, M. (2009). Freire, teaching, and learning: Culture circles across contexts. New York: Peter Lang.

Steinberg, S. R. (2000). The nature of genius. In J. L. Kincheloe, S. R. Steinberg, & D. J. Tippins (Eds.), The stigma of genius: Einstein, *consciousness, and education*. New York: Peter Lang.

Steinberg, S. R. (Ed.). (2001). *Multi/intercultural conversations*. New York: Peter Lang.

Steinberg, S. R. (2004a). Desert minstrels: Hollywood's curriculum of Arabs and Muslims. In J. L. Kincheloe & S. R. Steinberg (Eds.), *The miseducation of the West: Constructing Islam*. New York: Greenwood.

Steinberg, S. R. (2004b). Kinderculture: The cultural studies of childhood. In N. Denzin (Ed.), *Cultural studies: A research volume*. Greenwich, CT: JAI.

Steinberg, S. R. (2007). Cutting class in a dangerous era: A critical pedagogy of class awareness. In J. Kincheloe & S. Steinberg (Eds.), *Cutting class: Socioeconomic status and education*. Lanham, MD: Rowman & Littlefield.

Steinberg, S. R. (2008). Reading media critically. InD. Macedo & S. Steinberg (Eds.), *Media literacy: A reader*. New York: Peter Lang.

Steinberg, S. R. (2009). *Diversity and multiculturalism: A reader.* New York: Peter Lang.

Steinberg, S. R. (2010). Power, emancipation, and complexity: Employing critical theory. *Journal of Power and Education, 2* (2), 140-151.

Steinberg, S. R. (2011). Critical cultural studies research: Bricolage in action. In K. Tobin & J. Kincheloe (Eds.), *Doing educational research* (2nd ed.). Rotterdam, the Netherlands: Sense Publishing.

Steinberg, S. R. (in press). *The bricolage.* New York: Peter Lang.

Steinberg, S. R., & Kincheloe, J. L. (Eds.). (1998). *Students as researchers: Creating classrooms that matter*. London: Taylor & Francis.

Steinberg, S. R., & Kincheloe, J. L. (2011). Employing the bricolage as critical research in science education. In B. J. Fraser, K. Tobin, & C. J. McRobbie (Eds.), *The international handbook of research in science education* (2nd ed.). Dordrecht, the Netherlands: Springer.

Thayer-Bacon, B. (2003). *Relational "(e)pistemologies."* New York: Peter Lang.

Tobin, K. (2009). Repetition, difference and rising up with research in education. In K. Ercikan & W.-M. Roth (Eds.), *Generalizing from educational research* (pp. 149-172). New York: Routledge.

Tobin, K. (2010). Global reproduction and transformation of science education. *Cultural Studies of Science Education, 5.*

Tobin, K., & Llena, R. (2010). Producing and maintaining culturally adaptive teaching and learning of science in urban schools. In C. Murphy & K. Scantlebury (Eds.), *Coteaching in international contexts: Research and practice* (pp. 79-104). Dordrecht, the Netherlands: Springer.

Trueba, E. T., & McLaren, P. (2000). Critical ethnography for the study of immigrants. In E. T. Trueba & L. I. Bartolomé (Eds.), *Immigrant voices: In search of educational equity*. Boulder, CO: Rowman & Littlefield.

Varenne, H. (with McDermott, R. P.). (1996). Culture, development, disability. In R. Jessor, A. Colby, & R. Shweder (Eds.), *Ethnography and human development*. Chicago: University of Chicago Press.

Vicars, M. (2008). Is it all about me? How Queer! In P. Sikes & A. Potts (Eds.), *Researching education from the inside: Investigations from within*. Abingdon, UK: Routledge.

Viergever, M. (1999). Indigenous knowledge: An interpretation of views from indigenous peoples. In L. Semali & J. L. Kincheloe (Eds.), *What is indigenous knowledge? Voices from the academy*. Bristol, PA: Falmer.

Villaverde, L. (2007). *Feminist theories and education primer*. New York: Peter Lang.

Villaverde, L., & Kincheloe, J. L. (1998). Engaging students as researchers: Researching and teaching Thanksgiving in the elementary classroom. In S. R. Steinberg & J. L. Kincheloe (Eds.), *Students as researchers: Creating classrooms that matter*. London: Falmer.

Watts, M. (2006). Disproportionate sacrifices:

Ricoeur's theories of justice and the widening participation agenda for higher education in the UK. *Journal of Philosophy of Education*, *40* (3), 301-312.

Watts, M. (2008). Narrative research, narrative capital, narrative capability. In J. Satterthwaite, M. Watts, & H. Piper (Eds.), *Talking truth, confronting power: Discourse, power, resistance* (Vol. 6). Stoke on Trent, UK: Trentham Books.

Watts, M. (2009a). Higher education and hyperreality. In P. Smeyers & M. Depaepe (Eds.), *Educational research: Educationalisation of social problems*. Dordrecht, the Netherlands: Springer.

Watts, M. (2009b). Sen and the art of motorcycle maintenance: Adaptive preferences and higher education in England. *Studies in Philosophy and Education*, *28*(5), 425-436.

Weil, D., & Kincheloe, J. (Eds.). (2004). *Critical thinking and learning: An encyclopedia for parents and teachers*. Westport, CT: Greenwood.

Wesson, L., & Weaver, J. (2001). Administration-educational standards: Using the lens of postmodern thinking to examine the role of the school administrator. In J. Kincheloe & D. Weil (Eds.), *Standards and schooling in the United States: An encyclopedia* (3 vols.). Santa Barbara, CA: ABC-CLIO.

Wexler, P. (2008). *Social theory in education*. New York: Peter Lang.

Willinsky, J. (2001). Raising the standards for democratic education: Research and evaluation as public knowledge. In J. Kincheloe & D. Weil (Eds.), *Standards and schooling in the United States: An encyclopedia* (3 vols.). Santa Barbara, CA: ABC-CLIO.

Willis, P. E. (1977). *Learning to labour: How working class kids get working class jobs*. Farnborough, UK: Saxon House.

Willis, P. (2000). *The ethnographic imagination*. Cambridge, UK: Polity.

Wright, H. K. (2003a). An introduction to the history, methods, politics and selected traditions of qualitative research in education [Editorial]. *Tennessee Education*, *32*(2), 5-7.

Wright, H. K. (Ed.). (2003b). Qualitative research in education. *Tennessee Education*, *32* (2).

Wright, H. K., & Lather, P. (Eds.). (2006). Paradigm proliferation in educational research. *International Journal of Qualitative Studies in Education*, *19*(1).

Zizek, S. (1990). Beyond discourse analysis. In E. Laclau, (Ed.), *New reflections on the revolution of our time*. London: Verso.

文化研究：
述行性规则与身体化链接 **10**

CULTURAL STUDIES:PERFORMATIVE IMPERATIVES AND BODILY ARTICULATIONS

◉ 米切尔 D. 加迪纳(Micheal D. Giardina)　乔舒亚 I. 纽曼(Joshua I. Newman)

王熙 译　朱志勇 校

> 文化研究一直是向前推进的，因为它有一种在其历史境遇中建构可能性的愿望，既是直接的又是想象的。它并没有追求总体性与普世性的抱负，只希望更好地理解我们在哪里，以至我们能够到哪里去(我们所希望的，一些基于公正原则在公平与财富及权力分配上更好的地方)。
>
> —— Lawrence Grossberg，1997，p. 145

绪　言

费斯克(Fiske，1994)在本手册第 1 版有关文化研究的一章中开篇道："文化研究是相当时髦而又充满争议的术语，以致我不得不否认任何试图定义或代言它的言论。"(p.189)在近 20 年后，费斯克将其视为争议领域的评论依然成立，今天我们能看到非常多元化的(即便不是相互竞争的)文化研究项目正在进行[1]。事实上，似乎是对多元性的情结，该书较早版本中有关文化研究的三个章节就采用了迥异的理论与方法来剖析文化研究的各个展开部分。费斯克聚焦于传媒文本和观众的生产及消费；弗罗和莫里斯(Frow & Morris，2000)勾画出一个总体上多角度的文化研究方法去探究一个正在经历演化与全球化的世界；索科(Saukko，2005)提供了一种指向情景化、对话化和反身性研究效度的综合性方法。

本手册第 4 版继续了这种演进之势，但本章却指向一个不同的方向，主要探究在不确定性不断升高的时代背景下，文化研究的述行性规则(performative imperatives)和身体化表达。这个不确定的时代以一系列大事件著称：后"9·11"时代的军事化文化；西方强权对伊拉克和阿富汗的战争；由巴以冲突引发的中东地区的进一步动荡；全球金融市场与机构的消融；失业率的戏剧化飙升与贫富差距的急速拉大；宗教原教旨主义和神权民族主义所带来的逐渐增大的威胁；新自由资本主义操控世界的条件；等等。

综合这些事件,我们尤其关注受诸多形式监禁的"身体":

- 受到过度消费(思考:儿童欢乐套餐中的转基因食品)与过度生产(思考:通过剥削非优势群体的企业积累)这一(全球)资本之孪生逻辑的攻击。
- 逐渐被剥去自身的多样性并臣服于全球时尚的均质化策略(homogenizing strategies)。
- 散漫地受限于异规范性的、父权制的、排外的、白色人种偏执的框架。
- 逐步被调解为一种固有威胁者(如作为流感或圣战情结的携带者)和被威胁者(如丧失人权)。
- 在诸如阿富汗、克什米尔、伊拉克、苏丹、津巴布韦等地区被迫成为一种战争和种族灭绝的工具——也是附属的牺牲品。

的确,对身体而言,这是艰难的时代,深陷于(社会和物质)生产与积累的陈腐条件中;被包裹在对妇女权利、平等权利以及社会和经济正义进行侵犯的原教旨主义者的霸权中;被"肉欲绑架"(McLaren,1988)于偶像化商品景观中。上述发展带来了越来越复杂的身体接触与分离,发达世界中过度消费的身体长期禁锢于晚期资本主义景象中,而这种禁锢又是通过将消费者的身体与其处在相互依赖之剥削链条中的身体疏离达到的。我们只需轻轻一瞥,就能从正在消亡的报纸头条看到反堕胎支持者的最新胜利,或是对机场中部署的更先进的身体监控技术(如备受争议的全身 X 光扫描设备)的盲目宣扬,或是关于电视实景食物交易的广告,以及有关健身(如跑道项目)、塑型(如最大失败者)或身体控制(如人与食物)的广告。

鉴于这些身体话语以及身体文化形式及其附带衍生品所具有的日益重要的地位,这一章旨在对如下学者的研究进行综述:Andrews(2008),Andrews & Silk (2011),Hargreaves & Vertinsky(2006),Ingham(1985),以及 Markula & Pringle (2006);并提出一个新的方法论方向,也就是他们以不同方式界定的身体文化研究。这是一个反学科界限的研究领域(antidisciplinary intellectual domain),旨在理解当前历史下"积极具象的复杂且多样的实践与呈现"和"文化身体性的经验和政治意义"(Silk & Andrews,出版中)[2]。为此,我们认为这样一个彻底具体化的项目可以沿三个维度进行:(1)将身体置于文化研究之表达的和完全情景化的政治中。(2)告别隐晦的体现,它们聚合诸多"身体参与"这一研究范式下的被文本化的身体的后结构意象。在这里,鲜活的、积极的人类身体(及它们的身体政治)从事时而肮脏、时而困难、时而危险的身体接触。(3)与研究行动(research performance)的身体政治,也就是身体文化研究(physical cultural studies)的研究方案,进行自我反省式的斗争。

我们首先将身体文化研究置于更宽广的讨论中,这些讨论涉及文化研究、文化链接(articulation)和情境分析。然后,我们再直接讨论研究方案的具体性实践,参考这一全新领域的不同文献(包括我们自己的一些研究),特别是要与运动的身体关联起来,对身体参与的愿景进行讨论。这样,我们进一步研究文化研究中显而易见的批判反身性身体,以及他们如何贡献于公共教育事业——并最终成为一种沟通重要社会理解、社会批判和情感化社会科学研究的手段(Lincoln,2004,p.140)。

再论文化研究中的政治

回顾历史,至少是从 20 世纪 50 年代中期至今,诸多可辨路径中的文化研究成为当代学术话语的中流砥柱。就制度化发展而言,流行但又不无争议地说,(西方)文化研究的起源可追溯到 1964 年英国伯明翰大学当代文化研究中心(后简称为"CCCS")的建立。该中心由霍加特(Richard Hoggart)建立,不久后在霍尔(Stuart Hall)的领导下达到顶峰。从理论意义上讲,该中心的研究总体上"用文学批判的方法去理解流行文化和大众文化,并发展一套用于特定文本评价的标准"(Dworkin,1997,p.116)。霍加特(Hoggart,1957)的《文化的用途》(The Use of Literacy),威廉斯(Williams,1958)的《文化与社会》(Culture and Society)和汤普森(Thompson,1963)的《英国工人阶级的形成》(Making of the English Working Class)这三部作品被视为早期(英国)文化研究的种子。这些学者的研究具有内在的(inherently)政治性[3],他们积极介入"二战"后对"英格兰"国家认同危机的理解——具体而言,为什么大部分劳工阶级选择与流行的政治意识形态结盟,虽然这些意识形态与传统的劳工阶级价值观相左,且没有对其进行体现。

然而,尽管在霍加特领导下的 CCCS 关注英格兰劳工阶级的日常生活经验及其转型,霍尔领导的时期则将文化研究引向一个新的方向——被他称为"无担保的马克思主义(Marxism without guarantees)"(Hall,1982)—— 他试图解释在 20 世纪 70 年代下半叶英国政坛新右翼势力的兴起。因此,霍尔的研究聚焦于:在研究对象所在的时空中,文化意义、关系和认同所具有的情境化特性。在这一转向中,很多研究成为该领域的标志性著作,包括《监控危机:抢劫、国家、法律和秩序》(Policing the Crisis:Mugging,the State,and Law and Order,Hall,Critcher,Jefferson,Clarke,& Roberts,1978),伯明翰大学当代文化研究中心出版的《帝国反击:70 年代英国的种族与种族主义》(The Empire Strikes Back:Race and Racism in 70s Britain,CCCS,1982)以及《学做工:工人阶级子弟为何继承父业》(Learning to Labor:How Working-Class Kids Get Working-class Jobs,Willis,1977)[4]。

但是,正如安德鲁斯和洛依(Andrews & Loy,1993),以及安德鲁斯和加迪纳(Andrews & Giardina,2008)所提醒的那样,文化的肉身性已被长期镶嵌在(英国)文化研究的传统中,这种肉身性最明显地与运动身体相关,但也与休闲身体、活动身体和健康身体等相关。事实上,在霍加特(Hoggart,1957)对英国战后劳工阶层文化的批判中,此种肉身性已成为一个再兴焦点。霍加特的《文化的用途》的副标题"劳工阶级的生活,特别是出版及娱乐领域(Aspects of Working-Class Life,With Special Reference to Publications and Entertainments)"表达了他对如运动这样的大众化制度隐式的聚焦。的确,霍加特的文化人类学方法将运动文化视作一种与劳工阶级生存之物质条件与经验明显相关的大众实践。

> 在工作中,与性相提并论的谈资是体育运动。在读很时尚的《星期日新闻报》(*Sunday Newspapers*)时,人们对体育运动全面报道的阅读时间相当于他们在本周犯罪评述上花的时间。体育报道往往起始于个体的个性,从运动员的宗教信仰和姓氏谈起,如"Jim Moston""Arthur Jones"和"Will Thompson",然后谈及比赛的技术细节,时常伴有对比赛高潮及赛季历史的回顾。人们谈论他们知道的人物时,至少在将其描述为赛场上的人物时,说出他们所尊敬和喜欢的个性。(p.91)

此外,继霍加特之后,汤普森(Thompson,1963)在其代表作《英国工人阶级的形成》中界定数种身体休闲和运动实践,在工业化的背景中,这些实践都参与创造了融贯的英格兰劳工阶级文化。

不过,安德鲁斯和洛依(Andrews & Loy,1993)在对 CCCS 文化研究论文中的"体育"所进行的权威性挖掘中指出:以运动为焦点的文化研究项目正是在 CCCS 文化研究走向制度化时出现的。通过检索在该组织及英格兰文化圈中谈及运动场所和运动/身体之躯的论文,我们可以看到以下著作:克里切将足球(Critcher,1971)和女性运动(Critcher,1974)视作文化实践并对其进行描述;威利斯有关摩托车俱乐部(Willis,1971)和女性运动(Willis,1974)的研究;沃特森(Watson,1973)对赛车死亡率公开声明的解释;克拉克对足球流氓相对于光头党的描述(Clarke,1975);以及彼得斯(Peters,1975)有关体育节目电视覆盖率的论文。

该领域的早期进军者中少不了米勒。在《文化研究指南》(*A companion to Cultural Studies*)一书的介绍部分,米勒谈道:

> 记得当我看到 1973 年伯明翰中心的文化研究论文的封皮时,我非常激动,封皮底部中间偏左写道:
>
> 文学——社会
> 赛车
>
> 这些主题混在一起(正如报纸上的这个例子)在我看来是很自然的,但当然,它不是学术意义上的"正常"。将它们视为关联之物,从人民生活与经由媒介的现实来看是绝对合乎情理的,而从对劳动力的学术区分和辨别层次来看又是完全不可能的。(Miller,2001,pp. 12-13)

在这些研究的介入下,运动身体/身体文化研究兴盛起来——最初较慢,但后期突飞猛进——该领域在 20 世纪 80 年代早期直至 90 年代开始成型并向多个方向发展(如 Andrews,1993;Clarke & Critcher,1985;Cole & Hribar,1995;Gruneau,1985;Gruneau & Whitson,1993;Jackson,1992;Tomlinson,1981;Whannel,1983)。两位更多产的文化学者克拉克和克里切继承早期作品,总结出一套指导性原则。在《魔鬼的工作:资本主义英国的休闲》(*The Devil Makes*

Work：*Leisure in Capitalist Britain*，Clarke & Critcher，1985）一书，克拉克和克里切聚焦休闲和流行文化的问题政治，他们的研究兴趣"并不在于休闲本身，而是在于休闲告诉了我们有关社会发展、结构和组织的什么"（p.xviii）。继克拉克和克里切的研究，我们认为我们对身体的主要研究兴趣不是针对物质的身体本身，而是有关当代史中的社会发展、结构与组织，身体到底告诉了我们什么[5]。

身体文化研究之"身体"意味着什么？

正像霍尔（我们从他那里再挪用了本节的标题）在其文章中提出的问题："黑人流行文化中的'黑人'意味着什么？"我们提出以下问题："我们提出身体文化的时机是什么？"很显然，这个时代，经济发展与民主的诉求在很多方面替代了这个社会为保障青年人、穷人及遭遇困难的人的健康的意愿。在追求纯粹的自由市场条件的过程中，凯恩斯时代的福利国家的劳动与休闲遗迹正在被缓慢地根除；通向身体竞赛与健康之路被殖民化，并被塑造成排他的、只服务于资本积累的目的；在全球身体文化的绝大部分领域中，妇女的身体、同性恋者的身体和作为异己的差异的身体仍然在很大程度上被边缘化。现在，身体正在经历比以往更加严重的幼儿化、性关系化、客体化的规训体制。

至少就界定的目的来讲，这是一个恰当的描述；但是，我们如何才能更好地理解（上文所提到的）发展对真实个人的基础影响。我们如何才能更好地理解——交流——一种文化使用域。这个文化使用域是当文化努力去重塑自我和主流文化时，人们感到伤痕崩裂般的痛恨、绝望、气愤与孤立无援的故事（Denzin & Giardina，2006）。正像劳依（Roy，2001）曾意味深长地写道："就像你为一种不可见的力量（你看不见的什么人或什么物）而丢失了家园、土地、工作、尊严、过去和未来。"（p.32）我们如何能更清晰地看到"理解是由嵌入研究中的文化经验构成的"（Berry & Warren，2009，p.601），行动是由"文本与身体之间的动态、辩证关系"（Spry，2001，p.711），并通过它们，被赋予意义的。

我们相信，上述问题的答案是有关身体文化的最优的质性研究（这些研究对反人类的结构、实践和积极身体之文化中的符号行动进行调解），正如拉克劳和墨菲（Laclau & Mouffe，1985）所说，运用身体的和意识形态的实践去链接（articulate）具有这种更广泛情境力量的人类经验。这些链接意味着强调"任何实践都在建立要素之间的关系，以至人们的身份认同被调节为这种链接实践的结果"（Laclau & Mouffe，1985，p.105）。在霍尔的作品中（Hall，1996），在界定辩证理论与链接方法的过程中，有关拖车的比喻很有助于理解这种实践。

"链接"意味着发声、说出与表述清晰。它蕴含着使用语言和表达的意义。但是针对这个词汇，我们也谈到卡车的"相互连接"之意：在卡车中，前（驾驶室）与后（拖车）两部分能够相互连接在一起，但不是必然的。这两部分通过一个特殊的联动装置相互连接,但这种连接有可能断裂。"链接"一词就是指一种能在特定条件下将两种不同元素连接在一起的形态。这种关联不是永远必要的、一定的、绝对的。你需要理解在什么情境下,这种连接可以被锻造而成。(pp.141-142)

或者,如斯莱克(Slack,1996)所说,"链接(articulation)"既是宏大的情境构成与我们试图建立的经验转移之间的连接,同时也是我们进行研究的方法论知识(the methodological episteme)。对于情境与实践之间的连接,以及对于实践制造情境的途径,斯莱克写道:"情境并不是外在的,即作为实践发生之地或影响实践的发展,而是说认同、实践与效果通常构成特定的情境,并在这一情境中它们得以成为特定的实践、认同和效果。"(p.125)

由此,我们的身体文化研究项目并不是简单的情境描绘或是抽象的身体地图,而是一种利用政治的和被政治化的身体去直接介入人类活动或与其发生互动的方法。这就是说,连接实践制造了社会的、政治的和经济的情境,同时也被其制造。而且,如果我们要走出结构性马克思主义先辈的重复性僵局,就必须跳出受早期马克思主义者的决定论立场影响的社会思想,强调身体文化既不必然与决定性的结构性领域(如经济基础决定上层建筑的论调)相一致,也不必然不一致(认为文化相对于经济基础是绝对自由的)(参见 Hall,1985;Laclau & Moufe,1985)。换句话讲,借鉴安德鲁斯(Andrews,2002)的表达,我们或许应这样讲,处于任何局面下的身体的结构与影响都是力量与实践之间相互交叉且方向多重的链接的产物,这种链接构成了社会情境。历史时刻或重大关头的特殊性意味着身体文化与特定力量(如经济)之间存在着并不必然对应或无相关性的状态。社会力量的确能够决定身体实践的既定性,然而这种决定作用是无法事先保证的(p.116)。

尽管我们说没有让身体沿着特定路径被生产的必然保证,但这并不意味着社会、政治与经济结构的力量永远不会压倒身体。重新表述马克思,以及后来的米尔斯(Mills,1959)的著作,我们制造我们自己的文化身体,但并非在我们选择的条件下进行。忽视这一辩证基础就会立刻将身体抽象化,并祛除其存在的政治性。置身于学术-工业化复合体的发展浪潮中,对身体的去情境化或反辩证性分析被赋予政治色彩。去捏造政治中立本身就是一种政治行动,支撑一种看似自然的、理所当然的现代生活形态的霸权——正如激进历史学家,辛(Zinn,1996),给我们很著名的提示:"你在前行的列车上不可能保持中立。"受约翰逊(Johnson,1987)对(英国)文化形态的研究的启发,安德鲁斯(Andrews,2008)谈清以下问题:"身体文化研究者必须在与'断裂'做斗争时保持警惕,如果在我们所做的研究中,身体文化形态脱离了有关'权力和社会可能性'的情境分析,这种断裂必然发生。"(p.58)在对身体之文化的批判研究中,我们试图通过身体化实践去寻求对情境,以及对情境压力之下的人类身体束缚或解放潜能进行更好的解读。

　　由此可见，我们应该努力去生产或引出一种能够质疑政治的或被政治化的身体之陈词滥调的公共教育。的确，通过解释作用于身体的历史情境的社会建构性，身体文化研究应该对两种人培育一种批判意识，一是社会、文化和经济地位与过去的异化、剥削文化连在一起的个体，二是仍在遭受不幸的个体。当卡林顿（Carrington，2001）哀叹当今所谓的（身体）文化研究有太重的去政治化属性时，他明确地指出：

> 　　能够解构耐克广告中的对话过程只是一个方面，另一方面则是通过这些鞋子在西方贫穷内城区的消费及其所产生的意义，将其联系到东南亚制鞋的剥削性经济生产，而这个过程通常不被关注。（p.286）

　　如纽曼（Newman，2008）所言，尽管卡林顿这种虚假政治性的批判文本或许在一定程度上"教我们消费文化、晚期资本主义和内在的身份认同政治"，但是它"未能解释使这种话语形态之所以有意义、有效果、有力量的实践之辩证性"（p.2），未能超越文本，而去批判文本、情境与对日常权力之物质现实的介入之间的关系。

　　为避开这一陷阱，我们积极跟随并认可巴西批判教育家弗莱雷（Freire，1970/2006）——他的教育方法是一个反压迫政治与解放教育学、课堂教学与每日遭遇的混合体——去培育一种流行教育，旨在提升个体关于人类生存条件之政治与压迫领域的觉悟（启蒙）的公共实践中。对弗莱雷而言，这种批判觉悟或启蒙，是当个体发展出一种有关对话、政治与经济结构如何作用于其日常生活的认识论觉醒时产生的。这种觉醒是从持续的与自我生活中的压迫性元素进行对话和思考的过程中培育出来的，积极地想象并创建一个真实转机，一个平等社会形态。

　　邓津和加迪纳（Denzin & Giardina，2010）所写的弗莱雷启发下的质性研究与人权研究论文集提醒我们，采取质性研究"不仅仅关于'方法'或'技术'"，而且是一个固有的政治课题，旨在"通过实现社会正义和实现彻底的、进步的、民主的方式来让世间可见"（p.14）[6]。在实践层面上，这意味着对"从未中立，从未独立于语言、社会和政治的影响"的公共教育学的赞同（Giroux，2000，p.8）。其目的是支持一种社会参与的公民身份，这实际上是麦克拉伦（McLaren，2000）的革命性教育学（revolutionary pedagogy）。

> 　　革命性教育创造了一个反对将日常生活正常化，反对将动作、遭遇和冲突诗意化的叙事空间。在其中，主体性被不断消解、重构。这就是说，在这一叙事空间里，主体性可以背向自身，引发两种行动，一是通过命名来认定世界，二是通过揭开面纱和取消掩饰来反对世界，这是潜在于命名活动本身的。（p.185）[7]

　　该领域的主要仲裁者都曾表示，只有通过严谨的、经验性的质性研究，我们才能阐明当代身体文化的复杂性（如 Andrews，2008；Andrews & Silk，2011；Hargreaves & Vertinsky，2006；Ingham，1985；Markula & Pringle，2006）。我们很

赞同这一点,而且一批基本上沿此思路的研究正呈增长之势,这些研究主要讨论身体文化研究的前途和潜力。

雷奇(Reich,2010)关于 20 世纪早期体现于著名健身大师亚特拉斯(Charles Atlas)(出生于意大利卡拉布里亚西西里岛)的美国身体文化的调和维度的杰出研究就是这样的一个例子。她为"身体塑造摄影和创造及其营销自身偶像化健身计划"的文本话语赋予意义,这使亚特拉斯得以完成从"意大利移民到美国男子气概的支柱"的公众性转变(p.450)。正如一项有关文化史与媒体的研究指出的那样,雷奇的文章提供了一个针对时尚历史人物的鲜活的、具有启发性的批判研究,亚特拉斯的成就与名望是基于他的身体以及被赋予其上的意义,这一意义赋予过程是由当时尚处业余状态的营销和广告业完成的,特别是与移民的复杂种族政治相连。以类似的风格,德沃金和沃奇斯(Dworkin & Wachs,2004)在对《怀孕健康体态》(Shape Fit Pregnancy)(一份针对"年轻、智慧、富裕和专业"中产阶级女性的杂志)的文本分析中探究了后工业时期母亲身份的社会性别话语。这是一部在美国健康和塑身潮的顶峰时期,对流行与政治力量如何塑造女性、成功和健康身体叙事进行评论的代表作。当然,以上只是近年来诸多作品中的两部(如 Aalten,2004;Atkinson,2008;Brace-Govan,2002;Butryn & Masucci,2009;Chase,2008;Cole,2007;Evers,2006;Francombe,2010;Fusco,2006;Grindstaff & West,2006;Helstein,2007;Markula,1995;Metz,2008;Miah,2004;Schultz,2004;Scott,2010;Thorpe,2009;van Ingen,2004;Wedgewood,2004;Wheatley,2005;等等)。这些作品为身体文化研究设定了暂时性的规则(更详细的解释请见 Andrews,2008)。

我们在其他文章中曾以很长篇幅讨论了这一新兴领域的几项核心原则(见 Giardina & Newman,出版中),在一些方面打破了我们同行的定义性的与历史传统。我们这里的目的是能更广地推及至普遍的文化研究,充分地说,我们要超越媒体的、文本的、身体上的脱离状态,更积极地参与研究——无论经验研究的焦点是什么——这种角色不会将自己缩减至文本形式、媒体表达和/或宏大身体叙事,或是将研究者自己的身体及政治(或两者的结合)从讨论中抹去。

我们反对的是对被政治嵌入的身体进行抽象,是祛除作者的身体及其自身经验的辩证性。这些让位于修辞性的虚张声势,在一些情况下读起来像是有教养的臆测。要想让(身体)文化研究成为一个学术领域——或至少在这本手册的篇幅中推动这个(些)领域的发展——我们认为这种研究不能仅仅是一个空洞的比喻,一个对置于文化领域中的针对任何目的的研究的平淡无奇的描述:我们不认为单纯地书写、汇报身体或是简单地将文化研究传统用于身体文化(我们观察到过去十年中这种趋势正在发生)就是足够的,就好像我们显而易见地已处于身体研究(或身体社会学等)的领域中了。所以,我们的事业不是针对身体进行书写和研究,而是通过身体去书写和研究,将此作为研究行动的主要力量。

换一种表达方式,我们不能允许(身体)文化研究成为出于专业便利的学科。文化研究必须要超越简单地对某种客体进行有距离的批判式"阅读"[8]。我们不能再让身体文化研究陷入文化研究的病态命运(很不幸,在北美大多是这样)。正如伯鲁比(Bérubé,2009)新近的一份令人沮丧却十分尖锐的报告中指出的那样,"现在意味着所有和什么都没有;它已快速地与'文化批评主义'在总体上合为一体,同时又与一种'流行文化很有趣'的快乐方式联系在一起(n.p.)"[9]。我们不能坐视这个领域放弃政治介入性的、行动性的研究领域的共同许诺,而去支持为了制造学术和经济资本而这样做(我们也不能轻易承认自己并不可能对此免疫)。而且我们不能忽视在一定程度上有关身体的事实,以及针对身体及通过身体所做的研究,是相应而生的;受时空所限的身体仍然被围困在越来越强的规范与霸权,甚至有时是很危险的力量之下。

邓津(Denzin,2007b)提醒我们,最好的(身体)文化研究应该被理解为一个具有明显政治色彩和积极意志的工程,一种与乔姆斯基(Noam Chomsky)在其1967年的文章《学者的责任》(The Responsibility of Intellectuals)中的表述类似的公共理智主义。他在文章中指出:学者(比如你)具有道德的、伦理的和专业的责任去说出真理,去揭示谎言,去从历史的角度看待事件(同样见 Denzin & Giardina,2006)[10]。要做到这一点,我们必须深入思考"文化政治的基本含义、作为公共知识分子的学者和文化工作者,以及文化教育学的中心性——道德与政治实践"(Giroux,2001,pp.5-6)——确实去思考研究行为的政治维度。我们必须寻求批判的方法论,这种方法论能够"反抗、抵制并帮助我们呈现、想象和建设自由的乌托邦"(Denzin,2007b,p.40),能够帮助我们创建一个将我们自身镶嵌其中的、行动的、意识形态的、教育性的世界。我们必须将教育视作一种"转化智慧的实践,能够包容不同流派的艺术家和批判家,以及研究者和教育者"(Dimitriadis & Carlson,2003,p.3)。追随劳依(Roy,2004),我们必须"永远不要让任何一点专业知识将我们变为说谎者,避免过路者未经认可的好奇心"(p.120),而要做到相反:"我们应创造连接桥梁,按点连线,像讲故事一样讲述政治,沟通并实现我们的目标……而且拒绝制造障碍,阻止普通人去理解发生在他们身上的事情。"(p.10)[11]此外,正如巴特勒(Butler,2004)在其道德诗歌《危险的生活》(Precarious Life)中所谈到的,我们必须致力于创建"一个公共意义上空间,在其中,反对的声音不会被惧怕,被贬低,被消灭,而是会因其时而表达的可感知的民主而得到珍视"(p.151)[12]。

不过,这并不是说我们的答案是(或应该是)"先前预定的",也并不是说我们的政治应该成为"一种借口,从而不去做那些能够更好地理解斗争和可能性之情境的工作"(Grossberg,引自 Cho,2008,p.121)。相反,正如弗莱雷(Freire,1999)在《自由教育学》(Pedagogy of Freedom)谈到的:

> 对新自由主义的厌恶有助于解释为什么当我谈起拾荒者被判刑的不公正状况时会气愤。这也有助于解释我为什么对新自由主义任何有关公平的主张毫无兴趣。我不是公平和客观的,也不是一个对事实的静止观察者。我从不拥护那些虚伪地主张公平与客观的特性。但是,这不能阻止我占据

一个严格的道德位置。任何观察者都会基于给定的视角进行观察。这并不意味着观察者的位置是错误的。错误的做法是,一个人对自己的观点很教条,而且忽视了这样的事实:即使一个人确信自己的观点,这也不意味着他的位置总是道德的。(p.22)

在接下来的部分,接续以上内容,我们将为具体的文化研究项目勾画出理论与方法论进展。

身体文化研究和"身体参与"

要让我们的(具体)研究不只是在主题上关注身体与肉身性(以不同的形式,从积极的到消极的),我们需多多少少地追随(英国)文化研究传统中的最佳政治与实践(如反学科性、研究反身性、政治性、理论性和情境性;Grossberg,1997)——首先,也是最重要的,我们应开始将(身体)文化学的研究方案作为一种必然的"具体化行动"(Coffey,1999,p.59)。科菲(Coffey,1999)在《民族志的自我》(*The Ethnographic Self*)中写到,我们必须认识到在多大程度上"我们的身体和他者的身体是在实际中完成田野调查的中心。我们自己的身体与他人并肩存在,协商田野中的空间情境"(p.59)。这似乎是显而易见的。但唐内利(Donnelly,2009)提醒我们,很矛盾的是,一个人研究行动的具体实践通常被忽视,这可能是因为在开展质性研究中"身体角色的不可避免性"。阿特金森等人(Atkinson,Delamont,& Housley,2008)曾用较长篇幅谈到如何避免民族志中的这一疏忽:

> "参与观察"指向的不仅仅是单纯的观察,还包括民族志研究者的具体在场。很清楚,我们不可能不带自己的身体而出现在与田野活动者的关系中;"参与"的要素是以身体为形式的。(p. 140)

同样地,唐内利(Donnelly,2009)指出:"'参与'包含在田野中为研究者制造与保持社会、文化与身体的空间。"(p.4)

为生产对被压制的和转化型的身体而言具有明显启发意义的教育学,我们需运用能够解释身体文化的细节、变化和复杂形式的理论、策略与认识论(特别是在研究行动中对我们自己的身体产生影响的理论、策略与认识论)。参考皮纽(Pineau,2000)有关行动的具体化身的见解,斯普里(Spry,2010)用以下方式描述这种参与性的研究行动的认识论必要性:

> 我们生活在自己的身体中,通过分析我们的身体在这个世界中的表现来了解自身、他者和文化。在认识论的形成过程中,行动的身体立刻成为研究资料库、资料收集器,而后是知识创造过程中的资料阐释者。(p.160)

认识身体这个过程的属性是(且一直是)被政治缠绕的,也是在意义上辩证的。正是基于这一动力，继麦迪逊（Madison，2009）之后，具体化研究项目之要求的拥护者应做到：

> 不仅包容作为我们存在的感觉或感知之所的身体 —— 我们呼吸的港湾—— 也包容我们身体的脆弱性，即，为了知识的领悟与发现，身体必然会在另外一个人的空间和时间中移动——运输我们的存在与呼吸。身体的知识，身体中进行的知识，是现在的证据……在存在论和本体论意义上，这是互为主体性的脆弱，因为在标志性的现场，身体会赤裸裸地相互摩擦，我们生活在生与死的两个极端中。（p.191）

但是，这种参与的、介入的、自省的、交互的和实践的方法即使不是相互矛盾的，在一些情况下也会导致混乱。例如，沃昆特（Wacquant，2004）在其广泛获得赞誉的、关于 20 世纪 80 年代晚期至 90 年代早期芝加哥南部的拳击文化的著作《身体与灵魂：有关一位学徒拳击手的民族志笔记》（*Body and Soul: Ethnographic Notebooks of an Apprentice Boxer*）中呈现了他与“肉欲社会学”的关系。在这种关系中他的身体协调三方面的交叉力量：他的血肉之躯的行动；他在训练时所做的内部斗争；他与自己的教练和拳击同伴的互动。尽管该作品是一份早期进入身体文化研究“万神殿”的知名研究 —— 这些研究的绝大多数的确是将研究者自己的身体作为知识生产的主要源泉 —— 沃昆特忽视了呈现过程中的政治，这种政治控制了他的身体以及他所处的情境。在对沃昆特的文本进行较为尖利的批评时，邓津（Denzin，2007a）提醒我们：

> 他的方法假定了一种并不被文化神话影响的现实，或自我夸张的陈述。他想让他的具体化方法直接进入拳击者真实的现实世界。（但是他的）身体社会学停留在身体层面，在暴力运动中垂死挣扎的白人或黑人男性的身体。这是一个外在于时代的社会学、一个或许在说时代已逝去的社会学。（pp. 429-430）

因完全停留在身体层面，沃昆特的叙述缺乏一种“反身性的批判语言和实践，一种正视或超越新自由资本主义的压制性文化范畴的方式”（p.430）。

在罗斯曼和拉里斯（Rossman & Rallis，2003）之后，具体化的文化研究必然地成为一种“循环的、反复的、杂乱的、冗长的、难懂的，充满模糊的和刺激的”复杂混合体（p.4）。当我们努力“以一种避免将本土经验简化为社会理论支柱的方式来打造微观与宏观时”（Saukko，2005，p.345），我们必须对自己的身体及自身行动如何影响研究过程保持警觉。我们也要敏感地关注我们的研究行动如何再制一套特定的、受新自由主义种族及文化政治影响的秩序（Denzin，2007a，p.430），并对各种并发于身体之上的广泛社会力量（从媒体到政治的力量）保持觉察。这两者不是二选一的关系。

在不同程度上，新一代的学者与麦迪逊及其同僚提出的哲学规则站在一起，以下三个案例就是其代表。

迈尔斯（Mears，2008）在一份有关纽约时尚产业的民族志中——她在研究过程中做了模特工作——坦率描述了她的研究身体如何参与建构一项有关社会性别、权力和文化生产的批判探究。以下的摘录很必要地表达了她的"身体共现（bodily copresence）"，在其中，她描述了排成一队的模特，以及在何种程度上这一时时存在的、批判的注视如何在模特们相互比较身体的过程中作用于彼此。

> 在排练的 T 台上，当一位模特走过去的时候，我前面的模特评论道："她的腰真细！"站在后台穿着我们的首次亮相装——小比基尼——模特们（包括我在内）从头到脚地相互打量。在站成一队后，过了一会儿，我们都双臂交叉于腹前。也许别人是累了或烦了，但我是在遮挡自己。（p.438）

对迈尔斯而言，研究不仅仅是表达方法论的机械过程：它是一个个人化、内在化的旅程—— 一个复杂的自我约束的过程，旨在直接调节塑造、控制和剥削女性身体的生产与消费的条件。这不是一个临时的、超然的民族志者的作品，认真记笔记以便登记并"再制"社会世界（就好像这真能做到一样！）。相反，通过积极的身体介入——在时尚产业的霸权空间中工作，迈尔斯经过她的身体更好地去理解这一职业对他者情感劳动的身体及心理要求，同时去挑战最易受伤害者（如年轻女性）所要面对的冷酷后果。皮里亚斯（Pelias，2005）清晰地阐释了这个问题，这一方法含有深思熟虑的认识，即"个体身体为理解书写在个体身体上的政治和霸权系统提供了最有说服力的资料库"（p.420）。

以类似的风格，加迪纳（Giardina，2005，2009）对跨国迁徙、权力和政治的身体参与式研究，对流动的全球化经验中所显示出来的复杂、矛盾和持续变动的认同行动进行了活体解剖。无论是触及复杂的英国殖民的空间历史、亚洲人在伦敦和曼彻斯特的大流散，还是见证流行于美国流行-公共领域，位于纽约市扬基体育场的猖獗的排外国家主义，加迪纳都积极地将自身与自己的批判缝进并贯穿全球社会关系的图景中，包括他自己的诠释性身体与从土地、家庭和国家分离及再连接过程中的互动。当他描写一箭之隔的波罗的海时，颇费笔墨地反思道：

> 奇怪的是，在一个我几乎不能清晰地讲当地语言的国家，除了不点错菜谱上的食物（我想我确实说了听起来和'Jag skull lik en hambergaren och en soda, behaga'很像的话），我最终感觉异样地与这个世界联系在一起。尽管描述其他人的灵活或混杂的文化和认同行动对我来讲是比较简单的，但写我自己对这些框架的（再）链接——意义赋予——却是一项难得多的任务。但是，在文本中，在潜台词中，在表达行动中存在着（一些）时刻，在其中，我要面对在他者的行为中我自己的（跨）国家无界限的、漂浮的身份认同。这些他者是被物质化的、可呈现的、他者化的（时常通过不经意地透露白人特权达到的，如在机场过安检时不被盘查）：一次，在我从伦敦"回家"的路上，我从免税店的镜子中看到自己的形象。我穿着一件深蓝色羊毛套头衫、牛仔裤、瑞士产的 Bally 鞋。没人会把我误认为是美国人，除非我们相互交谈……我从不宣扬这个。但是为消磨飞机起飞前的几小时，我在希斯罗机

场第三航站楼的 T.G.I Friday 餐厅吃了一个培根耐劳汉堡，喝了一杯库尔淡啤。"我还能比这更美国人吗？"（我当时想）（Giardina，2009，p. 174）[13]。

在这里我们看到，加迪纳将他的生活呈现为"与田野及田野中的人们彼此地、互相地共同表达"（McCarthy et al.，2007，p.xx），他的身体不仅被卷入他的研究行动本身，而且贯穿其中。他揭示了"研究者在田野中的身份、经验与研究发现之间无法回避的链接"（Joseph & Donnelly，出版中）。这是一种直白的尝试，"强调研究中丢失的人性艺术、自我质疑、深度自反和对话，努力将我们自身再次连接到我们生活于其中的断裂的、分化的世界"（McCarthy et al.，p.xx）。卡林顿（Carrington，2008）认为这种尝试：

> 要发展一种对自我的反身性表述，对批判性研究敞开大门。这种批判既是对与研究相关的研究者自己的传记的质疑，也去思考叙事的行动者如何将分析的目光转向研究者，去消解或至少是提问研究过程中的主/客关系，即使我们只有一个统一的、固定的、单一的自我。（p.426）

引用米哈（Minh-ha，1991）的话，这是一种努力，去"质疑我们的写作所展现的事实，去引发人们讲出故事，被写出来、表现出来的故事。"（p.188）

第三个例子引自唐内利（Donnelly，2009）对轮滑竞赛中的"女性的同一性"所作的研究。该研究明确地把置我们的身体于空间的经验不确定性中的观念与身体实践绑定在一起。

> 当开始有关轮滑比赛的研究时，我敏感地从形象管理方面意识到了我的身体。我们认真地考虑如何着装，如何行动，去哪里，成为什么，等等。更成问题的是，我起初很担心我自己的行动之躯难以承受住这个即便不是危险的运动对肢体的要求。但是，我的研究行动的显性身体经验带来了意想不到的后果，即将我的身体可见地转变成一个一年中每周轮滑数小时的人。很重要的是，科菲（Coffey，1999）指出，"在一些场所，参与该场景中的身体活动可能会成为获取田野理解的重要部分。"当我认识到自己身体的变化时，我意识到，也更深地理解到，我常听到研究参与者所说的"德比身体"，特别是"德比屁股"的含义，——只有通过我的身体，我才能明白那些在我周围的身体。（p.8）

唐内利谈到了，充分地运用由身体（通过身体）产生的知识去理解研究对象的身体互动、感受和身体性。作为一个韦斯特（West，1991）所谓的批判道德主体，"能够理解自身介入田野的后果全然是具有政治性的，以其对解放、博爱、关怀和自由之政治的贡献来评判"（Denzin & Giardina，2006）——唐内利（及其他从事相关研究的学者）并不仅仅呈现了一个虽参与故事讲述但却带有逸事色彩的身体政治之观察。她阐明了，对于批判主体与文化研究煽动者来讲，"身体与田野角色及关系是缠绕在一起的。这既是从我们的身体如何成为田野理解的一部分这个问题来讲的，也是从有必要学会特定社会场域中的具体化的技巧和规则(尽管通常很隐秘)来谈的"(Coffey，1999，p.73)。

通过将研究者的血肉之躯置于身体之中——分享我们经历田野调查的身体方式——我们能更好地阐明社会性别和接纳或排斥中的政治,以及以身体方式作用于这些身体文化场域之上(中)的政治。这样,我们就能够以自身的主体性来透彻地批判并自反地评价文化情境,用迪亚蒙德(Diamond，1996)的话来说,这种主体性"充满了矛盾、不一致、张力、声音与沉默……断裂变化、边界跨越和不同场域间的协商"(p.1065)。**但是这样做最终意味着,研究者的身体(及其对自我的观点)在面对深陷其中的政治性的险恶情境时是脆弱的,同时也被这种情境弄得非常脆弱。**这一点将在下一部分进行详述。

有关身体(文化研究)批判性反思

上文指出,最好的身体批判分析是那些通过辩证想象工具和一种严谨的,通常变动不居的有关研究者与研究行动的自我意识来正视身体的研究(参见Langellier，1999)。由此,去包卷我们简单的生活世界——去挖掘社会生活的多重维度——对于我们自己的身体与我们所从事的批判文化分析如何彼此架构,我们既需要对其加以利用,又需要对其进行反思。换句话讲,我们需将自己的脆弱身体置于空间实践中,而且要尽可能多地去反思这种身体放置(再置)如何生产新的维度、复杂的关系和新的身体化认识论。

就这一点来讲,卡林顿(Carrington，2008)有关种族化表演、反身性和身份认同的研究最具启发性。在针对并联合一支英格兰利兹的"黑人"棒球队进行研究时,他质疑(自己的)黑人男性气质以及他所经历的对黑人身体性的不同的排列与行动反复(如,作为一个伦敦南部的黑人被来自老西约克的队友视为"英国黑人",而非他们自认为具有的"真正"的加勒比身份)。在质疑黑人身份自身的意义时——这一点是通过研究者对自己"进入,但未充分进入"这一特定黑人文化场域的位置进行深入的个人化与反身性的描述来揭示的—— 他认识到了问题的关键:

> 我是带着我自身的黑人身份进入关系的……我开始去关注自己"最个人化"的方面;这就是说,我开始去思考作为"黑人"对我来讲意味着什么……当我协商田野关系时,我的黑人身份遭到质疑,我在田野中的经历也变得很困难。我的个人日记采用反身性提问的形式:我在什么程度上是个黑人?我够黑吗?这个问题到底又意味着什么?(pp. 434-435)

启发巴特(Roland Barthes)研究的甘农(Gannon，2006)可能会说,卡林顿的严肃告白揭示了一个活生生的身体如何成为话语的、多重的,但又在眼前的场域,在其中我们并不寻求任何恐惧的原点,但关注遗迹和不可靠的碎片,通过它们去"强调自我与其脆弱的、特殊的社会、文化与历史位置之间的辩证关系"

（p.477）。或者，如科菲（Coffey，1999）所说，

> （他）从事了书写与再书写身体的实践。这不仅包括对他者身体（如行为者的身体和社会的物质实体）的描写。我们同时参与回应并书写自己的身体——以及厌烦的、适宜的、伤心的、暴露的或行动的身体。（p.131）

卡林顿并不是唯一的研究者去坦言自己在探究身体化政治的过程中所表现出的互为主体性身体张力。为我们展示类似的两难处境，希尔克（Silk，2010）揭示了——如果不是开放的质疑——有关其在巴尔的摩市、马里兰市蔚为壮观的消费身份的研究行动，以及这对其反身性和政治自我的麻烦。

> 在红木塔中，我怎样生活和工作才能学术性地投入对社会公正的追求和克服社会不公平的行动中？我怎样才能生产出一项叙事研究，从舒适之角度解释为何城市的重建更支持公民形象而非公民福利。我先前所作的关于这种壮观的消费之所的描述……是不是仅为美化——如果不是强化的话——这个场域，而轻易地忽略了最紧迫的公共健康问题及社会问题？问题比比皆是。社会正义？为了谁？为了什么目标？这是谁的城市？属于谁？不属于谁？我适合在哪？我适合吗？这到底有关系吗？……为了理解、揭示和调解，我们需要变化——反复地，从红木塔转移至坐落于巴尔的摩历史上著名的Pigtown社区的联排房。要做到这一点需要我们穿过马丁路德金高速公路，我的"朋友"和同事都警告过我不能走过去。（pp.5-6）

米茨（Metz，2008）表达出一种在研究中使用身体的内在矛盾。在一项针对国家女子篮球协会的运动员的比赛和母亲身份的研究中，她在思考访谈问题时的内部对话，以及她最终从自己作为媒体成员的身份（她基于这个身份接触到研究参与者）的再审视很有说明性：

> 今晚到达体育场，媒体成员和我从侧门进入，这个侧门是黑色的普通铁门，并不像公众的主入场口那样具有装饰出来的怀旧氛围。突然间，我成了那些运动机械中的一个齿轮，我经常被这个变化弄得惊慌失措。而这又不应大惊小怪。毕竟，我服务的这家媒体让我获得了采访的机会，我拥有被招来评论我的文字的观众，我为访谈录制了预告片，然而突然——在此刻——我作为"媒体"的形象成为现实。作为媒体人，人们应该怎样做？我的研究旨在谴责媒体这一公司机构将我的研究参与者边缘化为福利皇后或贫民窟姐妹。（p.250）

在此处，米茨不仅站在研究参与者的立场上，而且很矛盾地，通过为传媒公司工作以获得最初进入现场的机会。大胆借用奇克（Cheek，2007）有关生存于新自由主义时代的研究策略的论点，仅仅"理解研究场域是不够的"，我们需要提出以下问题，"我们应采取什么行动？我们应站定什么立场？……（以及）我们可以选定什么立场？"（p.1045）或者，像奇克所说的，"除非我们更好地理解我们在这些场域中如何被定位，以及我们可以怎样定位自己，否则我们很有可能被场域

所用,而不是说我们在场域中进行研究,而且更重要的是,针对场域进行研究"
(p.1057)。

　　再回到我们自己的研究,我们每个人都努力去解释——时而用煞费苦心(以
及内省式的痛苦)的细节——我们情境化的身体如何锻造了新的文化辩证与文
化连接。通过对"新运动南方"的(自我)民族志般的研究,约舒亚(Joshua)对自
己的白人身份、南方身份和男性身份进行反身性解释。这在很大程度上就是对
看似平庸的南方运动项目(如大学足球和赛车)的分析。此种分析是对其进行的
身体文化研究的批判性审视(和内部审视)(Newman,出版中)。正如在"新运动
南方"的田野日记中所反思的,他越发关注到,自己的南方人与白人身体——与
其最佳意图相反——在这些场域中,正在形成以身份为基础的权力场。

　　我们来看他的这段田野日记,讨论了他在进入孟菲斯大学和密西西比大学
的比赛之间的几小时中所经历的白人身份的权力与政治性。

　　　　我所属的直系南方人的赛前聚会与我加入的小组开始交际,讲故事并
　　预测比赛结果。在我们旁边的一个聚会者,一个中年白人男性,在小便回来
　　的路上走过我们所站的区域开始聊天。他说:"你们介意我讲个黑鬼的笑话
　　吗?"尽管我想做出负面的回答,但我还是忍住了,我们小组的所有白人都表
　　示想听这个笑话。(田野日记,9月4日,2004)[14]

　　这仅是约舒亚在密西西比大学研究白人身份时所遇到的众多明显的种族主
义"样片"中的一个。在这个例子中,权力是生产性的,因为他能够利用它,通过
研究结果去创造运动员白人身份的新教育。但要做到这点,他必须使自己处于
一种"可见的不可见"状态——用自己的身体进入研究现场,但又不能将这个新
的"自己"强加给他在田野中遇到的人们。正是通过这样的相遇,约舒亚推测,在
田野研究中存在一个身份政治的"可见中心",人们在这里庆祝作为支配性文化
身体性的南方白人的异性父权制,他感到自己正在成为这一中心中的一员。简
而言之,约舒亚将作为白人的、南方人的和男性的自我混入这个群体。在很大程
度上,因为他所选择的研究场地——两大充分渗透新联盟形式的不可挑战的白
人运动领域(密西西比大学足球赛,见 Newman,2010;然后 NASCAR,见 Newman
& Giardina,2008),以及他与这些场域中的占主导地位的白人的对话,他的身体
成为与其他身体相符合的象征。与这些事件的大多数观众一样,约舒亚尽管没
有穿带有联盟旗帜的 T 恤或带有更直白的种族符号的衣着,但他的白皮肤被遮
盖了南方运动场域的"意识形态地毯"(Baudrillard,1983)所遮蔽。

　　尽可能直白地讲,约舒亚的白人躯体——及其所有在当代南方被赋予意义
的意识形态与表型的纠结——无法摆脱地(必然地)与他的研究行动绑定在一
起。正是由于这种纠结,我们之中那些寻求情境性、政治介入和实证性身体文化
研究的学者必须时刻认清我们的身体如何与研究场域中的权力连接在一起。尽
管这里所谈的只是约舒亚在文化场域所获民族志体验的一点点,探究中的政治
性提出了这样的问题,如果约舒亚没有在白人南方男性研究者的界限中被识别

（如"局内人"），这些或其他互动会有什么不同吗？

上文谈及的例子提倡并支持一种强烈的、再介入的意识，这就是梅洛-庞蒂（Merleau-Ponty）所谓的肉体反身性（corporeal reflexivity）：作为具体化主体的研究者的自我觉醒（见 Vasterling，2003）。这既是身体世界的一种话语性能，也是作用于这些话语的、附属于一定存在结构的作用力。在现象学作品中的"最佳阅读"中[15]，正如霍尔（Hall，1986）所说，我们可以推测，梅洛-庞蒂的**互为肉体性**（intercorporeality）模型阐明了身体之中或身体之间的意义生成过程，也阐明了我们试图理解的，发生在身体相遇过程中的权力-知识关系（Kelly，2002）。迪普罗希（Diprose，2002）对梅洛-庞蒂模型的综合阐释值得大篇幅引用：

> 尽管我的身体反身性看起来似乎先在于世界或先在于他人的身体，这让我身体中的想象力占据了支配地位，但其实他人的身体也进入我的场域，"从内到外地操纵我"，正是通过这种操纵，"我暴露于世界的身体被去中心化"。这种通过他人身体之扰乱的暴露并不是一个从外闯入的事件，作用于单纯的认知主体……或置身于他者中的经验内容，而是我们之于世界和真理的首要插入点。（pp.183-184）

很像德勒兹（Deleuze，1988）的"双重"概念，身体话语生产了具体化身：由相似点与相异点投射而出的有意义的文本。我们由此想到他著名的格言，即身份认同是"外在的内化"（p.98），也就是外在身份话语与内在自我定义之间的连接。将我们的研究者身体浸入身体文本的文化场域中（通过服饰、姿势、身体、肌肉系统和行为举止等），我们不能只意识到自己的身体如何侵入他人的身体，同时也要关注我们正在从事并生产各异的"差别过程。"

在这种时刻，我们更清楚主体的双重性；一个具有一定能动性的**主体**，在影响不同经验的同时（如研究现场中的经验），**屈从于**镶嵌在我们自身行动（过去及现在）中的权力。所以我们不去为这方面提供任何答案，而仅仅是用这些对自我、对身体和对反身性及连接之政治性的反思去召唤一种更凌乱的、自下而上的对身体的质性研究；这种研究以一种沉思的连接方法去抵制现代（社会学）科学范式中的规则化倾向与"客观性"神话。从这个角度讲，我们遵从英汉姆（Ingham，1997）的观点，在为身体文化研究打下基础并关注其具体化民族志规则的过程中，他敏锐地指出：

> 在身体文化中，我们共享基因赋予的身躯，但是谈论身体文化就需要尝试去理解基因赋予的身躯如何由社会构成和建构，同时如何构成和建构社会。就这一点而言，我们需要了解社会结构和文化如何影响我们化身具体的自我之社会展现，以及我们具体化的自我如何再制和转化结构与文化；我们对自己身体的态度如何关系到我们的自我认同和社会认同。（p.176）

不要误会的是：尽管这种充满感情的裸露位置可能会带来风险、不适与不确定，这种脆弱和怀疑的感觉是赋权性的（见 Stewart，Hess，Tracy，& Goodall，2009）。这些不确定性出自一种归属的感觉，所以需要研究者反思什么构成了自我；何种审美的、具象的、表演的、（自传）传记的话语与研究行动缠绕在一起。脆弱性提供了一个视角，从中可理解柔弱的身体以及使其不稳定的情境。而且，脆弱的身体提供了（自我）民族志的视角——提醒我们，在约束一个政治性身体的同时，我们也对有关他者身体的诠释和呈现负有义务和责任（Butler，2001）。所以，在研究身体、自我和教育的复杂关系时——以及通过公正与自反途径呈现自我和他者时——我们必须明白自己具体化的身体并限制由此产生的暴力。

准则：非便利的（身体）文化研究

罗奈（Ronai，1992）指出，一项具有深度链接性的身体文化研究应该经历一种"持续辩证的体验"（p.396）。这种体验是由情境构成并建构的，而同时在其中，我们设计话语构成的自我。正如我们批判地解读由不同文化中介生产的文本，尽管这可能带有一些混乱，我们必须努力将我们**自己**，以及**我们的**身体，放置于我们生产的学识中。再次借鉴英汉姆的研究（如 Ingham，1985），我们必须利用自己的身体去理解权力如何作用于身体。此外，在没有充分意识到建构性学习与解放性叙事所带有的斡旋潜力时，我们必须避免去动员一个有进取心的运动员。以上所谈的身体不是社会的身体（一些社会学家希望将我们引向这种理解），而是**有关**社会的身体。

如果我们确实认同一项真正的具有链接性的身体文化研究必然旨在阐明——而不是规则性地概括或简化——人类经验的杂乱性（以及其中的身体性），我们需要**从头开始**培育针对身体的调查研究。正如我们曾论述的，这可以通过与实践者进行精细设计过的批判性对话而达到，也可以通过培育有关实践的述行性呈现——来自人类互动——来实现。我们需理解身体如何获得意义，又为何富有意义，以及"出现的条件"，也就是巴特勒（Butler，2009）所说的，使身体富有意义的条件。简而言之，我们必须"作为意义中的参与者与行为者，这种意义是我们从意欲理解与介入的被压迫世界中引出的，我们高度地卷入被压迫的世界，作为意义生产者、文化公民与同路人"（McCarthy et al.，p.xx）。

注　释

1.在他们之中，伯明翰学派、英国黑人文化研究、拉丁美洲对伯明翰学派的修改、澳大利亚文化研究、黑人女性文化研究、非洲文化研究、加拿大文化研究，以及位于中间的各种形式的研究都既依赖又独立地发展于英国传统（更多详情见 McCarthy, et al.，2007）。

2.然而，不久前当霍尔（Hall，1985）重读阿尔都塞的研究时阐明，这些结构形式对我们的"认知身体"并不具有确保的影响力（见 Lattimer，2009）。而是说，它们能够——而且是确定将能——被质疑。如果我们在本手册中的任务是将（身体）文化研究推向前沿，那么我们的贡献则应在于思考身体的逻辑,"身体教育学"(Shilling, 2007),以及最终,在项目形成阶段的"新身体本体论"(Butler, 2009)。

3. 同样地,卡林顿提醒我们,这种研究在哲学意义上"以劳工阶级的大众教育为目的……期待创建一个真诚的社会主义民主社会……作为一种政治斗争"(Carrington, 2001, pp.277-278),而不是一个纯粹的学术诉求。

4. 霍尔(Hall, 1996)很快指出,发生于这个中心的多种学术转变,特别是有关女性主义和种族中的政治问题,并不是没有经过斗争。

5. 尽管这些早期文本被赋予高大的权威地位——以及围绕这一机构总体运动与文化研究的国际性拓展——很重要的是,我们应认识到它们毕竟都针对特定的历史情境(如"二战"后的英国),而且大批量认定这些所谓的"英国"文化研究已被质疑,因为其对情境的敏感性。正如有学者的提醒,"我们需认识到现在聚合在'文化研究'目录下的学术实践是发展于世界很多不同的地方(绝非偶然),而且这些实践具有存在的地方性条件,决定着它们的产生及发展。不可否认,时至今日,伯明翰在国际文化研究网络中扮演着关键性角色。但从来不存在一个单向的,直接的由英国向其他地方输入的文化研究扩张"(Stratton & Arg, 1996 p.374)。

6. 接下来,他们指出当下对这种研究的要求:"这个历史时代呼唤能启迪转化性研究的解放视野,呼唤能够鼓舞人们斗争与反抗压迫的带有道德权威的研究"(Denzin & Giardina, 2010, p.15)。

7. 批判教育学主张学校教育的任何维度以及教育实践的任何形式(从教室到电视屏幕到体育领域)都是政治争夺之地(见 Kincheloe & McLaren, 2000)。通过抓住伦理责任问题,并抓住平等、自由与正义之民主典范的落实情况,旨在积极改变日常生活的物质条件,作为批判教育学形式之一的身体文化研究是一种转化性实践,寻求在各个层面上将人的身体与情感连接在一起,同时追求在各种不公正的层面上减轻人类的痛苦(Kicheloe, 2004, p.2)。

8. 后结构主义一直很有力地支持我们,但在理解人类生存条件时,话语和文本性发展成为目标,而不是手段。

9. 伯鲁比(Bérubé, 2009)继续针对当下的图景提出了很卓越的观点:"对'单身汉或美国偶像'进行写作的任何人都普遍被理解为在'做'文化研究,对于其所在大学的其他部门的同事而言更是如此。在近期的一次访谈中,霍尔对这一现象表示担忧,他说道:'我真的不能再读任何有关麦当娜或《黑道家族》'的文化研究了"。

10. 劳依(Roy, 2003)解释道:"乔姆斯基方法的前提并不是意识形态的,但确实具有强烈的政治性。他带着一种对权力的无政府主义的、直觉的不信任,着手进行研究。他将我们带入美国建国时的乱局中,带我们经历了将政府、大商业主和控制公众选择的商业联系在一起的迷宫小道"(p.83)。

11. 劳依(Roy, 2004)以严厉的口吻继续谈道:"左翼学者的语言必须变得更易懂,能触及更多民众。我们必须认识到,没有触及民众就是我们的失败。福克斯新闻(Fox News)的每一点成功都意味着我们的失败。大公司宣传口号的每一点成功都意味着我们的失败。仅仅抱怨它们是不够的。我们必须要对此做点什么。深入到民众中,打破主流宣传的束缚。仅保持学术质朴与自我正义是远远不够的"(p.147)。

12. 在有关目前质性研究(特别是批判研究)在总体上遭受敌意的方法论对话中,巴兰特(Berlant, 1997)的表述值得引用:"对文化研究的抵制通常是委婉地表示对围绕种族、性、阶级和社会性别的当代文化研究的不适。有时这种抵制表现为一种恐惧,害怕失去极少学术研究从对资本主义文化枝节问题(或优势)的分析中获得的地位。它表达出一种对流行文化及大众化批判主义的恐惧。它表达出一种反精英主义,为被窄化的学术研究目标及行为进行辩护"(p.125)。

13. 在描述地理和欲望边界时,麦拉格里卡(Malagreca, 2007)同样触人心弦:"尽管在写这一段时已距我在西班牙广场中心的咖啡厅开始这篇文章时两年之久,但我仍然能感受到生命的神速,随时淹没了那个广场……每个人将一种共享的文化资本带到广场。导游对罗马作为财富和旅行中心的平淡无奇的描述毫无意义。我让自己沉浸在并行文化之共存的图景中,沉浸在由底层阶级在小商店中讨价还价,北美、拉美移民贩卖时尚仿制品以及卖淫女在街边拉客等构成的反文化图景中。我当时感觉是在家中,哦,是的"(pp.92-93)。

14.重复这个"笑话"本身并不有助于复述当时的情境,所以我们在本章中将其隐去。简单来讲,我们并不是要说这个笑话有多明显的种族主义色彩(它确实是),而是它在民族志空间中被视为合乎规范的,或被讲笑话或听笑话的人规范化的,而且研究者或研究者的身体以保持沉默的方式卷入讲笑话的过程。

15.有关萨特的"自为的存在"的观点和梅洛-庞蒂对基本意义的自我发现的现象学定义之间的协调,见:(Kujundzic & Buschert, 1994),"身体的工具"。至于我们在此处的意图,简言之:身体在每位研究者的作品中所扮演的角色是复杂的,但是每份研究都认识到身体、身体概念和物质及意识形态世界之间各异的相互依靠关系。

参 考 文 献

Aalten, A. (2004). "The moment when it all comes together": Embodied experience in ballet. *European Journal of Women's Studies*, *11*(4), 263-276.

Andrews, D. L. (2002). Coming to terms with cultural studies. *Journal of Sport & Social Issues*, *26*(1), 110-117.

Andrews, D. L. (1993). *Deconstructing Michael Jordan: Popular culture, politics, and postmodern America*. Unpublished doctoral dissertation, University of Illinois at Urbana-Champaign.

Andrews, D. L. (2008). Kinesiology's inconvenient truth and the physical cultural studies imperative. *Quest*, *60*(1), 45-60.

Andrews, D. L., & Giardina, M. D. (2008). Sport without guarantees: Toward a cultural studiesthat matters. *Cultural Studies* ⇔ *Critical Methodologies*, *8*(4), 395-422.

Andrews, D. L., & Loy, J. W. (1993). British cultural studies and sport: Past encounters and future possibilities. *Quest*, *45*(2), 255-276.

Andrews, D. L., & Silk, M. (Eds.). (2011). *Physical cultural studies: An anthology*. Philadelphia, PA: Temple University Press.

Atkinson, M. (2008). Exploring male femininity in the crisis: Men and cosmetic surgery. *Body & Society*, *14*(1), 67-87.

Atkinson, P., Delamont, S., & Housley, W. (2008). *Contours of culture: Complex ethnography and the ethnography of complexity*. Walnut Creek, CA: AltaMira Press.

Baudrillard, J. (1983). *Simulations*. New York: Semiotext[e].

Berlant, L. (1997). *The queen of America goes to Washington City: Essays on sex and citizenship*. Durham, NC: Duke University Press.

Berry, K., & Warren, J. T. (2009). Cultural studies and the politics of representation: Experience ⇔ subjectivity ⇔ research. *Cultural Studies* ⇔ *Critical Methodologies*, *9*(5), 597-607.

Bérubé, M. (2009, 14 September). What's the matter with cultural studies? The popular discipline has lost its bearings. *The Chronicle of Higher Education*.

Bhattacharya, K. (2009). Negotiating shuttling between transnational experiences: A de/colonizing approach to performance ethnography. *Qualitative Inquiry*, *15*(6), 1061-1083.

Brace-Govan, J. (2002). Looking at bodywork: Women and three physical activities. *Journal of Sport and Social Issues*, *24*(4), 404-421.

Butler, J. (2001). *Giving an account of oneself*. New York: Fordham University Press.

Butler, J. (2004). *Precarious life: The power of mourning and violence*. London: Verso.

Butler, J. (2009). *Frames of war: When is life grievable*? London: Verso.

Butryn, T., & Masucci, M. (2009). Traversing the matrix: Cyborg athletes, technology, and the environment. *Journal of Sport & Social Issues*, *33*(3), 285-307.

Carrington, B. (2001). Decentering the centre: Cultural studies in Britain and its legacy. In T.

Miller （Ed.），*A companion to cultural studies* （pp. 275-297）. Oxford, UK：Blackwell.

Carrington, B. （2008）. "What's the footballer doing here?" Racialized performativity, reflexivity, and identity. *Cultural Studies ⇔ Critical Methodologies*, *8*（4）, 423-452.

Centre for Contemporary Cultural Studies. （1982）. *The empire strikes back：Race and racism in 70s Britain.* London：Routledge.

Chase, L. （2008）. Running big：Clydesdale runners and technologies of the body. *Sociology of Sport Journal*, *27*（2）, 130-147.

Cheek, J. （2007）. Qualitative inquiry, ethics, and the politics of evidence：Working within these spaces rather than being worked over by them. In N. K. Denzin & M. D. Giardina （Eds.）, *Ethical futures in qualitative research：Decolonizing the politics of evidence* （pp. 99-108）. Walnut Creek, CA：Left Coast Press.

Cho, Y. （2008）. We know where we're going, but we don't know where we are：An interview with Lawrence Grossberg. *Journal of Communication Inquiry*, *32*（2）, 102-122.

Clarke, J. （1973）. *Football hooliganism and the skinheads* （Centre for Contemporary Cultural Studies Stenciled Occasional Paper Series, No.42, pp. 38-53）. Birmingham, UK：University of Birmingham.

Clarke, J. （1975, Summer）. *Skinheads and the magical recovery of community* （Working Papers in Cultural Studies, Nos. 7-8, pp. 99-105）. Birmingham, UK：University of Birmingham.

Clarke, J., & Critcher, C. （1985）. *The devil makes work：Leisure in capitalist Britain.* London：Macmillan.

Coffey, A. （1999）. *The ethnographic self：Fieldwork and the representation of identity.* London：Sage.

Cole, C. L. （2007）. Bounding American democracy：Sport, sex, and race. In N. K. Denzin & M. D. Giardina （Eds.）, *Contesting empire/ globalizing dissent：Cultural studies after 9/11* （pp. 152-166）. Boulder, CO：Paradigm.

Cole, C., & Hribar, A. （1995）. Celebrity feminism：Nike-style post-Fordism, transcendence, and consumer power. *Sociology of Sport Journal*, *12*（4）, 347-369.

Critcher, C. （1971）. *Football and cultural values* （Working Papers in Cultural Studies, No. 1, pp. 103-119）. Birmingham, UK：University of Birmingham.

Critcher, C. （1974）. *Women in sport* （Working Papers in Cultural Studies, No. 5, pp. 77-91）. Birmingham, UK：University of Birmingham.

Deleuze, G. （1988）. *Foucault.* Minneapolis, MN：University of Minnesota Press.

Denzin, N. K. （2003）. *Performance ethnography：Critical pedagogy and the politics of culture.* Thousand Oaks, CA：Sage.

Denzin, N. K. （2007a）. Book review：Loïc Wacquant *Body & Soul：Notebooks of an Apprentice Boxer. Cultural Sociology*, *1*（3）, 429-430.

Denzin, N. K. （2007b）. *Flags in the window：Dispatches from the American war zone.* New York：Peter Lang.

Denzin, N. K., & Giardina, M. D. （Eds.）. （2006）. *Contesting empire/ globalizing dissent：Cultural studies after 9/11.* Boulder, CO：Paradigm.

Denzin, N. K., & Giardina, M. D. （2010）. *Qualitative inquiry and human rights.* Walnut Creek, CA：Left Coast Press.

Diamond, E. （1996）. Introduction. In E. Diamond （Ed.）, *Performances and cultural politics* （pp.1-12）. New York：Routledge.

Dimitriadis, G., & Carlson, D. （2003）. Introduction：Aesthetics, popular represent-ation, and democratic public pedagogy. *Cultural Studies ⇔ Critical Methodologies*, *3*（1）, 3-7.

Diprose, R. （2002）. *Corporeal generosity：On giving with Nietzsche, Merleau-Ponty, and Levinas.* New York：State University of New York Press.

Donnelly, M. K. （2009, November）. *Women-only leisure activities：Physicality, inevitability, and possibility in embodied ethnography.* Paper presented at the annual conference of the North American Society for the Sociology of Sport, Ottawa, Ontario, Canada.

Dworkin, D. （1997）. *Cultural Marxism in postwar Britain：History, the New Left, and the origins of cultural studies*. Durham, NC: Duke University Press.

Dworkin, S., & Wachs, F. L. (2004). "Getting your body back": Postindustrial fit motherhood in *Shape Fit Pregnancy* magazine. *Gender & Society*, *18*(5), 610-624.

Evers, C. (2006). How to surf. *Journal of Sport & Social Issues*, *30*(3), 229-243.

Fiske, J. (1994). Cultural practice and cultural studies. In N. K. Denzin & Y. S. Lincoln (Eds.), *Handbook of qualitative research*. Thousand Oaks, CA: Sage.

Francombe, J. (2010). "I cheer, you cheer, we cheer": Physical technologies and the normalized body. *Television & New Media*, *11*(5), 350-366.

Freire, P. (1970/2006). *Pedagogy of the oppressed*. New York: Continuum.

Freire, P. (1999). *Pedagogy of freedom: Ethics, democracy, and civic courage*. Lanham, MD: Rowman & Littlefield.

Frow, J., & Morris, M. (2000). Cultural studies. In N. K. Denzin & Y. S. Lincoln (Eds.), *Handbook of qualitative inquiry* (2nd ed., pp.315-346). Thousand Oaks, CA: Sage.

Fusco, C. (2006). Spatializing the (im)proper: The geographies of abjection in sport and physical activity space. *Journal of Sport & Social Issues*, *30*(1), 5-28.

Gannon, S. (2006). The (im)possibilities of writing the self-writing: French poststructural theory and autoethnography. *Cultural Studies ⇔ Critical Methodologies*, *6*(4), 474-495.

Giardina, M. D. (2005). *Sporting pedagogies: Performing culture & identity in the global arena*. New York: Peter Lang.

Giardina, M. D. (2009). Flexibly global? Performing culture and identity in an age of uncertainty. *Policy Futures in Education*, *7*(2), 172-184.

Giardina, M. D., & Newman, J. I. (in press). What is the 'physical' in physical cultural studies? *Sociology of Sport Journal*, *28*(1).

Gilroy, P. (1987). "*There ain't no black in the Union Jack*": *The cultural politics of race and nation*. London: Hutchinson.

Giroux, H. A. (2000). *Impure acts: The practical politics of cultural studies*. New York: Routledge.

Giroux, H. A. (2001). Cultural studies as performative practice. *Cultural Studies ⇔ Critical Methodologies*, *1*(1), 5-23.

Grindstaff, L., & West, E. (2006). Cheerleading and the gendered politics of sport. *Social Problems*, *53*(4), 500-518.

Grossberg, L. (1997). *Bringing it all back home. Essays in cultural studies*. Durham, NC: Duke University Press.

Gruneau, R. S. (1985). *Class, sports, and social development*. Amherst: University of Massachusetts Press.

Gruneau, R. S., & Whitson, D. (1993). *Hockey night in Canada: Sport, identities, and cultural politics*. Toronto, ON: Garamond Press.

Hall, S. (1982). The problem of ideology: Marxism without guarantees. In B. Matthews (Ed.), *Marx 100 years on* (pp. 57-86). London: Lawrence & Wishart.

Hall, S. (1985). Signification, representation, ideology: Althusser and the post-structuralist debates. *Critical Studies in Mass Communication*, *2*, 91-114.

Hall, S. (1986). Gramsci's relevance for the study of race and ethnicity. *Journal of Communication Inquiry*, *10*(2), 5-27.

Hall, S. (1993). What is this "black" in black popular culture? *Social Justice*, *20* (1-2), 104-115.

Hall, S. (1996). On postmodernism and articulation. In D. Morley & K. Chen (Eds.), *Stuart Hall: Critical dialogues in cultural studies* (pp. 131-150). London: Routledge.

Hall, S., Critcher, C., Jefferson, T., Clarke, J., & Roberts, B. (1978). *Policing the crisis: Mugging, the state, and law and order*. London: Macmillan.

Hargreaves, J., & Vertinsky, P. (Eds.). (2006). *Physical culture, power, and the body*. London: Routledge.

Helstein, M. (2007). Seeing your sporting body: Identity, subjectivity, and misrecognition. *Sociology of Sport Journal*, *24*(1), 78-103.

Hoggart, R. (1957). *The uses of literacy: Aspects*

of working-class life , with special reference to publications and entertainments. London：Chatto & Windus.

Ingham, A. (1985). From public sociology to personal trouble：Wellbeing and the fiscal crisis of the state. *Sociology of Sport Journal, 2*(1), 43-55.

Ingham, A. G. (1997). Toward a department of physical cultural studies and an end to tribal warfare. In J. Fernandez-Balboa (Ed.), *Critical postmoderism in human movement, physical education, and sport* (pp. 157-182). Albany：State University of New York Press.

Jackson, S. J. (1992). *Sport, crisis, and Canadian identity in* 1988：*A cultural analysis.* Unpublished doctoral dissertation, University of Illinois at Urbana-Champaign.

Johnson, R. (1987). What is cultural studies anyway? *Social Text, 6*(1), 38-79.

Joseph, J., & Donnelly, M. K. (in press). Drinking on the job：The problems and pleasure of ethnography and alcohol. *International Review of Qualitative Research.*

Kelly, S. D. (2002). Merleau-Ponty on the body. *Ratio, 15*(4), 376-391.

Kincheloe, J. L. (2004). *Critical pedagogy.* New York：Peter Lang.

Kincheloe, J. L., & McLaren, P. (2000). Rethinking critical theory and qualitative research. In N. K. Denzin & Y. S. Lincoln (Eds.), *Handbook of qualitative research* (2nd ed., pp. 279-313).

Kincheloe, J. L., Steinberg, S. R., Rodriguez, N. M., & Chennault, R. E. (Eds.). (1998). *White reign：Deploying whiteness in America.* New York：St. Martin's Griffin.

Kujundzic, N., & Buschert, W. (1994). Instruments and the body：Sartre and Merleau-Ponty. *Research in Phenomenology, 24*(2), 206-215.

Laclau, E., & Mouffe, C. (1985).*Hegemony and socialist strategy：Towards a radical democratic politics.* London：Verso.

Langellier, K. (1999). Personal narrative, performance, performativity：Two or three things I know for sure. *Text and Performance Quarterly, 19*(1), 125-144.

Lattimer, J. (2009). Introduction：Body, knowledge, words. In J. Lattimer & M. Schillmeier (Eds.), *Un/knowing bodies* (pp. 1-22). Malden, MA：Blackwell.

Lincoln, Y. S. (2004). Perfoming 9/11：Teaching in a terrorized world. *Qualitative Inquiry, 10* (1), 140-159.

Madison, D. S. (2009). Dangerous ethnography. In N. K. Denzin & M. D. Giardina (Eds.), *Qualitative inquiry and social justice* (pp. 187-197). Walnut Creek, CA：Left Coast Press.

Malagreca, M. (2007). Writing queer across the borders of geography and desire. In C. McCarthy, A. Durham, L. Engel, A. Filmer, M. D. Giardina, & M. Malagreca (Eds.), *Globalizing cultural studies：Ethnographic interventions in theory, method, and politics* (pp. 79-100). New York：Peter Lang.

Markula, P. (1995). Firm but shapely, fit but sexy, strong but thin：The postmodern aerobicizing female bodies. *Sociology of Sport Journal, 12*(4), 424-453.

Markula, P., & Pringle, R. (2006). *Foucault, sport, and exercise.* London：Routledge.

McCarthy, C., Durham, A., Engel, L., Filmer, A., Giardina, M. D., & Malagreca, M. (2007). Confronting cultural studies in globalizing times. In C. McCarthy, A. Durham, L. Engel, A. Filmer, M. D. Giardina, & M. Malagreca (Eds.), *Globalizing cultural studies：Ethnographic interventions in theory, method, and policy* (pp. xvii-xxxiv). New York：Peter Lang.

McLaren, P. (1988). Schooling the postmodern body：Critical pedagogy and the politics of enfleshment. *Journal of Education, 170* (3), 53-83.

McLaren, P. (2000). *Che Guevara, Paulo Freire, and the pedagogy of revolution.* Lanham, MA：Rowman & Littlefield.

Mears, A. (2008). Discipline of the catwalk：Gender, power, and uncertainty in fashion modeling. *Ethnography, 9*(4), 429-456.

Metz, J. L. (2008). An interview on motherhood：Racial politics and motherhood in late capitalist sport. *Cultural Studies ＜ ＝ ＞ Critical*

Methodologies, *8*(2), 248-275.

Miah, A. (2004). *Genetically modified athletes: Biomedical ethics, gene doping, and sport.* London: Routledge.

Miller, T. (2001). Introduction. In T. Miller (Ed.), *A companion to cultural studies* (pp. 1-20). London: Blackwell.

Mills, C. W. (1959). *The sociological imagination.* London: Oxford University Press.

Minh-ha, T. T. (1991). *When the moon waxes red: Representation, gender, and cultural politics.* London: Routledge.

Newman, J. I. (2008). *Notes on physical cultural studies.* Paper presented at the annual conference of the North American Society for the Sociology of Sport, Denver, CO.

Newman, J. I. (2010). *Embodying Dixie: Studies in the body pedagogics of Southern whiteness.* Melbourne, Australia: Common Ground Press.

Newman, J. I. (in press). [Un]comfortable in my own skin: Articulation, reflexivity, and the duality of self. *International Review of Qualitative Research.*

Newman, J. I., & Giardina, M. D. (2008). NASCAR and the "Southernization" of America: Spectactorship, subjectivity, and the confederation of identity. *Cultural Studies* ⇔ *Critical Methodologies*, *8*(4), 497-506.

Pelias, R. J. (2005). Performative writing as scholarship: An apology, an argument, an anecdote. *Cultural Studies* ⇔ *Critical Methodologies*, *5*(4), 415-424.

Peters, R. J. (1975). *Television coverage of sport* (Center for Contemporary Cultural Studies Stenciled Occasional Paper Series 48). Birmingham, UK: University of Birmingham.

Pineau, E. L. (2000). "Nursing mother" and articulating absence. *Text and Performance Quarterly*, *20*(1), 1-19.

Reich, J. (2010). "The world's most perfectly developed man": Charles Atlas, physical culture, and the inscription of American masculinity. *Men and Masculinities*, *12*(4), 444-461.

Ronai, C. R. (1992). The reflexive self through narrative: A night in the life of an erotic

dancer/researcher. In C. Ellis & M. G. Flaherty (Eds.), *Investigating subjectivity: Research on live experience* (pp. 102-124). Thousand Oaks, CA: Sage.

Rossman, G. B., & Rallis, S. F. (2003). *Learning in the field: An introduction to qualitative research* (2nd ed.). Thousand Oaks, CA: Sage.

Roy, A. (2001). *Power politics.* Cambridge, MA: South End Press.

Roy, A. (2003). *War talk.* Cambridge, MA: South End Press.

Roy, A. (2004). *An ordinary person's guide to empire.* Cambridge, MA: South End Press.

Saukko, P. (2005). Methodologies for cultural studies: An integrative approach. In N. K. Denzin & Y. S. Lincoln (Eds.), *The SAGE handbook of qualitative research* (3rd ed., pp. 343-357).

Schultz, J. (2004). Discipline and push-up: Female bodies, femininity, and sexuality in popular representations of sports bras. *Sociology of Sport Journal*, *21*(2).

Scott, S. (2010). How to look good (nearly) naked: The performative regulation of the swimmer's body. *Body & Society*, *16*(2), 143-168.

Shilling, C. (2007). Introduction: Sociology and the body. In C. Shilling (Ed.), *Embodying sociology* (pp. 2-18). Oxford, UK: Blackwell.

Silk, M. (2010). Postcards from Pigtown. *Cultural Studies* ⇔ *Critical Methodologies*, *10*(2), 143-156.

Silk, M., & Andrews, D. L. (in press). Physical cultural studies. *Sociology of Sport Journal*, *28*(1).

Slack, J. D. (1996). The theory and method of articulation in cultural studies. In D. Morley and K. H. Chen (Eds.), *Stuart Hall: Critical dialogues in cultural studies* (pp. 112-127). London: Routledge.

Spry, T. (2001). Performing autoethnography: An embodied methodological praxis. *Qualitative Inquiry*, *7*(6), 706-732.

Spry, T. (2010). Some ethical considerations in preparing students for performative autoethnography. In N. K. Denzin & M. D. Giardina (Eds.), *Qualitative inquiry and human rights* (pp. 158-170). Walnut Creek, CA: Left Coast Press.

Stewart, K. A., Hess, A., Tracy, S. J., & Goodall, H. L., Jr. (2009). Risky research: Investigating the "perils" of ethnography. In N. K. Denzin & M. D. Giardina (Eds.), *Qualitative inquiry and social justice.* Walnut Creek, CA: Left Coast Press.

Stratton, J., & Ang, I. (1996). On the impossibility of a global cultural studies: "British" cultural studies in an "international" frame. In D. Morley & K. Chen (Eds.), *Stuart Hall: Critical dialogues* (pp. 360-392). London: Routledge.

Thompson, E. P. (1963). *The making of the English working class.* New York: Vintage.

Thorpe, H. (2009). Bourdieu, feminism, and female physical culture: Gender reflexivity and the habitus-field complex. *Sociology of Sport Journal, 26*(4), 491-516.

Tomlinson, A. (Ed.). (1981). The sociological study of sport: Configuration and interpretive studies. *Proceedings of Workshop of British Sociological Association and Leisure Studies Association.* Brighton, UK: Brighton Polytechnic.

van Ingen, C. (2004). Therapeutic landscapes and the regulated body in Toronto Front Runners. *Sociology of Sport Journal, 21*(3).

Vasterling, V. (2003). Body and language: Butler, Merleau-Ponty and Lyotard on the speaking embodied subject. *International Journal of Philoso-phical Studies, 11*(2), 205-223.

Wacquant, L. (2004). *Body and soul: Ethnographic notebooks of an apprentice-boxer.* New York: Oxford University Press.

Watson, R. (1973). *The public announcement of fatality* (Working Papers in Cultural Studies, 4). Birmingham, UK: University of Birmingham.

Wedgewood, (2004). Kicking like a boy: Schoolgirl Australian Rules Football and bigendered female embodiment. *Sociology of Sport Journal, 21*(2), 140-162.

West, C. (1991). Theory, pragmatisms, and politics. In J. Arac & B. Johnson (Eds.), *Consequences of theory.* Baltimore, MD: Johns Hopkins University Press.

Whannel, G. (1983). *Blowing the whistle: Culture, politics, and sport.* London: Routledge.

Wheatley, E. E. (2005). Disciplining bodies at risk: Cardiac rehabilitation and the medicalization of fitness. *Journal of Sport and Social Issues, 29*(2), 198-221.

Williams, R. (1958). *Culture and society.* London: Chatto & Windus.

Willis, P. (1971). *The motorbike club within a subcultural group* (Working Papers in Cultural Studies, No. 2, pp. 53-70). Birmingham, UK: University of Birmingham.

Willis, P. (1977). *Learning to labor: How working-class kids get working-class jobs.* Farnborough, England: Saxon House.

Zinn, H. (1996). *You can't be neutral on a moving traing.* Boston, MA: South End Press.

11 批判人文主义和酷儿理论：与张力共生存

CRITICAL HUMANISM AND QUEER THEORY: LIVING WITH THE TENSIONS

◉ 肯·普卢默(Ken Plummer)

阮琳燕 翟晓磊 译 朱志勇 校

即使在看似最为事实性的研究中也不能考察无意识牵扯在一起的概念结构和参照框架,这在任何研究领域都是最大的缺陷。

——John Dewey (1938, p. 505)

学术界内外的很多人仍然困惑什么是酷儿理论,准确地说,这个概念仍然以混乱或复杂的方式看待性别或性以及相关的种族\族群性和阶级。

——Alexander Doty(2000, p. 7)

研究——就像生活——是矛盾、麻烦的事情,只有在研究方法文本中"怎么做"那一页,或者在研究方法的课堂上才能梳理成线性的阶段、明确的协议(protocal)和坚定的原则。我在本章主要关注研究中那些多种多样的、矛盾的假设。如果把我所感兴趣的性取向、同性恋、酷儿研究作为出发点以及一种张力,那么我也把"酷儿理论"和"批判人文主义(critical humanism)"看作我自己张力中的一种。我试图描绘出每一种张力以及指出它们重叠的部分,但是我的目标不是要调和这两者。那是不可能的,甚至也是不可取的。我们不得不生活在这些张力中,而且对这些张力所产生的意识是自我反思的社会研究者很重要的背景。

社会变革与僵化的研究

这部分的讨论与快速的社会变革相对。随着时间的推移,许多研究方法仍然如旧(每一代人只是使它们更精致一点),但是对我们来说,社会的变革应该带来研究实践中相应的变化。说穿了,许多人认为我们正在进入一个后现代、现代晚期、全球化、风险性和流动性的社会。一个新的全球秩序正在形成,与过去相比,新秩序更是暂时的,具有更低的权威性;现代社会的自我反思性和个性化日益增强,社会网络的流动性和迁移性增加,社会的消费和浪费也在增长(Bauman,

2000,2004;Beck,2003;Giddens,1991;Urry,2000)。

我们摸索着进入新的世界,我们的理论和研究工具都需要大刀阔斧的改革。例如,德国社会学家贝克(Ulrich Beck)谈到"僵尸类型(zombie categories)"。我们在活着的死人之间移动!僵尸类型是指来自过去,但我们仍然在用的类型,即使它们已经长期失去了利用价值,即使它们掩盖了不一样的现实。我们继续使用的原因可能是因为没有更好的话语代替,尽管它们确实过时了。

贝克引用了"家庭"的概念作为"僵尸类型"的例子,这个词曾经是很有生命力和意义的,但是现在的意义却不大。我们也可以引用大部分大规模的研究方法工具,它们其实也已经部分地僵化了。

我不是一个专业的电视迷,但是当我选择看一部纪录片时,与标准的社会学研究小册子相比,我更能从这部纪录片里获得深刻的印象。然而,一部好的纪录片制造者的技能是 21 世纪好的研究很重要的东西,这些技能也很少可以成为研究方法课程的话题,这些技能包括编剧、指导摄影机运动和道德规范。确实,有些研究已经进入了网络空间世界,但大部分研究仅仅是复制量化研究方法,使质性研究更加规矩、量化和反人文主义,缺乏真正的革新。借用贝克的话来说,20世纪末的大多数研究是真正的僵化研究(Beck,2003)。

表 11.1 显示了社会变革和社会研究风格之间的联系,其背景是具有标准研究协议的权威性科学解释。随着社会世界的变化,我们可以开始尝试新的方法来做研究。在本章中,我关注的主要是酷儿理论的到来。

表 11.1 后现代时期研究风格的转变

现代社会变革	研究风格的变化
进入一个后现代世界	进入晚期现代研究实践
后现代/碎片化/多元化	多声音的转向
媒体化	新形式的媒体既作为工具又作为资料
故事和宏大叙述的消亡	讲故事/故事叙述的转向
个性化/选择/不固定的身份	反身性的转向
全球化-本土化混合/散居移民	混合转向:去殖民化方法(L. T. Smith,1999)
高科技/媒体化/控制论/后人类	高科技的转向
有争议的知识	认识论的转向
后现代政治与伦理	政治和伦理的转向
网络社会	研究的流动性、机动性、偶然性
有问题的性取向	酷儿的转向

反身性介绍

如何做研究这样一个问题把我们带入不同的语言游戏,有理性的,有更加矛盾的,有质性的,有量化的。我们运用的语言带来所有的张力方式。尽管它们有时帮助我们绘制做研究的方式,但是它们也会带来自己的矛盾和问题。我的目标是解决在我自己的研究语言和调查中所发现的不连贯问题,并且建议如何与它们共存。虽然我将广泛利用各种资源,希望能提供一些范式的例证,但是这一章不可避免地是个人化的观点。我会提出我调查中的关键矛盾(我们都有自己的问题)。

我大部分的调查都集中在性取向,尤其是对女同性恋和男同性恋的关注,用最大限度的视角来理解一些性正义(sexual justice)的概念。在早期,我用一个相对简单的符号互动论(symbolic interactionism)来指导相对坦率(straightforward)的实地考察和访谈 20 世纪 60 年代末伦敦周围的同性恋场景。同时,我参与各种政治活动,从最初的同性恋法律社会改革社团(Homosexual Law Reform Society),到早些年的同性恋解放阵线(the Gay Liberation Front)。我作为一名年轻的男同性恋者出现,并且在这个我所研究的特别的社会世界中找到我的方式。最近,这样的坦率被视为越来越严重的问题。事实上,一直存在这种张力:我不能总看到它(Plummer,1995)。

一方面,我发现自己使用的语言是我日益呼吁的批判人文主义,与符号互动论、实用主义、民主的思想、故事叙述、道德进步、再分配、正义和良好的公民身份相关(Plummer,2003)。另一方面,受到从杜威(Dewey)到罗蒂(Rorty),从布卢默(Blumer)到贝克尔(Becker)的启发,所有这些都是很旧的、传统的观点,虽然我已经感受到他们后现代化的亲和力(其他人也一样),但是他们更多带来的是关于经验、真理、身份、群体归属感,以及通过对话可以共享的道德责任语言的正统要求(Plummer,2003)。

与此相对,我也发现自己有时使用现在酷儿理论名义下流传的更激进的语言。前者通常必须被视为与后者相左:酷儿理论使一切脱节和无序。对我来说,"酷儿"是后现代化的性和性别的研究。"酷儿"带来对所有性和性别常规分类的根本性的解构。它质疑所有的现代世界中关于性和性别的正统文本和讲述。这是一个混乱的、无政府的事情——与无政府主义知识分子或政治上的国际情境主义者没有太大的不同。"酷儿"就像是反人道主义者,把标准化和正常化的世界看成敌人,并拒绝进入公约和正统性。如果它完全是社会学的(或它通常又不是),那它也是哥特式的、浪漫的,而不是古典和规范的(Gouldner,1973)。它具有侵越性和颠覆性。

一方面,我很乐意使用"质性研究方法的新语言"(Gubrium & Holstein,1997);另一方面,我意识到"酷儿"语言发现正统的社会科学方法的问题无处不在(Kong,Mahoney,& Plummer,2002)。同样,这些张力是它们时代的产物(酷儿理论在 20 世纪 80 年代末之前是不存在的）。然而，我过去似乎一直游走在学术互动主义（academic interactionism）、政治自由主义、男同性恋经验和激进批判的钢索之间。

当然，这里通常有更多的讽刺。20 世纪 80 年代后期以来，我或多或少地认为自己是"后同性恋"。因此，过去研究同性恋世界的那个年轻人是谁？ 同样，那些狂热的酷儿理论家已经开始建立自己的教材、他们的读者、他们的课程，他们已大力发展自己的神秘宗教式世界，看起来似乎比杜威的大多数哲学著作更有学术性。酷儿理论家们不想打破界限，而总是建立界限，他们也许不希望封闭，不过他们还是发现了这个问题。酷儿理论有他们的大师、他们的追随者和他们的经典文本。人文主义者和新的质性研究者发现他们遭到后现代主义者、酷儿理论家、一些女权主义者、多元文化之类的围攻。但同样地，他们也进行了回击，改写他们自己的历史，以便表明许多对他们的批评是完全错误的。有些人，像罗蒂——杜威和詹姆士（James）现代实用主义显然的继承人——陷入奇怪的陷阱：自己被其他人贴上后现代主义者的标签，他谴责后现代主义者为"后置者（posties）"（Rorty，1999），方法论的立场往往会陷入与最初声称不同的方向。

所以，我在这里，和许多人一样，有点人文主义，有点后同性恋，有点女性主义，有点酷儿，属于一种自由主义，并且认为酷儿有重要的、彻底变革的潜力。在经典互动主义的语言里，我是谁？ 我怎样才能与这些张力共生存？

这一章并不意味着是一篇过度自我分析的文章，而是在其中开始反映出这样一个担忧，我只是把许多人在这些日子必须面对的张力呈现出来。不仅仅是我一个人有这样的担忧，我也相当肯定所有的反身性的质性研究，将面临他们各自的担忧，就像大多数人在他们日常生活中所要面对的一样。矛盾心理（ambivalence）就是这个游戏的名字。

在本章，我打算处理质性研究的三个相互关联的问题，以及这些问题如何不断发生在我的工作中。这些问题都集中在我们在新领域、新战略、新政治/道德意识中能把质性研究推多远。质性研究的新语言受益于新理念，这些理念至少在最开始被认为是反面的。这是他们如何成长的过程，以及整个质性研究的领域如何变得更加精炼的过程。在下文，我将探讨：

- 什么是批判人文主义以及批判人文主义方法如何操作？
- 什么是酷儿以及酷儿方法如何操作？
- 如何与矛盾共生存？

批判人文主义者运动

社会科学在 19 世纪系统形成时，采用了物理科学作为其发展模型，如果同时把人文学科也发展到相同的程度，那结果将是不同的。

——Robert Nisbet（1976，p.16）

这一矛盾的、张力缠身的事业好像越来越远离宏大叙事和单一的、支配性的本体论、认识论和方法论范式,这是一种虚幻的观点。那些总是从互动个体视角研究世界的质性研究者们的人文主义承诺就存在这样虚幻的观点。这种简单的承诺就会形成自由与激进政治的质性研究。行动的、女性主义的、临床的、建构主义的、族群的、批判的研究者们在这一点上团结起来。他们都相信,解放的政治一定总是起始于那些受到社会或历史时刻更大的意识形态、经济、政治力量压迫的个体与群体的视角、欲望和梦想。

——Denzin & Lincoln(1994,p. 575)

现在我用"批判人文主义"这个术语来明确研究的取向集中在人类经验,并且承认所有社会调查的政治和社会角色。人类经验也就是经验及其日常生活本质的结构。它有很多名字,如符号互动论、民族志、质性研究、反身性、文化人类学和生活史研究,但是它们在本质上有很多联系。所有这些的研究取向都集中在人的主体性、经验和创造性:他们从日常生活中的人开始。通过他们的谈话、情感、行动、身体来研究周围的社会世界和受历史限制的经验以及现实世界的不平等和歧视。他们在方法论上宣称是一种与这些生活进行自然主义的"亲密熟悉(intimate familiarity)",进而在这样的研究中认识自己的角色。他们对宏观的抽象和普遍主义没有任何诉求,这些宏观抽象和普遍主义假设人类社会中存在固有矛盾和歧义,没有"最终的解决办法",只能降低损害。同时,在做这样的研究的过程中他们意识到研究对象和他们自己的道德和政治关注。他们有实用主义的传统,拥护激进的、实用的经验主义认识论,因此非常严肃地认为认识总是有限的、片面的,应该建立在经验的基础上(Jackson,1989)。研究本来就不是中立的、价值无涉的,因为研究的核心就是人的价值。正如杜威很久以前所说,"任何研究进行的状态走向深入和广泛(如,有重大意义的),都会进入道德的具体领域"(Dewey,1920,p. 26)。公正的立场可能会被怀疑,但是道德和政治领域的严格意识是必要的。就如究竟一个人为什么不厌其烦地做研究,难道不是为了更广的关注和价值吗?

这些价值观是什么?在最广泛意义上,批判人文主义拥护那些给人以尊严、减少人类痛苦、提高人类幸福的价值观。价值体系多种多样,但是至少包括以下内容:

1.各种**民主化价值观**(反对极权主义价值观)的承诺。其目的是减少或者消除人的苦难。它们作为人类价值观的基准线,经常提供一些建议性的人权——迁徙自由、言论自由、结社自由、对抗任意逮捕的自由,等等。他们几乎总是包括平等权。这一承诺强烈对抗苦难,并且为所有群体提供了一个面向平等和自由的主要推动力,包括那些所有种类的"差异"(Felice,1996)。

2.**关怀和同情**的伦理。这个价值观被女性主义者大力发展,它把照顾他人作为其主要职责,把同情、爱,甚至忠诚当成首要关注(Tronto,1993)。

3.**确认和尊重**的政治。承继汉尼斯（Honneth，1995）的工作，以及受米德（George Herbert Mead）早期著作的影响，凭借这个价值观，其他人总是能得到承认，人们也能进行一定程度的换位思考。

4.**信任**的重要性。这个价值观认为，除非人类至少有一些少量的相互信任，否则任何社会关系（或社会，对于那类事情）都不能运行（O'Neill，2002）。

当然，这些价值观都有自己的张力：我们必须继续工作并与它们共存。例如，一个明显的潜在矛盾可能就是，在资本主义制度下要谈到人文主义价值观，而许多人文主义的价值观肯定被视为强调非市场（nonmarket）的价值观。在资本主义经济中，那些价值观不一定有很高的排名。韦斯特很好地诠释了这一点：

> 在我们现在这个年代，非市场价值观获得立足之地已变得非常困难。抚育子女是一个非市场活动，虽然投入太多的牺牲和服务，但是不能保证提供者得到任何回报。同情和正义是非市场的，关心和服务是非市场的，团结和忠诚是非市场的，甜蜜和善良、温柔，都是非市场的。不幸的是，非市场价值相对稀缺……（West，1999，p. 11）。

人文主义的方法论

这些价值观极力支持批判人文主义。布鲁因（Bruyn，1966）在其经典著作《社会学中人类的视野》（*The Human Perspective in Sociology*）中，将他的人文主义视角和参与式观察方法紧密结合。在其他地方，为了获得人类经验，我曾经建议一系列的生活故事策略。这个任务是"相当完整地叙述一个人全部生活经历，并突显最重要的部分"（Atkinson，1998，p. 8）。这些可以是长些的、短些的、反思性的、集体性的、谱系式的、民族志的、摄影式的，甚至是自我民族志的。生活故事是主要的人文主义工具，但是这不是说故事仅仅关注主体性和个人经验，如果这样理解就大错特错了。

纵观这一切，显而易见的是，我们不仅要关注人文主义对经验的理解方式，而且还要关注研究中讲故事的方式。通常，研究者在文章中的呈现方式有很多种：文本对于一个被动的观察者来说很少是中立的。例如，卡林顿（Carrington，1999）对男同性恋家庭的研究，从一开始他非常明确自己的定位是生长在单亲家庭："我生长在一个贫穷、女性主导的单亲家庭。在我的整个童年，为了糊口，我的母亲晚上在酒吧做招待。有些时期她挣不到足够的钱养家，所以我们家不得不依靠食物福利救济"（p. 7）。同样，纳迪（Nardi，1999）对男同性恋的研究来自他自己对朋友的热情："以下部分意在搞清楚我自己和朋友在一起经历的意义"（p. 2）。人文主义研究通常要揭示人文主义研究者自己。

通常,正如加姆森(Gamson,1998)在《怪人回嘴》(*Freaks Talk Back*)*以及拉普和泰勒(Rupp & Taylor,2003)的《801歌舞表演中男扮女装的男同性恋者》(*Drag Queens at the 801 Cabaret*)中所采用的方法需要三角检验——文化分析工具的组合。收集与文本、生产和接收相关的数据复合源,并对其中的交集进行分析。在拉普和泰勒关于男扮女装男同性恋者的研究中,他们观察、录制录像带、转录50集表演,连同对话、音乐和听众互动一起,包括照片和他们的装扮。他们在男扮女装男同性恋者演员的每周聚会和半结构化的生活史中收集资料,他们对参与表演的人实施焦点组访谈。另外,他们看周报以及其他的资料,来局部地建构这个群体的历史。他们的研究有人文主义的和社会学的政治目的,还有酷儿理论,以此展现了组合的可能性。关于此有大量的研究著作(例如,Clifford & Marcus,1986;Coffey,1999;Coles,1989;Ellis & Flaherty,1992;Hertz,1997;Reed-Danahay,1997;Ronai,1992)。

一个最近的关于这类研究的例子就是沃尔科特(Wolcott,2002)对于鬼头鬼脑的孩子布拉德(Brad)的解释。沃尔科特是教育人类学家,因为他的方法论(尤其是在教育领域)著作而出名。这本书源于20世纪80年代的生活,以老惹麻烦的19岁孩子布拉德的生活故事写作的短小的期刊论文。故事的目的是获得教育失败的人的经验,尤其是由于我们教育系统服务不到位而没有得到支持的那些人。

这将会是个有趣的生活故事,但若不是随之出现的所有发展都围绕于此,这却是普通的一个生活故事。在原始故事中没有交代很多细节,包括沃尔科特怎么样遇到布拉德,他怎么样与布拉德发生同性性行为,他怎么样使对方吐露生活故事。原始故事之后的很多事情发生了奇特的转折:布拉德患了精神分裂症,并在一个晚上返回沃尔科特的房子,愤怒地放火试图杀死他。这完全破坏了沃尔科特的家和他所有的财物(以及他的教师伙伴)。在一起严重的案件中,布拉德被审判并送往监狱。虽然布拉德有罪,但是沃尔科特自己也审视自己的关系,他的同性恋倾向,甚至是作为人类学家的角色。布拉德的家人很反对他与沃尔科特的关系,许多学者也是。最后,布拉德被关押。这个故事最终变成了有趣的民族志剧本。我只读过这个剧本的文本,没有看过演出。仅仅通过文本,它看上去像20世纪80年代流行音乐的拼接和标题性的幻灯片,体现两个层面的戏剧——一个层面关于布拉德与沃尔科特的关系,另一层面是作为教授的沃尔科特的沉思默想,是民族志的困境。

我在此提到这个研究是因为,尽管它原本作为生活故事——一个简单的布拉德故事的转述——由于奇特的转折被揭露而变得丰富和复杂,但是同时引发了关于田野研究伦理、个人、实践等一系列的问题。性和性别的核心恰恰就集中

---

*　freak与weirdo同义,直译为"古怪的人、怪胎"。此处即指"酷儿",指那些没有被划在传统框架内的人。talk back有fight back的意蕴,但是用语言反击,即反唇相讥、反驳的意思。因为此书的副标题意指这些人在小报式的脱口秀中展现出性方面的叛逆(陈朗,2018,北京师范大学国际刑法硕士研究生,朗朗上口英语创始人)。——译者注

在这。这类问题需要所有人文主义研究的高度重视。事实上,本书的第二主要讲述者开始出现——那就是沃尔科特本人。当然他一直都存在,但是他的故事揭露了他与年轻人规律的性生活,他的伙伴反对布拉德,以及一天晚上他回到住所,怎么样发现强烈的汽油味,听到布拉德的尖叫"你这个混蛋。我要杀了你。我要杀了你。我要把你绑起来,扔到房子里,烧死你"(p.74)。庆幸的是他逃脱了,但不幸的是他的房子没有了。他和他伙伴的财物全在大火中损毁了。这可能是生活故事讲述中最具戏剧性的时刻——确实是"顿悟"。在那之后,一个主要的章节讲述法庭的事情,以及沃尔科特本人差点被审判。

当《鬼头鬼脑的孩子》(*Sneaky kid*)在1983年第一次出版的时候,它是一篇30页的文章;它后来已经发展成为超过200页的书了(Wolcott,2002)。原始文章不会告诉你很多关系的产生或者其他的背景;这本书叙述了很多,但是它也提出了尖锐的问题,就是还有多少遗漏之处呢?这本书提醒我们,所有的社会科学所包括的生活故事,仅由部分选择的现实构成。在场景的背后有许多未被告知的事情发生。我们对所有故事的讲述有不可避免的偏见、偏袒、局限和选择——但是在此我不对这些问题进行深入的探讨。

人文主义的困境

虽然我认为人文主义可以为质性研究提供很多,但是现在有一个不合潮流的观点:许多社会科学家似乎只想转向谈话和语言。这个谈话和进行谈话不是一个意思,因为它唤起人性(远远超过了其他传统),通过与其他人对话扩大社区理解,并且在思考和调查背后为民主注入强大的推动力。它作为一种形象的方式来思考社会生活是有益的。它带来参与诗歌和诗学,戏剧和表演,哲学和摄影,录像和电影,叙事和故事等研究的可能性。

然而,现在人文主义仍然是一个很有争议和竞争性的术语——不只在酷儿理论者之中。当然,我们知道,神学、行为心理学和特定的哲学对人文主义的长期攻击:在人本主义者萨特(Sartre)的《存在与本质》(*Eíxistentialism and Humanism*)与海德格尔(Heidegger)的《关于人道主义的书信》(*Letter on Humanism*)之间,有一个臭名昭著的辩论。最近更多攻击谴责"人文主义"是一种正在遍布全球的白人的、男性的、西方的精英统治和殖民,这带来强烈和独特的个体观念。这被认为是后现代主义的禁忌。福柯在一次演讲中宣称"客观化、分析化、固定化的现代性个体是历史的结果。权力的执行操作和知识探究无法涉及全世界的人"(Foucault,1979,pp.159-160)。"人文主题"成为西方的发明。这不是一个进步或解放,仅仅是一个权力的陷阱。

这种松散的,但重要的集群批判人文主义——经常被等同于后现代感性——将包括酷儿理论者、多元文化理论者、后殖民主义者、许多女权主义者、反种族主义者以及后结构主义者。尽管我支持这些研究以及他们拥护的批判方法论,但是我也相信实用主义和人文主义传统。我是怎么样在这种矛盾中生活的呢?

让我先简单回顾一下批判者说了什么。他们声称,人文主义者提出某种共性和普遍的"人性"或者自我:一种共同的人性遮蔽了我们在世界中更广泛的差异和位置。这经常被视为一个强大的、可实现的、自主的力量:个体的能动性是行动和宇宙的中心。据说,这导致了与启蒙运动密切相关的明显的个人主义(西方的、宗法的、种族主义、殖民主义,等等),这使它转变为一系列关于通过自由和民主社会达到进步的道德和政治要求。人文主义与普遍的、无负担的"自我"相联系,与"现代"的西方自由运动相联系。这样的人类运动理念是明显"西方化"的,带来一整套的意识形态假设,即以白色、西方、男性、中产阶层/资产阶级地位为核心。因此,他们成为女权主义(人类是指男性)、族群运动(人类体现为白人优势)、同性恋(人类等同于异性恋),以及西方启蒙运动之外的文化(这里的人类等同于西方的中产阶级)的敌人。

更加复杂的人文主义

这些要求使得"人文主义"从一个复杂的,差异化的术语降低为一个很简单的术语。确实,人文主义可以包括上述所有,但是这个术语也不是必须指这个。李(Lee,1978,pp.44-45)以及其他人用图表示了人文主义的悠久历史和多种形式。攻击往往需要高度的普遍性,关于"人类"构成的特征经常被严重忽略。但是,正如我在其他地方指出的,对我来说,"人类"永远不是消极的、无助的原子。必须把人放置在时空当中:他们总是有自己的文化和历史,他们处于情境世界的"网"中。人类既是意象的、富于感情的动物,也是具有强大符号性潜力的生物。他们参与符号性的交流,具有对话性和主体间性:没有孤立的个体。人类的生活由机会、重大时刻、顿悟和突发事件构成。无论何时何地,在特殊性和各种各样的人本主义中间都存在一种持续的张力,在所有人身上都有一种普适性潜力,并且有道德、伦理和政治问题持续不断的参与。

奇怪的是,很多表面上是人文主义敌人的学者都能被发现想要保持人文主义的某些解释。确实,很多强烈反对人文主义的人在他们的辩论中从不同面向陷入了一种人文主义。例如:西方人文主义的后殖民批判领袖萨义德(Edward Said),实际上促使了另一种人文主义。"抢夺所有不愉快的'为向败者夸耀而大肆庆祝的砝码'",并且在他最近的作品中,实际上他声称自己是人文主义者(Said,2003)。

事实上,在21世纪初,已经有许多迹象表明,作为一种研究目标,20世纪弥漫的对人文主义的批判已经重新复苏。越来越多的当代评论家完全意识到上述的攻击,继续变成某种人文主义者的宣言。在主要研究中发现人文主义的迹象并不难,例如:《没有眼泪的死亡》(*Death Without Weeping*,Scheper-Hughes,1994),《否认现实》(*States of Denial*,Cohen,1999),以及《性别与社会正义》(*Sex and Social Justice*,Nussbaum,1999)。对我来说,他们被人文主义的一种解释所激发,这种人文主义解释把人置于分析中心,将爱和公正视为核心价值观,运用身边可以生成故事的各种方法。所以无论什么批判，这都显示了批判人文主义在社会科学和质性研究中有自己的地位。在我们深入探讨之前，应该看一下酷儿理论对此是怎么说的。

酷儿运动

　　酷儿是对社会和文化规范、性别概念、生殖的性行为以及家庭的强烈质疑。

——Cherry Smyth（1992，p.28）

　　酷儿通过与任何正常的、合法的、占主导地位的内容不一致而进行定义。它没有特指什么。

——David Halperin（1995，p.62）

　　酷儿理论出现在 20 世纪 80 年代中后期的美国北部，主要是作为以人文主义/多元文化为基础对许多受限的"女同性恋者和男同性恋者研究"的回应。随着米歇尔·福柯的思想日益凸显（伴随着他"真理政权"和"话语爆炸"的演讲），酷儿理论（否则不是这个词）被认为来源于德劳拉蒂斯（Teresa de Lauretis）的作品（Halperin，2003，p.339），希德韦克认为：

　　20 世纪西方文化中作为整体的许多思想和知识的主要节点被结构化——事实上断裂了。从 19 世纪后期开始，现在的地方性同/异性恋定义危机——象征男性……一种对现代西方文化任何方面的理解，不仅仅是不完整的，而且在某种程度上损害了它的中心实质，它并不包含对现代同/异性恋定义的批判性分析。（Sedgwick，1990，p.1）

　　巴特勒（Judith Butler）的作品很少关注同/异性恋二元划分的解构，她更感兴趣的是性/性别划分的解构。对她来说，所有的性别都是"表演"，是可变的，不是固定的。如果酷儿理论有核心，那一定是关于性和性别的激进立场，它反对任何固定分类，并在研究中寻求颠覆所有正常的倾向（Sullivan，2003）。

　　尽管有这些开放性的建议，但是"酷儿理论"仍然很难阐述明白（有人认为这是一种理论反对固定认同的不得已）。它开始意味着很多东西：亚历山大·多蒂（Alexander Doty）指出了至少 6 种不同的意义。有时候它被简单地指代女同性恋者、男同性恋者、双性恋者、变性者（LGBT）；有时它是一个"保护伞术语"，把一些所谓的"非异性恋立场"联系起来；有时它仅描述任何非标准的性别表达（也包括异性恋）；有时它被用来表达"非异性恋"的事，没有明确指出是女同性恋者、男同性恋者、双性恋者，还是变性者；有时，它指"非异性恋研究、立场、娱乐和阅读的人，这些人不会分享如他们生成和回应文本中的同性取向"。进一步说，多蒂认为"酷儿"是一种为文化读者和文本编码创造空间的特殊形式，这种空间包括同性恋、异性恋和变性，不包含在传统分类之内。有趣的是，酷儿理论所有的意义都有一个共同点,它们在某些方面是文本描述,且在某些方面与性别和性分类相关联(大部分是失范)(Doty,2000,p.6)。

通常,"酷儿"被视为部分地解构我们的话语,并且通过我们的分类创造一种更加开放的思维方式。酷儿理论明显挑战了任何的封闭和殖民,所以任何关于定义化和编码化的尝试都没有成功的机会。引用沃纳的话,酷儿理论是对"正常学术业务"的明显攻击(Warner,1992,p.25)。它导致了既想置身学术界之内同时又想置身学术界之外的矛盾。它指出"性秩序与广泛的制度和社会意识形态相重叠,挑战性秩序迟早会作为一个问题遇到这些制度"(Warner,1992,p.5)。酷儿理论真正将后结构主义(后现代主义)运用到性和性别中。

在有限的范围内,酷儿理论可以被视为哈斯托克(Nancy Harstock)和哈丁(Sandra Harding)所指的立足理论(尽管我没有见过用这种方式讨论它)的另一个具体版本。最初,它被发展为一种用来分析女人从属地位和统治地位的方法,它认为会出现一种远远超过理所当然认识的"反抗意识"。有意思的是,几乎没有男性有这种意识,但是女性(例如,不同种族和残疾的妇女)却有。男性似乎会忽略这种立场,酷儿理论家也是,然而我们所知道的酷儿理论确实有一个近似的"酷儿立场"。

特定的关键主题值得强调。酷儿理论的立场是:

- 无论异性恋/同性恋的二元,还是性/性别的分离,都面临挑战。
- 有一个同一性的去中心化。
- 所有性的分类是开放的、流动的、非固定的(这意味着现代的女同性恋者、男同性恋者、双性恋者和变性者的身份,连同所有的异性恋者,都是断裂的)。
- 它批判主流或者"团体的"同性恋。
- 它把权力看作散漫的、无条理的。政治行动的目标由解放和权利让位于越轨和狂欢,这被称为政治刺激。
- 所以正常化策略被回避。
- 学术作品变得具有讽刺意味,经常是可笑的和自相矛盾的,有时是狂欢化的:"同性恋使得世界不一样""在酷儿的时代,你可以看见永恒"(参见Gever,Greyson,& Parmar,1993)。
- 到处都写有同性恋主体地位的说法,甚至在异性恋中。
- 越轨范式完全被抛弃,兴趣完全基于局内人/局外人和失范的逻辑。
- 最常见的研究对象是文本——电影、录像、小说、诗歌、视觉图像。
- 最频繁的兴趣是很多性恋物癖、扮装国王和王后、性别和性扮演、虚拟性爱、多人性爱、受虐,以及所谓激进性边缘的所有社会世界。

一种酷儿方法论?

酷儿理论的方法是什么含义(一个很少用到的词)? 它最普遍的形式,就是拒绝正统的方法——对传统学科方法有某些背叛（Halberstam，1998，pp.9-13）。那么，酷儿的方法论是做什么呢？它是什么样的呢？简而言之，让我举几个例子来说明酷儿理论提供的方法论。

文本转向：文化制品的重新审视　酷儿的方法绝大部分是对文本的兴趣和分析——电影、图书资料、电视、歌剧、音乐。这似乎是酷儿理论最喜欢的策略。确实，沃纳曾说"几乎所有被称为酷儿理论的内容都是涉及形成性方面的认识的文本（无论是文学作品还是大众的语言文化）"。更极端的是，"你不能消除或者屏蔽掉酷儿。它无处不在。没有藏身之处，异质败类！"（Warner，1992，p.19）这种思考方式常被引证的章句就是《男人之间》（*Between Men*，Sedgwick，1985），她阅读了书中很多关键的文学作品，并且受到同性恋、同性交际性和同性恋恐惧症的驱动重新审视这些文本。但是父系社会可能会谴责前者，积极地赞扬后者（Sedgwick，1985）。在她之后有许多关于这些主题的重读。在后来的作品中，她给出了多种多样的读物，如《修女》（*The Nun*，Diderot）、《存在的重要性》（*The Import of Being Earnest*，Wilde）（Sedgwick，1990，1994）。在她身后，多蒂（Alexander Doty）给出了大众文化作品中的酷儿读物，例如："情景喜剧"，从女同性恋读物的情景喜剧《我爱露西或黄金女郎》（*I Love Lucy or The Golden Girls*），到《女性直男》（*Feminine Straigit Men*）中的角色例如 Jack Benny，到《绅士爱美人》（*Gentlemen Prefer Blondes*）中的两性含义（Doty，1993，2000）。事实上，没有任何作品能逃脱酷儿理论家的眼睛。

颠覆性的民族志：田野研究的再访　这些通常是相对直接的关于挑战假设的特定性别世界的民族志。例如：朗比弗斯基（Lambevski，1999）试图写"一个局内人关于大量社会位置（阶级、性别、种族、宗教）的批判性和经验性的民族志，从其作为低等人的马其顿'男同性恋'被定位、被管理、被控制并使其沉默的视角来看"（p.301）。作为一个"男同性恋"的马其顿人（在此情景中，这个术语是否有问题？）在澳大利亚研究艾滋病毒，他着眼于发生于马其顿同性恋者与阿尔巴尼亚同性恋者之间的性冲突（不要介意澳大利亚的联系）。他对在 Skopje 寻找"性"的场景进行审视，对于这些场景他在以前就知悉了，但是现在呈现多样、不同的意义都与性、种族、性别扮演以及冲突文化相联系。寻找"性"不是简单的事情。他描述作为一个阿尔巴尼亚人怎么样接近和认识潜在的性伴侣（在一个古老的寻找"性"的地方），他觉得自己失去了勇气。两个人被种族意义的洪潮淹没，不是简单的性，是权力的种族憎恶。他写道："我服从用我的马其顿（话语的）面具罩住我的身体"（p.398）。在另外的时间和地点，他可能有不同的反应。

朗比弗斯基公开批判许多民族志，期望撰写经验性的酷儿民族志，而不是一个自白（Lambevski，1999，p.298）。他拒绝承认自己如他所说的"文本谎言"，"许多被继续坚持认为是真正的民族志文本"。在这里，身体、感情、性、种族以及宗教可以很容易地被排除在外。但是，他声称民族志不能单靠现场观察或者一次性访谈。有一个很好的链接："同性恋"场景不可避免与马其顿的学校系统、结构系统、阿尔巴尼亚的家庭和亲戚关系、马其顿国家及其政治历史,以及马其顿有权标记和隔离"异常"(同性恋)的医疗系统相联系(1999,p.400)。存在一个社会网络链,同时他自己的生活是网络(马其顿、酷儿、澳大利亚、同性恋)不可分割的一部分。对于注入研究者生活与形成其研究的更广泛连接链之间的张力,很少有研究者如此诚实。

我很难相信,对所有的研究而言这不是真的,但它通常是沉默的。例如:汉弗莱斯(Laud Humphreys)的经典之作《茶室交易》(*Tearoom Trade*,Humphreys,1970)——显然,写的是 30 年前的事。汉弗莱斯不能谈及自己的同性恋,自己身体的在场(虽然有一个小注脚是关于精液的情况),他的情感世界,他的白人中产阶级,及他作为白人、已婚部长的角色。相反,虽然他提醒读者他的宗教背景和他的妻子,但这更像是在分散注意力。这是一种与众不同的民族志类型。同样,在那之后的很多民族志也是如此。他们很少意识到分类的问题性质以及与物质世界的链接。在一个真正时髦的领域,他们是"幼稚的民族志"——以某种"故事直接被说出"的方式思考。我们生活在不单纯的世界,酷儿理论就是个标记。

清道夫方法论:使用多个文本形成新文本集　酷儿"方法"一个很好的例子就是哈伯斯塔姆(Judith Halberstam)对"女性阳刚之气"的研究(Halberstam,1998)。这表明我们没能发展出能够掌握过去和现在女士透露不同男性气质的观察方式。她写了一份研究报告,指出了这种现象的范围。在她自己的研究中,她"抢夺"文学文本的方法、电影理论、民族志田野研究、历史调查、档案记录、分类学,来生成她关于"女阳刚之气"出现形式的最初解释(Halberstam,1998,pp.9-13)。在这里,有 20 世纪 20 年代欧洲贵族异装癖的妇女、充当男性角色的女同性恋者(butch lesbians)、女同性恋者(dykes),以及装扮国王、假小子或在贫民区充当男性角色的女同性恋黑人说唱歌手,跨性别的男性化女同性恋者,扮男性的女性(一位女士用"非天生的弱点"对待其他女士),性别倒置、具有男性气质的女同性恋者,由女性变为男性的变性人(FTM),甚至被误认成男性的女性! 她也发现——通过多样的电影《不同的外国人》(*Alien*)和《乔治姐姐的被杀》(*The killing of Sister George*)——至少 6 种女性阳刚之气的原型:假小子、捕食者、幻想的充当男性角色的女同性恋者、易装癖者、勉强地充当男性角色的女同性恋者、后现代的充当男性角色的女同性恋者(1998,p.6)。

在介绍五花八门的收集时,她用一个"清道夫的方法论……(是)收集和生产与主题相关信息的不同方法,这有意无意与人类行为的传统研究相分离"(1998,p.13)。她借鉴了希德韦克的"临时分类":"使用、不使用、改造、重新消除数以百计的新旧范畴意义,这个范畴意义是关于组成一个世界的所有种类"(Sedgwick,1990,p.23)。这就是"解构"模式,在这个世界,被称为同性恋者或男同性恋者或女同性恋者(或更重要的,"男"和"女")的几类人直接被用来研究,这本身变成了一个关键问题。相反,研究者应该越来越包容,开始意识到新世界的可能性。

这些社会世界不会马上被人理解,而这些研究让这些社会世界浮出水面,迄今为止仅仅是模糊的描述。当然，还有更多甚至被深深地隐藏了。从某种意义上说，哈伯斯塔姆捕捉了这种丰富的流动性和多样性——所有这些都是在社会结构的表面之下发生的。但是，从另一种意义上说，她关于命名、创新术语和分类的行为让它自己走向创造和组合新的差异。

性别表演和民族志表现 这种方法论经常借鉴巴特勒的作品，把性别看成非必要的、经常变动的、非天生的、非自然的，经常通过表演（一种"固定化行为重复"）构建。酷儿理论的很多作品都关乎性别。最初，这些作品热衷于扮演跨性别、易性症，以及歌剧女主角、女扮男装（例如 Volcano & Halberstam，1999），其中一些作品几乎具有扮演颠覆恐怖主义者的功能。它引起了好奇、未知酷儿的渴望，来解放被假定"正常身体"的性别专制束缚的人们。其他的作品思考的是更广泛的性别，从"仙女"和"熊"到皮革场景和狂欢节，为大众消费更商业化/标准化的表演。

有时，表演被认为更加直接。它出现在另类纪录片、"视频恐怖主义"和"街头剧院"中，贯穿电视脱口秀、实验艺术品和演出磁带。20 世纪 80 年代末，男女同性恋视频（以及电影和电影节）明显增加，在学术界，创造了新职位以及更多的非正式组织来应对这些发展［例如，电影《巴黎在燃烧》（*Paris Is Burning*）中，贫穷的男同性恋者和变性者经常是黑人；在 20 世纪 80 年代的纽约或者李安 1993 年的《喜宴》（*The Wedding Banquet*）中，重新编排主导的"大米女王"*形象］。

探索新的/酷儿的个案研究 酷儿理论也审视了新的个案研究。例如：沃纳研究了一系列突发公共案例，其中有一个令我印象深刻：一个同性歌舞表演的细节（反公众？），涉及"情色呕吐"。他认为很多酷儿文化研究颠覆了公众舆论的"国家异性恋"以及"家庭价值"。他在酷儿对抗公众的一个"普通的皮革酒吧"进行调查，在那里，常规是"就如他们所说的，经常被严厉斥责、鞭打、剃毛、贴标签、撕裂、奴役、蒙羞、搏斗"（Warner，2002，pp.206-210）。但是突然这种普通的 S&M 酒吧就比平时要少了，被颠覆了：一个所谓的情色呕吐歌舞剧。

自身的审视 大部分酷儿理论研究者就是作者自己，很少例外。米勒（D.A. Miller）解释道，例如：百老汇的音乐片及其在酷儿生活中扮演的角色，是一个与个人叙述密切相关的音乐片，包括伴随着专辑播放的作者像孩子般的快照。

新的是什么？

众多方法、理论、研究都十分有趣，但却很少有真正能称得上是完全新的和引人注目的。往往，酷儿的方法论仅仅意味着文学理论而不是过时的类似民族

---

* 在美国的同性恋群体中，专门有一类人只喜欢东亚人，甚至非东亚人不交往。这些人被称为"大米女王"。——译者注

志和反身性的社会科学工具。有时它借用最古老的隐喻,例如戏剧。对我来说,酷儿理论在最近的质性研究方面并没有任何根本性的进步——它是借鉴、重制和重述。更加激进的是,它对分类和性/性别的持久性关注——尽管,事实上这个问题也早就受到了质疑(参见 Plummer,2002;Weston,1998)。然而,危险的是,在酷儿的质性研究中,对性别、父权规范和性,更像是政治的和实质的关注,而不是一个方法论类型的研究。它的挑战是通过这种并不先进的方式,将固化的性别和性置于分析前沿,并让性别和性的有序世界受到威胁。事实上,这是民族志和生活故事研究经常缺少的。

酷儿理论的困境

对酷儿理论的回应比较复杂。说酷儿理论家外面的世界是"异性恋的学术界",这不公平。酷儿理论被或多或少地忽略了,这在很大程度上会对整个方法产生不好的后果。具有讽刺意味的是,在他们的研究中,那些可能最需要被理解的同性恋/异性恋二元划分的做法被忽略了(并且他们经常这样做),但是最不需要被理解的真正描述他们自己的解构术语被积极地研究。因此,相对少见酷儿的主流文学分析和社会学理论受到重视。不仅如此,许多男同性恋者、女同性恋者以及女权主义者没看到酷儿理论的任何进步,终于,出于他们的政治利益,简单地"解构"他们。酷儿理论家经常写一些傲慢的东西,仿佛他们垄断政治正当性,否定过去的政治和理论收获。接下来,让我展现一些对酷儿理论的公认异议。

首先,对许多人来说,这个术语本身具有煽动性:过去贬低性和污名性的短语被相同的污名化组织重新提出,使它的含义被重新商讨。因此,它有明显的代际寓意。年轻学者喜欢它,年长学者讨厌它。它用来撰写研究的过去世界,并创造新的分裂。

第二,它带来了分类的问题,加姆森(Gamson,1995)曾称之为"酷儿困境"。他认为同时需要一个公共集体身份(来激发积极性)和一个分离及模糊的边界。正如他所说,固定的身份分类是压迫和政治权力的基础。尽管在酷儿理论中,强调"微不足道、流动、多种地位"的身份形式很重要,但是他也认识到女同性恋者、男同性恋者、双性恋者和变性者运动中(LGBT,像当前这样粗陋的叫法),有很多人拒绝解构同志身份的想法,从而在一个研究领域和政治刚刚起步的时候取消它。

有很多激进的女同性恋者对它抱有很大的怀疑,因为它倾向使女同性恋者变得无形,并且(在暗地里)默认所有的男性权力,带来关于 S&M、色情、变性政治等老生常谈的讨论,以此反对女性。激进的女同性恋者、女权主义者耶弗里斯(Jeffreys,2003)非常严厉,将整个酷儿运动视为 20 世纪后期对激进女同性恋利益的严重威胁。在(主要是男权)酷儿解构迷雾中,随着女性-定义-女性(womanidentified-woman）的分类和激进女同性恋者等分类的消失，使得对于女性从属于男性的根源变得难以理解。她也指责它是一种主要的精英主义：大部分支持者的语言在模仿男性学术精英（而不是其他学者）的语言，丢失了之前女权主义者为社区妇女所做的著作和演讲带来的所有进步。法德曼（Lilian Faderman）认为这是"坚定的精英者"，并且进行了很好的解释：

> 酷儿学者运用的语言有时明显针对的是女同性恋女权主义者曾经称之为的学术界"大男孩"。与此相对，女同性恋女权主义者的作品自从把直接对话社区作为目标以后，就把清晰和可接受性作为首要价值观。（Faderman，1997，pp.225-226）

还有很多其他的批判。埃德华兹（Edwards，1998）担心政治会陷入某种偶像崇拜、邪教电影的庆祝，以及弱文化政治。墨里讨厌"酷儿"这个词本身，因为它延续了二元划分，不可避免地成为统治工具，并且他担心过分关注语言学和文本表现（Murray，2002，pp.245-247）。甚至很多酷儿理论的建立者现在也担心是否整个激进的驱动力已经消失，酷儿理论在学术界已经成了"标准化""制度化"，甚至"有利可图"（Halperin，2003）。

从多个方面表达的质疑，并不支持酷儿理论。整个运动中有很多问题，在某些方面我仍然可以找到人文主义者的语言有益于社会调查。

酷儿理论遇到批判人文主义：研究的冲突世界

> 冲突是尖锐的思考……反思和创造力的一个必要条件。
> ——John Dewey（1922，p.300）

我们有两个传统争执不一。这并不奇怪——所有研究立场对待内部冲突或者外部冲突都是开放的。人文主义者注重经验、意义、人的主体性，酷儿理论却不赞成，而是支持表现。人文主义者要求研究者要接近他/她所研究的世界，酷儿理论寻求的却是距离——文本世界、陌生化、解构。人文主义者掀起的是"为了一切正义"的自由民主运动，酷儿理论优先考虑的是性和性别的压迫并且要求更加激进的变化。人文主义倾向于更加冷静的交往和对话，但是酷儿理论却是狂欢的、具有讽刺喜剧效果的、反抗的和幽默的。人文主义拥护公共知识分子的声音，酷儿理论则主要拥护的是在大学和自己发起的社会运动中有抱负的学者。

然而，它们也有共性。例如：它们都要求研究者具有批判的自我觉醒立场。它们都寻求政治和道德背景（即使，在主要方式上它们有不同：酷儿理论的主要焦点在于激进的性别变化，人文主义则更加广泛）。并且，它们都假设矛盾杂乱的社会生活中没有分类系统可以做到完全公正。

再细看，上面的几种差异有重叠。很多批判人文主义专注于表现（但是很少酷儿理论家愿意去关注经验）。批判人文主义者经常被视为社会建构者，这几乎可视为远离解构主义。批判人文主义没有理由不能采用酷儿理论家的价值和政治立场,但是人文主义的道德底线更宽泛,且较少与性别明确相关。事实上,当代人文主义方法进入不同"他人"的社会世界,以研究理解的情感宣泄。它将差异性和复杂性与相似性和协调性并列。它确认了社会研究的多种可能世界——不一定是标准的访谈或民族志,也可以是摄影、美术、视频、电影、诗歌、戏剧、叙事、自我民族志、音乐、自省、小说、观众参与以及街头戏剧。它也发现了呈现"资料"的多种方式,并且它承认一种社会科学的重要性必须放置于当时政治、道德的场景中。那些政治和道德场景之一就是"酷儿"。

但是,批判人文主义和酷儿理论的历史、学说和专家确实不同。即使,最终由于其中一方可以被引导相信(另一方),从而可以相融。然而,它们并不是相同的,而且它们应该保持某些关键差异,这是正确的。事实上,它们也没有多大的不同。这也难怪,我发现我可以与两者共存。反驳、矛盾心理和张力存在于所有批判研究中。

参 考 文 献

Atkinson, P., & Housley, W. (2003). *Interactionism*. London: Sage.

Atkinson, R. (1998). *The life story interview*. Thousand Oaks, CA: Sage.

Bauman, Z. (2000). *Liquid society*. Cambridge, UK: Polity.

Bauman, Z. (2004). *Wasted lives: Modernity and its outcasts*. Cambridge, UK: Polity.

Beck, U. (2003). *Individualization*. London: Sage.

Bornstein, K. (1995). *Gender outlaw*. New York: Vintage.

Bruyn, T. S. (1966). *The human perspective in sociology*. Englewood Cliffs, NJ: Prentice Hall.

Butler, J. (1990). *Gender trouble*. London: Routledge.

Carrington, C. (1999). *No place like home: Relationships and family life among lesbians and gay men*. Chicago: University of Chicago Press.

Clifford, J., & Marcus, G. E. (Eds.). (1986). *Writing culture*. Berkeley: University of California Press.

Coffey, A. (1999). *The ethnographic self: Fieldwork and the representation of identity*.

London: Sage.

Cohen, S. (1999). *States of denial*. Cambridge, UK: Polity.

Coles, R. (1989). *The call of stories: Teaching and the moral imagination*. Boston: Houghton Mifflin.

Connell, R. W. (1995). *Masculinities*. Cambridge, UK: Polity.

Denzin, N. K. (1989). *Interpretive biography*. London: Sage.

Denzin, N. K. (1997). *Interpretive ethnography: Ethnographic practices for the 21st century*. London: Sage.

Denzin, N. K. (2003). *Performance ethnography*. London: Sage.

Denzin, N., & Lincoln, Y. (Eds.). (1994). *Handbook of qualitative research*. London: Sage.

Dewey, J. (1920). *Reconstruction of philosophy*. New York: Henry Holt.

Dewey, J. (1922). *Human nature and conduct*. New York: Henry Holt.

Dewey, J. (1938). *Logic of inquiry*. New York: Henry Holt.

Doty, A. (1993). *Making things perfectly queer:*

Interpreting mass culture. Minneapolis：University of Minnesota Press.

Doty, A.（2000）. *Flaming classics*：*Queering the film canon*. London：Routledge.

Edwards, T.（1998）. Queer fears：Against the cultural turn. *Sexualities*, *1*（4）, 471-484.

Ellis, C., & Flaherty, M. G.（Eds.）.（1992）. *Investigating subjectivity*：*Research on lived experience*. London：Sage.

Faderman, L.（1997）. Afterword. In D. Heller（Ed.）, *Cross purposes*：*Lesbians, feminists and the limits of alliance*. Bloomington：Indiana University Press.

Felice, W. F.（1996）. *Taking suffering seriously*. Albany：State University of New York Press.

Foucault, M.（1979）. *The history of sexuality*. Middlesex, UK：Harmondsworth.

Gamson, J.（1995）. Must identity movements self-destruct?：A queer dilemma. *Social Problems*, *42*（3）, 390-407.

Gamson, J.（1998）. *Freaks talk back*：*Tabloid talk shows and sexual nonconformity*. Chicago：University of Chicago Press.

Gever, M., Greyson, J., & Parmar, P.（Eds.）.（1993）. *Queer looks*：*Perspectives on lesbian and gay film and video*. New York：Routledge.

Giddens, A.（1991）. *Modernity and self-identity*. Cambridge, UK：Polity.

Gouldner, A.（1973）. *For sociology*：*Renewal and critique in sociology today*. London：Allen Lane.

Gubrium, J., & Holstein, J.（1997）. *The new language of qualitative research*. Oxford, UK：Oxford University Press.

Halberstam, J.（1998）. *Female masculinity*. Durham, NC：Duke University Press.

Halperin, D.（1995）. *Saint Foucault*：*Towards a gay hagiography*. New York：Oxford University Press.

Halperin, D.（2003）. The normalization of queer theory. *Journal of Homosexuality*, *45*（2-4）, 339-343.

Hertz, R.（Ed.）.（1997）. Reflexivity and voice. Thousand Oaks, CA：Sage.

Honneth, A.（1995）. *The struggle for recognition*：*The moral grammar of social conflicts*. Cambridge, UK：Polity.

Humphreys, L.（1970）. *Tearoom trade*. Chicago：Aldine.

Jackson, M.（1989）. *Paths toward a clearing*：*Radical empiricism and ethnographic inquiry*. Bloomington：Indiana University Press.

Jeffreys, S.（2003）. *Unpacking queer politics*. Oxford, UK：Polity.

Kong, T., Mahoney, D., & Plummer, K.（2002）. Queering the interview. In J. F. Gubrium & J. A. Holstein（Eds.）, *The handbook of interview research*（pp. 239-257）. Thousand Oaks, CA：Sage.

Lambevski, S. A.（1999）. Suck my nation：Masculinity, ethnicity and the politics of（homo）sex. *Sexualities*, *2*（3）, 397-420.

Lee, A.（Director）.（1993）. *The wedding banquet*［Motion picture］. Central Motion Pictures Corporation.

Lee, A. M.（1978）. *Sociology for whom?* Oxford：Oxford University Press.

Lincoln, Y. S., & Denzin, N. K.（1994）. The fifth moment. In N. K. Denzin & Y. S. Lincoln（Eds.）, *Handbook of qualitative research*（pp. 575-586）. Thousand Oaks, CA：Sage.

Livingston, J.（Director）, & Livingston, J., & Swimar, B.（Producers）.（1990）. *Paris Is Burning*［Motion picture］. Off White Productions.

Maines, D.（2001）. *The fault lines of consciousness*：*A view of interactionism in sociology*. New York：Aldine de Gruyter.

Miller, D. A.（1998）. *Place for us*：*Essay on the Broadway musical*. Cambridge, MA：Harvard University Press.

Murray, S. O.（2002）. Five reasons I don't take queer theory seriously. In K. Plummer（Ed.）, *Sexualities*：*Critical concepts in sociology*（Vol. 3, pp. 245-247）. London：Routledge.

Nardi, P.（1999）. *Gay men's friendships*：*Invincible communities*. Chicago：University of Chicago Press.

Nisbet, R.（1976）. *Sociology as an art form*. London：Heinemann.

Nussbaum, M. C.（1999）. *Sex and social justice*. New York：Oxford University Press.

O'Neill, O.（2002）. *A question of trust*：*The BBC Reith Lectures 2002*. Cambridge, UK：Cambridge

University Press.

Plummer, K. (1983). *Documents of life*. London: Allen and Unwin.

Plummer, K. (1995). *Telling sexual stories*. London: Routledge.

Plummer, K. (2001). *Documents of life 2: An invitation to a critical humanism*. London: Sage.

Plummer, K. (Ed.). (2002). *Sexualities: Critical concepts in sociology* (4 vols.). London: Routledge.

Plummer, K. (2003). *Intimate citizenship*. Seattle: University of Washington Press.

Reed-Danahay, D. E. (Ed.). (1997). *Auto/ethnography: Rewriting the self and the social*. Oxford, UK: Berg.

Ronai, C. R. (1992). A reflexive self through narrative: A night in the life of an erotic dancer/researcher. In C. Ellis & M. G. Flaherty (Eds.), *Investigating subjectivity: Research on lived experience* (pp. 102-124). Newbury Park, CA: Sage.

Rorty, R. (1999). *Philosophy and social hope*. Middlesex, UK: Penguin.

Rupp, L., & Taylor, V. (2003). *Drag queens at the 801 Cabaret*. Chicago: University of Chicago Press.

Said, E. (2003). *Orientalism* (2nd ed.). New York: Cambridge.

Scheper-Hughes, N. (1994). *Death without weeping*. Berkeley: University of California Press.

Sedgwick, E. K. (1985). *Between men: English literature and male homosexual desire*. New York: Columbia University Press.

Sedgwick, E. K. (1990). *Epistemology of the closet*. Berkeley: University of California Press.

Sedgwick, E. K. (1994). *Tendencies*. London: Routledge.

Shalin, D. N. (1993). Modernity, postmodernism and pragmatic inquiry. *Symbolic Interaction*, *16* (4), 303-332.

Smith, L. T. (1999). *Decolonizing methodologies: Research and indigenous peoples*. London: Zed Books.

Smyth, C. (1992). Lesbians talk queer notions. London: Scarlet Press.

Sullivan, N. (2003). *A critical introduction to queer theory*. Edinburgh: University of Edinburgh Press.

Tronto, J. (1993). *Moral boundaries: A political argument for an ethic of care*. London: Routledge.

Urry, J. (2000). *Sociology beyond societies: Mobilities for the twenty-first century*. London: Routledge.

Volcano, D. L., & Halberstam, J. (1999). *The drag king book*. London: Serpent's Tail.

Warner, M. (1991). *Fear of a queer planet: Queer politics and social theory*. Minneapolis: University of Minnesota.

Warner, M. (1992, June). From queer to eternity: An army of theorists cannot fail. *Voice Literary Supplement*, *106*, pp. 18-26.

Warner, M. (1999). *The trouble with normal: Sex, politics, and the ethics of queer life*. Cambridge, MA: Harvard University Press.

Warner, M. (2002). *Public and counterpublics*. New York: Zone Books.

Watney, S. (2000). *Imagine hope: AIDS and gay identity*. London: Routledge.

West, C. (1999). The moral obligations of living in a democratic society. In D. B. Batstone & E. Mendieta (Eds.), *The good citizen* (pp. 5-12). London: Routledge.

Weston, K. (1998). *Longslowburn: Sexuality and social science*. London: Routledge.

Wolcott, H. F. (2002). *Sneaky kid and its aftermath*. Walnut Creek, CA: AltaMira.

"生活在矛盾中"（2011 年的补充说明）
——继续前行：代际、文化、方法论的世界主义

阮琳燕 译　朱志勇 校

> 别担心你要去的地方，继续前行。如果你能知道你要去哪里，你已经开始了。只需继续前行。

Stephen Sondheim

生活和研究的矛盾张力一直持续。本章是大约十年前写的，时至今日，这种张力不但没有解决而且还在继续。生活的张力没有停止，并且自从我写了这篇文章以来，其他张力也变得更加突出。

批判人文主义和酷儿理论的一些难题，已经被两个更进一步的议题所带来的困境取代：代际和文化。继续前行，我看到了代际和世界性方法论发展的需要。在这个非常简短的后记中，我们讨论这种不断扩大的张力。

超越代际

我当下关注的以及张力的核心就是意识到我正在变老，所有学者都一样。这个令人吃惊的发现使我清楚地认识到，所有知识分子的生活（部分，不是全部）由代际立场的张力组成——即使这个很少被讨论。最近读柯林斯（Collins，1998）的权威著作《哲学的社会学：一种全球的学术变迁理论》（*The Soiology of Philosophies*），并且重读曼海姆关于代际的经典描述（Mannheim，1937/1952），我发现学术生活——像所有的社会生活一样——与不同年龄相联系，通过同代群体和互动仪式链的代际网络进行运作。不同年代的人汇集想法去形塑那一代人；年轻一代知识分子的任务就是超越他们的前辈。在学术生活中，重视"说些新东西"，这是在新职业中领先的方式。重复早期研究的老故事使你无处容身。我自己 45 年的学术张力，仅仅是在几代人的巨大循环中，从不同的立场和对立文化中思考我们所在世界的一个标记。我们的智力、政治和研究议程受到时间的限制。很少有观点能够存活超过一两代，很少有"经典"能够从知识和图书馆的殿堂中脱颖而出；大部分在它们那个时代就都石沉大海了（在学术著作像洪水的现代社会更是如此）。知识分子的代际同时具有历时性（知识分子的一代很少

超过 30 年)和共时性:在任何时刻,他们制造了代际之间的张力,而且往往相互冲突。这些都表明记忆和时间的重要性:老想法往往被最新的潮流取代。但即使老想法会被新一代的新想法所取代,我们也需要过去的记忆,只不过新想法比旧想法受重视。社会生活和社会研究在世代关系之间经常交叉(理论家经常会忽略这个事实,他们往往聚焦于阶级、性别、种族的交叉理论)(参见 Plummer, 2010)。

有一个简单的例子。"酷儿"这个术语是在我童年和年轻时人们对同性恋的用词,这是一个在我那个年代——20 世纪 70 年代早期的男同性恋解放阵线挣扎着抵抗的词语。我厌恶酷儿的理念。20 年后,它变成了新一代的旗帜——充满了激进的讽刺。我不得不与这个术语共存,并认识到它可能代表的新立场。但是这并不能让我感到高兴。最近,最大的酷儿杂志 GLQ,一篇主要的评论文章指出了关于酷儿理论怎样随着不同年代而变化的清晰认识。基于备受赞誉的《伦敦同性恋》(*Queer London*, 2005)的年轻作者赫尔布鲁克(Matt Houlbrook),与享有盛誉的开创性作品《出柜》(*Coming Out*, 1997)的作者韦克斯(Jeffrey Weeks)之间的一场生动交流,华特斯(Chris Waters)叙述了两者在世界中有着怎样不同的立场,这在根本上构成了他们不同的历史解释。当韦克斯发布他的经典著作时赫尔布鲁克只有两岁。现在,30 年之后,赫尔布鲁克从一个非常不同的立场撰写他的历史。当然,这是不可避免的。赫尔布鲁克以"悲伤的术语"描述了过去的同性恋,认为"探讨 20 世纪前半叶伦敦同性恋历史,我们应该惋惜长期迷失的可能性,并尽可能珍惜新获得的机会"(p.140)。准确地说,对迷失可能性的怀旧,与韦克斯不符,韦克斯作为 20 世纪 70 年代年轻的激进者现在已经退休了。过去曾在英国广播公司(BBC)的广播里播出过韦克斯的观点,赫尔布鲁克说,"我不得不承认对迷失世界的怀旧",韦克斯很快回应道,"我想你没有生活在那个时代所以会怀旧……那些不幸生活在那个年代直到 20 世纪 70 年代的人不会对它怀旧的"(Waters, 2008, p. 141)。在我看来,他们生活在不同的世界——而这恰恰是几代人塑造的东西。从某种意义上说,我们所有的质性研究者是一代一代人集体延续的记录。这说明:要时常关注下一代;事情一定会再次改变。我们诉说的社会生活故事与我们生活的年代紧密相连。所有的社会科学——像所有的社会生活一样——是一代人的叙述,这带来了持续不断的张力甚至是矛盾。

超越文化

我的第二个关注点是我长期以来就意识到的问题,即我自身跨文化知识的绝对局限性——我们与生俱来的文化和语言差异性张力限制了我们思考和行动的范围。中国、印度,以及阿拉伯世界、拉丁美洲这些地区与我所说的语言不同,他们所信仰的宗教我也不理解——长期以来,它们在所谓的西方社会科学范围之外。我们意识到,我们的知识板块具有令人不安的差异,尤其是用有限的美国世界观来看时,会对殖民的理论和西方的方法狂妄自大。正如坎内尔(Connell, 2007)所说,我们经常被斥责忽略了"南方理论"。知识中有很多政治因素超越了有限的西方,尤其是更为有限的美国,然而我们的著作和我们的研究者在语言、情感以及政治上都或多或少忽视了它。例如,我早期的男同性恋"西方模式",现在从世界范围来看是荒谬、奇怪的———一个英国白人小男孩在动荡的 20 世纪 60 年代挣扎生存的故事,当置于当今乌干达和伊朗,也许会处于更加困难之境。

同时,我为新一代在进行研究和描述时很重视跳出西方化的局限感到高兴。酷儿理论以及批判人文主义在西方本土的争论中具有优越性,不过,现在仍然有问题需要指出:全球化的批判人文主义是否可能———进一步说,是否能产生跨国的酷儿研究? 这里我直接进入关于文化混合性和紧急性的主要讨论。寻求抽象的普遍主义,对我来说是巨大的挑战。我生于英国,尽管我旅游过一些地方,但是我不会说当地的方言,我也不理解他们文化所蕴含的深层次智慧。我经常会发错音。遗憾的是,新国际化、全球化、去殖民化语言(主要是西方)使我感到自己越来越边缘。公平地说,在 20 世纪 60 年代,我发现我的文化和时代的声音,我可以有我的发言权;但是现在,无论是沉默的时代,还是默默支持在世界中拥有数十亿声音的有自己全球化发言权的年轻一代,我都没有优先权。我们西方人不断介绍我们的理论和方法,经常更进一步地扩大我们的权限。也许有一天,我们西方学术界能有自己的时代。

我再举更多的例子。江绍祺(Travis Kong)生于中国香港,住在英国殖民者和华人混合的地方。他一直生活在这种结合状态中。他(Kong,2010)的重要著作《中国的男同性恋者》(*Chinese Male Homosexua Lities*),写的就是 21 世纪初,新兴的许多全球性议题和他们挑战多元化的交集。他的研究展示了"中国香港、伦敦、中国内地的中国同性恋者千变万化生活的全球化复杂性"(p. 8)。本书的核心是三个案例,关于香港、伦敦、广州这三个城市中可能按惯例被称为同性恋的男人。在某些意义上说,这些男人都是"中国人"和"同性恋者",但是在这些术语中,存在难解的本质定义问题。在不同时期,我们进入了流散的和女性化的"黄金男孩(golden boys)""同志(tongzhi)""金钱男孩(money boy)""门巴(memba)""土豆(potato)"的世界。这些新世界意味着不同的同性恋身份的产生(Kong,2010)。相同性别的"性"并不相同。此同性恋不是彼同性恋。我们必须学会与多样性、差异性、混合性共存。

他的研究发现,随着社会生活的快速变化,在后殖民主义、全球化的世界中,三大中国男性群体在他们的性生活中寻找意义。它诉说了在我们发现的新的性想象共同体中新的性故事。同时这也是当代世界中,关于多数、多样、不同的性议题的研究———从任何意义上说,这都是一个进步,确实是一个真实的中国性方式,也是真实的性方式。过去,性方式受儒家家庭思想的影响,现在新的性身份正在构建,这本书展现了随着新身份产生了性混合的各种差异。江绍祺指出其中一个混合维度就是非同性恋的酷儿和同性恋的酷儿。这里,同性恋议题跨越时间和空间依然在继续。我们发现性景观、性流动、性迁移:当这些男性迁移到充满可能性的空间时,他们改变了生活———从西方城市到东方城市,从共产主义到资本主义,从农村到全球化城市,从殖民主义到后殖民主义。

　　在江绍祺的书中,有很多可以细细品味的事。它是对全球范围内混合性议题的研究。在拉丁美洲和亚洲,江绍祺的书加入了一种新兴的研究领域,它关注民族和国家关于性的内部和外部边界转换。最近,新的研究蓬勃发展,他们拒绝了很多关于酷儿和同性恋的西方理论假设。2005 年亚洲酷儿研究会议就是标志,在曼谷的会议集合了 600 余位学者和活动家。这对充满挑战的新研究来说是一个转折点。我们这里展现的是他们所处政治背景中混合的和世界化的性议题。通常情况下,这种研究产生的民族志著作是关于特定地点扎根生活的复杂性和微妙性,与宏大理论或者教条姿态相比,研究允许混乱、矛盾和模糊。

　　还有其他的例子,包括逐渐兴起的跨国性交易,全球范围内人们开展大型活动往往伴有性交易,且常有压制和暴力。到目前为止,酷儿理论和批判人文主义对此并没有过多论述,而标准化的正式研究经常具有谴责性。越来越多的解释关注分离文化和新兴文化带来的多种意义,以及在行动者转变身份、他们能动性的觉知、社会结构的约束和可行之间的斗争。作为女性(男性、孩子)从自己家乡的文化(对工作、家庭、性的期望很模糊)到新的主体文化,她们不得不对新混合的性议题妥协。通过一系列的研究(Aoyama,2009;Agustin,2007;Zheng,2009),我们发现移民自己的生活和那些女性的生活处于张力之中。这里,即使作为动力性和剥削性全球经济的一部分,移民经常在性产业做出旅行和工作的个人选择。

　　例如,奥雅马生于日本却在英国学习,对离开泰国在日本从事色情工作的女性很感兴趣。这里,她描绘了最近研究的主题:跨国的性奴隶、性交易、性压制与对移民女性的需求相关。她们发现,性工作是一种养活自己和家庭的手段。她关注在变化的文化中形成能动性的多重复杂路径,正如在不同地方、不同时间、不同背景、不同意义中挣扎的性工作者。奥雅马(Aoyama,2009)首要的研究与女性能动性相关。

　　同样,郑(Zheng,2009)研究的核心是性和性职业在中国 20 世纪 80 年代以来的转换方向。在大连成为一名田野研究者,她近距离观察了成为卡拉 OK 酒吧女服务员的年轻中国女性。她不仅询问了她们的业务状况,也关注了她们的家庭和早期背景。她透露了展开研究时碰到的困难——尤其重要的是,她作为兼职的女服务员,这是唯一可以允许她以中国女性的身份在这些酒吧出现的角色。所有这些帮助她接近资料,成为一个很好的民族志。她调查了在酒吧里发生的事情,女性不得不扮演的角色类型,以及她们之外的生活。工作中处处显现着父权制(性别秩序)和男性主导,这对女性造成了伤害。郑把性工作与中国的父权制和男子气直接联系起来,这是 80 年代以来的重要变化。但是故事比这更加复杂。这些女性来自贫穷的地方,郑描述了她们生活村庄的绝对贫困和落后(Zheng,2009,p. 150):具有讽刺意味的是,这些女性的城市生活经历糟糕,但是她们的经济状况好了很多。至少,她们可以给家人寄钱。因此,她们诉说的故事开始有细微差别。她们合理化自己的工作,因为家庭获益了。而且,她们的生活确实发生了改变。通常情况下,她们在工厂开始她们的城市工作。虽然她们仍然充满问题，但是至少有一点：她们的生活质量真的变好了。然而，同时，她们每天面对很多做出反感至极行为的男人。郑关于跨国性交易场景的研究，壮大了精心研究的女性民族志。性工作者建构了混合型性议题，像江绍祺的酷儿性议题与性工作者的性议题都是不同的，此性工作者非彼性工作者。

走向方法论的世界主义

> 充满难题的浩瀚宇宙
> 对话趋势的混沌生活
> 无限列表和矛盾消减
> 我们超越有边的界限
> 所以我们在这里，永不同意？

霍顿（Holton，2009）最近所写的一本书展示了世界主义理论的 30 多种立场和争论，在此我无法一一列举。大部分时候，我确实不是指都市化知识分子和生活在大学的久经世故的知识界的精英的喋喋不休者。相反，我更直接地认为，这是一种接地气（down-to-earth）的方法论、认识论和政治立场，用以与当前理解全球人类社会生活复杂性的巨大事业进行开放的对话（Eco，2009）。我们需要生成理解跨文化、跨代际的真正具有根本差异的说话方式，并将它们彼此置于宽容的、移情的对话中。

在我看来，世界化的方法论需要跨越学科、跨越学术和日常生活、跨越代际、跨越文化的对话。方法论世界主义意味着尊重和愿意倾听、学习，这种跨越对话在世界范围内的研究方法、认识论立场、理论关注、政治行动中出现了大量张力。最终，方法论世界主义连接了关于私人公民（intimate citizenship）的更广泛的运动——私人公民这个短语是我们理解全球繁荣生活的工具。私人公民（Plummer，2003）把人类权利和责任作为核心——公民拥有的人类权利和责任在所有差异和张力中引导好的个人生活。我们面临的挑战是发展一种方法论来匹配这个任务，我们将继续前行。

参 考 文 献

Agustin, L. M. (2007). *Sex at the margins：Migration, labor markets and the rescue industry.* London：Zed.

Aoyama, K. (2009). *Thai migrant sexworkers：From modernization to globalization.* Hampshire, UK：Palgrave.

Collins, R.(1998).*The sociology of philosophies：A global theory of intellectual change.* Cambridge, MA：Harvard University Press.

Connell, R. (2007).*Southern theory：The global dynamics of knowledge in social science.* Cambridge, UK：Polity Press.

Eco, U. (2009). *The infinity of lists.* Bloomsbury, UK：MacLehose Press.

Holton, R. (2009). *Cosmopolitanisms.* Hampshire, UK：Palgrave.

Houlbrook, M. (2005). *Queer London: Perils and pleasure in the sexual metropolis 1918-1957.* Chicago: University of Chicago Press.

Kong, T. (2010). *Chinese male homosexualities.* London: Routledge.

Mannheim, K. (1952). The problem of generations. In *Collected works of Karl Mannheim* (Vol. 5, pp. 276-320). London: Routledge. (Original work published 1937)

Plummer, K. (2003). *Intimate citizenship.* Seattle: University of Washington Press.

Plummer, K. (2010). Generational sexualities, subterranean traditions, and the hauntings of the sexual world: Some preliminary remarks. *Symbolic Interaction, 33*(2), 163-190.

Waters, C. (2008). Distance and desire in the new British social history. *GLQ, 14* (1), 139-155.

Weeks, J. (1977). *Coming out: Homosexual politics in Britain from the nineteenth century to the present.* London: Quartet.

Zheng, T. (2009). *Red lights: The lives of sex workers in postsocialist China.* Minneapolis: University of Minnesota.

亚洲的认识论和当代社会心理学研究 **12**

ASIAN EPISTEMOLOGIES AND CONTEMPORARY SOCIAL PSYCHOLOGICAL RESEARCH

◉詹姆斯 H. 刘（James H. Liu）

阮琳燕 翟晓磊 译　朱志勇 校

任何关于亚洲认识论及其对当代亚洲社会心理学研究影响的分析，都应该始于将其自身放置在世界历史的近期潮流中，即西方科学、工业及其政治的、经济的、军事的实力已经占据世界支配地位的历史潮流。自然科学和社会科学的全球形式来源于西方认识论和社会实践。像人类学、社会学、心理学等社会科学都出现在 19 世纪的欧洲社会，这时期几乎与西方民族主义和帝国主义的高峰期一致。这不是巧合，种族主义的元素含蓄而明确地嵌入社会科学早期的理论和实践中（Smith，1999）。它把"二战"及其后续所有种族主义的全球灾难，看作社会科学理论的合法性基础（Cartwright，1979）。

鉴于这种"社会参订（societal anchoring）"类型（Moscovici，1961/2008），一种文明通过特定的成功公式在特殊历史时期很明显地超过其他文明而获得统治权，所以亚洲社会科学家发现他们处于必须对西方社会做出反应并付诸行动的位置便不足为奇。第一，就国家在资金和知名度上的优先性而言，亚洲的社会科学（西方社会也是如此）在过去和现在都是自然科学的"穷亲戚"。第二，现代化通过引进被理所当然认为必然能够增强国力和自主权的西方理念和实践，借以提供一套主导话语和实践（Pandey，2004）。在这些包罗万象的框架中，通过引入逻辑实证主义（从自然科学借来的认识论）来学习西方，毫无疑问成为亚洲社会科学的基础。整个 19 世纪末和 20 世纪，亚洲大学建立的社会科学不但从西方完全借鉴了认识论，还借鉴了结构和内容。大部分亚洲国家的大部分学科的第一版教材都翻译自北美和欧洲的标准文本。

这是历史状况，并使发达国家和发展中国家之间，西方和非西方学者之间，说英语和不说英语的人之间的权力、声望、影响力的差距得以维系（Moghaddam，1989；Moghaddam & Taylor，1985，1986）。这并不奇怪，亚洲社会科学仍然大部分处于盎格鲁-经验主义者的全球标准中，且将社会科学置于自然科学的认识论或知识理论和实践中。

如果亚洲和西方之间权力和声望历史性的不同构成了亚洲社会科学结构基础和发展的主线，那么随后，日本、中国、印度、菲律宾、韩国等作为全球经济必要部分的亚洲社会崛起,则成为反向运动的推动力。这是亚洲认识论和心理学知识亚洲模式的崛起,它们重视与西方文化的差异而不是模仿(Liu, Ng, Gastardo-Conaco, & Wong, 2008)。虽然与第一次运动相比缺少中心,但是这次反向运动具有未来潜力,因为世界在走向经济一体化的同时,政治、军事、经济权力也跨越文化中心分散分布。

心理学近期发展的回顾

　　这里必要而简短的介绍为亚洲认识论的集中讨论提供了平台。亚洲认识论如何影响心理学的理论和实践,特别是社会和跨文化心理学,与其他社会科学(例如社会学和人类学)盛行的模式可能不同。心理学在 20 世纪 60 年代借鉴西方时出现了明显断裂。由于跨文化心理学分支的出现,它不由西方和非西方社会学者(后者通常在西方大学获得学位,回国开始他们的职业生涯)所共享。它的目标是(1)实证分析心理学理论的通用性和可移植性,(2)在非西方社会发展理论,以建构对行为、认知和情感更合适的解释和预测(Berry, Poortinga, Segall & Dasen, 1992;Ward, 2007)。可能由于"运输和测试"模式有限性的实证检验,尽管最初是心理学的分支学科,但是跨文化的方法已经成为社会和人格研究中最有影响的方法(例如, Amir & Sharon, 1987)。随着时间流逝,解释跨文化差异的有力理论开始出现。20 世纪 80 年代,霍夫斯泰德(Hofstede, 1980/2001)所著的有创意的作品《文化的后果》(*Culture's Consequences*)通过对从全世界不同国家收集的大量资料进行统计分析,发现西方文化心理学资料中的文化差异维度并不通用,但是文化结合综合征呈现出明显的个人主义和低权力距离(见 Smith & Bond, 1993,文献更新版)。

　　关于心理学现象通过科学论证关注文化的趋势一直延续到今天。马库斯和基塔亚马(Markus & Kitayama, 1991)因为社会学和人格心理学中将自我建构视为独立或相互依赖的理论而出名(这使得文化因素成为实验操作的离散变量)。北美和东亚之间持续的著作对话,主要是日本,接着是中国,成为跨文化心理学的主要特征。最近受到关注的案例是一个关于积极自尊的要求是否普遍的问题(Heine, Lehman, Markus, & Kitayama, 1999, *vs.* Brown & Kobayashi, 2003)。最近,一流期刊《跨文化心理学》(*Journal of Cross-Cultural*)影响评级为2.0,这个指标标志着它达到前所未有的水平。而《跨文化关系国际期刊》(*International Journal of Intercultural Relations*)对这个分支学科也做出了重要贡献(近年来的影响因子为1.0)。可能由于这一成功,社会建构认识论对跨文化心理学几乎没有影响。它大部分的拥护者满足于在经验主义实践和科学论述中展开研究,且在这个发展的领域中已经成为标准(参见:Liu et al., 2010;Berry et al., 1997)。

　　继跨文化心理学之后,社会学心理学亚洲协会于 1995 年举行了首次会议,并于 1998 年创立了《亚洲社会心理学杂志》(*Asian Journal of Social Psychology*)。

近日,一位有影响力的前杂志编辑写道"简而言之,《亚洲社会心理学杂志》促进了从事文化议题的研究,期刊被誉为'文化'期刊"(Leung,2007,p.10)。但是不足之处在于,"当人们提及《亚洲社会心理学杂志》,却无法想到明晰的理论框架。除了几位本土的心理学家,大部分亚洲社会心理学家研究的都是在西方盛行的主题"(Leung,2007,p.11)。在心理学中争论的"本土"这个词是用来指应对西方主流的知识运动,它寻求反映当地人的社会、政治、文化特点(Allwood & Berry,2006)。作为知识分子去殖民化(或者去西方化)的一部分,这个运动在亚洲曾经占据主要位置。在大多数情况下,它并不是指心理学的第一代人,即在政治主导的西方化主流情况下作为少数人的本土人。尼考拉等学者谴责心理学在关于毛利人本土心理学简介中对"本土"一词的使用,毛利人是新西兰的第一代人。但是他们进一步写道:

> 不谈术语,本土心理学的目标是令人欣喜的:也就是说,不是通过制约或引进的方式来发展心理学;本土心理学受到人们居住的文化情境的影响;用很多方法从文化内部发展;以此发展了当地相关的心理学知识。(Nikora,Levy,Masters,& Waitoki,2004,引自 Allwood & Berry,2006,p.255)

本土心理学运动于 20 世纪 70 年代在印度、菲律宾以及 20 世纪 80 年代的韩国的魅力型领导人领导之下迅速发展,并强烈影响了亚洲社会的社会科学议程(Sinha,1997)。但是跨文化心理学一直受到经验主义的实证形式的强烈影响,致力于检验心理学理论对不同人群的普遍性和适用性。本土心理学基于哲学、认识论、政治立场变得更加多变,它关注社会科学知识的生产和运用。主要的亚洲拥护者给出了几个重叠的关于本土心理学的定义(参见 Kim,Yang,&,Hwang,2006;Allwood & Berry,2006,概述)。恩里奎兹(Enriquez,1990)把本土心理学描述为心理学思考和实践的一种系统,它根植于特定的文化传统中。但是,基姆和贝里(Kim & Berry,1993)认为"人类行为(思考)的科学研究是当地的,不是从其他地方转移来的。而本土心理学为持有这种观点的人服务"(p.2)。在越来越多认识论和哲学导向的拥护者中,何友晖(Ho,1998)把本土心理学视为"基于文化情境的人类行为和情感过程研究,取决于价值观、观念、信仰系统、方法论以及调查过程中生长于具体民族和文化群体的其他资源"(p.93)。作为本土心理学最具影响力的纲领性的发展者,杨国枢(Yang,2000)把它定义为"科学研究基础上的心理学知识演化系统,是研究现象与它们生态、经济、文化和历史语境的充分融合"(p.245)。所有主要人物都同意本土心理学包括知识和实践原生或根植于特定生活和文化传统。他们一方面在恪守全球科学的承诺上有差异,另一方面在本地知情行为上也有差异。

本土心理学有大量的研究关于中国台湾地区和菲律宾之间的不同点(每一个都有大型定期的会议,有数百位学者参加),从理论到实践均有启发性。两者都出现在 20 世纪 70 年代,由一位有才华、精力充沛的建立者主办,能够从人力和物力上推动团体发展。虽然他们研究的目的很相似,恩里奎兹(Enriquez,1990,

1992)的观点与杨国枢(Yang,1999,2000)的观点有很大差别,杨国枢更重应用。

原则上恩里奎兹并不反对自然科学的认识论,但是他认为它们在实践中被不恰当地运用了。他写了大量关于本土化心理科学的过程(Enriquez,1990),既采用西方科学建构本地文化,也运用自己的术语发展心理学知识的本土体系(外部和内部本土化)。菲律宾一直是发展中国家,当前人均国民生产总值低于2 000美元,透明度评级在最低的四分之一中,与世界上其他国家一起对抗贪污。

在这样的社会氛围中,菲律宾本土心理学密切地关注社区的各种问题,并以塔加路语(菲律宾的当地语言,主要在吕宋;见 Enriquez,1992)进行发表。由于它与其他的学科、行政管理、非政府组织(NGOs)关系的蓬勃发展,被称为参与行为导向的研究(McTaggart, 1997)或以社区为基础的参与研究(Minkler & Wallerstein,2003)。因此,人类学(质性的田野研究)研究是它的首选方法。恩里奎兹(Enriquez,1992)称之为"内部本土化"。它主要是以委托机构的专题论文(例如,Aguiling-Dalisay,Yacat,& Navarro,2004)或内部报告的形式呈现,它主要运用质性方法来发展本土化(Pe-Pua & Protacio-Marcelino,2000)。这些研究很少在国际期刊上发表,但是在东南亚和其他发展中国家却很多。

菲律宾本土心理学被广泛应用,它的发展集中在内容和人类学方法(例如,如何与没有文化的性工作者交流),但是关于本土化心理学传统的认识论却没有大的发展。这种运用当地语言、注重应用研究且没有认识论立场的模式,是大部分东南亚国家的特征,包括印尼、马来西亚、越南,但是后面的这些国家与菲律宾相比在运用本土化兼容理论、时间和方法方面的发展不大。它们的许多研究在国际学者团体的指导下,以主题论文、出资人授权报告、本地期刊的形式发表。

恩里奎兹是著名的菲律宾本土心理学创始人,他于1994年去世,享年52岁,留下了学术上的巨大空白,尚未填补。相反,30多年来,杨国枢一直在积极构建中国本土心理学。相较于菲律宾,中国学者的本土心理学与跨文化心理学的研究标准比较一致,他们更重视经验主义和量化,但用的是"纸笔"调查,而不是建立在主流心理学所用的实验室基础上。

中国本土心理学在世界本土化心理学发展中越来越国际化(Yang,1999;Bond,1996)。中国本土心理学有自己的期刊,过去20年在中国定期出版,几百人参加的会议也定期举行。在杨国枢激情澎湃的陈述中,他提出了能够统一文化心理学(Cole,1995)的本土心理学的发展项目,致力于质性研究和"人类科学"认识论以及跨文化心理学(核心是量化研究和"自然科学"认识论)。他视心理学由本土心理学分层组织化系统组成:

> 除了本土化势在必行,对本土化研究行动而言没有其他的限制了……任何社会的心理学家都合法地努力构建本国的本土心理学,像美国现在的本土心理学一样是全方位的……例如,许多本土化导向的中国心理学家集中发展中国本土心理学,并希望无论是在广度上还是深度上,比肩北美。(Yang,2000,p.246)

这是可以理解的,鉴于中国的人口规模和时间所赋予的哲学传统,相比于其他人而言,中国人对他们的本土心理学有较高的期望。

大部分的亚洲本土心理学家在实践中更倾向特定的方法(例如杨国枢是调查导向,恩里奎兹面向民族志),但是原则上,他们不认为他们的行动受到西方认识论形式指导下方法的限制。就杨国枢(Yang,2000)的理论来说,它独立于恩里奎兹的思想之外,其关键概念是本土的兼容性,根据"经验主义研究……在方法的指导下进行。也就是,研究者的定义、理论、方法、工具、结果充分代表、反应、揭露了研究现象中本质要素、结果、机制、过程"来进行定义(p.250)。他通过提供许多行为准则,而不是靠哲学导向系统来获得本土兼容性。例如,

> 在完全理解和了解你的研究现象之前,不要不加批判或习惯性地在你的研究中套用西方的心理学概念、理论、方法和工具。
> 不要忽视西方心理学家在发展他们自己的心理学时的重要经验,这可能对于非西方心理学的发展是有益的。
> 在研究过程的各种阶段,不要根据英语或其他外语进行思考,以防止在研究中思考本土化因素时被扭曲或抑制。(p.251)

另一方面,

> 在研究中,不要容忍模棱两可或含糊不清的状态,在处理理论、方法论、实践性问题时直到头脑中出现本土化的东西再做决定。
> 在文化意义上,做一个典型的土著研究者。
> 在研究心理或行为现象,考虑社会文化背景。
> 在你的社会中,优先考虑文化独特的心理和行为现象或是有特点的人,特别是在非西方社会本土心理学的早期发展阶段。
> 把你的研究建立在自己文化知识传统上。(p.251)

这种非常实用的方法根植于研究实践而不是认识论,这可以说是亚洲本土心理学模式,以回应知识社会建构所包含的问题。本土导向的东亚,经济发展迅速,像中国台湾地区(以及韩国和日本),这些地区有一项规则,就是不使用理论的种族、性别或道德批判来挑战主流心理学实践中的经验主义标准。相反,所有这些问题受到经验主义保护,更倾向量化,但是也使用质性方法。

卡希马(Kashima,2005)认为,这种方法根植于亚洲的知识传统,这可能在根本上有利于审视研究问题的复杂性和多样性,比如文化。他挑战了格尔茨的观点。格尔茨(Geertz,2000,p.197)断言"把像人类学如此大和怪异的骆驼带入心理学的帐篷,会打碎周围的东西而不是把他们有序安排。"尽管这简化了卡希马的论点,但是卡希马(Kashima,2005)使当代认识论在西方二元论立场中的诠释学和经验主义思想中挣扎。西方的二元论使得本体分离,人性和自然物质分离。他认为,

> 如果我们认为意向性被实质地认识到,意义是因果链的一部分,社会科

学调查也是复杂因果过程的一部分,那我们可以采用一元本体论,也就是人性与物质自然不是分离而是联系的。(p.35)

社会心理学研究的中国认识论意义

为了更好地理解西方哲学与当代中国哲学,卡希马(Kashima,2005)进一步指出,"我们需要的是一元论本体论,而不是启蒙运动的唯物主义本体论"(p.36)。事实上,杰出的新儒家哲学家牟宗三(Mou,1970)用康德(Immanuel Kant)作为一个出发点,发展一个形而上的道德自治(Liu,1989a)。虽然认识论并不是中国古代关注的中心,但是牟宗三的研究象征着当代中国哲学家用他们的知识遗产与西方思维进行对话。牟宗三不像大部分的西方哲学家,他认同认知思维"直觉启示"的可能性(例如,最高意义上的启蒙),但康德只允许明智的直觉。

康德通过建构现象和本体(事情在其本身)的二元主义追随并扩展了笛卡尔的身心二元主义。康德坚信只有上帝有智力直觉(本体,事情在其本身),但是人不得不依赖理智直觉(或者感官证据)。纯粹理性只能建构知识的现象世界。依据康德的思想,人类无法知道事物的本来面目(本体),因此,也无法知道形而上的知识,因为这会导致二律背反。相比之下,牟宗三重新诠释"智力直觉"是"直觉启示"(通过东方传统,例如佛家、儒家、道家的观点),并且认为人都有这样的能力,无论他们的信仰是什么。他提出了一种先验辩证法,虽然理智不能产生可接受的形而上终极的证明,但是能实现事物本来面目是"这样"或"那样",现象知识的对立面在时空中由认知思想所建构。因为牟宗三的先验辩证法并没有解决经验性的可验证知识,这与克尔凯郭尔(Soren Kierkegaard)的"主观性就是真理"的立场相似。但是,这仍然是个理性的过程,从根本上背离了克尔凯郭尔的非理性方法从而避免了二元论。

西方启蒙思想家受到基督教传统的影响,把形而上的终极看作上帝,并且倾向把它(如康德、笛卡尔那样)看成超越现象世界。对于康德来说,自由意志、不朽灵魂以及上帝的存在是实践理性的假设。基于此,认识论的出现符合物质和思想的二元论、自然和人类现象相分离,因为对于像笛卡尔和康德等基督徒来说,在面对他们自己的逻辑和理性时,将他们的宗教保持为一个有效的知识系统很重要。

文化的影响大部分时候是隐性的,卡希马(Kashima,2005)的观点并不一定意识到这点,当代西方社会科学家已经保持了一种没必要的自然和人类现象的严格区分,作为他们特有文化程序的一部分(Kim,2000):有的人在启蒙运动中继续自然科学范式,其他人反对这种做法,认为是对人类尊严的侮辱。由于大部分的社会科学家没有经过哲学训练,他们倾向于把文化本体变成一种近乎宗教的方法论问题,这被哲学家称为"方法崇拜",即把方法论和本体论混为一谈。正如蒂利希（Tillich，1951）的观察，价值观必须有一个本体论基础。科学观察的价值观采用理智直觉，相比之下，直觉的现象学和诠释学不能被简化为任何涉及情感反应和主观效用的公式，它不能被任何逻辑形式或经验证据来推导或诱导。因此，特殊对待来自特定价值系统与特定本体论的一套研究实践，就像给所有为人类社会做出社会科学的贡献提供"答案"一样，这就是方法崇拜。

总体而言，亚洲哲学传统考虑到人类具有理解本体论现实的能力，尽管他们可能会得到关于本体论现实截然不同的结论。这意味着不是把方法论看成涉及社会科学研究中不同价值系统（方法论）的问题解决方式，亚洲内隐理论（或者民间信仰）建立在整体和永久的变化之上，即"永久而非有条件和暂时的对矛盾的容忍、对立统一的接受、对立共存的理解，是日常认知和思维的一部分"（Spencer-Rodgers，Williams，& Peng，2007，p.265；Nisbett，Peng，Choi，& Norenzayan，2001，东亚整体思维的概述）。就实践而言，这意味着亚洲传统没有将科学的观察方法凌驾在最初心智的直觉启发之上，而是把它们看作认知形式的补充。

尤其是儒家传统倾向于把形而上的终极看作一个创造性原则，作用是不断引导世俗现象的形成。宋明新儒学哲学家把仁（被定义为人性）看成生生（创造性的创造）（见 Liu，1998a，一个扩展解释）。因此，在最广泛意义上说这是一个"道德原则"，自此，在时间和空间中，出现了存在的不断变化面向。在牟宗三对当代新儒家哲学最有力和完整的陈述中，现象（对现实的感知）和本体（事物的本质）之间的康德式二元论不被接受。虽然牟宗三（Mou，1975）赞同海德格尔（Heidegger，1977）把人类的概念定义为此在（*Dasein*；存在，being），但牟宗三认为现象学本体是能够给予人类存在唯一的描述并且不是一个价值基础。因此，根据牟宗三（Mou，1975）的观点，海德格尔能够实现的是内部形而上学而不是亚洲知识传统需要的超验形而上学（Liu，1989a，有这些论述的扩展版；Bhawuk，2008a，印度哲学传统对这个主题的当代社会心理学研究）。

中国社会科学家像西方社会科学家一样，在他们的研究中可能没有明确引用哲学。但是像西方学者，他们按照他们自己的隐性文化程序，很多已着手的研究将量化和质性的研究方法相结合，模糊了经验主义和诠释学的边界。例如，许多本土化的中国心理学论文结合量化和质性方法，他们论文的主线是中国传统与当代主流心理文献的交织。本土化中国心理学会议的"热点"（其中大部分以中文出版）是婆媳关系，这个话题充满了年轻一代和年长一代之间矛盾的文化期望。用来分析调查、访谈和民族志资料的质性和量化研究方法已经是可接受的研究方式。文化是最不明确的研究主题，更确切地说是嵌入在研究过程和对象之中。

这些规则有明显的例外。例如，李（Lee，2004）在中国台湾地区种族本土化研究中提倡诠释学现象学方法，像其他亚洲的女权主义者一样，他们往往更喜欢质性而不是量化的研究方式。然而，最流行的文本是指导社会科学毕业生如何做毕业论文的研究（Bih，2005），它是完全整体性的方法论，仅仅指导研究方法如何匹配研究问题。

对许多亚洲社会科学家来说，卡希马（Kashima，2005）运用六个观点来描述

文化类属认识论立场及其心理学意义是无争议的:

　　1.文化是社会和历史的建构。

　　2.人们能够运用概念和其他象征性结构来建构他们自身。

　　3.人们发展心智理论(例如,心智怎么运转的理论)以理解其他。

　　4.人们有信念,并且用这些信念来指导行动。

　　5.人们参与有意义的行动。

　　6.文化是心智的构成。(p.20)

　　特别是对本土心理学家而言,人类和自然现象的分离以及关于构建知识不同形式的论战似乎存在问题。卡希马的总结似乎更像是一个好的起点而不是争论的焦点:"简而言之,争论的是人类的能动性和反身性构成了人类社会和文化的动态性(例如,随时间变化)以及知识和人类活动的历史性和文化可能性"(Kashima,2005,p.22)。例如格根(Gergen,1973)把心理学现象的历史可能性作为改革的召唤,而刘和希尔顿(Liu & Hilton,2005)认为这对他们有利。前者把历史可能性看成是需要推翻方法论霸权的证据,但是后者把它看成是人类能动性和文化构建实践的描述,需要经验研究和哲学思考(Liu & Hilton,2005)。

　　正如梁(Leung,2007)指出,就创造显著突破而言,亚洲社会心理学家还没有充分估计方法崇拜中相对自由的价值,这种方法崇拜由他们的哲学传统提供。梁批判亚洲人缺乏志向,比如相对缺乏持续的纲领性研究。作为现任《亚洲社会心理学杂志》的首席主编,我不得不同意:每年提交到期刊的200篇左右文章中,大部分缺乏想象力,基本是美国量化研究建立的研究主题的明显复制和微小变异。

　　尽管亚洲社会、人格、临床、文化、跨文化心理学的本土研究仍然处于形成期,但是具有许多基本特点。第一,缺乏对认识论关怀转变为方法论边界的专注。第二,对社会关系和社会相互联系的过度关注。第三,文化的自然主义取向是相对无可争议的基础心理学元素。J.H.刘和S.H.刘(Liu & Liu,1997,1999,2003)将此描述为关联心理学。

　　亚洲社会心理学者是否能完成他们哲学传统的认识论承诺,还有待观察(Ward,2007)。亚洲大学就像全世界的其他大学一样,优先考虑自然科学,并激励和内化西方大学设置的标准。他们逼迫他们的教员在知名期刊上发表文章,而这些知名期刊由美国的大学、美国或欧洲的学术界控制。上海交通大学的世界前500名大学排名完全侧重自然科学而几乎忽视人文学科和社会科学的贡献。建立此排名并提供"客观标准"的目的是发展"世界级"中国大学,位列世界前100名(北京大学和清华大学都有志于此)。鉴于这些情况(Adair,Coelho,& Luna,2002;Leung,2007;Ward,2007),亚洲学术界几乎不太可能建立哲学和认识论的自主研究机构。不久的将来,全球心理学将作为与美国中心主导相连接的多元实践混合物而出现(Liu et al.,2008;Moghaddam,1989)。

　　关于混合研究的多样性和局限性,日本社会心理学是一个很好的案例。日本社会心理学的主流完全沉浸在与北美认识论基础上美国社会心理学的经验主义对话之中。日本确实有小型的本土心理学运动（Behrens，2004），而中国台湾地区和菲律宾却没有这样的视野或志向来开展此类运动。也许是为了对此作出反应，近日在日本出现了一个持不同政见的派别，这挑战了主流认识论基础的使命，并形成了量化和质性研究方法陷阱以及人文科学和自然科学比较的争论。北美的质性研究者非常熟悉这种方式（Atsumi，2007；Sugiman，2006）。

总体而言，提交至《亚洲社会心理学杂志》的论文体量不断增加，从 2007 年的 168 篇到 2008 年的 182 篇再到 2009 年的 210 篇（每年增长 10%），社会心理学的亚洲作者在过去十年大量增加——即使在《亚洲社会心理学杂志》的影响受到控制之后（Haslam & Kashima，出版中）——表明了地区及其民众的内在潜力。由于方法论和理论技巧的增长，伴随着亚洲人的文化自信，以及随之而来他们引领潮流的经济成功，人们不禁对来自亚洲的突破可能性感到兴奋，这种突破是以创新的方式打破自然科学和人文科学的二元对立。因此，通过简短介绍近年来亚洲心理学出现的一些有认识论依据的研究，来结束本章是合适的。

三个有认识论依据的亚洲研究

香港临床心理学家何友晖（David Y. F. Ho）的研究与众不同，他受到中国哲学的影响，同时用英文写作，这有利于他的研究接触到国际读者。他的两个关于中国本土心理学富有想象力的研究，包含了传统中国文化故事的解释性分析（Ho，1989a）以及儒家和临床心理学家之间的幽默对话（Ho，1989），围绕着具有文化内涵的术语，如"礼节"和"冲动控制"。支持这些的基础是承认他和他的同事所说的方法论关系主义（Ho，Peng，Lai，& Chan，2001）。这是一个分析思想和行动的通用概念框架，它把一个人放置在社会关系网络中作为分析的基本单元：

> 个人行动必须放置在人际交往、个人与组织、个人与社会、群体之间关系的情境中来考量……特别是，每个人的人际关系容易受到其他人际关系的相互作用。这个考虑引入了元关系或关系的关系的辩证建构。（Ho，Peng，Lai，& Chan，2001，p.937）

何友晖等人（Ho，Peng，Lai，& Chan，2001）在人格和社会心理学的研究方法中用了两个基本分析单位，个人在关系中（焦点是不同关系情境中的目标个人）和关系中的人们（焦点是一个关系情境中不同人的互动）。作者的量化研究，试图通过引入一个中间层——关系中的人，来解构一种权威，即将行为的"人与情境"表达方式视为"一致"与"不一致"的对立。他们具有说服力的论述认为关系可以超越个人与情境的二分对立，因为它们本质上既不是个人的部分也不是情境的部分；人处于关系网络中，这帮助他们通过特定方式在情境中进行定位（见 Ho & Chau，2009）。

他们也发展了调查研究的质性方法(Ho，Ho，& Ng，2006)，认为"既不是以方法论个人主义为基础的心理学，也不是基于方法论整体主义的社会学能够完全解释整体的复杂性"(p.19)，并理解社会中人与人之间的关系。

> 虽然不能还原个人事实，但是一个社会事实依然是关于个人的社会行为和表现的事实；一个心理学事实其实是一个社会事实，无论它是指他人在场的、实际的、想象的，还是暗含的行为。每个人包含或者被其他人包含。某一方面知识的增长，某一方面知识缺乏的减少，理解另一方面知识。(pp.19-20)

何友晖等人(Ho et al.，2006)建议把他们的研究方法论基础建立在两个元理论命题基础上：

> 1.心理学现象的概念化本身是心理学现象，作为一个元层次现象需要进一步研究。
> 2.心理学知识产生具有文化依赖性，文化价值观和假设体现在心理学现象的概念化和研究它们所用的方法论中，因此，知识生产的作用不能被知识生产的过程所分离和消除。这些观点并不一定否定实证主义。相反，他们使得实证主义更加关注文化依赖性并扩大研究范围。(p.22)

在这一点上，他们没有详细阐述他们的认识论立场，而是讨论了在两个假设基础上，"反身性"在三个"与知识态度相关的调查研究"中的应用。这些看似是实用主义和辩证的，但根植于现实主义认识论：

> 第一，强调在求真过程中对证据进行批判性审查的重要性。第二，面对社会现象内在的复杂性甚至是欺骗性，对欺骗的警惕是求真不可或缺的部分。第三，把对无知的认识和知识生产视为同一过程的两个方面。(p.22)

没有提供任何标准技术和程序，他们把调查研究描述为"严谨的、自然的、深入的"，以确保资料质量并服务社会良知。

何友晖等人(Ho. et al.，2006)同时提倡反身性和从探索到确认(例如，从质性阐述到量化假设检验)作为研究方法的运用。他们表达了对于记者所做好的调查性报告的欣赏(例如，对于信息来源的验证和寻求真理的奉献)，但是他们没有用明确和标题性的方法说明这些新闻培训可以怎样被应用于社会科学研究。从西方训练方法论的角度来看，何友晖等人的研究没有足够的吸引力，因为它缺乏细节，棘手的问题是，无法明确阐明真理-价值和好的调查研究过程之间的冲突。但是之前所说的亚洲本体论和认识论系统能帮助西方学者理解这个要求以及他们实际完成的方法。对何友晖等人(Ho. et al.，2007)来说，具体化"人文科学"质性形式和"自然科学"量化形式之间的界限并没有意义，他们对此的反应是道德上的愤慨。

30年来中国的社会心理学家黄光国(Kwang-guo Hwang)进行了一项本土化中国心理学研究，其建立在传统中国理论知识的基础上。黄光国运气很好，他的职业生涯是致力于一个高度发达和协作的本土心理学。然而，何友晖却被描述为一匹孤独的狼，因为他在中国香港社会科学中提出了一个完全夹带西方范式的认识论本土研究（Hwang，2005c；Yang，1999）。尽管何友晖主要的对话对象是西方学者和西方化或双文化的亚洲学者，但是黄光国研究的巅峰是用中文撰写的《儒家关系主义：哲学反思、理论构建与实践研究》，并且与中国社会科学家直接对话。因为黄光国的大量产出主要是中文版著作，关于理论而不是经验，所以不太可能仅仅在几段文字中公平公正地阐明他的研究。在这里唯一能做的是给出研究风格。应该注意的是，虽然黄光国身处社会心理学，但是由于他读了大量的科学哲学和科学社会学的书，所以他的著作很明显是直接面向社会科学而不仅是心理学。

黄光国（Hwang，2005b，2005c，2006，2009）的使命是实现对中国社会科学认识论的全面理解（通过其他非西方学者引申开来），这为彼此之间以及与西方学者之间富有成效的对话，提供了哲学基础。黄光国的研究与牟宗三的基础假设是一致的，不同的哲学和文化传统为构建主观经验现象学及其自身检验的认识论提供了替代（和重叠）的本体论基础。黄光国对于儒家关系主义的研究基础是面子和人情模型，分析了儒家在协调社会关系和社会交换中的内部结构。

在《知识与行动》一书中，黄光国（1995）认为西方文化强调哲学的重要性，以此追求知识；然而，道家、儒家、法家、兵家的中国文化传统关注行动的智慧。与以建构实在论为基础的方法一致（Wallner，Jandl，2006），黄光国认为由于心理学的基础和当前的实践都是基于西方哲学，本土心理学的真正进展是通过构建一个与西方哲学一致的科学微观世界，同时保持中国文化传统对中国人日常生活产生影响的完整理解。

为了熟悉西方哲学思想的主要学派对中国社会科学家的社会科学思维的影响，黄光国（2006）用中文撰写了《社会科学的理路》。在书中，他认为要构建连贯的科学微观世界，社会科学家不仅要把他们自己视为文化结构的现象学海洋里畅游的一条鱼，而且他们必须能够把这些洞察转变为科学微观世界需要的系统形式。此外，这些微观世界之间存在许多共性，因此它们之间的概念交流和翻译是科学和现象学洞察力的关键特征。

在后实证主义哲学的基础上，他的总结性著作《儒家关系主义》（黄光国，2009）强调，本土心理学的认识论目标是科学微观世界的建构，这个科学微观世界由一系列反映普通人类心智和特定文化心态的理论组成。鉴于西方社会心理学中大部分理论建构的前提是个人主义，黄光国（2009）解释了他如何运用社会行为的四种基本形式来建构面子和人情模型（Hwang，1987），并把它作为框架来分析儒家思想的深层结构（Hwang，2001）。接着，他阐明了儒家伦理本质与西方伦理学的鲜明对比，并构建一系列基于关系主义的理论，用以阐明了儒家社会中的社会交换、"面子"概念、成就动机、组织行为和冲突解决。

黄光国（2009）的研究为纲领性的发展奠定基础并发出呼吁，这能创造本土社会科学几十年的研究。很多不同地方的学生和老师参加他在大学举办的研讨会。黄光国主要是一个理论家而不是实践者,所以这是个发展缓慢的运动但专注于大局。我们不应该期望看到立竿见影的效果。相反,正如华夏文化协会(Chinese Culture Connection,1987)指出,中国人最突出的特点之一就是有长期目标,并且在 21 世纪,中国学者在社会科学领域需要几十年的时间来回应西方布局的基础和实践。

印度学者最近的研究来自他们伟大的哲学传统所创造的形而上学的心理学。根据达拉尔和米斯拉最近给出的定义(Dalal & Misra,2010),

> 人类存在不只是物质方面,印度心理学以一种更加包容的精神来看待人类存在。从这个意义上来说,心理学、哲学和灵性没有明显区别,把它们联系起来就构成了人类生活一个全面和实用的知识或智慧。

因此,亚洲学者继续从他们丰富、独特的传统中获得滋养,这是对西方本体论的质疑,也是对考虑不相关知识的方法论形式是否在生产和具体化社会科学知识中应该保持优先位置的质疑(Bhawuk,2008b;Paranjpe,1984)。但是也有不同。如果中国哲学传统使得中国社会心理学家思考把社会联系和整体相互关系作为基础的本体论假设,那么印度哲学传统对现象学、认识论和自我实践的精神深度也有相似的推进作用(Bhawuk,2003)。

辛哈(Sinha,1997)认为,印度心理学的基础是形而上学。印度心理学并非始于弗洛伊德(Sigmund Freud),而是像印度学者那样(如 Paranjpe,1998),始于吠陀传统,例如"奥义书"(Upanishads)。"奥义书"中包括一些基本原则,比如:"真理应该被实现,而不是仅从智识上认识。"(Bhawuk,2010)从远古时代的印度哲学开始,自我就被作为"本体论实体"来进行研究。基本的方法论是冥想,冥想的目标是揭开真实自我(self,atman)的本质,不会随着时间受基本现象学统一性的限制(Bhawuk,2008a;Rao & Paranjpe,2008)。如果印度哲学的冥想被作为知识的重要和有效形式,那么智者和知识之间基本的划分界限也不能被保持。相对于中国哲学家倾向于保持区别(理一分殊:一个原理,许多表现形式)的同时寻求统一(天人合一:天和人是同一的),印度哲学家通过探索知识的深度来瓦解,甚至是瓦解直觉启示下的基本两极,例如好与坏或者存在与不存在。

印度当代心理学运动出现在构建自我心理学的过程中,自我心理学同时是自我实现的实践。巴乌卡对此进行深入研究,他提出了一个一般方法论,将经典印度经文翻译成心理学理论和实践模型:

> 例如:《博伽梵歌》(*Bhagavad-Gita*)的第二个篇章,展现了欲望和愤怒如何使一个人堕落。第 62 节诗句描绘了这个过程开始于当一个人意识到物质,他或她就发展了对物质的喜欢。喜欢导致了欲望,从欲望就会出现愤怒。第 63 节进一步描述了这种因果关系,愤怒导致困惑、不辨是非、迷惘、失去记忆或失去过去的学习、菩提(例如,知识或智慧)的毁灭,以及人的堕落。(Bhawuk,2010)

即使粗略地翻看巴乌卡的著作也能发现,印度心理学中描述的现象学概念层不仅与西方概念相区别,而且一旦辨明它的内部逻辑,你会发现它是系统的且引人注目的。在验证或提供这个系统的理解时,巴乌卡没有特别对待任何西方经验主义和现象学形式。同样,先验冥想的倡导者很高兴西方科学家在冥想过程中来衡量他们,并发现他们的耗氧量和心率降低,皮肤抵抗力增强,脑电图仪显示了表示低压力的频率变化(Bhawuk,2008b;Rao & Paranjpe,2008)。这个科学知识一点没有改变先验冥想的主观实践和目标。

就此,巴乌卡(Bhawuk,2008a)的模型完全是理论性的。在黄光国(2006, 2009)看来,他们代表了将印度哲学的哲学性微观世界转变为一种心理学微观世界的变量关系:通过俗人或鼓励质性和量化调查,谁都不知道这些转变会如何影响印度宗教实践的文化宏观世界。很难想象,关于人类愤怒和欲望意义最深刻的一句话,作为世界最伟大文化之一的哲学基础的一部分,千年来被人知晓和实践,直到最近才进入心理学文献(Bhawuk,1999,2008a)。巴乌卡(Bhawuk, 2010)谨慎地把他构建的心理学模型放置在他日常冥想实践的情境中,并将其作为他家庭生活的一部分。在他的著作中,质性和量化方法论的二元性从来不是一个问题。他追求的是扩大科学边界,而不是受到方法论差异的限制,将科学割裂为分析部分,方法论的差异就像印度哲学探究的不朽问题一样离奇有趣:存在与不存在、时间和永恒(Bhawuk,1999)。

通过比较科学文化和印度文化,巴乌卡(Bhawuk,2008b)认为科学本身就是一种文化,其特点是客观性原则、不受个人情感左右、还原论和拒绝不确定性。他告诫说,作为文化或跨文化研究者,我们需要对科学也是文化这一事实具有敏感度,我们的研究可能从采取具有本土文化特点的世界观、模型、问题、方法中获益,尤其是非西方源头的世界观、模型、问题和方法。非西方源头的世界观、模型、问题和方法强调跨越学科边界,建议在我们自己的情境中,采用多种方法并运用多种范式研究策略来理解各种世界观。来自多种学科的研究者团队能够帮助我们发现学科和范式之间的联系。

结　论

虽然上面提到的三个研究是例外,但是它们应该被放置在更广的历史和制度实践长河中,代表亚洲社会科学研究。何友晖、黄光国和巴乌卡调动他们文化中的内在的知识资源,创造原创性方法来解决社会科学中的长久问题。前两位资深学者在他们学术生涯的最后阶段,第三位资深学者在其学术生涯的顶峰;因此就生涯发展而言,没有一位有生存压力。《亚洲社会心理学杂志》或者其他主要的心理学期刊收到更典型的文章,是有微小改动的西方模式复制品,主要的正当理由是"据他们所知,还没有收集资料(来自自己国家)来验证模型"。亚洲社会心理学研究的特点是学者之间的张力,学者生活在文化建构的现象学层面,这是他们日常生活的可视部分,还要生产没有意义内容的英文出版物,并且根据自上而下的标准致力于实用主义的职业发展,这些标准来自于"最好的"(可以理解为西方的)大学。

创新的引入没有改变整体的制度环境,亚洲还是倾向自然科学研究和实践,并没有触动出版的声誉梯度,英语期刊(JCI/SSCI)也还是比本地期刊更有价值。亚洲社会心理学家呈现出高度的实用主义,在主观经验和主导制度实践的分离中,开拓他们的事业。

一些西方机构中,采用质性研究范式的研究者有高度的自觉。运用特定方法论的研究有时会有道德选择。最好的情况,他们的研究反映了智识的光辉和凝聚力;最差的情况,他们容易导致吹毛求疵的方法论审视并且促使利益团体把方法论作为学术斗争的工具。亚洲学术机构的研究者似乎更加务实,最差的情况,使得现象学经验升华为主要方法论范式并用来促进自身提高;最好的情况,在他们职业生涯后期发展出以整体性和创新性为导向的方法论。为了改变这种梯度形状,有必要让对国际期刊有影响力且具有开放思维的西方学者,与对追寻自己文化资源深度和扩大他们学科实践宽度具有热情的亚洲学者,有更多的合作和交流。在这个过程中,亚洲学术界双文化学者已经起到并将起到重要的作用(Liu & Ng,2007)。

在此期间,不是在进行文化塑造,而是在进行学科实用主义研究的亚洲学者,能够在边缘采用意义替代性系统方面发挥作用,以此调和一种分裂。这种分裂存在于他们对于世界作为文化建设的现象学经验及其如何最优地发展他们事业的专业判断之间。以我个人经验为例,在我学术生涯的早期,我有时撰写没有假设的量化描述论文,被国际期刊编辑强迫使用假设-演绎模型。同样在我学术生涯的中期,我内化主流心理学话语到一定的程度,撰写那样模式的论文只需要很少的努力,并成效显著。但是,我的意思是,我把心理学中的假设-演绎模型作为事后的解释模型,而不是预测和控制模型。这并不否认人类心理学中可能存在的深度结构,但是即使它存在,这个深度结构只能通过与现象学的主观经验层面的相互作用来表达,并受到文化概念和社会管理制度层面的调节。因此,在展开调查或实验管理的情境中,我把心理学中所有因果关系的陈述视为现象学和制度层面的偶然事件。在我自己的论文中,我详细阐述了这种意义的符号层面,而且我倾向于谨慎对待其他人忽视的普遍性。从某种意义上说,正如格根(Gergen,1973)的著名论述,我把社会心理学看成是历史(Liu & Hilton,2005;Liu & Liu,1997),但是我并没有认为在解决人类行为的历史和文化偶然性问题时质性方法比量化方法优越;反之亦然。当我为量化研究的期刊写文章时,我遵循它们主导的话语和实践;同样,当我在为质性研究的期刊写文章时,我也如此(Liu & Mills,2006)。我将方法论视为不同的棱镜,研究对象通过不同的棱镜来折射和沟通。根据他们的相对优势,质性研究告诉我们现象是什么,量化研究告诉我们多少、有多普遍、在什么样的条件下具有因果关系。

把这些结合起来,刘和希布利(Liu & Sibley,2009)提出了用质性和量化相交织的方法描述和规定国家政治文化的四个步骤。

1.通过开放式的调查方法来确定符号景观,以此对社会中普遍存在的主要历史性符号做出概述;可能包括量化分析技术和代表性样本,但是必须都是开放性调查。

2.通过各种制度中介渠道在日常谈话中用政治符号来描述话语文库;这可能包括档案分析、访谈、焦点组法;关键是审视主题内容的自然话语。

3.通过将自然发生的谈话转化为量化测量方法或实验条件,可使符号表现形式可操作化,例如将神话或意识形态合法化;最大限度地利用经验主义技术来形成因果关系。

4.运用经验性结论和个人反身性资源,使得表现形式转变为行动;当给予政策建议时,运用社会科学结论必须充分认识到他们的条件性和偶然性。

作为一名期刊的编辑,我对两种交流模式持开放态度(Liu,2008),但是我相信,研究者必须理解每一种模式的内部逻辑才能融合并超越它们的影响。我认为方法论的最终评判是有价值的,我认为价值在于本体论地位高于认识论,而不是来自认识论。除了真理价值,我认为还有两个研究价值(Liu & Liu,1999)是(1)本土兼容性(Yang,2000)——研究能够在多大程度上反映在观察中得到的文化和制度系统现象学,和(2)实践价值——研究能够在多大程度上为研究者所在的学术界和世俗社会提供主观效用。我认为,套用亚特苏米(Atsumi,2007)的话,亚洲社会心理学的未来将用两只翅膀飞翔,一只是科学研究,另一只是实用价值。在实用价值方面,我希望亚洲社会心理学不受二元论的限制,在未来作出巨大的突破(Liu,et al.,2008;Liu & Liu,2003)。

总之,刘(Liu,1989a)总结熊十力(Hsiung Shih-Li,另一位著名的新儒家哲学家,牟宗三的老师)的方法论建议,如下:

> 科学思维方式必须假设存在独立的外部物质世界。从实用主义的观点来看,这个程序是正当的。但是有把实体化功能变成本体论物质的危险,因此会导致形而上学的谬误。为了防止人们落入这种幼稚态度的自然倾向,哲学不得不采用两种重要的方法论程序。首先,我们必须诉诸一个特定的分析方法,通过找到所有站不住脚的形而上学推测中的矛盾和荒谬,来破坏所有试图用本体论原则本身来定义现象学功能的行为。(p.25)

在这一点上,质性研究者做得很好,他们构建了一个立场方阵来解构试图在人文科学领域具体化自然科学模型的幼稚行为。但是熊十力的第二点更加激进,刺中了成为一个社会科学家和人的内心:

> 这正是佛家哲学所做的,试图扫清现象,从而实现所有人类的本体论深度。但是,采用佛教哲学的这些负面步骤只强调了本体论原则的隐性方面并忽视了创造性方面。因此,第二,我们必须诉诸一个特定的内在启示方法。只有通过这种启示,我们才能实现本体论原则的无限创造力。(p.25)

中国和印度伟大的亚洲哲学传统认识到理智直觉和直觉启示的可能性。它们汇集在知识理论和实践理论中。印度哲学家深入探究自我本性的最深处,而且当代印度心理学家把它发展成为具有理论和实践意义的知识实体。中国哲学家已经综合了印度哲学视角(尤其是佛教思想),发展了道德上的形而上学,这直接导向了道德社会关系的心理学。虽然这些在本土心理学发展的初期,但是随着 21 世纪的到来,希望在未来。廉价石油的终结和持续的全球变暖成为双重灾难,需要实践导向的社会科学(Liu et al., 2009),特别是在发展中国家,这些挑战最为尖锐。在化石燃料驱动的全球经济和混合能源经济的关键转型时期,亚洲哲学中认识论突破就有被转化为社会科学具体实践的可能性,而量化和质性方法被用来一起支持社会发展和创造全球意识。在总结了代表世界历史的 24 个社会的开放式调查资料中,刘等人(Liu et al., 2009)评论道:"如果是一个外行的历史叙述,那可能是苦难成就非凡。"(p.678)相反,即使天不塌下来(即使情况不变得糟糕),对边缘的研究依然有用,以此连接具有并行和分布式文化价值的内在联系日益紧密的各中心(Liu, 2007/2008)。

参 考 文 献

Adair, J. G., Coelho, A. E. L., & Luna, J. R. (2002). How international is psychology? *International Journal of Psychology*, 37(3), 160-170.

Aguiling-Dalisay, G. H., Yacat, J. A., & Navarro, A. M. (2004). *Extending the self: Volunteering as Pakikipagkapwa*. Quezon City: University of the Philippines, Center for Leadership.

Allwood, C. M., & Berry, J. W. (2006). Origins and development of indigenous psychologies: An international analysis. *International Journal of Psychology*, 41(4), 243-268.

Amir, Y., & Sharon, I. (1987). Are social psychological laws crossculturally valid? *Journal of Cross-Cultural Psychology*, 18(4), 383-470.

Atsumi, T. (2007). Aviation with fraternal wings over the Asian context: Using nomothetic epistemic and narrative design paradigms in social psychology. *Asian Journal of Social Psychology*, 10, 32-40.

Behrens, K. Y. (2004). A multifaceted view of the concept of *Amae*: Reconsidering the indigenous Japanese concept of relatedness. *Human Development*, 47(1), 1-27.

Berry, J. W., Poortinga, Y. H., Pandey, J., Dasen, P. R., Saraswathi, T. S., & Kagitcibasi, C. (1997). *Handbook of crosscultural psychology* (2nd ed.). Boston: Allyn & Bacon.

Berry, J. W., Poortinga, Y. H., Segall, M. H., & Dasen, P. R. (1992). *Crosscultural psychology: Research and applications*. Newbury Park, CA: Sage.

Bharati, A.(1985).The self in Hindu thought and action.In A. H.Marsella, G. DeVos, & F. L. K. Hsu (Eds.), *Culture and self: Asian and Western perspectives*. New York: Tavistock.

Bhawuk, D. P. S. (1999). Who attains peace: An Indian model of personal harmony. *Indian Psychological Review*, 52(2/3), 40-48.

Bhawuk, D. P. S. (2003). Culture's influence on creativity: The case of Indian spirituality. *International Journal of Intercultural Relations*, 27(1), 1-22.

Bhawuk, D. P. S. (2008a). Anchoring cognition, emotion, and behavior in desire: A model from the *Gita*. In K. R. Rao, A. C. Paranjpe, & A. K. Dalal (Eds.), *Handbook of Indian psychology* (pp. 390-413). New Delhi, India:

Cambridge University Press.

Bhawuk, D. P. S. (2008b). Science of culture and culture of science: Worldview and choice of conceptual models and methodology. *The Social Engineer*, *11*(2), 26-43.

Bhawuk, D. P. S. (2010). Methodology for building psychological models from scriptures: Contributions of Indian psychology to indigenous & global psychologies. *Psychology and Developing Societies*.

Bih, H. D. (2005). *Why didn't teacher tell me?* (in Chinese). Taipei: Shang-yi Publishers.

Bond, M. H. (Ed.). (1996). *The handbook of Chinese psychology*. Hong Kong: Oxford University Press.

Brown, J. D., & Kobayashi, C. (2003). Motivation and manifestation: Cross-cultural expression of the self-enhancement motive. *Asian Journal of Social Psychology*, *6*, 85-88.

Cartwright, D. (1979). Contemporary social psychology in historical perspective. *Social Psychology Quarterly*, *42*(1), 82-93.

Chinese Culture Connection. (1987). Chinese values and the search for culture-free dimensions of culture. *Journal of Cross-Cultural Psychology*, *18*, 143-164.

Cole, M. (1995). Socio-cultural-historical psychology: Some general remarks and a proposal about a meso-genetic methodology. In J. V. Wertsch, P. del Rio, & A. Alvarez (Eds.), *Sociocultural studies of mind* (pp. 187-214). Cambridge, UK: Cambridge University Press.

Dalal, A., & Misra, G. (2010). The core and context of Indian psychology, *Psychology and Developing Societies*.

Enriquez, V. (1990). *Indigenous psychologies*. Quezon City, Philippines: Psychological Research & Training House.

Enriquez, V. G. (1992). *From colonial to liberation psychology: The Philippine experience*. Manila, Philippines: De La Salle University Press.

Geertz, C. (2000). Imbalancing act: Jerome Bruner's cultural psychology. In C. Geertz (Ed.), *Available light* (pp. 187-202). Princeton, NJ: Princeton University Press.

Gergen, K. J. (1973). Social psychology as history. *Journal of Personality and Social Psychology*, *26*, 309-320.

Haslam, N., & Kashima, Y. (in press). The rise and rise of social psychology in Asia: A bibliometric analysis. *Asian Journal of Social Psychology*.

Heidegger, M. (1977). *Basic writings from* Being and Time (*1927*) *to* The Task of Thinking (*1964*) (D. F. Kell, Ed. & Trans.). New York: Harper and Row.

Heine, S. H., Lehman, D. R., Markus, H. R., & Kitayama, S. (1999). Is there a universal need for positive self-regard? *Psychological Review*, *106*, 766-794.

Ho, D. Y. F. (1989). Propriety, sincerity, and selfcultivation: A dialogue between a Confucian and a psychologist. *International Psychologist*, *30*(1), 16-17.

Ho, D. Y. F. (1998). Filial piety and filicide in Chinese family relationships: The legend of Shun and other stories. In U. P. Gielen & A. L. Comunian (Eds.), *The family and family therapy in international perspective* (pp. 134-149). Trieste, Italy: Edizioni LINT.

Ho, D. Y. F., & Chau, A. W. L. (2009). Interpersonal perceptions and metaperceptions of relationship closeness, satisfaction, and popularity: A relational and directional analysis. *Asian Journal of Social Psychology*, *12*, 173-184.

Ho, D. Y. F., Ho, R. T. H. H., & Ng, S. M. (2006). Investigative research as a knowledge-generation method: Discovering and uncovering. *Journal for the Theory of Social Behavior*, *36*(1), 17-38.

Ho, D. Y. F., Peng, S. Q., Lai, A. C., & Chan, S. F. F. (2001). Indigenization and beyond: Methodological relationalism in the study of personality across cultural traditions. *Journal of Personality*, *69*(6), 925-953.

Ho, R. T. H, Ng, S. M., & Ho, D. Y. F. (2007). Responding to criticisms of quality research: How shall quality be enhanced? *Asian Journal of Social Psychology*, *10*(3), 277-279.

Hofstede, G. (2001). *Culture's consequences* (2nd

ed.). Thousand Oaks, CA: Sage. (Original work published 1980)

Hwang, K. K. (1987). Face and favor: The Chinese power game. *American Journal of Sociology*, *92*, 944-974.

Hwang, K. K. (1995). *Knowledge and action* (in Chinese). Taipei: Psychological Publisher.

Hwang, K. K. (2001). The deep structure of Confucianism: A social psychological approach. *Asian Philosophy*, *11*(3), 179-204.

Hwang, K. K. (2005a). From anticolonialism to postcolonialism: The emergence of Chinese indigenous psychology in Taiwan. *International Journal of Psychology*, *40*(4), 228-238.

Hwang, K. K. (2005b).The necessity of indigenous psychology: The perspective of constructive realism. In M. J. Jandl & K. Greiner (Eds.), *Science, medicine, and culture* (pp. 284-294). New York: Peter Lang.

Hwang, K. K. (2005c). A philosophical reflection on the epistemology and methodology of indigenous psychologies. *Asian Journal of Social Psychology*, *8*(1), 5-17.

Hwang, K. K. (2006). Constructive realism and Confucian relationism: An epistemological strategy for the development of indigenous psychology. In U. Kim, K. S. Yang, & K. K. Hwang (Eds.), *Indigenous and cultural psychology: Understanding people in context* (pp. 73-108). New York: Springer.

Hwang, K. K. (2009). *Confucian relationalism: Philosophical reflection, theoretical construction, and empirical research* (in Chinese). Taipei: Psychological Publisher.

Kashima, Y. (2005). Is culture a problem for social psychology? *Asian Journal of Social Psychology*, *8*, 19-38.

Kim, U. (2000). Indigenous, cultural, and cross-cultural psychology: A theoretical, conceptual, and epistemological analysis. *Asian Journal of Social Psychology*, *3*, 265-288.

Kim, U., & Berry, J. W. (Eds.). (1993). *Indigenous psychologies: Research and experience in cultural context*. Newbury Park, CA: Sage.

Kim, U., Yang, K. S., & Hwang, K. K. (Eds.). (2006). *Indigenous and cultural psychology:*

Understanding people in context. New York: Springer.

Lee, W. L. (2004). Situatedness as a goal marker of psychological research and its related methodology. *Applied Psychological Research*, *22*, 157-200. (in Chinese, published in Taiwan).

Leung, K. (2007). Asian social psychology: Achievements, threats, and opportunities. *Asian Journal of Social Psychology*, *10*, 8-15.

Liu,J. H. (2007/2008). The sum of my margins may be greater than your center: Journey and prospects of a marginal man in the global economy. *New Zealand Population Review*, *33/34*, 49-67.

Liu, J. H. (2008). Editorial statement from the new editor. *Asian Journal of Social Psychology*, *11*, 103-104.

Liu, J. H., & Hilton, D. (2005). How the past weighs on the present: Social representations of history and their role in identity politics. *British Journal of Social Psychology*, *44*, 537-556.

Liu, J. H., & Liu, S. H. (1997). Modernism, postmodernism, and neo-Confucian thinking: A critical history of paradigm shifts and values in academic psychology. *New Ideas in Psychology*, *15*(2), 159-177.

Liu, J. H., & Liu, S. H. (1999). Interconnectedness and Asian social psychology. In T. Sugiman, M. Karasawa, J. H. Liu, & C. Ward (Eds.), *Progress in Asian social psychology* (Vol. 2, pp. 9-31). Seoul, Korea: Kyoyook Kwahaksa.

Liu, J. H., & Liu, S. H. (2003). The role of the social psychologist in the "Benevolent Authority" and "Plurality of Powers" systems of historical affordance for authority. In K. S. Yang, K. K. Hwang, P. B. Pedersen, & I. Daibo (Eds.), *Progress in Asian social psychology: Conceptual and empirical contributions* (Vol. 3, pp. 43-66). Westport, CT: Praeger.

Liu, J. H., & Mills, D. (2006). Modern racism and market fundamentalism: The discourses of plausible deniability and their multiple functions. *Journal of Community and Applied Social Psychology*, *16*, 83-99.

Liu, J. H., & Ng, S. H. (2007). Connecting Asians in global perspective: Special issue on past contributions, current status, and future prospects of Asian social psychology. *Asian Journal of Social Psychology*, *10*(1), 1-7.

Liu, J. H., Ng, S. H., Gastardo-Conaco, C., & Wong, D. S. W. (2008). Action research: A missing component in the emergence of social and cross-cultural psychology as a fully interconnected global enterprise. *Social & Personality Psychology Compass*, *2*(3), 1162-1181.

Liu, J. H., Paez, D., Slawuta, P., Cabecinhas, R., Techio, E., Kokdemir, D., et al. (2009). Representing world history in the 21st century: The impact of 9-11, the Iraq War, and the nationstate on the dynamics of collective remembering. *Journal of Cross-Cultural Psychology*, *40*, 667-692.

Liu, J. H., Paez, D., Techio, E., Slawuta, P., Zlobina, A., & Cabecinhas, R. (2010). From gist of a wink to structural equivalence of meaning: Towards a cross-cultural psychology of the collective remembering of world history. *Journal of Cross-Cultural Psychology*, *41*(3), 451-456.

Liu, J. H., & Sibley, C. G. (2009). Culture, social representations, and peacemaking: A symbolic theory of history and identity. In C. Montiel & N. Noor (Eds.), *Peace psychology in Asia*. Heidelberg, Germany: Springer.

Liu, S. H. (1989a). Postwar neo-Confucian philosophy: Its development and issues. In C. W. H. Fu & G. E. Spiegler (Eds.), *Religious issues and interreligious dialogues*. New York: Greenwood Press.

Liu, S. H. (1989b). Toward a new relation between humanity and nature: Reconstructing t'ien-jen-ho-i. *Zygon*, *24*, 457-468.

Liu, S. H. (1998). *Understanding Confucian philosophy: Classical and Sung-Ming*. Westport, CT: Greenwood.

Markus, H. R., & Kitayama, S. (1991). Culture and self: Implications for cognition, emotion and motivation. *Psychological Review*, *98*, 224-253.

McTaggart, E. (1997). *Participatory action research: International contexts and consequences*. Albany: State University of New York Press.

Minkler, M., & Wallerstein, N. (Eds.). (2003). *Community-based participatory research for health*. San Francisco: Jossey-Bass.

Moghaddam, F. M. (1989). Specialization and despecialization in psychology: Divergent processes in the three worlds. *International Journal of Psychology*, *24*, 103-116.

Moghaddam, F. M., & Taylor, D. M. (1985). Psychology in the developing world: An evaluation through the concepts of "Dual Perception" and "Parallel Growth." *American Psychologist*, *40*, 1144-1146.

Moghaddam, F. M., & Taylor, D. M. (1986). What constitutes an "appropriate psychology" for the developing world? *International Journal of Psychology*, *21*, 253-267.

Moscovici, S. (2008). *Psychoanalysis: Its image and its public*. Cambridge, UK: Polity. (Original work published 1961)

Mou, T. S. (1970). Hsin-t'i yu hsing-t'i [Mind and human nature] (in Chinese). In *Philosophy East and West* (Vol. 20). Taipei: Cheng Chung Press.

Mou, T. S. (1975). *Phenomenon and the thing-in-itself* (in Chinese). Taipei: Student Book.

Nikora, L. W., Levy, M., Masters, B., & Waitoki, M. (2004). Indigenous psychologies globally—A perspective from Aotearoa/New Zealand. Hamilton, New Zealand: University of Waikato, Maori & Psychology Research Unit.

Nisbett, R. E., Peng, K., Choi, I., & Norenzayan, A. (2001). Culture and systems of thought: Holistic versus analytic cognition. *Psychological Review*, *108*(2), 291-310.

Pandey, J. (2004). *Psychology in India revisited: Development in the discipline: Vol. 4. Applied social and organizational psychology*. New Delhi: Sage.

Paranjpe, A. C. (1984). *Theoretical psychology: The meeting of East and West*. New York: Plenum Press.

Paranjpe, A. C. (1998). *Self and identity in modern psychology and Indian thought*. New York: Plenum Press.

Pe-Pua, R., & Protacio-Marcelino, E. (2000). Sikolohiyang Pilipino [Filipino psychology]: A legacy of Virgilio G. Enriquez. *Asian Journal of Social Psychology*, *3*, 49-71.

Rao, K. R., & Paranjpe, A. C. (2008). Yoga psychology: Theory and application. In K. R. Rao, A. C. Paranjpe, & A. K. Dalal (Eds.), *Handbook of Indian psychology* (pp. 163-185). New Delhi: Cambridge University Press.

Sinha, D. (1997). Indigenizing psychology. In J. W. Berry, Y. H. Poortinga, & J. Pandey (Eds.), *Handbook of cross-cultural psychology* (pp. 130-169). Boston: Allyn & Bacon.

Smith, L. T. (1999). *Decolonizing methodologies*. London: Zed.

Smith, P. B., & Bond, M. H. (1993). *Social psychology across cultures* (2nd ed.). New York: Harvester Wheatsheaf.

Spencer-Rodgers, J., Williams, M. J., & Peng, K. P. (2007). How Asian folk beliefs of knowing affect the psychological investigation of cultural differences. In J. H. Liu, C. Ward, A. Bernardo, M. Karasawa, & R. Fischer (Eds.), *Progress in Asian social psychology: Casting the individual in societal and cultural contexts.* Seoul, Korea: Kyoyook Kwahasaka.

Sugiman, T. (2006). Theory in the context of collaborative inquiry. *Theory and Psychology*, *16*, 311-325.

Tillich, P. (1951). *Systematic theology* (Vols. 1-3). Chicago: University of Chicago Press.

Wallner, F., & Jandl, M. J. (2006). The importance of constructive realism for the indigenous psychologies approach. In U. Kim, K. S. Yang, & K. K. Hwang (Eds.), *Indigenous and cultural psychology: Understanding people in context* (pp. 49-72). New York: Springer.

Ward, C. (2007). Asian social psychology: Looking in and looking out. *Asian Journal of Social Psychology*, *10*, 22-31.

Yang, K. S. (1999). Toward an indigenous Chinese psychology: A selective review of methodological, theoretical, and empirical accomplishments. *Chinese Journal of Psychology*, *4*, 181-211.

Yang, K. S. (2000). Monocultural and crosscultural indigenous approaches: The royal road to the development of a balanced global psychology. *Asian Journal of Social Psychology*, *3*, 241-264.

黄光国.1995.知识与行动:中华文化传统的社会心理诠释.台北:心理出版社.

黄光国.2009.儒家关系主义:哲学反思、理论建构与实践研究.台北:心理出版社.

牟宗三.1975.现象和物自身.台北:学生书局.

毕恒达.2005.教授为什么没有告诉我.台北:学富文化事业有限公司.

黄光国.2006.社会科学的理路.北京:中国人民大学出版社.

残疾人社区：促进社会公平的变革研究 **13**

DISABILITY COMMUNITIES: TRANSFORMATIVE RESEARCH FOR SOCIAL JUSTICE

◎ 多纳 M. 默滕斯(Donna M. Mertens)，马丁·苏利万(Martin Sullivan)，希拉里·斯泰西(Hilary Stace)

桑国元 雷月华 译　朱志勇 校

> 本公约的目的在于促进、维护以及确保残疾人平等、充分地享有所有人权及基本自由，并且推进对其固有尊严的尊重。
>
> ——《联合国残疾人权利公约》第 1 条
>
> (*United Nations' Convention on the Rights of People Disabilities*，United Nations，2006)

如果 19 世纪末以来的所有残疾人研究都以上述条款为准则，那么我们可以想象今日残疾人的命运在质和量上将会得到很大程度的改进。然而，直到 20 世纪 60 年代末大西洋周边国家兴起残疾人权利运动，残疾人最基本人权才得到承认，他们被称为"残障人士"或"身体障碍者"。

作为残疾人，打着科学研究旗号的可怕事情降临到他们头上。他们被囚禁在疗养院，被迫接受外科切除手术，消毒，被安乐死。他们从震惊走向麻木，受到多重束缚，被剥夺了接受教育、从事工作及过上有意义生活的机会(Braddock & Parrish，2001；Linton，1998；Morris，1991；Sobsey，1994)。以上种种行为的出发点并没有错，他们接受了最前沿的探索残疾原因及治疗方法的科学研究。作为研究被试，残疾人成为需要被治疗、改善及观察研究的"非人类"，而不是应该被家庭和社区关爱、珍惜及抚育的人类。

随着 20 世纪 60 年代反种族主义、女权主义及同性恋权利运动的展开，整个西方世界的残疾人也开始组织起来挑战毁坏他们生活的令人压抑的成见。在本章中，我们将阐述以往的社会研究如何助长针对残疾人的压迫性成见，同时提出开展非压迫性残疾人研究的方式。

重建"残疾"概念，反思研究方法

在美国和英国，残疾人权利运动的理论支持都来源于众所周知的"残疾社会模式(social model of disability)"。美国学者汉恩(Hahn，1982)将其描述为社会政治方法,即残疾被看作个体与环境相互作用的产物。后来汉恩(Hahn,1988)又指出这一看法有可能误导研究者将残疾公民视作被压迫的少数群体。正如汉恩所指出的那样,在美国,比起"残疾社会模式","残疾人少数群体模式"(minority model of disability)(Fine & Asch,1988)更受重视。奥尔布里特(Albrecht,2002)解释道,这种现象与美国社会崇尚实用主义的传统有关,该传统促使人们为了争取残疾人的公民权利而采用将其划分到少数群体的方法。而在英国,学者通过提供一个综合性残疾人理论来解释残疾人社会。对奥尔布里特来说,美国的实用主义可以归纳为"相信某一种理念或社会政策的实际结果"(Albrecht,2002,p.21);既然其他经历年龄、种族、性别歧视的美国公民通过采取少数群体模式团结抗争,最终成功地争取到了他们的公民权利,那么为什么残疾的美国公民不能采取同样的方式呢? 实际上,截止到 1986 年,已经有很多人认为残疾人可以和"黑人""西班牙裔"一样,建立一个专门的少数群体(Hahn,2002:173)。

在英国,随着 1976 年残疾人反隔离联盟《残疾人基本原则》(*Fundamental Principles of Disability*,UPIAS,1976)的出版,这种社会模式由奥利弗(Oliver,1982,1990)广泛发展。对于残疾人的隔离分析是 UPIAS 的研究核心,后来社会模式便兴起。对于 UPIAS 来说,残疾是将残疾人士从其所在社区政治、经济、社会组织中隔离开来,从而对残疾人产生伤害的消极反应。沙克斯佩里和沃森(Shakespeare & Watson,2001)指出,这一对残疾的重新定义改变了残疾人士的自身认识。"残疾"这一字眼不再萦绕在他们的身体和思想中。它被定性为社会压迫问题,残疾人称自己为受压迫的少数群体。例如,格劳希(Groce,1985/2003)进行了一次回顾性(retrospective)人类学研究,地点选在了马萨诸塞州 Vineyard 地区的一个高度遗传性失聪社区。那里的失聪者并没有生活在残疾社会,因为他们都学着使用手语。只要人行道上设有特殊通道,多层建筑中配备电梯,坐在轮椅里的人不会变成残疾人。

当讨论像残疾这样的复杂术语时,语言措辞方面的挑战在所难免。在残疾人研究中,损伤和残疾这样的术语就面临着类似挑战。残疾社区成员试图区分个体的天生特点和社会对该特点的反映之间的不同。因此,在 2001 年新西兰卫生部的政府文件(New Zealand Ministry of Health,2001),以及 2006 年《联合国残疾人权利公约》(United Nations,2006)中,我们可以发现如下针对损伤和残疾这一对概念的区分性定义。

　　　　残疾不是个体具有的特点,个体只可能出现损伤。这种损伤可能是身体、感官、神经学、精神学、智力或其他方面的损伤。而残疾的出现是一群人没有考虑到其他人可能有的损伤,而设计只符合自己生活方式的世界的结果。我们的社会建立在默认每个人都能快速地过马路、看见标识、读懂方向指示、听见通知、够到按钮、有足够大的力气打开重重的大门,以及拥有稳定的情绪和感受。(New Zealand Ministry of Health,2001:1)

在《联合国残疾人权利公约》中,残疾人被定义为"有着长期身体、精神、智力及感官损伤的人,在他们与社会的接触中可能产生各种各样的障碍以至妨碍他们和其他人一样充分、有效地参与到社会生活中去。"(United Nations,2006,p.1)

在美国社会,主张残疾人权利运动的人赞同区分个体的先天特点与社会对该特点的反应(Gill,Kewman,& Brannon,2003)。除此之外,美国研究者更加强调残疾人能体现社会多样性。残疾人并不是被自身残疾所阻碍,而是被社会对他们的成见所牵绊(Gill et al.,2003,p.306)。因此,与其说他们有"损伤",残疾人权利拥护者更愿意自称为"被失去行动能力却骄傲的一群人"(Triano,2006)。

随着这种对自我的颠覆性重新定义,残疾人运动逐渐展开。在美国(Anspach,1979)、英国(Campbell & Oliver,1996)、加拿大、欧盟国家、澳大利亚以及新西兰(Barnes,Oliver,& Barton,2002),残疾人开始呼吁获得平等的公民权利,并且这种权利不强制依赖于福利、慈善和施舍,而是社会经济规律作用的产物(Scotch,2001)。

残疾社会模式与传统占主导地位的残疾人个体医疗模式(individual medical model of disability)形成了鲜明的对比。传统模式将残疾人视作需要依赖他人的群体,并且认为残疾问题属于个人问题,残疾人应该通过医疗手段获得治疗或改善。这种医疗模式以个人悲剧理论(personal tragedy theory)为支撑(Oliver,1990),认为残疾人是一些可怕的意外事件的悲剧性受害者,理应得到社会的同情。并且,这种模式造成了社会的"审美及存在焦虑(aesthetic and existential anxiety)"(Hahn,1988),让人们对残疾问题及残疾人唯恐避之不及。

在英国,第一门残疾人研究课程,即"社区残疾人士",于1975年由开放大学开设。而作为残疾人反隔离联盟(UPIAS)的创始人之一,芬克斯坦(Vic Finkelstein)对这门课程的发展起到了至关重要的作用。每年越来越多的残疾人为课程提供资料,到1994年课程结束时,被更名为"残疾人社会",以此显示其所涵盖内容的广泛性(Barnes et al.,2002)。在美国,残疾行动、学校以及残疾研究之间的互动也开始出现。随着1977年白宫残疾个体会议(White House Conference on Handicapped Individuals)的召开,残疾人权利活动家和学者们共同努力,开设了美国第一门残疾研究课程(Pfeiffer & Yoshida,1995)。该课程涉及医学社会学领域,重点关注残疾人生存问题,主讲教师也是一名残疾人。1981年,身体残疾的社会学家佐拉(Irving K. Zola)创立了《残疾研究季刊》(*Disability Study Quanterly*),并且共同创建了以美国为基地的"残疾研究协会"。当时共有12门残疾研究课程在美国的教育机构中开设。不到五年的时间,这个数字就几乎翻了一番,多达23门(Pfeiffer & Yoshida,1995,p.482)。

随着英美残疾研究项目的兴起,残疾研究的学者和学生开始讨论残疾研究的"内容、方法以及主体"(the what,how,and who)(Sullivan,2009,p.72)。奥利弗(Oliver,1992)认为,大部分残疾研究都受个人医疗模式主导,即认为残疾是身体功能的障碍及个体自身的不足,需要进行探索以期找到治疗方法或是残疾人不能融入社区的原因。奥利弗以一个来自针对成年残疾人调查中的问题为例来证明这类实证研究。这个问题是:"你身体上的哪些疾病使你不能抓住、握紧或是翻转东西?"与之形成鲜明对比,奥利弗提出了一个替代性问题:"日常设施或用品(如瓶子、罐子)的哪些设计缺陷使你不能抓住、握紧或是翻转它们?"(Oliver, 1992, p.104)

奥利弗(Oliver, 1992)阐述了在将所有知识都视为社会建构及特定时间地点产物的解释性范式(interpretive paradigm)下,实证主义方法(positivist approaches)所面临的挑战。从这一角度来看,残疾问题是一个需要健全者和残疾人双方都接受教育,改变态度,从而进行社会性调整的问题。尽管奥利弗承认解释性范式及建构主义范式(constructivist paradigm)是在实证主义基础上的一大进步,但是它们在本质上却大同小异,研究者与被研究对象(残疾人)的关系并未改变。他甚至在另外一个场合提到这一类型的研究可以被称作:

> "掠夺性研究模式(the rape model of research)",研究者了解了残疾经历,提供一份翔实的叙述,从中受益,然后继续关注别的更有利的领域,而他们的研究对象则又回到了研究开始前的状态,生活没有任何变化。(Oliver, 1992:109)

奥利弗认为,这样的研究使得残疾被试被孤立、疏远。因此,他提出了一个新的残疾研究范式,即"解放范式(emancipatory paradigm)"。在这一范式里,研究所涉及的各种社会关系将得到极大的改变。其主要特点与参与式行动研究模式(participatory action model of research)类似,包括以下几个方面:

- 研究具有政治特征,其根植于社会模式,重心在于通过揭示及改变残疾结构来帮助残疾人更好地掌握自己的生活。
- 研究者与被研究者(残疾人)之间的不平衡权利关系得到改善,尊重残疾人的意愿。
- 研究的控制权在残疾人手中,他们能够左右研究所涉及的内容、方式及时间(Goodley, 2000)。
- 关注残疾人的长处及应对技能,而不是他们的缺陷。
- 研究促进或阻碍残疾人融入社会的外部环境因素(Wright, 1983)。

在1997年巴内斯(Colin Barnes)和默瑟(Geof Mercer)负责的名为《开展残疾人研究》(*Doing Disability Research*)的著作集中,一些研究者反映需要调和解放研究范式的理论高度与维持思想与伦理在研究中的融合这一实用性需求的关系。他们指出了其中遇到的一些困难:

- 绝大部分的资金都流向了以个人医疗模式为基础的研究。因此,参与性行动研究所得到的支持微乎其微。
- 尽管解释性研究可能改善其所涉及的相关社会关系,但却不能从根本上改变这些关系(Oliver, 1992)。
- 参与性研究也许能够增加被试在研究过程中的投入度,但是归根结底,控制权仍然属于最有可能从中获取最大利益的研究者(Oliver，1997)。

- 对于身体及感觉有障碍的残疾人群体来说，"解放范式"也许适用，但是对于其他群体来说，如精神出现问题的残疾人(Beresford & Wallcraft，1997)或是学习困难者(Booth & Booth，1997)，要采用这一范式会遭遇很多困难。
- 对于非残疾的研究者所扮演的角色(Lunt & Thornton，1997；Priestly，1997；Stone & Priestly，1996)以及由谁主导研究(Priestly，1997；Shakespeare，1997)这类问题，仍存争议。

其他挑战包括如何确保残疾人在研究中处于主导地位，并且保证他们最大的研究参与度，同时实现研究对残疾人负责(Beazley，Moore，& Benzie，1997；Frank，2000)。另外，研究者们还面临科研诚信问题。例如，英国残疾人运动杰出的学者、活动家沙克斯佩里就坚持认为，研究者在研究过程应持有选择权和控制权，并且能够"遵循自己的思想及伦理标准，而不是试着追随所谓的正统思想"(Shakespeare，1997：185)。

沙克斯佩里的这一观点体现了很多《开展残疾研究》作者在将"解放范式"直接应用到残疾人研究时的立场。他们反映，为了完成研究，必须做出妥协。这些妥协并不意味着不去承认并充分利用研究对象带给项目的专业技能；相反，这意味着研究者接受解放范式的精神引领，而不是僵硬地墨守成规。例如，研究者对自己不将研究过程中的完全控制权交给研究对象这一行为加以辩解，其研究的理论和实际动机是社会残疾模式，因而是道德的。这种辩解成立的前提是，对残疾社会模式不进行严格、批判性理解。

在过去的十年里，对于残疾社会模式的批评在残疾研究中大有愈演愈烈之势。这类评论文章主要以女权主义及后结构主义为依据，并且自称为"批判性残疾研究(critical disability studies，CDS)"。"批判性残疾研究的重要性何在?(What's So 'Critical' About Critical Disability Studies?)"(Meekosha & Shuttleworth，2009，p.4)一文追溯了近十年里各类学术论文中"批判性残疾研究"这一术语的使用，其中注意到"20世纪90年代，尤其在美国，带有后现代主义倾向和去主体性思维(decentering of subjectivity)的人文研究学者大量涌现，使得更加注重自我意识的批判性理论在残疾研究中开始盛行"。这意味着超越社会模式和由损伤与残疾概念区分所引起的二分思维方式(binary way of thinking)借助于女权主义、批判种族理论、酷儿理论(queer theory)、后现代思想以及后殖民理论，批判性残疾研究设定了新的残疾研究术语。

> 对于社会公平和多元化的抗争仍在持续，只是到了另外一个发展层面：不仅是社会的、经济的及政治的抗争，也是精神的、文化的、话语的和肉体的抗争。(Meekosha & Shuttleworth，2009，p. 4)

因此，批判性残疾研究会对批判性理论进行更加细致综合的探索，找到其交叉点。例如，残疾与社会因素(如性别、种族、阶层、性征)的交叉点，抑或是具体化、性别化、种族化、阶级化、性征化的残疾研究。

在一场激烈的针对"所谓的解放范式残疾研究方法"的争论中,米考沙和舒特沃思(Meekosha & Shuttleworth,2009)指出,尽管该方法也许使研究过程实现了民主化,然而:

> 研究者在方法及理论方面的专业技能仅仅只是技术技能……而不是在分析交互作用、意义以及揭露意识形态和等级制度时所体现的批判—解释技能。(Meekosha & Shuttleworth,2009,p. 8)

上述采用解放范式的研究者指出的诸多内部争议,以及批判性残疾研究(CDS)提供的评论让人不禁开始思考开展非疏远型残疾研究之可能性:是否有一种研究范式能够准确地抓住残疾所体现的身体损伤者与其所在的自然社会环境之间复杂、微妙的关系?答案是肯定的,即变革范式(transformative paradigm)。

残疾研究中的变革范式

残疾研究的传统模式,如残疾少数群体模式、社会压迫模式等成为解放范式的基础。苏利万(Sullivan,2009)指出,解放范式基于这些存在诸多缺陷的模式应运而生,它改变了残疾社区的研究方式,注重参与模式、赋权于残疾人、挑战压迫型研究关系。然而,在解放范式实施的过程中,紧张关系随之产生:一些研究者意识到变革范式能够解决造成残疾人压迫境况的权力及特权问题。变革范式是一种哲学框架,它直接让多元文化群体参与其中,旨在促进社会公平(Mertens,2009,2010)。表 13.1 比较了解放范式所引起的紧张关系以及变革范式的立场。

表 13.1　解放范式与变革范式比较(Mertens,2009;Sullivan,2009)

	解放范式	变革范式
关注点	将残疾作为核心关注点	关注与权力和特权有关的多元维度,如残疾、性别、种族/民族、社会阶层、性取向以及其他重要维度
研究者/参与者的角色	认为参与者能够"意识到自己的处境并且做好了发挥领导作用的准备"(Sullivan,2009,p.77)	团队方法;合作关系形成;能力建构的必要性
研究模式	参与式行动研究;诠释法	多元混合方法;文化尊重;多元需求支持
风格	构建"我们"而非"他们"的风格	承认团结协作来挑战压迫结构的必要性

变革范式为残疾社区研究提供了一个更适合处理社区多元化的框架,旨在积蓄社区正能量,团结其他同样被忽略、被边缘化的社区,从社会文化视角看待

身份认同政治(identity politics)。批判性残疾理论与变革范式基本一致,但后者提供了形而上学的保护伞,涵盖了残疾歧视与各种差异(如性别、种族、民族、年龄、宗教、国籍、自身地位[indigenous status]、移居等所引起的歧视和压迫之间的交叉点)。下文将深入探讨变革范式包罗万象的特征。

变革范式:基本信念系统

以古巴、林肯以及邓津(Denzin & Lincoln, 2005; Guba & Lincoln, 2005)的研究为基础,变革范式包括四个基本设想:价值论(伦理道德特征)、本体论(现实特征)、认识论(知识特征以及知者与知识之间的关系),以及方法论(系统研究特征)。其中,价值论设想引领着所有变革设想。它认为伦理道德是为了推动人类权利深入、追求社会公平、强调文化层面的重要性以及研究者与参与者交互关系的必要性。因此,变革研究的目的是挑战压迫型、霸权型体系,以期实现更公平的社会。

例如,以性别和种族/民族为基础的美国残疾儿童差异性认同,呼吁开展深入研究,以此来处理能够解释这种情形的更广泛的社会条件。男性,尤其是少数种族或民族的男性,残疾缠身的概率是女性的两倍(Gravois & Rosenfield, 2006; U.S. Department of Education, 2004)。

变革范式的价值论假设使人们意识到残疾社区的多元性,并促使研究者提出诸多相关问题。例如,是否所有族群的女孩都被忽视了? 不同的残疾(如学习困难、自闭症等)在男女孩之间、主体族群与少数族群之间的表现有何差异? 父母让孩子接受或不接受残疾身份鉴定的动机是什么? 这些动机在不同的种族/民族里有何不同? 被鉴定为残疾的孩子所获得的服务质量如何,是否与残疾类型、性别、种族或民族有关? 如何使确诊及转诊策略更加适应文化公平的需要? 特殊教育服务的质量怎样才能得以改善以应对学生之间的文化差异? 特殊教育服务质量与未来生活的成功是否有关? 残疾支持者认为特殊教育是一种排斥和隔离,其意义何在? (Mertens, Holmes, & Harris, 2009; Mertens, Wilson, & Mounty, 2007)其他在性别和残疾交叉领域做出贡献的研究者包括:Fine & Asch (1988)、Asch & Fine (1992)、Doren & Benz (2001)、Rousso (2001)。

从本体论的角度来看,由于变革范式的概念建立在后实证主义和建构主义基础之上,因此它质疑实在的本质(nature of reality)。后实证主义者认为,一种实在,需要在特定层次的可能性中被发现、被理解。建构主义者则认为有很多社会建构的实在,在这些实在里,研究者和被研究者共同建构意义。然而,变革范式的本体论设想则认为,关于实在有诸多观点,不同的权利获得渠道决定何种实在占据主导(Mertens, 2009, 2010)。研究者应探索不同版本的实在,进而决定何种版本最符合未来社会公平和人类权利的需求。需要质疑的是,研究者如何能在不同文化环境中具备准确揭示压迫和顺应问题的潜力。

现在可以把目光转向认识论设想,即研究者对于其工作的社区文化需要有足够的背景知识并认识到自身知识的局限性,还需要开展对社区成员而言可信的、有用的研究。正如美国心理学协会(American Psychological Association, 2002)所推荐的那样,研究者为了能够成为支持社会变革的推动者,需要足够了解相关多元化维度,以对抗形式多样的种族主义、偏见及压迫等。变革性本体论设想影响方法论立场。研究者可以建立基于差异的和谐关系,取得社区成员的信任,发现和反思自身持有的偏见,从而努力获得文化能力(cultural competency)(Edno, Joh, & Yu, 2003; Symonette, 2009)。

考虑到变革范式聚焦于经常被忽视的社区研究这一优点,其他同样关注社会公平、人权和抗逆力(resiliency)的理论与之相呼应就不足为奇了。这些理论包括土著和后殖民理论(Barnes, McCreanor, Edwards, & Borell, 2009; Bishop, 2008; Chilisa, 2009; Cram, 2009; Denzin, Lincoln, & Smith, 2008; LaFrance & Crazy Bull, 2009)、酷儿理论(Dodd, 2009)、批判种族理论(Thomas, 2009)以及女权主义理论(Brabeck & Brabeck, 2009)。

在残疾社区研究中将上述理论与残疾人权利理论结合有诸多好处,这正如本章作者默滕斯的一位学生赫尔默斯(Heidi Holmes)在读了毛利土著理论后所评论的那样。赫尔默斯作为美国手语社区的一名失聪成员,根据自己对毛利学术文献(作者为健全人士)的理解,认为这些文献因为缺乏对残疾、失聪以及其他相关领域的关注,展示的只是一个千篇一律的毛利社区(Cram, Ormond, & Carter, 2004; Smith, 2005)。她认为,关注毛利社区的多元维度(包括残疾和失聪问题)既是必要的,也是有益的。

> 毛利社区是完全一样的,还是具有多元性? 从失聪者的角度来看,毛利社会的价值观和文化多大程度上能与失聪者社区相一致? 他们充满了愤怒、沮丧、被歧视的感觉以及压迫感……是否能尝试研究失聪者? 遇到失聪文化时(如弱听、耳蜗植入、唇语、轻度弱听),我们是否应该持有不同的文化价值观? 没有任何一种研究失聪群体的方法和毛利研究方法一样,那么它的效果如何? 他们都是一样的吗?(2006 年 2 月 5 日的私人交流)[1]

对于多样性社会的多元维度加以识别,在开展土著社区、残疾人社区和失聪社区交叉研究中十分必要。

土著与残疾人之间的交叉点在为了适应美国手语社区研究(Harris, Holmes, & Mertens, 2009)而改编的"原住民权利条款(Aboriginal Indigenous Terms of Reference, ITR)"[2](Osborne & McPhee, 2000)里体现得非常明显。ITR 主要目的在于使人们清楚地意识到:

> 需要将社区的信念纳入考虑范围(当聚焦研究主题时)。还要考虑研究问题如何被处理,社区是否对这一问题有特殊要求等。这样一来,社区就被赋予了决定研究问题、处理方式、需要纳入考虑范围的因素的权利。社区的观点及准则的结合组成了原住民权利条款。(Osborne & McPhee, 2000, p.4)

原住民权利条款及其针对失聪、残疾社区的改编版都存在不足。因为它们暗示有相同的毛利社区、残疾社区或是失聪社区的存在。哈里斯等人(Harris,

Holmes，& Mertens，2009）艰难地意识到了失聪社区内部在种族、民族、性别、性取向、国际、宗教等方面的多元性。然而，他们还意识到了在使用口头或视觉交流系统时与失聪社区相关联的独特的多元维度。视觉系统包括美国手语、提示口语法、精准手势英语或洋泾浜手势英语。他们也意识到了一些失聪人士为了增强听力使用的辅助听力设备如助听器、人工电子耳蜗等。另外，他们还意识到了手语和唇语两种方式的支持者持久的争论。因此，他们决定起草权利条款（terms of reference），不是为了失聪社区，而是为了美国手语（Sign Language[3]）社区，以此关注那些一直使用手语的人们以及失聪人群文化。不过，对手语社区感兴趣的研究者应该时刻注意失聪群体及手语社区的复杂性。

在这里我们提供一份改编的《美国手语社区权利条款》（Harris，Holmes，& Mertens，2009），以更加适应残疾社区研究需要。它考虑到了将所有社区看成是相同的群体所带来的紧张关系，以及识别被边缘化社区的必要性。《残疾权利条款》包括以下内容：

1.残疾社区意义及知识构建的权利属于社区成员。

2.研究者应该承认残疾社区成员享有在任何情况下都能将自己重视的东西纳入考虑范围的权利。

3.在任何情况下，研究者应该考虑到影响残疾社区成员的社区世界观。

4.在将残疾社区权限条款付诸实施时，研究者应该意识到反映社区当代文化的多元经历、理解以及方式。

5.研究者应该确保，在评估残疾社区权限条款被纳入考虑范围的程度时，充分考虑批评群体的看法和观点。

6.研究者应在残疾群体内部以及残疾群体之间协商，以此决定如何满足文化传统、社会需求及优先权的标准程序。（改编自 Harris，Holmes，& Mertens，2009，p.115）

以上条款使得其在方法论上的启示与变革范式一致。变革方法论设想来源于之前描述的设想，并且聚焦于相关的多元化维度以及残疾社区成员的参与上。变革范式下的研究是一种多角度的诠释实践。它没有自己特有的方法或实践，而是以多种理论为依托，利用不同的方法和技巧，包括量化、质性或混合方法。然而，为了建立研究者与社区成员的对话，质性方法是至关重要的。为了了解社区的需求信息，则可以考虑结合多种方法。在选择方法时，一定要对相关的环境和历史因素有清醒的认识，尤其是当它们涉及歧视和压迫问题时。因此，研究者与残疾社区伙伴关系的形成是确立研究方法非常重要的一环。

总之，变革范式为研究者在处理压迫、歧视和权利差异时所应扮演的角色问题提供了有用的框架。它十分关注残疾社区权利不平等问题。其认识论设想引发人们对于研究者之间谁能享有研究控制权的争论，尤其当研究成员里既有残疾社区成员又有非残疾社区成员时。变革方法论设想鼓励对残疾社区话题感兴趣的研究者遵循社区本身的研究指南。变革价值论设想则将社会公平和人权推到残疾社区研究决策过程的前沿。

改变残疾人生活的研究案例

很多变革研究案例都体现可能改变参与者生活的潜力,同时对于研究者和整个社区环境也有着变革性影响。本章中将呈现四个具体实例来展示改变边缘化人群生活的研究。除了即将展开讨论的四项研究外,类似的研究还包括关于病人参与到以自己为研究对象的研究(Abma,2006),关于残疾人的变革研究(Cushing,Carter,Clark,Wallis,& Kennedy,2009),关于失聪和失明人群的参与研究(Horvath,Kampfer-Bohach,& Farmer Kearns,2005),关于残疾人的研究(Kroll,Barbour,& Harris,2007),关于残疾人的支持研究(Rapaport,Manthorpe,Moriarty,Hussein,& Collins,2005),在澳大利亚开展的关于残疾人的质性研究(Ryan,2007),为了促进残疾孩子融入新西兰主流学校的联合研究(MacArthur,Gaffney,Kelly,& Sharp,2007),以及由新西兰克赖斯特彻奇市患有唐氏综合征的年轻人倡导的为实现从学校到后学校(包括工作和独立生活)过渡而进行的小组活动。

失聪及弱听人士参与法庭事务之路

默滕斯(Mertens,2000)进行了一项关于美国失聪和弱听人士如何参与法庭事务的研究。研究特意选取了咨询委员会来指导这些人士,以期反映出失聪和弱听社区在听力状况、沟通模式(美国手语、唇语)、助听设备的使用(人工电子耳蜗、助听器)以及法庭身份(失聪法官,为失聪客户服务的法官、翻译、司法教育家和负责失聪社区的警官)方面的多元维度。

根据变革范式设想,数据收集起始于研究者(默滕斯)与咨询委员会成员就如何理解失聪和弱听人士在法庭上遇到的挑战而展开的讨论。研究者决定采用焦点组(focus groups)来从失聪及弱听人群的经历中收集数据。这些经历体现了失聪及弱听社区的多元维度,以及为支撑有效沟通而采取的调节措施。

其中一个焦点组成员包括:听力正常者和有听力障碍者组成的联合仲裁员、美国手语翻译、通过实时字幕将说话(比画)内容展现在房间电视大屏上的法庭书记官、一位听力视力均有障碍的女士和通过在她手心里比画来为她传递沟通信息的翻译,以及一位听力有障碍且文化教育程度很低不理解手语的男士(同样有听力问题的翻译通过结合手语和手势动作来告知他仲裁员提出的问题)。由此可见,为了提供合适的支持与帮助,研究者需要对于社区的多元性有深刻的了解,同时还要弄清如何才能提供有意义、有效的支持。

这种程度的支持是必要的,因为它可以帮助研究者理解失聪及弱听个体的经历,以此作为制订改善目标人群介入法庭事务渠道的司法训练基础。研究者利用每一个阶段收集的数据作为决定下一阶段研究方法的重要依据。因此,与咨询委员会的会议也是质性数据收集的重要阶段;每次会议结束后,研究者都会对焦点组数据进行分析,从而判断相关多元维度是否仍然存在差异。然后,采取参与观察法和量化调查法来收集数据,探讨针对司法小组(包括法官、司法教育家,以及每个州的失聪或弱听支持者)培训的有效性。该研究的变革性特点包括有意识地将倾听失聪及弱听人群的不同声音作为起点,为有效沟通提供恰当的支持,在整个过程中不断反思是否遗漏了某一方的声音,在训练开发及实施的过程中让失聪和弱听人群积极参与进来,成立专门小组应对包括失聪弱听人士在内的越来越多的人介入法庭事务的情况。

当默滕斯在英国报告其研究时,与美国形成鲜明对比,观众席中的一位教员反馈道,英国不存在类似问题。事实上,最近英国有一位学生的学位论文也研究同样的话题。这位学生给所有法庭送去了一份调查表,询问是否有翻译,结果全部得到了肯定答复。

针对失聪残疾学生的教师培训

默滕斯等人(Mertens, Holmes, & Harris, 2008)利用变革周期性方法(transformative cyclical approach)对一个教师培训项目进行了评估。该项目设立在高立德(Gallaudet)大学,旨在培训非白人,并且失聪、弱听的教师,指导他们教同样失聪、弱听或身患其他残疾的学生。与变革范式一致,默滕斯利用她对于失聪社区多元性问题的知识,成立了由多方组成的研究小组,包括听力正常、失聪和弱听(使用人工电子耳蜗)个体。该小组通读项目文件,如资金提案、七年年度报告等。同时不擅自断定哪些问题是关键所在,相反地,他们申请并获得了观摩项目毕业生反思研讨会的许可。

以上质性数据为设计针对研讨会参与者的访谈问题提供了依据。为了适应不同的沟通需求,听力正常和弱听研究者被安排访谈有说话能力的同样失聪或弱听的教师;失聪研究者则访谈使用美国手语的失聪教师。变革性视角的采用,使参与者开始关注自己对以前就业过程中遇到的压迫性情境的应对情况,同时也开始考虑自己的应对是否足以适应体现多元维度(如沟通模式的选择、母语、除听力之外其他残疾情况等)的学生需求。这些数据被用来设计一个在线量化调查,探讨没有参加研讨会的项目毕业生是否有类似经历。

研究者意识到了这种研究情境下非常重要的多元维度问题,继而了解到新教师面临的来自学生方面的挑战,如母语不是英语,完全没有语言基础的学生来就读等。教师们讲述被边缘化的经历,以及其他教育者对于失聪学生所存在的低期待。其他研究数据来自田野笔记、访谈以及在线调查。这些数据反映了新教师面临的挑战,为调整变革周期性方法指引下的教师培训项目提供了依据。

> 过低期待,边缘化:毕业时,我以为我准备好从事教育事业。校长把学生名单交给我,告诉我教室在哪里,然后就把任务丢给了我,让我自生自灭。校长不像要求其他老师那样要求我提交每周计划,因为他觉得我只教手语。我告诉他,我来这里是进行真正的教学的。我和我的学生不是被邀请来实习或是集会的客人。在那所学校工作的一年里,我深受打击,于是换了学校,现在的这所要好得多,这里的人都坚信失聪学生也是能够学习的。(项目毕业生田野笔记,2007 年 5 月)

> 学生的多元性:我的学生都是 5 岁以下的孩子,他们的语言基础为零,并且行为举止比较糟糕。他们完全坐不住,更有脾气差的孩子随意跑出教学楼。我教这些孩子语言,并且欣慰地发现他们开始变乖了,也愿意跟别人交流了。最大的挑战是看到三个孩子同时跑出教学楼,我该追哪一个呢?有一个孩子掉进了排水沟,这是因为我和我的助手最多只能一人追一个,对于剩下的那个孩子却无能为力。(项目毕业生访谈,2007 年 5 月)

在线调查数据表明,只有一小部分毕业生(13%)得到来自高立德大学指导者的帮助。大约一半毕业生(47%)在第一年教学中由所在学校安排指导者。访谈问题结合了调查获得的量化数据以及访谈和田野笔记获得的质性数据。这些数据表明新教师面临挑战时,有一种无助感。

访谈、田野笔记以及调查数据被呈现给指导项目合作学校中的实习生的大学教师。他们也被要求对近期毕业生反映的问题进行回应。他们意识到对毕业生处境进行关注的必要性,并将其纳入教师培训课程中。另外,他们还采取行动为新教师提供持续支持。

通过对该研究进行回顾,高立德大学教育学院于 2007 年秋季学期进行了一次在线实习教学研讨会。研讨会的内容与实习教学经验被同时以 *Balck Board* 在线发送系统进行直播。实习教师的最初反馈非常积极。因此教育学院决定将在线研讨会内容查看权限扩大,不仅提供给各种残疾项目的学生,还提供给所有项目毕业生以及来自各地区的实习教师。此次在线研讨会旨在呼吁教员、其他新教师和全国各地的学生提供力所能及的帮助。当研究结果能更好地使新教师应对学生多元性及压迫性问题,促进在线研讨会的发展,将来自不同区域的学生和教员聚集在一起丰富其早期教学经历时,变革循环周期(transformative cycle)就完整了。

新西兰脊髓损伤研究

世界其他地区的变革研究包括苏利万（Martin Sullivan）及他的同事（Derrett，Crawford，Beaver，Fergusson，Paul，& Herbison）在新西兰所进行的研究，主要关注脊髓损伤（SCI）头两年的情况以及从脊髓病房（spinal unit）向社区的过渡。该研究的目的在于：（1）探究身体、自我意识及社会之间的关系如何影响 SCI 群体的生活机会、生活选择以及主体性（subjectivity）。（2）调查事故赔偿委员会（ACC）[4]赋予的复健、赔偿权利如何影响社会经济及健康结果。研究小组的大部分人都有脊髓损伤，并且通过参与此项目，发展了自己的研究技巧。该研究利用了变革性平行设计，同时采用量化及质性研究方法。量化数据将通过历时两年的三次结构化访谈收集，三次访谈都是招募的全部参与者参加。第一次访谈在脊髓损伤后的第 4 个月，由受过专门训练的访谈者（他们自身也有脊髓损伤）在被试离开脊髓损伤病房之前与其进行面对面的交谈。另外两次结构化访谈分别在第 12 和 24 个月的时候通过电话进行。这些访谈的时间安排遵从国际推荐的损伤结果研究时间安排（van Beeck et al.，2005）。

这三次结构化访谈都是为了收集关于 SCI 群体所生活的世界的事实证据：他们的生活机会、态度、健康状况、支持性服务、工作收入、个人社会关系以及生活满意度，这些信息构成其创建自身主体性的框架。为了深度探索 SCI 群体对这些信息赋予的意义以及这些信息和意义如何影响他们的生活选择及主体性，研究者又进行了两次质性、面对面的访谈，对象为从子样本中选取的 20 名参与者。根据曾经经历脊髓损伤的支持群体的建议，两次质性访谈将分别在患者离开脊髓损伤病房之后的第 6 和第 18 个月进行，原因如下：第 6 个月的时候，患者已经在家里安顿好，必要的改造和支持设备也已到位。患者开始思考如何重新回到广阔世界中。第 18 个月的时候，该出现的神经功能康复现象都已经出现，患者开始感叹："我的下半辈子恐怕就要这样度过了。"从事实及个人角度得出的推断将有利于研究者了解在脊髓损伤后的头两年，SCI 人群身上到底发生了什么。

截止本文撰写时间（2009 年 8 月），参与者招募过程已经结束，第二轮量化访谈已经开始。研究问卷沿用了第一轮访谈的一些问题，同时也新加了一系列的问题，如参与者自第一轮访谈后的变化，他们对支持服务的总体使用情况及满意度，以及具体对私人助手和事故赔偿委员会的满意度等。通过这些新增加的问题，研究者获得了一些有趣的数据，并将在第二轮质性访谈中进行深入探讨。

初步分析表明，参与者由于刚刚患残疾不久，他们的大部分精力都用在了如何适应突如其来的身体和生活的变化上。尽管如此，此次研究还是得到了高回复率，因为他们中的大部分人都想通过自己的亲身经历来为改变整个 SCI 群体的命运做出一些贡献。

去制度化(deinstitutionalization) *

在澳大利亚墨尔本,弗劳里和比格比 2008 年通过与存在智力障碍的罗伯特森的合作研究(Robertson, Frawley, & Bigby, 2008),挑战了传统的研究权利体系。罗伯特森恰好具备关于去机构化的专业知识。对一个大的去制度化项目深入小的居住社区进行调查的评估活动,需要一位对于在这种情境下深刻理解和体会"亲和(homeliness)"的研究者。罗伯特森和弗劳里去居民家里拜访,罗伯特森负责访谈,并且指导他的研究助手弗劳里该对什么内容进行拍照(包括家具设备及个人物品缺乏的迹象)。弗劳里还负责对访谈录音进行转录,同时因为罗伯特森不适应大学环境,他还要在社区中找到一个合适的办公地点。罗伯特森已经在很多澳大利亚学术会议上报告过他们的研究,同时也已经用通俗易懂的语言出版,题目是"使社区生活变得美好:何时房子才能变成温暖的家?(Making Life Good in the Community: When Is a House a Home?)"

预　测

残疾人权利运动和变革范式一起提出了用诠释法研究残疾人群的新标准。第一,对于社会公平的关注显示了资源重新分配的必要性,应谨慎考虑研究应该在何种情况下支持哪些人。第二,本文开篇提到的联合国宣言指明了关注个体和群体尊严的必要性。第三,涉及残疾社区的研究应考虑到这些社区所蕴含的多元文化及种族背景。

这一标准上的转变使我们能够预测残疾研究这一领域未来十年的走向。使用变革范式的研究充分说明了多种方法混合使用的好处。我们可以预测,混合方法的使用将在变革残疾研究中成为常态。同时,残疾人的复原力和目的主体性(purposive subjectivity)将被重新审视。

围绕寻找治疗方法的人和被确认为残疾的人(如阿斯伯格综合征患者[aspie][5]、智力障碍者[people first][6]、失聪者[deaf][7]、精神多元者[neuro-diverse][8])之间的政治性争论将会增加。这一争论能够启发研究类型和资金筹集。例如,关于自闭症的问题,寻求自闭症治疗方法的一派(如"拯救下一代组织[Generation Rescue]")与将自闭症只看作人类生存情况一个变体的一派产生争论,后者非常自豪地称自己为文化少数派(如自闭症自我援助网络[Autistic Self Advocacy Network, 2011])。前者支持神经系统的单一稳定性,主张为自闭症寻

---

　* 去制度化,是随着西方非院舍化和社区照顾运动而产生的一种新的服务框架,目的是帮助病人在社区日常生活环境中增强积极管理自己病症的能力,改善病人的社会支持,提高病人的社会生活能力。——译者注

找治疗方法，而后者则拥护神经系统多元性，试图寻找融合、尊重以及平等。

这两派之间的争论注定越来越激烈。一派极其有权势，并且有高调的名人坐镇，而且幕后有庞大的利益集团为他们提供资金支持；另外一派则缺乏资源，但他们用激情、全球互联网以及行为的公平正义来弥补。与此同时，ASAN 呼吁进行生活质量类型研究，尝试融入主流社会。它高调地使自己与其他残疾活动家群体有了越来越多的联系。这意味着在未来十年里，人们必须就研究类型和资助对象进行艰难抉择；这种抉择将很可能带有很强的政治性。是选择从遗传学的角度，甚至缺乏任何科学依据寻找治疗方法的角度进行研究，还是采用变革研究，在研究计划等方面获得像 ASAN 这种组织的专业性指导？为了促使这一现象的发生，需要做哪些改变？目前，研究过程本身仍带有政治色彩，甚至研究申请及获得伦理道德许可的过程，都未曾征求身体损伤者的意见。

然而，时代在变化。美国政府设立的自闭症咨询委员会（IAAC）现在也有了自闭症成员，为研究提供专业知识及建议。在另外一场"谁来声援我"的斗争中，一位被邀请在 IAAC 附属委员会发言的女士是一位不会说话的自闭症患者，但同时，她也是一位多产作家和诗人。她学会打字，通过文字与人交流。具体来说，她使用了一种增强性交流方法，即"器械辅助交流（facilitated communication，FC）"。通过这种方法，辅助器械能够帮助人们使用手或胳膊操作键盘。

尽管比克伦（Douglas Biklen）不是 FC 的发明者，但是在过去 20 年里，他的名字一直与其紧密相连。在他 2005 年出版的《自闭症与个人孤独之谜》（*Autism and the Myth of the Person Alone*）一书中，包含几名不能使用口头语言交流的自闭症患者的自述。通过器械辅助交流法，他们不仅找到了自己的文字声音，还挑战了所谓的正常人世界里对于自闭症具有"孤独"这一特点的看法。然而，FC 激起了很多学者及行为主义心理学家的愤怒，因为他们相信是辅助器械做了自闭症患者本来应该自己做的事情，因此 FC 对于自闭症参与者来说具有欺骗性和掠夺性。实际上，很多自闭症患者都在 FC 的辅助下，实现了独立打字，但是这一事实并没能消除批评家们对 FC 的批评（Blackman，1999）。

随着遗传及其他具有优生学倾向的技术的发展，残疾文化也受到严重的威胁。如果具有多元特征的残疾人不能获得变革研究权，我们预测到 2100 年，在一代又一代为了某种虚构的标准而篡改基因的行为后，人类将只剩下单一枯燥的所谓的正常人（Alper et al.，2002；Parens & Asch，2000）。我们希望到 2100 年，本文开头中提到的《联合国残疾人权利公约》第 1 条里对于残疾人人权及自由的倡议仍然盛行，也希望人类变得越来越有与众不同的、有创造性的、充满趣味的多样性。

教学挑战

我们需要重新思考谁是残疾生活体验方面的专家，以及谁应该是教师和研究者。克里斯托弗・内韦尔（Christopher Newell）（Newell，2006；Goggin & Newell，2005）是一名澳大利亚医学伦理学家、牧师以及残疾活动家，他于2008年英年早逝，生前曾经倡导变革教学法。他的工作生涯开始于一个受保护的工作坊，后来作为副教授为医学专业学生开设伦理学。他生病期间，常常在皇家霍巴特医院的演讲厅里给学生授课。他让他们看到自己最脆弱、最行动不便的一面，以此让学生尊重在他们自己的职业生涯中可能遇到的残疾人的人格。克里斯托弗是一名彻头彻尾的学术活动家。同时他也是一名圣公会牧师，常常选择不走大路，而走小道，以便和那些被抛弃的、贫穷的、孤独的人们（很多都是残疾人）交朋友，倾听他们的心声，支持他们。他的目的在于"让我们对别人的身体残疾问题感同身受"——这是克里斯托弗一直试图让澳大利亚公众遵从的信条（Newell，2005）。

随着更多身体有损伤的人士（包括智力障碍者）坚持维护自己的权利，并且表达自己接受高等教育的愿望，学校必须直面这一挑战。都柏林圣三一学院（Trinity College Dublin）的一门主流本科课程吸引了有智力障碍的学生。通过结对子的方式，这些学生还可以选择其他圣三一学院的课程（O'Brien et al.，2008）。

这样的举措挑战了学术界的信仰，人们开始对诸多问题进行争论，如：用非常平实的语言或是手语创作的博士论文是否是可以接受的甚至值得一读？我们是否应该更重视不知名的文献网站、博客、个人故事，以照顾到不使用学术规范的人群？那么语言呢？谁将对于可接受的用法具有决定权？残疾人（包括智力障碍者）如何进入学术期刊及其他出版物的编辑委员会？研究经费的来源呢？综上所述，研究申请及审议程序必须进行调整，以适应残疾研究者的需要。

很多失去语言能力的残疾学生——其中有一部分进过收容所之类的机构——已经成功地获得了高等教育资格，但是他们还要面临获得恰当支持的挑战。大学需要消除他们可能遇到的身体或态度障碍。榜样也是需要的。但是最有意义的改变将是由残疾人自己主持变革研究。林顿（Linton，2006）呼吁残疾领域的研究者意识到加入各种类型残疾人的价值。她指出在战争中致残的老兵有着非常重要的视角，对研究的设计有重大作用。联合各方力量，涉及残疾人权利的平等和歧视问题可以得到诸多领域（如就业、社会地位、卫生保健、教育、交通、艺术等）的研究者、决策者和立法者更加广泛的关注。

结　语

30年前，残疾儿童和残疾成年人的照看机构化是一种主流，争论主要集中在智力问题及残疾儿童是否需要接受教育上。这些争论今天仍然在很多国家存在。从现在起30年内，可能有两种情况出现。我们正处在一个十字路口，我们可以沿着围绕技术、遗传基因、深度政治化的研究路线走下去，将关注点放在治疗方法而不是生活质量上。我们也可以将残疾问题从边缘拉到关注的中心,在那里,可以在变革范式下研究去技术化以帮助残疾人享受好的生活的可能性。具有多元性的残疾人可以成为研究过程的指导者。如果我们做到了这一点,《联合国残疾人权利公约》将会真正成为一份有活力的文件。

完全实现残疾人人权和社会公平的道路并不平坦,我们需要战胜历史上对于残疾人的压迫和忽视。变革范式帮助我们思考历史产生的深远影响,并且指出应该通过研究途径与这些影响作斗争。残疾社区的差异性加大了应对这些问题的难度。同时,关于非残疾研究者的角色,以及他们如何带着尊重与残疾人一起合作以深化社会变革目标的挑战依然存在。与残疾人的合作关系很难开始和维持;然而,通过将残疾人和非残疾人聚集在一起,积累了很多力量。这种变革精神能够指引人们在变革之路上一路前行。

注　释

1. 感谢斯米勒(Kirsten Smiler)使我们注意到在梅西大学(Massey University)毛利人健康和发展研究中心任职的都利(Mason Duri)和他的同事的研究。1994年以来,他们进行了一项名为"毛利人的最好结果:Te Hoe Nuku Roa,毛利家庭历时研究"。该调查旨在检验毛利社区的多元性。斯米勒的硕士论文关注新西兰失聪社区毛利人的语言及身份问题(Smiler, 2004; Smiler & McPhee, 2007);同时她还获得了毛利人研究的学士学位。正在进行中的博士论文研究对象也是毛利人,主要关注对失聪毛利人和其家庭的成功干预。约翰·霍普金斯大学(Johns Hopkins University)的韦利(Wiley, 2009)关于毛利人残疾经历的研究是该领域不多的论文之一,他评估了"新西兰残疾人战略(New Zealand Disability Strategy)"中旨在增加残疾毛利人参与度的第十一条目标。

2. 原住民权利条款(ITR)由澳大利亚珀斯科廷大学(Curtin University)原住民研究中心提出。奥斯鲍尼和迈克费(Osborne & McPhee, 2000)指出ITR最初概念的提出要归功于沃森(Watson, 1985),沃森是一名昆士兰原住民,她最先提出了原住民条款权限的概念,描绘了原住民的世界观以及社会文化意识(Watson, 1985, p.2)。科廷大学的原住民研究中心吸纳了这一概念的很多方面,从1990年起将它运用到一门针对本科生的名为"社区发展与管理"的课程中。

3. 将"Sign Language"首字母大写是为了将其看作类似于非裔美国人或犹太人的文化群体。

4. 1974年,新西兰人放弃了发生意外事故后通过起诉获得赔偿的权利,换来了无过失补偿体系,该体系的资金来源于对雇主、工资、机动车管理及汽油所征收的税。它主要受意外事故赔偿委员会(ACC)管理,包括一次性现金补助,所有住院、康复、辅助、器械、房屋及工作场所改造、个人护理、医疗用品、家庭支持产生的费用;工资收入补助(事故发生时80%的工资收入)在康复期间发放(如果是脊髓损伤,则发放到受害者预计退休的年限为止),并且提供一辆改装过的专用车。所有在新西兰的人,包括游客,都有享受意外事故赔偿的权利。对于患有先天性脊髓损伤或其他疾病引发的脊髓损伤人员,则只能享受赔偿金额显著减少并且需要接受测试的卫生部残疾支持服务。

5. 很多阿斯伯格综合征(Asperger)患者都自称为Aspies。

6. People First是智力障碍者自我维权组织的国际名称。

7. 失聪者不把自己看作残疾人,而是语言领域少数派的成员。他们使用手语,自称为文化失聪者。一些试图借助助听器、人工电子耳蜗来交谈的弱听或失聪者认为自己是失聪并且残疾者。

8.在相关文献中，自闭症人群被认为患有自闭症谱系障碍（autism spectrum disorder），而没有自闭症的人则被称为神经正常者（neuro-typical）。有自闭症但是不愿意被认为患有谱系障碍的人采用了一个不那么令人讨厌的名词，即神经多元者（参见 Robertson，2010）来称呼自己。

参 考 文 献

Abma, T. A. (2006). Patients as partners in a health research agenda setting: The feasibility of a participatory methodology. *Evaluation in the Health Professions*, 29, 424-439.

Albrecht, G. L. (2002). American pragmatism: Sociology and the development of disability studies. In C. Barnes, M. Oliver, & L. Barton (Eds.), *Disability studies today* (pp. 18-37). Cambridge, UK: Polity.

Alper, J. S., Ard, C., Asch, A., Beckwith, J., Conrad, P., & Geller, L. (Eds.). (2002). *The double-edged helix: Social implication of genetics in a diverse society*. Baltimore: Johns Hopkins University Press.

American Psychological Association. (2002). *Ethical principles of psychologists and code of conduct*. Washington, DC: Author.

Anspach, R. (1979). From stigma to identity politics: Political activism among the physically disabled and former mental patients. *Social Science & Medicine*, 13(A), 765-773.

Asch, A., & Fine, M. (1992). Beyond pedestals: Revisiting the lives of women with disabilities. In M. Fine (Ed.), *Disruptive voices: The possibilities of feminist research* (pp. 139-172). Ann Arbor: University of Michigan Press.

Autistic Self Advocacy Network (ASAN). (2011). *About the Autistic Self Advocacy Network*. Available at www.autisticadvocacy.org.

Barnes, C., & Mercer, G. (Eds.). (1997). *Doing disability research*. Leeds, UK: The Disability Press.

Barnes, C., Oliver, M., & Barton, L. (Eds.). (2002). *Disability studies today*. Cambridge, UK: Polity.

Barnes, H. W., McCreanor, T., Edwards, S., & Borell, B. (2009). Epistemological domination: Social science research ethics in Aotearoa. In D. M. Mertens & P. G. Ginsberg (Eds.), *Handbook of social research ethics* (pp. 442-457). Thousand Oaks, CA: Sage.

Beazley, S., Moore, M., & Benzie, D. (1997). Involving disabled people in research: A study of inclusion in environmental activities. In C. Barnes & G. Mercer (Eds.), *Doing disability research* (pp. 142-157). Leeds, UK: The Disability Press.

Beresford, P., & Wallcraft, J. (1997). Psychiatric system survivors and emancipatory research: Issues, overlaps and differences. In C. Barnes & G. Mercer (Eds.), *Doing disability research* (pp. 67-87). Leeds, UK: The Disability Press.

Biklen, D. (2005). *Autism and the myth of the person alone*. New York: New York University Press.

Bishop, R. (2008). Te Kotahitanga: Kaupapa Māori in mainstream classrooms. In N. K. Denzin, Y. S. Lincoln, & L. T. Smith (Eds.), *Handbook of critical & indigenous methodologies* (pp. 285-307). Thousand Oaks, CA: Sage.

Blackman, L. (1999). *Lucy's story: Autism and other adventures*. London: Jessica Kingsley Publishers.

Booth, T., & Booth, W. (1997). Making connections: A narrative study of adult children of parents with learning difficulties. In C. Barnes & G. Mercer (Eds.), *Doing disability research* (pp. 123-141). Leeds, UK: The Disability Press.

Brabeck, M. M., & Brabeck, K. M. (2009).

Feminist perspectives on research ethics. In D. M. Mertens & P. G. Ginsberg (Eds.), *Handbook of social research ethics* (pp. 39-53). Thousand Oaks, CA: Sage.

Braddock, D. L., & Parrish, S. L. (2001). An institutional history of disability. In G. L. Albrecht, K. D. Seelman, & M. Bury (Eds.), *Handbook of disability studies* (pp. 11-68). Thousand Oaks, CA: Sage.

Campbell, J., & Oliver, M. (1996). *Disability politics: Understanding our past, changing our future*. London: Routledge.

Chilisa, B. (2009). Indigenous African-centered ethics: Contesting and complementing dominant models. In D. M. Mertens & P. G. Ginsberg (Eds.), *Handbook of social research ethics* (pp. 407-425). Thousand Oaks, CA: Sage.

Cram, F. (2009). Maintaining indigenous voices. In D. M. Mertens & P. G. Ginsberg (Eds.), *Handbook of social research ethics* (pp. 308-322). Thousand Oaks, CA: Sage.

Cram, F., Ormond, A., & Carter, L. (2004). *Researching our relations: Reflections on ethics and marginalization*. Paper presented at the Kamehameha Schools 2004 Research Conference on Hawaiian Wellbeing, Kea'au, HI.

Cushing, L. S., Carter, E. W., Clark, N., Wallis, T., & Kennedy, C. H. (2009). Evaluating inclusive educational practices for students with severe disabilities using the program quality measurement tool. *Journal of Special Education*, *42*, 195-208.

Denzin, N. K., & Lincoln, Y. S. (Eds.). (2005). *The SAGE handbook of qualitative research* (3rd ed.). Thousand Oaks, CA: Sage.

Denzin, N. K., Lincoln, Y. S., & Smith, L. T. (2008). *Handbook of critical & indigenous methodologies*. Thousand Oaks, CA: Sage.

Dodd, S.-J. (2009). LGBTQ: Protecting vulnerable subjects in *all* studies. In D. M. Mertens & P. G. Ginsberg (Eds.), *Handbook of social research ethics* (pp. 474-488). Thousand Oaks, CA: Sage.

Doren, B., & Benz, M. (2001). Gender equity issues in the vocational and transition services and employment outcomes experienced by young women with disabilities. In H. Rousso & M. Wehmeyer (Eds.), *Double jeopardy: Addressing gender equity in special education*. Albany: SUNY Press.

Edno, T., Joh, T., & Yu, H. C. (2003). *Voices from the field: Health and evaluation leaders on multicultural evaluation*. Oakland, CA: Social Policy Research Associates.

Fine, M., & Asch, A. (1988). Disability beyond stigma: Social interaction, discrimination, and activism. *Journal of Social Issues*, *44*(1), 3-21.

Frank, G. (2000). *Venus on wheels*. Berkeley: University of California Press.

Gill, C. J., Kewman, D. G., & Brannon, R. W. (2003). Transforming psychological practice and society. *American Psychologist*, *58*(4), 305-312.

Gladstone, C., Dever, A., & Quick, C. (2009, August 26-27). *"My Life When I Leave School" Transition Project: Self-determination and young intellectually disabled students in the transition from school to post school life*. Paper presented at the From Theory to Practice: Knowledge and Practices Conference, the 6th annual conference of the New Zealand Association for the Study of Intellectual Disability, Hamilton, New Zealand.

Goggin, G., & Newell, C. (2005). *Disability in Australia: Exposing a social apartheid*. Sydney, Australia: University of New South Wales Press.

Goodley, D. (2000). *Self-advocacy in the lives of people with learning difficulties*. Buckingham, UK: Open University Press.

Gravois, T. A., & Rosenfield, S. A. (2006). Impact of instructional consultation teams on the disproportionate referral and placement of minority students in special education. *Remedial and Special Education*, *27*, 42-52.

Groce, N. E. (2003). *Everyone here spoke sign language*. Cambridge, MA: Harvard University Press. (Original work published 1985)

Guba, E. G., & Lincoln, Y. S. (2005). Paradigmatic controversies, contradictions, and emerging confluences. In N. K. Denzin & Y. S. Lincoln (Eds.), *The SAGE handbook of qualitative research* (3rd ed., pp. 191-216). Thousand Oaks, CA: Sage.

Hahn, H. (1982). Disability and rehabilitation policy: Is paternalistic neglect really benign? *Public Administration Review*, *43*, 385-389.

Hahn, H. (1988). The politics of physical differences: Disability and discrimination. *Journal of Social Issues*, *44*(1), 39-47.

Hahn, H. (2002). Academic debates and political advocacy: The US disability movement. In C. Barnes, M. Oliver, & L. Barton (Eds.), *Disability studies today* (pp. 162-190). Cambridge, UK: Polity.

Harris, R., Holmes, H., & Mertens, D. M. (2009). Research ethics in sign language communities. *Sign Language Studies*, *9*(2), 104-131.

Horvath, L. S., Kampfer-Bohach, S., & Farmer Kearns, J. (2005). The use of accommodations among students with deaf-blindness in large-scale assessment systems. *Journal of Disability Policy Studies*, *16*, 177-187.

Kroll, T., Barbour, R., & Harris, J. (2007). Using focus groups in disability research. *Qualitative Health Research*, *17*, 690-698.

LaFrance, J., & Crazy Bull, C. (2009). Researching ourselves back to life: Taking control of the research agenda in Indian country. In D. M. Mertens & P. G. Ginsberg (Eds.), *Handbook of social research ethics* (pp. 153-149). Thousand Oaks, CA: Sage.

Linton, S. (1998). *Claiming disability: Knowledge and identity*. New York: New York University Press.

Linton, S. (2006). *My body politic*. Ann Arbor: University of Michigan Press.

Lunt, N., & Thornton, P. (1997). Researching disability employment policies. In C. Barnes & G. Mercer (Eds.), *Doing disability research* (pp. 108-122). Leeds, UK: The Disability Press.

MacArthur, J., Gaffney, M., Kelly, B., & Sharp, S. (2007). Disabled children negotiating school life: Agency, difference, teaching practice and education policy. *International Journal of Children's Rights*, *15*(1), 99-120.

Meekosha, H., & Shuttleworth, R. (2009). What's so "critical" about critical disability studies? *Australian Journal of Human Rights*, *15*(1), 47-75.

Mertens, D. M. (2000). Deaf and hard of hearing people in court: Using an emancipatory perspective to determine their needs. In C. Truman, D. M. Mertens, & B. Humphries (Eds.), *Research and inequality* (pp. 111-125). London: Taylor & Francis.

Mertens, D. M. (2009). *Transformative research and evaluation*. New York: Guilford.

Mertens, D. M. (2010). *Research and evaluation in education and psychology: Integrating diversity with quantitative, qualitative, and mixed methods* (3rd ed.). Thousand Oaks, CA: Sage.

Mertens, D. M., Holmes, H., & Harris, R. (2008, February). *Preparation of teachers for students who are deaf and have a disability*. Presentation at the annual meeting of the Association of College Educators of the Deaf and Hard of Hearing, Monterey, CA.

Mertens, D. M., Holmes, H., & Harris, R. (2009). Transformative research and ethics. In D. M. Mertens & P. G. Ginsberg (Eds.), *Handbook of social research ethics* (pp. 85-102). Thousand Oaks, CA: Sage.

Mertens, D. M., Wilson, A., & Mounty, J. (2007). Gender equity for people with disabilities. In S. Klein et al. (Eds.), *Handbook for achieving gender equity through education* (pp. 583-604). Mahwah, NJ: Lawrence Erlbaum.

Morris, J. (1991). *Pride against prejudice*. London: Women's Press.

Newell, C. (2005). Moving disability from other to us. In P. O'Brien & M. Sullivan (Eds.), *Allies in emancipation: Shifting from providing service to being of support*. Melbourne: Thomson/Dunmore.

Newell, C. (2006). Representation or abuse? Rhetorical dimensions of genetics and disability. *Interaction*, *20*(1), 28-33.

New Zealand Ministry of Health. (2001). *New Zealand disability strategy*. Wellington, NZ: Author.

O'Brien, P., Shevlin, M., O'Keeffe, M., Kenny, M., Fitzgerald, S., Espiner, D., & Kubiack, J. (2008, November 24-26). *Opening up a whole new world: Students with intellectual disability being included within a university setting.* Paper presented at the 43rd Australian Society for the Scientific Study of Intellectual Disabilities Conference, University of Melbourne, Australia.

Oliver, M. (1982). A new model of the social work role in relation to disability. In J. Campling (Ed.), *The handicapped person: A new perspective for social workers?* London: RADAR.

Oliver, M. (1990). *The politics of disablement.* Basingstoke, UK: Macmillan.

Oliver, M. (1992). Changing the social relations of research production? *Disability, Handicap & Society, 7*(2), 101-114.

Oliver, M. (1997). Emancipatory research: Realistic goal or impossible dream? In C. Barnes & G. Mercer (Eds.), *Doing disability research* (pp. 15-31). Leeds, UK: The Disability Press.

Osborne, R., & McPhee, R. (2000, December 12-15). *Indigenous terms of reference* (ITR). Presentation at the 6th annual UNESCO-ACEID International Conference on Education, Bangkok, Thailand.

Parens, E., & Asch, A. (Eds.). (2000). *Prenatal testing and disability rights.* Washington, DC: Georgetown University Press.

Pfeiffer, D., & Yoshida, K. (1995). Teaching disability studies in Canada and the USA. *Disability & Society, 10*(4) 475-495.

Priestly, M. (1997). Who's research? A personal audit. In C. Barnes & G.Mercer (Eds.), *Doing disability research* (pp. 88-107). Leeds, UK: The Disability Press.

Rapaport, J., Manthorpe, J., Moriarty, J., Hussein, S., & Collins, J. (2005). Advocacy and people with learning disabilities in the UK: How can local funders find value for money? *Journal of Intellectual Disabilities, 9*, 299-319.

Reinharz, S. (1979). *On becoming a social scientist.* San Francisco: Jossey-Bass.

Robertson, A., Frawley, P., & Bigby, C. (2008). *Making life good in the community: When is a house a home? Looking at how homely community houses are for people with an intellectual disability who have moved out of an institution.* Melbourne, Australia: La Trobe University and the State Government of Victoria.

Robertson, S. M. (2010). Neurodiversity, quality of life, and autistic adults: Shifting research and professional focuses onto real-life challenges. *Disability Studies Quarterly, 30*(1).

Rousso, H. (2001). *Strong proud sisters: Girls and young women with disabilities.* Washington, DC: Center for Women Policy Studies.

Ryan, J. (2007). Learning disabilities in Australian universities: Hidden, ignored, and unwelcome. *Journal of Learning Disabilities, 40*, 436-442.

Scotch, R. K. (2001). *From good will to civil rights.* Philadelphia: Temple University Press.

Shakespeare, T. (1997). Researching disabled sexuality. In C. Barnes & G. Mercer (Eds.), *Doing disability research* (pp. 177-189). Leeds, UK: The Disability Press.

Shakespeare, T., & Watson, N. (2001). The social model of disability: An outdated ideology? In S. N. Barnarrt & B. M. Altman (Eds.), *Exploring theories and expanding methodologies: Where are we and where do we need to go?* (pp. 9-28). Greenwich, CT: JAI.

Smiler, K. (2004). *Maori deaf: Perceptions of cultural and linguistic identity of Maori members of the New Zealand deaf community.* Unpublished master's thesis, Victoria University of Wellington, New Zealand.

Smiler, K., & Mcphee, R. L. (2007). Perceptions of "Maori" deaf identity in New Zealand. *Journal of Deaf Studies and Deaf Education, 12* (1), 93-111.

Smith, L. T. (2005). On tricky ground: Researching the native in the age of uncertainty. In N. K. Denzin & Y. S. Lincoln (Eds.), *The SAGE handbook of qualitative research* (3rd ed., pp. 85-108). Thousand Oaks, CA: Sage.

Sobsey, D. (1994). *Violence and abuse in the lives of people with disabilities: The end of silent acceptance?* Baltimore: Brooks.

Stone, E., & Priestly, M. (1996). Parasites, pawns and partners: Disability research and the role of non-disabled researchers. *British Journal of Sociology*, 47(4), 699-716.

Sullivan, M. (2009). Philosophy, ethics and the disability community. In D. M. Mertens & P. G. Ginsberg (Eds.), *Handbook of social research ethics* (pp. 69-84). Thousand Oaks, CA: Sage.

Symonette, H. (2009). Cultivating self as a responsive instrument: Working the boundaries and borderlands for ethical border crossings. In D. M. Mertens & P. G. Ginsberg (Eds.), *Handbook of social research ethics* (pp. 279-294). Thousand Oaks, CA: Sage.

Thomas, V. G. (2009). Critical race theory: Ethics and dimensions of diversity in research. In D. M. Mertens & P. G. Ginsberg (Eds.), *Handbook of social research ethics* (pp. 54-68). Thousand Oaks, CA: Sage.

Triano, S. (2006). Disability pride. In G. Albrecht (Ed.), *Encyclopedia of disability* (Vol. 1, pp. 476-477). Thousand Oaks, CA: Sage.

Unionof the Physically Impaired Against Segregation (UPIAS). (1976). *Fundamental principles of disability* [Booklet]. London: Author.

United Nations. (2006). *Convention on the rights of people with disabilities.* New York: Author.

United States Department of Education. (2004). *Twenty-sixth annual report to Congress on the implementation of the Individuals With Disabilities Act* (Vol. 2). Washington DC: Author.

University of California, Berkeley. (2010). *The disability rights and independent living movement.*

van Beeck, E., Larsen, C. F., Lyons, R., Meerding, W. J., Mulder, S., & Essink-Bot, M. L. (2005). *Draft guidelines for the conduction of empirical studies into injury-related disability.* Amsterdam: Eurosafe (European Association for Injury Prevention and Safety Promotion).

Watson, L. (1985, July 8-11). *The establishment of aboriginal terms of reference in a tertiary institution.* Paper presented at the Aborigines and Islanders in Higher Education: The Need for Institutional Change National Conference, Townsville, Australia.

Wiley, A. (2009). At a cultural crossroads: Lessons on culture and policy from the New Zealand Disability Strategy. *Disability and Rehabilitation*, 31(14), 1205-1214.

Wright, B. A. (1983). *Physical disability: A psychosocial approach.* New York: Harper & Row.